자유의 길에서 은혜를 찾다
회중 주체적 조직신학

Systematic Theology by Believers
Seeking the Grace on the Road of Freedom

김용복 지음

하기서원

머리말: '자전거신앙'과 신학여행

　삶의 현장에서 신앙의 본질을 묻고 그 답을 찾는 행동은 신앙의 여정에서 불가피하게 일어나는 일이다. 그 과정에서 진리를 추구하는 일은 막힘과 통제가 없는 자유로운 길에서 이루어져야 한다. 그리고 거기서 찾고 만나는 하나님의 은혜는 모든 그리스도인이 함께 나누어야 할 신앙의 고백이요 궁극적으로 우리가 체험해야 할 진리의 십자가로 다가온다. 모든 그리스도인은 이 진리의 십자가를 찾아 함께 나누며 이 세상 속을 걸어가야 한다. 이 책은 바로 그런 목적을 이루기 위한 하나의 방편으로써, 기독교신앙의 본질을 조직신학의 다양한 주제들을 통해 성찰하는 방식으로 서술되었다. 다만 이 책의 일차적 독자가 신학교에서 조직신학을 처음 배우는 학생들이므로 한 그루의 나무에 천착하는 방식보다는 전체 숲을 그려주는 데 더 중요한 의미를 부여했으며, 여기에서 다루고 논의한 신학적 주제는 초보적이고 개요 수준을 크게 벗어나지 못한 부분이 있음을 밝힌다. 또한 가능한 한 이해하기 쉬운 문장으로 표현하려고 노력했기 때문에 너무 복잡하고 어려운 개념은 간소화하거나 생략한 경우도 있다. 그럼에도 이 책은 조직신학을 주체적으로 소화해내고 싶어 하는 독자에게 하나의 신학하는 길을 보여줄 수 있으리라 생각한다. 이는 학문이 "학생을 위해 조망할 수 없는 논쟁의 원시림 안으로 숲길을 터주어야 한다"[1]는 홀스트 푈만(Horst G. Pöhlmann)의 확신과 맥을 같

---

1) Horst G. Pöhlmann, 「교의학: 조직신학의 독보적인 고전」, 이신건 옮김 (서울: 신앙과지성

이 한다는 것을 의미한다.

　이 책의 전반에 흐르는 신학적 기조와 관점은 두 가지다. 하나는 자유교회 전통에서 신앙의 원리를 찾는 것이고, 다른 하나는 성경적 복음주의 시각에서 신학적 주제들을 성찰하는 것이다. 여기서 '자유교회 전통'이라 함은 신앙의 자유를 위해 성례전적이고 교권화된 국가교회의 문제점을 비판하고 국가와 교회의 분리를 근원적으로 관철시키려했던 17세기 침례교회의 신앙유산을 계승한다는 것이다. 또한 '성경적 복음주의 시각'이라 함은 회심 체험을 강조하면서 역사적 기독교신앙의 공통분모를 성경적 신앙으로 받아들이는 신학을 견지하는 것을 의미한다. 이런 관점에서 자연스럽게 다음과 같은 두 가지 측면의 집필동기와 방향이 나온다. 이 두 집필 특징은 책의 내용과 해석 영역뿐 아니라 그리스도인이 조직신학을 하는 태도와 목적에도 중요한 영향을 끼친다.

　첫째, 이 책은 신학자나 목회자가 주도하는 조직신학이 아니라 모든 그리스도인이 주체적으로 신학적 담론에 접근하도록 돕는 데 저술목적이 있다. 책의 제목을 「회중 주체적 조직신학」으로 정한 것은 그 때문이다. 이는 '회중을 위한' 조직신학이 아니라 '회중이 주체가 되는' 조직신학을 의미한다. 전통적으로 조직신학은 교회의 목회자들이나 신학자들의 전유물이라는 인상이 깊은 것이 사실이다. 실제로 신학생이나 목회자들조차 조직신학은 어려워 기피하고픈 분야라고 말하는 현실에서, 일반 신자들인 회중이 주체적으로 조직신학을 한다는 것은 다소 낯설고 어려운 일일 수 있다. 하지만 목회자와 일반 신자들을 이원화하는 것은 건강한 교회와 목회를 위해서 결코 도움이 되지 않는다고 생각한다. 따라서 그런 이원화된 신학교육의 병폐를 제거하고 신학교육의 독점화를 방지하고자 하는 의도가 책에 반영되었다.

　신학의 독점을 방지한다는 것은 그것을 평준화한다는 의미다. 이는 조직신학이 특정 계층의 독점물이 되어서는 안 되며, 모든 그리스도인은 어떤 의미에서든 조직신학자여야 한다는 확신에서 비롯된 것이다. 그러므로 한국 교회의 신자들은 신앙과 신학의 자립심을 기르기 위해서 일정기간 신학의 '이유식'(離乳食)을 해

사, 2012), 4.

야 한다. 어린아이가 어른으로 성장하기 위해 이유식을 해야 하듯이, 누구든지 건강한 그리스도인으로 자립하기 위해서는 교육과 양육을 받는 과정이 필요하기 때문이다. 이를 위해 제도적으로나 신학적으로 '폐쇄된 체제'가 되지 않도록 하는 것이 중요하다. 이유식을 하는 데 필요한 것은 자신의 생각과 주장을 자유롭게 표현하는 것이다. 그 점에서 토론식 신앙교육은 성숙하고 주체적인 신앙과 신학을 함양하는 탁월한 방법 가운데 하나다.

우리는 다른 사람을 신앙적으로 지배하려 해서도 안 되지만, 반대로 누군가를 맹목적으로 의존해서도 안 된다. 그것은 목회자와 일반 신자들의 관계에서도 예외가 될 수 없다. 진정한 동역관계가 이루어지려면 일반 신자들이 신앙으로나 신학으로 자립할 수 있어야 한다. 이것이 이 책에서 궁극적으로 기대하는 바, 신학교육의 목표다.

둘째, 이 책은 삶의 현장에서 제기되는 신앙의 질문들에 대한 신학적 반성에 초점을 맞추어 저술하려고 했다. 적절한 질문은 신앙의 건강한 답을 찾게 한다. 그러기 위해서는 질문할 수 있는 자유가 필요하다. 이 말은 어느 특정 교리가 '성역'(聖域)이 되어 자유로운 사유와 성찰을 차단해서는 안 된다는 의미를 함축한다. 그래서 부제를 "자유의 길에서 은혜를 찾다"로 정했다. 자유와 은혜 혹은 은혜와 자유는 조직신학을 하는 내내 사유의 울타리 역할을 하게 될 것이다. 특히 이 책의 부제에서 "자유의 길"을 강조한 까닭은 바로 방법론적으로 '아래로부터'(from below) 신학을 도모해야 한다는 것을 말하기 위함이다. 물론 은혜가 위로부터 주어진다는 것은 변함이 없는 신앙과 신학의 기본 전제라고 할 수 있다. 다만 이 책에서는 그렇게 '주어진' 은혜를 자유라는 삶과 신앙의 콘텍스트에서 발견하고 그것을 그리스도인의 공동체 안에서 함께 나누어야 한다는 것을 강조하려는 것이다.

그런 까닭에 이 책은 각 주제에서 형식적으로나마 문제제기 및 질문으로 시작한다. 물론 이 책의 성격상 대부분 어느 정도 주어진 답이 있는 것은 사실이다. 그렇지만 일반적인 주입식 교리학습에서는 탈피하려고 한다. 비록 같은 답에 도달하더라도 좀 더 자기 실존적이고 주체적으로 고민하는 과정을 거치는 것이 중요하다고 믿기 때문이다. 그리고 어떤 질문에 대해서는 전통적으로 접근하지 않았던 결론이라 하더라도 그 가능성을 열어두는 태도가 필요하다.

결론적으로 이 책에서 강조하고자 했던 키워드들을 정리해본다면, 그것은 '자유의 길'(the road of freedom), '하나님의 은혜'(grace of God), '현장에서'(in the field), '회중에 의해서'(by congregation), '자유교회'(free church), '신자들의 교회'(believers' church) 정도가 될 것이다. 이는 조직신학이 궁극적으로는 '신자로만 구성된' 신자교회를 위한 신학적 반성이어야 하며, 그 신학적 반성은 회중이 주체적으로 참여하는 작업이어야 한다는 것을 의미한다. 또한 그런 신학은 자유로운 신앙적 반성을 통해 하나님의 은혜를 만난 사람들의 이야기가 현장에서 제기되는 신앙의 질문들로부터 나와서 다시 그 삶의 현장에 적절한 답을 제공한다는 것을 함축한다. 특별히 신자들의 교회 개념은 자유교회 전통에서 가장 중요하게 강조하는 것으로서, 이것은 '회중 주체적' 조직신학을 가능하게 하는 이론적 근거다.

이 책의 집필방식과 출판배경에 관해서 몇 가지 밝혀두어야 할 내용들이 있다. 첫째, 이 책의 일차적 토대는 2004년에 출판된 「신앙과 신학의 만남: 간추린 조직신학」에 있다. 따라서 이전 책에 있던 내용을 다시 사용할 때는 일일이 그 출처를 밝히지 않았다. 굳이 수정증보판이라는 표현을 사용하지 않은 것은 이 책이 이전 책에서 다룬 주제들을 대부분 다시 쓰다시피 큰 폭으로 수정하여 전혀 새로운 책이 되었기 때문이다. 둘째, 이 책에는 오래 전에 「뱁티스트」지에 "현장에서 다시 쓰는 조직신학"이라는 이름으로 기고했던 다수의 글과 「복음과 실천」에 게재했던 일부 논문이 출판사의 허락을 받아 약간의 수정과 보완작업을 거쳐 주제에 따라 여러 군데에 삽입되어 있다. 기존의 글이나 논문을 다수 발췌해 실은 까닭은 그 글들이 조직신학개론수업에서 사색할 내용을 제공하는 데 적합하다고 생각했으며, 굳이 새롭게 다시 쓸 필요는 없다고 판단했기 때문이다. 셋째, 성경구절은 특별한 언급이 없는 한 개정개역성경본문에서 인용했다. 최상의 번역은 아니라 하더라도, 다수의 그리스도인들이 사용하는 번역본이기 때문이다. 필요에 따라서는 다른 번역본이 인용되기도 했다. 또한 다른 자료에서 인용한 경우를 제외하고는 '성서' 대신 '성경'이라는 용어로 통일했다. 이는 그리스도인들이 현장에서 익숙하게 접하는 언어를 사용함으로써 신학과 교회현장의 거리감을 좀 더 가깝게 하려는 의도 때문이다.

끝으로 이 책을 집필하고 마무리하는 과정에서 도움을 준 이들에게 고마운 마음을 표하고 싶다. 먼저 강의실 안팎에서 조직신학적 주제들을 놓고 함께 고민하며 논쟁했던 신학생들에게 감사한다. 그들의 날카롭고 진지한 질문들은 언제나 나에게 신학을 하는 의미와 목적을 잊지 않게 해주었고, 나태함을 꾸짖는 채찍이 되어주었다. 긴 원고를 꼼꼼하게 읽고 적절한 조언과 교정 작업을 도와준 많은 분들에게 고마움을 전한다. 독자의 관점에서 제기해주었던 이들의 조언은 간과하거나 소홀히 생각했던 현장의 소리를 다시 상기하고, 책의 틀과 내용을 잡아나가는 데 많은 도움이 되었다. 초고의 최초 독자가 되어 주었던 우리집교회의 박성훈 목사님과 박신희 원장님, 처음부터 마지막까지 토씨 하나하나 교정 작업을 도와준 대학원생 김은파 님과 윤기석 목사님, 그리고 책 제목을 '회중 주체적 조직신학'으로 결정할 수 있게 아이디어를 제공해준 침례신학대학교의 역사신학 교수 남병두 박사님, 집필에 전념할 수 있도록 연구안식년을 허가해준 전 총장 배국원 박사님, 책의 출판을 허락해준 총장대행 이형원 박사님에게 깊이 감사한다. 또한 출판과정에서 도움을 준 이정훈 편집장님, 멋진 표지를 디자인해준 추창호 목사님, 꼼꼼한 편집과 인쇄를 해준 청림출판사 김동덕 사장님 등 출판관계자 여러분의 수고에도 고마움을 전한다. 끝으로 언제나 사랑의 큰 빚을 지고 있는 가족들과, 한 결 같이 옆을 지켜주는 아내, 일본에서 주체적으로 학업에 정진하고 있는 아들과 딸에게도 감사의 마음을 표한다. 특별히 연로하여 몸과 마음이 점점 쇠약해져가는 것을 이겨내려고 날마다 자식들과 손주들의 이름을 수도 없이 반복해서 암송하는 어머니께서 건강하고 행복한 나날을 보내실 수 있기를 기도하는 마음도 이 책에 담고 싶다.

　신앙은 신학을 통해 의미를 찾고 신학은 신앙으로 말미암아 근거를 마련한다. 이 책이 독자로 하여금 삶의 현장에서 제기되는 신앙의 의혹과 질문들의 신학적 해답을 찾아가는 데 길안내자의 역할을 할 수 있기를 바란다. 신앙의 여정은 홀로 함께 가는 자전거여행과 같다고 생각한다. 자전거를 타려면 두 가지 행동이 필요하다. 하나는 엔진이 없기 때문에 끊임없이 페달을 밟아야 하고, 다른 하나는 넘어지지 않기 위해 적당한 균형 감각을 갖추어야 한다. 다른 사람이 대신 해 줄 수 없는 페달 밟기와 균형 잡기는 신앙여정의 특성을 닮았다. 마찬가지로 신학을 하는 것도 자유의 길 위에서 은혜, 즉 진리의 답을 찾아 떠나는 여행과 같다. 아무쪼록 우리의 신학여행이 신앙의 자전거를 타고 주체적으로 새롭고 작은 길들을 돌아보며 앞으로 나아가는 순례가 되기를 기대한다.

2017년 2월
은혜와 자유 안에서
김용복

헌사

신앙의 유산과 삶의 지혜를 물려주신
아버지와 어머니에게
이 책을 바칩니다.

차 례

머리말: '자전거신앙'과 신학여행 · 3

제1부 구원의 토대: 성경 안에서 · 25

서론: 신학의 의미와 방법 ········· 27
신앙과 신학의 만남 ········· 30
  신앙과 신학의 관계 ········· 30
  신학의 정의 ········· 31
  신학과 다른 학문의 차이 ········· 32
신학의 방법과 목적 ········· 34
  신학의 실천성 ········· 34
  신학의 근거 ········· 36
  신학의 분류 ········· 39
목회현장과 조직신학의 만남 ········· 41
  조직신학이 제 기능을 못하는 까닭 ········· 42
  이단분별과 교회의 사명 ········· 44
  조직신학의 연구대상 ········· 45
조직신학의 방법론 ········· 47
  패러다임의 차이와 정통-이단의 분별기준 ········· 47
  조직신학의 관점과 방법론 ········· 49
  조직신학에서 피해야 할 함정들 ········· 53
  조직신학의 학습목적 ········· 56

1_ 계시: 신앙의 근거 ········· 67
사적인 새로운 특별계시 ········· 68
  계시의 오용 사례 ········· 69
  성경의 사례 분석 ········· 72
  특별계시의 목적과 의미 ········· 72

계시의 조직신학적 위치와 중요성 ·· 74
　대화로서 계시의 특성 ··· 75
일반계시 ··· 76
　일반계시의 정의 ··· 76
　일반계시의 역할 ··· 77
　일반계시의 한계 ··· 80
특별계시 ··· 81
　특별계시의 정의 ··· 81
　특별계시의 현상들 ··· 83
　특별계시의 특징과 의미 ··· 85
계시와 역사의 관계 ··· 88
　구속사로서 계시 ··· 88
　보편사로서 계시 ··· 89
자연신학 논쟁 ··· 91
　바르트와 브루너의 기본 입장 ··· 91
　바르트와 브루너의 차이점 ··· 92

2_ 성경: 계시의 보존과 권위의 근거 ···································· 101
성경의 권위 ··· 102
　성경의 기록 목적 ··· 102
　성경의 권위와 신학의 다양성 ······································· 104
성경의 정경화: 성령의 영감과 조명 ······························· 105
　영감과 조명의 관계 ··· 105
　영감의 정도와 종류 ··· 109
성경의 권위와 해석 ··· 112
　성경의 해석권 ··· 113
성경의 권위와 무오류성 ··· 117
　성경과 복음의 관계 ··· 117
　성경 권위의 근거 ··· 118

성경의 불일치나 오류현상 ··· 120
무오와 무류의 차이 ··· 122

3_ 하나님의 존재와 속성 ·· 131
무신론과 하나님의 존재증명 ·· 132
무신론의 다양한 형태들 ·· 133
전통적인 신 존재증명 ··· 138
한스 큉의 신존재 변증 ·· 140
그리스도인의 대응 ··· 142
성경의 태도 ·· 143
하나님의 속성에 대한 고전적 이해 ·· 145
존재방식과 관련된 하나님의 속성 ·· 147
자연적 속성 1: 하나님의 존재방식 ··· 149
자연적 속성 2: 하나님의 사역방식 ··· 151
영적 속성 ·· 154

4_ 삼위일체: 하나님의 신비한 존재방식 ····································· 165
고전적 삼위일체와 새로운 논의 ·· 166
교부들의 삼위일체 설명방식 ·· 167
필리오케 논쟁과 그 영향 ··· 170
삼위일체의 현대적 논의 ·· 171
삼위일체의 설명방식과 그 한계 ·· 173
경세적 삼위일체와 존재론적 삼위일체 ···································· 173
삼위일체의 비유적 설명 ·· 174
역설적 설명방식 ··· 174
삼위일체의 성경적 근거 ·· 175
구약의 삼위일체 ··· 176
신약의 삼위일체 ··· 176
은혜의 교리 ·· 177

5_ 하나님의 사역: 창조와 섭리 ······ 183
창조의 사역 ······ 183
- 창조의 동기와 방법 ······ 184
- 창조와 과학 ······ 186

섭리의 사역 ······ 188
- 섭리의 일반적 의미 ······ 189
- 보존으로서 섭리 ······ 191
- 협력으로서 섭리 ······ 192
- 통치로서 섭리 ······ 194

하나님의 섭리와 악의 문제 ······ 196
- 성경의 관점 ······ 196
- 악과 하나님 통치의 함수관계 ······ 198

고난과 하나님의 뜻 ······ 199
- 고난을 바라보는 시각 ······ 200
- 하나님의 뜻 구분 ······ 202
- 신자의 고난과 하나님의 뜻 ······ 204

6_ 인간의 본성: 하나님의 형상 ······ 211
인간의 기원과 정체성 ······ 213
- 최초의 인간: 아담 ······ 214
- 인간 창조의 신학적 의미 ······ 215

인간의 본질: 구성요소의 이해 ······ 216
- 구성요소의 전통적 견해 ······ 217
- 전통적 해석의 문제점 ······ 218
- 영혼의 기원 문제 ······ 221

하나님의 형상 해석 ······ 222
- 실체적 해석과 그 한계 ······ 223
- 관계적 해석과 그 특징 ······ 224
- 하나님의 형상과 생태계 문제 ······ 227

기독교의 이상적 인간상 ········· 228
  제자도의 의미와 본질 ········· 228
  제자도의 실천성 ········· 231

7_ 죄의 본질: 원죄와 죄책의 전가 ········· 237

죄의 본질 ········· 238
  죄의 특성과 원인 ········· 238
  죄의 결과 ········· 240
원죄의 신학적 이해 ········· 241
  원죄의 전통적 해석 ········· 241
  원죄의 죄책 전가 ········· 243
  연방설의 취약한 성경적 근거 ········· 246
죄의 사회성 문제 ········· 249

8_ 창조세계: 보존과 전망 ········· 255

생태계 위기와 실태 ········· 256
  총체적 위기상황 ········· 256
  생태계 파괴의 주범 ········· 257
인간과 자연의 대결구조 ········· 258
  인간중심의 세계관 ········· 259
  현대사회의 가치관과 자연과학의 발달 ········· 260
  파괴된 창조신앙: 하나님 없는 이기적 욕망 ········· 261
인간과 자연의 화해구조 ········· 261
  하나님 중심의 세계관 ········· 262
  자연과 인간의 관계회복 ········· 263
  창조신앙과 제자도 ········· 265
패러다임의 전환 ········· 266

9_ 영적 존재들: 천사와 귀신 ······ 271

천사: 하나님의 일꾼 ······ 272
- 천사에 대한 역사적 이해 ······ 272
- 천사의 특성 ······ 273
- 천사의 역할 ······ 274

사탄과 귀신: 정체와 영향력 ······ 275
- 사탄의 기원 ······ 276
- 사탄의 정체와 활동 ······ 277
- 귀신의 정체 ······ 277
- 베뢰아 귀신론의 문제점 ······ 279

천사와 귀신의 현대적 의미 ······ 282
- 실존의 구조 ······ 283
- 권세들의 의미와 기능 ······ 284

10_ 예수 그리스도: 인격과 정체성 ······ 291

기독론의 위치와 방법론 ······ 292
- 역사적 예수 연구 ······ 292
- 방법론적 고찰 ······ 293

예수 그리스도의 존재양식: 인격 ······ 294
- 성육신 ······ 294
- 동정녀 탄생 ······ 295
- 부활 ······ 295
- 부활 후 예수 그리스도의 활동 ······ 296

예수 그리스도의 인격 교리와 정립과정 ······ 297
- 예수 그리스도의 신성 ······ 297
- 예수 그리스도의 인성 ······ 300
- 인격의 통일성 ······ 303
- 칼케돈신조의 의의 ······ 305

11_ 예수의 사역: 삶과 사명 ···· 313
예수의 소명과 유혹 ···· 314
재물과 경제력에 대한 유혹 ···· 315
정치와 명예욕에 대한 유혹 ···· 316
기적과 종교적 시험에 대한 유혹 ···· 318
예수와 율법 ···· 320
율법의 권위 계승 ···· 321
유대인의 잘못된 전통 ···· 323
새롭게 해석한 율법과 전통 ···· 325
새 계명과 옛 계명 ···· 328
예수와 제자도 실천 ···· 330
예수의 언행: 정치경제적 의미 ···· 330
예수와 폭력 ···· 333
예수의 죽음 ···· 335
그리스도의 속죄사역: 신학적 해석 ···· 337
고난의 십자가 ···· 337
예수 그리스도의 속죄: 신학적 견해들 ···· 338
속죄의 성경적 의미 ···· 342
속죄의 범위 ···· 343

제2부 구원의 기둥: 신앙을 통해 · 349

12_ 신앙: 은혜와 자유의 만남 ···· 351
신앙의 일반적 이해 ···· 353
신앙의 정의 ···· 353
신앙과 역사 ···· 354
신앙과 문화 ···· 355
신앙의 요소들과 참된 신앙 ···· 356
신앙과 궁극적 관심 ···· 359

신앙과 신앙체계 ·· 360
　　　　가짜 신앙체계 ·· 360
　　　　기복신앙의 문제점 ·· 362
　　　　맹목적 신앙과 강요하는 신앙 ······························ 368
　　　　신앙과 신앙고백 ··· 370
　　　　신앙고백과 신조의 차이 ····································· 371

13_ 신앙의 신학적 패러다임 ··· 377

　　신앙의 신적 측면: 하나님의 은혜 ······························ 378
　　　　은혜의 본질 ·· 378
　　　　하나님의 주권 ··· 381
　　　　예정과 선택에 대한 역사적 이해 ·························· 382
　　칼뱅주의와 아르미니우스주의 논쟁 ···························· 385
　　　　칼뱅주의의 장단점 ··· 387
　　　　이중예정의 문제점 ··· 388
　　　　아르미니우스주의의 장단점 ································· 392
　　신앙의 인간적 측면: 인간의 자유의지 ······················· 394
　　　　자유의지 논쟁 ··· 395
　　　　자유의지에 대한 성경의 증언 ······························ 400
　　　　신앙과 영혼의 역량 ··· 403

14_ 구원의 의미와 대상 ··· 411

　　구원의 의미와 차원 ·· 412
　　　　구원의 정의 ·· 412
　　　　구원의 세 차원 ·· 413
　　구원의 대상과 주체 ·· 417
　　　　생태계 구원과 우주적 구원 ································· 417
　　　　사회구원 ··· 419
　　　　정치신학과 구원 ·· 423

영유아와 지적 장애인의 구원 ·· 424
구원과 자살 ·· 426
　자살의 유형과 사례 ·· 426
　성경에 나타난 자살 사례 ·· 428
　구원과 자살의 관계: 신학적 의미 ································ 428

15_ 구원: 그리스도인의 시작과 완성 ···························· 437
구원의 시작: 회심 ·· 438
　소명 ·· 438
　회심 ·· 439
　회개 ·· 440
　신앙 ·· 441
회심 이후의 변화 ·· 442
　칭의 ·· 442
　양자 ·· 449
　중생 ·· 450
　그리스도와 연합 ·· 451
구원의 계속과 완성: 성화와 영화 ···································· 452
　성화 ·· 452
　견인과 배교 ·· 456
　신자의 배교 문제 ·· 457
　영화 ·· 465

16_ 성령: 정체와 사역 ·· 471
성령의 정체 ·· 472
　성령의 성경적 이해 ·· 473
　성령과 삼위일체 ·· 476
한국 교회의 성령운동 ·· 479
　영성과 성령충만 ·· 480

영성과 부흥 ·· 481
영성과 목회 ·· 483

17_ 성령침례와 성령의 은사 ·································· 489

성령침례의 현상과 의미 ·································· 489
오순절운동의 기원과 역사적 전개 ················ 490
오순절 사건의 신학적 의미 ···························· 491
성령침례의 성경적 근거와 의미 ···················· 492
성령내주, 성령침례, 성령충만의 관계 ············ 495

성령의 은사 ·· 496
은사의 종류와 원리 ·· 497
은사의 목적 ·· 498
초자연적 은사에 대한 견해들 ························ 499
더 큰 은사, 더 작은 은사 ······························ 500
주의해야 할 현상들 ·· 502
성령침례와 은사의 관계 ································· 503
오늘날 방언현상 ··· 505

성령의 아홉 가지 열매: 신학적 성찰 ················ 506

18_ 하나님 나라와 교회 ······································· 513

하나님 나라의 성경적 이해 ······························· 515
구약의 하나님 나라 ·· 515
신약의 하나님 나라 ·· 516

하나님 나라의 본질과 자격조건 ······················· 518
하나님 나라의 본질 ·· 519
하나님의 통치와 실현 ···································· 527

하나님 나라와 교회의 관계 ······························· 528
기독교역사에서 본 하나님 나라와 교회 ········ 529
교회의 존재근거로서 하나님 나라 ················· 530

19_ 교회의 본질과 정체성 ··· 539
  교회의 일반적 이해 ··· 539
    에클레시아의 의미 ·· 540
    교회의 기초 ··· 541
  교회의 신학적 이해 ··· 543
    교회의 삼위일체적 은유 ·· 543
    가시적 교회와 비가시적 교회 ···································· 546
    교회의 보편성과 특수성 ·· 550

20_ 교회의 사명: 사역 원리와 방식 ································ 555
  교회의 역할과 사명 ··· 557
    하나님을 향한 예배 ··· 557
    신자들을 향한 교육과 교제 ······································ 558
    세상을 향한 선교 ··· 558
    교회와 세상의 이중적 관계 ······································ 562
    메가처치와 교회의 패러다임 전환 ······························ 564
  교회의 구조들과 정치형태 ··· 565
    교회정치체제의 네 유형 ·· 566
    회중정치체제의 특징과 장단점 ·································· 567
    교회회원의 자격조건 ··· 568
  성경적 직분 ·· 568
    침례교회의 2직분 ··· 569
    평신도와 목회자의 이원구조 ···································· 573

21_ 교회예전: 침례와 주의 만찬 ··································· 587
  침례의 의미와 방식 ··· 588
    침례의 기원 ··· 588
    침례의 형식과 역사적 근거 ······································ 590
    침례의 신학적 의미 ··· 591

유아세례 반대근거 ·· 593
　　침례식과 혼인식의 유비 ·· 598
　주의 만찬의 의미와 방법 ·· 600
　　주의 만찬의 네 가지 해석 ·· 600
　　성경적 의미와 중요성 ·· 603
　　주의 만찬의 실행 ·· 604

22_ 개인적 종말: 죽음의 실체 ·· 611

　죽음 ·· 613
　　죽음의 성경적 의미 ·· 613
　　육체적 죽음의 한계와 의미 ······································ 614
　중간상태 ·· 615
　　신학적 접근: 전통적 해석들 ····································· 617
　　성경적 관점 ··· 624

23_ 우주적 종말: 창조의 완성 ·· 635

　그리스도 재림 ·· 636
　　재림의 사실성 ··· 636
　　재림의 양상과 목적 ··· 636
　죽은 자의 부활 ·· 637
　　부활의 독특성 ··· 638
　　성경의 근거 ··· 638
　　부활의 양태 ··· 639
　천년왕국 ·· 640
　　천년왕국의 의미 ·· 640
　　요한계시록 해석방법 ·· 641
　　후천년주의와 낙관적 역사관 ···································· 642
　　역사적 전천년주의와 비관적 역사관 ························ 645
　　세대주의적 전천년주의와 이원적 역사관 ················· 649

무천년주의와 현실적 역사관 ⋯⋯⋯⋯⋯⋯⋯⋯⋯⋯⋯⋯⋯⋯⋯⋯ 652
재조정된 천년왕국 ⋯⋯⋯⋯⋯⋯⋯⋯⋯⋯⋯⋯⋯⋯⋯⋯⋯⋯⋯ 655
최후심판 ⋯⋯⋯⋯⋯⋯⋯⋯⋯⋯⋯⋯⋯⋯⋯⋯⋯⋯⋯⋯⋯⋯⋯⋯⋯ 657
최후심판의 목적 ⋯⋯⋯⋯⋯⋯⋯⋯⋯⋯⋯⋯⋯⋯⋯⋯⋯⋯⋯⋯ 658
최후심판의 대상과 내용 ⋯⋯⋯⋯⋯⋯⋯⋯⋯⋯⋯⋯⋯⋯⋯⋯ 658
최후상태: 새 하늘과 새 땅 ⋯⋯⋯⋯⋯⋯⋯⋯⋯⋯⋯⋯⋯⋯⋯ 659
영원형벌 교리 ⋯⋯⋯⋯⋯⋯⋯⋯⋯⋯⋯⋯⋯⋯⋯⋯⋯⋯⋯⋯⋯ 660
새 하늘과 새 땅의 비전 ⋯⋯⋯⋯⋯⋯⋯⋯⋯⋯⋯⋯⋯⋯⋯⋯ 661

결론: 회중 중심의 나눔 공동체를 위한 신학 ⋯⋯⋯⋯⋯⋯⋯ 671
주제별 참고자료 ⋯⋯⋯⋯⋯⋯⋯⋯⋯⋯⋯⋯⋯⋯⋯⋯⋯⋯ 675

제1부
구원의 토대: 성경 안에서
the Base of Salvation: in Bible

서론
신학의 의미와 방법

내가 기도하노라 너희 사랑을 지식과 모든 총명으로 점점 더 풍성하게 하사
너희로 지극히 선한 것을 분별하며 또 진실하여 허물 없이 그리스도의 날까지 이르고
예수 그리스도로 말미암아 의의 열매가 가득하여 하나님의 영광과 찬송이 되기를
원하노라
빌립보서 1장 9-11절

    대부분의 신자들은 신앙이라는 영역에만 들어오면 왜 그토록 목회자에게 의존적이 되는 것일까? 게다가 스스로 자립하지 못하는 신앙인이 되어도 그것을 불편하게 생각하지 않는 까닭은 무엇인가? 이런 질문은 주변의 그리스도인들을 보면서 늘 품어왔던 의문이다. 그리고 이런 현실은 한국 교회의 질적 수준을 형성하는 데 매우 중요한 함수관계가 있다고 생각한다.
    그리스도인은 한 평생 신앙이라는 주제를 가지고 씨름을 하지 않을 수 없는 존재다. 그리스도인이라는 말 안에는 이미 신앙이라는 개념이 그 핵심에 놓여 있다고 할 수 있다. 그리스도인은 예수 그리스도를 '신앙'하고 따르는 사람을 의미하기 때문이다. 그러므로 그리스도인들이 타인 의존적 신앙에서 탈피하고 주체적 신앙인이 되는 것은 지극히 당연한 기본 조건이다. 그것이 그리스도인의 정체성을 세우는 일이다. 신앙의 정체성을 세우기 위해서는 반드시 신앙의 본질에 대해, 신앙의 대상에 대해, 신앙의 형태에 대해 분명히 이해할 수 있어야 한다.
    신학(神學)은 바로 그런 신앙의 내용과 의미를 논리적으로 설명하는 학문이다. 그 점에서 신앙과 신학은 떨어질 수 없는 밀접한 관계를 가지고 있다. 그러

므로 그리스도인이라면 누구나 신학을 할 수 있다. 왜냐하면 신학은 "하나님이 계시하신 진리를 이해하려는 시도"이기 때문이다.[1] 그 점에서 스탠리 그렌즈(Stanley Grenz)의 표현대로, "모든 그리스도인은 신학자"여야 한다.[2] 물론 모든 그리스도인이 신학자라는 말은 어떤 이들에게 다소 부담스러운 표현이 될 수도 있다. 하지만 신앙이 신학과 불가분리의 관계를 맺고 있는 한, 정도의 차이는 있다 하더라도 모든 신앙인은 신학자로서 해야 할 신학 작업을 하지 않을 수 없다. 하지만 이 말은 모든 그리스도인이 전문적인 신학공부를 해야 한다는 것을 의미하지 않는다. 그리스도인이라면 누구나 예외 없이 신학적 사유를 할 수밖에 없으며, 그 사유체계 안에서 자신의 신앙을 정립하게 된다는 것을 말하는 것이다.

 신학의 독점적 아성(牙城)은 이제 더 이상 존재할 필요도 없을 뿐 아니라 존재해서도 안 된다. 신학을 특화해오던 경향과 특수 계층의 전유물처럼 여기던 폐단은 지양되어야 한다. 그러기 위해서는 모든 그리스도인이 신앙과 신학의 이유식(離乳食)을 할 필요가 있다. 이유식을 하지 못한 아이들이 정상적인 성인으로 성장할 수 없는 것처럼, 신앙의 이유식을 하지 못한 신자들은 주체적이고 자립적인 신앙을 가질 수 없다. 그렇다면 '신앙의 이유식'은 어떻게 해야 하는가? 생각하고 질문하는 신앙의 분위기를 만들어줌으로써 가능하다. 그것이 호기심이든, 좀 더 깊은 사유에서 나온 것이든, 아니면 비판을 위한 것이든, 세움을 위한 것이든, 신앙의 질문은 계속해서 나와야 하고 그것을 막지 말아야 한다. 어린이들이 질문을 통해 정체성을 형성하며 성장해가듯이, 신앙의 성장도 이러한 질문을 통해 가능해진다.

 삶의 현장에서 제기되는 신앙적, 신학적 질문들은 그리스도인의 정체성을 형성하는 데 결정적 역할을 한다. 사람은 질문을 할 수 있는 독특한 존재다. 인생이란 질문을 통해 답을 찾아가는 과정이다. 그런 점에서 사람과 삶은 결국 다르지 않다. 사람의 자취는 삶이 되고, 삶을 들여다보면 사람이 보인다. 삶은 사람을 만들어가는 현장이며, 사람은 삶을 완성하는 주체다. 삶의 현장에서 사람이 완성된다. 사람은 삶을 사는 존재다. 그런데 사람이 살아내야 하는 삶은 그리 단순한 것이 아니다. 그 안에는 매우 복합적인 요소들이 잠복해있다. 그 요소들이 사람의 삶을 아름답게도 만들고, 때로는 고통스럽게도 만든다. 따라서 삶의 현장을 떠난 신앙과 신학은 무의미하다. 아니 어쩌면 그런 신학은 오히려 현장에서 살아가는 그리스도인들에게 유해한 신학이 될 수도 있다.

삶의 현장은 다양한 신앙이 표출되는 전선이요 옥석이 가려지지 않은 신앙들이 공존하는 곳이다. 신학은 삶의 현장에서 다듬어지지 않은 신앙 양태들을 분류하고 다듬는 수단이다. 마땅히 현장의 목소리와 신학의 내용은 상호 보완하고 견제되어야 한다. 건강한 신학이 빠진 잘못된 현장의 소리는 구원의 도를 파괴시키는 주범이다. 그 점에서 우리는 정통신학을 존중한다. 정통신학은 2000여 년의 역사 속에서 그 진위를 검증받은 것이기 때문이다. 그러나 한편으로는 정통신학이나 교리를 지나치게 강조하거나 맹신하면 그 안에 갇힐 수 있다. 내용이 형식을 필요로 하는 것은 사실이지만 그렇다고 형식에 갇혀버리면 그것은 살아있는 내용이 될 수 없다. 신앙과 신학의 관계도 마찬가지다. 신학의 본질은 어디까지나 '신앙'이다. 하지만 그 신앙은 신학을 통해 건강하게 성장한다.

신학이 빠진 현장의 신앙은 위태롭고, 현장의 신앙이 빠진 신학은 무의미하다. 하지만 신학과 현장이 만나면, 건전한 삶이 이루어진다. 건강한 신앙적 삶, 이것은 바로 참된 그리스도인의 탄생과 참된 교회의 출발을 의미한다. 그리스도인으로서 신앙의 삶을 깃발처럼 들고 세상을 향해 걸어갈 때, 교회는 참 교회가 된다. 현장의 목소리와 신학의 조화가 필요하다. 그리할 때 참된 지식과 분별력이 갖춰지고, 확신에 찬 신앙의 삶이 가능해진다.

이 책은 현장에서 만나는 그런 신앙과 신학의 문제를 조직신학의 관점에서 열두 개의 주제를 스물세 개의 장으로 나누어 설명한 것이다. 주제의 선택과 편성은 전통적인 조직신학 분류법을 따랐지만, 어떤 부분에서는 독자적 의미를 부여한 것도 없지 않다. 특히 이 글에서 논의된 주제들은 삶의 현장에서 직접 혹은 간접으로 제기되는 신앙의 문제들이기 때문에, 이 주제들을 체계적으로 살펴보는 것은 그리스도인들이 기독교신앙을 더욱 성숙하게 하고 교회를 건강하게 세워나가는 데 필요한 역량을 키우는 일이 될 것이다.

신앙과 신학의 만남

신앙과 신학은 어떻게 다를까? 그 둘은 어떤 관계에 놓여있는가? 우선 신앙(信仰)과 신학(神學)이라는 한자표기에서 그 차이를 발견할 수 있다. 신앙은 '믿고'[信] '우러르다' 혹은 '따른다'[仰]는 의미를 가진 두 글자로 이루어졌고, 신학은 '하나님'[神]에 관해 '배운다'[學]는 의미를 가진 두 글자의 합성어다. 이것을 종합하면, 어떤 대상을 믿고 따르는 것이 신앙이고, 그 대상인 하나님에 대해 묻고 답하는 것이 신학이다.

신앙과 신학의 관계

신앙과 신학의 관계를 제대로 이해하는 것은 신앙의 정체성을 세워나가는 첫걸음이다. 신앙은 신학의 내용을 채워주고 신학은 신앙의 형식을 만들어준다. 그래서 신앙은 1차 체험이고 신학은 2차 체험이다. 2차 체험은 1차 체험이라는 자료에 의존되어 있으므로 신학은 신앙의 내용을 설명하는 수단이어야 한다. 신학이 신앙을 통제하는 주인 행세를 해서는 안 된다. 그 순서가 뒤바뀌는 현상은 예나 지금이나 신앙의 본질을 이해하는 데 큰 걸림돌이 되어왔다. 신앙을 체계화하기 위해 탄생한 신학이 신앙을 판단하는 근거가 되면 불행하게도 신앙은 신학에 종속되기 시작한다. 그 결과 특정 신학의 프레임 안에서만 신앙의 경험이 허용되는 신앙검열이 이루어진다. 주객이 전도된 이런 상황은 종종 그리스도인의 주체적 신앙이 제한받고 억압당하는 양상으로 나타나기 일쑤다.

그렇다고 해서 신학이 중요하지 않다거나 무용하다고 말하는 것은 아니다. 오히려 그런 위험 부담을 안고 있을지라도 신학은 그 역할이 중요하며 그만큼 기대도가 높다. 조직신학이라는 학문이 필요한 까닭은 신학의 이런 중요성과 관련이 있다. 신앙이 아무리 1차 체험으로서 우선시 되어야 한다 하더라도 그것은 매우 주관적이고 다양한 체험을 토대로 형성되기 때문에 성경적으로나 신학적으로 검증되지 않았다는 한계를 가지고 있다. 그에 비해 신학은 논리적이고 종합적인 검증 작업을 통해 신앙체계를 구축하는 역할을 하기 때문에 실제로 삶의 현장에서는 그 필요성을 아무리 강조해도 지나치지 않는다. 따라서 신학이라는 수단을 통해 다양하고 주관적인 신앙을 검증하는 일은 건전한 신앙을 쌓아나가는 데 반드시 필요한 과정이다. 그 점에서 신학은 그리스도인의 신앙을 위해 봉사하는 학문이어야 한다. 물론 신학은 하나의 논리체계로 구성되므로 그에 따른 한계를 피할 수 없다. 때때로 우리는 논리적으로 설명되지 않는 성경의 진리를 은혜로 체험하기 때문이다. 그 점에서 "신학은 자기모순이 없어야 유효한 것이 아니라 성경과 모순되지 않아야 유효하다"[3]고 말한 랜디 알콘(Randy Alcorn)의 진술은 기억될 가치가 있다.

신학의 정의

신학(神學)을 어떻게 정의할 수 있을까? 사람들의 관점에 따라 정의가 달라지는 것이 사실이지만, 무엇보다도 신학은 하나님에 관한 신앙을 체계화하는 것이고 할 수 있다. 신학(theology)이라는 단어의 사전적 의미는 '하나님'(theos)에 관한 '언어'(logos)다. 궁극적 실재인 하나님에 관해서, 그의 사역과 관련해서 우리가 믿고 있는 바를 체계적으로 언어를 통해 설명하는 것이 신학이다. 따라서 신학이 모든 그리스도인의 사유대상이 되려면, 일단 신학적 논의는 가급적 일상 언어로 이루어져야 한다. 그리스도인이 하나님에 대한 신앙을 가지고 있고 그것을 끊임없이 반성하고 있는 한, 신학은 모든 그리스도인의 사유 활동이 될 수 있어야 한다. 데일 무디(Dale Moody)는 "기독교신학은 예수 그리스도의 인격을 통해 믿음의 공동체를 창조하는 기본 신념들에 관해 일관되게 생각하는 것"이라고 정의했다.[4] 그는 그리스도의 인격, 인간의 믿음, 공동체의 창조에 초점을 두면서 일관되게 생각하는 기능을 강조했다.

우리는 나이와 신분에 상관없이 누구나 하나님에 관한 질문을 수시로 던지며 살아가고 있다. 하나님은 어떤 분이신가? 왜 하나님은 이 순간에 우리를 도와주시지 않는가? 정말 우리는 하나님을 이해할 수 있을까? 도대체 하나님이 존재하시기는 한 걸까? 우리는 구원을 받을 수 있을까? 그렇다면 과연 우리는 어떻게 구원을 받을 수 있는가? 이 과정에서 하나님이 하신 일은 무엇이고, 우리가 해야 할 일은 무엇인가? 신학은 이런 수많은 질문들에 대해 우리가 사용하는 언어를 통해 납득할 만한 논리를 가지고 설명해내는 작업이다.

신학이란 작업을 좀 더 큰 그림으로 접근한다면, 그것은 궁극적으로 피조물의 구원과 관련하여 하나님에 관한 지식과 신앙을 체계화하는 것이라고 말할 수 있다. 외연을 넓혀 구체적으로 말하면, 신학은 하나님과 인간, 그리고 자연의 파괴된 관계를 구원과 해방의 문제를 중심으로 그리스도의 인격과 사역에 대한 믿음을 통해 회복하려는 지적(이해)이고 실천적(행동)인 반성이다. 그러므로 가장 중요한 신학의 과제는 본래의 관계를 회복하는 것이고, 우리의 영성을 지적이고 실천적으로 회복하는 것이다.

영성의 기본은 관계 회복이다. 하나님과 인간의 본래 관계, 인간과 인간의 관계, 인간과 자연의 관계를 회복하는 것은 궁극적 의미에서 구원의 총체성이라고 말할 수 있다. 이 구원은 종교적 사회적 차원에서 해방이고, 개인 차원에서 자기완성이며, 영성 차원에서 관계회복이다. 관계회복이라 함은 본래의 완전한 관계가 있었다는 것과 그 관계가 파괴되었다는 것을 전제한다. 하나님과 인간 사이에 불신이, 인간과 인간 사이에 미움이, 자연과 인간 사이에 탐욕이 개입된 것이 바로 관계 파괴의 주범이다. 관계회복을 위해서는 불신은 신앙으로, 미움은 사랑으로, 탐욕은 절제로 변화시키는 것이 필요하다. 따라서 신학의 대상에는 하나님, 인간, 자연이 모두 포함되어야 한다.

신학과 다른 학문의 차이

신학의 본질을 파악하기 위해 그것이 다른 학문과 어떤 차이점이 있는가를 살펴보는 것은 매우 유용한 방법이다. 학문이라고 해서 다 같을 수 없는 것은 그 목적과 방법론이 다르기 때문이다. 그리고 실제로 신학과 다른 학문의 차이를 분명하게 알게 되면 신학의 핵심을 쉽게 파악하게 되고 방법상의 한계도 인식할 수 있다.

따라서 신학은 궁극적으로 모든 학문과 대화할 수 있을 만큼 개방적이어야 한다. 그 가운데 성경을 해석하고 신학적 진리를 세워나가는 데 긴밀한 영향을 주는 학문들에 대해서는 좀 더 관심을 기울일 필요가 있다. 신학과 다른 학문은 어떤 점에서 차이가 있는가? 다른 학문과 신학의 바람직한 관계를 정립하려면 어떻게 하는 것이 좋을까? 그것은 각 학문의 목표와 한계를 정확하게 이해하여 그 차이를 파악함으로써 가능하다.

신학과 과학

신학과 과학은 진리를 추구한다는 점에서 같지만, 그것에 접근하는 방법에서는 큰 차이를 보이고 있다. 방법론에서 볼 때 과학은 아래로부터의 귀납적 방법을 사용하지만 신학은 위로부터의 연역적 방법에 의존한다. 출발점이 서로 다르다는 것은 기본 전제에 차이가 있다는 것을 의미한다. 과학은 현상 세계로부터 출발하지만 신학은 하나님의 계시를 전제하고 인정하는 데에서 출발한다.[5]

질문양식에도 신학과 과학은 차이가 있다. 과학은 '어떻게'(how)를 묻는 것이라면 신학은 '왜'(why)에 관심이 있다. 따라서 관심사가 다르기 때문에 도출되는 결론도 자연히 다를 수밖에 없다. 과학적 지식이 성경을 해석하는 데 도움이 되는 것은 사실이지만, 그렇다고 해서 성경을 과학 교과서를 읽듯 대해서는 안 된다. 성경은 하나님의 계시를 신앙의 눈을 통해 읽어내야 할 진리이기 때문이다. 반대로 과학적 진리도 마찬가지로 성경을 읽던 방식으로 접근하는 것은 바람직하지 않다.

신학과 종교학

신학과 종교학은 연구하는 대상과 현상이 서로 같다는 점에서 어쩌면 가장 인접한 학문이 될 수 있다. 그런 까닭에 두 학문은 그 경계선이 분명하게 나누어지지 않을 때 오해와 혼란을 초래하기가 쉽다.

신학과 종교학의 가장 큰 차이는 연구대상과 방법론에서 비롯된다. 신학은 "신(神)의 계시를 진리의 원천으로 받아들여 그것을 해석하고 체계화"하는 학문이라면, 종교학은 "종교를 인간현상으로 연구"하는 학문이다.[6] 그러므로 이 둘의 학문은 가치판단의 문제를 대하는 태도가 서로 다르다. 신학은 처음부터 신적 계시라는 가치판단을 전제하고 출발하지만, 종교학은 가치판단을 일단 보류하고 접근한다. 판단보류, 즉 '에포케'(epoche)라는 말은 '괄호 안에 묶어둔다'는 의미로, 선입견을 버리고 객관적으로 종교현상과 신념체계를 탐구하는 것을 뜻한다. 이는 종교학 연구방법론의 가장 기초적 상식이라 할 수 있다. 따라서 그리스도인이라 하더라도 자신의 기독교신앙을 내려놓고 가치판단을 보류한 뒤에 연구에 임해야 하는 것이 종교학적 태도다. 그러나 신학은 "신학을 수행하는 자 편에서" "신앙적 자세와 신앙공동체에의 참여를 전제"한다.7)

그렇다면 종교학이 가지고 있는 중요한 특징은 무엇인가? 종교학이 성립하려면 적어도 세 가지 조건이 충족되어야 한다. 첫째는 비판적 태도(critical attitude), 둘째는 동정적 이해(sympathetic understanding), 셋째는 과학적 방법(scientific method)이다.8) 이 말은 첫째 자신의 종교까지도 비판적으로 연구하라는 것이고, 둘째 다른 종교까지도 동정적 이해가 필요하다는 말이며, 셋째 과학적 방법으로 현상을 분석하고 그 의미를 찾아야 한다는 것을 의미한다.

기독교의 입장에서 보면, 종교학은 어떤 점에서 '복음의 준비'로써 신학의 '몽학선생'과 같은 역할을 할 수 있다. 과거에는 철학이 신학의 준비단계로 인식되었으나 이제는 종교학이 신학의 준비단계가 된다. 그래서 질문양식에도 변화가 일어났다. 과거에는 "예루살렘과 아테네가 무슨 상관이 있는가?"(Tertullianus)라고 질문했다면, 오늘날에는 "예루살렘과 바나레스는 무슨 상관이 있는가?"(Peter Berger)라고 묻는다.9)

신학의 방법과 목적

신앙과 신학이 불가분의 관계를 가지고 있다면, 그래서 "모든 신앙인은 다 신학자"라는 말이 성립할 수 있으려면 어떤 조건이 필요한가? 그러려면 무엇보다 신학이라는 학문이 불통의 벽으로, 권위의 아성으로 작용하지 않도록 하는 것이 요청된다. 신학은 특정한 사람이나 목회자들에게만 접근 가능한 성역이 되어서는 안 된다. 누구나 쉽고 가까이 다가갈 수 있도록 신학의 방법과 목적을 재설정하는 것이 필요하다.

신학의 실천성

'신학을 한다는 것'(doing theology)은 관념적 신학의 사유를 넘어서서 행동으로 신앙을 실천한다는 것을 의미한다. 이는 신학의 실천성을 강조하는 말이다. 실천이 수반되지 않는 신학은 최종적 가치가 없다. 신학하기는 이성(머리)과 감성(가슴)과 행동(손발)으로, 총체적인 회복운동에 참여한다는 것을 의미한다.[10] 이는 신학을 하는 궁극적 목적이 파괴된 관계회복, 즉 하나님과의 관계, 자아의 본성, 인간의 사회성과 영성 등을 실천적으로 회복하는 데 있다는 말이기도 하다. 그러므로 행함이 없는 신앙은 죽은 것이듯(약 2:17), 행동이 따르지 않는 신학은 죽은 신학이다. 이는 신앙과 신학이 만나야 한다는 의미를 재확인해주는 것이다. 그런데 오늘날 그리스도인은 얼마나 자신의 행동을 뒷받침하는 신학적 사유를 하고 있는가? 현장에 참여하지 못하고 생각과 글로만 정의를 외치는 것은 악과 부조리에 대해 침묵하거나 동조하는 것보다는 낫지만, 나약한 지성적 신앙인의 자기변명에 지나지 않을 수도 있다.

그 점에서 신학은 인간학과 무관하지 않다. 신학은 인간이 하나님에 관해 말하는 것이면서도, 동시에 인간 자신을 회복하는 작업이기 때문이다. 신학은 인간구원의 모든 과정에 대한 성찰이다. 따라서 신학을 하는 사람은 언제나 자신을 돌아보아 반성하고, 그 가르침을 실천에 옮김으로써 변화된 삶을 살아야 한다. 신학수업은 단순히 남을 가르칠 목적에서가 아니라, 자기 자신을 반성할 목적으로 하는 것이다. 신학교에서 목회자가 되기 위해 신학수업에 임하는 학생들을 보면, 때때로 그들이 목회의 기술을 배우기 위해 공부한다는 느낌을 많이 받는다. "이것을 어떻게 활용할까?"에 관심이 있을 뿐, 그것을 통해 "내가 무엇을 반성하고 고쳐야 하나"를 성찰하지 않는다는 것이다. 이는 신학교육에서조차 무의식중에 '갑'과 '을'이 설정되어 있다는 것을 함축한다. (예비)목회자는 '갑'이 되고 성도들은 '을'이 되는 신학교육은 온갖 문제점을 양산할 수밖에 없는 터전을 제공한다. 자신을 먼저 변화시키려 하지 않는 교육은 참된 교육이 아니다. 여기서 우리는 목회자 중심의 신학교육을 지양하고 모든 성도들이 함께 참여하고 성역 없이 신앙을 공론화할 수 있는 풍토를 만들어야 한다. 이는 신학교육 현장에서 민감한 주제나 신학적 규범을 뒤집어서 사고할 수 있는 훈련의 하나로 토론식 교육이 필요한 까닭이기도 하다.

신학교육은 먼저 자신의 몸과 마음을 닦고 남을 평안하게 해주기 위해서 행해져야 한다. 이것은 이른바 '수기안인'(修己安人)의 정신과 통한다.[11] 그리고 이

정신은 그리스도의 십자가 길과 희생정신과 통하는 바가 있다. 예수의 삶과 행동양식을 바로 알아듣는 제자는 그를 본받아 자신의 삶 속에서 그 분의 뜻을 행동으로 옮기는 사람이다. 우리는 이것을 '예수 닮기'라고 한다. 예수를 닮는다는 것은 이론에 치우치기 쉬운 조직신학이 안고 있는 가장 큰 고민거리이자 동시에 반드시 실천해야 할 과제다. 조직신학을 삶의 현장에서 자연스럽게 일어나는 질문들로 시작하는 것도 그 답을 삶의 자리에서 찾고자 함이다. 이런 질문과 대답의 신학구도는 신학적 이슈를 관념적이거나 형이상학적인 담론으로 남게 하지 않고 삶의 현장에서 신앙의 실천으로 연결하게 한다.

신학의 근거

신학 작업을 위해서는 자료와 그것을 구성하는 방법론이 있어야 한다. 중세시대에는 교도권에 의해 해석된 성경과 사도적 전승이, 종교개혁시대에는 '오직 성경'(sola scriptura)이라는 목표가 신학을 하는 큰 원칙이고 규범이었다. 존 웨슬리(John Wesley)는 성경, 이성, 경험, 전승이라는 네 가지 근거[Wesleyan quadrilateral]를 제시했고, 폴 틸리히(Paul Tillich)는 상관방법론(method of correlation)을 사용했다. 특히 틸리히의 상관방법은 "상호의존 관계에 있는 실존적 질문들과 신학적 답들을 통하여 기독교신앙의 내용"을 설명하려는 시도로써,12) 신학함의 유용한 방법론으로 작용한다. 스탠리 그렌즈(Stanley Grenz)는 성경, 교회사의 흐름, 문화의 사고형식들을 신학의 규범으로 삼았다.13)

이와 같은 신학의 규범 내지는 자료들은 신학이라는 특수한 학문의 성격과도 밀접한 관련이 있다. 이는 기독교신학이 다른 학문과 어떤 점에서 차이가 있는가를 말해주는 것이기도 하다. 적어도 기독교신학이 가능하려면 두 가지 전제조건이 갖추어져야 한다. 첫째는 하나님의 존재와 그의 계시를 인정하는 것이다. 다른 학문은 이런 전제조건을 필요로 하지 않는다. 그러나 신학은 이런 초월적 계시에 불가피하게 의존되어 있다. 하나님의 계시는 하나님의 존재를 전제한다. 하나님의 계시가 없는 신학은 참된 신학이 아니다. 인간의 이성과 감정만으로는 참다운 하나님을 알 수 없고, 하나님을 알 수 없다면 신학은 본질적으로 불가능하기 때문이다. 이것이 신학이 가지고 있는 중요한 특징이며, 모든 그리스도인의 은혜 체험에서 비롯된 하나의 확신이다.

신학을 가능하게 해 주는 하나님의 계시는 여러 가지 형태로 나타나지만, 그 가운데 가장 완전한 형태로 드러난 것은 신구약성경이다. 데일 무디는 기독교신학에서 차지하는 성경의 중요성을 이렇게 진술했다:

> 기독교 신학의 궁극적 자원은 언제나 신구약성경이었다. 가장 철학적인 신학조차도 철학이 어떤 방법으로든 그리고 어느 정도든 성경적 믿음을 지지해야 한다는 것을 전제한다. 하지만 성경에 호소하는 사람들도 종종 철학적이고 신앙고백적인 전제들을 사용하여 성경을 왜곡하고 있음을 말하지 않을 수 없다. 그럼에도 어느 경우에서든 성경은 표면상 최상의 자원이다.[14]

신학이 가능하기 위해 필요한 두 번째 전제조건은 실존으로서 인간의 삶과 경험이다. 하나님의 계시가 명백하게 나타난다 하더라도, 그 계시를 경험하거나 수용할 수 있는 인간의 능력이 없다면 신학은 실제로 불가능하다. 따라서 신학을 한다는 것은 인간이 하나님의 계시를 받아들이고 반성하고, 또 그것을 해석할 수 있는 능력이 있다는 것을 기본적으로 전제한다. 이 능력은 주로 인간의 이성이나 감정 또는 문화 등을 통해 표출되어 왔다. 에드가 멀린스(Edgar Y. Mullins)가 말한 "신앙에서 영혼의 역량"(the competency of the soul in religion) 개념은 이런 맥락에서 중요하다.[15]

신학은 하나님의 계시와 인간의 능력이 결합하여 이루어진다. 하지만 신학적 진리와 체계가 밝혀낼 수 있는 범위는 제한적이다. 어떤 신학체계도 실재를 온전하게 파악할 수 없고, 어느 정도 진리에 접근할 수 있을 뿐이다. 그래서 신학체계는 마치 달을 가리키는 손가락과 같은 역할을 할 뿐이다. 그렌즈는 그것을 과학철학의 용어를 빌려 다음과 같이 설명했다:

> 신학에 의해 만들어진 모형은 전자[모사모형]라기보다는 후자[유사모형]의 유형에 속한다. 신학체계들은 모사(模寫), 즉 실재의 '축소 모형'을 제시하지 않는다. 신학체계들이 제시하는 명제들은 일의적(一義的, univocal)이지 않다. 그러므로 그 어떤 신학 체계도 하나님의 본질 또는 하나님과의 관련성 하에서의 인간과 세계의 본

질을 정확하게 언어로 재현해낸 것이라고 주장할 수 없다.16)

여기서 사용된 "모사모형"(replica model)은 "실재를 좀 더 작고 쉽게 가시화될 수 있는 축소된 모형으로 재현"해내는 것이라면, "유비모형"(analogue model)은 "실재의 구조적 관계성들을 재현"해내는 것을 말한다.17) 따라서 신학자들은 전달자의 역할에 충실해야 한다. "기독교 전통 내부의 관점에 서서 교회가 그리스도이신 예수에 대한 신앙고백을 오늘날의 상황에 적용하는 것"을 도와주는 것이 신학자들의 역할이다. "신학은 언제나 도상에(in via) - 진행중에 - 있다. 그리고 신학자는 순례하는 백성들을 위하여 봉사하는 순례사상가(a pilgrim thinker)"다.18) 물론 여기서 "적용한다"고 하는 것은 신앙고백에 기초한 구체적 실천을 뜻하며, "순례사상가"라는 것은 고정되고 닫힌 도그마를 전수하는 것이 아니라 변화하는 환경에 대응하는 열린 신학적 사고를 통해 이론적이며 동시에 실천적인 대안을 모색하는 역할을 한다는 의미라고 할 수 있다.

신학의 근거와 토대(하나님, 인간)가 마련되더라도 그것들 사이의 관계가 형성되지 않는다면, 신학은 불가능하거나 무의미하다. 그런데 하나님과 인간의 관계는 어떠한가? 성경의 증거에 따르면, 하나님과 인간의 관계는 철저하게 파괴된 것이어서, 인간이 스스로 참된 신학을 하기는 애초에 불가능하다. 따라서 이 둘의 관계를 새롭게 맺어줄 존재가 필요한데, 그분이 바로 예수 그리스도다. 예수 그리스도는 인간의 실존적 한계를 넘어선 본질이다. 결국 신학은 하나님-그리스도-인간의 삼박자가 갖추어져야 비로소 가능할 수 있다.

여기서 그리스도의 중재(仲裁) 문제는 신학에서 매우 중요한 요소이면서도 민감한 신학적 해석을 필요로 하는 주제다. 그리고 그리스도의 중재가 의미 있으려면 하나님의 계시와 인간의 반응이 전제되어야 한다. 특히 인간의 반응은 이성과 감정이라는 두 가지 도구를 통해 사유되고, 이 사유된 결과로서 표현된 신학적 진리는 윤리적, 혹은 실천적 삶을 통해서 나타난다. 여기서 신학적 진리가 실천적 삶으로 나타나는 것은 대단히 중요하다. 실천이 뒤따르지 않는 신학적 진리는 관념이나 하나의 이상에 불과할 수 있기 때문이다. 신학의 궁극적 목적은 관계회복이다. 이는 그리스도 안에서 인간의 총체적인 삶을 통해 하나님의 계시에 인격적으로 반응할 때 이루어질 수 있다.

결국 하나님 대 인간은 신학의 전 영역을 관통하는 두 구도가 되고, 그리스도는 이 대립되는 관계를 화해시키는 중재자가 된다. 그리고 이 둘의 관계 설정은 신학의 패러다임을 결정한다. 역사적으로 볼 때 신학은 크게 세 가지 유형으로 구분될 수 있다. 첫째는 하나님 중심의 신학(God-centered theology)이며, 둘째는 인간 중심의 신학(Man-centered theology)이고, 셋째는 그리스도 중심의 신학(Christ-centered theology)이다. 이 세 유형의 신학은 대체로 모든 신학 주제에서 나타나는 성향인데, 이 책은 기본적으로 그리스도 중심의 신학적 관점에서 서술되었다.[19]

신학의 분류

신학은 연구방법과 다루는 주제에 따라 몇 가지 범주로 분류되어왔다. 중세기 이전에는 신론과 삼위일체론이 좁은 의미에서 신학으로 간주되었지만, 중세기 이후에 전체 영역으로 신학의 범위가 확대되었다. 그리고 17세기 말엽에 성경주석과 교회사가 신학의 한 분야로 들어왔고, 19세기에 실천신학도 한 분야로 인정받았다.[20] 일반적으로는 다음의 네 가지 범주로 분류가 가능하다: 성경신학, 역사신학, 조직신학, 실천신학. 아래 [표1]에서 세부 분야의 과목들은 침례신학대학교 신학과에서「신학입문」이라는 강의를 개설하면서 구성한 과목명들이다.「신학입문」과목은 신학을 처음 공부하는 학생들에게 신학의 전체 구조와 학습내용들을 일목요연하게 제공하고, 신학생들이 한 학기 동안에 모든 신학교수들과 만날 수 있는 기회를 마련하기 위해 기획된 커리큘럼이다.[21]

이 분류를 나무에 비유한다면, 성경신학은 뿌리, 조직신학은 그루터기, 역사신학은 줄기와 가지, 실천신학은 꽃과 열매에 해당한다. 나무의 궁극적 목적이 꽃과 열매를 맺는 것이라고 한다면, 신학의 꽃과 열매에 해당하는 실천신학은 신학의 궁극적 목표라고 할 만하다. 하지만 줄기와 가지가 없이는 열매를 맺을 수 없고, 줄기와 가지는 그루터기 없이 존재할 수 없다. 그루터기는 또한 뿌리가 있을 때 생존할 수 있다. 그러므로 하나의 나무를 형성하는 네 가지 부위는 어느 하나 필요하지 않은 것이 없다. 마찬가지로 신학도 네 가지 영역의 방법론이 서로 떨어질 수 없는 관계 속에서 얽히고 섞여 하나의 목표를 향해 나아간다. 신학의 각

분야마다 방법론과 목적이 달라서 어느 것이 더 중요하다고 말하기는 사실 어렵다. 어떤 점에서는 모든 분야가 '가장' 중요하다고 말할 수밖에 없을지 모른다. 다만 각 연구 분야의 역할을 제대로 하면서, 서로 연계되어 전체 신학의 목적을 달성하는 것이 중요하다. 여기서 '통합적' 사고의 접근이 필요하다.

[표1] 신학의 분류표

	세부 분야	연구특징	역 할
실천신학	예배학, 목회학, 전도학, 설교학, 교회행정과 의식, 상담학, 선교학	실천적, 관계적	그리스도인의 삶을 신앙 안에서 결실을 맺기 위해 교회생활과 사역에 실제로 필요한 정보를 제공한다.
역사신학	교리사, 교회사, 신조학	시대별, 비교와 대조	기독교 역사 속에 등장했던 다양한 신학사조와 교회역사를 분류하고 비교한다.
조직신학	교리학, 변증학, 윤리학, 종교철학	주제별, 체계적, 종합적, 이론적	주제별로 성경의 진리를 체계화하여, 하나님, 인간, 그리스도, 구원, 교회, 종말 등에 관한 종합적인 지식을 제공한다.
성경신학	신구약신학, 성경해석학, 성경고고학, 주석학, 사본학	분석적, 서술적, 현상적	성경에서 신학의 원초적 자원을 발굴하고 분석하여 그 의미를 밝혀 준다.

신학의 여러 분야는 배타적이지 않고 서로 돕는 관계여야 한다. 특히 조직신학은 성경신학의 산물에서 큰 도움을 받는다. 하지만 조직신학은 성경신학이 "성경의 체계성을 부인"[22]하는 것과는 달리 성경의 체계와 통일성에 대해 관심을 가진다는 점에서 차이가 있다. 또한 조직신학은 역사신학의 교훈에도 귀를 기울인다.

조지 산타야나(George Santayana)가 남긴 명언처럼 "과거를 기억하지 못하는 사람은 그것을 되풀이하는 운명에 처하게 된다"는 것은[23] 기독교신학에서도 뼈아픈 진실이다. 나아가 조직신학은 실천신학에 건강한 관점과 해석의 틀을 제공함으로써 이론에만 머무르지 않고 교회와 그리스도인의 삶에 참여한다. 따라서 조직신학은 성경과 기독교역사에서 배운 바를 정리하고 체계화해서 실천신학을 위한 근간과 프레임을 제공해주는 역할을 한다고 할 수 있다.

목회현장과 조직신학의 만남[24]

신학교에서 배운 조직신학은 목회현장에서 쓸모없는 죽은 지식에 불과하다고 말하는 사람들이 있다. 그들은 한술 더 떠서 "우리가 도대체 신학교에서 무엇을 배웠는지도 모르겠다"고 하는 자조(自嘲)어린 넋두리를 서슴지 않는다. 그래서 어떤 사람들은 목회현장에서 필요한 지식을 다시 새롭게 배워야 한다고 생각한다. 그리고 실제로 그들은 여기저기 세미나를 뛰어다니면서 목회 자료와 각종 신학지식들을 무분별하게 받아들인다. 이처럼 신학교의 교육을 불신하는 풍조는 비단 조직신학과 같은 이론신학뿐 아니라, 실천신학 분야에까지도 널리 퍼져있는 듯하다.

우리가 조직신학을 경원시하거나 불필요한 것이라고까지 생각하는 이유는 조직신학 그 자체에 원인이 있는 것이 아니다. 그보다 근본적 원인은 조직신학의 원리와 주제들을 목회현장에서 제대로 응용하지 못하는 데 있다. 목회현장에서 담임목사의 권위가 지나치게 위압적이기 때문에, 신학교에서 배운 대로 실천하지 못한다는 신학생들의 호소가 적지 않게 들린다. 그런데 문제는 얼마 지나지 않아 그런 호소를 했던 이들도 기성세대에 동화되어 버린다는 것이다. 결국 목회현장은 그 문제를 반복하며 대물림하게 된다. 오염된 강물을 살리려면, 자체 정화를 하거나 새롭고 신선한 물을 흘려보내야 한다. 마찬가지로 건강하지 못한 목회현장도 스스로 정화하거나 아니면 참신한 젊은 세대가 그 물을 바꾸어야 한다. 오늘날 한국 개신교가 심각한 위기에 직면하게 된 원인 가운데 하나가 바로 '신학 경시풍조' 때문이라는 견해는 대단히 일리가 있다. 이학준은 한국의 많은 목회자들이 "은연중에 목회와 신학은 별개의 것이라거나 한술 더 떠서 신학이 목회의 걸림돌이 된다고 생각"하는 것은 신학에 대한 이해가 아주 잘못되어 있기 때문이라고 비판했다. 그는 "신학은 우리의 사역이 필요로 하는 모든 자원들을 착상, 설계, 제작하는 연구소"와 같고, "사역은 신학적 자원을 현장에 접목시켜 실제적인 성과들을 도출해내는 공장"과 같다고 설명했다.25)

사실 목회현장을 고려하지 않는 탁상공론의 조직신학이란 본래 없다. 초기의 모든 신학이론들은 삶의 현장에서 나온 문제들이 다듬어지고 공론(公論)되어 하나의 교리로 탄생된 것이다. 예컨대 삼위일체 교리가 형성된 것은 먼저 삼위 하나님을 부분적으로 인정하지 않거나 전면적으로 왜곡하는 사상들이 목회현장에서 등장했기 때문이다. 이는 대체로 잘못된 신앙의 형태들이 나타나고 그것을 바로잡는 과정에서 조직신학의 주제들이 체계화된다는 말이다.

전통적인 조직신학을 외면하는 사람들은 검증되지 않은 신학지식들을 무차별적으로 접촉할 가능성이 있다. 실제로 어떤 목사는 신학교에서 들어보지 못한 매혹적인 이론에 깊이 매료되었다가, 나중에 그 집단이 교계에서 이단시된다는 것을 알고 크게 당황한 일이 있다. 물론 그는 그 후 더 이상 그 집단과 접촉을 하지 않았다. 하지만 어떤 사람은 교단에서 제명되는 것을 감수하면서까지 그 집단으로 교적을 옮긴 경우도 있다. 신학교에서 이루어지는 조직신학의 교육이 얼마나 중요한 것인가를 새삼 느끼게 하는 사건이다.

목회현장에서 발생하는 질문과 사례들을 통해서 조직신학의 주제들을 재고하는 작업은 그 동안 이론적으로만 배우던 조직신학의 주제를 실제와 연결함으로써, 이른바 이론과 실제를 겸비하는 조직신학을 재구성하기 위함이다. 이 작업을 통해 조직신학에 대한 오해와 불신을 조금이라도 씻을 수 있기를 기대한다. 그리고 조직신학의 실제 유용성을 입증하고, 조직신학의 무용론(無用論)을 외치던 사람들에게 새로운 관점을 제공하기를 원한다.

조직신학이 제 기능을 못하는 까닭

조직신학은 우리가 어떤 내용의 신앙을 가져야 하는가를 탐구하는 학문이다. 이 일을 위해서 조직신학은 성경에 나타난 구원의 복음을 조직적으로, 체계적으로, 종합적으로, 주제별로 그 의미를 밝혀주는 작업을 한다. 우리가 무엇을 믿을 것인가, 무엇이 바른 신앙이고 무엇이 잘못된 신앙인가, 그리고 21세기를 살아가는 시점에서 우리의 신앙은 어떻게 달라져야 하는가? 조직신학은 이런 질문들에 적절한 답을 제시한다. 이처럼 신앙의 진위를 가늠하는 역할을 하기에, 조직신학은 교회의 바른 신앙을 지켜나가는 데 없어서는 안 될 중요한 학문이다. 조직신학은 가치관의 혼란과 이단사설을 분별하고 방어하는 데 그 어떤 신학분야보다도 실제적인 학문이다.

그런데 오늘날 조직신학은 제 기능을 다하지 못하고 있는 것 같다. 한국 교계에 온갖 이단들이 맹위를 떨칠 수 있는 것은 어디에 원인이 있는가? 그것은 한국 교회가 건전한 신앙과 그렇지 못한 신앙을 분별할 수 있는 능력이 부족하기 때문이 아닐까? 왜 신앙의 분별력이 결여되어있는가? 그것은 건전한 성경적 지식과 교리에 대한 교육이 이루어지지 않기 때문이다. 건전한 교리에 대한 교육은 일차적으로 조직신학의 과제요 사명이다. 어떤 점에서 한국 교회에 이단이 출현하고 그 이단에 성도들이 빠져드는 것은 조직신학이 제 기능을 충실히 감당하지 못한 데 하나의 까닭이 있다고 할 수 있다. 그러므로 조직신학적 관점에서 신앙교육이 절실히 요청된다. 다만 여기서 교육은 성도들에게 이유식을 시키는 것과 같은 것이 되어야 한다. 단순히 교리를 주입식으로 학습하고 성경의 지식을 늘려주는 형태의 교육이 되어서는 안 된다. 스스로 거친 음식을 소화해낼 수 있어야 건강한 성인이듯이, 분별력을 갖춘 성숙한 신앙인이 되게 하는 교육이 이루어져야 한다.

그렇다면 조직신학이 제 기능을 감당하지 못하는 원인은 어디에 있는가? 여러 가지 원인과 배경이 작용하지만, 일차적으로는 신학교육이 제대로 이루어지지 않는 데 하나의 원인이 있다고 생각한다. 훈련되지 못한 목회자를 배출하는 한국 교계의 잘못된 신학교육의 관행도 큰 몫을 하고 있다는 사실을 부인하기 어렵다. 또한 사회가 혼란스럽거나 기존의 가치관이 흔들릴 때 한국 교회의 목회자와 성도들이 신비적이거나 기복적인 신앙을 비판 없이 따라가고 있는 것도 중요한 원인이다. 결국 신학교의 철저하지 못한 교육과 목회현장에서의 비성경적 신앙 환경이 결합하여 한국 교회를 서서히 와해시키고 있는 셈이다.

이단분별과 교회의 사명

교회는 신앙을 바르게 교육하고 이단을 분별해야 할 사명이 있다. 이단을 분별하기 위해서는 건전한 신앙과 신학이 조화를 이루어야 한다. 신학은 신앙의 외형이요, 신앙은 신학의 내용이다. 다시 말하면 신앙을 형식화하고 체계화한 것이 신학이라는 뜻이다. 형식과 내용은 모두 중요하다. 그래서 "신앙이 없는 신학은 차디찬 얼음과 같고, 신학이 없는 신앙은 걷잡을 수 없는 늪과 같다"거나, "길 안내판 없이 목적지를 찾아갈 수 없듯이, 신학으로 방향잡지 못한 신앙은 위태롭다"는 말은 매우 적절한 표현이다. 교회가 신앙과 신학을 적절하게 조화하지 못하면 심각한 문제가 발생한다. 따라서 교회는 이 둘을 겸비하여 잘못된 신앙을 경계하고 바른 신앙을 키워나갈 사명이 있다.

빌립보교회는 유럽 최초의 교회로서, 사도 바울이 두 번째 전도여행을 하면서 개척했던 교회이다. 바울은 그 교회에 권면의 글을 보내면서 다음의 세 가지 소원을 말했다. 첫째는 사랑을 풍성하게 하라는 것이고, 둘째는 선한 것을 분별하라는 것이며, 셋째는 의의 열매를 가득히 맺어 하나님께 영광과 찬송을 돌리라는 것이다(빌 1:9-11).26) 여기서 선한 것을 분별하라는 권면의 말씀은 이단의 무리와 가르침을 경계하라는 의미로 이해된다. 이것은 오늘날에도 변함없이 그 무엇보다 중요한 교회의 사명 가운데 하나다. 빌립보서 3장 2절에서 바울은 "개들을 삼가고 행악하는 자들을 삼가고 몸을 상해하는 일들을 삼가라"고 권면했다. 당시 초대교회에도 이단들은 지금 못지않게 활개를 쳤던 것으로 보인다. 바울이 여기서 지목했던 이단은 유대주의적 율법주의자들이다. 개들이라고 말한 사람들은 당시 기독교인들을 개종시키려고 했던 유대인을 지칭한다. 이들은 동시에 행악하는 자들로, 몸을 상해하는 자들로 불리기도 했다. "삼가라"는 말은 헬라어로 '블레페테'(blephete)로, "경계심을 가지고 주의하여 살피라"는 뜻이다. 이 단어는 본 절에서 세 번이나 사용되면서 매우 강조되어 있다. 언제까지 선한 것을 분별해야 하는가? "그리스도의 날까지"라고 했다. 그것은 주님이 다시 오실 때까지 우리 가운데는 이단들이 끊이지 않을 것이라는 의미기도 하다.

그리스도의 날까지 선한 것을 분별하라고 했는데, 무엇으로 분별할 것인가? 그것은 지식과 총명으로 한다고 했다. 하나님에 대한 지식, 그리스도에 대한 지식,

성령에 대한 지식, 인간에 대한 지식 등을 '체계적'이고 '종합적'으로 정리하는 일을 '조직신학'(systematic theology)이 담당한다. 이 지식이 잘못되어 있을 때, 우리는 비정상적인 신앙생활로 빠지기 쉽다. 특별히 "지식과 총명"이란 단어에 주목할 필요가 있다. 공동번역에서는 이것을 "참된 지식과 분별력"이라고 했다. 바울의 권면은 참된 지식과 분별력을 통해 사랑을 더욱 풍성하게 하고, 가장 옳은 것을 가리고, 순결하고 나무랄 데 없는 사람으로 준비되어, 그리스도의 날, 즉 주의 재림을 맞이하라는 것이다. 그리고 예수 그리스도에 대한 믿음으로 올바른 일을 많이 하여 하나님께 영광과 찬양을 돌리라는 것이다.

조직신학의 연구대상

조직신학의 첫 번째 연구대상은 하나님(God)이다. 신학을 통해서, 하나님의 속성과 사역, 그분의 사랑과 정의 등을 우리는 고백하게 된다. 물론 인간은 하나님을 완전히 알 수 없다. 신학은 하나님에 관한 인간들의 경험을 다룰 뿐이다. 이 하나님에 대한 기본적인 이해가 결여되거나 왜곡될 때, 어처구니없는 신앙의 탈선이 이루어진다. 악의 문제를 다루면서 하나님의 선함과 하나님의 전능함을 잘못 이해하면, 극단적인 이원론으로 빠져들게 된다. 기독교 역사 속에서 성인이라고 불리던 아우구스티누스도 한 때는 이것을 잘못 해석하여 이단종파인 마니교에 9년 동안 빠져있었던 것이다. 하나님에 대한 이해는 하나의 관념적인 사색의 대상이 아니다. 그것은 우리의 삶을 지배하는 실제적인 힘이다. 그런데 현실은 그렇지 못하다는 비판의 목소리가 많다. 하나님에 대한 이해가 우리의 삶을 지배하기는커녕, 삶에 대한 집착과 욕망이 하나님에 대한 이해를 왜곡하고 있다는 지적이다. 그 근본적 원인은 어디에 있을까? 결국 이기적 기복신앙이 십자가의 도를 외면하고 하나님에 대한 이해마저 변질시키고 있는 것은 아닐까?

조직신학의 두 번째 연구대상은 인간(human being)이다. 인간은 신학을 하는 주체이면서 동시에 신학의 대상이다. 신학은 하나님에 관한 이야기임과 동시에 그 하나님에 관해 경험하는 인간에 관한 이야기다. 그러므로 신학은 어떤 점에서 인간학이다. 우리는 신학을 통해서 인간이 어떤 존재이며, 어떤 길을 걸어왔으며, 또 무엇을 향하여 살아가야 할지를 성찰한다. 인간의 기원이 무엇이고, 인간의 원죄가 무엇인지를 우리는 조직신학을 통해서 배운다. 또 인간이 어떻게 해야 자신의 문제를 해결할 수 있는가를 탐구한다.

인간에 대한 신학적 지식이 잘못될 때, 사람들은 인간의 존엄성을 상실하게 되고, 생명의 소중함을 망각한다. 인간의 몸에 대한 올바른 신학적 이해를 갖지 못하기 때문에, 자신의 육체를 학대하고 금욕주의적인 신앙에 빠지게 된다. 우리가 건전한 신앙을 소유하기 위해서는 구원을 받는 주체로서, 또 구원의 대상으로서, 마지막 때에 부활할 주체로서 인간의 본질을 바르게 이해해야 한다.

조직신학의 세 번째 연구대상은 자연(nature)이다. 자연도 조직신학에서 다루어야 할 중요한 대상이라는 점을 강조하고 싶다. 과거 중세기에 자연신학(natural theology)이 유행하면서 자연을 신학의 대상으로 삼은 적이 있었으나, 그것은 자연을 통해 하나님을 알고자 하는 노력 때문에 나온 것이었다. 그러나 이제는 자연에 대한 우리의 인식이 많이 달라졌다. 하나님과 인간만을 신학의 대상으로 삼는 것은 더 이상 충분하지 않다. 이제 우리는 자연을 그 자체로 신학의 대상으로 삼아야 할 때가 되었다. 생태계에 관한 관심과 창조신앙에 대한 새로운 성찰이 바로 이런 사상의 흐름을 반영해 주고 있다.

자연을 대하는 우리의 태도는 자연에 대해 어떤 신학적 견해를 가지는가에 따라 달라진다. 자연을 하나의 수단으로써만 대할 것인가, 아니면 목적으로 대할 것인가? 인간이 마음대로 수탈해도 좋은 대상으로 대할 것인가, 아니면 하나의 동반자로 대할 것인가? 이것은 조직신학이 다루어야 할 중요한 질문이다.

조직신학의 주제는 단지 하나의 지식이 아니다. 알면 좋고 몰라도 그만인 신학적 지식이나 장식품이 아니다. 그것은 궁극적으로 우리의 구원과 관련되어 있다. 하나님을 어떤 분으로 알고 믿는가? 예수를 누구로 믿는가? 이 지식은 생명의 지식이요, 구원의 지식이다. 따라서 단순히 남을 가르칠 목적으로 조직신학을 배우는 것은 잘못이다. 조직신학의 지식은 먼저 자기 자신에게 적용되어야 할 지식이다. 그런 까닭에 조직신학은 책상 위에서 나오는 것이 아니라, '삶의 현장에서' 나와야 한다. 머리로만 조직신학을 하는 것이 아니라, 온 몸으로 조직신학을 해야 한다. 조직신학은 목회자의 갈등과 성도들의 의문을 풀어주고, 우리의 삶에 올바른 지침을 제공해 줄 수 있는 신학이다.

조직신학의 방법론

조직신학은 주제별로 성경의 진리를 체계화하여, 하나님, 인간, 그리스도, 구원, 교회, 종말 등에 관한 종합적인 지식을 제공한다는 점에서 다른 분야보다 실질적으로 더 신앙의 근간으로 작용될 수 있다. 삶의 현장에서 제기되는 대부분의 질문들이 조직신학의 과제로 주어지는 것도 그런 까닭이다.

체계화를 한다는 것은 신학의 패러다임을 구축한다는 것을 의미한다. 실제로 신학에는 여러 가지 패러다임이 공존한다. 그런데 서로 다른 패러다임이 기독교 공동체 안에서 용납될 수 있는 근거는 무엇인가? 이 문제는 정통과 이단을 분별하는 데에도 대단히 중요한 기준을 제공해준다. 그러므로 우리는 서로 다른 패러다임을 인정하지 못할 때 어떤 부작용이 생길 수 있는지? 혹은 반대로 다른 패러다임을 수용할 때 주의해야 할 문제가 무엇인지에 대해 논의할 필요가 있다.

패러다임의 차이와 정통-이단의 분별기준

조직신학에서 체계화하는 작업은 하나의 틀 내지는 패러다임으로 신학의 내용을 구성한다는 것을 의미한다. 문제는 그 패러다임이 하나가 아니고 여럿일 수 있다는 데 있다. 어느 패러다임으로 접근하느냐에 따라 같은 주제라도 다르게 해석될 수밖에 없는 상황이 발생한다. 기독교역사에서 정통과 이단의 문제가 종종 부당하게 처리되는 것도 패러다임의 의미와 역할을 오해했기 때문이다. 성경 안에는 여러 개의 신학 패러다임이 공존할 수 있다는 사실을 인식하지 못했던 시기에는 패러다임의 차이가 곧바로 정통과 이단의 차이로 간주되었다.

17세기에 돌트(Dort)종교회의에서 칼뱅주의자들이 아르미니우스주의를 이단으로 정죄했던 것도 그런 까닭이다. 하지만 지금은 아르미니우스주의를 이단이라고 말하지 않는다. 왜 그럴까? 신학의 패러다임이 다르다 하더라도 그것이 비성경적이지 않다는 것을 깨달았기 때문이다. 신학적 패러다임의 다원화가 이루어진 셈이다.

따라서 신학적 패러다임의 '상대성'을 인지하는 안목이 없으면, 불필요하고 부당한 이단 시비를 공격적으로 하는 일이 벌어질 수 있다. 특정 주제를 칼뱅주의나

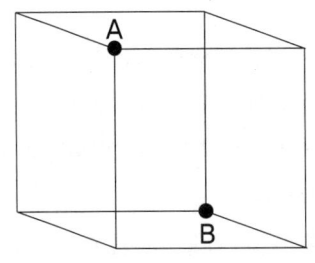
[그림1] 패러다임의 차이

아르미니우스주의와 같은 관점에서 해석하지 않는다고 해서 비성경적이라거나 이단이라고 단정하는 것은 조직신학의 첫걸음을 내딛지 못한 초보적 실수를 범하는 것이다.

그렇다면 어디까지 정통으로 인정하고 어떤 부분부터 이단이라고 선을 그을 것인가? 정통과 이단을 분별하는 것은 성경의 요청이면서 동시에 조직신학의 중요한 과제다. 필립 샤프(Philip Schaff)는 정통(orthodoxy)을 "에큐메니칼 신조와 성경에서 가르친 기독교에 대한 신앙을 양심적으로 고수하는 것"이라고 정의했다.27) 이 관점에서 볼 때, 정통신앙으로 인정이 되려면 두 가지 요소를 균형 있게 갖추어야 한다. 하나는 성경의 복음을 제대로 반영했느냐 하는 것이고, 다른 하나는 다양한 기독교 공동체에서 공통분모로 삼고 있는 교리적 진술을 받아들이는가 하는 것이다. 한스 큉(Hans Küng)은 이단이 단순히 교회분열을 일으키는 것 이상의 의미를 내포하고 있다고 말하면서, 이단은 "다른 복음"(참조 갈 1:6-9)을 주장하여 "교회의 신앙적 토대를 뒤흔들어 놓는 공동체," 즉 "교회에 대립되는 공동체"라고 정의했다. 하지만 그는 역사적 교회들이 이단의 기준을 복음이라는 차원에서 접근하지 않고, "복음 그 자체보다는 특정한 신학적 교리나 체계, 즉 '정통 교리'"에서 찾았기 때문에, 급기야 "'기독교' 국가의 도움을 받아 관용을 구하는 자들을 박해하기 시작했다"고 비판했다.28)

그림을 통해 관점의 차이와 정통과 이단을 구분하는 기준을 정리해볼 수 있다. [그림1]에서 정육면체의 A와 B모서리 가운데 정면으로 돌출된 모서리는 어느 것인가? 어떤 사람은 모서리 A가 그렇다고 답할 것이고, 또 어떤 사람은 B가 앞으로 나와 있다고 말할 것이다. 두 경우 모두 정답이다. 보는 관점에 따라 이렇게도 보일 수 있고, 저렇게도 보일 수 있기 때문이다. 그러므로 이와 같은 차이는 어느 하나가 틀렸기 때문이 아니고 관점이 다르기 때문에 일어난 현상이다. 신학의 패러다임이 바로 이와 비슷하다. 어느 부분을 중요하게 강조하느냐에 따라 서로 다른 그림이 그려질 수 있는 것이 바로 신학체계다. 따라서 관점이 다르다고

[그림2] 정통과 이단의 판별기준

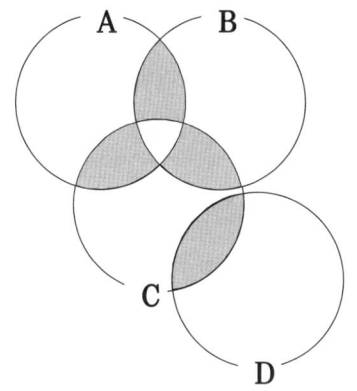

해서 무조건 이단시하고 제 관점만 절대시하는 것은 시야가 좁거나 배타적 아집이 강한 것이다.

그렇다면 모든 관점을 다 허용해야 하는가? 그렇지는 않다. 적어도 기독교신앙의 핵심을 공유하지 못한 패러다임은 정통신앙에서 배제시켜야 한다. [그림2]에서 A와 B와 C를 서로 다른 패러다임을 가지고 있는 기독교신학이라고 가정해보자. A와 B는 서로 다른 부분과 같은 부분이 있듯이, B와 C도 마찬가지다. 이 세 원의 공통부분은 교집합(A∩B∩C) 부분이다. 세 원은 서로 다른 부분이 많지만 이처럼 교집합을 공유하고 있는 한 기독교공동체에서 정통신앙으로 인정될 수 있다. 하지만 D는 상황이 다르다. 비록 D가 C와 겹치는 부분이 있다 하더라도 전체 교집합(A∩B∩C)를 공유하지 못한다면 그 패러다임은 정통으로 인정받을 수 없다. 따라서 D는 이단으로 배제되어야 한다. 여기서 A∩B∩C 부분은 기독교의 핵심이다. 그것을 복음이라고 불러도 좋고, 모든 기독교신앙 공동체가 인정하는 정통교리라고 불러도 좋다. 어느 것이 이 부분에 해당하느냐 하는 것을 가리는 데는 어느 정도 견해차이가 있을 수 있지만, 적어도 기독교 공동체 안에서 공감대를 이루고 있는 영역은 엄연히 존재한다. 그러므로 조직신학을 위해서는 패러다임의 차이와 신앙의 핵심신앙을 구분할 수 있는 안목이 필요한 것이다.

조직신학의 관점과 방법론

조직신학의 방법론은 결국 어떤 관점을 가지고 접근할 것인가에 따라 영향을 받는다. 그리고 그것은 어떤 목표, 즉 어떤 "통합적 주제"(integrative motif)를 지향하느냐에 따라 결정된다.[29] 이 책의 논의는 적어도 두 가지 관점을 토대로 삼고 한 가지 목표를 향해 나아간다.

첫째는 하나님의 은혜와 인간의 자유라는 두 축이다. 이 두 축 사이에서 모든 신학적 논의는 갈등과 긴장을 유지한다. 이는 하나님과 인간의 두 구심점을 통해 신학의 주제들을 관통하겠다는 것이다. 하나님과 인간 사이, 교회와 성령 사이, 은혜와 자유 사이, 계시와 죄 사이에서 그 합을 찾아가는 것이 신학의 궁극적 과제다. 이런 구조적 논리는 조직신학 체계도를 통해 좀 더 구체적으로 설명된다([그림3] 참조).

둘째는 침례교신학이라는 토대다. 침례교신학은 넓게는 복음주의라고 하는 전통 안에 있는 신학이지만, 좁게 보면 종교개혁 이후 대두한 '자유교회'(free church) 전통의 특징을 따른다. 여기서 자유교회란 용어는 "국교회(established church)와 대조되는 개념"으로, "'국가와 교회의 분리'(separation of church and state)와 '신자들의 교회'(believers' church)의 개념을 제기하면서 4세기 이후의 교회를 총체적으로 반성하고 신약성서교회(New Testament church)로의 복귀를 주장했던 '근원적 종교개혁'(radical reformation)" 전통을 의미한다.[30] 그러므로 이 책에서 사용된 관점은 침례교회의 조직신학을 이해하는 데 중요한 역할을 하게 될 것이다. 이 책이 '회중 주체적' 관점에서 접근할 수 있었던 것도 '신자교회'를 교회의 가장 중요한 본질로 파악하는 침례교신학의 특성 때문에 가능한 일이다. 이는 침례교신학이 성경해석의 권위를 신자들이 가지고 있는 성경해석의 자유 위에 두고 있다는 의미기도 하다.

위의 두 관점을 토대로 조직신학의 궁극적 목표는 '교회의 교회됨'을 위하여 회중이 주체가 되어 신학의 일상화를 도모하는 것이다. 이는 신앙과 신학의 조화를 통해 조직신학의 특권화를 무력하게 만드는 일이기도 하다. 교회가 교회다워지려면 우선 교회 안에 특권층이 사라져야 한다. 그 동안 조직신학의 규범화와 교회의 제도화는 교회의 특권층을 더욱 더 강화하는 데 일조해 왔다. 따라서 조직신학이 회중에 의해 일상적 언어로 논의된다는 것은 교회됨을 위한 최소한의 조치라고 할 수 있다. 교회 안에 특권층이 형성되면 교회가 진정한 교회가족공동체가 되기 어렵다. 따라서 여기서 논의되는 모든 신학적 주제는 신자들이 스스로의 정체성을 찾고 교회가 교회답게 살아가도록 하는 데 기여한다.

그밖에 일반적으로 거론되는 조직신학의 방법론적 특징들은 밀러드 에릭슨

(Millard Erickson)이 제시한 다음과 같은 다섯 가지 방법론적 특징들과 그 정신을 같이 한다. 첫째, 신학은 성경적이다. 신구약성경은 신학의 최우선 자원이다. 성경의 자료를 수집하고 의미를 분석하는 일이 여기서 행해진다. 둘째, 신학은 조직적이다. 성경을 부분적으로 고찰하는 것이 아니라, 전체 속에서 일관된 관점을 가지고 파악한다. 여기서 성경자료의 통일성을 기하고 주제를 분류하는 일이 행해진다. 셋째, 신학은 문화적 상황 속에서 다른 학문과 상관적이다. 여기서 역사자료를 검토하고 타학문과 대화가 이루어진다. 넷째, 신학은 현대적이다. 성경적 진리를 현대인이 이해할 수 있는 언어로 재진술한다. 이 과정에서 복음과 문화의 구분이 필요하고, 신학의 상황화도 이루어진다. 다섯째, 신학은 실천적이다. 신학의 진술은 일상적 삶 속에 적용된다. 데살로니가전서 4장 16-18절의 말씀처럼, 계시의 여러 말이 "서로 위로"하는 데 사용된다.[31] 그러므로 더 이상 조직신학이 이론에만 그치고 현장에서는 무용하다는 어설픈 평가는 하지 않는 것이 좋다. 사실 현장에서 가장 실질적으로 많이 활용되고 판단기준으로 제시되는 것이 바로 조직신학의 결과물이다. 하지만 신학이 삶의 현장에서 발생하고 있는 구체적인 현안들에 대해 얼마나 실질적인 대안으로 작용하고 있는가 하는 문제는 여전히 깊이 반성해야 할 숙제로 남는다.

또한 조직신학이 다른 신학분야와 다른 점은 그 방법론이 종합적이고 체계적이며 주제별로 접근한다는 데 있다. 조직신학은 특별히 그 연구의 주된 터전을 모든 성경과 전체 기독교역사로 삼는다는 점에서 결코 간단한 작업이 아니다. 예를 들어, 하나의 주제를 조직신학적으로 접근하려면 신구약성경에서 그 주제를 어떻게 취급하고 있는지를 살펴보아야 하고, 그 주제가 기독교역사에서 어떻게 이해되어왔는지를 검토해야 한다. 그러나 실제로 더욱 민감한 작업은 어떤 관점에서 그 내용들을 재구성하고, 현재 상황에 적용하느냐 하는 것이다.

이 책에서는 조직신학의 주제를 13개로 세분했다. 하나님의 은혜와 인간의 자유라는 기본 틀을 가지고 13개의 주제를 서로 유기적으로 연결시키며 상호관계를 설정해 보았다. 그 형태를 체계도로 그리면 [그림3]과 같다.

조직신학 체계도에서 볼 때 구심점은 구원론이다. 모든 신학적 논의는 구원의 문제로 귀결된다고 할 수 있다. 신구약의 공통된 관심은 인간의 구원과 해방에

[그림3] 조직신학 체계도

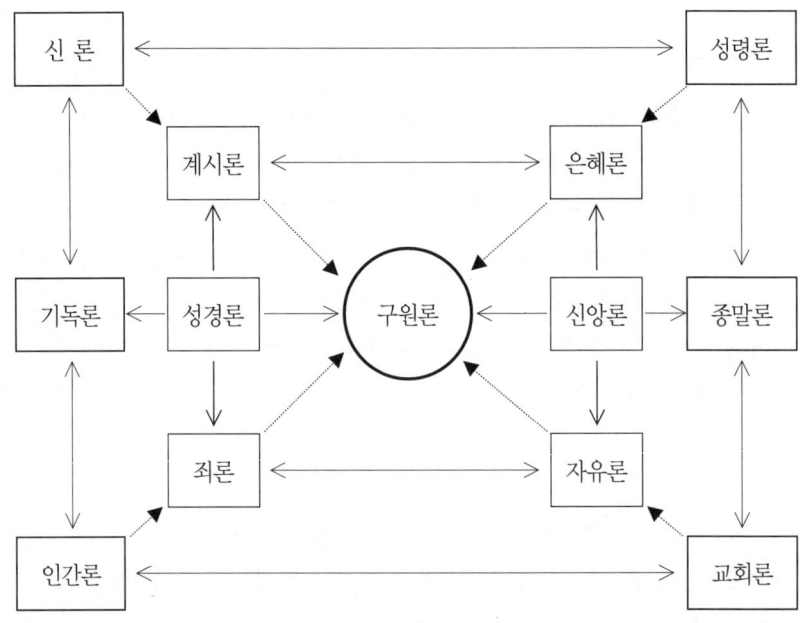

있다. 구원은 파괴된 관계를 회복하는 것이다. 이 구원과 해방은 은혜와 자유의 통합이자 결정체다. 때때로 은혜와 자유는 서로 부딪힐 때가 있다. 하지만 갈등과 긴장 속에서 이 둘을 통합하지 못하면 신학의 균형은 파괴된다. 따라서 신 중심(위로부터 방법론)과 인간 중심(아래로부터 방법론)의 양 극단을 지양하는 신학 방법론을 사용하는 것이 좋다. 신과 인간은 유기적 관계다. 신 없이 인간은 없고, 인간 없이 신은 무의미할 수 있다. 실존적 물음과 신학적 대답은 상호 의존적이다. 신학적 질문이 없는 실존적 물음은 허무주의와 무신론으로 빠지기 쉽고, 실존적 질문이 없는 신학적 대답은 형식주의, 신앙주의로 빠지기 쉽다.

하나님과 인간의 갈등은 그리스도를 통해서, 성령과 교회의 갈등은 종말신앙의 관점에서, 계시와 죄의 갈등은 성경 안에서, 은혜와 자유는 신앙 안에서 해결된다. 그 점에서 구원을 이루기 위해서는 두 가지 기본 자원이 필요한 데 그것은 바로 성경과 신앙이다. 그러므로 '오직 성경'과 '오직 신앙'은 기독교신학의 구원론을 성취하는 터전이다. 이 책의 구성을 "제1부 구원의 토대: 성경 안에서," "제2

부 구원의 기둥: 신앙을 통해"로 정한 것도 이런 배경에서다. 결국 구원의 문제는 '성경 안에서' '신앙을 통해' 실현되는 것이다. 따라서 잘못된 구원관을 바로 잡는 노력도 성경과 신앙에 대한 점검과 반성에서부터 출발되어야 한다.

조직신학에서 피해야 할 함정들

조직신학 작업을 하면서 학문의 특성상 빠져들기 쉬운 위험요소들이 적지 않다. 그것은 조직신학의 한계를 인식하지 못할 때 나타나는 현상이다.

환원주의

조직신학의 역할 가운데 하나는 하나님에 대한 신앙을 더욱 돈독히 만들고 그리스도인들로 하여금 하나님에게 헌신하도록 하는 데 있다. 그런데 기독교신앙을 지나치게 단순화하거나 객관화해서 신앙의 헌신을 교리로 대체하는 것은 일종의 '환원주의'(reductionism)의 함정에 빠지는 것이다. 기독교신앙을 단순히 학문의 대상으로 삼거나 생명 현상을 지나치게 과학적 방법으로 접근하려는 것도 마찬가지다. 과학주의나 지성주의도 큰 틀에서 보면 환원주의에 속한다. 이런 환원주의는 기독교교리의 부작용으로도 나타난다. 기독교의 복음이 교리의 역사적 정통성이라는 울타리 안에서 제 빛을 발하지 못하는 사례가 그러한 예에 해당한다. 진리 자체에 대한 헌신보다도 전통교리에 더 충성하는 모습은 자칫 기독교의 본질을 망각하게 만들 수 있다. 교리는 기독교신앙을 체계적이고 선언적으로 정리한 것인데, 오히려 그 교리 때문에 기독교신앙이 속박되고 제한된다면 그것은 교리의 월권이다. 하나님은 우리에게 교리를 주신 것이 아니라 복음을 주셨다는 사실을 기억해야 한다. 따라서 복음 앞에서는 교리가 상대화될 수도 있어야 한다. 무엇보다도 중요한 문제는 우리의 삶 속에서 어떻게 진리의 빛을 발하고, 그리스도인답게 살아갈 수 있느냐 하는 것이다. 그 점에서 삶과 교리는 상호관련성이 있어야 하고, 신앙과 신학도 서로를 돕는 역할을 해야 한다.

신조주의

조직신학체계는 '일의적'(univocal)이지 않고 특성상 다양한 관점을 반영한다. 그런데도 실제 상황에서 보면 하나의 특정한 조직신학체계를 지나치게 절대화하는 일이 비일비재하다. 그것은 "하나의 신학 체계를 진리 자체와 혼동"하기 때문이다.[32] 이는 신앙고백이 '신조주의'(creedalism)가 될 때 일반적으로 나타나는 현상이다. 여기서 신조주의란 특정의 신앙고백이 획일적이 되거나 다른 사람의 신앙을 통제하는 강제성을 띠면서 절대화되는 것을 의미한다. 조직신학의 권위가 필요 이상으로 높아지면 신앙고백 차원을 넘어서서 신조주의로 빠지게 될 가능성이 높다. 신조주의는 다른 말로 '교의주의'(dogmatism)와도 통한다.

신앙고백(confession)과 신조(creed)는 일견 다르지 않은 용어처럼 보이지만, 그것이 실제로 발휘되는 영향력이나 권위 면에서 보면 엄연히 큰 차이가 있다. 가장 중요한 차이점은 권위의 강제성과 우월성이다. 허셀 홉스(Herschel Hobbs)는 이 둘의 관계를 이렇게 설명했다: "신앙고백이 우리가 무엇을 믿는다는 것을 진술하려고 노력하는 것이라면, 신조는 당신이 우리의 교회에 일부가 되려면 이것을 믿어야 한다고 말하는 것이다…. 그들이 '만일 이것을 믿지 않으면 나가라'고 말한다면, 그것은 이미 신앙고백이 아니라 신조다."[33]

조직신학이 신조주의에 빠지면 그것은 특정 교파나 교리를 옹호하는 수단으로 전락한다. 그렇게 마련된 특정 신학체계는 난공불락의 성스러운 전통이 되어 선험적 진리의 잣대로 남용되기 마련이다. 신학의 목적은 오로지 순수하게 진리를 추구하는 것이어야 한다. 그리고 그 판단기준은 오직 성경밖에 없다는 사실이 무엇보다 중요하다. 데일 무디는 기독교신학에서 성경과 전통의 관계를 다음과 같이 강의 흐름으로 비유했다:

> 기독교신학은 최고의 근원을 간과할 수 없지만, 마찬가지로 전통의 영향과 철학의 영향도 감히 무시할 수 없다. 그것은 거대한 강의 흐름에 비교될 수 있을 것이다. 어느 궁극적 지점에 "근원"이 있지만, 많은 지류들이 흘러 들어와 일부는 풍요하게 되고 일부는 오염된다. 어떤 체계들은 원류에서 너무 멀리 벗어나 있어서 전혀 다른 믿음들이 되기도 하지만, 그 발전 과정은 보통 성경적 믿음의 핵심과 함께

계속 흘러간다.34)

물론 우리의 전통 가운데는 혁파해야 할 잘못된 것들도 적지 않다. 그런 전통들은 마땅히 그리스도인들이 과감하게 개혁해 나가야 한다. 무디의 지적처럼, 그런 전통들은 너무 멀리 벗어났기 때문에 전혀 성경적이지도 기독교적이지도 않은 "다른 믿음들"이 된 것들이기 때문이다. 반대로 좋은 전통도 있다. 좋은 전통들은 계승해나가야 할 책임과 의무가 모든 그리스도인들에게 있다. 하지만 그것이 좋은 전통이라 하더라도, "전통들은 성경의 근원과 성경의 다양한 역사적 해석들로부터 발전되어 나온 구전되고 기록된 해석들"이라는 한계를 가지고 있다. 따라서 무디는 "전통적 상황을 배제하기란 불가능"하기 때문에 "전통의 의미와 가치를 이해하는 것이 최선"이라고 주장했다.35)

그러므로 신학은 일차적으로 성경중심으로 이루어져야 한다는 사실을 강조하지 않을 수 없다. 전통이 성경을 해석하는 데 유용한 수단이 될 수는 있지만, 유일한 수단이 되어서는 안 된다. 조직신학의 역할은 성경의 자원을 체계적으로 정리하는 것이지 그 반대가 아니다. 톰 라이트(Tom N. Wright)가 잘 지적했듯이, 특정 주제를 논의하는 방법은 성경 주석에 조직신학을 더하는 방식으로 진행되어야 한다.36) 그 반대로 조직신학에 주석을 더하는 방식은 전형적으로 성경을 전통에 예속되게 만드는 결과를 빚을 가능성이 매우 높다.

나가르주나(Nagarjuna)의 뗏목 비유는37) 일견 전통을 절대시하지 말라는 의미로 이해될 수도 있다. 하지만 전통이라는 문제가 옳고 그름을 가려내야 하는 것이라면, 뗏목의 비유를 전통의 시각에서만 접근하는 것은 적절하지 않다. 뗏목 비유가 말하고자 하는 교훈은 옥석의 선택 문제가 아니라, 방편(方便)을 절대화하지 말아야 한다는 의미를 일차적으로 담고 있기 때문이다. 따라서 그것은 오히려 앞에서 구분한 신앙고백과 신조의 차이를 설명하는 데 더 유용한 면이 있다. 누군가 산의 정상을 올라가기 위해서는 강을 건너야 하고, 강을 건너기 위해서는 뗏목을 만들어야 한다. 비록 뗏목 덕분에 강을 건넜지만 정상에 오르려면 이제 뗏목을 버려야 한다. 그런데 많은 사람들은 그 뗏목을 버리지 못하고 계속 끌고 산을 오르려 한다는 것이다. 이 비유는 교리나 신조가 뗏목과 같은 방편으로서 역할을 해야 한다는 것, 그것이 진리 자체는 아니라는 것, 신학은 하나님의 진리를 모사(模寫)하는 것이 아니라 비유(比喩)할 뿐이라는 것을 회화적으로 말해준다.

조직신학의 학습목적

그리스도인의 신앙을 체계화하는 신학은 그 속성상 다양한 형태와 내용을 담을 수밖에 없다. 신학은 시대와 환경의 산물이기 때문이다. 그 점에서 신학은 그 출발부터 어느 정도 상대적 의미를 함축하고 있다. 그런 여러 신학들 가운데 특정한 기독교 공동체가 받아들이고 공식화한 것이 바로 '신조' 혹은 '교리'(doctrine)라고 할 수 있다. 그런 측면에서 교리나 신조는 절대화되어서는 안 되는 태생적 한계를 가지고 있다. 여기서 신조나 교리의 태생적 한계를 말하는 것은 그것이 불가피하게 누군가의 신앙을 '공식화'하고, 신앙의 옳고 그름을 판단하는 규범적 기능을 하기 때문이다. 그러므로 신조와 교리는 언제나 성경을 통해, 예수 그리스도를 기준으로 상대화될 수 있어야 한다는 점을 잊어서는 안 된다.

물론 그렇다고 해서 기독교 교리를 무가치하거나 불필요한 것으로 치부해서도 안 된다. 일반적으로 그리스도인이 기독교신앙을 접하게 되는 순간, 불가피하게 기독교 교리는 함께 학습될 수밖에 없고, 그것은 그리스도인의 신앙을 위한 좋은 안내자 역할을 하기 때문이다. 교리가 가지고 있는 형식화나 배타성의 문제를 간과해서는 안 되지만, 그럼에도 기독교 교리가 우리의 신앙을 형성하는 데 중요한 역할을 한다는 사실까지 잊어서는 안 된다.

스탠리 그렌즈(Stanley Grenz)는 교회 안에서 신학의 역할과 목적을 "변증학"(polemics), "교리문답"(catechetics), "성경요약"(biblical summarization)으로 정리했다.[38] 에밀 브루너(Emil Brunner)도 같은 맥락에서 기독교신학은 세 가지 뿌리, 즉 "논쟁, 주석, 교리문답"으로부터 나왔다고 말했는데, 이 뿌리들은 역으로 신학의 목적이 되기도 한다. 왜냐하면 첫 번째는 잘못된 가르침을 물리치기 위함이고, 두 번째는 성경의 내용을 조직화하기 위함이며, 세 번째는 어린 기독교인들에게 침례를 전후해서 교육하기 위함이기 때문이다.[39] 그러므로 조직신학은 이 세 가지 목적을 이행하기 위한 학문분야라고도 할 수 있다.

일반적으로 신학이 신앙의 눈으로 삶의 현장을 해석하고 의미를 제공하는 일을 하는 것이라면, 조직신학은 특별히 삶의 현장에서 경험하는 많은 신앙적 갈등과 교리적인 문제들에 대한 신학적 해답을 내리는 작업을 한다. 그리고 그 신학 작업은 그리스도인을 그리스도인답게, 교회를 교회답게 만드는 일에 궁극적 관심을 가진다. 이런 맥락에서 볼 때 조직신학은 삶의 현장에서 다음과 같은 다섯 가지 역할을 가능하게 해준다. 이 역할들은 이 책에서 강조하고 싶은 조직신학의 학습 목표이기도 하다.

첫째, 조직신학은 신앙의 주체와 대상에 대한 바른 이해를 갖게 한다. 이는 조직신학의 전통적인 주제인 인간론과 신론에서 다루어질 주제다. 신학은 일종의 지적 훈련이다. 신앙이라는 현상을 객관화하는 훈련이 필요하다. 따라서 신앙의 주체와 대상에 대한 올바른 이해는 신학을 하기 위한 필수 조건이다.

둘째, 조직신학은 바른 신학과 사이비신학을 분별하는 능력을 제공한다. 신학적 분별력은 하나님의 말씀이 제대로 선포되고 있는지를 비판할 수 있는 역량을 키워준다. 토렌스(T. F. Torrence)가 적절하게 지적했듯이, "신학은 설교로 하여금 하나님의 말씀 안에 있는 그것의 근원을 다시 참조하게 하고, 설교된 것이 인간이 고안하여 하나님의 입으로 집어넣은 어떤 것이 아니라 정말로 하나님으로부터 들려진 것인지를 확인하는 비판적인 과제"를 수행한다.[40] 특히 교회 안에 침투하는 이단사상에 대한 적절한 대응을 위해서라도 조직신학적 소양은 필요하다.

교인들이 이단이나 잘못된 신앙에 빠지는 중요한 원인 가운데 하나는 참된 지식과 분별력을 키우도록 교육을 받지 못하는 데 있다. 교인을 교육하여 이단으로부터 보호하고 지킬 책임은 일차적으로 교회지도자들에게 있다. 디도서는 목사/감독에게 교인들을 바르게 인도할 책임과 그릇된 교훈을 제거할 책임이 있음을 분명히 강조하고 있다:

> 불순종하고 헛된 말을 하며 속이는 자가 많은 중 할례파 가운데 특히 그러하니 그들의 입을 막을 것이라 이런 자들이 더러운 이득을 취하려고 마땅하지 아니한 것을 가르쳐 가정들을 온통 무너뜨리는도다.... 네가(목사/감독) 그들(이단들)을 엄히 꾸짖으라 이는 그들(성도들)로 하여금 믿음을 온전하게 하고 유대인의 허탄한 이야기와 진리를 배반하는 사람들의 명령을 따르지 않게 하려 함이라(딛 1:10-14).

이단의 폐해 가운데 가장 심각한 것은 그것이 우리의 구원과 신앙과 삶을 파괴한다는 데 있다. 구원은 오직 하나님의 은혜에 의해(by grace) 예수 그리스도를 믿는 믿음을 통해(through faith) 이루어지는 것이다. 성경은 하나님의 사랑 안에 있는 우리를 이 세상의 어떤 세력도 넘어뜨릴 수 없다고 약속하고 있다: "누가 우리를 그리스도의 사랑에서 끊으리요 환난이나 곤고나 박해나 기근이나 적신이나 위험이나 칼이랴"(롬 8:35). 물론 여기서 그리스도를 믿는 믿음은 그리스도를 따르는 제자도가 수반되어야 한다는 점을 간과해서는 안 될 것이다.

그런데 문제가 되는 것은 구원의 조건을 어떤 행함에서 찾으려는 경우다. 예를 들어, 어떤 목회자는 성도에게 십일조를 하지 않아도, 수요일이나 주일 저녁예배에 빠져도, 죄를 짓고 회개하지 않아도, 심지어 설교시간에 졸아도 지옥에 간다고 설교한다. 이런 식의 주장은 예수 그리스도를 따르는 제자도와 무관할 뿐 아니라 일종의 율법적 구원관에 해당한다. 이런 구원관으로 무장된 목회자들이 성도들을 신앙적으로 '겁박'하는 것은 불행한 일이다. 이런 율법적 구원관은 '행위를 통한 구원'을 의미한다. 믿음이 행위를 동반해야 하지만, 그렇다고 해서 율법에 사로잡히면 건강하지 못한 신앙이 될 수밖에 없다.

셋째, 조직신학은 생각하는 신앙, 살아있는 신앙, 건전한 신앙을 갖게 한다. 교인들이 이단이나 잘못된 신앙에 빠지는 두 번째 중요한 원인은 그들이 건전하게 생각하는 것을 포기하고 맹목적으로 신앙생활을 하기 때문이다. 생각하기를 멈춘 신앙은 위험하다. 생각하기를 멈추면 광신적인 신앙에 빠지기 쉽다. 그러므로 "이해를 추구하는 신앙"(D. L. Migliore), "회의(懷疑)할 수 있는 신앙"(Karl Jaspers)을 갖는 것이 중요하다.[41] 그러므로 교회나 신학교에서 근본적인 신앙에 대한 회의와 질문을 원천적으로 차단해서는 안 된다. 비록 그런 질문들이 기존의 사유체계와 신앙관을 흔들어놓고 혼란스럽게 만드는 일이 생긴다 하더라도, 그런 '회의의 용광로'에서 우리들의 신앙과 신학이 정제되는 과정을 거치는 것은 대단히 중요한 일이다.

무엇을 생각하느냐에 따라, 그 사람의 삶은 달라진다. 생각은 행동을 결정짓는다. 생각의 뿌리에서 행실의 열매가 맺히는 것이다. 히브리서는 "그러므로 함께 하늘의 부르심을 받은 거룩한 형제들아 우리가 믿는 도리의 사도이시며 대제사장이신 예수를 깊이 생각하라"(3:1)고 말한다. 예수를 깊이 생각하면 구원의 도가 통한다. 그러나 세상을 깊이 생각하면 멸망의 도에 빠진다. 예수를 깊이 생각하면 예수의 마음을 닮게 된다. 하지만 세상을 깊이 생각하면 세상의 정욕을 따라간다. 예수를 깊이 생각하면 이웃을 돌아보게 된다. 하지만 세상을 깊이 생각하면, 자기 자신만 돌아보게 된다. 예수를 깊이 생각하면 진리가 보인다. 하지만 세상을 깊이 생각하면 재물만 보인다. 예수를 깊이 생각하면 참된 지식과 분별력이 생긴다. 하지만 세상을 깊이 생각하면 이단의 미혹에 빠진다.

우리는 신앙의 바른 길을 세워야 한다. 구원이란 무엇이며, 구원을 얻기 위해서는 무엇이 필요한가? 하나님은 어떤 분이시며, 계시란 무엇이고, 영감이란 무엇인가? 예수 그리스도의 죽음은 우리에게 어떤 의미가 있으며, 그 피의 공로는 누구에게 적용되는가? 하나님 나라와 교회는 무엇이며, 마지막에 일어날 일들에 대해서 우리는 무엇을 말할 수 있는가? 바로 이런 질문들에 대한 답을 찾는 것이 조직신학의 과제다. 그리고 이 과정에서 성경적이지 못한 사상을 가려내고, 바른 신앙을 지켜나가는 것이 바로 조직신학의 주요 임무라고 할 수 있다. 그런데 오늘날 교회 안에 바르지 못한 신앙이 활개를 치고, 가짜 복음이 진짜 복음을 밀어내고 있는 현실을 바라보면서, 과연 조직신학의 과제는 얼마나 제대로 실행되고 있는가를 반성하지 않을 수 없다. 신학교에서 제대로 바른 신앙의 길을 학습했다면 목회현장에서 그 열매가 나타나야 하지 않을까? 이론과 실제는 같지 않다는 허망한 가설에 몸을 숨기고 자위하고 있을 수는 없는 일이다.

넷째, 조직신학은 교회의 올바른 사명을 인지하고 실천하게 한다. 궁극적으로 조직신학은 교회가 참된 교회가 되는 데 필요한 자기반성을 위해서 필요하다. 신앙의 본질과 교회의 본질을 추구하는 것이 조직신학의 목표다. 더욱이 한국 교회는 총체적으로 신앙과 교회의 본질을 철저히 성찰해야 할 필요가 있다. 한국 교회는 지금 너무 성경적 신앙에서 멀리 벗어나고 있기 때문이다. 십자가의 예수를 바라지 않고, 부귀와 외적 성장을 추구하는 한국 교회와 성도들의 일탈된 신앙양태는 그 위험 수위에 이미 도달해 있다. 신학교의 학습현장에서도, 교회 안에서도, 삶의 현장에서도, 신앙과 신학에 대한 끊임없는 학습과 반성은 계속 되어야 한다.

다섯째, 조직신학은 현대의 신학적 반성이 필요한 문제를 숙지하고 해결하게 한다. 다변하는 현대 사회의 다양한 문제들에 대한 기독교적 대안을 제시하기 위해서도 조직신학은 필요하다. 이 과정에서 조직신학이 직면하는 과제는 과거 변증신학자들에 의해 조형된 형이상학적 개념들을 재해석하는 일도 포함된다. 특히 전통적인 신학적 유산들은 고정불변한 것이 아니라, "상황화"와 "비평의 원리"를 적용하여 현대신학의 논의와 연계되는 자료로 인식될 수 있어야 한다. 오늘날의 신학은 "근대와 포스트모던 세계관에 참여하면서 고전적 구성 배후로 돌아가서 최초의 성서적 상징들을 해설"하는 데 목적이 있다.[42]

나아가 현대의 신학적 반성은 삶의 현장에서 펼치는 조직신학의 중요성을 인지하게 한다. 그래서 오늘 우리가 사는 지구촌의 주요 문제들에 관심을 기울이게 한다. 생태계의 위기 문제나 정치경제적 불평등과 착취 문제, 핵전쟁의 위험, 남북통일, 세계평화의 현안들에 조직신학의 참여와 논의가 필요하다. 삶의 현장을 벗어난 신학적 담론은 사실상 무의미할 뿐 아니라 심지어 해롭기까지 하다. 우리의 현장에서 신학적 반성이 일어나지 않는다면 우리는 기독교의 어두운 역사를 반복하게 될지 모른다.

따라서 신앙과 신학의 만남은 반드시 필요하다. 실천이 결여된 신앙은 참된 신앙이 아니므로 신앙과 신학의 만남은 실제와 이론의 만남이어야 한다. 이 둘이 만날 때, 우리는 참된 구원의 도를 소유하게 되고 그리스도인의 제자다운 삶을 살아가게 되며, 참된 신앙과 균형 잡힌 신학을 소유하게 되는 것이다.

* * *

조직신학은 전통적으로 이론 학문에 속한다고 할 수 있지만, 신앙과 신학 전반에서 볼 때 언제나 신학의 목표는 실천적이어야 한다. 하인리히 오트(Heinrich Ott)는 "신학이 존재하는 이유는 바로 그 신학이 그리스도교적 선교에, 즉 신앙으로 인식한 진리를 증거하는 일"에 있다고 말했다.[43] 즉, 신학의 목표는 그리스도를 증언하는 선교와 관련이 있고, 그것은 궁극적으로 그리스도인의 실천적 삶으로 이어진다. 그 점에서 신학은 당연히 그리스도인과 교회에 봉사하는 학문이어야 한다. 칼 바르트(Karl Barth)의 「교회교의학」이 "현실참여의 새로운 지표"를 제시했다는 평가를 받는 것도[44] 그가 신학의 과제와 사명을 '삶의 현장'과 연결시켰기 때문이다. 신학은 교회로 하여금, 혹은 그리스도인으로 하여금 교회답게, 그리스도인답게 살도록 권면하고 비판하는 일을 해야 한다. 그리고 그 신학은 '지금, 여기에서' 우리에게 의미가 있어야 한다. 신학에 대한 끊임없는 반성과 성찰이 필요한 까닭이 여기에 있다.

신앙으로 인식한 진리를 증언하는 그리스도인의 사명은 그리스도의 복음을 전파하고 그것을 실천하는 일로 귀결된다. 이는 하나님 나라를 이 땅에 실현하는 일이기도 하다. 예수의 복음은 결국 구원의 소식이요, 그것은 동시에 사랑의 실천이다. 그리스도인은 제자도의 삶을 사는 것을 삶의 최종 목표로 삼아야 한다. 제자도의 삶은 예수 정신에 사로 잡혀 사는 삶이다. 예수 정신이라 함은 예수께서 이 땅에 오신 목적과 삶을 본받아 그분처럼 사는 것을 의미한다. 그러므로 그리스도인의 삶은 하나님의 의를 위해서, 자기를 낮추는 삶이어야 한다. 신학은 바로 이런 일을 위해 존재해야 한다. 결코 신학이 상아탑에서 형이상학적 담론에 빠져있어서는 안 되는 것은 바로 이와 같은 목적 때문이다. 그리고 이것은 신학이 특권층의 독점적 학문으로 전락되어서는 안 되는 까닭이기도 하다.

이런 점에서 오늘날 교회들이 제 사명을 다하고 있는가를 깊이 반성하는 것은 그리스도인들에게 당면한 숙제다. 한국 교회의 가장 큰 문제는 그리스도인이라고 자처하는 사람들이 제자로서 삶을 살고자 하지 않는다는 데 있다. 제자의 삶에서 가장 중요한 덕목은 자기희생과 헌신이다. 그런데 한국 교회에는 진정 자기희생과 헌신을 찾아볼 수 있는가? 한국 교회는 지금 어디로 가고 있는가? 무엇을 하고 있는가? 교회 안에도 참다운 영성이 없고, 사회의 영향력은 상실해가고 있어서, 교회를 이탈하는 사람들이 다른 종교와 비교했을 때 가장 많다는 통계가 이미 나와 있는 실정이다. 그리스도인이었던 사람들이 "나는 왜 개신교를 떠났나?"라는 글을 통해 쏟아내는 비판의 목소리에 우리는 귀를 기울여야 한다. 최근 유행하는 용어, '가나안성도', 즉 교회에 '안나가'는 '성도'들이 점점 많아지고 있는 현실에서 진지하게 한국 교회는 자기반성의 아픔을 함께 나눌 필요가 있다.[45] 만일 한국 교회가 여전히 자기반성과 성찰을 하지 못한다면, 한국 교회는 더 이상이 사회를 이끌 수도 없고, 예언자적 사명을 다할 수도 없는 이름뿐인 무익한 종교로 전락하게 될지도 모른다.

하지만 그렇다고 해서 '가나안성도' 현상을 바람직하다고 말할 수는 없다. 가나안성도 현상이 무작정 교회를 떠나거나, 교회 자체를 아예 부인하고 교회 밖에서 개인의 신앙과 사회적 관심을 표출하는 하나의 방식이라면, 그것은 결코 건강하지 않은 반교회적 현상이다. 그러므로 가나안성도 현상은 더 건강한 교회를 세우기 위한 운동이라는 측면에서 접근될 필요가 있다. 참된 신앙을 갖고자 성도들이 복음적이지 못한 교회를 떠남으로써 그런 교회들을 이 사회에서 과감히 퇴출시킬 수 있다면, 건강한 교회를 찾아 '가나안'으로 향하는 그 발걸음들이 하나의 '교회 바로 세우기' 운동이 될 수 있을 것이다.

주(註)

1) R. C. Sproul, 「모든 사람을 위한 신학」, 조계광 옮김 (서울: 생명의말씀사, 2015), 20. 이 책의 원래 제목은 「모든 사람은 신학자: 조직신학개론」(Everyone's A Theologian: An Introduction to Systematic Theology)이다. 그러므로 이 책의 의도는 모든 사람을 '위한' 신학이 아니라 모든 사람이 '해야 할' 신학을 말하려는 데 있다.
2) Stanley Grenz, 「조직신학: 하나님의 공동체를 위한 신학」, 신옥수 옮김 (고양: 크리스챤다이제스트, 2003), 31.
3) Randy Alcorn, 「인간의 선택인가 하나님의 선택인가」, 김진선 옮김 (서울: 토기장이, 2015), 290.
4) Dale Moody, *The Word of Truth: A Summary of Christian Doctrine Based on Biblical Revelation* (Grand Rapids: Eerdmans, 1981), 1.
5) Grenz, 「조직신학」, 43.
6) 김승혜, 「종교학의 이해: 종교연구 방법론을 중심으로」 (왜관: 분도출판사, 1986), 18.
7) Grenz, 「조직신학」, 42.
8) Joseph M. Kitagawa, "미국에서의 종교학의 전망," 「종교학입문」, M. Eliade 외 편 (서울: 성균관대학교출판부, 1982), 41.
9) 배국원, "종교학과 신학," 「현대종교철학의 이해」 (서울: 동연, 2000), 126, 169-71. 바나레스는 베나레스(힌디어, Benares), 혹은 바라나시(산스크리트어, Varanasi)라고 부르는데, 인도 우타르프라데시 주에 위치한 힌두교의 성지 이름이다.
10) 송기득, 「신학개론」 (서울: 종로서적, 1986), 14-5.
11) 김용복, "「擊蒙要訣」을 통해 본 신학교육의 再考," 「21세기 한국침례교회의 기독교교육」, 노윤백 박사 퇴임기념논문집 (대전: 침례신학대학교출판부, 2004), 173.
12) Paul Tillich, *Systematic Theology*, vol. I (Chicago: University of Chicago Press, 1967), 68.
13) Grenz, 「조직신학」, 48-56.
14) Moody, *The Word of Truth*, 2-3.
15) Herschel H. Hobbs and Eedgar Y. Mullins, *The Axioms of Religion*, Revised Edition (Nashville: Broadman Press, 1978), 54 참조. 이 책에서 멀린스는 영혼의 역량을 토대로 신앙의 여섯 가지 공리(公理)를 설명한다. 이 책은 「기독교신앙의 6대 공리: 침례교의 신학적 유산」, 김용복 옮김 (대전: 침례신학대학교출판부, 2005)로 번역되었다.
16) Grenz, 「조직신학」, 44.
17) Ibid.
18) Ibid., 46.
19) 세 가지 신학유형에 관해서는 김용복, "남침례교 신학전통에서의 인간론: '자유와 은혜' 개념을 중심으로" (박사학위논문, 침례신학대학교 대학원, 1997), 16-57 참조.

20) H. G. Pöhlmann, 「교의학: 조직신학의 독보적인 고전」, 이신건 옮김 (서울: 신앙과지성사, 2012), 25.
21) 침례교신학연구소 편, 「신학입문: 신학의 순례자를 위한」 (대전: 침례신학대학교출판부, 2004).
22) Sproul, 「모든 사람을 위한 신학」, 19.
23) [온라인자료] https://en.wikiquote.org/wiki/George_Santayana, 2015년 8월 11일 접속.
24) 김용복, "목회현장에서 다시 쓰는 조직신학: 서론,"「뱁티스트」, 39호 (1999): 66-77에 실린 글을 부분 수정.
25) 이학준, 「한국 교회, 패러다임을 바꿔야 산다: 변화와 갱신을 위한 로드맵」 (서울: 새물결플러스, 2011), 26-7.
26) "내가 기도하노라 너희 사랑을 지식과 모든 총명에 점점 더 풍성하게 하사 너희로 지극히 선한 것을 분별하며 또 진실하여 허물없이 그리스도의 날까지 이르고 예수 그리스도로 말미암아 의의 열매가 가득하여 하나님의 영광과 찬송이 되기를 원하노라"(빌 1:9-11).
27) Thomas J. Nettles, *By His Grace and for His Glory: A Historical, Theological, and Practical Study of the Doctrines of Grace in Baptist Life* (Grand Rapids: Baker Book House, 1986), 14-5에서 재인용.
28) Hans Küng, 「교회」, 정지련 역 (서울: 한들출판사, 2007), 345, 355.
29) 스탠리 그렌즈의 「조직신학」은 "종말론적 관점에서 본 하나님 나라, 하나님의 공동체, 종말론적 공동체"를 통합적 주제로 삼았다. 기독교신학에 나타난 대표적 주제들은 다음과 같다: (1) Thomas Aquinas: 인간의 목적으로서 하나님의 비전; (2) Martin Luther: 믿음에 의한 칭의; (3) John Calvin: 하나님의 영광; (4) John Wesley: 책임을 수반한 은혜; (5) Friedrich Schleiermacher: 인간의 종교적 경험; (6) Karl Barth: 삼위일체 하나님의 자기계시의 본질; (7) Alfred North Whitehead: 과정; (8) 해방신학, 페미니즘, 이야기신학 등. Grenz, 「조직신학」, 57-63.
30) 남병두, "침례교의 특성,"「21세기를 위한 교회론: 교회의 일치와 성숙을 위하여」, 국제신학연구원 편 (서울: 서울말씀사, 2004), 163-4.
31) Millard J. Erickson, *Christian Theology*, vol. 1 (Grand Rapids: Baker Book House, 1983), 21-2.
32) Grenz, 「조직신학」, 47.
33) Herschel Hobbs, "Southern Baptist Theology Today-An Interview with Herschel H. Hobbs," *The Theological Educator*, VII, 2 (Spring 1976): 20.
34) Moody, *The Word of Truth*, 3.
35) Ibid., 6.
36) Tom N. Wright, 「톰 라이트, 칭의를 말하다」, 최현만 옮김 (서울: 에클레시아북스, 2011), 51.
37) 나가르주나(150-250?)는 소승불교가 부처의 가르침을 "일목요연하게 체계화했다는 점에서 긍정적 가치"를 가지지만 "각 부파에서 자신들이 구성한 교학 체계만이 진실이라고 고

집"하는 것을 비판했던 중관학파의 창시자다. 범여, "불교의 이해와 신행," [온라인자료] http://blog.daum.net/bumyee/6296, 2015년 1월 20일 접속.

38) Grenz, 「조직신학」, 34-5.
39) Emil Brunner, *Christian Doctrine of God*, Dogmatics, vol. I, tr. Olive Wyon (Philadelphia: The Westminster Press, 1950), 9-13.
40) T. F. Torrence, 「성서적 복음주의적인 신학자 칼 바르트」, 최영 옮김 (서울: 한들, 1997), 59.
41) D. L. Migliore, 「기독교 조직신학개론: 이해를 추구하는 신앙」, 신옥수, 백충현 옮김 (서울: 새물결플러스, 2012); Karl Jaspers, 「철학적 신앙」, 신옥희 옮김 (서울: 이화여자대학교출판부, 1979) 참조.
42) Ted Peters, 「하나님-세계의 미래: 새로운 시대를 여는 조직신학」, 이세형 옮김 (서울: 컨콜디아사, 2000), 182.
43) Heinrich Ott, 「조직신학입문: 신학해제」, 김광식 역 (서울: 한국신학연구소, 1974), 16.
44) 최종호, 「칼 바르트의 교회교의학 읽기」 (서울: 세창미디어, 2013), 4.
45) 양희송, 「가나안 성도, 교회 밖 신앙: 한국 교회가 직면한 최대 현실, 가나안 성도를 말한다」 (서울: 포이에마, 2014) 참조. 오늘날 한국 교회에서 나타나는 교회 이탈현상을 '가나안성도'라는 신조어로 표현하는 것이 적절한가에 대한 문제제기는 그것대로 별도의 논의가 필요한 대목이다.

1
계시: 신앙의 근거

나의 복음과 예수 그리스도를 전파함은 영세 전부터 감추어졌다가
이제는 나타내신 바 되었으며 영원하신 하나님의 명을 따라
선지자들의 글로 말미암아
모든 민족이 믿어 순종하게 하시려고 알게 하신 바
그 신비의 계시를 따라 된 것이니
이 복음으로 너희를 능히 견고하게 하실 지혜로우신 하나님께
예수 그리스도로 말미암아 영광이 세세무궁하도록 있을지어다 아멘
로마서 16장 25-27절

계시(revelation)라는 말만큼 기독교신학에서 중요한 신학적 의미를 가지고 있는 단어는 아마 없을 것이다. 특히 현대를 살아가는 우리에게 계시의 문제는 신앙의 본질과 밀접한 관련을 맺고 있기 때문에 더욱 더 중요한 의미가 있다. 칼 헨리(Carl F. H. Henry)는 현대신학이 당면한 가장 중요한 논쟁이 "하나님의 현시(顯示)의 현실성과 성질"에 관한 것이라고 말한 바 있다.[1]

'계시란 무엇인가'를 묻는 질문은 기독교신학을 시작하는 출발선에 해당한다. 계시는 기독교가 그 인식적 기원을 하나님에게 두고 있다는 것을 웅변적으로 말해주는 하나님의 '자기노출' 수단이기 때문이다. 기독교를 '계시의 종교'라고 말하는 까닭도 바로 여기에 있다. 따라서 기독교신앙의 근거가 바로 하나님의 계시에 있다고 해도 틀린 말은 아니다.

그런데 그토록 중요한 '계시'라는 말이 교회안팎에서 너무 무분별하게 남용되

고 있다. 때로는 계시의 의미를 잘 모르고 함부로 사용하기도 하지만, 많은 경우에는 의도적으로 계시라는 말을 통해 종교적 권위를 얻어 보려는 사례도 있다. 이런 행동들은 비정상적 신앙을 생산하고 결과적으로 교회와 사회에 큰 물의를 빚을 수밖에 없다. 하나님의 직통계시를 받았다며 자신의 말에 절대 복종할 것을 강요하는 것이나, 자신의 사적 체험에 근거해서 하나님의 뜻을 무책임하게 선포하는 행위는 계시를 잘못 이해한 대표적 사례들이다. 심지어 어떤 사람은 계시를 운운하면서 개인의 욕심을 채우는 일까지 공공연히 자행하기도 한다. 그런데도 교인들은 그런 사람의 말을 분별하거나 비판하지 못하고 맹목적으로 추종하는 경우가 적지 않다.

과연 그들이 받았다고 주장하는 계시는 무엇일까? 왜 그들은 계시를 받아야 한다고 생각할까? 오늘날 우리는 '계시를 받았다'는 말을 계속 사용해도 좋은가? 이런 계시주장이 성경적으로나 신학적으로 타당한 근거를 가지고 있을까? 그리고 성경에 기록된 특별계시 외에 또 다른 새로운 계시를 받았다고 말하는 것은 어떤 의미를 함축하고 있는가? 이런 질문들에 대한 적절한 답을 찾는 것은 신앙적으로 대단히 중요할 뿐 아니라 시급한 일이기도 하다.

계시를 오남용하는 주체는 목회자나 특별한 은사를 받았다고 주장하는 일부 지도자들이고, 피해를 받는 대상은 주로 신앙의 연륜이 부족하거나 잘못된 신앙을 가지고 있는 교인들이다. 그 점에서 이 문제는 일종의 '권력형 폭력성'과도 관련이 있다. 교인들이 지식과 분별력을 키워서 성숙한 그리스도인이 되어야 할 까닭이 바로 여기에 있다. 성숙한 그리스도인으로서 분별력을 갖출 때 비로소 비성경적 카리스마를 남용하고 교회 안팎에서 진리를 거스르는 현상을 비판할 수 있으며, 그것을 바로 잡아나갈 수 있는 풍토를 만들 수 있다.

사적인 새로운 특별계시[2]

오늘날 교회 안에 일련의 '계시 착각' 현상들이 만연해 있는 것 같다. 어떤 사람들은 고의적이든 비고의적이든 자신이 계시를 받았다고 주장하지만 대부분의 경우 그것은 착각에서 기인한 것이기 쉽다. 환상이나 환청, 혹은 꿈을 통해서, 심지

어느 성경을 읽다가 계시를 받았다고 말하는 사람도 있지만, 문제는 이런 사람들에 의해서 계시란 말이 가지고 있는 중요한 의미가 심하게 오염되거나 왜곡된다는 데 있다. 과연 사적인 새로운 특별계시가 오늘날에도 존재하는 것일까? 이는 오늘날 목회현장에서 끊임없이 제기되는 의문이며, 동시에 반드시 풀어야 할 질문이다.

계시의 오용 사례

총각 전도사가 마음에 두고 있는 자매에게 청혼하는 수단으로 '직통계시'가 사용된다는 황당한 이야기를 들은 적이 있다. 하나님이 당신과 결혼하라고 하신다는 전도사의 진지한 혹은 위협적인 고백에 순진한 자매는 뿌리치지 못하고 고민하기 쉽다. 그 전도사는 하나님의 계시를 자신의 욕심을 채우기 위한 수단으로 악용하고 있는 것은 아닐까? 한 발 양보하여 비록 하나님이 그에게 그런 확신을 주셨다 하더라도 분명 그는 '계시'라는 단어를 오용하고 있음이 분명하다. 목회와 삶의 현장에서 악용되거나 적어도 잘못 사용되고 있는 계시 착각 현상들은 네 가지 형태로 구분될 수 있다.

기도의 응답

어떤 사람은 기도의 응답으로 하나님의 계시를 받는다고 주장한다. 실례로 어느 교회에 기도를 열심히 하는 어떤 전도사는 마치 기도를 하기 위해 태어난 사람 같다. 어떤 때는 잠도 자지 않고, 먹지도 않고 기도에 몰입한다. 그는 자기가 기도를 하지 않으면 교회도 시험에 빠지고 성도들도 어려움을 당한다고 생각한다. 물론 늘 기도하면서 사는 것을 나쁘다고 말할 수는 없다. 그러나 문제는 기도를 마치 기복신앙의 도구나 세상사의 '만능키'로 이용하려는 태도가 깊이 잠재해 있다는 데 있다. 어느 날 그는 성도들을 모아 놓고, 지난 밤 하나님이 자신에게 계시하셨다고 밝히면서, 어느 기도원에 가서 전교인이 3일 동안 금식기도를 해야 한다고 선포했다. 교인들은 그 말을 거역하지 못하고 따라나섰다. 사실 교인들은 그 전도사에게는 하나님의 계시가 임하는 능력이 있다고 믿는 듯했다. 그래서 그의 말에는 절대 복종하지 않을 수 없는 것 같다.

그런데 과연 그가 기도 중에 받았다는 환청이나 환시를 우리가 계시라고 부를 수 있는 것일까? 오늘날 하나님의 계시가 우리의 기도를 통해서 우리에게 주어진다고 말하는 것이 성경적으로 혹은 신학적으로 타당하다고 말할 수 있는가? 그렇지 않다. 만일 기도의 응답으로 하나님이 내게 어떤 반응을 하셨다면, 우리는 그것을 계시라고 말할 것이 아니라, 하나님의 '응답' 내지는 '도우심'이라고 표현하는 것이 좋다. 계시는 특정한 목적을 이루기 위해 하나님의 자기 자신을 드러내시는 사건과 관련해서 지극히 제한적으로 사용되어야 할 단어다.

성령의 은사

어떤 사람은 계시를 성령의 은사로 이해한다. 성경에는 성령의 은사를 여러 가지로 설명하고 있다. 성경은 성령의 은사로 지혜의 말씀, 지식의 말씀, 믿음, 병 고치는 은사, 능력 행함, 예언, 영분별, 방언, 방언통역, 계시와 지식과 예언과 가르치는 것을 언급한다(고전 12:8-10; 14:6). 그 가운데 계시는 하나님의 말씀, 지식은 그 계시를 깨닫는 것, 예언은 그것을 선포하는 것, 가르치는 것은 선포된 계시를 풀어 설명하는 것으로 이해된다. 초대교회는 아직 신약성경이 완성되지 않은 시대였다. 따라서 성도들이 하나님으로부터 직접 계시를 받았던 것으로 보인다. 그래서 고린도전서 14장 30절에 따르면 예언을 하다가도 다른 사람이 또 새로운 계시를 받으면 먼저 예언하던 사람은 새로운 사람에게 발언권을 양보했다. 하지만 하나님의 말씀인 성경이 완성된 오늘날, 하나님으로부터 직접 새로운 특별계시를 받는 일이 과연 필요할까?

초대교회에서 일어난 모든 성령의 은사가 그 시대에만 있었던 일시적인 현상이라고 생각하는 것이나, 반대로 초대교회의 성령의 은사가 모두 오늘날에도 그대로 일어난다고 주장하는 것이나, 모두 극단적인 견해일 수 있다. 오늘도 성령은 적극적으로 활동하시고 성령의 은사는 여전히 계속된다고 할 수 있지만, 어떤 은사는 오늘날 더 이상 필요하지 않기 때문에 중단되었다고 말하는 것도 신학적으로 의미가 있다.

카리스마 목회의 근거

계시를 영적 카리스마를 위해서 오용하는 경우도 있다. 어떤 목회자는 하나님의 말씀인 성경만으로 만족하지 않고, 자신의 주관적인 종교적 체험을 하나님의 특별계시라고 주장한다. 그런데 일부 성도들은 그런 목회자를 더 신령한 목회자로 믿고 따르며, 그의 말에 절대 복종하는 경향이 있다. 한 때 사회와 교계에 큰 물의를 빚었던 어떤 목사는 새벽기도를 마치고 오전 내내 특별계시를 받기 위해 일부 교인들과 합심하여 기도했다고 한다. 왜 기록된 성경 말씀만으로는 부족한가?

역사적으로 한국 교회는 이와 같은 부류의 신비적, 극단적 계시주의자들 때문에 신앙적으로 많은 혼란과 어려움을 겪어왔다. 그들이 한국 교회에 끼친 악영향은 결코 적지 않은 것이었다. 오늘날 한국 교회는 이런 계시주의자가 아니라, 진정으로 하나님의 말씀에 순종하고 헌신적으로 섬기는 참된 목회자가 필요하다.

이단적 종말신앙의 근거

계시를 악용하는 대표적 사례는 대부분 이단적 시한부 종말신앙과 연결된다. 1992년 11월 「현대종교」는 같은 해 9월 28일 휴거를 주장하던 부산 서머나교회(K목사)의 빗나간 휴거신앙의 현장을 소개했다. 9월 28일 자정이 지나도 아무런 일이 일어나지 않자, 성도들은 실망하여 하나 둘 교회를 빠져나갔고, K목사는 계산이 잘못되었을 뿐 언젠가 휴거는 반드시 있을 것이라며 성도들을 달랬다고 한다. 그런데 K목사는 시한부 종말론의 근거를 개인의 특별계시에 두고 있었다.

1992년 휴거설로 세상을 떠들썩하게 했던 다미선교회나 그의 후예 가운데 하나인 '신세계교회'도 성경을 무시하고 사적으로 받았다고 하는 특별계시에 의존해서 왜곡된 종말신앙을 퍼뜨리고 있는 대표적인 사례였다. 특히 신세계교회의 교주 아들이 친필계시를 받았다거나 꿈을 통해 계시를 받았다고 주장하면서 교인들을 현혹하는 것은 참으로 심각한 일이 아닐 수 없다. 계시에 대한 바른 이해가 없다면, 한국 교회에 파고드는 이런 종류의 이단들을 경계하고 대처하는 데 어려움을 면하기 어려울 것이다.

성경의 사례 분석

신약성경에서 '계시'란 단어는 대체로 두 가지 의미로 사용되고 있다. 첫째, 계시는 하나님의 말씀, 하나님의 뜻을 지시한다. "그런즉 형제들아 내가 너희에게 나아가서 방언으로 말하고 계시나 지식이나 예언이나 가르치는 것으로 말하지 아니하면 너희에게 무엇이 유익하리요"(고전 14:6). 여기서 바울이 강조하는 내용은 방언의 유용성 문제였다. 방언이 하나님의 뜻과 말씀을 성도들에게 전달하지 못한다면 유익하지 못하다는 것이다. 그래서 바울은 반드시 방언을 말할 때는 통역을 세우라고 했다. 초대교회의 방언은 복음, 하나님의 말씀, 계시를 전하는 데 주요 임무가 있었던 것이다. 또한 "예수 그리스도의 계시라 이는 하나님이 그에게 주사 반드시 속히 일어날 일들을 그 종들에게 보이시려고 그의 천사를 그 종 요한에게 보내어 알게 하신 것이라"(계 1:1). 요한계시록의 이 말씀은 계시에 대한 가장 전형적인 사례라고 할 수 있다. 마지막 때에 일어날 현상에 대해 하나님께서 요한에게 보여주신 말씀이 바로 계시인 것이다. 한편, "우리 주 예수 그리스도의 하나님, 영광의 아버지께서 지혜와 계시의 영을 너희에게 주사 하나님을 알게 하시고"(엡 1:17)에서 사용된 "영"은 헬라어로 '프뉴마'(pneuma), 즉 성령을 의미한다. 따라서 본문은 지혜와 계시를 주시는 성령을 통해 하나님을 알게 한다는 것을 말한다. 그러므로 이 경우에도 계시는 하나님의 비밀, 혹은 하나님의 뜻이란 의미를 담고 있다. 성경은 바로 이 성령의 역사하심으로 모든 구속의 비밀을 깨닫게 된다고 말한다(고전 2:6-16).

둘째, 계시는 예수 그리스도를 의미한다. "이제는 나타내신 바 되었으며 영원하신 하나님의 명을 따라 선지자들의 글로 말미암아 모든 민족이 믿어 순종하게 하시려고 알게 하신 바 그 신비의 계시를 따라 된 것이니 이 복음으로 너희를 능히 견고하게 하실"(롬 16:26). 이 구절에서 말하는 "신비의 계시"는 예수 그리스도를 가리킨다. 예수 그리스도는 "영세 전부터 감추어졌다가 이제는 나타내신 바" 된 분이다(롬 16:25-26). 따라서 예수 그리스도는 계시의 최종적 완성자이시다.

특별계시의 목적과 의미

하나님은 왜 자신을 우리에게 계시하시는가? 계시의 궁극적 목적은 '하나님의 영광과 인간의 구원'에 있다고 할 수 있다. 계시는 인간을 구원하시기 위해 하나님이 당신을 드러내 보이시는 것이다. 그것이 곧 성육신 사건이요, 십자가 사건이요, 복음의 사건이다.

성경이 완전히 기록되지 않은 시대에는 하나님이 자신을 계시하기 위해서 여러 가지 방법을 사용하셨다. 때로는 천사를 동원해서, 때로는 예언자를 통해서, 때로는 방언과 그 통역을 통해서, 때로는 환청이나 환시를 통해서 하나님은 당신의 말씀을 인간에게 전하셨다. 그리고 예수 그리스도의 구속사건은 계시의 절정이었다. 이 구속사건이 끝난 뒤에도, 하나님은 그 사건의 의미를 명백히 밝혀주기 위해서 사도들과 초기 복음전도자들을 통해서 여전히 계시를 더해 주셨다. 그러나 하나님의 계시가 성경을 통해서 완성됨으로써 더 이상 새로운 계시는 필요하지 않게 되었다. 그래서 신학적으로 우리는 오늘날 성경 이외의 새로운 계시는 없다고 말하는 것이다.

만일 아직도 특별계시가 필요하다고 말한다면, 그것은 성경의 완전성을 부인하는 셈이 된다. 성경은 오늘 우리에게 구원의 믿음을 가능하게 하는 유일한 기반이다. 성경의 완전성이 무너지면, 우리는 우리의 개인적인 체험이나 지식에 근거해서 우리의 구원을 밀할 수밖에 없다. 하지만 어느 누구의 체험도 절대화될 수 없다. 따라서 성경은 우리의 신앙에서 유일하고 최종적인 권위를 가질 수밖에 없다.

또 만일 오늘날 새로운 특별계시가 필요하다고 말한다면, 계시의 최종적 형태로 오신 예수 그리스도의 완전성도 부인하는 것이 된다. 이런 판단이 가능한 근거는 특별계시를 우리의 구원을 위해 하나님이 자기 자신을 드러내는 사건으로 정의했기 때문이다. 그러므로 새로운 특별계시가 필요하다고 말하는 것은 예수 그리스도의 구속 사건이 충분하지 않다고 생각하는 것과 다를 바가 없다. 오늘날 우리 주변에서 볼 수 있는 자칭 '재림 예수'들도 모두 이런 문제를 안고 있는 이단들이라고 할 수 있다. 그들은 대체로 예수의 사역이 이 땅에서 불완전하다고 말하면서, 나머지 부분이 자신을 통해서 완성된다고 주장한다.

기독교는 말씀과 계시의 종교다. 2000년 전에 주어진 말씀 속에서 우리는 궁극적 진리와 최종적 계시를 확인한다. 이것은 역사의 한 가운데서 종말의 의미가 드러났다는 것을 의미한다. 예수 그리스도는 구속사적 관점에서 볼 때, 종말론적인 완성자이시다. 신학자들은 예수 사건을 일러 종말을 앞당겨 '선취'(先取, fore-grasp)했다고 표현한다. 따라서 계시는 오늘날 더 이상 필요하지 않다. 좀 더 정확하게 말한다면, 오늘날 새로운 특별계시는 없다고 해야 할 것이다.

계시의 조직신학적 위치와 중요성

계시가 조직신학에서 차지하는 위치와 역할은 대단히 중요하다. 조직신학에서 계시를 가장 먼저 언급하는 것도 그것과 무관하지 않다. 기독교신학은 하나님의 계시라는 일종의 선험적 진리를 전제로 하는 학문이다. 조직신학의 첫 번째 주제인 계시는 우리의 신앙을 가능하게 하는 출발점이며 토대가 된다. 그런 만큼 계시에 대한 이해여부는 신앙의 성숙과 밀접한 관련이 있다. 계시를 잘못 이해하면 신앙 전체를 심각하게 왜곡하는 현상이 나타날 수도 있다. 따라서 계시에 대한 이해는 기독교신앙의 첫 관문과도 같은 것이다.

   신학은 하나님의 창조사역과 구속사역을 하나님의 주권과 인간의 반응이라는 관점에서 해석하는 작업이라고 할 수 있다. 그런데 하나님의 존재와 사역은 인간의 이성과 경험을 통해 명증적(明證的)으로 확인되지 않는다는 문제가 있다. 이성과 경험의 한계 때문이다. 그런데도 그리스도인들은 하나님의 존재와 활동이 하나님의 계시를 통해 우리에게 전해지기 때문에 어느 정도 인식이 가능하다고 믿는다. 이는 하나님을 알기 위해서 하나님의 자기계시가 선행해야 한다는 것을 의미한다. 그 점에서 계시는 하나님의 선행적이고 자발적인 '자기 드러냄'(self-disclosure)이다. 볼프하르트 판넨베르크(W. Pannenberg)의 설명에 따르면, 이 선행적이고 자발적이라는 말은 "하나님의 인식이 하나님 자신으로부터 시작되는 한에서만 그 인식이 하나님의 현실성에 부합되는 참된 인식일 수 있다"는 의미다. 그는 하나님이 "인간과는 비교할 수 없을 정도로 초월적이며 거룩"하기 때문에, 인간 스스로 하나님의 "본질적 비밀"을 얻어내려고 하면 그 신성을 "왜곡"하게 될 것이라고 주장했다.[3] 어떤 방법으로 하나님이 자신을 드러내는가 하는 점에서 이견이 있지만, 복음주의 신학에서는 하나님의 자기계시가 없이는 인간이 하나님의 본성과 사역의 목적을 알 수 없다는 입장을 기본적으로 공유한다.

본래 신학을 가능하게 하는 3중 토대는 하나님과 그리스도와 인간이다. 이를 계시와 관련해서 설명하면, 하나님은 계시의 주체요, 그리스도는 계시의 내용이요, 인간은 계시의 수혜자다. 그리고 이 삼각관계에서 나타난 계시의 궁극적 목적은 하나님의 영광과 인간을 포함한 피조세계 전체의 구원에 있다. 하나님은 계시를 통해 당신의 영광을 드러내고, 그 하나님의 계시는 인간과 피조세계를 구원으로 이끈다.

대화로서 계시의 특성

계시는 특별한 목적을 이루기 위해 인간과 대화를 시도하시는 하나님의 수단이다. 하나님이 자신을 우리에게 드러내신 가장 큰 까닭이 인간의 구원에 있다고 한다면, 계시는 본질적으로 인간 측의 반응을 요구한다. 인간의 반응을 고려하지 않은 계시를 말하는 것은 하나님의 활동을 폐쇄적으로 가두는 일이다. 데일 무디(Dale Moody)는 계시와 인간의 함수관계를 다음과 같이 말했다: "모든 계시는 반응을 함축한다. 하나님의 계시는 하나님의 말씀이고 그 응답은 인간의 믿음이다."[4] 윌리엄 스티븐스(William W. Stevens)도 기독교의 계시는 인간 편에 능동적인 반응을 일으킨다고 전제하고, 기독교는 하나님의 "자기현현"(自己顯現)과 이 현현에 대한 인간의 반응을 포함하는 일종의 "상호관계"라고 정의했다.[5] 그런 점에서 계시는 일종의 대화라 할 수 있다. 대화는 홀로 이루어질 수 없듯이, 하나님의 계시 또한 상호관계 속에서 그 의미와 효과가 있다.

이 때 계시에 대한 '하나님의 주도권'(the initiative of God)을 인정하는 것은 매우 중요하다. 그것은 인간 스스로 하나님을 온전하게 알 수 없다는 인간의 한계로부터 도출된 필연적인 결과이기도 하다. 인간이 하나님을 알 수 있는 길은 하나님이 자신을 구체적으로 나타내 보이시는 길밖에 없다: "내가 곧 길이요 진리요 생명이다"(요 14:6). 따라서 하나님의 계시가 없거나, 예수 그리스도 외에도 구원의 길이 가능하다고 주장하는 것은 전통적인 기독교신앙이 아니다. 그렇다면 하나님의 계시를 받아들이는 인간의 노력과 지혜가 하나님에 관한 지식에 영향을 끼치는가? 정도의 차이는 있지만 계시는 계시자와 수납자의 영향을 쌍방으로 받을 수밖에 없는 사건이다. 실제로 하나님에 대한 피상적인 이해로부터 깊숙이 하나님과 합일하겠다는 신비주의자들의 하나님 이해에 이르기까지 계시에 대한 인간의 이해 정도는 크게 다르다. 예수 그리스도에 관한 이해가 사람에 따라 달라지는 까닭도 그와 다르지 않다. 따라서 계시의 주체는 하나님이지만, 그 계시를 받아들이는 주체는 인간이란 점에서, 계시는 하나님-인간의 상호관계 속에서 이해될 필요가 있다. 인간의 인격을 무시한 하나님의 독단적인 계시나, 인간의 자율성만을 강조한 계시는 성경적 관점에서 볼 때 건전한 계시이해가 되기 어렵다. 계시는 하나님의 주권적 은혜이면서 동시에 인간의 반응을 기다리는 인격적 사랑의 사건이기 때문이다.

이런 하나님의 계시는 우리에게 어떤 방법으로 전달되는가? 일반계시는 모든 사람들이 알 수 있는 방식으로 하나님의 창조사역에 근원을 둔 것이라면, 특별계시는 하나님의 구속 사역을 위해 특정한 사람들에게 특별한 방식으로 나타난 것이다. 성경은 이 두 가지 계시를 다양한 사례들을 통해 제시한다.

일반계시

일반계시(general revelation)는 하나님의 자기계시가 나타나는 대상과 그 목적에 따라 그 역할과 한계가 정해진다. 일반계시는 무엇이며 왜 그것이 필요한가? 성경은 과연 일반계시를 지지하고 있는가? 그리고 일반계시는 어떤 점에서 특별계시를 필요로 하는가? 이런 질문들은 일반계시의 특징을 파악하는 데 필요한 기준을 제공해준다.

일반계시의 정의

웨인 하우스(H. Wayne House)는 일반계시를 다음과 같이 정의했다: "일반계시란 하나님이 모든 시대 모든 장소에서 모든 사람과 더불어 의사소통하는 것이다. 그것은 자연, 역사, 인간의 내적 존재(의식)를 통해 자기 자신을 드러내는 것이다."[6] 이 정의에 따르면, 어느 때든 누구든지 어느 곳에서나 하나님이 창조하신 우주 만물에서 하나님의 영광을 발견함으로써 하나님의 계시를 알 수 있다. 우리는 대자연 앞에서 창조자의 위엄과 영광을 바라볼 때 거기서 하나님의 자기계시를 직면하게 된다. 이 일반계시는 자연인이 어렴풋하게나마 하나님을 인식하는 데 도움을 주며, 하나님과 인간을 연결하는 접촉점의 구실을 한다.

일반계시에 대한 다른 여러 정의들도 자연과 이성을 통해 하나님의 계시를 파악할 수 있다고 설명한다. 스티븐스는 "자연에 대한 연구를 통하여 이성으로 파악할 수 있는 것"이라고 함으로써 이성의 역할을 강조했고, 칼 헨리(Carl Henry)는 성경의 해석이 "하나님의 계속적인 현시의 영역"인 "우주를 배제"하지 않고 "자연을 통한 하나님의 계시 행위를 강조"한다고 했다. 밀러드 에릭슨은 일반계시를 "자연과 역사 그리고 인간의 내적 존재를 통한 하나님의 자기-현시"라고 정의했다.[7]

이 정의들을 종합해보면, 하나님의 일반계시를 알 수 있게 하는 세 가지 요소는 자연, 인간의 역사, 인간의 양심과 내면의식이다. 이 세 가지 대상들이 신학작업을 하는 데 간과되어서는 안 될 중요한 요소가 되는 것은 그것들을 통해 일반계시를 파악할 수 있기 때문이다. 이성적 사고를 하고 감성을 느낄 수 있는 사람이라면 특별히 누군가의 중재나 도움이 없더라도 주체적으로 하나님을 어느 정도 인식할 수 있다. 그러므로 누구든 하나님에 관한 지식을 독점할 수 있다는 배타적 생각을 가지는 것은 바람직하지 않다. 더군다나 일반계시에 나타난 하나님의 뜻이나 그것에 관한 해석을 독점할 수 있는 존재는 이 땅에 존재하지 않는다. 이는 교회 안에서 특정인이 하나님의 계시를 도구화하거나 지배수단으로 삼아서는 안 되는 까닭이기도 하다. 모든 그리스도인은 하나님의 계시 앞에 존재론적으로 대등하며 성령의 조명을 통해 그것을 해석할 수 있는 주체적 존재다.

일반계시의 역할

성경에는 일반계시를 지지하는 본문들이 많이 등장한다. 그 본문들을 살펴보면 몇 가지 일반계시의 역할이 드러난다. 첫 번째 역할은 하나님의 창조영광을 선포하는 것이다: "하늘이 하나님의 영광을 선포하고 궁창이 그 손으로 하신 일을 나타내는 도다. 날은 날에게 말하고 밤은 밤에게 지식을 전하니 언어가 없고 들리는 소리도 없으나 그 소리가 온 땅에 통하고 그 말씀이 세계 끝까지 이르도다. 하나님이 해를 위하여 하늘에 장막을 베푸셨도다"(시 19:1-4). 이 구절은 피조물이 하나님의 영광을 드러내는 역할을 한다는 것을 증언한다. 따라서 우리가 창조세계를 통해 하나님의 존재와 영광을 보는 것은 지극히 자연스러운 일이다.

두 번째 역할은 인간의 삶에서 하나님의 도우심을 증언하는 것이다: "하나님이 지나간 세대에는 모든 족속으로 자기의 길들을 다니게 방임하셨으나, 그러나 자기를 증언하지 아니하신 것이 아니니 곧 여러분에게 하늘로부터 비를 내리시며 결실기를 주시는 선한 일을 하사 음식과 기쁨으로 여러분의 마음에 만족하게 하셨느니라 하고"(행 14:16-17). 이는 우리가 일상생활에서 경험하는 하나님의 도우심이 결국엔 그를 알 수 있게 하는 일종의 계시라는 것을 의미한다. 따라서 그리스도인들이 절망스런 시대를 살아가더라도 날마다 제공하시는 하나님의 은혜에 감사하며 살아가는 것이 가능해진다.

세 번째 역할은 우리 곁에 함께 하심으로써 하나님의 주권을 선포하고 그것을 통해 우리가 하나님을 발견할 수 있도록 하는 것이다: "인류의 모든 족속을 한 혈통으로 만드사 온 땅에 살게 하시고 그들의 연대를 정하시며 거주의 경계를 한정하셨으니 이는 사람으로 혹 하나님을 더듬어 찾아 발견하게 하려 하심이로되 그는 우리 각 사람에게서 멀리 계시지 아니하도다"(행 17:26-27). 여기서는 특별히 하나님이 우리의 삶 안에서 가까이 함께 하신다는 것을 강조한다. 이는 인간이 지나온 역사를 들여다보면 하나님의 자취가 드러난다는 것을 의미한다. 따라서 역사 속에 나타난 하나님의 섭리를 발견함으로써 역사의 미래를 희망 속에서 기다리는 일이 가능해진다. 그리고 성경은 이런 일반계시가 하나님을 알 수 있는 기회를 제공함으로써 하나님에 대해서 몰랐다고 핑계할 수 없다는 것을 강조한다: "이는 하나님을 알만한 것이 그들 속에 보임이라 하나님께서 이를 그들에게 보이셨느니라. 창세로부터 그의 보이지 아니하는 것들 곧 그의 영원하신 능력과 신성이 그가 만드신 만물에 분명히 보여 알려졌나니 그러므로 그들이 핑계하지 못할지니라"(롬 1:19-20). 그러므로 일반계시는 하나님을 향해 피조물이 가져야 할 일종의 책임감을 요구한다. 하지만 일반계시의 이런 측면이 예수 그리스도를 통하지 않고 구원이 가능하다는 것을 주장하는 근거로 작용되어서는 안 된다. 왜냐하면 인간은 어느 누구도 스스로 하나님께 온전히 나아갈 능력이 없기 때문이다. 특별계시가 필요한 까닭이 여기에 있다.

네 번째 역할은 우리의 삶을 판단하는 근거를 제공하는 것이다: "(율법 없는 이방인이 본성으로 율법의 일을 행할 때에는 이 사람은 율법이 없어도 자기가 자기에게 율법이 되나니 이런 이들은 그 양심이 증거가 되어 그 생각들이 서로 혹은 고발하며 혹은 변명하여 그 마음에 새긴 율법의 행위를 나타내느니라) 곧 내 복음에 이른 바와 같이 하나님이 예수 그리스도로 말미암아 사람들의 은밀한 것을 심판하시는 그 날이라"(롬 2:14-16). 여기서 우리의 삶을 판단하는 일반계시의 자리는 양심이다. 인간들이라면 누구나 가지고 있는 양심은 하나님의 일반계시가 머무는 자리가 된다. 그러므로 양심을 저버리고 사는 사람은 하나님의 계시를 거부하고 하나님을 자신의 삶에서 밀어내는 것이다.

다섯 번째 역할은 그리스도인과 비그리스도인이 "사회의 공동선을 위해 함께 일할 수 있는 신학적 바탕"을 제공해주는 것이다. 일반계시가 자연이나 인간의 이성과 양심을 통해 드러나기 때문에, 그리스도인도 기독교 이외의 다른 종교전통이나 사회단체와 더불어 인류의 공동선을 위해 협력할 수 있다.[8] 만일 기독교 이외의 모든 수단과 통로를 악마적인 것으로 간주하고 배격한다면 그것은 모든 역사를 주관하시는 하나님의 사역을 인정하지 않는 것이다.

그러나 일반계시를 인정하는 것이 자연신학(natural theology)을 수용한다거나 다른 종교에도 구원의 길이 있다는 것을 인정하는 것은 아니다. 물론 일반계시를 인정하는 것이 자연신학의 기초를 제공할 수 있다는 위험도 없지 않다. 자연신학은 이성과 경험만으로도 하나님에 대한 지식이 가능하다고 본다. 토마스 아퀴나스(Thomas Aquinas)의 자연신학의 핵심은 경험적 관찰에 의해 이성으로 하나님을 증명할 수 있다는 데 있다. 우리가 이런 자연신학을 반대하는 근거는 "성경이 없이도 자연신학을 세울 수 있다고 보는 것," 다시 말하면, "자연신학의 핵심은 기독교신앙에 대해 선행하는 믿음의 헌신이 없어도, 그리고 제도(교회)나 문서(성경)와 같은 어떤 특별한 권위에 의존하지 않아도, 이성만을 토대로 해서 하나님에 대한 참된 지식에 도달할 수 있다고 보는 사상"이기 때문이다.[9] 칼 헨리(Carl Henry)가 자연신학을 거부하는 이유도 그것이 비성경적 범주에서 신존재 증명을 시도하는 합리주의에 기초해 있기 때문이다. 그는 일반계시를 자연신학으로 변형하면 결과적으로 특별계시를 약화시키거나 무효화하게 되고, 신학의 출발점을 하나님이 아닌 인간으로 대치하게 된다고 주장했다.[10]

일반계시의 한계

일반계시가 어느 정도 하나님에 대해서 알 수 있게 하는 측면이 있는 것은 사실이다. 하지만 그 성격상 일반계시는 하나님의 현존에 대한 증언만 할 뿐 하나님이 어떤 분인가에 대한 구체적인 정보를 제공하지 못한다는 한계가 있다. 일반계시의 대표적 수단 가운데 하나인 자연세계나 인간의 역사, 혹은 내면의식은 하나님의 "인격성"(whatness)이 아니라 하나님의 "실재성"(thatness)만을 드러낼 뿐이다. 그러므로 일반계시는 하나님의 본질에 대한 "조직적 서술을 위한 견고한 토대"를 제공하지는 못한다는 약점이 있다.[11] 이 말은 우리가 일반계시를 통해서는 하나님의 성품과 인격성을 제대로 알 수 없다는 것을 의미한다. 일반계시를 통해서는 어떤 절대자를 어렴풋이 인지하는 데 그칠 수밖에 없는 것이 현실이다. 일반계시를 통해서는 하나님의 속성이나 그의 사역과 구속의 역사를 구체적이고 체계적으로 설명하는 것이 사실상 불가능하다.

또한 일반계시는 하나님의 은혜와 영광을 드러내는 방편이지만, 인간이 그것을 제대로 인지할 수 없는 존재라는 근본적인 문제점이 있다. 이것은 인간의 구원이 일반계시만으로 충분하지 않은 가장 중요한 까닭이다. 그러므로 하나님의 특별한 은혜가 없이는 우리의 구원이 불가능하다고 말하는 것이다. 그 불가능의 결정적 이유는 두 가지 맥락에서 설명될 수 있다. 첫째는 인간의 죄와 타락이다. 인간은 타락으로 인해 하나님을 알 수 있는 능력이 파괴된 존재다. 스스로의 힘으로는 하나님을 온전히 알 수 없는 존재가 되었다. 그러므로 일반계시는 인간의 구원을 위해 제대로 역할을 할 수 없고, 대략의 그림만을 떠올리게 할 뿐이다. 인간은 죄 때문에 일반계시를 통해 나타나는 하나님의 섭리와 인격적 속성을 깨닫지 못할 뿐 아니라, 그것을 통해서는 하나님이 특별히 계시하신 구원에 이르는 길을 발견할 수 없다. 그럼에도 어떤 사람들은 일반계시를 통해 신 존재를 증명하기도 하지만 그것 역시 이성의 한계 때문에 불완전하기는 마찬가지다. 그래서 장 칼뱅(Jean Calvin)이 성경이라는 "안경"을 통해서만 비로소 창조세계에서 하나님을 분명히 인식할 수 있다고 말한 것은[12] 타당한 지적이다. 자연이나 인간의 이성을 통한 일반계시로는 삼위일체나 하나님의 사랑, 혹은 속죄나 사후 생에 대한 지식을 전달하지 못한다. 그래서 우리의 구원을 위해 특별계시가 필요한 것이다.

또 하나의 한계는 타락한 인간을 구원하시고자 하는 하나님의 특별한 은혜와 희생적 사랑이 일반계시를 통해서는 잘 드러나지 않는다는 데에서 찾을 수 있다. 죄로 인해 파괴된 자연은 적자생존의 싸움터가 되었고, 이 땅은 가시덤불과 엉겅퀴를 내는 존재(창 3:18)가 되고 말았다. 그러므로 인간이 타락한 이후에 구원의 문제는 하나님의 특별한 은혜와 도우심이 없이는 불가능하게 되었다. 인간의 자유의지를 인정하느냐 하지 않느냐에 관계없이, 구원의 주도는 하나님으로부터 시작된다는 주장은 기독교신학의 공통분모라고 할 수 있다. 하나님의 구원하시는 사랑은 본질적으로 자기희생이라는 방식에서 나온다. 이런 자기희생의 방식은 일반적으로 자연에서 발견되지 않는 특별한 현상이다. 그래서 하나님은 인간에게 은혜와 자기희생의 방식으로 직접 모습을 드러내신다. 하나님의 특별한 은혜와 자기희생적 사랑이 드러나지 않는, 하나님의 일반계시만으로는 인간을 구원으로 이끄는 것은 불가능하다. 우리의 구원을 위해서는 하나님의 특별계시가 절대적으로 필요하다. 성경은 이 특별한 하나님의 계시를 받은 자만이 하나님을 알 수 있다고 선언한다(마 11:27).

특별계시

특별계시(special revelation)는 하나님이 자신을 드러내는 데 특별한 방법을 사용하신 것이다. 물론 그렇다고 그것이 일반계시와 전혀 무관한 것은 아니다. 어떤 점에서 특별계시는 일반계시를 토대로 해서 세워진다. 따라서 일반계시와 특별계시는 서로 조화를 이루는 방식으로 해석되어야 한다.

특별계시의 정의

밀러드 에릭슨(Millard J. Erickson)은 특별계시를 "하나님께서 특정한 사람들을 하나님과 구속적 관계를 맺을 수 있도록 일정한 시간과 장소에서 그들에게 자신을 드러내시는 것"이라고 정의했다.[13] 일반계시가 모든 사람에게 제한 없이 열려 있는 것이라면, 특별계시는 일부 사람에게 제한되어 있다는 점에서 중요한 차이가 있다.

윌리엄 스티븐스(William W. Stevens)는 특별계시를 "하나님에 대한 인간의 영적인 관계"라고 전제하고, 이것을 "초보적 계시"와 "종국적 계시"로 다시 구분했다. 여기서 초보적 특별계시는 구약이고, 종국적 특별계시는 신약이다. 신약에서도 복음서와 예수에 특별계시는 집약된다.[14] 이는 인간의 구원을 위해서 예수 그리스도의 사역이 최종적으로 필요하다는 것을 단적으로 보여주는 설명방식이다. 그러므로 구약보다 신약이, 신약에서도 복음서가, 복음서에서도 예수 그리스도가 계시의 결정체다. 모든 성경은 계시의 결정체인 예수 그리스도를 가리킨다. 판넨베르크의 설명에 따르면, 이런 계시의 해석은 교부신학에서 발전한 것이었다. 그는 신약성경이 "종말적 계시가 예수 그리스도의 인격과 운명이 가지는 의미"라는 것을 받아들일 것을 요구했고, 이런 "선취적 계시의 역설"은 성육신에 대한 해석으로 연결되었다고 설명했다.[15]

칼 바르트(Karl Barth)는 계시의 세 가지 양태를 그것에 유일하게 적합한 삼위일체 하나님의 존재방식으로 유비했다. 바르트의 설명에 따르면, 계시의 주체는 '계시자'이신 성부 하나님이고, 계시의 행동은 계시 '자체'인 성자 하나님이며, 계시의 결과는 '계시됨'이신 성령 하나님이다. 그러므로 계시는 하나님의 말씀과 동일시되며, 하나님 자신의 반복이다. 이 하나님 말씀은 세 가지 형식을 취하게 된다. 즉, 계시된 말씀인 예수 그리스도, 기록된 말씀인 성경, 그리고 선포된 말씀인 설교다. 설교는 기록된 계시가 현재화된 것이다.[16] 하지만 칼 바르트는 일반계시를 인정하지 않았다는 점에서 비판을 받을 수밖에 없다. 칼 헨리는 바르트가 일반계시를 거부한 것은 스콜라주의자들이 "자연신학을 옹호한 것만큼"이나 큰 잘못이라고 비판하고, 특별계시가 일반계시 안에서 "열등한 지위"로 떨어져서도 안 되지만 일반계시가 특별계시에 의해 "우주적 의의"를 박탈당해도 안 된다고 주장했다.[17]

데일 무디(Dale Moody)는 특별계시를 "하나님이 당신을 받아들일 준비가 되어 있는 사람들에게 자기 자신을 드러내는 하나의 사건"이라고 설명했다.[18] 이 관점은 특별계시가 일차적으로 인격적 사건이라는 것을 의미한다. 해석의 차이는 있을 수 있지만, 결국 특별계시는 인간의 구원을 위해 하나님이 직접 자신을 특별한 사람들에게 인격적으로 나타내신 사건이라고 말할 수 있다. 그 점에서 특별계시가 하나님의 인격적 "성육(成肉)이신 나사렛 예수"에서 절정에 이르렀다고 말하는 것은 성경의 핵심을 파악한 것이다.[19]

특별계시의 현상들

성경에 나타난 특별계시 사례는 일일이 셀 수 없을 만큼 많다. 사실 좀 더 정확하게 말한다면 성경 그 자체가 특별계시다. 데일 무디는 특별계시가 세 가지 대상에 의해 나타난다고 설명했다.[20] 특별계시가 나타나는 첫 번째 대상은 "거룩한 땅"이다. 이는 하나님께서 시공 안에서 자신을 나타내셨던 모든 거룩한 장소들을 포함한다. 구약성경에는 그 중심에 예루살렘이 있고, 예루살렘은 신명기 12장에서 보여주듯 하나님의 이름을 두시기 위해 그리고 이스라엘의 "예배 중심지"로 만들기 위해 택함을 받은 특별한 장소다. 예수께서도 예루살렘이 멸망한 후 다시 중심이 될 것을 예언하셨다. 이것은 누가복음의 특별한 주제다(9:51; 13:22; 17:11; 18:31 19:28, 41-44; 21:20-24; 23:28-31).

특별계시의 두 번째 대상은 "거룩한 백성"이다. 땅과 백성은 "분리"할 수 없다. 특별한 땅에서 하나님의 계시는 언제나 특별한 백성에게 있었다. 다른 어떤 장소나 다른 어떤 백성이 아닌, 이 장소에서 그리고 이 백성에게 하나님의 계시는 알려졌다. 민족의 위기가 닥칠 때, 이스라엘은 특별한 백성이라는 관념 때문에 "아골 골짜기로 소망의 문"(호 2:15)을 만들 수 있었고, 하나님께서 부정한 고멜을 호세아에게 회복시키듯이(호 2:14-3:5) 이스라엘을 그의 정결한 아내로 "회복"시킬 것이라는 계시가 나타났다.

특별계시가 나타나는 세 번째 대상은 "성경"이다. 거룩한 땅과 거룩한 백성에 "거룩한 책," 즉 성경이 추가되어야 한다. 성경은 "원계시"가 알려지고 그것에 처음으로 반응한 백성과 그 땅의 이야기를 담은 것이고 "역사적 계시의 기록"이다.

그렇다면 이 특별계시는 어떤 방법으로 나타나는가? 웨인 하우스는 다음과 같은 세 가지 형태로 정리했다.[21] 첫째, 특별계시는 기적적인 역사적 사건 속에서 나타난다. 성경에서 아브라함을 부르시거나(창 12장), 이삭의 탄생(창 21장), 유월절(출 12장)과 홍해 사건(출 14장) 등이 이 경우에 해당한다. 여기에서 일반 역사와 특별한 하나님의 계시로서 역사를 어떻게 구분할 것인가 하는 것은 논란의 여지가 많다. 모든 일반 역사가 곧 하나님의 특별한 역사라고 해석되기도 하고, 일반 역사와는 구분되는 하나님의 특별한 역사가 있다고 말하기도 한다. 하지만 이 둘의 관계를 동일시하거나 완전히 분리하는 것은 바람직하지 않다. 중요한 역사적 사건 뒤에 하나님의 특별한 계시가 숨어있다고 보는 것이 좋다. 이것은 일반계시와 특별계시의 관계와 같은 맥락에서 볼 수 있다. 일반계시나 일반 역사만으로 특별한 하나님의 계시를 깨닫지 못하는 것은 그것들이 근본적으로 믿음을 요청하지 않기 때문이다. 우리에게 이 역사적 사건을 구속사적 관점에서 볼 수 있게 만드는 눈은 바로 믿음이라는 안경이다.

둘째, 특별계시는 인간의 언어를 통해 나타난다. 꿈이나 음성 등을 통해 하나님이 직접 특정인에게 말씀하신 경우가 여기에 해당한다. 성경적 사례로는 에덴동산에서 아담에게 하시는 말씀(창 2:16), 성전에서 사무엘에게 하신 말씀(삼상 3:4), 선지자에게 하신 말씀(신 18:15-18), 꿈(다니엘과 요셉), 환상(에스겔, 스가랴, 요한계시록), 성경(딤후 3:16) 등을 들 수 있다.

셋째, 특별계시는 하나님이 직접 눈으로 볼 수 있는 형태로 나타난다. 하나님의 현현(theophany)과 성육신 사건 등이 대표적 사례다. 성경은 하나님이 인간의 모습이나 인간의 눈에 보이는 어떤 형상으로 나타난 사례들을 보여주고 있다. 예컨대, 천사로 등장(창 16:7-14), 야곱과 함께 한 사람(창 32장), 쉐키나 영광(출 3:2-4; 24:15-18; 40:34-35), 예수 그리스도 등을 들 수 있다. 이 하나님의 현현 가운데 가장 독특한(unique) 형태의 특별계시는 예수 그리스도의 성육신이다.

하지만 이런 형태의 특별계시를 다룰 때 주의해야 할 문제가 있다. 그것은 계시수단을 어디까지 인정할 것인가에 관한 것이다. 계시수단이 하나님의 뜻을 전달하거나 혹은 그것을 통해 하나님의 뜻을 파악하는 데 쓰이는 것이라면, 특별계시의 수단은 일상적이지 않은 어떤 형태로 나타날 것이다. 각종 기적과 예언적 행위에서 하나님의 뜻을 발견하려는 노력이 예나 지금이나 끊이지 않는 것은 그 때문이다. 구약성경에서도 제비뽑기, 꿈, 예언 등은 하나님의 뜻을 확인하는 중요한 수단이었다. 이런 현상은 유대교 이외의 종교에서도 보편적으로 인정되는 방식이다. 그런데 문제는 그런 표적이 특별계시의 수단이 되는지 여부를 어떻게 판단할 수 있는가 하는 것이다. 대체로 신약성경에서는 이런 표적현상에 대해 부정적인 태도를 보여준다. 판넨베르크는 이런 부정적 태도를 예수께서 "하나님을 향한 표적 요구"를 거부한 것과 관련된다고 해석했다.[22] 하지만 모든 표적이 다 거부된 것은 아니다. 그러므로 표적의 가치판단을 할 수 있는 근거가 필요하다. 판넨베르크의 설명에 따르면, 표적을 거부했던 예수께서 침례 요한이 예수가 오시리라 약속된 분인가를 묻는 질문에 대해서는 표적들을 그 증거로 삼았다. 그렇다면 하나님을 나타내는 표적은 어떤 근거로 확인될 수 있는가? 그것은 계시수단으로서 나타나는 표적이 누구로부터 오느냐 하는 데 달려있다. 즉, 특별계시의 수단으로서 표적은 인간이 하나님에게 요구해서 발현되는 것이 아니라 오로지 하나님으로부터 오는 것이어야 한다는 것이다.[23] 우리는 여기서 한 가지 중요한 교훈을 발견할 수 있다. 그것은 특별계시와 같이 종교적 의미가 있는 표적은 인간의 필요와 요구에 의한 것이 아니라, 하나님의 주권적 섭리에 따라 나타난다는 사실이다.

교회시대에도 성령의 사역으로 인해 초자연적 역사가 일어나지 않는 것은 아니지만, 그 초자연적 역사가 모두 하나님의 특별계시로서 의미를 가지는 것은 아니다. 구속사적 관점에서 볼 때, 최종적 계시인 성경이 완성된 이후에는 그런 표적을 통한 특별계시가 새롭게 더 주어질 까닭이 없다. 아직도 그런 특별계시가 필요하다고 주장하는 것은 성경의 완전성을 파괴하는 위험성이 있기 때문이다. 그러므로 목회나 삶의 현장에서 치유나 환상과 같은 이적들을 하나님의 특별계시로 간주하거나 그것에 지나치게 마음을 빼앗기는 형태는 건강한 신앙이 아니다.

특별계시의 특징과 의미

특별계시의 여러 형태들에서 발견되는 가장 중요한 공통점은 그것이 하나님과 사람 사이에 인격적 만남과 믿음이 전제되어 있다는 데 있다. 아브라함을 부르시거나 꿈을 통해 나타나시거나 성육신하시거나 어느 경우든 하나님은 계시의 대상과 인격적으로 만났다. 이는 구원의 전제조건이 하나님과 사람의 인격적 만남과 믿음이라는 설명방식과 대동소이하다. 물론 이와 같은 하나님과 사람의 만남은 일반계시를 통해서도 어느 정도 가능하다. 하지만 그것이 믿음의 인격적 사건으로 절정에 이를 수 있는 것은 특별계시를 통한 만남이다.

특별계시의 특징은 그것들이 하나둘 디딤돌이 되어 마치 구속의 긴 역사를 이어가는 징검다리 역할을 하고 있다는 데 있다. 모든 특별계시는 하나님의 궁극적 목적인 인간 구원을 위한 공통토대로서 존재한다. 물론 일반계시도 어느 정도 그 역할을 하지 않는 것은 아니다. 하지만 특별계시는 일반계시의 완성이고 일반계시는 특별계시의 배경이다. 데일 무디는 일반계시와 특별계시의 관계를 다음과 같이 비유적으로 설명했다:

하나님의 일반계시는 달과 해가 없을 때 나타나는 별빛에 비교할 수 있을 것이다. 이 빛은 가끔 미신과 전통의 구름으로 가려지지만, 그것을 인식하는 사람들이 있다. 구약에서 약속의 특별계시는 별들로부터 가끔 시선을 돌리게 하는 달에 비교될 수 있지만, 신약에서 모든 계시의 완성은 "치료하는 광선을" 발하는 의로운 해다(말 4:2). 빛은 로고스가 육신이 되기까지 "어두움에 비취되," 성육신은 하나님의 이 일반계시의 빛을 끄지 않고, 그것을 완성한다.24)

일반계시는 마치 율법과 복음의 관계처럼 특별계시를 향해 가는 방편이다. 일반계시를 통해서도 창조자, 심판자, 섭리자로서 하나님을 인식하게 되지만, 그것은 어디까지나 희미한 인식에 불과하다. 게다가 일반계시는 구속자 하나님에 대해 구체적인 정보를 제공하지 못한다는 결정적 약점이 있다. 그러므로 일반계시만을 통해서는 죄인인 인간이 구원에 이를 수 없다. 특별계시의 가장 큰 장점은 인식의 매체가 일반계시처럼 자연, 양심, 역사가 아니라 성령과 성경의 특별한 매체로 중재된다는 데 있다. 특별계시가 주어진 궁극적 목적은 성령과 성경을 통해 구속자 하나님을 확실하게 알 수 있게 하는 데 있다. 이 모든 일에서 계시의 주체는 하나님이며, 인식의 주체는 인간이다([표2] 참조). 일반계시와 특별계시의 가장 중요한 차이점은 인식매체와 인식대상에 있다. 특별계시는 일반계시로서 할 수 없는 구속자 하나님을 성경을 통해 계시한다.

그렇다면 오늘날에도 우리는 하나님의 새로운 특별계시를 받을 수 있다고 말할 수 있는가? 계시를 남용하거나 악용하는 사례는 대체로 이 특별계시를 개인들이 받는다고 주장하는 데서 비롯된다. 예컨대, 어떤 사람이 꿈속에서 예수를 만났고, 그가 "왜 나를 믿지 않고 박해하는가?"라는 책망을 들은 뒤에 예수를 믿게 되었다고 말하면서, 자신은 특별계시를 받았다고 주장하는 것을 어떻게 이해해야 하는가? 이런 경우, 사람들은 자신의 특별한 종교적 체험을 특별계시라고 부르고 싶어 한다. 그렇다면 문제는 종교체험 가운데 어떤 것은 계시라고 부를 수 있고

[표2] 특별계시와 일반계시의 비교

계시유형	계시주체	인식주체	인식매체	인식 대상	인식 정도
일반계시	하나님	사람	자연	창조자 하나님	불확실
			양심	심판자 하나님	
			역사	섭리자 하나님	
특별계시			성경과 조명하는 성령사역	창조자 하나님	확실
				심판자 하나님	
				섭리자 하나님	
				구속자 하나님	

어떤 것은 불러서는 안 되는가 하는 것을 가려내는 일이다. 이 둘을 구별하는 일은 결코 간단하지 않지만, 두 가지 측면에서 설명이 가능하다. 첫째, 성경의 특별계시와 비교를 통해서 설명될 수 있다. 성경에 나오는 특별계시와 오늘날 특정인의 체험은 형태상으로 유사하지만 그 의미상 차이가 있음을 간과해서는 안 된다. 우선 하나님의 특별계시 행위는 구속적 차원에서 이해되어야 한다는 점이 중요하다. 구속적 차원에서 이미 하나님의 특별계시는 예수 그리스도를 통해 완성되었고, 그것은 정경을 통해 온전하게 보존되고 전달되었다. 그 점에서 성경은 열려 있기보다 닫혀 있는 하나님의 구속적 계시의 완결판이다. 따라서 성경의 최종적 구속사건에 무엇인가 새로운 것을 더해야 할 필요는 없다. 다만 이미 완성된 특별계시가 오늘날에도 계속해서 선포되어야 하고, 그것을 통해 끊임없이 새로운 구원의 역사가 일어난다는 점에서 성경은 열려있고 살아있는 하나님의 말씀이다. 그러므로 최종적 특별계시가 완료되었다고 해서 하나님의 계시 사역이 끝났다고

오해해서는 안 된다. 하나님의 계시 사역은 오늘날까지 계속해서 이어진다. 성령의 조명을 통해 이미 완성된 특별계시가 현재의 사건으로 살아나는 것이다.

둘째, 특별한 체험을 특별계시로 간주하게 만드는 객관적 근거를 통해 설명될 수 있다. 기독교 공동체 안에서 성경에 기록된 특별계시의 사례들은 진리의 완전성이라는 측면에서 의심을 받지 않지만, 오늘날 개인들이 체험하는 그런 현상들은 그 정체를 확인해줄 수 있는 판단근거가 없다는 데 문제가 있다. 따라서 개인의 주관적 해석에 의존하기 때문에 그것을 성경의 특별계시와 동일시할 수 없다. 다만 개인들의 사적 체험으로서 의미와 가치가 있을 뿐, 그것들에 기독교 공동체 안에서 보편적이거나 일반적인 권위가 부여되어서는 안 된다. 그러므로 섣불리 자신의 종교체험을 하나님의 계시라고 단정하고 선포하는 일은 기독교신앙의 근간을 흔들고 자신과 주변인들의 신앙을 위태롭게 할 가능성이 많다. 실제로 그렇게 특별계시를 받았다고 말하던 사람들이 나중에 거짓으로 판명되거나 목회현장에서 악용되는 사례들이 많은 것도 그런 배경과 무관하지 않다.

계시와 역사의 관계

하나님의 계시는 추상적이거나 관념적인 원리가 아니다. 계시는 역사의 한 시점과 한 장소를 통해서 일어난다. 하나님의 계시는 구체적이고 직접적이다. 그러므로 역사와 무관하게 일어나는 하나님의 계시는 없다.

구속사로서 계시

오스카 쿨만(Oscar Cullmann)은 '구약의 약속'과 '신약의 성취'라는 구도 안에서 성경의 계시사건을 이해했다. 그는 계시사건들이 일반 역사와 무관한 것이 아니어서 상관관계를 가질 수밖에 없지만, 그렇다고 해서 계시 사건과 일반역사를 동일시하지도 않았다. 하인리히 오트(Heinrich Ott)는 쿨만이 "시간의 중간이신 예수 그리스도의 입장에서 신구약을 시간적 준비와 구체적 역사상의 성취로서 서로 관계"시켰다고 보았다.[25] 쿨만의 말이다: "구약에서 그리스도에 관한 증언을 발견한다는 말은 예수의 성육신을 구약에서 발견한다는 뜻이 아니라, 성육신하시고 십자가에 달리신 그리스도에 관하여 우리가 알고 있는 지식에 근거하여, 지나간 구속사의 여러 사건을 성육신과 십자가의 준비로 이해할 줄 알게 되는 것을 뜻한다."26) 따라서 이 구속사적 계시는 "창조로부터 인류, 이스라엘, 남은 자, 그리스도, 사도, 교회, 구원된 인류, 새로운 창조로 진전하는 진보적이고 환원적 과정"을 거친다.27) 그 점에서 김영한은 쿨만의 구속사신학이 역사와 구속사를 구분하지 못하는 슐라터(Schlatter)나 펜넨베르크(Pannenberg)의 신학과 다르게 세속사와 구속사를 분명하게 구분했다고 평가했다. 그의 설명에 따르면, 쿨만에게 세속사는 "확정가능한 사건"으로만 인정되지만, 구속사는 "역사학적으로 확증가능한 사건과 확증불가능한 사건이 혼합"되어 있다. 세속사는 "사건과 그 사건의 해석에서 끝나지만, 구속사는 그 해석이 '신적 계시'에 귀착"된다.28)

보편사로서 계시

일반 역사를 계시의 한 수단으로 간주하는 것은 크게 문제될 것이 없지만, 일반역사를 특별계시로 이해하는 것은 많은 논란이 수반되었다. 계시와 역사를 같은 범주에서 이해한 대표적인 신학자는 볼프하르트 판넨베르크다.29) 그가 '역사=계시'라는 인식을 하게 된 이론적 근거는 그의 신학방법론에서 확인된다. 그는 우주적 학문으로서 신학이 가져야 할 선행적 조건으로 "보편성"을 들었다. 마땅히 기독교신학도 하나님을 보여주는 계시가 보편적이어야 한다. 그래서 판넨베르크는 "역사로서 계시"(revelation as history)를 주장하게 되었다. 판넨베르크는 신학의 학문적 보편성을 되찾기 위해서 신학의 인식론도 보편적이어야 한다고 생각했다. 만일 하나님의 계시를 인지하는 방법론인 신학의 인식론이 보편적인 성격을 띠지 못한다면 그러한 방법으로 하는 신학도 결코 보편적이라 할 수 없기 때문이다. 그가 이성을 통한 신학방법론을 들고 나온 것도 그런 배경에서였다.30) 그러므로 판넨베르크의 신학은 이성을 통하여 하나님의 자기계시인 역사를 올바로 이해하는 작업이라 볼 수 있다. 판넨베르크가 "말씀의 신학" 구조를 폐기해야 한다고 주장한 것도 기독교신앙을 역사적 사실들 위에 자리 잡게 하기 위해서였다.31) 김이태는 불트만에게 "기독교 신앙을 위한 역사적 예수의 기능을 극소화시킨 사람"이라는 딱지를 붙인다면, 판넨베르크는 "기독교 신학에 있어서 역사와 이성의 기능

을 극대화시키려고 한 사람"이라고 평가했다.32)

판넨베르크가 계시에 대한 이해를 "역사로서 계시"에 토대를 둔 것은 독일관념론으로부터 영향을 받은 것이다. 계몽주의 이전의 17세기 개신교 정통주의시대에는 계시의 언어적, 명제적 측면에 지나친 강조를 두었다. 그들은 극단적으로 성경의 영감과 하나님의 계시를 동일시했으며, 계시를 "초자연적인, 숨겨진 진리들의 전달"로 이해했다. 그러나 이러한 계시 이해는 성경에 대한 역사비판적인 연구의 대두와 함께 흔들리기 시작했다. 성경의 역사비판적 연구 결과로 나타난 문제는 크게 두 가지라 할 수 있는데, 하나는 성경의 문자적 의미와 그것의 역사적 내용을 무조건 동일시할 수 없게 되었다는 것이고, 다른 하나는 현대신학과 원시기독교 시대 사이에 가로 놓인 역사적 거리감을 쉽게 극복할 수 없다는 것이다. 판넨베르크의 해석학이 추구하는 궁극적 과제가 바로 이러한 거리감을 해결하고자 하는 것이었다. 따라서 본문(말씀)과 그 본문 뒤에 있는 사건(역사) 사이의 간격, 그리고 해석자(현재)와 그 본문(과거) 사이에 있는 거리를 합리적으로 메워보려는 욕망은 하나님의 계시양태를 새롭게 이해하려는 판넨베르크의 신학적 동기라 할 수 있다.33) 판넨베르크는 자신의 논문, "계시교리에 관한 교의학적 주제"(Dogmatic Theses on the Doctrine of Revelation)에서 역사와 계시에 관한 기본적 틀을 다음과 같은 논리로 전개했다: 첫째, 계시는 하나님의 "자기 계시"다. 둘째, 자기 계시는 직접적 형태가 아니라 하나님의 역사적 행동을 통해 "간접적"으로 나타난다. 셋째, 계시는 역사의 끝에 가서 완전히 드러난다. 넷째, 역사적 계시는 "볼 수 있는 눈을 가진 사람에게는 누구나 공개되어 있다."34)

하지만 판넨베르크의 역사로서 계시 개념은 중요한 문제점을 노출한다. 첫째는 하나님의 계시를 지나치게 이성적으로 해석하려고 했다는 점이다. 일반 역사와 구속의 역사를 구분하지 않고, 역사적 계시가 누구에게나 공개되어 있다고 말하면, 거기에는 신앙이 들어설 자리가 없다. 믿음이란 "보이지 않는 것의 증거"(히 11:1)라 했는데, 누구에게나 보이는 것은 믿음이라기보다 지식에 불과할 수 있기 때문이다.35) 그런데 하나님의 계시는 역사적 사실과 같이 누구나 받아들일 수 있는 것은 아니지 않은가? 그러므로 일반 역사를 특별계시로 해석하는 것은 하나님을 인식하는 데 특별한 신앙이 필요하지 않을 수 있다는 주장과 같고, 그것은 자연신학의 문을 열어두는 것과 다를 것이 없다.

이성을 지나치게 신뢰하는 그의 방법론이 신학에 그대로 적용된다면 하나님에 관한 진술은 어떤 형태로든 검증이 필요하게 될 것이다. 그러나 과연 신학이 검증 가능한 학문인가에 대해 고민하지 않을 수 없다. 또한 그의 견해대로라면 인간의 파괴적 역사마저도 하나님의 계시로 악용될 소지가 있다는 우려가 있다. 따라서 이 세상의 역사와 하나님의 특별한 역사는 분리될 수는 없지만 구분되는 것이 불가피하다. 이 세상의 역사 속에서 하나님의 특별한 역사가 개입되는 것으로 이해하는 것이 더 바람직하다.

자연신학 논쟁

로마서 1장에서 일반계시를 통해서 하나님을 알 수 있으므로 핑계하지 못한다고 말했다면, 일반계시를 통해서 구원을 받을 가능성도 인정되어야 마땅한 것이 아닌가 하는 질문은 원천적으로 차단하기가 어렵다. 만일 일반계시를 통한 구원의 길이 가능하다면, 우리는 자연신학을 인정해야 할 것이다. 아마도 펠라기우스주의는 로마서 2장 14-16절을 철저하게 논리적으로 전개시킨 결과였는지 모른다. 이 주제와 관련해서 칼 바르트와 에밀 브루너의 논쟁은 주목할 만하다.

바르트와 브루너의 기본 입장

칼 바르트는 「아니다」(Nein! Antwort an Emil Brunner)에서 인간은 철저하게 죄인이기 때문에 결코 하나님께로 나아갈 수 없으며, 다만 하나님이 예수 그리스도를 통해서 인간에게 올 수 있을 뿐이라고 주장했다. 그에게 예수는 "직접적인 하나님의 말씀"이며, 그 점에서 예수는 "하나님의 계시"다.[36)] 바르트는 일체의 일반계시를 인정하지 않았다. 계시는 본질적으로 구속적이기 때문이다. 이런 바르트의 계시론은 전형적으로 '배타적 계시론'을 대변한다. 칼 헨리는 신정통주의가 일반계시를 거부한 것은 "비성서적 가현설"이라고 비판했다.[37)] 물론 자연과 은혜를 극단적으로 대비하고 일체의 일반계시를 거부했던 바르트의 신학은 1942년 이후부터 나타나지 않는다는 사실을 첨언해둘 필요가 있다. 그래서 에밀 브루너는 바르트의 「교회교의학」 III/1, III/2에서 전개된 창조론과 인간론을 읽고 "새로운 바르트가 나타났다"고 반응한 것도 그 때문이다.[38]

한편, 에밀 브루너는 하나님을 알 수 있는 능력이 인간에게 어느 정도 있다는 것을 인정했다. 「자연과 은혜」에서 브루너는 하나님과의 접촉점이 가능하게 되는 것은 인간에게 하나님의 형상이 형식적으로 남아 있기 때문이라고 주장했다. 이 하나님의 형식적인 형상은 인간의 언어 능력과 책임감에서 확인된다. 그래서 라너의 제자인 슐레테(H. R. Schulette)에 따르면, 모든 종교는 "통상적인 구원의 길"이지만, 교회는 "특별한 구원의 길"이다. "모든 것은 이 책임성을 기초로 가능하다. 책임성이 사람으로 하여금 죄의식을 갖게 한다. 그리고 예수 그리스도를 통한 화해와 모든 역사적인 삶보다 앞서 존재하는 일반계시의 실재 위에 책임성이 자리 잡고 있다."[39] 이런 견해는 폴 틸리히, 칼 라너 등에 이르러 계시의 포괄성으로 확대되어 종교다원주의의 원리로 적용되기도 했다.

바르트와 브루너의 차이점

일반계시를 거부하는 바르트와 그것을 인정하는 브루너의 신학적 견해는 그와 관련된 다른 주제에도 현격한 차이를 가져왔다. 주제별로 그 차이를 살펴보면 다음과 같다.

하나님의 형상 문제

일반계시를 인정하느냐 하지 않느냐 하는 문제 이면에는 타락 이후 하나님의 형상에 대한 해석의 차이가 존재한다. 바르트는 "사람은 죄인이고 단지 하나님의 은혜로만 구원을 받을 수 있기 때문에 창조 당시의 하나님의 형상은 완전히 남김없이 사라졌다"고 주장했다. 그에게 타락 이후의 세상은 철저하게 훼손되었다. 그래서 "새로운 창조는 옛 것을 다시 만들어 완성시키는 것이 아니다. 단지 옛 것을 철저히 파괴함으로써 새 것으로 대치되는 것"이어야 한다. 그는 인간의 능력이라는 것을 전혀 신뢰하지 않았다: "도대체 어떤 기독교인이 아무리 신앙심이 깊다한들 하나님의 규례를 '어느 정도 실현하였다'고 할 수 있겠는가? 인간은 '속속들이 죄인'이 아니던가? 율법이 그리스도 안에서 실현되지 않았더라면 '어느 정도'가 아니라 완전히, 최종적으로 실현되지 않았더라면, 완전히 파멸할 인간이 아닌가?"[40]

반면에 브루너는 하나님의 형상이 "형식적(formal) 형상과 물질적(material) 형상"으로 나뉘는데, 타락 이후에도 형식적 형상은 남는다고 주장했다. 그의 설명에 따르면, 인간은 여전히 "주체적이며 책임성"이 있고 "이성적인 피조물"이다. 그러나 물질적 형상은 완전히 사라졌다. "인격의 내용은 죄 때문에 사라졌지만 인격의 형식은 죄인이라 할지라도 인간이 가진 인간성을 이루고 있다."[41]

이렇듯 두 신학자에게서 일반계시의 존재의미는 타락 후 인간의 인지능력과도 관련된 것이다. 바르트에게는 "성서의 계시만이 하나님을 아는 길이고 구원의 길"이다. 그는 "자연이나 양심이나 역사 속에 하나님의 '일반계시'를 주장하려는 시도"를 "철저히 배척했다." 반면에 브루너에게 세상은 "하나님의 피조물"이다. 그는 "모든 피조물에서 창조자의 영을 어떤 방법으로든지 느낄 수 있다"고 주장했다. 그는 성경의 계시를 축소시키지 않기 위해서, "피조물 속의 계시를 인정하지 않아야 한다"고 요구하는 것은 오히려 성경에 대한 "삐뚤어진 충성심"이라고 비판했다.[42]

접촉점 문제

바르트는 하나님의 구원역사에서 성경 이외에 어떤 "접촉점"도 인정하지 않았다. 만일 접촉점이 존재한다고 말하면 그것은 "그리스도의 유일한 구원의 역사," 즉 성경과 종교개혁의 핵심에 위배되기 때문이다.[43] 바르트는 다음과 같은 논리로 그 주장을 뒷받침했다:

> 형식적인 책임성과 능력이 인간이 신의 계시에 앞서 가지고 있는 "수용능력"에 관한 결정을 한다는 것이 어디에 근거를 둔 것인가? 하나님의 계시란 것이 어떤 "물질"인가?.... 예를 들면 갓난아이나 백치들을 생각해 보라. 그들 역시 아담의 후손이 아닌가? 그리스도가 그들을 위해서도 죽으신 것이 아닌가? 하나님께서 말씀으로 인간에게 "다가오신다"는 사실은 인간이 들을 수 있다는 형식적 가능성이나 인간의 인격성이 아닌 다른 무엇 때문이리라.... 따라서 하나님을 향한 인간의 "능력"과 같은 개념은 포기해야 한다.[44]

그러나 브루너의 생각은 달랐다. 그는 접촉점을 형식적인 하나님의 형상으로 보았다. 그 형상으로 말미암아 인간은 사람일 수 있고, 말씀을 받아들이는 능력과 책임성을 가진다. 교회의 선포가 가능한 것도 이 하나님의 형상 때문이다. 그에게는 말씀과 책임을 향한 능력이 바로 접촉점이다.[45]

자연신학 이해

바르트에게 자연신학은 신학적으로 전혀 고려의 대상이 아니었다. 자연신학적 주제는 예수 그리스도 안의 계시와 근본적으로 다르기 때문이다. 바르트는 자연신학을 뱀으로 비유하면서. "만약 당신이 진정으로 자연신학을 거부한다면, 뱀을 응시해 바라보지 않는 것과 같다"고 말하고, "진정한 신학자라면 발을 디디면 빠져버리는 깊은 구덩이를 피하듯이 소위 자연신학이란 것을 피해 지나갈 것"이라고 주장했다.[46] 그토록 바르트가 자연신학을 경계한 것은 그 위험성을 직시했기 때문이었다. 그에게 자연신학의 위험은 "일단 그것의 근거가 인정된다면 그것은 그것 위에서 그밖에 모든 것을 빨아들이고 귀화시키는 근거가 되고," "하나님의 지식조차도 그것이 자연신학의 한 형식이 될 때까지 길들이고 그것에 적응"시키는 데 있다.[47]

바르트가 자연신학에 대해 그토록 부정적이었던 배경에는 역사적 경험도 크게 작용했다. 그는 "복음주의적 기독교가 '문화적 기독교'에 종속"되고, "하나님조차 유력한 신학을 위해 깊이와 의미를 잃어버리는 소름끼치는 상실"에 대해 우려했다. 결국 그런 신학적 성향은 "하나님을 자연과 동화"시키고 "계시를 역사와 동화"시킨 데 원인이 있다고 확신했다.[48] 특히 그는 히틀러의 나치주의를 목도하면서 자연신학의 병폐에 대해 단호하게 비판했다:

> 자연신학이 '결정적'이 되려 한다면 언제나 틀린 질문에 대한 답변일 뿐이다. 이것은 신학적, 교회적 행위의 '어떻게?'에 관한 질문이다. 따라서 자연신학은 바로 처음부터 거부되어져야 한다. 단지 적그리스도의 신학과 교회만이 자연신학으로부터 이득을 본다. 복음적 교회와 복음적 신학은 자연신학에 병들고 죽게 될 뿐이다."[49]

그 점에서 데일 무디의 바르트에 대한 평가는 일리가 있다: "독일인의 피와 흙(Blut und Boden) 속에 하나님의 계시가 있다고 주장한 나치주의에 반대한 그의 투쟁에 비추어 보면 동정적으로 이해될 수도 있다. 하지만 그것은 성경적 지지를 받거나 교회의 선교적 사역을 위해서는 너무 좁다." 무디 역시 일반계시의 측면을 지나치게 강조한 면이 있다. 그 바람에 그는 구원의 길이 역사적 예수 이외에도 존재할 수 있는 가능성을 열어 놓았다는 비판을 면하기 어려울 것 같다. 다음에 인용된 무디의 주장은 그런 비판의 여지를 남겨두고 있다: "하나님 앞에서 지은 죄는 사람들이 가진 빛에 의해서 측정되며, 자기가 가진 빛을 따르는 사람들은 확실히 하나님에 의해 받아들여질 것이다.... 최상의 계시는 그의 육체의 날들에 있었지만, 그것이 하나님 아들에 대한 유일한 계시는 아니다."50)

물론 브루너도 자연신학의 한계를 인지하고 있었다. 그는 "자연에서 얻은 하나님에 관한 지식은 부분적일 뿐"이라고 전제하고, "자연에서 하나님의 손과 발을 알 수는 있으나 하나님의 마음을 알 수는 없다"는 말로 그 한계를 지적했다. 그래서 성경은 자연계시를 들여다보는 "렌즈" 혹은 "돋보기"의 역할을 한다. 하지만 브루너는 자연신학을 인정하지 않을 때 발생할 수 있는 문제점에 대해 주목했다: "경험으로 미루어 볼 때, 자연신학이 경멸당하는 곳은 어디라도 교육적 요소가 무시되며 그것은 불가피하게 교회에 치명적인 결과를 초래한다." 그리고 그는 자연신학이 그리스도인들로 하여금 불신자와 만나게 하는 데 결정적인 중요성을 가진다고 보았으며, 교회가 자연신학을 오용한 것만큼 그것을 거부한 책임도 져야 한다고 경고했다. 그리고 그는 진정한 자연신학으로 돌아가는 길을 찾는 것이 우리 신학 세대들의 "임무"라고 주장했다.51)

이처럼 바르트와 브루너의 자연신학 논쟁은 결국 인간의 전적 타락의 해석과 직결되는 문제였다. 바르트는 타락이라는 사건이 인간을 완벽하게 파괴했기 때문에 하나님의 말씀 없이는 인간의 구원이 불가능하다고 보는 것이고, 브루너는 비록 타락을 했다 하더라도 인간에게는 하나님에게 인격적으로 반응할 수 있는 능력과 책임감이 남아있기 때문에 성경 이외에도 어느 정도 접촉점이 형성되고 있다고 주장하는 것이다. 결과적으로 어느 입장을 가지든 그 결과가 현실 속에서 어떻게 반영될 것인가, 또는 현실을 얼마나 반영하고 있는가 하는 것이 판단의 근거가 될 수 있을 것이다. 그런 점에서 바르트의 계시관은 기독교의 진리를 지나치게 배타적으로 독점하는 것이어서, 현실의 상황을 끌어안을 수 없는 기독교로 만들 가능성이 있다. 반면에 브루너의 계시관은 폭 넓은 대화를 가능하게 하면서 현실상황을 기독교의 진리와 접목하게 할 수 있지만, 그것이 지나치면 결국 기독교의 절대성을 약화시키는 길을 열어둘 수 있다는 문제점을 내포하고 있다.

우리는 다음과 같은 질문들에 답을 할 준비가 되어 있는지 성찰할 필요가 있다. 그것은 일반계시와 특별계시의 관계와 관련된 것이고, 그 중요성을 되짚어보는 일이다. 일반계시를 인정하지 않는 신학은 어떤 특징을 보이고 있으며 그에 따른 문제점은 무엇인가? 일반계시만으로 구원이 가능하다고 말하는 신학의 문제점은 무엇이며, 그것이 가능하지 않은 근거는 무엇인가? 자연신학을 인정했을 때 나타날 수 있는 문제점은 무엇인가? 또한 특별계시 또는 직통계시의 남용 사례들에는 어떤 것들이 있으며 그것들이 가지고 있는 문제점은 무엇인가? 일반계시를 인정하지 않고 특별계시만을 주장하는 것은 어떤 의미가 있는가? 새로운 특별계시를 주장하는 사람들은 어떤 근거로 그것을 뒷받침하고 있는가? 그리고 그 근거는 어떤 점에서 문제가 되는가?

* * *

기독교신앙과 삶에서 계시가 차지하는 역할은 그 어느 것보다도 중요하다. 그것은 신앙의 근거이면서 출발점이 되기 때문이다. 따라서 계시를 성경적으로 올바르게 이해하느냐 하지 못하느냐 하는 것은 부단히 점검하고 돌아보아야 할 신앙의 현실적 문제다. 목회현장에서 직면하는 계시의 문제는 단순히 신학적 담론으로 그치는 것이 아니다. 성도들의 삶에 직간접으로 막대한 영향을 끼친다.

계시를 어떻게 이해하는가 하는 것은 하나님의 뜻을 어떻게 인식할 수 있는가 하는 문제와 직결된다. 신앙생활의 근간이 하나님의 뜻을 파악하는 데 있는 것이라면, 계시를 성경적으로 바르게 이해하는 것은 신앙의 초석을 마련하는 일이 될 것이다. 특히 일반계시와 특별계시의 관계를 치우침 없이 이해하는 것이 무엇보다도 중요하다. 그 둘의 관계는 분명 연속성을 배제하지 않으면서도 그 차별성을 간과해서는 안 된다. 그럴 때 비로소 그리스도인의 삶에서 신앙이 차지하는 역할이 중요한 의미를 가질 수 있다.

오늘날 대부분의 그리스도인들이 일반계시를 인정하지 않는 것은 아니지만, 지나치게 하나님의 계시를 "오직 성경"에만 집중하기 때문에 일반계시의 의미를 망각하는 경향이 있다. 그로 인해 자연과 하나님을 분리시키고, 그것을 통해 우리에게 주시고자 하는 하나님의 은혜와 목소리를 차단하는 결과를 빚게 된다. 나아가 우리는 그런 태도가 생태계의 위기를 초래하는 데 적지 않은 역할을 해왔다는 것을 깊이 반성하고 있다.

그렇지만 성경적 근거도 없고 신학적 반성도 없이 계시라는 말을 무분별하게 남용하는 것은, 그것이 일반계시든 특별계시든, 일상의 삶에서나 목회적 차원에서 경계되어야 한다. 남용되거나 오용된 계시는 목회자 자신뿐 아니라 교회공동체에 속한 모든 성도들에게 돌이킬 수 없는 상처를 남길 수 있기 때문이다. 그렇다면 어떻게 해야 하나? 아예 계시를 무시하고 눈과 귀를 막아버려야 하나? 그건 올바른 접근이 될 수 없다. 일차적으로 그리스도인들은 계시의 권위를 인정해야 한다. 무엇보다도 기록된 성경적 계시의 특별한 의미와 그 역할에 주목해야 한다, 그리고 나아가 일반계시를 통해 드러나는 하나님의 뜻에 대해서도 지혜롭게 분별할 수 있는 안목을 키우는 것이 중요하다. 이는 신학을 학습하는 목적이기도 하다. 그리고 무엇보다도 계시를 대할 때 그리스도인은 하나님의 뜻에 대해서 좀 더 겸허하게 접근하는 태도가 필요하다.

주(註)

1) Carl F. H. Henry, 「신, 계시, 권위」, II, 맹용길 역 (서울: 대한기독교출판사, 1978), 5.
2) 김용복, "오늘날 사적인 특별계시는 존재하는가?" 「뱁티스트」, 41호 (1999년 11/12월): 51-8에 실린 글을 일부 수정.
3) W. Pannenberg, 「판넨베르크의 조직신학」, 제1권, 김영선, 정용섭, 조현철 공역 (서울: 은성, 2003), 243.
4) Dale Moody, *The Word of Truth: A Summary of Christian Doctrine Based on Biblical Revelation* (Grand Rapids: Eerdmans, 1981), 40.
5) William W. Stevens, 「조직신학개론」, 허긴 역, 4판 (대전: 침례신학대학교출판부, 1997), 13.
6) H. Wayne House, *Charts of Christian Theology and Doctrine* (Grand Rapids: Zondervan Publishing House, 1992), 21.
7) Stevens, 「조직신학개론」, 16; Henry, 「신, 계시, 권위」, II, 114; Millard J. Erickson, *Christian Theology*, vol. 1 (Grand Rapids: Baker Book House, 1983), 153.
8) 이학준, 「한국 교회, 패러다임을 바꿔야 산다: 변화와 갱신을 위한 로드맵」 (서울: 새물결플러스, 2011), 117-9.
9) Erickson, *Christian Theology*, vol. 1, 157.
10) Henry, 「신, 계시, 권위」, II, 139-52.
11) Stanley Grenz, 「조직신학: 하나님의 공동체를 위한 신학」, 신옥수 옮김 (고양: 크리스챤다이제스트, 2003), 217.
12) John Calvin, 「기독교강요」, 상, 원광연 옮김 (고양: 크리스챤다이제스트, 2003), 80.
13) Erickson, *Christian Theology*, vol. 1, 175.
14) Stevens, 「조직신학개론」, 16, 21-4.
15) Pannenberg, 「판넨베르크의 조직신학」, 제1권, 276.
16) Daniel J. Trier, "성서와 해석학," 「현대신학지형도: 현대신학 각 주제에 대한 현대적 개관」, 박찬호 옮김 (서울: 새물결플러스, 2016), 148.
17) Henry, 「신, 계시, 권위」, II, 110.
18) Moody, *The Word of Truth*, 38.
19) Henry, 「신·계시·권위」, II, 11.
20) Moody, *The Word of Truth*, 38-40.
21) House, *Charts of Christian Theology and Doctrine*, 22 참조.
22) Pannenberg, 「판넨베르크의 조직신학」, 제1권, 256.
23) Ibid., 258.

24) Moody, *The Word of Truth*, 64.
25) Heinrich Ott, 「조직신학입문: 신학해제」, 김광식 역 (서울: 한국신학연구소, 1974), 55.
26) Oscar Cullmann, *Christus und die Zeit*, 1962, 129, Ibid., 55에서 재인용.
27) 송기득, 「신학개론: 현대인을 위한 신학강좌」 (서울: 종로서적, 1997), 100.
28) 김영한, 「바르트에서 몰트만까지: 현대신학사상의 개혁주의적 조명」 (서울: 대한기독교출판사, 1986), 112-3.
29) 판넨베르크의 역사로서 계시에 관한 내용은 김용복, "해석학적 관점에서 본 W. Pannenberg의 기독론" (석사학위논문, 침례신학대학교 대학원, 1993), 15-29 참조.
30) 김이태, "판넨버그의 신학사상," 「기독교사상」, 1981년 7월호, 123.
31) E. Frank Tupper, *The Theology of Wolfhart Pannenberg* (Philadelphia: Westminster Press, 1971), 33-4.
32) 김이태, 「판넨베르크의 기독론의 방법론적 구조비판」 (서울: 장로회신학대학출판부, 1988), 233.
33) 김이태, "판넨버그의 신학사상," 124.
34) W. Pannenberg, "계시교리에 관한 교의학적 주제", 「역사로서 나타난 계시」, 전경연 편집 (서울: 한국신학대학출판, 1979), 115-44 참조.
35) 김균진, "판넨베르크의 역사 이해," 「신학논단」, 제5집 (1982): 204, 207.
36) Pannenberg, 「판넨베르크의 조직신학」, 제1권, 302.
37) Carl F. H. Henry, 「신, 계시, 권위」, I, 맹용길 역 (서울: 대한기독교출판사, 1976), 64.
38) 김명용, 「현대의 도전과 오늘의 조직신학」 (서울: 장로회신학대학교출판부, 1997), 308.
39) Emil Brunner and Karl Barth, 「자연신학: 에밀 부르너의 "자연과 은혜"와 칼 바르트의 "아니오"」, 김동건 옮김 (서울: 한국장로교출판사, 1997), 17.
40) Brunner and Barth, 「자연신학」, 27-8, 98-9.
41) Ibid., 29-31.
42) Ibid., 27, 31.
43) Ibid., 27.
44) Ibid., 100.
45) Ibid., 37, 63.
46) Ibid., 85-6.
47) T. F. Torrence, 「성서적 복음주의적인 신학자 칼 바르트」, 최영 옮김 (서울: 한들, 1997), 175.
48) Ibid., 168.
49) Brunner and Barth, 「자연신학」, 141.
50) Moody, *The Word of Truth*, 60-1, 62.
51) Brunner and Barth, 「자연신학」, 45, 64-6.

2
성경: 계시의 보존과 권위의 근거

> 우리가 세상의 영을 받지 아니하고 오직 하나님으로부터 온 영을 받았으니
> 이는 우리로 하여금 하나님께서 우리에게 은혜로 주신 것들을
> 알게 하려 하심이라
> 우리가 이것을 말하거니와 사람의 지혜가 가르친 말로 아니하고 오직 성령께서
> 가르치신 것으로 하니 영적인 일은 영적인 것으로 분별하느니라
> 고린도전서 2장 12-13절

그리스도인들은 성경을 소중하게 여기며 사랑한다고 고백한다. 우리가 즐겨 부르는 찬송가에도 성경과 어머니를 통해 신앙이 형성되었던 어린 시절의 기억을 노래하고 있다: "나의 사랑하는 책 비록 해어졌으나 어머니의 무릎 위에 앉아서 재미있게 듣던 말 그때 일을 지금도 내가 잊지 않고 기억합니다."[1] 대부분의 그리스도인들이 이 찬송을 부르며 특별한 감회에 젖어드는 것은 그만큼 한국 교회가 성경읽기를 강조한 탓도 있지만, 오랫동안 성경이 신앙의 고향과 같은 역할을 해왔기 때문일 것이다.

성경은 우리 신앙의 기본을 만든 최고의 선생이며 원천이었다. 우리는 성경을 통해 우리의 죄를 보았고, 성경을 통해 하나님의 은혜와 예수 그리스도의 십자가 사랑을 만났다. 그래서 성경은 그리스도인들에게 가장 소중한 신앙과 삶의 보물이자 유일한 권위였다. 또한 성경은 기독교신앙에서 가장 중요한 역할을 해왔다. 성경은 하나님의 자기계시를 구속사적 관점에서 최종적으로 밝혀준 유일한 자원이기 때문이다. 따라서 모든 기독교신앙은 성경으로부터 나오고, 성경으로부터

인증되어야 한다.

  신학적으로 말하면, 성경은 하나님의 특별계시가 드러난 곳이면서 동시에 인간의 죄가 적나라하게 지적된 현장이다. 성경은 하나님의 말씀인 동시에 인간의 구원사건에 대한 가장 중요한 증언이다. 이 성경 안에서 인간은 구원의 하나님을 만난다. 모든 구원의 역사는 성경 안에서 완벽하게 실현된다.

  그런데 이렇게 중요한 성경은 어떻게 만들어진 것일까? 그리고 어떤 과정을 통해 우리 손에 정경으로 전해졌을까? 왜 어떤 문서는 교회공동체가 수용하지 않았고, 어떤 문서는 정경으로 인정되었는가? 어떤 점에서 성경에 유일한 최상의 권위가 주어지는 것이 정당한가? 이런 질문들에 진정성 있는 대답을 찾는 일은 그리스도인들이 신앙을 정립하는 데 필요한 토대를 마련하는 것이다.

  성경이 최종 권위를 가지고 있다면, 그것은 어디에 근거한 것일까? 성경은 문자적으로 어떠한 오류도 없는 하나님의 말씀인가? 만일 성경에 오류가 조금이라도 있다면 그것은 권위 있는 하나님의 말씀이라고 말할 수 없는 것 아닌가? 오류가 있는 성경이 우리를 진리로 인도할 수는 없다. 성경의 권위는 성경의 오류와 매우 밀접한 관련이 있는 문제다. 그리스도인들은 어떤 근거에서 성경을 오류가 없는 하나님의 권위 있는 말씀으로 믿는가 하는 질문에 분명한 대답을 해야 한다.

성경의 권위

성경의 권위가 정당하게 주어진 것이라는 가장 확실한 근거는 성경이 스스로 증언하고 있다는 데에서 발견된다. 하지만 그것은 일단 신앙을 전제로 할 때 가능해지는 답변이다. 그렇다면 좀 더 객관적이고 합리적인 설명은 어떻게 할 수 있을까? 성경이 형성된 과정과 그 목적에 대한 이해를 통해서 그 권위를 추론해 볼 수 있다.

성경의 기록 목적

  성경이 어떻게 기록되었는가보다 성경은 왜 기록되어야 했는가를 묻는 것이 성경의 권위 문제에 접근하는 데 더 효과적일 수 있다. 성경이 없다면 기독교신앙은 존재할 수 없었을까? 물론 하나님의 구원사건이 먼저 일어났고, 성경은 나중에 기록된 것이므로 엄격히 말하면 성경이 없다 하더라도 기독교신앙과 하나님의 진리는 얼마든지 보존되고 전파되었을 것이다. 그런데 인간에게는 한 가지 부인할 수 없는 한계가 있다. 그것은 인간의 기억력과 그것을 전달하는 과정에서 본의 아니게 오류를 범할 가능성이 있다는 것이다. 그래서 최소한의 방편으로 하나님의 특별계시를 온전하게 보존하기 위해 그것을 문자화하는 것이 불가피했던 것으로 보인다. 그 까닭에 하나님은 성령의 영감으로 구원의 진리가 왜곡되지 않도록 특별히 역사하셔서 성경이 기록되게 하셨고, 그것을 통해 진리의 말씀을 보존하시며 하나님의 구원사역이 연속성을 가지고 이루어지도록 하신 것이다.

성경은 스스로 그 기록 목적을 두 가지로 설명한다. 첫 번째 목적은 성경의 말씀을 통해 우리의 생명을 얻게 하기 위해서다: "너희가 성경에서 영생을 얻는 줄 생각하고 성경을 연구하거니와 이 성경이 곧 내게 대하여 증언하는 것이니라"(요 5:39). "오직 이것을 기록함은 너희로 예수께서 하나님의 아들 그리스도이심을 믿게 하려 함이요 또 너희로 믿고 그 이름을 힘입어 생명을 얻게 하려 함이니라"(요 20:31). 두 번째 목적은 우리를 "교훈과 책망과 바르게 함과 의로 교육"하기 위해서다(딤후 3:16). 여기서 성경이 기록된 목적이 분명해진다. 성경은 우리가 영원한 생명을 얻을 수 있도록 우리에게 가르치고 책망하는 일을 하기 위해서 기록된 것이다. 따라서 우리는 성경을 읽을 때 그것이 독자에게 무엇을 교훈하고 있는가에 초점을 맞추어야 한다. 성경의 권위와 오류의 문제를 판단하는 기준도 성경의 기록목적에 따라 평가되어야 한다. 성경은 그 자체로도 의미가 없는 것은 아니지만, 성경이 무엇을 교훈하고 지시하고 있는가 하는 것을 발견하는 것이 더 중요하다. 성경의 문자 자체는 제한적인 한계를 가지고 있다. 문자 자체보다는 그것이 지시하는 바가 더 중요하다. 바로 여기서 성경의 해석이 중요한 문제로 대두된다. 그러므로 성경의 문자가 우리를 구원하는 힘이 있는 것이 아니다. 성경이 증언하는 예수 그리스도를 믿는 사람들이 구원을 받는 것이다.

그런 맥락에서 성경이 우리의 구원을 가능하게 하는 유일한 권위이며 최상의 원천이라고 말하는 것은 결코 과장된 표현이 아니다. '오직 성경만으로'(sola scriptura)라는 종교개혁의 구호는 인간의 이성과 제도권 교회의 절대화된 권위를 거부하고 구원의 근원과 권위를 성경에 부여한 탁월한 선택이었다. 장 칼뱅(Jean Calvin)은 "교회공의회가 주장한 것을 반박할 수 있는 유일한 기준은 성경에 대한 교리적 권위"라고 선언했고, 존 웨슬리(John Wesley)도 "하나님의 말씀이 그리스도인의 신앙과 수행에 유일하고도 충분한 규범이 됨을 믿는다"고 고백했다.2) 물론 성경, 전통, 경험, 이성이라는 신학의 네 가지 근거가 모두 동등하고 각각 독립된 위치를 가져야 한다는 견해도 없지 않으나, 대체로 개신교인들은 성경을 규범으로 삼고 나머지 세 근거는 이차적인 것으로 간주하는 데 동의한다.3)

성경의 권위와 신학의 다양성

성경의 최종 권위를 주장한다는 것은 하나의 특정 신학체계를 교단의 신학으로 신조화하지 않는다는 것을 의미한다. 왜냐하면 특정 신학체계를 앞세우면 본의 아니게 그것이 성경보다 더 큰 권위를 가질 수 있기 때문이다. 역사적으로 침례교회가 특정 교단신학이나 신조를 거부함으로써 신학적 선입견이나 특정 신조가 신자들의 신앙을 재단하지 못하도록 노력해왔던 것은 고무적인 일이었다. 오직 성경만이 신앙을 판단할 수 있는 유일한 근거요, 영혼을 살찌울 유일하고 포괄적인 자료로 믿었기 때문이다.4) 침례교회가 시작될 때부터 다양한 신학체계를 수용하는 독특한 역사를 보여줄 수 있었던 것도 성경에 대한 이런 태도에서 비롯된 것이다. 1611년 역사상 최초의 침례교회로 등장한 영국 일반침례교회는 아르미니우스주의신학을 표방했고, 1638년에 시작된 특수침례교회는 칼뱅주의신학을 배경으로 출현했다.5)

월터 셔든(Walter B. Shurden)은 성경을 최상의 권위로 인정하는 침례교회의 성경중심주의(biblicism)를 '성경의 자유'(Bible freedom)라는 말로 다음과 같이 표현했다: "성경의 자유는 그리스도의 주되심 아래 성경이 개인과 교회의 삶에서 중심이 되어야 하며, 최상의 학문적 탐구수단을 가지고 있는 그리스도인들이 자유롭고 의무적으로 성경을 연구하고 복종해야 한다는 유서 깊은 침례교적 확신이다."6) 여기서 우리는 아주 중요한 표현을 발견한다. 그것은 "학문적 탐구수단을 가지고 있는 그리스도인들"이 "자유롭게" 성경을 "연구하고 복종해야"한다는 사상이다. 성경해석의 자유라는 사상은 신앙의 본질상 대단히 중요한 개념이다. 하지만 누구든지 성경을 자유롭게 해석할 권리가 있고, 그 진리에 복종할 책임이 있다고 하는 것은 성경해석을 독점하려는 사람들에게는 불편한 사상이 아닐 수 없다. 진정한 성경해석의 자유가 모든 그리스도인들에게 주어질 수 있다면 교회에서 신자들이 특권계층에 의존적이었던 신앙에서 벗어날 수 있다. 이 점에서 신앙의 의식을 한다는 것은 바로 성경해석의 자유와 역량을 키운다는 것을 의미한다. 성경해석의 자유를 제한할 수 있는 유일한 기준이 있다면 그것은 예수 그리스도와 그의 복음뿐이다. 따라서 어떤 해석도 이러한 기준에 어긋나지 않는다면 그것은 기독교신학 안에서 수용될 수 있어야 한다.

성경의 정경화: 성령의 영감과 조명

구약성경의 정경화가 이루어지는 과정은 세 단계로 전개되었다. 토라(The Torah) 혹은 모세오경은 모세 때부터 시작하여 기원전 400년경에, 예언서들은 기원전 200년 이전에 현재의 형태를 갖추었으며, 나머지 히브리 구약성경은 기원후 90년 얌니아(Jamnia) 회의 때 결정되었다. 이 구약의 정경들은 헬라어 「70인역」(Septuagint)으로 번역되어 유대교와 개신교에서 사용되었다.[7]

신약성경은 좀 더 치열한 논쟁과 갈등 과정을 거쳤다. 신약 27권의 정경은 알렉산드리아의 아타나시우스(Athanasius of Alexandria)가 367년에 '부활절 서신'(Paschal Letter)을 쓸 때까지 일반적으로 받아들여지다가 391년 제롬(Jerome)에 의해 인정되고, 397년 카르타고 공의회(Synod of Carthage)에서 확정되었다.[8] 이 과정에서 성령의 영감과 조명, 즉 '이중 사역'이 결정적 역할을 했다. 영감은 신구약정경으로 선언됨으로써 종료된 성령의 활동이라면, 조명은 그 이후에도 계속되는 성령의 활동이다.[9]

영감과 조명의 관계

영감과 조명은 성경이 기록되고 읽히는 과정에서 없어서는 안 될 성령의 핵심 사역인데, 이 둘 사이에는 매우 긴밀한 상관관계가 있다. 특히 이 둘의 상호작용은 정경의 성립과 그 권위의 근거를 마련하는 토대를 제공했다.

그렇다면 신앙의 기준이 되는 성경은 일체의 오류로부터 벗어났다고 말할 수 있는가? 성경은 어떻게 오류로부터 보존될 수 있을까? 성경을 오류로부터 근원적으로 보호하는 데에는 성령의 특별한 역사가 함께 했다. 우리는 그것을 성령의 '영감'(inspiration)이라고 부른다. 권위는 어떤 점에서 "역사적 계시 안에 있는 영감에 따른 당연한 결과"다. 그 점에서 "성경의 영감을 받아들인 사람들은 성경의 권위를 이미 전제"하고 있는 것이다.10)

권위의 출처가 어디인가 하는 논란은 더 이상 의미가 없게 되었다. 이는 무엇이 성경의 권위를 인정하게 하는가, 성경 자체인가, 아니면 성경에 대한 해석인가 하는 질문에 종지부를 찍은 것이다. 실제로 전통을 성경과 동일한 선상에 두거나 그보다 높이 두는 경우에는 성경 자체보다 성경을 해석한 집단이 실제로 권위의 원천이 되었던 것이 사실이다. 이 경우 전통은 "교회의 권위가 갖는 교의에 의한 통치(rule by dogma, dogmatomachy), 곧 모든 사람이 어떻게 성서를 이해해야 하는지 결정할 수 있는 공식적인 권위"를 의미했다.11) 이런 관점은 성경이 기록될 당시 특별하게 작용했던 성령의 영감을 인정하지 않은 데서 비롯된 것이다. 성경 그 자체에 권위가 주어질 수 있었던 근거는 다름 아닌 바로 성령의 영감이었다. 그러므로 성령의 영감을 받아들이는 사람들이 성경 자체의 유일한 권위를 고백하는 것은 당연한 일이다.

영감의 성경적 근거는 다음과 같은 본문들에서 찾을 수 있다: "모든 성경은 하나님의 감동으로 된 것으로 교훈과 책망과 바르게 함과 의로 교육하기에 유익하니"(딤후 3:16)12); "먼저 알 것은 성경의 모든 예언은 사사로이 풀 것이 아니니 예언은 언제든지 사람의 뜻으로 낸 것이 아니요 오직 성령의 감동하심을 입은 사람들이 하나님께 받아 말한 것임이니라"(벧후 1:20-21). 여기서 "하나님의 감동"이나 "성령의 감동하심"이란 표현은 성령의 영감을 의미한다. 이 영감은 성경기자가 성경을 기록할 때 끼친 성령의 특별한 영향력이다. 그런데 문제는 이 성령의 영향력을 어떻게 이해할 것인가 하는 데 있다. 오거스터스 스트롱(Augustus H. Strong)은 성령의 영향력에 몇 가지 중요한 내용들이 함축되어 있다고 보았다. 그것은 "단순히 자연적이거나 심리적인 영향력이 아니라 인격적인 성령의 사역"고, "신체가 아니라 마음에 미친 영향력"이며, 영감을 받은 기자들의 기록은 그 자체로 완성된 계시가 아니라 "계시와 그 기록 모두 점진적"이라는 것이다. 또한 기록된 문서들은 서로 "연관성"이 있다. 그래서 "처음 계시를 제공하신 바로 그 성령께서 만일 우리가 진리의 지식을 알고자 한다면 그것을 우리에게 해석해주실 것"이다. 그리고 이러한 기록들은 "종교적인 목적을 이루는 데 양적으로나 질적으로 충분"하며, 그 목적은 "우리에게 역사적 모델이나 과학적 사실을 제공하는 데 있는 것이 아니라 우리를 그리스도와 구원에 이르게 하기 위한 것"이다.[13] 따라서 성령의 영감은 성경집필자들이 성경을 기록할 때 성령의 감동하심으로 그 기록목적을 달성하기 위해 어떠한 오류도 없이 기록하게 한 성령의 초자연적 능력 내지는 작용이라고 할 수 있다.

성령의 영감과 관련해서 기록된 성경을 독자가 읽을 때 작용하는 성령의 역사는 성령의 '조명'(illumination)이라고 불린다. 개혁신학에서는 이것을 "이중 영감의 교리"로 설명한다. 하나는 성경 기자들이 경험한 "직접적인 영감"이고, 다른 하나는 성경을 읽는 독자들의 "마음에 있는 증거"다.[14] 조명은 후자에 해당한다. 이 조명은 영감으로 기록된 성경을 인간들이 읽고 깨달을 수 있도록 빛을 비춰주는 성령의 특별한 사역이다. 성경은 이러한 조명을 "빛을 받은 후에"(히 10:2), "죄를 깨닫게"(롬 1:21), 혹은 "성령이 깨달음으로"(고전 2:14-16) 등으로 표현한다. 성령은 "하나님의 백성으로 하여금 현재의 삶을 위하여 성경 본문들의 의미를 이해할 수 있도록 해줌으로써 성경을 '살아나게' 만든다."[15] 그렇다면 성경을 읽는 모든 사람이 다 진리의 말씀에 순종하지 않는 까닭은 무엇일까? 왜 어떤 사람은 성령의 조명으로 깨닫게 되고 어떤 사람은 아무런 반응을 하지 못하는가? 만일 성령의 조명에 강제성이 있다면 대답은 하나뿐이다. 하나님이 깨닫고 복음을 받아들일 사람과 그렇지 않을 사람을 처음부터 선택하셨기 때문이다. 하지만 이런 접근은 필연적으로 "이중예정"의 문제로 넘어갈 수밖에 없다.

신앙과 관련해서 말한다면, 결코 강제성이란 요소는 들어설 자리가 없다. 신앙은 자율적이어야 하기 때문이다. 그렇다면 초기 신자들은 어떤 문서가 성령의 영감을 받은 것인지 어떻게 알 수 있었을까? 어떤 문서는 정경에서 배제되고 어떤 문서는 채택된 기준은 무엇일까? 표면적으로는 영감을 받았는지 받지 않았는지 구별할 수 있는 객관적 표시가 없었던 것이 아닌가? 그런 상황에서 정경으로 채택된 기준은 무엇이었을까? 그 해답은 영감과 조명의 오묘한 상호관련성에서 찾을 수 있다.

하나님은 계시를 통해 당신의 뜻을 보여주신 성경의 원저자고, 성경기자는 성령의 영감으로 그 계시를 오류가 없도록 기록한 집필자며, 우리는 성령의 조명으로 그 생명의 말씀을 듣고 깨닫는 독자인 셈이다. 그러므로 성경의 완전성을 믿는다면, 성경에 집약된 하나님의 특별계시와 영감은 신약성경의 종결과 함께 완성되었다고 보아야 한다. 성경의 완전성과 충분성에 대한 확신은 우리의 신앙이 비성경적인 신비주의와 은사주의로 빠지지 않게 하는 방패와 같은 역할을 한다. 이 점은 오늘날 더 이상 새로운 특별계시가 존재하지 않는다고 말할 수 있는 근거가 된다.

정경의 문제를 이해하기 위해서는 세 가지 요소를 함께 연관시켜서 설명하는 것이 좋다. 세 요소는 성령, 영감을 받은 집필자, 그리고 기록된 성경에서 조명을 받은 신자들이다. 정경은 이 세 요소가 만나는 지점에서 형성된다. 다시 말해서 성령의 영감을 받아 기록된 문서는 그렇지 않은 문서에 비해 신자들의 삶과 신앙에 결정적 영향을 끼치게 되어 그들을 변화시키고 신앙의 정체성을 확립해주는 힘을 가지고 있었던 것이다. 같은 맥락에서 스탠리 그렌즈는 "교회가 성경의 영감을 고백하게 된 것은 초기 신자들이 성경의 글들을 통해서 하나님의 영의 능력과 진리를 체험했기 때문"이라고[16] 주장했다. 그리고 그는 디모데후서 3장 16-17절이 전통적인 영감론의 근거가 된 이유를 "성령이 성경의 본문들을 살아나게 하는 것과 공동체가 성령의 조명 활동의 산물로서 성경 본문들의 권위를 고백하는 것과의 연관관계"에서 찾았다.[17] 따라서 성경의 정경화는 성령의 영감에 의해 쓰인 글과 그것을 공동체가 인식하도록 한 성령의 조명 사역이 연합해서 이루어진 것이라고 할 수 있다. "성령의 영감에 대한 인식은 항상 성령의 조명이라는 현상과 분리될 수 없었"다.[18]

오늘날 성경의 기록과 관련해서 사용된 성령의 영감이 더 이상 필요하지 않다는 것은 성경의 정경화가 완료되었다는 의미다. 같은 맥락에서 하나님의 특별계시도 더 이상 개인들에게 임하지 않는다. 왜냐하면 성경은 이미 완성되었으므로 다시 새로운 것이 추가되어 더 기록될 일이 없기 때문이다. 하지만 지금도 여전히 성령의 조명은 계속된다. 따라서 목회자나 성도들이 하나님의 특별계시를 받아야 한다거나 성령의 영감을 받아야 한다고 말하는 것은 신학적으로 잘못 표현된 것이고, 목회적 차원에서도 조심해야 할 발언이다. 그렇지만 성령의 조명을 받아 말씀을 깨닫게 해달라는 기도는 계속되어야 한다.

영감의 정도와 종류

성경의 영감은 어떤 방법으로 주어지는가 하는 질문은 대단히 민감한 주제에 속한다. 그 대답 여부에 따라 성경의 영향력이 크게 달라지기 때문이다. 우리는 먼저 다음과 같은 논쟁적 질문들을 할 수 있다: 영감의 정도가 성경 안에서 동일한가, 서로 다른가? 영감의 초점이 집필자에게 있는가, 성경에 있는가? 집필자가 취급한 자료들 가운데 모든 것에 영감이 적용되는가, 부분적으로 적용되는가? 이와 같은 질문에 어떤 대답을 하느냐에 따라 성경의 해석과 적용 문제는 그 양상을 달리 한다.

우선 영감의 성격에 대해 살펴보자. 영감을 이해하는 방식에는 두 가지 영역이 있다. 그것은 영감을 어떤 기준으로 분류하느냐 하는 문제와 관련된다. 하나는 영감의 성격에 따라 분류하는 것이고, 다른 하나는 영감의 범위에 따라 구분하는 것이다.

영감의 성격: 본질과 방법

영감은 그 성격에 따라 또 다시 세 유형으로 구분될 수 있다. 이는 영감의 본질과 방법을 이해하는 접근방식이다. 첫째는 기계적 혹은 구술(mechanical/dictation) 영감이다. 이 견해는 성령께서 성경기자에게 성경의 내용을 받아쓰게 했다고 주장한다. 그렇기 때문에 성경기자는 성경을 기록하는 데 사실상 아무런 영향을 끼치지 못했다. 오직 하나님만이 직접 성경을 쓰신 저자가 된다. 이것은 하나님 중심의 신학 구도와 맥을 같이 하며, 성경의 오류가능성을 원천적으로 차단한 이론이다. 루터주의자들이나 전통적인 칼뱅주의자들과 같은 종교개혁자들은 이 구술설을 대체로 받아들였다. 1675년 스위스 일치신조(Helvetic Consensus; Formula consensus ecclesiarum Helveticarum)는 정경이 완성된 지 수 세기가 지난 다음에 더해진 히브리어 모음 부호들까지도 영감되었다고 선언했다. 성경의 완전 축자영감설(plenary verbal inspiration)에 대한 고전적 변호는 의심할 여지없이 가우센(Louis Gaussen)이 「테오프뉴스티아」(Theopneustia, 1840)에서 보여주었고, 이는 후에 그 이론을 변호하는 사람들 대부분에게 통상적인 기초가 되었다.19)

둘째는 역동적 혹은 유기적(dynamical/organic) 영감이다. 이 견해는 하나님이 쓰시고자 하는 말씀을 성경집필자들의 기질과 은사, 재능 등을 사용하여 유기적으로 역사하셨다는 입장이다. 이 경우, 성경 집필자의 역할은 성경을 집필할 때 수동적이 아니라 능동적이다. 따라서 성경은 집필자가 경험한 내용을 포함하며, 성경 문체의 다양성도 수용한다. 에릭슨은 이 이론이 "성경이 기록되며 영감되는 과정에서 신적 요소와 인적 요소를 결합시키는 일"을 강조한다고 평가했다.20) 이것은 그리스도 중심의 신학 구도와 일치하며, 성경을 하나님과 인간의 합작품으로 만든다. 따라서 이론적으로는 오류가능성이 열려 있다. 스트롱(A. H. Strong)은 「조직신학」에서 영감에 관한 네 가지 이론, 즉 "직관설"(intuition theory), "조명설"(illumination theory), "구술설"(dictation theory), "역동설"(dynamical theory)을 소개하고 마지막 이론을 참된 견해로 받아들였다. 그가 진화론과 고등비평을 포함하여 현대과학의 많은 부분을 수용할 수 있었던 것은 그런 관점 때문이었다.21)

셋째는 자연적(naturalistic) 영감이다. 이 견해는 성령의 직접적인 활동을 부인하고, 집필자의 일반적 영감으로 성경이 쓰였다고 말하는 것이다. 영감은 고도의 재능일 뿐이며, 성경집필자는 종교적 천재들인 셈이다. 하지만 이 견해는 성경을 인간의 산물로 만들고, 하나의 위대한 종교적 문서로 간주한다. 여기서는 성경의 무오성이라는 개념 자체가 무의미하다. 스트롱이 말한 직관설 혹은 조명설도 여기에 해당한다. 이것은 인간 중심의 신학 구도와 일치하는 관점이다.

윌리엄 턱(William P. Tuck)은 성경의 장르와 그 목적에 대해 다음과 같이 진술했다: 성경은 "수많은 집필자들"이 "다양한 자료"로부터 "수세기동안" "오랜 과정을 통해 형성"되었다. 하나님께서는 성경 집필자들의 "지식과 은사를 사용해서" 기록하게 하신다. "성경의 목적은 종교에 있지 과학에 있는 것이 아니다."22) 하나님은 언제나 우리를 통해 일하시는 분이시기 때문에, 우리의 감정과 의지를 배제하고 일하시지 않는다. 성경도 이런 관점에서 바라볼 때 좀 더 정당하게 해석될 수 있다.

영감의 범위: 영감의 대상과 정도

성경이 어떻게 쓰였나를 묻는 것이 영감의 성격에 관한 것이라면, 어느 정도까지 영감되었는가를 묻는 것은 영감의 범위 문제에 속한다. 이 범위의 문제는 크게 두 유형으로 설명되어 왔다.

첫째는 완전축자(plenary verbal) 영감이다. 이 영감설은 성경이 교리와 역사 모든 영역에서 완전히 영감되었으며, 단어 하나하나가 성령의 영감을 통해 선택되었다는 주장이다. 이런 입장에서는 성경의 어떠한 부분도, 즉 일점일획도 오류가 있을 수 없다. 하지만 성경을 너무 지나치게 문자적으로 신봉하거나 성경을 획일적으로 해석하게 되고, 나아가 성경의 이야기를 비역사화하거나 자나치게 평면적으로 이해하는 문제점이 드러날 수 있다.23) 테드 피터스는 이런 문제점이 "분리의 오류"를 조장한다고 주장했다. 이 오류는 "전체의 특성이 개체 각 부분에게도 같은 특성을 이룬다"고 주장하는 것이다. 예를 들어, 사무실 건물이 크기 때문에 그 건물 안에 있는 사무실도 커야 한다고 주장하는 것과 같다.24)

둘째는 사상(thought) 영감이다. 이 영감설은 성경이 교리적인 부분에서는 영감을 받았지만, 역사적인 부분이나 문화적인 면에 대해서는 영감을 받지 않아서 부분적으로 부정확하거나 잘못으로 인해 손상된 곳이 있을 수 있다고 보는 견해다. 이것은 언어 자체에 영감된 것이 아니라 사상에 영감이 되었다는 입장이다. 하지만 사상과 언어가 분리될 수 있는가에 대해서는 여전히 논란이 되고 있다.

과연 성경은 어느 정도 영감이 된 것일까? 완전축자영감설과 사상영감설, 어느 주장이 옳은 것일까? 결론적으로 말하면 이 두 견해는 부분적으로 둘 다 맞다. 성경은 사실상 이 두 가지 요소를 함축하고 있다. 그래서 성경의 어떤 부분은 문자적으로 해석해야 하고, 어떤 부분은 사상적으로 해석해야 한다. 물론 어느 것을 문자적으로 해석하고 어느 것을 사상적으로 해석할 것인가 하는 문제는 그리 간단하게 해결되지 않을 수 있다. 의견이 일치하지 않는 본문에 대해서는 끊임없는 신학적 논의와 대화를 통해 공동체가 합의를 이루어나가야 한다.

영감의 대상에 대해서도 언급될 필요가 있다. 영감은 누구에게 임한 것인가? 성경기자들인가 아니면 성경의 내용인가? 물론 이 둘의 관계는 별개로 떨어질 수 없는 문제다. 다만 성경기자는 불완전하고 역사 속으로 사라지지만, 성경은 완전하며 영원히 남는다는 차이가 있다. 따라서 성경영감설이 성경기자들의 완전함을 보증하는 것은 아니다. 영감이 임한 것은 기자들이 아니라 성경의 내용이기 때문이다. 성경은 베드로나 바울의 불완전함을 증거하고 있다(갈 2:11-12, 14-21; 행 15:38-41). 그러므로 영감은 "예언자직이나 사도직과 같은 직분에 불가분리적으로 부착된 항속적이고 계속적인 것이 아니"라고 에릭슨은 주장했다.[25]

성경의 권위와 해석

"모든 성경"은 하나님의 감동으로 기록되었다(딤후 3:16). 물론 여기서 "모든 성경"은 일차적으로 구약성경을 지시한다. 하지만 "모든 성경"이라는 단어는 정경으로 완성될 신약의 성경까지 선취적으로 함축하는 것으로 읽는 것이 필요하다. 그러므로 성경의 일부분만 영감이 되었고, 어떤 특정 부분은 영감이 되지 않았다고 보는 것은 설득력이 없다. 다만 성경 가운데 어느 부분은 다른 부분에 비해 우리의 구원과 관련해서 더 중요하기도 하고 덜 중요하기도 하다고 말할 수 있을 뿐이다. 예컨대, 구약은 신약에 비해 상대적으로 덜 중요한 부분이 있다. 이는 신약의 사건과 예수 그리스도의 복음이 구약을 완성한다는 의미에서 그러하다. 율법은 복음의 몽학선생이라고 한 바울의 평가(갈 3:24)와 같은 맥락에서 구약은 구속사적 관점에서 볼 때 신약에 종속적이다. 구약은 신약으로 해석될 필요가 있다.

성경은 문자적으로 받아들이기보다 어떤 경우에는 시대와 환경에 따라 재해석되어야 한다. 다만 어떤 경우이든 재해석의 기준은 성경의 문자적 의미를 넘어서 있는 그리스도의 복음이어야 한다. 그 점에서 복음의 정수(精髓)는 예수 그리스도다. 이는 루터를 비롯한 종교개혁 이후의 개신교 신학자들이 주장하는 기독교 신앙의 기본 토대에 해당한다.

성경의 내용은 복음 부분과 문화 부분으로 구성된다. 복음 부분은 시대를 초월한 진리지만, 문화 부분은 시대에 따라 재해석될 수 있다. 예수께서는 구약의 말씀을 하나님의 말씀으로 인정하셨지만, 경우에 따라서는 상당수의 율법적 내용들을 상대화하거나 대체하셨다(마 5:21-48). 이런 현상은 율법을 통해 계시하신 하나님의 말씀과 뜻을 더욱 명확하게 드러내기 위함이다. 이는 바로 세우기 위해 기존의 잘못된 관행과 정신을 허무는 작업인 셈이다.

그러므로 그 시대의 세계관이 반영된 성경 속의 과학, 역사, 지리, 문화적 요소와 영원불변한 복음이 동일시되어서는 안 된다. 예컨대, 바울이 고린도교회에 편지하면서 여자들은 기도나 예언을 할 때 머리에 무엇인가를 써야 한다고 권고한 것(고전 11:5-6)은 그 시대적 문화가 반영된 것이다. 문화적 요소는 모든 시대, 모든 사람들에게 적용될 수 없다. 중요한 것은 관습 그 자체가 아니라 관습이 그 시대에 의미하던 것을 파악하는 것이다. 하지만 복음과 문화적 요소가 너무 밀접하게 상관되어 있기 때문에 명확하게 둘로 나누기가 쉽지 않으므로, 섣불리 복음에서 문화적 요소를 제거하거나 다른 것으로 대체하려 하면 오히려 복음이 변질될 수 있는 위험이 있다는 사실을 기억해야 한다.

성경 내용에는 사실보도인 것도 있고, 그 사실에 대한 해석도 있다. 성경을 문자적 의미로만 받아들여서는 안 되는 까닭이 여기에 있다. 성경의 모든 진술을 문자적 의미로만 받아들이면 오히려 성경의 메시지가 왜곡되기도 한다. 그런 경우 성경은 "종이교황"이 되거나, "우상화"(bibliolatry)가 될 수 있다. 성경은 "신성한 책이면서 동시에 인간의 책"이다. 윌리엄 턱은 성경의 인성을 부인하는 것은 예수의 인성을 부인했던 영지주의와 같은 이단사상이라고 주장했다.[26] 그런 의미에서 성경의 "절대적 진리는 시간을 초월"하지만, "상대적으로는 시간 안에서 제한을 받는 부분"도 있다. 그러므로 성경의 어떤 내용들은 "시간과 세계관의 차이에 따라 재해석될 필요"가 있다.[27]

성경의 해석권

성경의 해석이 필요하다면, 누가 그 일을 할 수 있는가? 성경을 어떻게 해석하는가 하는 것은 '신앙의 질'을 결정하는 데 매우 중요하게 영향을 끼치는 문제다. 성경해석에서 유의해야 할 문제는 목적과 수단이 바뀌지 말아야 한다는 것이다. 그 점에서 성경을 해석할 때 그것이 어느 특정 교리를 지지하기 위한 수단이 되어서는 안 된다는 점을 지적하고 싶다. 성경해석은 성경 그 자체의 메시지에 충실해야 한다. 성경을 해석할 때 '~주의'가 해석의 틀로 작용하면, 성경은 한낱 도구로 전락하고 만다. 사람은 어느 정도 자신이 처한 환경과 전이해(pre-understanding)를 통해 성경을 해석할 수밖에 없지만, 그것이 해석의 객관적 기준이나 절대적 기준이 되어서는 안 된다. 특히 성경을 해석하는 사람이 어느 특정한 신학체계에 빠져있거나 정치적, 사회적 이데올로기에 사로잡혀 있는 경우에는 성경을 제대로 해석하기가 어렵다는 사실을 인지해야 한다.

따라서 성경을 누가 해석할 수 있는가 하는 것은 대단히 중요하고 민감한 사안이 아닐 수 없다. 성경을 해석할 수 있는 사람이 따로 정해져 있는가? 만일 그렇다면 그것은 어떤 근거로 주장된 것인가? 성경해석의 문제는 성경의 정경화 과정에서도 선별기준의 하나로 중요하게 작용했다고 볼 수 있다. 성경의 본문을 어떻게 해석하느냐 하는 것은 실제 상황에서 정통과 이단을 구분하는 문제와도 직결되었다. 초기 기독교에서 영지주의가 신약성경 구절을 전통 기독교와 다르게 해석한 행위는 기독교 지도자들을 당혹스럽게 만드는 일이었다. 그래서 기독교 지도자들은 영지주의의 해석을 거부할 수 있는 근거를 제시해야 했고, 그것은 결국 성경해석의 권한을 제한하는 일로 나타날 수밖에 없었다. 하지만 그들이 기댔던 근거는 결국 교회의 '전통'(tradition)이었다.

전통은 문자적으로 '건네받은 것'과 '전달하는 행위'라는 두 가지 의미를 내포한다. 초기 기독교 지도자들은 성경해석의 권위를 '사도적 교회'에 두었고, 사도적 교회의 성경해석은 하나의 중요한 전통이 되었다. 그래서 전통은 "경전의 전통적 해석"이나 "기독교 신앙의 전통적 진술"을 의미하게 되었다.[28] 그렇지만 전통의 이러한 기능은 기독교교리의 역사에서 볼 때, 성경해석과 관련하여 하나의 갈등이며 딜레마였다. 기독교역사의 가장 어두운 단면 가운데 하나가 바로 이 성경해석권이 결국 특정인이나 교회공의회에 의해 독점된 것이기 때문이다.

성경의 해석권은 특정인에게 제한될 수 없다. 성경해석의 권한이 교황이나 신학자들 혹은 목회자들에 의해 독점되는 것이 교리의 통일성과 이단사상의 침투를 막기 위해 불가피하다고 생각하는 것은 전형적인 엘리트의식과 전제주의의 잔재라고 할 수 있다. 더군다나 특정 시점에서 해석된 교리가 모든 시대의 규범으로 작용하는 것은 오히려 성경 자체보다 해석된 권위를 더 우월한 위치로 올려놓는 행위다. 성경은 변하지 않지만 성경의 해석은 달라질 수 있다는 사실을 기억해야 한다. 그러므로 어떠한 전통이나 신조도 성경에 의해 재차 검증될 필요가 있다.

성경을 읽을 때는 전통이나 특정교리보다 성경 자체가 제기하는 질문과 답에 일차적으로 집중해야 한다. 그것이 성경이 기록된 목적에 입각해서 성경을 읽을 수 있는 비결이다. 성경에서 비롯되지 않는 다른 질문, 즉 다른 필요에 의해 제기된 질문들에 대한 권위 있는 답변을 찾기 위한 방편으로 성경을 읽는 것은 바람직한 성경읽기가 아니다. 더욱이 그 다른 질문이 특정한 신조나 신학체계를 정당화하기 위한 목적에서 나온 것이라면, 그런 식의 성경읽기는 불가피하게 성경의 본질적 의미를 왜곡하거나 어느 한 편으로 치우친 해석을 하는 것을 도와주는 결과가 될 것이다.

따라서 성경은 모든 시대에 모든 그리스도인에 의해 자유롭게 해석될 수 있어야 한다. 그것은 시대를 초월해서 역사하시는 성령을 신뢰하는 일이다. 모든 신자는 "성령의 조명"을 받아서 성경을 읽고 해석할 "권리와 자유"가 있다(요 16:12-15). 이는 영국의 일반침례교회 지도자 존 머튼(John Murton)의 말처럼, 성경해석의 주체가 성경 "자체"이고, "믿는 자 속에 계신 하나님의 영"이기 때문이다.[29] 이 말은 성령이 내주해 계신 모든 그리스도인들에게 성경을 해석할 수 있는 권한이 있다는 것을 의미한다. 그런데도 인문학이나 자연과학 등 다른 학문 분야에서는 전문적인 지식과 주체적 역량을 가지고 있는 사람들이 교회에서 성경을 읽고 해석하는 일에는 그토록 의존적이 되는 까닭은 어디에 있는가? 신앙의 이유식을 제대로 하지 못했기 때문은 아닐까? 신자들이 성경을 스스로 읽고 영적 자양분을 공급받는 것은 신앙의 자립을 위해 반드시 필요한 일이다. 성경해석권이 특권층에 의해 독점되면 교회는 부패한다. 교회개혁의 신호탄은 성경해석권이 모든 그리스도인에게 있다고 선언하는 것이다.

17세기 침례교인들의 성경공부 방식은 시사하는 바가 크다. 그들은 성경해석이 "어느 특정인에게만 주어진 특권"이라고 생각하지 않았다. 그들은 "서로 둘러앉아" 성경을 읽고 "돌아가며 이야기를 나누는 방식"으로 성경을 공부했다. 성경해석은 함께 나누어야 한다고 믿었기 때문이다. "예배에서 혼자 설교하는 목사"는 없었고, 누구도 다른 사람에게 성경을 해석하는 "유일한 방식"을 제시하지 않았다.[30] 이는 성경해석의 일을 일상적인 일로 만든 것이고, 모든 신자들이 그 일에 자연스럽게 함께 동참할 수 있게 한 것이다. 한국 교회의 문제점 가운데 하나는 "목

사 중심의 설교"에 신자들의 신앙이 지나치게 의존되어 있다는 데 있다.[31]

한국 기독교의 역사에서 무교회주의자로 알려진 김교신은 철저한 주체적 성경 읽기가 한국 교회의 병폐를 근원적으로 해결할 수 있다는 확신을 가졌던 인물로 평가된다. 그가 당부한 성경읽기 방식은 자립한 신자가 되기 위한 하나의 방편이 될 수 있다: "단독으로라도 가하나 될 수 있거든 두셋 친구가 모여서 '소인(素人)'들끼리 성서 연구를 시작하라.... 아무리 훌륭한 교회에 속하였고 고명한 교사의 강의를 들었다 할지라도 자기 스스로 성경 본문을 읽어 거기서 참 생명의 영량(靈糧)을 무궁하게 뽑아 마시지 못한다면 저는 자립한 신자는 못 되었느니라." 김교신의 이 같은 성경공부 방식에 대해 백소영은 다음과 같이 해설했다:

> 여기서 '소인'이란 비전문인을 뜻한다. 목회자도 아니고 신학생도 아닌, 그러니까 평신도들끼리의 성서 모임을 제안한 것이다. 어느 한 사람의 해석과 풀이에만 권위를 두고, 다른 참석자들은 수동적으로 그 풀이를 학습하고 내면화하는 공부는 이제 '졸업'을 하라는 말이다. 지금까지의 공부를 통해 기초를 배웠으니, 이제는 스스로 읽고 생각하고 판단하고 상상하라는 제안이다. '풍월'이나 '모방'에는 생명이 없으니 스스로 서라(自立)는, 선생님의 마지막 훈계다. 너는 이제 텍스트와 콘텍스트(삶)를 붙잡고 씨름하며 스스로 답을 찾아낼 권위가 있는 존재라는 말이다.[32]

교회의 교권주의나 사제주의가 살아있다면 이러한 성경해석의 자유는 실제로 가능할 수 없다. 그러므로 가능한 한 교회는 회중 중심이 되어야 한다. 회중이 주체가 되는 목회, 회중이 주체가 되어 반성하는 신학이 이루어질 때 비로소 진정한 성경해석의 자유는 실현될 수 있을 것이다. 물론 성경해석의 자유가 열려있어야 하고 보장되어야 한다고 해서 상황에 따라 성경을 임의로 해석하거나, 사사로이 풀어도 좋다는 말은 아니다. 성령의 조명으로 성경을 해석하되, 반드시 그리스도를 중심으로 해석하는 것이 필요하다. 그리고 그 해석이 타당한지의 여부는 성령을 모신 신자들에 의해서 검증되어야 한다. 어떤 해석에 반대하는 목소리가 신자들 사이에 일어난다면, 비록 소수의 의견이라고 해도 그것은 좀 더 말씀을 숙고하고 진중하게 해석해야 한다는 신호로 받아들여야 한다.

성경의 권위와 무오류성[33]

성경은 하나님의 계시와 그것을 체험한 개인과 그가 속한 "공동체의 산물"이라고 할 수 있다. 이는 성경이 신앙공동체의 체험을 반영한다는 말이고, 반대로 성경은 그 신앙공동체의 정체성과 "해석의 틀"을 제공한다는 의미를 담고 있다. 성경은 근본적으로 하나님 나라와 예수 그리스도의 복음을 선포하고, 교회 안에서 성도가 된 이들에게 "영적 자양분"을 공급하며, 그들이 어떻게 살아가야 할지를 가르쳐주는 역할을 한다.[34]

성경과 복음의 관계

성경이 예수 그리스도의 복음을 선포하는 역할을 한다면, 성경과 복음은 서로 어떤 관계일까? 이들은 서로 동일한 관계인가, 아니면 포함관계인가? 테드 피터스(Ted Peters)는 복음과 성경의 관계를 다음과 같은 내용과 형식으로 유비했다: 복음은 "신학을 위한 물리적 규범"이고 성경은 "신학을 위한 형식적 규범"이다. "요람은 형식이고 아이는 물리적 내용이다." 이는 성경이 형식이고 복음은 내용이라는 의미다. 성경은 복음을 포함하지만 복음 이외의 다른 부분도 함께 담고 있다. 동시에 성경이 "그리스도의 요람"이라는 점에서 성경은 신학 작업을 하는 동안 "계속해서 되돌아가야 할 곳"이다. 성경이 "형식적 논리나 표준적 근거"로 기능하기 때문에 신학 작업을 진행할 때 "성경적인가"라고 묻는 것은 당연한 일이다.[35]

성경의 역할은 하나님에 관한 진리와 하나님의 통치를 선포하고 삶의 지침을 제공해주는 데 있다. 그런데 그런 성경에 오류가 있다면 어떻게 되겠는가? 만일 성경에 오류가 발견된다면 그것을 진리라고 말할 수 없을 것이다. 그렇다면 진리가 아닌 성경의 말씀을 통해 우리가 구원을 받을 수 있다고 말할 수도 없다. 그러므로 성경은 그 기록목적을 달성하는 데 어떠한 오류도 없어야 한다. 또한 성경을 읽고 연구하는 목적도 기록목적과 그 의미에 초점이 맞추어져야 한다. 지나치게 무분별하게 문자에 집착하게 되면 본래의 의미가 왜곡될 수도 있고, 성경이 오히려 다른 사람을 해치는 흉기로 오용될 수도 있다.

성경 권위의 근거

그리스도인들에게 성경의 권위는 신앙의 토대와 같다. 이 토대가 부실하면 그 위에 세워진 신앙도 당연히 견고하지 못하다. 그래서 그리스도인들은 다른 무엇보다도 성경의 완전함을 믿는다. 성경의 완전함을 믿는다는 것은 성경에 어떠한 오류도 인정할 수 없다는 것을 의미한다. 그런데 종종 그리스도인들은 성경에서 오류라고 생각될 수밖에 없는 표현들을 발견하면서 크게 당황하게 된다. 성경에 오류가 있으면 우리는 성경을 전적으로 신뢰할 수 없게 되기 때문이다. 그리고 만일 성경이 전적으로 신뢰될 수 없다면 그것이 우리를 구원으로 인도하는 것도 보증될 수 없을 것이라고 생각한다.

한 가지 예를 들어 보자. 구약성경은 아브람이 하란을 떠날 때 75세(창 12:4)였고, 아브람이 출생한 때는 데라가 70세(창 11:26)였다고 하니, 아브람이 하란을 떠날 때 데라의 나이는 145세였다고 할 수 있다. 그런데 신약성경은 데라가 죽은 뒤에 아브라함이 하란을 떠났다고 기록했고(행 7:4), 구약에는 데라가 205세에 죽었다고 되어 있다(창 11:32). 어떻게 이런 일이 가능할 수 있을까? 이런 상황에서 사람들은 성경에 문제가 있는 것이 아니냐는 의혹을 제기하며, 이런 불일치를 근거로 성경에 오류가 있다고 주장하기도 한다. 어떻게 설명해야 하는가? 성경에 오류가 있다고 인정해야 하는가?

침례교인들은 성경의 권위를 신앙생활에서 그 어떤 것보다도 우위에 두는 전통을 가지고 있기 때문에, 성경의 오류 문제에 대해 더욱 더 민감하게 반응하는 것 같다. 여기서 '그 어떤 것'이란 일반적으로 전통, 신학, 교리, 신조 등 성경 이외의 다른 권위를 의미한다. 그 점에서 침례교인들은 '신학과 교리의 사람들' 혹은 '전통의 사람들'이 아니라 '성경의 사람들'(people of the Book)이라고 불려왔다. 실제로 침례교인들은 성경의 권위가 훼손되는 일에 대해 매우 엄격하게 대응해왔다. 다양한 신학적 견해들에 대해서는 관용적 태도를 취하던 침례교인들도 성경의 오류 문제와 그에 따라 발생하는 성경의 역사성 훼손 현상에 대해서는 아주 보수적이거나 근본적인 태도를 취하는 것도 이런 배경과 무관하지 않다. 특히 20세기후반에 침례교인들은 성경의 권위와 오류 문제로 격렬한 신학논쟁을 벌려왔다. 하지만 이 논쟁은 때때로 지나치게 과열되기도 했고, 정쟁의 수단으로 사용됨으로써 적지 않은 후유증을 남겨놓기도 했다.

성경의 오류와 무오류의 문제는 사실 그리 쉽게 풀어질 단순한 주제가 아니다. 이 주제는 어떻게 받아들이느냐에 따라 성경을 해석하는 방법이나 태도에 커다란 차이를 가져오게 한다. 현실적으로도 이 문제는 신앙생활에 매우 중요한 영향을 끼친다. 침례교인들은 성경의 무오류 문제를 어떤 관점에서 이해했을까? 여기서는 성경의 무오류성에 해당하는 두 개념, 즉 '무오'(inerrancy)와 '무류'(infallibility)는 어떤 차이점이 있으며, 그것이 성경의 오류 문제를 어떻게 다루고 있는지를 살펴보고자 한다.

성경의 권위에 대한 그리스도인의 확신은 일차적으로 성경이 스스로 밝히는 성경의 기록목적에 근거한다. 요한복음은 그 기록목적을 우리가 예수를 그리스도로 믿어 생명을 얻게 하기 위함이라고 밝혔고(요 20:31), 디모데후서는 성경이 우리로 하여금 "그리스도 예수 안에 있는 믿음으로 말미암아 구원에 이르는 지혜"가 있게 하고, 동시에 "교훈과 책망과 바르게 함과 의로 교육하기에 유익"하다고 그 목적과 방법을 적시했다. 그리고 그것이 가능한 근거는 "모든" 성경이 "하나님의 감동"(딤후 3:15-16)으로 이루어졌기 때문이라고 명시했다.

모든 그리스도인들이 다 그렇겠지만, 침례교인들은 남다르게 신앙의 자유와 신학적 다양성을 존중하기 때문에 특별히 성경의 권위를 강조한다. 왜냐하면 침례교인들은 하나의 특정한 신학이나 특정 신조를 교단신학이나 교단신앙의 규범으로 받아들이지 않는 전통을 가지고 있기 때문이다. 따라서 침례교회 안에서는 서로 간에 다양한 신학적 입장에 대한 논쟁이 다른 교단에 비해 매우 활발하게 열려있는 편이다. 그리고 그 논쟁을 조율할 수 있는 유일한 수단과 기준은 성경이었기 때문에 성경은 침례교인들에게 무엇보다도 중요한 신학적 가치판단의 근거이며 신앙과 삶의 최종적 권위로 작용해왔다. 그런 까닭으로 침례교인들은 성경을 최종적 권위가 되게 하기 위해서 성경에 오류가 없다는 확신을 결코 포기하지 않았다.

사실 역사적 기독교 전반에서 보더라도 성경에 오류가 없고 그 내용이 신실하다는 확신은 하나의 "공리적 개념"(axiomatic concept)에 해당한다.[36] 해롤드 브라운(Harold O. J. Brown)이 비록 "성경무오"라는 교리가 "명시적으로 가르쳐지지는 않았다 하더라도 초대교회 때부터 [그 사상은] 전제되어 왔고 당연시되어 왔음이 분명하다"고 주장한 것은 타당한 진술이다.37) 그는 성경무오와 유오의 문제를 "현대판 아리우스 논쟁"이라고 규정하고, 오늘날 성경의 무오성을 포기하면 성경이 하나님의 말씀이라는 성경의 권위도 침식될 것이라고 우려했다. 이는 마치 '호모우시오스'(homoousios, 동일본질)와 '호모이우시오스'(homoiousios, 유사본질)의 논쟁에서 성부와 성자는 '유사본질'이라고 말함으로써 삼위일체 신앙의 기본구조를 침식시키는 것과 같다는 것이다.38) 물론 여기서 성경무오를 어떻게 해석하는가 하는 문제는 이론의 여지가 있을 수 있지만, 어느 때라도 성경에 오류가 없다는 신앙고백이 파괴된다면 그 여파는 아마도 상상을 초월하는 재앙으로 다가올 것 같다. 그 점에서 그리스도인들이 성경은 영감을 받은 성경기자들에 의해 기록된 하나님의 계시이며, 오류가 없는 완전한 하나님의 말씀으로 믿어온 것은 매우 소중한 전통이다.

성경의 불일치나 오류현상

성경이 하나님의 영감으로 된 것이기에 성경에는 어떠한 오류도 있을 수 없다는 신념은 기독교 공동체의 가장 오래된 주장 가운데 하나였다. 하지만 여기저기 눈에 띠는 불일치와 오기(誤記)로 보이는 본문들은 어떻게 이해해야 하는가? 이런 문제를 설명하기 위해 사용되는 용어가 무류성(無謬性) 혹은 무오성(無誤性)이다. 이 단어들은 서로 구분되기도 하지만, 많은 경우 넓은 의미에서 혼용되기도 한다.39) 어떤 경우이든 기본적으로 그리스도인들은 성경에 오류가 없다고 믿는다. 하지만 완전무오는 과학과 역사 분야를 포함해서 모든 영역에서 성경에 오류가 없다고 주장하는 것이라면 제한무오는 신앙과 구원의 문제에서만 오류가 없고 과학과 역사 분야에서는 오류가 있을 수 있다고 주장하는 것이다. 1960년대 풀러신학교에서 성경무오성 논쟁이 일어난 것은 일부 교수들이 제한무오설을 받아들였기 때문이었다. 성경무오국제학회(the International Council on Biblical Inerrancy)가 "시카고선언"(Chicago Statement)을 발표한 것은 이에 대한 반작용이었다.40)

하지만 성경의 권위와 관련해서 무오/무류성 문제를 다루는 것은 그리 단순하지 않다. 쟁점이 무엇이냐에 따라 달라질 수 있지만, 대체로 신학적 성향에 따라 그 대립과 논쟁양상이 지나치게 나타날 때가 많기 때문이다. 완전무오든 제한무오든 한 가지 공통된 점은 근본적으로 성경에는 오류가 없다고 주장한다는 것이다. 다만 무엇을 근본의 문제로 간주하는가 하는 데 차이가 있을 뿐이다. 결국 무오와 무류의 문제는 성경의 불일치 현상을 이해하는 하나의 관점 내지는 태도의 차이라고 볼 수 있다.

성경의 무오/무류성을 주장하는 방법은 축자적 의미의 완전무오설을 믿는 길 밖에 없을까? 축자적 의미에서 성경의 무오성을 강조하는 사람들은 성경에 외관상으로 모순이 있는 것처럼 보이더라도 그것은 얼마든지 설명될 수 있다고 주장한다. 이 입장에 따르면 성경의 불일치는 오류가 아니라 강조점에 따라 약간씩 다른 각도에서 기술한 것일 뿐이다. 그러나 이 입장에서도 도저히 조화되기 어려운 차이점에 대해서는 그것의 의미를 최소화한다. 성경의 모든 영역에 오류가 없다고 주장했던 찰스 하지(Charles Hodge)는 성경과 역사나 과학 사이에 명백한 모순이 발생한다는 사실을 인정하기도 했지만, 그것을 "파르테논 신전의 구조물"에서 끼어든 "작은 사암 조각" 정도로 치부했다.[41] 또는 오류가 원본이 아닌 사본에만 존재한다고 범주를 제한하기도 한다. 필사자가 사본을 기록할 때 오류가 생겼다는 것이다. 하지만 이런 주장은 결국 사본을 신뢰할 수 없게 만들고, 원본은 존재하지 않으므로 결국 성경 자체를 신뢰할 수 없게 만드는 결과를 초래할 수 있다. 따라서 사본의 오류가 있다 하더라도 그 오류는 하나님의 말씀의 권위와 진실성에 아무런 영향을 미칠 수 없을 정도로 미비한 것이라는 전제가 있어야 한다.

그런데 원본이냐 사본이냐 하는 문제는 그리 결정적으로 중요한 것이 아닐 수 있다. 만일 그것이 중요한 문제라면 원본이 없이 사본만을 가지고 있는 기독교공동체의 신앙체계는 신뢰할 만하지 못하다는 평가를 피하기 어려울 것이다. 오늘날 우리는 그것이 원본이든 사본이든, 우리의 구원을 위한 복음을 계시하는 데 결코 오류를 범할 수 없다고 확신한다. 그러려면 원본과 사본 사이에는 어떠한 차이도 없다고 주장하든지, 차이가 있다 하더라도 그것은 진리를 손상시킬 만한 심각한 불일치가 없어야 한다. 원본이 존재하지 않으니 아무리 사본 연구가 치밀하게 이루어진다 하더라도 일치여부를 완전하게 보장할 수는 없는 일이다. 따라서 원본이 없어도, 사본이 원본과 어느 정도 차이가 있다 하더라도 사본의 기록들이 오류가 없는 진리의 말씀이라는 것을 말할 수 있어야 한다.

문제는 실제로 우리가 가지고 있는 성경이 그 자체에서 적지 않은 불일치나 과학적으로나 역사적으로 오류로 보이는 부분들이 발견된다는 것이다. 따라서 그런 문제들, 즉 기록된 내용들이 서로 불일치하거나 과학적 혹은 역사적 지식과 상충된 부분들을 어떻게 해석할 것인가 하는 것이 결국에는 중요한 관건이 될 수밖에 없다. 이런 경우 우리는 성경이 과학이나 의학 교과서 혹은 역사 교과서가 아님을 인식할 필요가 있다. 성경은 일차적으로 우리의 구원을 위한 언어다. 성경은 역사나 과학의 객관적인 지식보다는 하나님의 뜻이나 영적 의미를 강조하는 데 근본 목적을 가지고 있는 것이다. 그러므로 성경의 오류 문제를 과학이나 역사적 잣대로 잴 수 없고, 서로 간의 불일치 문제로 가늠할 수 없다. 성경이 쓰인 목적은 그런 객관적인 지식의 정보에 있는 것이 아니라 예수를 믿고 생명을 얻게 하는 데 있기 때문이다(요 20:31). 이 말은 성경의 권위가 그리스도의 권위에 종속된다는 의미를 가진다. 왜냐하면 그리스도는 성경을 통해서 우리에게 말씀하시고, 성경의 목적은 그것을 전달하는 데 있기 때문이다.

성경의 무오류를 주장하기 위해서 반드시 완전축자영감설을 신봉하는 근본주의자가 되어야 하는 것은 아니다. 성경에 오류가 없다는 말은 성경이 궁극적으로 우리를 성경의 핵심인 복음으로 인도하는 데 어떠한 오류도 없다는 것을 믿는다는 의미기 때문이다. 따라서 성경과 복음을 단순하게 동일시할 수는 없지만, 우리는 신앙과 신학의 유일한 근거로 내세울 수 있는 것이 바로 성경이라는 사실을 어떠한 망설임도 없이 주장할 수 있다.

무오와 무류의 차이

성경의 권위와 오류 문제를 다룰 때, "성경은 오류가 없는 완전한 하나님의 말씀"이라는 진술을 어떻게 이해하는가 하는 것은 대단히 중요하다. 다시 말해서 성경의 오류 문제를 해석하는 '무오'와 '무류'의 개념을 정확하게 이해해야 한다는 것이다.

본래 권위 문제와 관련해서 무류라는 용어가 사용되기 시작한 것은 14세기에 프란시스수도회에서 청빈에 관한 논쟁이 벌어질 때부터였다. 이 때 귀도 테레니(Guido Terreni)는 "신앙에 관한 진술들을 결정하고 선포하는 권한을 가진 교황은 오류가 있을 수 없다"고 주장했고, 이런 사상이 교황무류성 교리로 공식적으로 채택된 것은 1870년 제1차 바티칸공의회에서였다.[42] 반면 개신교에서는 이 무류라는 개념을 성경의 권위에 적용했다. 장로교의 대표적 신앙고백서인 "웨스트민스터신앙고백서"(1646년)에서는 이 단어가 신앙과 실천에 관한 문제에서 전적으로 신뢰할 만하다는 의미로 사용되었다.[43] 하지만 패커(J. I. Packer)의 주장에 따르면, 어느 순간부터 장로교인들이 성경의 "절대적인 진실성"을 강조하기 위해 무류 대신 "무오"라는 용어를 사용했다.[44] 그 뒤부터 무오와 무류는 그 의미가 구분되기 시작했고, 무류보다 무오가 성경의 권위를 표현하는 더 강력한 개념이 되었다.

사전적 의미에서 본다면 이 두 단어는 동의어라 할 수 있다. 하지만 여전히 이 용어들은 사용하는 사람에 따라 서로 다르게 적용되었다. 대체로 이 두 용어는 적용범위를 성경의 원본이냐 사본까지냐, 혹은 기록목적과 성경영감의 범위와 방법이 무엇이냐에 따라 해석을 달리하는 경향이 있다. 만일 성경의 권위와 신뢰성을 주장하기 위해서 성경의 원본과 성경에 기록된 모든 영역에서 과학적으로나 역사적으로나 지리적으로나 신학적으로 오류가 없다고 주장한다면 그것은 '성경무오'를 말하는 것이다. 그러나 모든 성경의 사본이나 역본에서라도 성경이 기록된 본래의 목적, 즉 교리나 종교적 진리, 즉 신앙과 실천을 말하는 데 오류가 없다고 주장한다면 그것은 '성경무류'를 의미하는 것이다. 그러므로 성경무오를 주장하는 사람들은 성경의 진리를 '연역적'으로 접근하는 데 반하여 성경무류를 주장하는 사람들은 '귀납적' 방법으로 성경의 진리를 규명하려고 한다. 그 때문에 이들은 성경무오를 주장하는 사람들처럼 성경에 나타나는 문제점들을 억지로 조화시키거나 제거하려고 하지 않는다. 왜냐하면 이들에게는 성경이 하나님의 책인 것과 동시에 인간의 책이라는 사실을 보존하는 것이 오히려 중요하기 때문이다.

또한 성경무오를 주장하는 사람들은 하나님이 실수하실 수 없다고 생각했고, 성경무류를 말하는 사람들은 성경이 "인간의 결함"(human flaw)을 가지고 있다고 간주했다.[45] 일반적으로 전자의 사람들은 어느 단어를 사용하든지 성경에는 일체의 오류가 있을 수 없다는 측면을 강조하는 데 반하여, 후자의 사람들은 전자의 사람들이 쓰는 개념을 무오로 규정하고 자신들은 그보다 완화된 의미로 무류라는 단어를 선호한다.[46] 허셀 홉스는 무류와 무오의 차이를 이렇게 설명했다: "날이 무딘

칼은 그것으로 버터를 자를 경우 무류한 칼(infallible knife)이 될 수 있다. 당신은 그 단어를 사용함으로써 진술을 약화시킬 것이다. 나는 그것이 당신과 많은 사람들이 좋아하는 단어라는 것을 알지만, 그 단어는 '어떤 오류도 섞여있지 않은' 표현과 같이 강력한 의미를 갖고 있지 않다." 전자의 견해를 "절대무오"(absolute inerrancy)라 하고, 후자의 입장은 "제한무오"(limited inerrancy) 또는 "비무오"(noninerrancy)라고 부르기도 한다. 스탠리 그렌즈의 설명에 따르면, "제한무오"는 성경이 신앙과 실천의 문제(즉 어떤 분야에서)를 말할 때 오류가 없다는 주장이고, "비무오"는 어떤 목적으로 성경이 쓰였는가에 관심이 있기 때문에, 아예 무오라는 용어를 부적절한 것으로 일축한다.[47] 하지만 큰 틀에서 보면 제한무오와 비무오는 모두 성경무류로 간주해도 좋다.

성경무오를 받아들이지 않고 성경무류를 주장한다는 것은 성경을 본질적으로 신뢰할 수 없다는 의미가 아니다. 그것은 전통적으로 기독교 역사 속에서 꾸준히 고백해왔던 것처럼, 우리의 신앙과 실천의 문제에서 볼 때 성경은 결코 오류가 없다는 것을 주장하는 것이다. 성경에 대한 신뢰와 그 권위를 인정하는 것은 그리스도인들에게 절대적으로 중요하다. 성경은 하나님의 특별한 계시를 담은 기록이고, 그것은 성경의 기록목적에 따라 어떠한 오류도 있을 수 없다. 성경의 내용이 과학적으로나 역사적으로 증명되지 않는다 해서 그것이 성경에 오류가 있다는 근거가 될 수는 없다. 그런 의미의 무오성은 역사적 기독교 전통에서 볼 때 특정 시대와 상황에서 불거져 나온 논쟁이고 이슈였다.

성경은 하나님의 계시와 인간의 언어가 만나서 이루어진 것이다. 그 안에는 신적 요소와 인간적 요소가 포함되어 있다. 따라서 성경의 원리들을 오늘날 적용하려면 어떤 부분은 재해석의 작업을 불가피하게 필요로 한다. 이 작업은 성경의 신적 권위를 부인하는 행위가 아니다. 오히려 그것을 통해 성경은 모든 독자들에게 하나님의 신실하고 오류가 없는 말씀이 된다.

우리는 다음과 같은 질문들에 대한 건강한 답을 제시할 수 있어야 한다. 성경의 권위는 그리스도인들의 신앙형성에 어떤 긍정적 역할을 할 수 있는가? 반대로 그것이 부정적으로 작용할 때는 없는가? 과연 성경의 권위는 성경의 무오성 교리에서 비롯되는 것인가? 만일 성경의 무오성 교리가 파괴되면 어떤 문제점들이 생길 수 있는가? 그리고 성경에서 발견되는 여러 가지 오류현상들을 어떻게 설명될 수 있는가? 성경에서 복음과 문화를 구분해야 할 까닭은 무엇인가? 복음과 문화를 구분하지 않으면 신앙생활에 어떤 영향을 끼치게 되는가? 성경의 문자주의적 해석이 어떤 경우에 위험한가? 그리고 역사적으로 성경이 권력의 도구로 전락한 사례는 없었는가?

성경은 상수와 변수가 한데 어울린 복합체다. 신적인 측면과 인간적 측면이 공존하기도 하고, 고대와 현대가 맞닿아 있고, 중심부와 변두리가 섞여있다. 구속사의 관점에서 읽히기도 하지만 때로는 이데올로기 비판적 시각에서 볼 필요도 있다. 어떤 이는 성경을 통해 하나님의 선택적 구원의 은혜를 찬양하지만, 또 어떤 사람은 가난하고 억눌린 사람들의 관점에서 성경의 본문을 읽어낸다. 어떤 이는 성경을 통해서 하나의 전통을 세우고 그것을 보수하지만, 어떤 이는 성경을 통해서 그 전통을 무너뜨린다. 그러므로 성경해석은 어느 특정한 하나의 관점에서만 배타적으로 이루어지지 않아야 마땅하다.

* * *

그리스도인의 정체성을 정립하는 데 성경의 역할은 그 무엇보다도 중요하다. 삶과 신앙의 옳고 그름을 판단하는 기준이나 가치가 성경에서 나오기 때문이다. 따라서 성경의 권위를 인정하고 성경의 울타리를 넘어가지 않는 범위에서 신앙의 다양성을 인정하는 것이 지혜로운 행동이다. 이 때 성경해석의 자유가 차단되지 않도록 하는 것이 중요하다.

그리스도인에게 성경의 권위는 결코 포기되거나 양보될 수 없는 문제다. 그러나 성경의 문자에 집착하는 것이 성경의 권위를 높이는 것은 아니다. 문자 그 자체를 절대화하는 것은 성경의 진정한 권위와 무관할 수 있다. 왜냐하면 성경의 진리와 복음은 문자에 갇혀있지 않기 때문이다. 문자는 그 안에 말씀과 진리를 담아두는 그릇이다. 그릇 자체는 중요하지 않다. 그릇에 집착하고 그것을 절대화하다 보면 정작 그 안에 담긴 진리와 복음을 왜곡하거나 잃어버릴 수 있다.

성경을 근거로 각종 신학논쟁이 일어날 때가 있는 것도 그릇과 진리의 관계를 바르게 세우기 위한 것이다. 나아가 이런 신학논쟁은 궁극적으로 삶과 목회현장에서 복음을 어떻게 실천할 것인가를 결정하는 과정으로서 불가피한 일이기도 하다. 그 점에서 신학논쟁은 교회를 위해서 꼭 필요하다. 건전한 신학논쟁을 통해 진리를 이해하는 시야를 넓히고 비진리를 걸러내는 긍정적인 결과를 기대할 수 있기 때문이다. 그리고 이 신학논쟁은 철저하게 교회 안에서 회중에 의해서 교회를 세우기 위해 진행되어야 한다. 신학논쟁이 정치적 목적이나 교권투쟁의 수단으로 전락되면 대단히 불행한 결과를 초래하게 되어 결국 교회의 부패를 촉진한다.

그리스도인의 할 일은 성령의 조명으로 성경을 읽고 그 안에 담긴 예수 그리스도의 도(道)를 바르게 깨닫고 새로운 피조물로 거듭나서 그 뜻을 따르는 것이다. 이것이 성경이 존재하는 궁극적 목적이다. 그러므로 성경을 사랑한다는 말은 예수 그리스도를 사랑한다는 말이고, 그것은 또한 진리를 사랑한다는 말이다. 우리는 성경을 통해 진리를 알게 되고 진리 안에서 사는 법을 배우는 것이다.

주(註)

1) 「새찬송가」, 199장.
2) Ted Peters, 「하나님-세계의 미래: 새로운 시대를 여는 조직신학」, 이세형 옮김 (서울: 컨콜디아사, 2000), 113-4.
3) Ibid., 111.
4) Charles W. Deweese, "Introduction," *Defining Baptist Convictions: Guidelines for the Twenty-First Century* (Franklin: Providence House Publishers, 1996), 22.
5) 김용복, 「침례교신학: 침례교인의 신앙과 신학 유산」, 수정재판 (대전: 침례신학대학교출판부, 2009), 47-53 참조.
6) Walter B. Shurden, *Baptist Identity: Four Fragile Freedoms* (Macon: Smyth & Helwys Publishing, 1993), 9.
7) Dale Moody, *The Word of Truth: A Summary of Christian Doctrine Based on Biblical Revelation* (Grand Rapids: Eerdmans, 1981), 44
8) Ibid., 45.
9) Stanly J. Grenz, 「조직신학: 하나님의 공동체를 위한 신학」, 신옥수 옮김 (고양: 크리스챤다이제스트, 2003), 554.
10) Moody, *The Word of Truth*, 47.
11) Peters, 「하나님-세계의 미래」, 115.
12) 물론 이 구절은 일차적으로 구약의 헬라어 번역인 70인역(Septuagint)에 관한 말씀이지만, 신약 정경이 결정된 뒤에는 개신교 종교개혁 때까지 모든 헬라어 성경과 라틴어 성경들에 일반적으로 적용되었다.
13) Augustus H. Strong, *Systematic Theology*, Three Volumes in One (Philadelphia: The Judson Press, 1906), 196.
14) Peters, 「하나님-세계의 미래」, 118.
15) Grenz, 「조직신학」, 557.
16) Ibid., 561.
17) Ibid., 560.
18) Ibid., 563.
19) Moody, *The Word of Truth*, 46.
20) Millard J. Erickson, *Christian Theology*, vol. 1 (Grand Rapids: Baker Book House, 1983), 207.
21) Strong, *Systematic Theology*, 202-12; Moody, The Word of Truth, 46.
22) William P. Turk, *Our Baptist Tradition* (Macon: Smyth & Helwys, 1993), 34-9 passim.

23) 송기득, 「신학개론」 (서울: 종로서적, 1986), 74.
24) Peters, 「하나님-세계의 미래」, 126.
25) Erickson, *Christian Theology*, vol. 1, 212.
26) Turk, *Our Baptist Tradition*, 36.
27) 김용복, 「침례교신학」, 71.
28) Alister McGrath, 「신학의 역사: 교부시대에서 현대까지 기독교사상의 흐름」, 소기천 외 3인 옮김 (서울: 지와사랑, 2013), 60-1.
29) Ibid., 72.
30) Turk, *Our Baptist Tradition*, 57.
31) 김용복, 「침례교신학」, 84.
32) 백소영, "졸업하고 시작해야 하는 것들," 백소영의 다시 김교신을 생각한다(6), [온라인자료] http://fzari.com/m/post/103, 2015년 2월 3일 접속.
33) 이 항목의 일부 내용은 김용복, "남침례교 신학전통에서 본 성경무오성 논쟁의 역사적-신학적 의미," 「복음과 실천」, 51집 (2013년 봄): 77-101에 실린 글을 일부 수정발췌.
34) Grenz, 「조직신학」, 564-7.
35) Peters, 「하나님-세계의 미래」, 112.
36) L. Russ Bush, "Understanding Biblical Inerrancy," *Southwestern Journal of Theology*, vol. 50, no. 1 (Fall 2007): 21.
37) Harold O. J. Brown, "현대판 아리우스 논쟁: 성경 유오의 제 전제," 「성경무오: 도전과 응전」, Norman L. Geisler 편, 권성수 옮김 (서울: 엠마오, 1988), 521.
38) Ibid., 510-1.
39) Paul Basden 편, 「침례교신학의 흐름」, 침례교신학연구소 옮김 (대전: 침례신학대학교출판부, 1999), 60.
40) Daniel J. Trier, "성서와 해석학," 「현대신학지형도: 현대신학 각 주제에 대한 현대적 개관」, 박찬호 옮김 (서울: 새물결플러스, 2016), 156.
41) Charles Hodge, *Systematic Theology* (Grand Rapids: Eerdmans, 1993), 1:170, Trier, "성서와 해석학," 144-5에서 재인용.
42) Donald K. McKim, 「교회의 역사를 바꾼 9가지 신학논쟁」, 장종현 옮김 (서울: UCN, 2005), 234, 245.
43) Stephen T. Davis, *The Debate about the Bible: Inerrancy versus Infallibility* (Philadelphia: The Westminster Press, 1977), 16.
44) J. I. Packer, "칼빈과 성경무오," 「성경무오와 교회」, John D. Hannah 편, 정규철 역 (서울: 그리심, 2009), 162.
45) Rob James, Gary Leazer and James Shoopman, 「미국 남침례교 현대사: 근본주의자들의 남침례교단 장악 약사」, 정양숙 옮김 (대전: 침례신학대학출판부, 2001), 43.
46) Herschel Hobbs, Interview by Ronald Tonks, Hobbs Collection, Southern Baptist Historical

Commission Archives, 307, Mark Coppenger, "Herschel Hobbs," *Baptist Theologians*, ed. Timothy George & David S. Dockery (Nashville: Broadman Press, 1990), 442에서 재인용.

47) Grenz, 「조직신학」, 578-80.

3
하나님의 존재와 속성

> 믿음이 없이는 하나님을 기쁘시게 하지 못하나니
> 하나님께 나아가는 자는 반드시 그가 계신 것과 또한 그가 자기를 찾는 자들에게
> 상 주시는 이심을 믿어야 할지니라
> 히브리서 11장 6절

"아빠, 하나님은 어디 계세요?" "왜 하나님은 지금 우리를 도와주지 않나요?" 어린 딸이 던진 이런 질문들에 난처해하는 부모처럼, 하나님의 존재와 신정론의 문제는 어느 누구도 자신 있게 설명하기 어려워하는 주제다. 눈에 보이지 않고 아무런 반응도 없어 보이는 하나님의 존재를 어떻게 인식할 수 있을까? 결국 존재론과 인식론으로 집약되는 신론의 문제는 모든 그리스도인들의 끝나지 않는 고민이요 숙제다. 특히 특별한 인과관계를 설명할 수 없는 맹목적인 자연의 재난이나 처참한 고통 앞에서 하나님의 존재와 뜻을 묻는 일은 여간 곤혹스러운 일이 아닐 수 없다.

그래서 "현대인은 아직도 하나님을 신앙할 수 있는가?"하는 물음은 무신론적 혹은 허무주의적 세계관에 익숙해있는 상황에서 더욱 더 대답하기 어렵고 복잡한 문제가 되었다. 게다가 이제는 전통적으로 설명해 왔던 하나님에 대한 신앙의 방식으로는 무신론자들뿐 아니라 기존의 그리스도인들에게도 더 이상 충분한 설득력을 제공하지 못한다는 비관적 인식이 팽배해졌다. 이러한 것들이 현대인들에게 과학기술과 산업의 발달로 물질적 풍요를 누리면서도 '정신적 공허감'에 사로잡히게 만드는 근본 원인이 된 것이다. 특히 일반계시를 통한 하나님의 존재인식은

더욱 더 어려워져가는 시대를 우리는 살아간다. 이제 "현대인의 의식에는 자연과 역사 어느 곳에도 하나님이 설 자리를 찾아보기 어렵게 되었다"[1]는 볼멘소리도 남의 얘기처럼 들리지 않는다. 그리고 이런 신 존재와 신정론 문제는 끊임없이 새로운 재해석의 과정을 거듭해왔고, 앞으로도 그치지 않을 것이다.

"신은 죽었다"고 외쳤던 프리드리히 니체의 정신은 오늘날에도 여전히 유효한 의미가 있는가? 하나님의 존재를 아예 지워버리고 싶은 사람들은 어떤 이유에서 그런 주장을 하는 것일까? 신이 존재하든 존재하지 않든 아무 것도 달라질 것이 없다고 믿는 사람들은 철저히 허무주의에 빠져있기 때문일까? 아니면 그것은 신이 존재하기를 바라는 마음을 역설적으로 드러낸 것일까? 물론 지금까지 기독교 역사에서 하나님의 존재에 대한 증거를 제시하는 일은 결코 포기된 적이 없었다. 더 이상 단순하게 맹목적으로 하나님을 믿으라고 말하기 어려운 시대를 살아가는 세대지만, 그래도 무신론과 허무주의의 강력한 도전을 합리적이고 논리적으로 극복해 보려는 시도는 계속될 것이다. 우리는 무신(無神)사상이 창궐한 이 시대에 어떻게 하나님의 존재를 증언할 수 있을까? 더구나 현대과학의 발달이 하나님에 대한 신앙을 필요 없다고 여기게 하고 더욱 더 설명하기 어렵게 만들고 있는 이 시대에 그것이 가능할 수 있을까? 과연 오늘날 하나님은 어떻게 이해될 수 있으며, 신앙될 수 있는가? 이러한 원초적 질문은 어느 상황에서든 신앙을 가진 사람에게는 끊임없이 제기될 수밖에 없는 신앙의 본질적 문제에 해당한다.

무신론과 하나님의 존재증명

하나님이 존재하지 않는다고 믿는 무신사상은 여러 분야에서 끈질기게 제기되어 왔다. 특히 근대 이후의 무신론은 "자연력의 맹목성" "악의 현존" "인간의 자유" "언어학적 무의미" "지적 회의"[2] 등에 의해 더욱 더 기세를 더하고 있다. 이런 상황에서 어떻게 하나님의 존재를 설명하는가 하는 것은 기독교신학의 최대 과제 가운데 하나가 아닐 수 없다.

무신론의 다양한 형태들

원론적 의미에서 보면 무신론은 "모든 신적 존재와 영적 존재, 초자연적 존재, 초월적 존재를 부정"하는 사상이다.3) 하지만 무신론을 정의하는 작업이 그리 쉽지만은 않다. 넓은 의미에서는 갓난아이나 신 개념을 가지고 있지 않은 사람들도 무신론자로 규정하기도 한다. 조지 스미스(George H. Smith)는 "유신론에 노출된 적이 없는 사람은 무신론자다. 왜냐하면 그들은 신에 대한 믿음이 없기 때문이다. 어린이들과 아직 유신론을 알지 못하는 사람들은 이 부류에 속한다"고 주장했다. 그는 이런 광의의 개념을 "암시적 무신론"이라고 불렀다.4) 하지만 여기서는 신적 존재를 의지적으로 부정하는 "명시적 무신론"을 논의의 대상으로 삼았다.

신의 존재를 인정하지 않는 사상은 여러 가지 배경에서 대두되었다. 역사적으로 기독교가 서구 사회에 끼쳤던 부정적 행동이나, 신의 존재에 동의하지 못하는 사상적, 철학적 전제들은 그 배경의 주요 터전이다. 대체로 무신론은 동기와 배경에 따라 다섯 가지 유형으로 분류될 수 있다.5)

과학적 합리주의적 무신론

이성과 과학은 신의 존재를 부정하는 주요한 수단으로 작용되어 왔다. 프랑스 계몽주의 시대에 유물주의학파를 이끌었던 디드로, 실증주의를 창시한 콩트, 새로운 실증주의를 대변하는 러셀 등이 '합리주의적 무신론'에 해당한다. 그들은 인간이 감각적으로 체험할 수 있는 것만 인정하고 초감각적이거나 형이상학적인 것은 배격했다. 그들에게 하나님은 "하나의 망령과 날조된 거짓말"에 불과하다. 특히 버트란트 러셀(Bertrand A. W. Russell)은 「나는 왜 그리스도인이 아닌가?」에서 종교라는 것은 두려움에서 나온 것이고, 하나님이라는 존재는 자유로운 지성을 속박한다고 주장했다.6) 하지만 존 스토트(John Stott)는 자신이 그리스도인이 된 까닭을 다음과 같이 설명했다: "제가 그리스도인이 된 이유는 ... 바로 '천국의 사냥개' 때문입니다."7) 여기서 천국의 사냥개는 자신이 "원하는 길로 가고자 도망할 때조차도" 쫓아온 예수 그리스도를 의미한다. 그 예수 그리스도가 "은혜롭게도" 자신을 "추적하지 않으셨다면" 그는 "헛되고 버림받은 인생들의 쓰레기더미 위에 놓여 있었을 것"이라고 고백했다.8) 그는 하나님에 대한 신앙이 단순히 이성과 합리적 판단에 근거한 것이 아니라 하나님의 은혜에 대한 체험에서 비롯되는 것이라고 항변한 셈이다.

과학적 무신론은 과학적으로 증명될 수 없는 신은 과학의 발달로 사라지게 될 것이라고 주장한다. 진화생물학자 리처드 도킨스(Richard Dawkins)는 「만들어진 신」(God Delusion)에서 종교를 "다른 무언가의 부산물"로 간주하면서, "자연선택의 부산물"이든지 "심리적 부산물" 혹은 "우연한 부산물"일 가능성을 제기했다.9) 또 그는 신이 본래부터 존재하지 않았으며, 필요에 의해 만들어졌을 뿐이며, "신들은 사람들의 머릿속에서 환각을 일으키는 목소리들"이라고 이해했다.10) 이는 신이 단지 환상(delusion)에 불과하다는 주장과 다르지 않다. 또한 샘 해리스(Sam Harris)는 「기독교 국가에 보내는 편지」에서 무신론과 이성과 과학을 마치 절대적 잣대인 것처럼 사용하여 기독교를 비판한 대표적 케이스다. 그는 종교란 "어떤 사람도 확신할 수 없는 것을 확신하는 것이 고상하게 보이는 유일한 담론"이라고 비꼬았다.11) 이에 대해 라비 재커라이어스(Ravi Zacharias)는 무신론에 답이 없다는 것을 밝히기 위해 「이성의 끝에서 믿음을 찾다」를 저술했다고 밝히고, 초월적 존재를 상실하면 인류에게 파멸적 재앙이 초래된다고 반박했다.12)

심리적 실존주의적 무신론

"성숙의 이름"으로 신의 존재를 거부한 '심리주의적 무신론'은 정신분석학을 창시한 지그문트 프로이트(Sigmund Freud)가 대표한다. 그는 종교란 "유아시절의 환상"이라고 보았으며, 종교는 "경험의 침전물이나 사고의 결과가 아니라 환상, 곧 가장 오래되고 가장 강력하고 가장 긴급한 인간의 소원"이 "성취"된 것이라고 주장했다. 그래서 그는 하나님을 "정신적인 질병, 곧 노이로제의 산물"로 간주했다. 에릭 프롬(Eric Fromm)도 종교를 심리적인 환상으로 보았는데, "종교는 심리적으로 대중의 독립을 방해하고, 지능적으로 대중의 환심을 사며, 지배자들 앞에서 유아처럼 유순하게 행동하도록 길들이는 기능을 수행한다"고 혹평했다.13) 하지만 한스 큉은 "비정상적인 것에서 정상적인 것"을 도출하고, "신경병적인 것에서 종교적인 것"을 결론으로 이끌어내는 프로이트의 방법에는 "근본적인 한계"가 있다고 비판했다.14)

한편, "자유의 이름"으로 신의 존재를 거부한 '실존주의적 무신론'은 실존주의철학의 대표자 장 폴 사르트르(Jean P. Sartre)에게서 확인된다. 사르트르는 하나님이 존재하지 않아야 인간이 자유로울 수 있다고 생각했다. 그는 인간이 행한 모든 것을 스스로 책임져야 하는데, 그러기 위해서는 하나님이 존재해서는 안 된다고 주장했다. 그의 설명에 따르면, "선과 악의 심판자"도, 하나님도 없다. "존재하는 것은 오직 나쁜"이다. 희곡 "악마와 사랑하는 하나님"에서 사르트르는 다음과 같이 결론을 내렸다: "존재했던 것은 오직 나쁜이다. 나 혼자 악을 위해 결정했고, 선을 만들어냈다. 오늘 나는 내 자신을 스스로 고발하며, 오직 인간인 나만이 나를 방면할 수 있다. 만약 신이 존재한다면, 인간은 아무 것도 아니다. 신은 존재하지 않는다. 할렐루야! 오직 즐거움만이 있다. 인간의 나라가 시작되었다."15) 카뮈(A. Camus)도 "인간을 위해 하나님을 거부"했다. "세계에 대한 인간의 책임을 빼앗는 하나님은 인간이 인간답게 되는 것을 방해"하는 존재다. 인간의 본질은 "책임감"에 있기 때문이다. 그가 그리스도의 대속 개념을 비판한 것은 그런 "세탁 행위"가 인간의 행위에 대한 책임을 박탈하기 때문이다. 카뮈는 예수와 달리 "나의 나라는 이 세상에 속해 있다"고 선언했다.16)

사회경제적 무신론

"인간의 이름"으로 신의 존재를 거부한 칼 맑스(Karl Marx)의 무신론이 여기에 해당한다. 맑스는 1861년 고대 무신론에 관한 자신의 철학박사 논문 「자연철학에 대한 데모크리토스와 에피쿠로스의 차이」에서 "인간 자의식을 최상의 유일한 신성(the supreme sole deity)으로 선언"했다.17) 그는 노동자들이 자본가의 소유가 됨으로써 자기 자신으로부터 소외된다고 보았다. 그런데 그는 피안의 하나님이 인간으로 하여금 혁명을 통해 이 땅에 낙원을 만들어야 할 임무를 망각하게 하며, 종교는 "억압받는 피조물의 탄식이고 민중의 아편"이라고 주장했다. 그에게 종교는 "인간의 산물이자 동시에 인간의 소외"였다: "비종교적 비판의 토대는 종교가 인간을 만드는 것이 아니라 **인간이 종교를 만든다**는 데 있다. 종교는 자기 자신을 발견하지 못했거나 이미 자신을 다시 잃어버린 사람에게나 자의식이고 자부심일 뿐이다."18)

한편, 블로흐(E. Bloch)는 종교가 "하늘로 투사된 하층민의 거울"이기 때문에 "하층민이 제거될 때, 하나님이라는 거울도 사라진다"고 보았다. 그는 그리스도교를 무신론과 동일시했는데, 그리스도교는 "하늘의 신을 폐위시키고 그 자리에 인간과 인간의 아들 예수를 앉힌" 종교다. 따라서 예수도 무신론자라고 주장했다.[19] 하지만 이들은 종교의 폐단점만 보았을 뿐 종교가 건강하게 작용하는 모습에 대해서는 간과했다는 점에서 공통적이라고 할 수 있다.

철학적 무신론

"자연의 이름"으로 신의 존재를 거부한 "자연주의적 무신론"과 생명의 이름으로 신의 존재를 거부한 "생명철학적 무신론"이 여기에 해당한다. 자연주의적 무신론을 대표하며, 근대 무신론의 아버지라고 불리는 포이어바흐(Ludwig Feuerbach)는 신학자에서 무신론자로 전향한 인물이다. 그는 세계가 "물질적인 세계의 반영"이라 믿었으며, "모든 현실이 물질적이고 하나님이 비물질적이라면, 하나님은 존재하지 않는다"고 주장했다. 또한 그는 "하나님이 자신의 형상으로 인간을 창조한 것이 아니라 인간이 자신의 형상대로 하나님을 창조"했다고 선언했으며,[20] 신을 향한 열정이 인간을 향하게 되기를 바랐다. 포이어바흐의 다음과 같은 말은 그의 무신론의 본질적 의도를 엿보게 한다:

> 내 저작들과 강의들의 목적은 사람들을 신학자에서 인간학자로, 하나님을 사랑하는 자(theophiles)에서 인간을 사랑하는 자(philanthropists)로, 내세를 지망하는 자에서 지금 여기를 연구하는 자로, 하늘과 땅의 왕정과 귀족정치를 추구하는 종교적·정치적 추종자에서 자신감을 지닌 세상의 시민으로 돌려놓는 데 있다.[21]

생명철학자 프리드리히 니체(Friedrich Nietzsche)는 현실세계를 외면하는 플라톤의 이데아에 의존하고 있는 기독교의 세계관을 거부했다. 그는 생의 의지를 강조하며 무기력하고 의존적인 인간이 아니라 강한 인간, "초인"(超人)이 되기를 원했다. 그가 말하는 초인의 삶은 기존의 가치를 버리고 새로운 가치를 창조하는 삶이며, 자기 자신의 운명을 사랑하는 삶이다. 그러기 위해서는 나약하고 어리석은 사람들이 찾는 하나님이 죽었다고 선언해야 했다. 그에게 "하나님은 약자의 발명품이고, 종교는 의지의 병이고, 약자의 감정"이다. 그렇기 때문에 십자가에 달린 하나님은 "생명에 대한 저주"였고, "예수의 십자가는 생명에 대한 반란"이다.22) 그래서 니체는 「차라투스트라는 이렇게 말했다」에서 "땅에 충실하여라. 그리고 너희에게 이 땅 너머의 희망에 관해 말하는 사람들을 믿지 말아라! 그들은 독을 퍼뜨리는 사람들이다. 모든 신들은 죽었다. 우리는 초인이 탄생하기를 바란다. 모든 틈새마다 그들은 광기로 채웠고, 그들이 신이라고 부른 내용물로 채웠다. (신이) 무덤에 매장된 이래 너희는 드디어 다시 일어났다"고 말했다.23) 그가 여기서 말하고자 했던 것은 바로 "인간에 의한 인간의 극복" 즉 초인의 탄생이었다.24)

현실적 무신론

"고난의 이름"으로 신의 존재를 거부한 '신정론적 무신론'이 여기에 해당된다. 이는 현실세계 안에서 처절하게 경험되는 악과 고통의 문제를 신의 부재와 연결시킨 것이다. 쿠르트 투콜스키(Kurt Tucholsky)가 무신론자가 된 것도 인간들이 "서로 자행한 살육" 때문이다. 평화주의자 투콜스키는 그런 만행을 허락하는 하나님을 인정할 수 없었다. 카를 폰 오시에츠키(Carl von Ossietzky)와 함께 만들었던 「세계무대」라는 잡지를 통해, 투콜스키는 "군인들은 살인자들이다"라는 반전 슬로건을 내세우며 평화운동을 전개한 것으로 유명하다.25) 한편, 안데르쉬도 나치스의 존재를 허락하는 하나님은 더 이상 믿을 수 없다고 생각했다. 그에게 하나님은 "기분이 내키는 대로 자신의 나라를 다른 이에게 넘긴 장난꾼"이다. 하나님은 주재하며 너무 멀리 떨어져 있는 존재다. 처참한 고난 속에서 그가 경험한 하나님은 "귀가 먹거나 죽은 하나님"이다.26) 도스토예프스키가 대심문관의 입을 통해 내뱉었던 구구절절한 변명들도27) 현실감 떨어지는 고상한 그리스도의 자유와 숭고한 희생보다 정작 백성들이 필요로 하는 것을 달라는 역설적 항변일 수 있다.

물론 투콜스키나 안데르쉬가 하나님을 해석한 것은 정당해 보이지 않는다. 왜냐하면 그리스도인들은 그런 만행을 하나님이 허락했다고 인정하지 않을 것이기 때문이다. 그러나 기독교의 역사가 폭력으로 점철되었다는 것은 부인하기 어렵다. 그러므로 그리스도인은 폭력적 기독교의 모습이 신앙의 일탈로 빚어진 현상이라는 것을 인정해야 한다. 그리고 교회는 언제나 어디서나 폭력을 거부하고 평화를 만드는 일에 참여해야 한다.

실천적 무신론

실천적 무신론은 명목상의 신자들이 사실상 신의 존재를 믿지 않고 살아가는 현상을 일컫는다. 어떤 무신론보다 실천적 무신론을 대처하기가 더 어려운 것은 그것이 기독교 안에서 일어나는 '믿음 없음'의 현상들이기 때문이다. 이런 현상은 그리스도인들에게 하나님의 존재를 증명해야 할 무거운 부담을 안겨주고 있다. 강영안도 "한국의 기독지성 운동의 회고와 전망"이란 강연에서, 한국 교회에 가장 큰 도전이자 경계해야 할 문제로 실천적 무신론을 지목했는데, 그 이유는 실천적 무신론이 "모든 영역에서 예수를 이야기하지만, 정작 예수를 따르는 삶의 실천은 전혀 없고 자기 이익만" 좇아가게 하기 때문이다.[28]

다양한 환경과 배경에서 하나님의 존재를 믿지 못할 근거들이 쏟아지고 있는 상황에서 그리스도인들은 이를 어떻게 대처해야 하는가? 어떤 사람들은 신앙주의(fideism)를 외치면서 그들의 소리에 귀를 막아버리기도 한다. 반대로 어떤 사람들은 하나하나 논리적 대응을 통해 적극적으로 하나님의 존재를 변증한다. 하지만 하나님의 존재가 우리의 변증을 통해서 입증될 수 있는 것도 아니고, 그렇다고 맹목적으로 오직 믿음으로 충분하다며 신정론의 문제를 무시해서도 안 된다. 오히려 이 두 가지 형태의 대응이 적절히 동원되어야 할 문제다.

전통적인 신 존재증명

이성적으로나 논리적으로 하나님의 존재를 증명하려는 시도는, 비록 만족할 만한 결과를 얻을 수 없다 하더라도, 포기된 적이 없었으며 전통적으로 여러 측면에서 계속되어왔다. 이 시도들은 일반계시를 토대로 한 자연신학의 한 방식이어서 신 존재를 증명하는 데 근본적인 한계를 가지고 있는 것이기는 하지만, 어느 정도 무신론의 공격을 이론적으로 방어하는 수단이 되었던 것도 사실이다. 일반적으로 하나님의 존재를 증명하는 전통적인 방식에는 세 가지 유형의 논증이 있다.

첫째는 존재론적 증명으로, 우리의 경험과는 무관하게 '선험적으로'(a priori) 하나님의 개념을 통해 증명하는 방식이다. 11세기 안셀무스(Anselmus of Canterbury)는 하나님이란 "그 이상의 위대한 분을 상상할 수 없는 실재"라고 전제하면서, 그렇기 때문에 하나님은 반드시 존재해야 한다고 주장했다. 왜냐하면 상상 속에서만 존재하는 것은 가장 위대한 존재가 아니기 때문이다. 이런 안셀무스의 증명방식은 하나님의 존재가 "정의(definition)에 의해 스스로 존재하는 분"이라는 것을 주장하는 셈이다.29) 하지만 칸트(I. Kant)는 존재한다는 개념이 어떻게 필연적으로 존재의 당위성을 제공하는가 하는 의문을 제기했다. 칸트의 비판에 따르면, 안셀무스가 말하는 "절대 필연적 존재자"라는 개념은 "순수 이성 개념, 즉 한갓 이념일 뿐"이다. 그리고 그것이 이념이라는 것은 그 개념의 "객관적 실재성이 결코 증명될 수 없다는 것을 이미 전제"하고 있다는 것이다.30) 이는 안셀무스의 사변신학에 대한 도전인 셈이다.

둘째는 우주론적이고 목적론적 증명으로, 하나님의 존재를 "경험적으로"(a posteriori) 관찰을 통해 증명하는 방식이다. 토마스 아퀴나스(Thomas Aquinas)는 존재의 유비(analogia entis)에 근거해서 하나님과 세계의 인과관계를 추적해나갔다. 그 결과 이른바 "다섯 가지의 방식"으로 불리는 경험적 논증들을 하나님 인식의 수단으로 삼았다: (1) 모든 운동의 최초 동인, (2) 모든 결과의 최초 유효한 원인, (3) 세계의 필연성의 원인, (4) 상대적 완전의 원인, (5) 사물들의 목적으로 인도하는 존재 등으로 인식된다.31) 또한 윌리엄 페일리(William Paley)는 목적론적으로 시계의 유비를 통해 하나님의 존재를 증명한다. 그는 시계를 보면서 시계공이 존재한다는 것을 추론하듯이, 자연세계의 설계와 복잡한 구성을 보면서 건축자인 하나님의 존재를 증명한다고 주장했다.

셋째는 도덕적 증명으로, 도덕적 존재인 인간의 경험에서 시작하는 논증방식이다. 임마누엘 칸트(I. Kant)는 하나님의 존재가 논리적으로는 증명되지 않고 오직 도덕적으로만 요청된다고 주장했다. 그는 만일 "인간이 도덕적으로 조건 지워진 존재라는 공통의 인식이 존재"하고 "이러한 도덕적 의무에 대한 경험이 어떤 의미를 지녀야 한다면 하나님은 존재해야만 한다"고 결론을 내렸다.32)

한스 큉의 신존재 변증

한스 큉(Hans Küng)의 신 변증론은 이성과 신앙의 문제를 어떻게 풀어가느냐에 달려 있다고 할 수 있다. 이성과 신앙은 세상을 이해하는 두 가지 틀이다. 어느 쪽을 더 강조하느냐에 따라서 인간은 세상을 대하는 태도가 달라지게 된다. 그러다 보니 이 둘의 관계는 서로 대립하는 것으로 이해되어 왔던 것도 사실이다. 이성이 신앙의 토대냐, 아니면 신앙이 이성의 토대냐 하는 문제는 서구 사상사를 통해서 끊임없이 논의되어 왔다. 그런데 큉은 "하나의 세계"를 지향하는 목적에서 이 둘 사이의 협력 가능성을 타진하고자 했다. 그리고 이와 같은 맥락에서 그는 하나님의 존재를 입증하는 새로운 시도를 시작한다. 따라서 큉이 하나님을 말할 때는 단순히 인간의 이성에 호소하지도 않고, 그렇다고 인간의 신앙만에 의존하지도 않는다.

한스 큉은 「신은 존재하는가」에서 세계와 하나님을 설명하는 과거의 여러 입장들을 비판적으로 수용했다. 그리고 그는 현대인이 고대인이나 중세인이 하던 것과 똑 같은 방식으로 신을 생각할 필요가 없다고 주장했다. 그러기에는 하나님의 세속성과 역사성이 인간들의 삶 속에 너무나 깊숙이 내재해 있기 때문이다. 또한 그는 무신론자들의 종교 비판까지도 그 나름대로 인류 역사에 공헌했음을 인정했다. 그러나 자연과학이나 역사학, 또는 무신론이나 심리학의 도전으로 인해 신의 존재가 거부되거나 반대로 증명될 수 있는 것이 아님을 분명히 했다. 그런 관점에서 기독교의 하나님 신앙은 자연과학이나 무신론적 실존주의에 의해 와해되지도 않게 되었지만, 반대로 기독교의 신 문제가 더 이상 무신론과 허무주의를 무시하고 순진하게 이해될 수도 없게 되었다. 그는 "무신론과 하나님 신앙이 서로에게 빚을 지고 있다"고 말했다.33) 하지만 그는 신 문제를 불가지론으로 남겨두지 않았다. 오히려 인간학 위에서 객관적 우위성을 가지는 신학을 정립함으로써 궁극적으로 신의 존재, 그것도 기독교의 하나님을 밀도 있게, 합리적으로 주장했다.

한스 큉은 데카르트의 이성과 파스칼의 신앙 사이의 갈등 문제로부터 논의를 출발한다. 그는 위의 두 모델이 제 각기 무신론과 허무주의로 빠지는 사상적 기초를 암묵적으로 함축하고 있었음을 지적하면서, 동시에 무신론과 허무주의가 교회와 신학의 근본적인 궤도수정을 요청한다는 사실을 받아들였다. 그래서 그는 비판적 합리성을 통해 데카르트와 파스칼의 협력가능성을 궁극적으로 모색하고자 했다.34)

한스 큉이 허무주의와 무신론을 극복하는 중요한 요소로 언급하고 있는 것은 "근본적인 신뢰"와 "초월성"이다. 근본적 신뢰는 실재에 대해 허무주의로 빠지지 않고 긍정적으로 반응할 수 있게 하는 하나의 힘이다. 비록 운명과 환경에 의해 인간의 자유가 제한되지 않을 수 없지만, 불확실한 실재에 대한 부정적 반응과 긍정적 반응 사이에서 인간들의 선택은 그래도 실재를 긍정하지 않을 수 없는 일종의 합리적인 이유를 가지고 있다는 것이다. 이런 힘이 바로 근본적인 신뢰에서 오는 것이고, 이 근본적인 신뢰는 하나의 선물처럼 우리에게 주어진 것으로 그는 "믿었다." 한편 초월성에 대한 인정은 하나님에 대해 말하지 않을 수 없는 근본적인 철학적 문제를 노출시킨다고 보았다. 여기서 그는 자연신학과 변증신학의 중간노선을 추구하고 있다. 결국 처음에 제기되었던 데카르트와 파스칼의 갈등을 그는 믿음과 이성 사이의 어느 중간 지점에 서서 그 문제점을 풀어보려 했다고 할 수 있다. 그리고 그는 그런 입장에서 성경의 하나님을 등장시킨다. 이 하나님은 궁극적으로 인간과 함께 하시고 인간을 위해 창조와 완성을 이루시는 하나님이다. 인간의 삶에 의미를 주고, 미래의 완성을 위해 궁극적인 희망을 부여하는 하나님이다.35)

한스 큉이 신의 존재를 입증해 나가는 방식은 다분히 주관적이고 신앙적이면서도, 그것은 실재에 대한 다차원적인 경험(유신론과 무신론)을 인정하면서 나온 이성적이고 합리적인 대응이었다. 결국 그는 신의 문제를 교회의 실천적 문제로 인식하는 실용주의적 입장에서 그 실마리를 풀었다고 할 수 있다. 하지만 큉이 기독교 하나님으로 돌아가는 논리가 보편적인 합리성을 담보하기는 어렵다고 생각한다. 그도 역시 일종의 성취설적 입장에서 신의 문제를 풀어가고 있기 때문이다. 그러므로 큉의 변증방법은 신앙의 전제를 인정하는 사람에게만 제한적으로 설득력을 가진다는 사실이 하나의 한계가 될 것이다.

그리스도인의 대응

신 존재 증명방식이 다양한 무신론적 비판을 완전히 해소할 수는 없을 것이다. 신 존재를 부정하는 입장이나 긍정하는 입장이나 그것이 선험적이든 경험적이든 자명하게 증명될 수 있기를 기대하기도 어렵다. 왜냐하면 하나님은 인간이 경험하는 세계 밖에 계신 분이기 때문이다. 하나님의 존재여부를 논리적으로 증명하는 것은 신앙의 세계를 합리적 경험적 영역으로 제한하는 문제를 낳을 수도 있다. 그래서 밀러드 에릭슨은 "하나님의 존재에 대한 연구는 하나님께서 계시하신 한도를 넘어서 사색적으로 전개하는 방식이나 혹은 그 반대로 신비적인 도약을 통하여 불분명하고 정의되지 않는 어떤 것을 추구하는 방식으로 되어서도 안 된다"고 진술했다.[36] 그러므로 이런 증명방식이 함축하고 있는 또 다른 문제점에 대해서는 끊임없는 재성찰이 필요하다.

무엇보다도 무신론에 대한 그리스도인의 대응방식에서 주의해야 할 문제는 무신론자들이 하나님의 존재를 거부할 만한 근거로 제시한 주장들을 가볍게 무시해서는 안 된다는 것이다. 왜 그들은 하나님이 존재하지 않는다고 주장할 수밖에 없는가에 대한 진지한 성찰이 필요하다. 일단 그리스도인들에게는 무신론적 근거로 제시되는 문제들에 대한 공감능력이 요구된다. 대체로 무신론적 주장은 이 세상의 악이나 고통, 혹은 인간의 이성과 자유가 신앙과 불협화음을 일으키기 때문에 제기된 것이다. 그들의 주장에 공감한다는 것은 세상의 고통과 악의 문제에 적극적인 관심을 표명한다는 것을 의미한다. 그러므로 그리스도인들은 이런 무신론적 근거들을 반(反)신앙적이라는 이유로 무조건 외면하거나 적대시하지 않아야 한다. 하지만 미로슬라브 볼프(Miroslav Volf)의 말처럼, "종교 자체, 특히 기독교 신앙 자체를 인간의 거대한 정신적·문화적 기능장애일 뿐이라고 믿는" 무신론자들의 주장을 받아들일 필요는 없다. 왜냐하면 "그들에게는 올라가야 할 하늘도 만나야 할 하나님도 없고, 오직 이 세상, 즉 측량할 수 없이 광대하고 냉정한 우주만이 존재할 뿐"이기 때문이다.[37] 그 대신 그리스도인은 무신론적 논거에 대해 하나님에 관한 설득력 있는 근거를 어떻게 제시할 것인가를 고민해야 한다.

그리스도교를 공격하는 무신론은 크게 두 가지 유형으로 압축될 수 있다. 하나는 하나님의 존재 자체에 대한 거부고, 다른 하나는 하나님보다 역사적으로 제도화된 교회나 그리스도인들의 잘못된 행위에 대한 비판이다. 첫 번째 경우는 그리스도인들이 이론적으로 방어하고 변증할 필요가 있지만, 두 번째 경우에는 무신론자들에게 참된 그리스도인의 모습, "진정한 하나님의 모습"을 보여주기 위해 노력해야 한다. 두 번째 형태의 무신론은 "교회의 무능과 부패, 위선의 토양 위에서" 자라나기 때문이다.38) 사실상 교회개혁을 다룬 모든 형태의 책들이 관심을 표방하는 주제는 본질적으로 이 문제와 무관하지 않다. 이런 상황에서 본회퍼는 무신론자의 불신앙을 "희망적인 불신앙"이라는 말로 표현했는데, 이는 "그리스도교를 적대시"하는 불신앙이 역설적으로 "진정한 하나님 신앙과 진정한 교회의 유산을 보존"하기 때문이다. 하나님은 "불순한 신앙"보다 "솔직한 불신앙"을 더 기뻐하실지 모른다는 것이다.39) 어떤 경우에서든 그리스도인들은 하나님이 존재한다고 믿는 신앙적 근거를 제시할 수 있어야 한다. 성경은 우리가 믿음 안에 있는지 우리 자신을 "시험"(test)하고 우리 자신을 "확증"(examine)하라고 말한다(고후 13:5). 그리스도인들이 각종 무신론적 도전에도 자신의 신앙을 포기하지 못하는 이유는 우리 안에 예수 그리스도가 계신다는 것을 확신하기 때문이다.

성경의 태도

우리는 하나님의 존재를 증명할 수 없다 하더라도, 어느 정도 인식할 수 있다. 계시론에서 언급되었듯이, 하나님은 일반계시와 특별계시를 통해 자신을 우리에게 드러내신다. 그런 하나님의 계시를 감지할 수 있는 수단이 인간에게는 존재한다. 전통적으로 하나님을 알기 위해 사용했던 수단들은 인간의 이성과 종교체험, 그리고 하나님의 일반계시가 나타나는 장소들, 즉 창조세계, 성경, 역사 등이다.40)

그런데 하나님의 존재에 대한 성경의 태도는 주목할 만하다. 성경은 하나님의 존재에 대해 결코 증명하려고 하지 않는다. 하나님의 존재는 증명의 문제가 아니라 믿음의 문제라고 보기 때문이다. 성경은 다음과 같이 단호하게 선언한다: "어리석은 자는 그 마음에 이르기를 하나님이 없다 하는 도다 그들은 부패하고 그 행실이 가증하니 선을 행하는 자가 없도다"(시 14:1). 이것이 성경의 태도다. 그리고 계속해서 이렇게 말한다: "믿음이 없이는 하나님을 기쁘시게 하지 못하나니 하나님께 나아가는 자는 반드시 그가 계신 것과 또한 그가 자기를 찾는 자들에게

상 주시는 이심을 믿어야 할지니라"(히 11:6). 성경의 하나님은 구약의 족장들이 역사적 경험을 통해 믿었던 하나님이다. 데일 무디는 역사적 하나님에 대해 다음과 같이 설명했다: "족장들의 하나님은 철학자들의 하나님을 설명하기 위해 사용되었던 일반적이고 추상적인 용어들로 알려져 있지 않다. 족장들의 하나님은 구체적이고 역사적인 방법으로 특정 개인과 부족들과 관련하여 알려진다."[41]

하나님은 언제나 같은 방식으로 존재해왔다. 그런데 문제는 시대에 따라 하나님을 인식하는 사람들의 방식이 변한다는 것이다. 하나님에 대한 새로운 인식들은 엄밀히 말해서 하나님이 존재하는 방식을 새롭게 인식할 수 있는 눈을 뜬다는 의미다. 하나님의 존재 방식은 과거와 지금이 달라진 것이 없다. 결국 문제는 하나님에 대한 인간들의 인식에 있다. 따라서 많은 서구인들이 무신론적 세계 상황을 지나오면서 하나님에 대한 인식을 새롭게 한다 하더라도, 본래 하나님의 존재양식은 결코 달라진 것이 아니다.

그러므로 우리는 하나님을 인식하는 문제에서, 과거나 지금이나 혹은 전통적인 신론이나 현대적인 신론이나 궁극적으로는 한 하나님에 대한 시대적 설명방식의 차이일 수 있다는 것을 인정하는 것이 필요하다. 시대와 문화의 차이가 하나님의 존재를 다른 방식으로 이해한다고 해서 하나님이 실제로 그렇게 다른 것은 아니다. 그것은 하나님의 다른 면을 각기 달리 표현하는 것일 뿐이다. 그렇기 때문에 전통적인 신 인식과 현대적 신 인식은 어떤 의미에서는 옳고 그름의 양자택일의 문제라기보다는 상호보완적인 이해 방식의 문제로 간주될 수 있다. 그러므로 칼 라너(K. Rahner)가 「신앙개요」에서 "'하나님'이라는 단어는 현대인들에게 마치 '일종의 눈먼 얼굴처럼' 불가사이하게 비친다"고 말한 것은[42] 자기들의 이론대로 신이 존재하기를 바라는 대부분의 사람들의 편협한 사고방식에 대한 비판으로 새겨들을 만하다. 그렇다고 기독교신앙에서 불가지론이 답이 될 수는 없다. 기독교신앙은 성경의 계시가 우리의 구원과 관련해서 하나님에 대한 정보를 충분히 필요한 만큼 제공하고 있다는 기본전제를 가지고 있기 때문이다.

그 점에서 성경과 창조세계는 하나님을 인식할 수 있는 중요한 통로다. 우리는 하나님의 존재에 대한 최종적 정보를 성경에서 얻는다. 그리고 우리는 종말론적 완성을 기대하며 하나님의 계시를 역사 속에서 발견한다. 그 과정에서 이성과 감성은 통전적(wholistic)으로 활용되는 것이 필요하다. 불가지론도 문제지만, 하나님을 완전히 알 수 있다고 말하거나, 내가 경험한 하나님을 절대화하는 것은 일반화의 오류에 빠질 위험이 크다. 따라서 언제나 열려있는 마음으로 하나님에 대해 듣고 겸허하게 순종하는 태도로 살아가는 것이 중요하다.

하나님의 속성에 대한 고전적 이해

하나님은 어떤 분이신가를 설명하기 위해 우리는 하나님의 '속성'(attributes)이란 용어를 사용해왔다. 이 속성은 자연이나 이성을 통해서도 어느 정도 추론이 가능하지만, 하나님의 계시인 성경을 통해 구체적으로 알려진다. 그래서 이 속성은 본질적이며, 고유하며, 항구적이라는 특징을 보인다. 하지만 성경을 통해 하나님의 속성을 알게 된다 하더라도 그것이 우리가 하나님을 완벽하게 알 수 있다는 의미는 아니다. 언제나 하나님은 우리 앞에 신비로운 존재요 "전적 타자"로서 남는다.

[그림4] 하나님의 속성

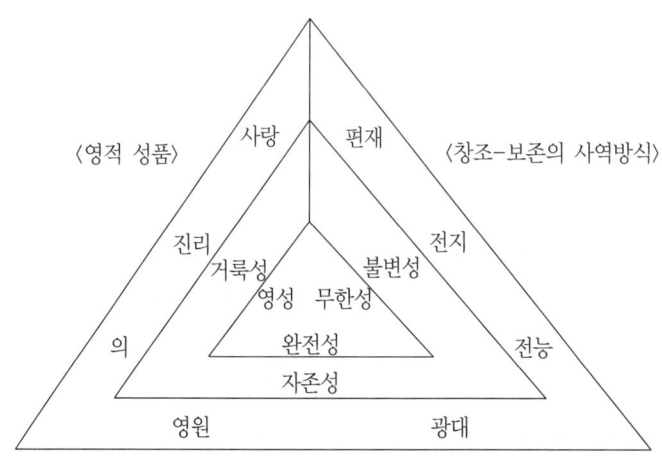

전통적으로 하나님의 속성을 도출하는 데에는 이성의 역할이 지대하게 작용했다. 토마스 아퀴나스가 사용했던 방식, 즉 인과성의 방식, 부정의 방식, 탁월성의 방식 등은 하나님의 속성을 이해하는 중요한 인식 수단으로 사용되었다. 하지만 이런 방식이 단순히 이성의 논리적 추론에 근거한 것만은 아니다. 하나님의 속성에 대한 다양한 진술은 일차적으로 성경의 계시에서 비롯된 것이어야 한다. 성경적 근거가 없는 하나님의 속성 이해는 사변적 결과물에 불과하다. 그래서 우리는 하나님의 속성을 다양한 방식으로 이해하면서 언제나 그것이 성경적 근거가 있는가를 묻지 않을 수 없다.

하나님의 속성에 관한 전통적인 논쟁은 중세의 보편논쟁으로 표출되었다. 일반적으로 보편논쟁은 세 가지 견해로 나뉘었다. 이 논쟁들은 하나님의 속성들이 "신적 실체 안에 어떻게 내재"하는가를 묻는 것이었다. 첫째, 실재론(realism)은 플라톤적 전통에 의해 영향을 받은 것으로, 보편적인 것들이 개별적인 대상들과는 "별개로 구분된 실존"을 갖는다는 견해다. 따라서 하나님의 속성들은 개별적으로 실재(real)하며, 하나님은 자신 안에 내재하는 이런 속성들의 "복합체"다. 둘째, 수정된 실재론(modified realism)은 아리스토텔레스의 영향으로 하나님의 속성들이 "독자적으로 존재하는 것이 아니라 하나님의 존재 안에 실재한다(subsist)"는 견해다. 이들은 실재론자들처럼 속성들이 서로 구별된다는 점에는 동의하지만, 이 속성들이 하나님의 존재와 "동일한 시공간"에 걸쳐 있고, "서로로부터 분리되어 경험되지 않는다"고 주장한다. 셋째, 유명론(nominalism)은 실재들이 "보편자"로서가 아니라 "오직 개별적인 대상들 속에만 존재한다"는 견해다. 따라서 이 입장에서 보면, 하나님의 속성들은 신적 실체를 전혀 설명할 수 없으며, 오직 우리의 주관적인 개념을 반영할 뿐이다.[43]

하나님의 속성에 관한 논쟁은 그 이후로 크게 눈에 띄게 나타나지 않았으며, 대체로 18세기까지 대부분의 신학자들 사이에는 하나님의 속성에 관해 "고전적 교리"라고 불리는 일반적 합의가 존재해왔다. 스티븐 홈즈(Steven R. Holms)는 이 합의된 하나님의 속성이 일반적으로 세 가지 특성을 가지고 있다고 설명했다. 첫째는 완전하다. 하나님의 속성은 부족함이 없으며 점진적이지 않다. 그래서 하나님은 "전적으로 지혜롭고 선하시며, 그렇기 때문에 더 지혜롭거나 더 선하게 되실 수 없다." 둘째는 우선적이다. 다른 피조물의 속성보다 더 근원적이고 우선적이다. 그래서 하나님의 속성은 피조물의 속성이 투사된 것이 아니라, 피조물 안에 하나님의 속성이 나타나는 것이다. 셋째는 일관적이고 통합적이다. 하나님의 속성은 분리되지 않는다. 사랑의 속성과 정의의 속성은 "하나님의 완전한 하나의 생명에 대한 부분적인 반영"이다. "하나님의 속성들은 연합과 조화를 이루며, 분리되거나 서로 반대되지 않는다."[44]

하나님의 속성을 설명하는 방식에는 여러 가지가 있을 수 있지만 여기서는 전통적인 방식에 따라 두 가지 측면에서 접근하고자 한다.[45] 우선 하나님의 속성을 자연적(natural) 속성과 영적(spiritual) 속성으로 구분한다. 그리고 자연적 속성을 다시 하나님의 존재방식에 대한 속성과 하나님의 사역방식에 대한 속성으로 세분한다. 자연적 속성은 하나님과 창조세계가 서로 공유할 수 없다는 뜻에서 '비공유적'(incommunicable) 속성이라 부르고, 영적 속성은 하나님과 인간이 어느 정도 공유할 수 있다는 점에서 '공유적'(communicable) 속성 혹은 '인격적'(personal) 속성이라 칭한다([그림4] 참조).[46]

존재방식과 관련된 하나님의 속성

자연적 속성의 첫 번째 양상은 하나님이 어떤 방식으로 존재하는가를 묻는 것이다. 이 속성을 통해 우리는 절대 타자로서 하나님의 초월성을 직면한다. 물론 하나님의 초월성은 그의 내재성과 분리되지 않는다는 것을 염두에 둘 필요가 있다.

하나님의 초월성(transcendence)은 전통적인 유일신교로 알려진 유대교, 기독교, 이슬람교 등에서 강조하는 신의 한 특성으로서, 무엇보다도 신과 세상의 타자성(otherness)을 강조한다. 세상 밖에서 어떤 원인에 의존하지 않고 스스로 존재하는 절대자는 이 세상을 자신의 자발적인 의지에 따라 창조한다. 신은 '자기충족적'이며, 만유 위에 혹은 그 너머에 존재한다. 성경은 이런 하나님에 대해 다음과 같이 묘사한다: "너는 하나님 앞에서 함부로 입을 열지 말며 급한 마음으로 말을 내지 말라 하나님은 하늘에 계시고 너는 땅에 있음이니라 그런즉 마땅히 말을 적게 할 것이라"(전 5:2). "여호와의 말씀에 내 생각은 너희 생각과 다르며 내 길은 너희 길과 달라서 하늘이 땅보다 높음 같이 내 길은 너희 길보다 높으며 내 생각은 너희 생각보다 높으니라"(사 55:8-9).

그에 비해 하나님의 내재성(immanence)은 '피조세계에 현존'하는 하나님, 우주 안에서 활동하는 하나님을 강조한다. 이 하나님은 우주와 인간과 비교될 수 없는 절대적인 타자로서 초월해 있는 분이지만, 동시에 우주 안에 인간과 함께 그 가까이에 계시는 분이기도 하다. 성경은 이런 하나님을 다음과 같이 표현한다: "나 여호와가 말하노라 사람이 내게 보이지 아니하려고 누가 자기를 은밀한 곳에 숨길 수 있겠느냐 나 여호와가 말하노라 나는 천지에 충만하지 아니하냐"(렘 23:24). "이는 사람으로 하나님을 혹 더듬어 찾아 발견케 하려 하심이로되 그는 우리 각 사람에게서 멀리 떠나 계시지 아니하도다. 우리가 그를 힘입어 살며 기동하며 있느니라. 너희 시인 중에도 어떤 사람들의 말과 같이 우리가 그의 소생이라 하니"(행 17:27-28).

하나님의 초월성과 내재성을 균형있게 설명하기 위한 신개념으로 범재신론(panentheism)이 단연 관심을 모은다. 범재신론은 전통적인 기독교 신개념인 초월적 유일신론(transcendental theism)과 자연과 신을 동일시하는 범신론(pantheism)의 양면을 동시에 점유하고 있다는 점에서 중도적이라고 할 수 있는데, 양 극단의 신 이해를 극복하려는 데 그 의의가 있다. 하지만 범재신론은 범신론과 구별되어야 하며, 동시에 초월적 유일신론과도 분명한 차이가 있음을 간과해서는 안 된다. 초월적 유신론관은 성경에 나타난 하나님의 한 단면만을 절대화하는 문제점이 있고, 전통적 의미의 범신론은 하나님을 '우주의 영혼'(the soul of the universe)이요, '세계에 생명을 불어넣는 생명원리'로 이해함으로써 성경에서 말하는 하나님의 타자성과 초월성을 무력화하기 때문이다. 특히 범신론은 어떤 점에서 신플라톤주의에서 말하는 신의 유출과도 유사한 개념으로써, 이는 힌두 세계관에서 말하는 최초의 원인(原人)인 브라흐만(Brahman)이 자신을 해체해서 우주를 만들고, 그 우주 속에서 우주와 함께 하나가 되는 그런 신관과 일맥상통한다고 볼 수 있다. 그 신은 우파니샤드에서 "저것이 바로 너다"(tat tvam asi)라고 설명하듯이, 신과 세계가, 신과 인간이 궁극적으로 하나가 되는 그런 세계관을 반영한다. 그래서 돌도 신이 되고, 나무도 신이 되고, 나 자신도 신이 된다.[47]

자연적 속성 1: 하나님의 존재방식

전통적으로 하나님의 속성을 이해하는 시각은 하나님의 초월성에 집중된 것이었다. 초월자로서 하나님은 다음과 같은 몇 가지 특징을 지니고 있는 것으로 설명되어왔다. 여기에 새롭게 재인식되는 하나님의 속성에 대해서도 관심을 가져야 할 것이다.

첫째, 하나님은 자존(self-existence)하신다. 하나님은 외부의 원인 없이 스스로 존재하신다(출 3:14). 이스라엘은 하나님을 "야훼"라는 이름으로 표현한다. 불타는 떨기나무에서 모세에게 나타난 하나님은 당신을 "스스로 있는 자"(출 3:14)라고 소개했다. 이는 히브리어 4자음문자(Tetragrammaton) "YHWH"를 해석한 것이다. 하지만 야훼라는 이름에 대한 해석은 그리 단순하지 않다. 그 이름은 "있다" "존재하다"와 관련된 하야(hayah)라는 동사와 관련이 있는 것으로 보인다. 구체적으로는 하야 동사의 칼형(Qal) 미완료 3인칭 단수 형태에서 파생된 단어로, 여러 가지 해석의 가능성을 가지고 있다. 필립스 하이야트(J. Phillips Hyatt)는 다음과 같은 번역의 가능성을 제시했다: (1) "스스로 존재하는 자"(I am who I am); (2) "나로 인해 존재하는 자"(I am because I am); (3) "장차 내가 되고자 하는 것이 될 자"(I will be what I will be); (4) "존재하는 유일한 자"(I am the one who is).48) 여기서 하나님은 스스로 존재하는 자, 즉 궁극적 실재로서 존재하며, 동시에 능동적 행위자로서 장차 존재하게 될 주권자로서 존재한다.

하나님은 우리가 없어도 존재할 수 있으며, 하나님이 뜻하신다면 우리 없이도 그분의 목적들을 성취하실 수 있다. 따라서 하나님을 하나의 존재로 취급하는 것은 정당하지 못하다. 폴 틸리히가 하나님을 "존재 그 자체" 혹은 "존재의 근거"라고 말한 것도 그런 맥락에서 이해할 수 있다. 틸리히는 자신의 「조직신학」에서 "하나님의 존재는 존재 자체(Being Itself)다. 하나님의 존재는 다른 존재들과 나란히 혹은 그것들 위에 있는 한 존재의 실존으로 이해될 수 없다. 만일 하나님이 '하나의' 존재(a being)라면 하나님은 유한성, 특히 공간과 실체의 범주들에 종속되고 만다"고 진술했다.49) 이런 틸리히의 신관을 기본적으로 받아들이면서도, 데일 무디가 "존재 자체"를 "존재 그분"(Be-ing Himself)으로 고쳐 부른 것은 하나님이 "정적 본질"이 아니라 "역동적 존재"(One dynamic Be-ing)이면서, 특별히 "초월적 인격"(transcendent person)이기 때문이다.50) 하나님의 자존성이라는 개념은 하나님을 지나치게 고정적이고 비인격적 존재로 이해해도 된다는 것을 의미하지는 않는다. 하나님은 다른 어떤 것에 의존하지 않는 분이지만, 여전히 인격적이고 피조물과 관계를 맺으시는 인격적인 하나님이기 때문이다.

둘째, 하나님은 영원(eternity)하시다. 하나님은 시간적으로 제한을 받지 않는다. 그래서 그런 하나님은 시간을 초월해 계신다고 말할 수 있다. 어떤 점에서 보면 하나님에게는 시작도 없고 끝도 없다(창 21:33; 시 90:1-2). "처음과 나중"(계 1:17)이란 표현은 시작과 끝이라는 존재론적 표현이 아니라, 시작의 근원이요 끝을 맺는 주권자라는 뜻으로 사용된 것이다. 그러므로 하나님은 결코 다른 원인으로부터 생성되는 분이 아니다. 그분은 생명을 유지하기 위해서 무엇을 필요로 하지도 않는다. 과정신학에서 말하는 "되어감으로서 하나님"(becoming God)은 세상의 과정에 의존하게 됨으로써 하나님의 절대성과 무조건적 차원이 지나치게 타협되도록 만들었다는 비판을 받지 않을 수 없다.51) 또한 하나님에게는 시간 개념이 적용되지 않기 때문에, 하나님의 나이를 묻는 것도 의미가 없다. 영원에서는 유한한 시간을 더하고 빼는 것이 무의미하다. 시간을 무한대로 길게 연장한다고 영원이 되는 것은 아니다. 영원은 시간을 질적으로 초월해있는 것이다. 하나님은 시간이 생기기 전에 이미 존재하셨다.

하지만 그렇다고 해서 하나님이 시간과 무관하신 분은 아니다. 성경에서 말하는 하나님은 역사와 시간 안에서 우리와 함께 하시는 분으로 묘사된다. 그래서 성경은 그분을 아브라함의 하나님, 이삭의 하나님, 야곱의 하나님이라고 부르며, 관계적이고 인격적인 하나님을 부각시킨다.

셋째, 하나님은 광대(immensity)하시다. 하나님은 공간적으로 한계가 없는 분이다. 이 말은 하나님이 무한한 크기를 가지고 있다는 것이 아니다. 공간적 제약을 받지 않는다는 의미다. 그래서 하나님은 공간을 초월하시는 분이다. 성경은 이런 하나님을 다음과 같이 묘사한다: "하나님이 참으로 땅에 거하시리이까 하늘과 하늘들의 하늘이라도 주를 용납하지 못하겠거든 하물며 내가 건축한 이 성전이오리이까"(왕상 8:27). "우주와 그 가운데 있는 만물을 지으신 하나님께서는 천지의 주재시니 손으로 지은 전에 계시지 아니하시고 또 무엇이 부족한 것처럼 사람의 손으로 섬김을 받으시는 것이 아니니 이는 만민에게 생명과 호흡과 만물을 친히 주시는 이심이라"(행 17:24-25). 하나님은 우주보다 크신 분이다. 그러므로 하나님을 어느 특정한 공간에 가둘 수 없다. 성전 안에도 하나님은 갇히실 분이 아니다. 하나님은 너무 커서 우리는 감히 그분의 크기를 상상할 수도 없고, 그 위대하심을 측량할 수도 없다(시 145:3). 하나님은 공간이 생기기 전에 이미 존재하셨다.

자연적 속성 2: 하나님의 사역방식

두 번째 자연적 속성은 하나님이 어떤 방식으로 사역하는가를 묻는 것과 관련된다. 여기서 우리는 하나님의 전능성과 무한성을 확인하게 된다. 물론 하나님의 이러한 속성 때문에 하나님이 모든 것을 독단적으로 휘두르는 폭군처럼 이해되어도 좋다는 것은 아니다. 이 속성은 하나님의 사역에 한계나 부족함이 없다는 것을 말하는 것이다.

첫째, 하나님은 주권(sovereignty)을 가지고 계신다. 하나님은 모든 것을 주도하는 권한을 가지고 계신 분이다. 에드가 멀린스(Edgar Y. Mullins)가 기독교신앙의 첫 번째 신학적 공리(axiom)로 강조했던 것은 하나님의 주권사상이었다: "거룩하신 사랑의 하나님은 주권을 가지고 계신다."[52] 이 사상은 실천적 측면에서 보더라도 기독교신앙의 핵심 원리로서 전혀 부족함이 없다. 하나님은 이 세상에 일어나는 모든 문제에서 당신의 궁극적인 뜻을 이루신다(엡 1:21). 하지만 "실제로는 하나님의 주권은 그의 뜻이 신실성, 거룩성, 의로우심, 사랑과 같은 자신의 본성과 일치되는 한도 내에서 행하실 수 있다."[53] 이런 해석은 하나님의 자유를 설명할 때도 적용된다. 하나님은 어디에도 예속되거나 속박되어 있는 존재가 아니지만, 그의 자유로운 행위도 "자신의 '본성의 제약' 아래 행사된다"[54]고 말할 수 있다. 그 점에서 하나님의 주권은 "현재적"(present) 주권과 "최종적"(final) 주권으로 구분될 수 있다.[55] 여기서 하나님의 자기-제한(self-limitation)이라는 개념이 나온다. 하나님의 자기-제한을 이해하는 것은 하나님의 주권과 인간의 자유의지 문제를 해결하는 데 유익하다. 하나님의 자기-제한은 결국 하나님의 사랑을 드러내는 최선의 섭리방식이기도 하다.

둘째, 하나님은 불변(immutability)하신다. 하나님은 성품과 목적에서 변함이 없다(시 102:27; 말 3:6; 약 1:17). 그러나 이것은 부동성(immobility)이란 의미가 아니다. 하나님의 뜻이 고정되어 있다는 것이 아니라, 존재의 본질이 변하지 않는다는 뜻이다. 하나님은 자신의 뜻과 예정에 갇혀있는 분이 아니다. 성육신은 하나님의 불변성을 파괴한 사건이 아니라, 그분의 사랑을 실천한 사건이다. 이것을 잘못 이해하면 가현설(docetism)로 빠지게 된다.

셋째, 하나님은 편재(omnipresence)하신다. 하나님의 눈을 피할 수 있는 존재는 아무도 없다. 우리가 어디를 가든지 그곳에 하나님은 존재하신다(시 139:7-12; 렘 23:23-24). 하나님을 만나기 위해 특정 장소에 가야 할 필요는 없다. 예배당에만 계신 것도 아니고 하늘에만 계신 것도 아니다. 하나님은 사실상 모든 곳에 계신다. 성경은 하나님이 "우리 각 사람에게서 멀리 떨어져 계시지 아니"한 덕분에 우리는 하나님 안에서 살고 활동하며 존재한다고 말한다(행 17:27-28). 하지만 이것은 하나님을 세계와 본질적으로 동일시하는 범신론(pantheism)과는 다르다.

넷째, 하나님은 전지(omniscience)하시다. 하나님은 모든 것을 다 아신다. 세계 질서에 대한 하나님의 지식은 제한이 없다. 하나님은 우리의 생각도 아신다. 그분 앞에서는 아무 것도 숨길 수 없다. 이 신적인 지식은 무엇이 원인이 되어 그 결과로 알게 되는 인과적 지식이 아니다. 일종의 즉각적 지식과도 같다. 하나님의 전지성은 순차적으로 얻어지는 것이 아니다. 시공간의 제한을 받지 않는 지식이다. 그러므로 하나님에게는 "만일"이라는 가정이 있을 수 없다. 하나님은 모든 점에서 완전하시기 때문이다.

따라서 하나님은 사람이 어떤 결정을 하실 지 미리 아실 수 있다. 하지만 하나님의 전지하심이 인간의 자유의지를 침해하는 것은 아니다(시139:1-4; 147: 4-5; 마 11:21). 미리 아는 지식, 즉 예지(foreknowledge)는 예정(predestination)과 같은 것이 아니다. 예를 들어, 이는 어떤 사람이 교통사고가 일어날 것을 미리 알았다고 해서 그 사고가 일어나도록 의도하거나 작용한 것은 아닌 것과 같은 이치다. 마찬가지로 사람의 죄에 대한 하나님의 예지는 하나님이 사람에게 죄를 짓게 하신다는 의미가 아니다. 그렇지 않으면 하나님은 악의 창조자가 되지 않을 수 없다. 이와 관련해서 하나님이 후회하신다는 표현, 예컨대 하나님이 세상을 지었음을 한탄하셨다거나(창 6:7) 사울을 이스라엘 왕으로 삼은 것을 후회하셨다고 하는 것

(삼상 15:35)은 일종의 신인동감설(anthropopathism)로 이해되어야 한다. 신인동감설은 하나님의 행위나 느낌을 인간적 관점에서 인간이 사용하는 용어로 표현한 것이다. 하나님이 정말 후회하고 괴로워하신 것은 아니다.56) 그렇지 않으면 하나님은 미래의 일을 알지 못하는 유한한 존재로 전락되지 않을 수 없다. 후회란 것은 그리 될지 미처 몰랐기 때문에 일어나는 감정이기 때문이다. 그 점에서 하나님도 미래를 알지 못한다고 주장하는 "열린 신론"(open theism)은 받아들일 수 없다.57)

다섯째, 하나님은 전능(omnipotence)하시다. 개념적으로 보면 전능한 하나님은 "무슨 일이든 다 할 수 있는" 분이다(창 17:1; 렘 32:17; 마 19:26; 계 19:6). 그분에게는 어떠한 한계도 있을 수 없다. 따라서 하나님의 궁극적인 뜻, 혹은 절대적인 뜻은 좌절되지 않는다.58) 하지만 다른 한편으로 보면, 하나님은 모든 것을 다 하시는 것이 아니라 "자신이 원하시는 모든 것"을 다 행하실 수 있는 분이다(시 115:3). 이 말은 하나님이 "자신의 절대적 권리에 따라 피조세계에 전능을 행사할 수 있지만, 자신의 본성에 부합하는 의지를 실행"하신다는 뜻이다.59)

하나님도 하실 수 없는 것이 있다. 하나님은 악의 문제와 관련해서, 모순된 일과 관련해서 하실 수 없는 것이 있다는 말이다. 그것은 하나님이 원하시지 않는 일이기 때문이기도 하지만, 하나님은 하나님의 본성 혹은 성품과 상반되는 일, 거짓말, 악행, 네모난 원을 그리는 것과 같은 모순된 일은 하시지 않기 때문이다.

고전적 유신론에 따르면, 하나님이 전능한 힘을 발휘하는 방법은 두 가지다. 하나는 이차 원인을 통해 행하는 "간접적 간섭"(potentia ordinata)이고, 다른 하나는 기적과 같은 방식으로 행하는 "직접적 간섭"(potentia absoluta)이다. 첫 번째 방식은 창조세계가 스스로 힘을 발휘하도록 하나님이 직접 힘을 발휘하는 것을 제한한다. 따라서 "존재하는 모든 것이 하나님으로부터 온 것이지만, 존재하는 모든 것이 하나님에 의해 결정된 것은 아니다." 그러므로 하나님의 전능 개념은 "모든 것의 원인"(omnicausality)을 의미하지 않는다.60)

따라서 신고전적 유신론을 주장하는 화이트헤드(Alfred N. Whitehead)와 하트숀(Charles Hartshorne) 등이 우주질서에서 "우연과 자유"를 제거했다면서 고전적 전능 개념이 하나님을 "폭군"으로 만들었다고 비판하는 것은 공정한 평가가 되기 어렵다. 오히려 신고전적 유신론은 역으로 고전적 신 개념을 일방적으로 해석하고 너무 쉽게 그것을 포기했다는 비판을 피하기 어렵다. "하나님의 전능 개념은 인류에 폭력을 행사하는 하나님을 말하려는 것이 아니고 폭군으로부터 인류를 구하는 하나님을 표현하기 위한 것"으로 볼 수 있기 때문이다. 고전적 유신론에서 말하는 하나님의 전능 개념은 "왕의 주권"으로 이해되는 것이기는 하지만, 그 왕의 주권은 십자가에 못 박힌 "예수 그리스도의 겸비" 속에 나타난다.[61] 그래서 맥그리거(Geddes MacGregor)는 전능자 하나님의 창조행위 핵심을 십자가로 수렴하면서, 하나님은 창조와 더불어 자신을 스스로 제한(self-limitation)하고 "비우는" 존재요, 자신의 힘으로 피조물을 통제하지 않고 "그들이 하는 대로" 놔두시는 분이라고 설명했다.[62] 물론 그렇다고 해서 그가 이신론적 하나님을 말하는 것은 아니다. 그는 무관심이나 방치나 무능력이 아니라 "사랑의" 하나님을 말한 것이다.[63]

영적 속성

'영적'(spiritual) 속성이란 말이 의미하는 바는 무엇인가? 이는 우리가 하나님의 형상으로 창조되었다고 말할 때, 그것이 지시하는 하나님의 속성과 관련된다. 그것을 하나님의 영적 속성이라 부르는 것은 그것이 일차적으로 물리적 어떤 속성과 차별되기 때문이다. 전통적으로 하나님의 영적 속성에는 다음과 같은 내용들이 포함된다.

첫째, 하나님은 영(spirit)이시다(요 1:18; 4:24; 딤전 1:17; 6:15-16). 성경은 하나님이 영이시기 때문에 우리가 하나님께 예배할 때 "영과 진리로" 예배해야 한다고 말한다(요 4:24). 외형적으로 볼 때 영은 비물질적이고 비가시적이다. 그러므로 어떤 가시적 형상으로든지 하나님을 표현하려 해서도 안 되고, 그것을 경배의 대상으로 삼아서도 안 된다. 다만 성경에는 영의 하나님을 표현하기 위해 하나님의 손이나 하나님의 현현(顯現) 등을 말할 때가 있다(창 33:10; 신 5:15; 9:10; 욥 33:26; 시 10:11; 80:3). 그것은 하나님을 인간에 비유하여 설명하고자 한 것일 뿐 하나님이 진짜 손과 발을 가지고 있음을 뜻하는 것이 아니다. 이런 표현기법을 신인동형동성론(anthropomorphism)이라 한다.

둘째, 하나님은 인격(personality)이시다. 하나님은 인격적인 존재다. 하나님과 우리는 서로 인격적 관계를 맺고 있다. 그 점에서 범신론(pantheism)은 하나님의 인격성을 파괴한다는 점에서 받아들일 수 없다. 하나님에 대한 폴 틸리히(Paul Tillich)의 "존재 그 자체"(Being Itself) 개념이 "핏기 없는 존재론"이라고 비판을 받는 것도 그것이 하나님의 인격성을 손상한다고 보았기 때문이다. 왜냐하면 폴 틸리히가 말하는 존재 그 자체는 비록 비존재로부터의 위협을 극복할 수 있는 존재 그 자체를 하나님으로 상정한 것이기는 하지만, 그런 개념은 결국엔 인격자로서의 하나님을 넘어서는 존재가 아닌 존재 그 자체로 보기 때문이다. 데일 무디는 하나님이 "정적 본질이 아니라 하나님과 존재가 그 안에서 하나의 역동적 존재(One dynamic Be-ing)인 초월적 인격"임을 강조하기 위해 하나님을 "존재 그 분"(Being Himself)으로 표현하기를 좋아한다고 말했다.64)

하나님의 인격성을 가장 잘 확인할 수 있는 것은 신자들의 종교적 체험, 즉 하나님과의 교제를 통해서이다. 하나님은 사람과 대화하시는 분이다(창 3장). 하나님은 자신의 이름을 우리에게 알려주신다(출 3:14). 그리고 사람들은 하나님의 이름을 부른다(창 4:26; 12:8; 시 20:7). 하나님은 결코 슈퍼컴퓨터가 아니다. 그렇기에 하나님과 우리의 관계는 일방통행로가 아니다.65) 하나님과 인간은 인격적 관계로 맺어졌기 때문이다.

셋째, 하나님은 거룩(holiness)하시다. 하나님의 도덕적 속성 가운데 으뜸이 되는 것은 아마도 거룩함일 것이다. 거룩함은 의(義), 사랑, 진리를 포괄하는 하나님의 기본 속성이다. 성경은 하나님의 거룩함을 말하기 위해 성(聖)과 속(俗)의 차원을 구분한다(출 3:5; 26:33; 왕상 6:16). 이는 이사야 선지자의 핵심 메시지이기도 하다. 이사야는 하나님의 거룩함을 경험한 뒤 곧바로 자신의 부정함을 고백했다(사 6:5). 피조물이 창조주에 대해 느끼는 이런 감정을 "피조물 감정"(creature feeling)이라 한다. 하나님은 언제나 그 이름이 거룩하게 여김을 받으시기에 합당한 분이다(마 6:9). 그러므로 하나님의 백성들도 하나님과 같이 거룩해야 한다는 것이 성경에서 반복적으로 강조하는 점이다(레 11:44-45; 마 5:48).

루돌프 오토(Rudolf Otto)는 「성스러움의 의미」(Das Heilige)에서 하나님의 거룩함을 누미노제(das Numinöse)로 표현했다. 이 누미노제는 하나님 앞에서 느끼는 "피조물 감정"이라고 할 수 있는데, 그 특성은 "비합리적이고 비도덕적이며," "두렵고 매혹적 신비"(mysterium tremendum et fascinance)로 경험된다. 신학자들은 아

브라함이 이삭을 제물로 바쳐야 할 상황에서 이 전형적인 "피조물 감정"을 설명한다.[66]

데일 무디는 성스러움이란 죄된 현실에서 살아계신 하나님이 적극적으로 활동하시는 것이라고 정의하고,[67] 구약성경을 근거로 그 특성을 다음과 같이 일곱 가지로 설명했다. (1) 진노: 인간의 이성이나 역사적 과정에 의해서 소진되지 아니하고, 종말론적 미래의 "진노의 날, 곧 하나님의 의로우신 판단이 나타나는 그 날"(롬 2:5)에 경험될 하나님의 진노를 말한다. (2) 공의: 죄와 억압으로부터 그의 백성들을 구원하시는 하나님의 사회적, 혹은 구원의 활동(암 5:24)이다. (3) 능력: 구원의 능력이고 존재의 능력. 존재의 능력은 또한 되어감의 능력이요, 존재하게 하는 역동성이다. (4) 변화 속에서 일관: 하나님은 자유롭게 활동하고, 모든 변화를 수반하는 항구적인 영원한 존재다. 과정 속에서 내재적이고 역동적인 특성을 가진다. (5) 영원: 하나님의 영원성은 과거와 현재 그리고 미래를 포함하며, 하나님은 시간 이전(pre-temporal)과 시간을 초월하여(supra-temporal), 그리고 시간 이후(post-temporal)에 존재하는 분이다(시 90:1-2). (6) 영광: 하나님의 현존과 편재(omnipresence)를 역동성 안에서 상징화한다. 이 영광은 이스라엘을 구원하는 하나님의 실제적인 현존 속에서 나타나는 영광이다. (7) 지혜: 영광이 하나님의 역동적 편재를 나타내는 성경적 방법이라면, 지혜는 하나님의 전지(omniscience)를 표현한다.[68]

넷째, 하나님은 의로움(righteousness)이시다. 하나님의 의로움은 아모스 선지자의 핵심 메시지다. 하나님은 인간들이 마땅히 행해야 할 의(義)를 명령하신다. 이것을 "명령적"(mandatory) 의라 한다. 이는 율법, 양심, 계시를 통해 우리에게 주어진 "일반적 의"에 속한다. 그 명령은 율법과 일치하고 도덕적으로 바르게 사는 것을 요구한다. 또한 인간이 해서는 안 될 것을 명령하기도 하는데, 이것을 "정죄적"(condemnatory) 의라 한다. 하나님은 인간이 불의를 행하는 것을 용서하지 않으시는 분이다. 그분은 의에 대한 결핍을 정죄하신다(암5:12). 마지막으로 "구속적"(redemptive) 의가 있다. 이것은 하나님의 사랑을 의미하는데, "죄 많은 인간의 구속에 있어서 하나님의 의(義)를 나타내신 것이다(롬 1:17).[69]

하나님의 의와 사랑이라는 주제는 서로 분리될 수 없다. 하나님의 의는 사랑하는 의로움이고, 하나님의 사랑은 의로운 사랑이다. 그리고 공의(justice)는 분배된 사랑이다. 그러므로 "사랑과 공의는 서로 싸우는 두 개의 분리된 속성이 아니다. 하나님은 공의로우시고 사랑하시는 분이기 때문에 자신이 요구하는 것에 그 자신을 내놓으시는 분이다."70)

다섯째, 하나님은 사랑(love)이시다. 하나님의 사랑을 가장 잘 표현한 선지자는 호세아일 것이다. 하나님은 조건 없이 사랑하시는 분이다. 아니 그보다 우리가 죄를 범하고 하나님을 멀리함에도 사랑을 포기하지 않으시는 분이다. 이 하나님의 사랑이 절정에 이른 것이 성육신 사건이다. 하나님은 그 아들에게 십자가를 지게 하심으로 죄인들을 대신해서 고난을 받으셨다. 고난이 따르지 않는 자기희생은 없고, 자기희생이 따르지 않는 사랑은 없는 법이다.

무디가 볼 때, 하나님의 성스러움과 사랑은 결코 대립적인 관계가 아니다. 오히려 "성스러운 사랑이라는 성서적 종합은 말시온의 '반명제'(the antitheses of Marcion)와 현대의 감각적이고 피상적인 신학을 막는 하나의 방파제이다."71) 성스러움에서 강조되는 하나님의 초월성과 영원성은 사랑에서 인내와 수동성으로 조화를 이루게 된다. 그리고 이 성스러운 사랑은 바로 그리스도의 십자가에서 완성된다. 그래서 십자가는 계시의 핵심이다.72) 다시 말해서 요한 일서 4장 8-21절에서, 요한은 사랑의 본질을 '위로부터 사랑'으로 설명한다. 일차적으로 사랑은 위에서 사람에게 내려오는 하나님의 사랑이 있어야 한다(10절). 그리고 이차적으로 이 하나님의 사랑에 응답하는 사람의 사랑이 있다(19절). 마지막으로 하나님의 사랑과 인간의 사랑은 만나서 옆에 있는 다른 신자에게 향한다. 이것이 그리스도인이 행해야 할 사랑이다(20절).

또한 하나님의 사랑은 어느 특정 대상만을 위한 것이 아니라 모든 사람들을 위한 것이다. 하나님은 모든 사람이 자녀가 되기를 원하신다. 아무도 멸망하기를 원하지 않고 모두 회개하기를 원하신다(벧후 3:9). 그러므로 하나님의 사랑은 택한 자들만을 위한 것이고, 예수의 십자가는 오직 그 사람들만을 위해 준비된 것이라고 말하는 제한속죄(limited atonement) 교리는 사랑의 하나님과 조화되기 어렵다. 멀린스는 하나님의 이런 사랑을 다음과 같이 표현했다: "자비는 죄인을 향한 하나님 사랑의 소극적인 면이고 은혜는 적극적인 면이다. 자비는 죄인의 손으로부터 형벌과 고통의 쓴 잔을 취해서 이것을 비우는 것이다. 은혜는 축복으로

그 잔을 가득 채우는 것이다."73) 또한 무디는 하나님의 사랑을 다음과 같이 강조했다:

> 거룩함이 출발점이라면, 사랑은 하나님의 본성을 성경적으로 밝힘에 있어서 정점이다. 하나는 하나님의 신학적 성전의 바깥뜰이며 다른 하나는 지성소다. 거룩함의 속성들이 유일신론의 촛대에서 나온 가지들이라면, 사랑의 속성들은 불모지가 될 수 있는 존재신학에 빛과 온기를 주는 광선이다.74)

여섯째, 하나님은 진리(truth)이시다. 하나님은 모든 지식의 근원으로서 진리이신 분이다(요 14:6; 17:3). 하나님은 진리 그 자체이시고, 인간 진리의 근거가 되신다. 그분은 참 하나님이며 신실하신 분이시기 때문에 스스로 자신을 드러내신 계시의 근거와 보증이 되신다. 우리가 진리 안에 거할 수 있는 것은 하나님이 진리이기 때문에 가능한 일이다. 예수께서 "나는 길이요 진리요 생명"이라고 하신 것(요 14:6)도 그분이 하나님이요 하나님으로부터 나신 분이기 때문이다.

일곱째, 하나님은 선(good)이시다. 하나님은 본질적으로 악과 공존할 수 없는 분이다. 하지만 현실세계에 존재하는 악의 실체는 어떻게 설명해야 하는가? 하나님이 악을 허용하시는 것은 가능한가? 만일 그것이 가능하다면, 그 원인은 하나님의 사랑과 자기-제한으로 설명될 수 있다. 어쩌면 하나님의 최종적 주권이 행사되지 않은 상황에서 하나님이 악을 허용하시는 것은 인간의 자유의지를 존중하기 때문일 것이다. 그리고 궁극적으로는 그것을 선으로 이끌어 가실 것이다. 그러나 이 경우에도 하나님은 악을 의도하셨거나 만들지는 않으셨다고 말할 수밖에 없다. 하나님은 본질적으로 선이시기 때문이다.

* * *

논리적 실증주의와 인식론적 불가지론의 영향으로 하나님의 속성에 대한 인식은 회의주의로 빠져들고 말았다. 현대신학은 "형이상학적인 영역에서 지식을 얻는 것이 불가능하다는 명확한 사실 앞에서" 어떻게 신학을 할 수 있는가를 끊임없이 질문해왔다. 스티븐 홈즈는 이런 상황에서 슐라이어마허가 "신학을 종교적 경험의 분석을 통해 재정립"할 수 있는 기초를 제공했다고 보았다. 그의 설명에 따르면, 슐라이어마허는 하나님의 속성을 하나님이 누구인가를 질문하는 것이 아니라 "신성(the divine)에 대한 우리의 경험"을 설명하는 것으로 바꾸어놓았다. 그리고 이러한 관점의 이동이 "현대신학의 고유한 특성"이 되었다.[75] 하나님의 속성을 하나님의 본질적 존재를 이해하는 객관적 언어가 아니라 일종의 송영(doxology)으로 해석하는 것도 이러한 난관에 봉착한 현대신학의 돌파구로 볼 수 있다.

과연 우리는 하나님을 믿지 않는 사람에게 어떻게 하나님이 살아계심을 설명할 수 있을까? 예배에서 경험하는 하나님의 거룩하심과 피조물 감정에 대해 구체적인 사례를 들어 설명해볼 수 있을까? 그리고 거룩한 하나님은 어떤 분이며, 우리는 그분을 어떻게 대면해야 하는가? 이와 같은 질문들은 오늘날을 살아가는 모든 그리스도인들이 진지하게 물어야 할 주제이며, 추락하는 교회를 근본적으로 회생시킬 수 있는 신학적 관점을 되살리는 작업이라고 생각한다.

하나님을 믿고 예배하는 가장 확실한 방법은 우리의 삶과 세계에서 하나님의 존재이유가 드러나게 하는 것이다. 하나님은 홀로 영광을 받으시기에 합당하신 분이지만, 그 영광을 돌려드려야 할 존재는 바로 우리 믿는 자들이다. 하나님의 형상으로 지음을 받은 우리는 우리의 모습에서 하나님을 드리낼 수 있어야 한다. 우리의 삶을 통해서, 우리가 만들어낸 이 사회 안에서 하나님이 하나님 되시게 하는 것, 그것이 바로 하나님을 믿고 예배하는 자의 본분이다.

주(註)

1) 길희성, 「아직도 교회 나가십니까」 (서울: 대한기독교서회, 2015), 81.
2) Stanley Grenz, 「조직신학: 하나님의 공동체를 위한 신학」, 신옥수 옮김 (고양: 크리스챤다이제스트, 2003), 68.
3) "Atheism as rejection of religious beliefs" 「Encyclopedia Britannica」 (1992), 15판 1: 666.
4) George Hamilton Smith, 「자유의지론」 (1972), 14, [온라인자료] https://ko.wikipedia.org/wiki/%EB%AC%B4%EC%8B%A0%EB%A1%A0, 2016년 8월 5일 접속.
5) 홀스트 푈만은 다음과 같이 일곱 가지 이름으로 그런 무신론의 형태를 정리했다: "합리주의적 무신론," "자연주의적 무신론," "마르크스주의적 무신론," "생명철학적 무신론," "심리주의적 무신론," "실존주의적 무신론," "신정론적 무신론." 여기서는 푈만의 분류에 몇 가지를 더 추가하여 재분류했음을 밝힌다. H. G. Pöhlmann, *Der Atheismus oder Streit um Gott* (Gütersloh, 1977), 이신건, 「조직신학입문」 (서울: 신앙과지성사, 2014), 85-94에서 참조.
6) Bertrand A. W. Russell, 「나는 왜 기독교인이 아닌가?」, 송은경 옮김, 개정판 (서울: 사회평론, 2006) 참조.
7) John Stott, 「나는 왜 그리스도인이 되었나?」, 양혜원 옮김 (서울: IVP, 2004), 16.
8) Ibid., 17.
9) Richard Dawkins, 「만들어진 신: 신은 과연 인간을 창조했는가?」, 이한음 역 (서울: 김영사, 2007), 263-91.
10) Ibid., 537.
11) Sam Harris, 「기독교 국가에 보내는 편지」, 박상준 옮김 (서울: 동녘사이언스, 2008), 85.
12) Ravi Zacharias, 「이성의 끝에서 믿음을 찾다: 이성은 왜 진리에 이르지 못하는가?」, 송동민 옮김 (서울: 에센치아, 2016), 20.
13) 이신건, 「조직신학입문」, 91.
14) Hans Küng, *Does God Exist?: An Answer for Today*, tr. Edward Quinn (New York: Doubleday & Company, 1978), 300.
15) P. Sartre, *Dramen*, 1954, 354, 559, H. G. Pöhlmann, 「교의학: 조직신학의 독보적인 고전」, 이신건 옮김 (서울: 신앙과지성사, 2012), 204에서 재인용.
16) 이신건, 「조직신학입문」, 92-3.
17) Küng, *Does God Exist?*, 218.
18) Ibid., 226. 진한 글씨는 원문 그대로.
19) 이신건, 「조직신학입문」, 88-9.
20) Ibid., 87.
21) L. Feuerbach, *Vorlesungen über das Wesen der Religion*, 30-1, Küng, *Does God Exist?*, 203-4에서 재인용.

22) 이신건, 「조직신학입문」, 90.
23) F. Nietzche, Also sprach Zaratustra, Vollmer Wiesb, 10, 70, 80, 255, Pöhlmann, 「교의학」, 204에서 재인용.
24) Küng, *Does God Exist?*, 375.
25) "급진적 평화주의와 반파시즘 투쟁의 기수 카를 폰 오시에츠키," [온라인자료] http://blog.naver.com/PostView.nhn?blogId=tvam&logNo=220547124120, 2016년 3월 30일 접속.
26) 이신건, 「조직신학입문」, 94.
27) Fyodor Dostoevsky, 「카라마라조프가의 형제들」, 김연경 역 (서울: 민음사, 2012) 참조.
28) [온라인자료] http://blog.naver.com/newsmission/40166708085, 2015년 9월 22일 접속.
29) Dale Moody, *The Word of Truth: A Summary of Christian Doctrine Based on Biblical Revelation* (Grand Rapids: Eerdmans, 1981), 79.
30) 안윤기, "존재론적 신 존재 증명에 대한 칸트의 비판," [온라인자료] http://phil.snu.ac.kr/source/nongu/98-8.htm, 2015년 9월 24일 접속.
31) Grenz, 「조직신학」, 75.
32) Ibid., 76.
33) Küng, *Does God Exist?*, 338.
34) Ibid., 3-92.
35) Ibid., 585-612.
36) Erickson, *Christian Theology*, vol. 1 (Grand Rapids: Baker Book House, 1983), 265.
37) Miroslav Volf, 「광장에 선 기독교: 공적 신앙이란 무엇인가」, 김명윤 옮김 (서울: IVP, 2014), 27-8.
38) 이신건, 「조직신학입문」, 97-8.
39) Ibid., 99.
40) Grenz, 「조직신학」, 90-4.
41) Moody, *The Word of Truth*, 85.
42) Wolfhart Pannenberg, 「판넨베르크의 조직신학」, 제1권, 김영선, 정용섭, 조현철 공역 (서울: 은성, 2003), 90에서 재인용.
43) Grenz, 「조직신학」, 150-1.
44) Steven R. Holms, "하나님의 속성," 「현대신학지형도: 현대신학 각 주제에 대한 현대적 개관」, 박찬호 옮김 (서울: 새물결플러스, 2016), 95-7.
45) 테드 피터스는 하나님의 속성을 "부정의 속성"과 "긍정의 속성"으로 나누었다. 전자는 "무념적 진술"(apophatic statements)로서, "이해할 수 없음, 무한성, 불변성과 같이 하나님의 속성을 부정의 방식"으로 표현하지만, 후자는 "유념적 진술"(kataphatic statements)로서, "생명, 거룩, 선, 사랑, 창조성, 전지, 전능"과 같이 하나님의 속성을 긍정의 방식으로 표현한다. Peters, 「하나님-세계의 미래」, 172.
46) H. Wayne House, *Charts of Christian Theology and Doctrine* (Grand Rapids: Zondervan

Publishing House, 1992), 40. 일부 용어는 변경해서 인용.
47) 「우파니샤드」, 박석일 역 (서울: 정음사, 1982), 109-15.
48) J. Phillip Hyatt, *Exodus, The New Century Bible*, ed. Ronald E. Clements (London: Oliphants, 1971), 76, Grenz, 「조직신학」, 148에서 재인용.
49) Paul Tillich, *Systematic Theology*, vol. I (Chicago: The University of Chicago Press, 1967), 235.
50) Moody, *The Word of Truth*, 78.
51) Erickson, *Christian Theology*, vol. 1, 280.
52) Herschel H. Hobbs and Edgar Y. Mullins, 「기독교신앙의 6대 공리: 침례교의 신학적 유산」, 김용복 옮김 (대전: 침례신학대학교출판부, 2005), 77-103.
53) Herschel H. Hobbs, *What Baptists Believe* (Nashville: Broadman Press, 1964), 16.
54) 길희성, 「아직도 교회 다니십니까」, 78.
55) Grenz, 「조직신학」, 176-9.
56) Erickson, *Christian Theology*, vol. 1, 279.
57) John Frame, 「열린 신학 논쟁」, 홍성국 역 (서울: 기독교문서선교회, 2005) 참조.
58) 위더헤드는 하나님의 뜻을 의도적 뜻, 환경적 뜻, 절대적 뜻으로 구분한다. Leslie D. Weatherhead, 「하나님의 뜻」, 이천수 역 (서울: 요단, 1976), 11-63 참조.
59) 박영식, 「그날, 하나님은 어디 계셨는가: 세월호와 기독교 신앙의 과제」 (서울: 새물결플러스, 2015), 160.
60) Peters, 「하나님-세계의 미래」, 176-7, 181.
61) Ibid., 179-81.
62) Geddes MacGregor, 「사랑의 신학」, 김화영 옮김 (서울: 대한기독교서회, 2011), 139-40, 163.
63) 그래서 맥그리거의 본래 책 이름은 「우리를 놔두시는 하나님: 사랑의 새로운 신학」(He Who Lets Us Be: A New Theology of Love)이다.
64) Moody, *The Word of Truth*, 78.
65) Erickson, *Christian Theology*, vol. 1, 270.
66) Rudolf Otto, 「聖스러움의 意味」, 길희성 옮김 (왜관: 분도출판사, 1987); G. von Rad, 「아브라함의 제사」, 장익 옮김 (왜관: 분도출판사, 1978) 참조.
67) Dale Moody, "The Living God: The Great Essentials-Basic Doctrines of Our Faith" *The Baptist Student*, 34 no. 1 (October 1954): 18.
68) Moody, *The Word of Truth*, 97-104; 김용복, "하나님의 존재와 섭리의 상관성: Dale Moody를 중심으로," 「복음과실천」, 33 (2004 봄): 118-20.
69) William W. Stevens, 「조직신학개론」, 허긴 옮김 (대전: 침례신학대학교출판부, 1997), 72-7.
70) Erickson, *Christian Theology*, vol. 1, 298.

71) Ibid., 104.
72) Dale Moody, "The Crux of Christian Theology," *Review and Expositor*, 46 no. 2 (April 1949): 168-9.
73) Hobbs, *What Baptists Believe*, 21.
74) Moody, *The Word of Truth*, 104.
75) Holms, "하나님의 속성," 99-100.

4
삼위일체: 하나님의 신비한 존재방식

우리를 너희와 함께 그리스도 안에서 굳건하게 하시고
우리에게 기름을 부으신 이는 하나님이시니 그가 또한 우리에게 인치시고
보증으로 우리 마음에 성령을 주셨느니라
고린도후서 1장 21-22절

하나님의 존재방식에 대한 최종적 진술은 삼위일체(Trinity) 교리를 요구한다. 삼위일체는 기독교교리 가운데 가장 설명하기 어려운 주제 가운데 하나일 것이다. 이 교리는 성경에 명시적으로 설명된 것도 아니고, 삼위일체라는 단어도 등장하지 않지만, 신학적으로 유대교, 이슬람교의 신관과 차별화 되는 대표적인 기독교교리에 속한다. 이는 그리스도의 부활사건과 더불어 기독교의 최대 독특성으로 분류되기에 충분한 교리라 할 수 있다.

그러나 문제는 삼위일체 교리를 합리적인 방법으로 설명하는 것이 불가능하다는 데 있다. 이는 인간의 존재방식과 하나님의 존재방식이 질적으로 다르기 때문이며, 우리의 이성과 언어에 한계가 있기 때문이다. 하나님은 우리의 경험세계에서 온전히 이해될 수 없는 절대 타자다. 그렇다면 설명될 수 없는 삼위일체 하나님을 왜 신앙해야 하는가? 그것은 성경이 삼위일체 신앙을 증언하고 그리스도인들의 체험이 그것을 뒷받침하기 때문이다. 어떤 점에서 삼위일체를 부인하면 기독교의 모든 기본 진리는 파괴되고 말 것이다. 그러므로 에릭슨의 「기독교신학」에 소개된 다음과 같은 말은 의미하는 바가 매우 크다: "그것[삼위일체 교리]을 설명하려 하면 네 정신을 잃어버릴 것이다. 그러나 그것을 부인하면 네 영혼을

잃을 것이다."1)

삼위일체 교리가 아무리 설명되기 어렵다 하더라도, 그것이 가지고 있는 긍정적 측면은 신학적으로 충분히 고려의 대상이 되어야 한다. 무엇보다도 삼위일체 개념은 하나님의 다양성과 풍부성에 대해 이해할 수 있는 근거를 제공한다. 하나님의 수난 개념, 하나님의 성육신 개념도 삼위일체를 통해 접근할 때 좀 더 쉽게 이해될 수 있다. 이는 구세주 예수 그리스도의 신성을 위한 이론적 담보이기도 하다. 삼위일체 개념이 파괴되면 예수 그리스도는 온전한 의미의 하나님으로 인식될 수 없다. 기독교 안에 두 하나님이 존재할 수 없기 때문이다. 그래서 몰트만(J. Moltmann)은 "만일 삼위일체가 폐기된다면 하나님의 개념은 이슬람화할 뿐 아니라 예수도 인본주의적으로 해석되고 만다"2)고 주장하면서 이 교리의 중요성을 강조한 바 있다. 결국 삼위일체 교리가 거부되면 우리에게는 두 가지 선택만 남게 될 것이다. 하나는 몰트만이 지적했던 것처럼 예수의 신성을 거부하여 이슬람식의 유일신사상이나 인본주의로 가는 것이고, 다른 하나는 예수의 신성을 인정하면서 이교도적인 다신(多神) 신앙으로 가는 것이다. 성경은 이 두 견해 가운데 어느 것도 인정하지 않는다.

고전적 삼위일체와 새로운 논의

삼위일체 교리는 합리적이고 명시적인 접근보다는 다양한 상징들과 비유들로 설명되어 왔다. 기독교역사에서 삼위일체 하나님을 설명했던 방식들이나 그 과정은 초기 기독교교리 형성과정에서 볼 때 대단히 중요한 의미를 가진다. 신학자들과 교회 공의회에서 채택된 삼위일체 교리의 특성을 개략적으로나마 이해해 볼 필요가 있다.

삼위일체 교리가 불가피하게 대두된 배경에는 예수 그리스도의 정체성과 밀접한 관련이 있다. 따라서 삼위일체론은 기독론의 필연적 결과였다고 해도 과언이 아니다. 초기 그리스도인들은 예수 그리스도를 하나님과 동등한 분으로 고백하게 되면서 한 분 하나님이라는 자신들의 전통적인 신관에 커다란 혼란이 일어난 것을 인지하게 되었을 것이다. 하나님이 '두 분'(bitheism)인가? 그럴 수는 없다. 그렇다면 하나님은 여전히 한 분이셔야 했고, 예수 그리스도도 하나님이어야 하는 상황을 어떻게 해결할 수 있는가? 나아가 성령까지 인격적 하나님으로 고백하게 된 그리스도인들은 이 세 분의 정체성을 설명해야 할 신학적 과제를 떠안게 된 것이다.

교부들의 삼위일체 설명방식

하나님은 한 분이시지만 동시에 세 위격(位格)을 가지고 계신다는 신학적 진술은 기독교 신관의 가장 독특한 요소라고 할 수 있다. 성부 하나님, 성자 하나님, 성령 하나님은 각각 독립된 위격의 하나님이다. 그러면서도 세 분은 한 하나님이다. 셋이면서 하나요, 하나이면서 셋인 분, 이것이 삼위일체 하나님의 정체성이다.

초기 변증가들은 삼위일체 하나님을 표현하기 위해 여러 가지 개념과 용어들을 사용했다. 이레네우스(Iraeneus)는 "구원의 경세"(the economy of salvation)라는 용어를 사용해서 한 분 하나님의 창조와 구속의 역사에 나타난 성부, 성자, 성령의 활동을 구분하려 했다.3) 오리게네스(Origenes)는 삼위일체를 세 동심원으로 묘사했다. 성부는 가장 큰 동심원, 성자는 가운데 동심원, 성령은 가장 작은 동심원으로 그림으로써, 성부 하나님이 "바깥 동그라미에서 시작해서 안쪽으로 움직여"가며 "다른 두 위격을 포함하는 가장 포괄적인 위격"임을 부각시켰다.4) 이는 오리게네스의 개념이 종속론과 삼신론적 위험을 내포하고 있다는 것을 보여준다.

처음으로 삼위일체라는 용어를 사용한 교부는 서방교회의 테르툴리아누스(Tertullianus)였다. 그는 삼위일체의 하나님을 "한 본질 세 위격"(una substantia tres personae)으로 표현했다. 그 과정에서 그는 헬라어 '우시아'와 '휘포스타시스'를 라틴어로 '수브스탄티아'(substantia, 본질)와 '페르조나'(persona, 위격)로 옮겼다. 여기서 번역상의 문제가 발생했다. 헬라어 휘포스타시스를 라틴어 페르조나로 번역한 것이 과연 적절한가 하는 것이다. 당시 일반적으로 휘포스타시스는 우시아와 마찬가지로 수브스탄티아와 동일한 의미로 사용되던 용어였다. 그래서 테르툴리아누스도 우시아를 휘포스타시스로 번역했고, 아타나시우스도 우시아와 휘포스타시스를 동의어로 이해했다.5) 그런데 우시아를 수브스탄티아로 번역하고 나니 휘포스타시스를 어떻게 처리할 것인지가 문제였다. 라틴어로는 우시아와 휘포스타시스를 구분해서 번역할 만한 단어가 없었다. 결국 그는 그런 휘포스타시스를 가면을 뜻하는 연극용어 '페르조나'로 번역했다. 번역과정에서 신학적 해석이 들어간 것이다. 테르툴리아누스의 이런 번역은 양태론의 위험을 내포한 것이었다. 이후 서방교회는 '페르조나'로 위격을 표현하면서 끊임없이 양태론의 위험에 시달렸다. 페르조나, 즉 가면은 한 하나님이 마치 연극배우처럼 각기 다른 얼굴로 역사상에 나타난 것을 표현하는 것으로 이해될 수 있기 때문이다. 이는 서방교회가 하나의 '본질'(substance)을 강조하고 삼위 하나님의 관계에 초점을 맞추었다는 것을 의미한다.

한편, 동방교회의 카바도키아 세 교부들, 즉 가이사리아의 바실리우스, 닛사의 그레고리우스, 나지안주스의 그레고리우스는 삼위일체를 다소 다른 시각에서 이해했다. 그들은 서방교회의 삼위일체 설명이 양태론적 위험성을 안고 있음을 인지했기 때문에 세 위격의 존재에 대한 강조에 더 비중을 두어 설명하는 방식을 택했다. 바실리우스는 우시아와 휘포스타시스의 차이를 설명하기 위해 우시아를 '보편적인 것'으로, 휘포스타시스를 '개별적인 것'으로 표상했으며, 닛사의 그레고리우스는 세 위격의 중요성을 다음과 같이 비유적으로 설명했다: "베드로, 야고보, 요한은 세 사람이라 불리운다. 비록 하나의 공통적 인간성을 공유한다고 해도…. 따라서 우리는 한편으로는 성부, 성자, 성령이 한 신에 속한다고 하면서, 다른 한편으로는 우리가 세 신을 말하고 있는 것이 아니라고 부정하면서 어떻게 우리의 신앙을 양보하겠는가."[6] 결과적으로 동방교회는 신성 내부의 '발출'(procession)을 강조하여 삼위 하나님의 개별 사역에 초점을 두었다고 할 수 있다. 그 이후 동방교회는 삼신론의 위험에 계속 노출되었다.[7]

물론 카바도키아의 교부들은 삼위의 연합을 설명하기 위해 "페리코레시스"(perichoresis)와 "전유"(appropriation)라는 개념을 사용함으로써, 그 위험을 극복하려고 했다. 헬라어 페리코레시스는 "상호침투"(mutual inter-penetration)를 의미하는데, 삼위일체의 세 위격이 "상호 관계하는 방식"을 말한다. 각 위격들의 "개성"을 강조하면서 "각 위격이 나머지 두 위격의 생명을 공유"하는 것을 가리킨다: "삼위 하나님은 상호 안에서 서로 뒤섞이지 않는 침투를 공유한다…. 성자는 성부와 성령 안에 계시고 성령은 성부와 성자 안에 계시며 성부는 성자와 성령 안에 계시나 뒤섞임이나 융해나 혼합은 발생하지 않는다."[8] 또한 "전유"라는 개념은 "삼위일체의 사역들이 통일체"임을 강조하고 각 위격은 "하나님의 모든 외적 행위에 관여"하는 것을 말한다.9) 다시 말해서 하나님의 속성이나 행동양식들을 삼위일체의 세 위격에 구분하여 적용하는 것을 의미한다. 세 위격은 모든 속성을 공유한다. 그러나 때로 공유하는 특정 속성을 한 위격에 "전유"시키기도 한다. 그래서 전능은 성부의 특성으로, 지혜는 아들의 속성으로, 사랑은 성령의 속성으로 전유되는 것이다.

아우구스티누스는 삼위일체 하나님을 심리학적으로 유비했다. 그는 "삼위일체의 흔적"을 인간의 정신에서 찾았다. 그는 "인간 사유의 삼중구조"가 하나님의 존재에 기초한다고 생각했다. 인간 안에 "기억, 이해, 의지" 혹은 "정신, 지식, 사랑"이라는 "삼원성"(triad)이 존재하듯이 하나님 안에도 세 위격이 존재한다고 추론했다. 하지만 이런 삼분설적 접근은 인간이 그런 방식으로 구분될 수 없다는 점에서 "치명적" 한계가 있다.10) 또한 아우구스티누스는 사랑이라는 차원에서 삼위일체를 설명하기도 했다: 성부는 사랑하는 자, 성자는 사랑 받는 자, 성령은 연합하는 사랑. 그는 성령이 하나님과 신자들을 연합하는 토대인 만큼, 삼위일체 하나님에게도 이에 상응하는 관계가 존재한다고 주장했다. "마치 성령이 하나님과 신자 사이를 연결하는 끈이듯이 성령은 삼위일체 안에서 위격들을 서로 묶어주는 유사한 역할을 담당한다."11) 이는 인간이 하나님의 형상이기에 삼위일체의 "흔적들"을 반영한다고 보기 때문이다.12) 하지만 그는 성령을 성부와 성자를 연결하는 "아교풀" 같은 사랑처럼 보이게 함으로써, 성령을 "몰인격화"했다는 비판을 받았다.13)

결국 서방교회 전통의 삼위일체 교리는 교회의 공식적 신앙고백을 통해 그 형태를 갖추어 나갔다. 그 과정을 살펴보면 다음과 같다. 첫째, 325년 니케아공의회에서 예수 그리스도의 신성과 인성의 문제가 일단락되었다. 예수의 신성이 받아들여졌다는 것은 본격적으로 예수 그리스도의 신성과 성부 하나님의 신성을 어떻게 이해하고 받아들여야 하는가 하는 문제를 논의대상으로 삼을 수밖에 없었다는 것을 의미한다. 이 과정에서 잘못된 기독론, 즉 에비온주의, 가현주의, 아리우스주의, 아폴리나리우스주의 등이 정통신학에서 배제되었다.

둘째, 381년 콘스탄티노플공의회에서 성령의 신성이 신학적으로 정립되었다. 이 공의회는 성령의 신성의 확립과 함께 삼위일체 하나님에 대한 다음과 같은 신학적 공식을 채택했다: "세 위격 안에 있는 한 본질." 이 과정에서 성령의 신성을 부인했던 마케도니우스주의가 거부되었다. 325년 니케아공의회를 통해 성부와 성자의 동등성이 확립되었다면, 381년 콘스탄티노플공의회는 성부, 성자, 성령의 동등성과 인격성을 토대로 한 삼위일체 교리를 천명했다. 따라서 삼위일체 논쟁은 기독론 논쟁의 연장선상에 있다.

하지만 위의 두 공의회는 성부, 성자, 성령의 신성을 선언하기는 했지만, 삼위일체 하나님에 대한 근본적인 질문에 적절한 답을 제공하지는 못했다. 그런 신학 작업은 그 이후 신학자들의 몫이 되었다. 삼위일체의 논쟁은 교리의 "근원적 타당성"에 관한 것이 아니라, 그것을 어떻게 이해하는가 하는 "방식"에 관한 것이었다. 동방교회와 서방교회는 이해방식에서 서로 다른 관점을 주장했다. 동방교회는 삼위 하나님을 강조했고, 서방교회는 하나의 신적 본질을 강조하는 전통을 가지고 있다.14)

필리오케 논쟁과 그 영향

아우구스티누스가 서방교회 전통의 삼위일체론에서 가장 크게 끼친 영향은 성령과 다른 위격의 관계에서 나타났다. 이른바 '필리오케(filioque) 논쟁'으로 알려진 성령의 정체성 문제는 동방교회와 서방교회의 큰 갈등으로 이어졌다. 전통적으로 교회는 성령이 성부로부터 나오는 존재라고 선포했다. 381년 콘스탄티노플공의회는 성령을 "성부로부터 나셨고(proceeds from the Father), 성부 및 성자와 함께 예배를 받으시고 영광을 받으시는 분"으로 묘사했다.15) 하지만 아우구스티누스는 성령이 성부와 "그리고 아들"(필리오케)에게서 나왔다고 주장했다. 그 뒤 589년 제3차 톨레도회의에서는 "필리오케"라는 단어를 삽입하여 기존의 신조를 수정했고, 809년 독일의 아헨대회에서는 이 견해를 신성로마제국의 공식 신조로 채택했다. 그러자 867년 콘스탄티노플의 초대주교 포티우스(Photius)는 서방교회 지도자들을 이단으로 규정했고,16) 동방교회와 서방교회는 분열의 씨를 배태하게 되었다.

왜 아우구스티누스는 성령을 성부와 성자로부터 나왔다고 주장하게 되었을까? 성자와 성령이 성부로부터 나왔다는 말과 성령이 성부와 성자로부터 나왔다는 말은 어떤 차이를 함축하고 있는가? 전자는 신성의 근원이 성부에게 집중되지만, 후자는 신성의 근원이 성부와 성자에게 동시에 모아진다. 사실 아우구스티누스가 필리오케를 주장한 것은 어쩌면 삼위일체론의 당연한 결론인지도 모른다. 왜냐하면 그는 성령을 성부와 성자를 연결하는 사랑의 끈으로 이해했기 때문이다. 그에게 성령은 '성부의 영' 또는 '성자의 영'이었던 것이다.

그렇다면 필리오케 교리가 후대 서방교회에 끼친 영향은 무엇인가? 그것은 성령의 사역을 그리스도의 사역에 종속시키는 결과를 낳게 되었다는 데 있다. 그 때문에 서방교회에서는 성령의 창조적 활동이 다소 제한되는 듯하다. 이는 달리 말하면 동방교회가 삼위 하나님의 개별사역을 강조하는 것과는 대조적으로 서방교회는 삼위 하나님의 협력사역을 중요하게 간주했다는 것을 의미한다.[17] 협력이란 차원에서 성령의 사역은 예수 그리스도의 사역을 연계하고 마무리하는 것으로 묘사된다. 이른바 '성령운동'을 강조하는 신학은 이런 제한된 성령의 사역에 대한 하나의 반동일 수 있다.

삼위일체의 현대적 논의

계몽주의 시대에 들어서면서 관심 밖으로 밀려났던 삼위일체가 다시 학문적 관심으로 떠오른 것은 20세기에 들어와서다. 로저 올슨(Roger Olson)은 1940년 이후에 삼위일체 교리에 대한 "흥미가 회복되고 반성적 숙고가 부활"한 것을 20세기 신학에서 "가장 위대한 경이들 가운데 하나"로 꼽았고, 프레드 샌더스(Fred Sanders)는 이를 "삼위일체론의 르네상스"가 도래한 것이라고 말했다. 특히 샌더스는 이런 현대적 관심이 19세기 초 낭만주의시대에 이미 싹트고 있었다고 진단했다.[18]

삼위일체론을 자신의 신학에서 가장 중요한 토대요 출발점으로 삼은 신학자는 칼 바르트였다. 그는 "자유주의적 개신교주의의 비(非)삼위일체론적인 흐름에 의도적으로 저항"했던 인물이었다.[19] 바르트는 자유주의신학이 내다버린 신비적 차원을 다시 들여왔다:

> 현대 개신교주의는 아마도 삼위일체론 및 동정녀 탄생과 함께 제3의 차원 전체를 상실했다. 제3의 차원은 … 만일 우리가 그것을 종교적 내지 도덕적인 진지함과 혼동하지 않는다면 … 우리가 '신비'라고 묘사할 수 있는 차원이다. 그 신비의 차원을 상실한 결과, 사람들은 모든 종류의 무가치한 대용품들로 그 자리를 채워야 하는 징벌을 받고 있다.[20]

샌더스는 바르트의 공헌 가운데 하나로 "기독교신앙의 구조 안"에 삼위일체를 회복하고 복원시킨 것을 들었다. 특히 그는 세 가지 측면에서 그 기여를 높이 평가했다. 첫째는 계시 간격, 즉 역사적 계시 사건과 하나님의 영원한 존재 사이의 간격을 메운 것이고, 둘째는 삼위일체를 계시 개념으로부터 전개한 것이고, 셋째는 삼위일체론을 해석학적 열쇠로 사용한 것이다.[21]

최근 삼위일체론의 강조점은 삼위일체 하나님과 인간의 유사점을 탐구하는 데 있다. 일링워스(J. R. Illingworth)는 "인간적 인격성과 신적 인격성"이라는 강연에서, 인간의 인격성이 "주체," "대상," "양자의 관계"라는 삼중적 형식에 근거하며, 그 점에서 인간의 인격은 삼위일체적이라고 주장했다. 이런 형식은 "관계"를 강조하면서 인간에게 "역동성"을 부여한다. 인간이 온전해지려면 내재적 삼위일체 하나님이 인격적인 것처럼, 하나님의 형상으로 지음을 받은 인간도 타자와의 관계에서 인격적이어야 한다는 것이다. 레오나르도 보프(Leonardo Boff)는 삼위일체론이 인류의 "총체적 해방"을 위한 기초를 제공하는 문제를 탐구했고, 존 지지울라스(John Zizioulas)는 인간이 하나님의 존재양식을 취하게 됨으로써, "세계와 함께하고, 다른 사람들과 함께하고 하나님과 함께하는 관계의 방식"을 갖게 되고 "교제의 사건"이 된다고 주장했다.[22] 볼프강 필립(W. Philipp)은 "나와 너와 그것"이라는 "인간학적 범주의 삼중성"을 모든 삼중성의 원천으로 간주하면서, 피조물은 "인간의 현실" "역사의 현실" "자연의 현실"로 나뉘지고, 인간은 "영-혼-육"의 삼중성으로, 역사는 "카이로스(시점)-크로노스(연대기적 시간)-에포케(시기)" 또는 "현재-미래-과거"라는 삼중성을 가진다고 설명했다.[23]

또한 1983년부터 1988년까지 영국교회협의회 연구위원회는 인간론을 삼위일체에 연결시켜 인간론이 "교회와 사회에 대해 지니는 특별한 의미"를 도출하는 보고서를 만들었다. 이 보고서에 따르면, "삼위일체 하나님이 인격적으로 존재하시는 방식을 제대로 아는 것은 사회와 그 특수한 구성원들의 관계에 대해 반문화적이지만 유망한 형식을 제공"한다. 또한 하나님은 "비인격적인 집단도 아니고 개체들의 집합도 아니며, 단일하고 고립된 존재도 아니시다. 삼위일체의 세 인격은 자유와 사랑의 교제 관계 안에서 결합되어 있다."[24]

삼위일체의 설명방식과 그 한계

삼위일체를 어떻게 설명할 수 있을까? 사실상 이성적으로는 그 개념조차 정확하게 파악하기가 쉽지 않기 때문에, 삼위일체의 존재방식에 대한 인식론적 한계는 인정되지 않을 수 없다. 하지만 조직신학은 어떤 방식으로든 그것을 설명해야 할 필요와 책임이 있는 학문이다.

경세적 삼위일체와 존재론적 삼위일체

데일 무디는 삼위일체를 존재의 두 '양태'라는 말로 규정하고, 현현으로서 경세적 삼위일체(the economic trinity)와 형이상학으로서 존재론적 삼위일체(the ontological Trinity)로 구분해 설명했다. 그의 설명에 따르면, 경세적 삼위일체는 성부, 성자, 성령의 연합 속에서 하나님의 역사적 현현에 강조점을 둔다. 이 삼위일체 신앙은 구약성경의 유일신 신앙에서 일탈된 것이 아니라, 논리적 발전이다. 이스라엘의 하나님은 야훼다. 이 야훼가 아들을 소유한다고 해서 유일신 신앙이 무익한 것은 아니다. 이스라엘은 오래 전부터 하나님의 아들이라는 개념을 알고 있었다. 예수 그리스도도 역시 하나님의 아들이다. 또한 신명기에서 중요하게 등장하는 주의 영은 성스러운 영이고(사 63:14), 주는 아버지로 묘사된다(사 64:8). 신약에서도 주, 아들, 영이 함께 언급된다. 초기 그리스도인들은 하나님 경험을 삼위일체적으로 묘사했다(유 1:20-21)). 따라서 삼위일체 신앙은 하나님 경배로부터 발전된 것이다(벧전 1:2). 그밖에 요한과 바울서신 등에도 삼위일체 양식이 발견된다.[25]

한편, 존재론적 삼위일체는 경세적 삼위일체가 하나님의 구체적인 현현과 관련하여 초대 교회에서 중요하게 취급되었다가, 점차 그리스의 영향으로 형이상학적 삼위일체로 자리를 굳히게 되면서 등장했다. 존재론적 삼위일체 신앙은 바로 경세적 삼위일체에 대한 신학적 확신으로부터 나온 것이다.[26] 그러나 이종성은 경세적 삼위일체가 초대교회의 현실적 신관을 해결하기 위해 나온 신관이라고 보았다. 그들은 하나님의 형이상학적 측면보다 하나님이 세계와 인류와 가지는 구체적인 관계에 더 중요성을 두었기 때문이다. 따라서 경세적 삼위일체는 삼신론과 종속주의라는 비판을 벗어나기 어려웠고, 그 결과 4세기 후에는 신학의 중심부에

서 밀려나고 말았다.27)

경세적 삼위일체와 존재론적 삼위일체는 옳고 그름의 문제가 아니라 표현방식의 차이로 보아야 한다. 삼위일체 하나님은 존재론적으로나 경세적으로나 하나님 자신과도, 그리고 하나님이 창조한 세계와도 상호 관계적이다: "한 하나님의 삼위성이 존재론적이기 때문에, 또한 그것은 기능적이며 경세적이기도 하다. 삼위성은 세계 안에서의 한 하나님의 사역들과 관련이 있다."28) 따라서 삼위일체 하나님에 대한 바른 이해는 세계에 대한 하나님의 섭리방식을 해석하는 시각에 '관계'라는 중요한 관점을 제공한다.

삼위일체의 비유적 설명

사람들은 삼위일체를 설명하기 위해 현상세계에서 흔히 발견되는 다양한 비유들을 사용한다: 얼음-물-증기, 계란의 노른자위-흰자위-껍질, 샘-개울-시내, 구름-비-안개, 남편-아버지-아들, 빛의 삼원색(빨강, 노랑, 파랑), 태양-열-빛 등. 그러나 이런 방식으로 삼위일체를 설명하는 것은 어느 정도 도움을 줄 수 있지만, 그 어떠한 비유도 삼위일체를 완벽하게 설명하지는 못한다. 대개 이런 설명들은 삼신론(tritheism)이나 양태론(Sabellianism)으로 빠지게 될 위험이 있다. 예를 들면, 남편-아버지-아들의 설명 방식은 전형적인 양태론이다. 한 존재가 세 가지 양태로 나타날 뿐, 동시에 한 공간에 셋으로 존재하지 않기 때문이다. 여기에는 삼위의 독립적인 인격이 보장되지 못한다. 계란의 노른자위-흰자위-껍질은 일종의 삼신론적 설명이다. 각각은 서로 분리되어 있기 때문이다. 양태론은 삼위 하나님이 동시에 존재할 수 없고, 삼신론은 삼위 하나님이 하나가 될 수 없다.

역설적 설명방식

삼위일체를 긍정적으로 접근해서 설명하는 것은 결국 우리의 능력과 영역 밖의 일이라 할 수밖에 없다. 이런 경우 전통적으로는 모순된 진술을 그대로 받아들이는 방법을 택해왔다. 예컨대, 아버지는 하나님이고, 아들도 하나님이고, 성령도 하나님이며, 동시에 아버지는 아들이 아니고, 아들은 성령이 아니고, 성령은

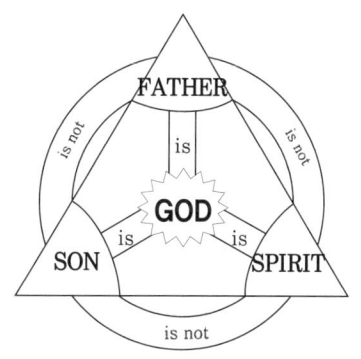

[그림5] 삼위일체의 고대 도해30)

아버지가 아니라고 설명하는 것이다. 다시 말해서, '이다'(is)와 '아니다'(is not)를 동시에 만족시키는 설명방식을 삼위일체 설명의 기준으로 삼아온 것이다([그림5] 참조). 하지만 우리의 현상 세계에서는 동일한 관계에서 "이다"와 "아니다"를 동시에 만족시킬 수 있는 것이 없다. 그것은 모순이기 때문이다. 그래서 삼위일체 하나님은 일견 모순으로 존재하시는 것처럼 보인다. 하지만 좀 더 엄밀하게 말한다면, 그것은 모순이기보다 역설 혹은 신비라고 해야 할 것 같다. 모순이 되려면 동일한 관계에서 A일 수도 있고 동시에 A가 아닐 수도 있어야 한다. 그런데 삼위일체 하나님은 본질이 하나이면서 동시에 셋이라고 하거나 인격이 하나이면서 동시에 셋이라고 하지 않기 때문이다. 역사적으로 표현했던 삼위일체 하나님은 본질이 하나이면서 인격이 셋인 존재이므로 논리적으로는 모순이 아닌 셈이다.29)

하나님과 우리의 존재방식은 근본적으로 다르다. 그래서 "하나님은 한 분이다"를 영어로 "God are one"으로 표기하기도 한다. 이를 범주침범(category transgression)이라고 하는데,31) 문법적으로 볼 때 이것은 분명 틀린 문장이다. 하지만 하나님의 존재방식은 문법에 제한을 받지 않는다. 하나님은 우리의 논리와 경험에 제한을 받는 분이 아니다. 그러므로 하나님은 인격이 셋이면서 동시에 본질이 하나이신 하나님이다.

삼위일체의 성경적 근거

성경은 논리적으로 삼위일체를 설명할 수 있는 근거를 충분히 제공해주지 않는다. 하지만 하나님에 관한 성경의 기본 개념과 입장은 살펴볼 수 있다. 성경은 일차적으로 하나님의 유일성 개념을 강조한다. 하나님은 오직 한 분이시다: "이스라엘아 들으라 우리 하나님 여호와는 오직 유일한 여호와이시니"(신 6:4). "네가 하나님은 한 분이신 줄을 믿느냐 잘하는도다 귀신들도 믿고 떠느니라"(약 2:19). 그러므로 성경의 하나님은 다신(多神)이 될 수 없다. 이것은 기독교신앙에서 결코 양보할 수 없는 대전제다.

구약의 삼위일체

구약은 삼위일체 교리와 관련해서 매우 중요한 하나님의 통일성 혹은 단일성을 담보한다. 삼위일체 교리는 하나님의 하나 되심을 파괴하지 않는 범위에서 설명되어야 한다. 그분은 결코 다중인격자가 아니다. 즉, 한 존재 안에 있는 세 인격이 아니며, 또 세 존재가 하나의 인격을 공유하는 것도 아니다(신 6:4; 고전 8:6). 여기서 '하나'는 단순히 숫자 하나를 의미하지 않는다. 왜냐하면 하나님은 "한계를 지닌 어떤 사물처럼 숫자를 적용할 수 있는 대상"이 아니기 때문이다. 그러므로 하나님의 '하나'는 하나님의 "무한성, 무제약성, 무차별성, 초월성"을 뜻하며, "여럿과 대립되는 상대적 하나가 아니라 절대적 하나"로 이해되어야 한다.[32]

그러나 구약에서는 삼위일체에 대한 명시적 표현이 발견되지 않는다. 점진적 계시의 차원에서 본다면, 구약은 아직 삼위일체에 관한 개념이 등장하지 않았다고 보아야 한다. 하나님을 복수형태인 엘로힘(Elohim)으로 호칭한다거나, 하나님이 스스로 당신을 칭할 때 "우리"(창 1:26; 사 6:8)라고 한 대목에서 어렴풋이 삼위일체의 흔적을 발견하려는 경향도 있지만, 그것을 삼위일체의 구체적이고 명시적인 근거로 보는 데는 한계가 있다.

신약의 삼위일체

신약에 오면 구약에 비해 삼위일체의 근거들이 다소 등장한다. 물론 그렇다 하더라도 그것이 삼위일체를 설명하기에 충분한 것은 아니다. 예수의 지상명령 가운데 아버지와 아들과 성령의 이름으로 침례를 주라고 한 것(마 28:19-20), 사도 바울이 고린도후서에서 축복기도를 할 때 그리스도와 아버지와 성령의 이름을 사용한 것(고후 13:13), 예수께서 침례를 받으실 때 삼위가 한 자리에 등장하는 모습(마 3:16-17), 혹은 요한복음서에서 삼위의 관계를 보내신 성부, 보냄을 받은 성자, 성자의 사역을 계속 이을 성령으로 설명한 것 등이 그것이다. 또는 바울의 구원과정을 설명할 때 그리스도와 아버지와 성령이 함께 사역한다고 밝힌 것(고후 1:21-22), 바울의 기도문에서 아버지, 성령, 그리스도가 함께 등장하는 것(엡 3:14-19), 그리고 요한일서 5장 7-8절에서 "증언하는 이가 셋이니 성령과 물과 피라 또한 이 셋은 합하여 하나이니라"라고 한 대목에서 삼위일체의 흔적을 발견하게 된다. 사본의 진정성 문제가 있기는 하지만 킹 제임스 역본(KJV)에서는 이 구절에서 "하늘에서 증언하는 이가 셋 있는데 아버지와 말씀과 성령이요 이 셋은 하나"라는 문장이 나오기도 한다. 삼위의 동일본질에 관한 성경의 증거를 제시하면 다음 [표3]과 같다.[33]

[표3] 삼위 하나님의 속성비교

	속성	성부	성자	성령
각 위격의 동일한 속성	영원	시 90:2	요 1:2; 계 1:8, 17	히 9:14
	능력	벧전 1:5	고후 12:9	롬 15:19
	전지	렘 17:10	계 2:23	고전 2:11
	편재	렘 23:24	마 18:20	시 139:7
	거룩	계 15:4	행 3:14	행 1:8
	진리	요 7:28	계 3:7	요일 5:6
	인자	롬 2:4	엡 5:25	느 9:20
동등한 세 위격의 사역	세상 창조	시 102:25	골 1:16	창 1:2; 욥 26:13
	인간 창조	창 2:7	골 1:16	욥 33:4
	그리스도의 침례	마 3:17	마 3:16	마 3:16
	그리스도의 죽음	히 9:14	히 9:14	히 9:14

은혜의 교리

삼위일체 교리는 합리적이거나 논리적으로 설명될 수 없지만, 기독교신앙의 본질이라는 점에서 결코 포기되어서는 안 된다. 허셀 홉스(Herschel H. Hobbs)는

「침례교인들은 무엇을 믿는가?」에서 삼위일체 하나님의 활동에 대해 다음과 같이 적절하게 설명했다:

> 구약에서 성부 하나님은 양옆에 성자와 성령과 함께 무대에 서 계신다. 복음서에서 성자 하나님은 양옆에 성부와 성령과 함께 무대에 서 계신다. 그리고 그 후 성령 하나님은 양옆에 성부와 성자와 함께 무대에 서 계신다. 세 위격은 모두 언제나 현존하시는데, 각 존재는 주어진 역사의 각 시점에서 더 현저히 계시하신다. 이것은 우리의 이해를 초월하는 신비다 하지만 그것은 엄연한 사실이다.[34]

삼위일체 하나님의 존재방식은 신비다. 이 교리는 궁극적으로 은혜의 체험에서 나온다. 그것은 우리의 이성의 한계를 초월하지만, "산만한 신학적 사색의 편린"이 아니라 "그리스도 안에서 겪은 인간의 다양한 구원 경험"에서 나온 것이며, 이런 경험을 "설명"하기 위해 필요한 것이었다.[35]

결론적으로 우리는 일체성(一體性)과 삼위성(三位性) 사이의 관계를 정확하게 파악하거나 설명할 수 없어도 이 둘을 모두 붙들어야 한다는 사실에 주목해야 한다. 이는 어쩌면 물리학에서 입자성과 파동성의 관계를 동시에 파악하려고 하는 시도와도 비슷한 설명방식이라고 할 수 있다.[36] 그럼에도 에릭슨의 말처럼, "우리는 신비를 설명할 수 없고, 오직 그 현존을 인정할 뿐"이라고[37] 고백하지 않을 수 없다. 우리를 향한 하나님의 구원의 계획은 삼위일체 교리를 절대적으로 요구하기 때문이다.

* * *

기독교신앙에서 삼위일체 교리를 포기할 수 없는 이유에 대해서 설명할 수 있어야 한다. 그리고 삼위일체 교리가 은혜의 체험에서 나온 것이라는 말은 무슨 뜻인지 깊이 묵상할 필요가 있다. 삼위일체는 기독교에서 믿는 하나님의 신비한 존재방식을 설명하기 위한 신학적 언어다. 비록 성경에는 이 단어가 문자적으로는 등장하지 않지만, 삼위일체의 개념을 통하지 않고는 설명할 수 없는 하나님의 존재와 그분의 활동이 다양한 방식으로 표현되어 있다.

또한 우리의 신앙체계 안에서도 자연스레 삼위일체 하나님의 개념을 요청한다. 창조하고 보존섭리하고 구원하고 완성하실 하나님의 활동은 언제나 그치지 않고 계속될 것이다. 삼위일체 하나님은 성부, 성자, 성령의 존재론적 하나 됨과 상호협력의 사역을 통해 그 일들을 이루어나가신다. 그러므로 믿는 자들은 각 위격의 하나님에게 그에 합당한 영광을 돌려드리면서, 하나이신 하나님을 찬양하는 것이 마땅하다.

하지만 합리적으로나 이론적으로 완벽하게 설명할 수 없는 삼위일체의 존재방식에 대해 지나치게 논쟁적이 되는 것은 바람직하지 않다. 또 자기의 절대화된 논리에 빠져서 좀 더 다양한 이해방식을 수용하지 못하는 것도 신학을 하는 데 크나큰 손실로 이어질 수 있다. 하나님은 우리 안에 현존하지만, 여전히 그분은 신비롭고 이해하기 어려운 존재다.

주(註)

1) Erickson, *Christian Theology*, vol. 1 (Grand Rapids: Baker Book House, 1983), 342.
2) J. Moltmann, 「삼위일체와 하나님의 역사」, 이신건 옮김 (서울: 대한기독교서회, 1998), 51.
3) Ibid., 107. 영어 economy는 헬라어 '오이코노모스'(oikonomos)에서 유래된 용어다. '오이코노모스'는 '오이코스'(oikos, 집)와 '노모스'(nomos, 규칙)의 합성어다. 즉, 법도가 있는 집, 규모 있게 살림하는 집, 살림살이 잘하는 집, 질서가 있는 집, 이런 집을 만들어 가는 것이 경륜이며, 현대적으로 경제라고 한다. [온라인자료] http://rbc2000.pe.kr/essay/47689, 2016년 4월 6일 접속.
4) Origen, *First Principles*, 1. 3. 8, Ted Peters, 「하나님-세계의 미래: 새로운 시대를 여는 조직신학」, 이세형 옮김 (서울: 컨콜디아사, 2000), 189에서 재인용.
5) Stanley Grenz, 「조직신학: 하나님의 공동체를 위한 신학」, 신옥수 옮김 (고양: 크리스챤다이제스트, 2003), 112-3.
6) Alister McGrath, 「신학의 역사」, 소기천 외 3인 옮김, 개정판 (서울: 지와사랑, 2013), 113.
7) Grenz, 조직신학, 112.
8) [온라인자료] http://hankyungseok.com/story/12704, 2016년 4월 7일 접속.
9) McGrath, 「신학의 역사」, 110.
10) Ibid., 116-7.
11) Ibid., 115.
12) Grenz, 「조직신학」, 113.
13) McGrath, 「신학의 역사」, 116.
14) Ibid., 66.
15) "Nicene-Constantinopolitan Creed," [온라인자료] http://orthodoxwiki.org/Nicene-Constantinopolitan_Creed, 2015년 8월 24일 접속.
16) Grenz, 「조직신학」, 114.
17) Ibid., 112-3.
18) Fred Sanders, "삼위일체," 「현대신학지형도: 현대신학 각 주제에 대한 현대적 개관」, 박찬호 옮김 (서울: 새물결플러스, 2016), 51-2.
19) Ibid., 79.
20) Karl Barth, *Church Dogmatics*, I/1, xiv, Sanders, "삼위일체," 80에서 재인용.
21) Sanders, "삼위일체," 82-5.
22) Kapic, "인간론," 「현대신학지형도」, 248-52.
23) W. Philipp, *Die Absolutheit des Christentums und die Summe der Anthropologie*, 1959, 401f., H. G. Pöhlmann, 「교의학: 조직신학의 독보적인 고전」, 이신건 옮김 (서울: 신앙과지성사,

2012), 196에서 재인용.
24) Kapic, "인간론," 255-6.
25) Dale Moody, *The Word of Truth: A Summary of Christian Doctrine Based on Biblical Revelation* (Grand Rapids: Eerdmans, 1981), 115-9.
26) Ibid, 115.
27) 이종성, 「삼위일체론」 (서울: 대한기독교출판사, 1991), 256, 257 참조.
28) Grenz, 「조직신학」, 119.
29) R. C. Sproul, 「모든 사람을 위한 신학」, 조계광 옮김 (서울: 생명의말씀사, 2015), 71.
30) H. Wayne House, *Charts of Christian Theology and Doctrine* (Grand Rapids: Zondervan Publishing House, 1992), 45.
31) Erickson, *Christian Theology*, vol. 1, 339.
32) 길희성, 「아직도 교회 다니십니까」 (서울: 대한기독교서회, 2015), 122.
33) House, *Charts of Christian Theology and Doctrine*, 49.
34) Herschel H. Hobbs, *What Baptists Believe* (Nashville: Broadman Press, 1964), 15.
35) McGrath, 「신학의 역사」, 108.
36) Gary Zukave, 「춤추는 물리」, 김영덕 역 (서울: 범양사, 2007); Fritjof Capra, 「현대 물리학과 동양사상」, 김용정, 이성범 역 (서울: 범양사, 2006).
37) Erickson, *Christian Theology*, vol. 1, 341.

5
하나님의 사역: 창조와 섭리

우리가 알거니와 하나님을 사랑하는 자 곧 그의 뜻대로
부르심을 입은 자들에게는 모든 것이 합력하여 선을 이루느니라
로마서 8장 28절

성경은 하나님을 일하시는 분, 즉 사역의 하나님으로 증언한다(시 57:2; 고후 6:1; 엡 4:6). 하나님은 어떤 일을 하시는가? 성경에서 말하는 하나님의 사역은 크게 세 가지로 구분될 수 있다. 첫 번째는 창조사역이고, 두 번째는 보존통치하는 섭리사역이고, 세 번째는 구원사역이다. 이 세 사역의 주체는 단연 삼위일체 하나님이시다. 그러므로 삼위일체 하나님은 창조하고 섭리하고 구원하실 때, 서로 협력하신다. 또한 하나님은 창조하시고 섭리하시고 구원을 완성하실 때 주권적으로 그 일을 하시지만, 인간과 다른 피조물들의 협력을 통해 그 일에 의미를 더하신다. 이 장에서는 창조사역과 섭리사역에 관해서 집중했고, 구원사역은 구원론에서 다루었다.

창조의 사역

하나님이 세상을 창조하셨다(창 1:1)는 진술은 어떤 점에서 모든 신앙의 근간(根幹)에 해당한다. 이 세상에 존재하는 모든 것들은 하나님으로부터 비롯되었다. 하나님의 창조는 어떤 필요성에 의해서라기보다 자유로운 사랑의 행위에서 나온 것이다.

창조의 동기와 방법

밀러드 에릭슨(Millard J. Erickson)은 "창조사역이란 존재하는 모든 것들을 어떠한 선재하는 재료들도 사용하지 않고 존재하게 하신 하나님의 사역"이라고 설명했다.[1] 하나님은 창조사역의 유일한 주체이며, 하나님의 창조사역 이전에는 이 세상에 그 어떠한 것도 존재하지 않았다. 이런 하나님의 창조를 우리는 '무(無)로부터 창조'(creatio ex nihilo)라 부른다.

창조 이전의 상태는 어떠했을까? 하나님의 창조가 '무'로부터 이루어졌다고 한다면, 창조 이전의 상태를 '무(無)' 즉 '없음'(nothingness)이라고 본 것인데, 과연 이 '없음'은 무엇을 의미하는 것인가? 어떤 이는 이 '없음'을 "'있음'에 대한 반대 개념이 아니라 우주가 존재하기 전의 상태, 즉 존재와 비존재를 넘어서는 어떤 것"이라고 풀이했다. 그리고 그런 상태는 창세기 1장 2절의 "혼돈의 상태"를 의미하는 것이라고 설명했다.[2] 이는 하나님의 창조를 이미 어떤 '혼돈의 상태'에 있는 무엇인가로부터 그 질서와 형체를 부여한 것으로 해석하려는 의도를 내포한다. 성경도 하나님이 창조활동을 할 시점에서 창조 이전의 상태를 "혼돈"의 상태였다고 말하는 것처럼 보인다: "땅이 혼돈하고 공허하며 흑암이 깊음 위에 있고 하나님의 영은 수면 위에 운행하시니라"(창 1:2). 그래서 하나님의 창조활동은 혼돈 가운데 있는 땅과 하늘을 향해 "빛이 있으라"(3절)고 명령하는 하나님의 행동에서 시작된다고 볼 가능성도 있다. 하지만 창세기 1장 2절은 1장 1절을 부연 설명한 것이라기보다 연속해서 이어지는 상황설명으로 본다면, 하나님의 창조활동은 1절에서 천지(하늘들과 땅)를 창조하는 것에서 시작해야 한다. 그러기 위해서는 창조 이전의 상태는 단순히 어떤 혼돈이 아니라, 비존재로서 무(無)로 보아야 한다.

또한 하나님은 세상을 창조하되 일부만 창조하신 것이 아니라 "모든 것"을 창조하셨다(롬 11:36; 엡 3:9; 골 1:16; 계 4:11). 하나님이 창조하신 것이기에 이 세계는 모두 본래 선하다(롬 14:14, 20). 하나님은 세상을 창조하신 후에 "보시기에 좋았다"고 다섯 번이나 말씀하셨다. 그러므로 이 세상에 존재하는 악(惡)은 하나님의 창조 결과가 아니다. 악을 그 모양이라도 버리라고(살전 5:22) 하신 하나님께서 악을 창조하실 리 없다. 하나님은 본성상 선하신 분이기 때문이다.

하나님이 창조하실 때 세상과 물질은 좋은 것이었기 때문에, 이 세상의 물질은 악하고 영의 세계는 선하다고 말하는 이원론(dualism)은 기본적으로 받아들일 수 없다. 그 점에서 성경은 인간의 육체를 죄악시하며 금욕주의에 빠지는 것을 경계한다. 인간의 육체는 선하게 이용될 수 있고 악하게 사용될 수 있다. 바울은 우리의 몸을 불의의 병기로 죄를 짓는 데 사용하지 말고 의의 병기로 하나님께 드리라고 권면한다(롬 6:13). 다만 인간의 타락 이후 물질세계는 공동 운명체가 되어 저주를 받았기 때문에(창 3:17) 물질은 악을 유발할 수 있는 대상이 되었을 뿐이다. 하지만 물질 그 자체는 악한 것이 아니다.

하나님은 무엇 때문에 이 세상을 창조하셨는가? 창조된 이 세상은 어떤 존재 의미를 가지고 있는가? 만물의 창조와 관련해서 기록된 성경구절들을 살펴보면 다음과 같다. 로마서 11장 36절에는 "만물이 주에게서 나오고 주로 말미암고 주에게로 돌아감이라"고 기록되어 있고, 골로새서 1장 16절은 "만물이 다 그로 말미암고 그를 위하여 창조"되었다고 선언한다. 이는 창조의 주체와 피조물의 운명에 대한 말씀으로써, 모든 피조물은 하나님에게서 나왔고, 하나님을 위해 존재하며, 궁극적으로 다시 하나님께 돌아간다는 것을 의미한다. 그런데 시편에 따르면, 그렇게 창조된 하늘은 하나님의 영광을 선포하고 궁창은 그 손으로 하신 일을 드러내며(시 19:1), 백성은 여호와를 찬송한다고 노래한다(시 102:18). 하나님은 영광 그 자체이기 때문에 그분이 하시는 모든 일은 그분의 영광을 드러내고, 온 세계는 하나님의 영광으로 충만하게 된다(민 14:21). 물론 하나님이 피조물에 의해 영광을 받아야 할 필요 때문에 이 세상을 창조하신 것은 아닐 것이다. 그래서 바울은 하나님에게 아무 것도 부족한 것이 없기 때문에 그분은 사람의 손으로 섬김을 받을 필요가 없다고 하지 않았던가(행 17:25). 따라서 하나님께서 오로지 홀로 영광을 받기 위해 이 세상을 창조하신 것은 아닐지라도, 하나님으로부터 창조된 모든 피조물은 하나님께 영광을 돌리는 것이 마땅하다(대상 16:29).

인간만이 하나님과 교제를 한다고 생각하는 것은 지나친 인간중심적 신앙이다. 모든 피조물이 하나님의 영광을 위해 지음을 받았고, 각자 자신의 형편대로 하나님과 교제를 나누고 있다. 산과 강이 그렇고 꽃과 나무가 그렇다. 그들도 자신들의 방식으로 하나님의 영광을 노래한다. 새와 사슴과 물고기도 하나님의 영광을 위해 존재한다. 따라서 모든 피조물은 공동운명체로서 하나님의 영광을 위해 서로 협력하며 살아야 한다. 생태학적 관점에서 보더라도 인간이 만물의 영장이라는 오만한 편견은 더 이상 설 자리가 없다.

창조와 과학

'창조냐 진화냐?'에 대한 해묵은 논쟁은 기독교신앙과 과학의 갈등을 끊임없이 증폭시켜 왔던 주제지만, 동시에 기독교 안에서도 풀어야 할 커다란 숙제를 남겼다. 특별히 이 문제는 하나님의 창조사역과 관련해서 성경의 기록을 문자적으로 접근하고 과학이라는 수단을 통해 그 사실성을 증명하려는 노력과 함께 더욱 더 확산되었다.

다윈의 진화론이 기독교에 악영향을 끼친다고 믿었던 사람들은 전통적으로 하나님의 창조사역을 설명해왔던 여러 신념체계가 파괴되거나 왜곡될 것을 우려했다. 그들은 진화론과 같은 과학이론이 하나님의 창조목적이라든지, 인간의 존엄성 등에 치명적인 손상을 입히게 될 것이라고 생각했다. 창조과학회의 등장은 이에 대한 하나의 반작용이었다.[3]

창조과학회는 대체로 지구의 나이 측정, 열역학 제2법칙을 근거로 진화론을 반대하며 화석의 생성 원인 등을 문제 삼는다. 나아가 이들은 진화론이 무신론, 공산주의, 나치주의, 인종차별주의 등과 연결되는 반기독교적 신앙과 윤리를 양산한다는 의혹을 강하게 제기하고 있다. 조정일은 창조과학의 기본 입장에 대해 다음과 같이 주장했다: (1) 과학도 객관적이거나 보편적 진리가 아니다. (2) 창조과학은 이미 답을 가지고 시작한다는 점에서 과학적이지 못하지만, "창조는 진화만큼 과학적이며, 진화는 창조만큼 종교적이다." (3) 창조과학은 성경의 설명모델이 자연현상을 가장 잘 설명할 수 있다는 것을 보여주는 학문이다. (4) 기본적으로 성경의 신실성을 믿는다. (5) 홍수관련 기사를 비유나 교훈으로 읽히기를 바라면서 그렇게 자세하고 명확하게 기술했다면, "그는 사기꾼임이 틀림없다." (6) "과학적 방법과 과학은 성경에 비하면 풋내기에 불과하다." (7) "역사적으로 진화론은 항상 인류에게 피해를 주어왔고(나찌의 인종학살, 인간실험조작 등) 현재도 주고 있다."[4] 따라서 창조과학에서 주장하는 내용들로부터 다음과 같은 가설들이 추론될 수 있다. (1) 무로부터 갑작스런 창조가 일어났다. (2) 돌연변이나 자연선택을 통해 진화 과정을 설명하는 것은 불충분하다. (3) 현존하는 종들은 고정되어 있으며 한 종이 다른 종으로 진화하는 것은 불가능하다. (4) 사람과 원숭이는 조상이 다르다. (5) 지질학적 형성은 대홍수를 통해 설명 가능하다. (6) 지구와 생물의 상대적으로 짧은 역사.

창조과학에 대한 부정적 반응은 크게 두 방향에서 나타났다. 하나는 과학자들의 반응이다. 이들은 창조과학이 과학이 아니라 근본주의 종교운동이며, 창조과학의 지구연대측정이 허황되다고 주장한다. 아더 피콕(Arthur Peacock)은 지구의 역사 45억년을 48시간으로 줄인다면, 포유동물은 최근 30분 전에 출현했고, 인류는 1초 전에 나타났다는 근거를 제시하며 창조과학을 반박했다. 또한 과학자들은 분자생물학을 통해 인간의 진화를 설명할 수 있으며, 진화론도 비윤리적이지 않다고 반박했다. 커트 놀(Kurt Noll)은 창조과학자들에게 과학자 흉내를 내지 말고, "쓰레기과학"을 버리라고 주장했다.5)

또 한쪽의 반응은 기독교 안에서의 비판이다. 이들은 기본적으로 성경을 해석하는 방법과 태도에 대해 문제를 제기하면서, 성경이 과학을 지배했던 "17세기의 비극"을 다시 연출하지 말라고 주문했다. 구약학의 입장에서 천사무엘은 창조과학의 성경관에 대해 다음과 같이 문제점을 정리했다: (1) 창조과학은 근본주의적 성경문자주의에 기초해있다. (2) 창조과학은 성경의 고대 세계관에서 기록된 내용을 과학적으로 증명하려고 한다. (3) 창조과학은 성경 안에 다양하고 상충되는 진술들을 고려하지 않고, 하나의 체계만을 절대화한다(예/ 창세기 1장: 빛-궁창-땅/식물-해/달/별-물고기/새/지상동물-사람-안식일; 창세기 2장: 사람-식물-동물-여자 순서로 언급. 창 6-9장의 홍수이야기: A형: 정결한 짐승 7쌍, 부정한 짐승 2쌍, 87일 홍수; B형: 모두 1쌍씩, 1년 11일). (4) 성경의 모든 내용을 과학적으로 증명하려는 것은 불가능하다. 성경은 초월적 존재인 하나님을 말하고 있고, "과학이라는 학문 분야는 하나님의 초월성을 다루는 것이 아니라, 하나님이 창조하신 유한한 피조세계를 다루는 데 한정되어 있기 때문이다."6)

창조과학의 방법론은 하나님의 창조사역을 과학적으로 증명하려 하고, 성경을 문자적으로 해석함으로써 오히려 하나님의 초월적 영역을 간과하거나 왜곡하게 된다는 비판을 받는다. 이런 태도는 오히려 성경을 우상화하거나 자신의 신앙을 절대시하는 오류를 범할 수 있다. 과학의 연구를 경멸하는 것도 문제지만, 모든 것을 과학적 방법으로 증명하려는 시도도 신앙의 본질에서 역행하는 행동이다. 성경의 기록은 창조 문제와 관련해서 '어떻게'(how)를 설명하는 것이 아니라, '왜'(why)에 대한 답을 추구하는 데 목적이 있다는 것을 주지할 필요가 있다. 신앙과 과학의 갈등은 단절이나 정복이 아니라 대화의 방법을 통해 풀어야 한다. 서로의 영역을 존중하면서 서로 돕는 관계가 되어야 한다.

섭리의 사역

섭리(providence)는 창조 이후 계속되는 하나님의 사역이다. 섭리는 그 특성상 일반섭리와 특별섭리로 구분될 수 있다. 일반섭리가 "창조 전체에 대해 행해지는 하나님의 돌봄"이라면, 특별섭리는 "특별한 수령자들을 향하거나 또는 정상적이지 않은(기적과 같은) 수단에 의해 수행되는 하나님의 활동"이라고 할 수 있다.7) 존 웹스터(John Webster)는 섭리론이 조직신학의 주요 주제이기도 하지만, 신자들에게 직접적인 영향을 끼칠 수 있다는 점에서 실천신학의 한 부분이라는 측면을 강조했다. 섭리론은 신자들에게 "방향성과 위로를 제공"할 뿐 아니라, "세상을 제멋대로 읽는 것이 아니라 질서 잡힌 현실로 읽을 수 있는 방법"을 가르쳐주기 때문이다.8)

섭리하는 하나님은 세상을 창조하고 뒤로 물러나 관망하는 하나님이 아니라 계속해서 이 세상을 주관하고 인도하는 하나님이다. 하지만 하나님의 계속적 섭리 개념은 '계속적 창조'(creatio continua)와 구분되어야 한다. 하나님의 세계창조가 완결된 창조는 아니고 세계가 닫혀있는 것은 아니라 하더라도, 계속적 섭리가 태초의 창조처럼 '무로부터' 창조를 의미하지는 않기 때문이다. 만일 그렇게 되면 하나님의 첫 창조가 불완전해서 계속 창조사역을 해야 한다는 의혹을 줄 수 있다. 섭리는 창조 행위와 불가분리의 관계가 있는 것은 사실이지만, 그렇다고 해서 그것을 창조사역과 동일시해서는 안 된다. 섭리는 기본적으로 "만든다기보다 유지하는 행위"기 때문이다. 웹스터는 섭리를 계속적 창조로 생각하면, "'존재하게 하는 것'과 '존재를 유지하는 것' 사이를 혼동할 뿐 아니라, 피조된 실재의 통합성과 안정성을 허'물게 되고, 창조세계가 하나님과의 관계 안에서 "현실적인 존재와

자유를 선사받는다는 사실을 파악하지 못하여, 하나님의 창조 행동을 오해"하게 된다고 경고했다.9)

물론 자연의 세계는 끊임없이 생성되고 다시 만들어지는 과정을 반복한다. 이런 점에서 '무에서의 창조'가 아니라 자연의 유지와 보존 차원에서 계속적인 '작은' 창조는 인정될 수 있다. 하나님은 세상을 보존하고, 통치하고, 협력하는 '섭리'를 실행하신다.

섭리의 일반적 의미

하나님의 섭리는 하나님의 주권과 매우 밀접한 관계가 있다. 하나님은 섭리를 통해 당신이 계획했던 목적을 주권적으로 달성하기 때문이다. 그래서 에드가 멀린스는 "하나님의 섭리는 그가 선택하신 목적을 이루기 위해서 우주를 인도하거나 통제하는 것"이라고 정의했다.10) 큰 맥락에서 보면 모든 것은 하나님의 섭리 가운데서 발생되는 것이라 할 수 있다. 만일 이러한 섭리신앙이 없으면 우리는 아무 것도 신뢰할 수 없고 미래를 희망할 수도 없다. 그러므로 그리스도인의 삶에서 섭리신앙은 대단히 중요하다. 하지만 간과해서는 안 될 문제가 있다. 그것은 그 섭리가 하나님이 원하시는 목적과 어떤 방식으로 이루어지는가 하는 것이다. 여기서 방식의 문제는 신학해석의 틀을 결정하는 관점을 제공한다.

섭리방식과 관련해서 하나님은 물리적, 도덕적 법칙과 상충하지 않는다는 주장에 주목할 필요가 있다. 하나님은 당신이 만들어놓은 세상의 법칙을 존중하면서, 동시에 당신의 형상으로 만든 인간의 자유의지를 제거하지 않은 채 섭리하신다. 도리어 인간의 자유를 존중하는 방식으로 섭리는 이루어진다. 이는 하나님의 섭리를 해석하는 매우 중요한 관점으로 작용되어야 한다.

따라서 섭리는 이미 주어진 어떤 것과 우리의 자유가 만날 때 완성되는 것으로 이해될 수 있다. 그런 맥락에서 랭던 길키(Langdon Gilkey)는 역사의 구조를 "운명과 자유의 양극성"(a polarity of destiny and freedom)으로 파악했다.11) 운명은 과거로부터 내려온 유산이고, 인간의 비인격적이고 의도되지 않은 요소로써 다가오는 것이다. 그러나 이 운명은 과거에 이미 결정된 고정불변하는 어떤 것이 아니라 오늘 나에게 경험으로 다가오는 것이다. 운명은 시간적 존재와 역사의 존재론적 구조의 버팀목이며, 역사의 의식 속에 있는 가장 의미심장한 요소다. 결코 운명은 우리가 창조할 수 있는 것이 아니다. 우리는 이 운명에 던져진 존재지만, 그렇다고 해서 그것이 우리를 체념으로 전락시키는 숙명(fate)은 아니다.

운명이 숙명으로 전환되는 것은 자유가 타락한 것이다. 그런 의미에서 교회가 숙명으로 떨어지면 죄악의 온상이 된다는 경고에 귀를 기울여야 한다. 이런 경우 종교는 매우 위험한 존재가 될 수 있다. 따라서 역사는 운명으로 우리에게 다가오지만, 이 주어진 상황에 굴복하지 않고 적절하게 반응하는 것이 바로 운명을 대하는 우리들의 자세가 되어야 한다. 운명과 자유의 양극성이라는 것은 역사가 현실태와 가능태의 양극성으로 다가온다는 말과 같다. 주어진 현실로서 운명과 가능성으로서 자유, 이 둘의 관계는 우리가 경험하는 사회적 정치적 사건들 속에서 우리의 존재론적 구조를 그대로 반영한다.

그러나 하나님이 모든 것을 섭리하신다고 해서 이 세상에 존재하는 죄와 악까지 하나님이 창조하셨다고 말할 수는 없다. 죄와 악이 존재하는 것은 하나님이 만드신 인간의 자유의지와 관련이 있다. 그리고 이것은 하나님의 허용적 차원에서 그 존재 이유를 물어야 한다. 하나님이 적극적으로 악을 의도하신 것은 아니지만, 전능하신 하나님이 그 악이 자행되도록 허용하신 것은 사실이기 때문이다. 데일 무디의 말을 들어보자:

> 하나님의 "뜻"(will)은 의지적 요소로서, 이를 통해 하나님의 목적으로 그의 부르심을 듣는 모든 사람들을 인도한다(사 49:8; 53:10; 시 51:19; 엡 1:11). 이 말은 일어나는 모든 것이 하나님의 뜻이라는 것을 의미하지 않는다. 일어나는 많은 것들은 자연법칙과 인간의 자유가 개입될 여지를 두는 하나님의 허용적 뜻에 의해 가능하다. 모든 것을 하나님의 직접적인 뜻으로 돌리는 사람들은 하나님을 두렵고 사랑하기 어려운 분으로 여기게 될 것이다.12)

그런데 때때로 하나님은 주권적으로 이 세상의 악을 선으로 바꾸신다. 요셉의 경우가 적절한 예다. 요셉은 "당신들은 나를 해하려 하였으나 하나님은 그것을 선으로 바꾸사 오늘과 같이 만민의 생명을 구원하게 하시려 하셨나니"(창 50:20)라고 고백했다. 슈타우퍼(Ethelbert Stauffer)는 이것을 "반전의 법칙"(Law of reversal)이라 불렀다.[13] 하나님은 인간의 악한 의도를 선으로 역전시키면서 이 세상을 섭리하시는 분이다. 그러나 어디까지나 악을 행하는 주체는 하나님이 아니라 인간이다. 그 악에 대한 책임 또한 인간이 감당해야 할 몫이다.

보존으로서 섭리

보존(preservation)은 하나님께서 만드신 우주를 주관하는 하나님의 행위다. 느헤미야는 하나님의 우주 보존을 이렇게 말한다: "오직 주는 여호와시라 하늘과 하늘들의 하늘과 일월성신과 땅과 땅 위의 만물과 바다와 그 가운데 모든 것을 지으시고 다 보존하시오니 모든 천군이 주께 경배하나이다"(느 9:6). 하나님은 창조하신 우주를 모두 보존하신다.

나아가 성경은 우주뿐 아니라 인간까지도 하나님의 보존 대상으로 강조한다. 요셉의 생애, 이스라엘의 출애굽, 다니엘과 그 친구들 등은 하나님이 그의 백성을 보존하신다는 증거다. 따라서 보존은 우주와 인간에 대한 하나님의 사랑 표현이라고 할 수 있다. 특히 하나님은 당신의 자녀들을 그리스도를 통해 지키신다고 약속하신다: "내가 확신하노니 사망이나 생명이나 천사들이나 권세자들이나 현재 일이나 장래 일이나 능력이나 높음이나 깊음이나 다른 아무 피조물이라도 우리를 우리 주 그리스도 예수 안에 있는 하나님의 사랑에서 끊을 수 없으리라"(롬 8:38-39).

하나님의 보존을 잘못 이해한 사상 가운데 하나는 이신론(deism)이다. 이신론은 17세기부터 자연과학이 발전하면서 "자기규제적인 기계장치로서의 자연" 개념의 등장과 함께 나타난 것으로써, 하나님은 단순히 자연의 "최초의 운동"만 제공할 뿐 "자연의 과정"에 관여하지 않는다고 주장하는 사상이다.[14] 에릭슨은 이신론적인 하나님의 사역을 자동차의 속도조절 장치에 비유했다.[15] 일정한 속도를 자동으로 유지하면서 달릴 수 있도록 만든 속도조절장치는 더 이상 운전자가 가속페달을 밟지 않아도 자동차가 자동으로 가게 만드는 장치다. 이신론은 하나님이 세상을 창조하신 뒤 법칙을 만들어서 이 세상이 자동으로 돌아갈 수 있게 만들었다고 설명한다. 그래서 더 이상 하나님은 이 세상의 일에 관여할 필요가 없다는 것이다. 하지만 이 사상은 이 세상의 일반법칙만 인정할 뿐 기적이나 하나님의 특별한 섭리사역을 인정하지 않는 문제점이 있다.

반대로 하나님의 보존방식은 소형전동드릴로 비유되기도 한다.16) 소형전동드릴은 사용자가 버튼에서 손을 떼면 저절로 멈춘다. 만일 하나님이 이 세상에 관여하지 않거나 손을 떼면 이 세상은 더 이상 돌아가지 않을 것이다. 그러므로 세상의 보존을 위해 하나님의 직접적인 개입은 반드시 필요하다는 것이다. 하지만 하나님의 섭리를 전동드릴로 비유하는 것도 문제가 없는 것은 아니다. 이 세상을 보존하시는 하나님의 섭리는 한시도 멈추거나 관심의 끈을 놓지 않는다는 데에는 동의할 수 있지만, 그렇다고 매사에 모든 일이 다 하나님의 특별한 개입과 적극적 섭리의 결과라고 보기는 어렵기 때문이다. 이 세상에서 일어나는 일들 가운데는 하나님이 원하지 않는 사건이나, 하나님의 뜻을 거역하고 발생하는 일들도 적지 않다. 그래서 하나님은 때때로 자연의 법칙에 따라 세상이 돌아가도록 바라보고 계실 때도 있는 것 같다. 만일 전동드릴처럼 하나님이 이 세상과 관계를 맺으신다면 이 세상에서 일어나는 모든 일이 다 하나님의 적극적 의지에 따른 결과라고 볼 수밖에 없다. 그러므로 전기드릴로 하나님의 섭리를 비유하는 것은 세상의 법칙과 하나님의 섭리를 지나치게 이원화하는 경향 때문에 문제가 된다. 이 세상에서 발생하는 일들 가운데는 하나님의 뜻과 무관하거나 반대되는 악(惡)도 있다는 점에서 더욱 더 그렇다. 그 점에서 악고론(惡苦論)은 바로 이 섭리문제와 함께 풀어내야 할 과제를 안고 있다.17)

하나님의 보존을 오해하는 또 다른 사상은 범신론(pantheism)이다. 범신론에서는 "만물을 유지하는 초월적인 신적 행위자를 의지하지 않고, 자연의 내부에 있는 한 가지 원리인 자연의 내적 구조와 역동성"으로 하나님을 대체한다. 여기서는 더 이상 창조자와 피조된 세계의 구별이 존재하지 않는다. 이신론과 범신론의 공통점은 "인격적인 신의 통치"라는 개념을 필요로 하지 않는다는 데 있다.18)

협력으로서 섭리

협력(concurrence)은 "보존의 활동을 특성화"하는 것으로써, "하나님의 섭리 사역이 단지 외부로부터 창조에 가해지는 힘에 불과한 것이 아니라 어떻게 창조에 통합적이고 내적인지를 말해"주는 것이다.19) 다시 말해서 협력의 섭리는 어떤 특정한 섭리의 목적을 달성하기 위하여 피조물의 활동을 하나님이 활용한다는 것을 의미한다. 하나님의 섭리는 일방적이고 절대적인 방식으로 행해지는 것도 있지만, 어떤 경우에는 특정한 목적을 달성하기 위해서 하나님은 피조물과 협력하신다는 것이다. 물론 하나님의 협력은 혼자 감당할 수 없거나 더 완벽하게 하기 위해 도움이 필요한 그런 협력이 아니다. 협력하는 섭리방식은 특별히 하나님이 인격적 관계를 통해 일하실 때 나타난다. 하나님은 인간의 인격적이고 자율적인 반응을 존중하기 때문에 인간의 참여를 열어두신다.

협력의 관계는 창조의 사역에서도 이미 작용되었다. 하나님은 세상의 모든 것을 창조하신 분이 분명하지만, 창조 과정에서 피조물의 능동적인 활동을 통해 창조의 협력이 이루어졌다고 본 점에서 성경의 기록방식은 다분히 이중적이다. 창세기 1장 24-25절은 그에 대한 적절한 근거를 제공한다: "하나님이 이르시되 땅은 생물을 그 종류대로 내되 가축과 기는 것과 땅의 짐승을 종류대로 내라 하시니 그대로 되니라. 하나님이 땅의 짐승을 그 종류대로, 가축을 그 종류대로, 땅에 기는 모든 것을 그 종류대로 만드시니 하나님이 보시기에 좋았더라." 이 본문을 보면 창조를 명령하신 주체는 하나님이지만, 실제로 가축과 짐승을 종류대로 생산해 낸 것은 땅임을 알 수 있다(24절). 그런데 그렇게 생산된 가축과 짐승을 25절에서는 하나님이 만드셨다고 말한다. 땅이 어떤 방법으로 가축과 짐승을 내었을까? 여기서 현대과학의 설명방식이 들어올 공간이 생긴다. 볼프하르트 판넨베르크는 이 대목을 다음과 같이 술회했다:

> 이렇게 땅에서 모든 생물이 탄생한다면 그것은 무기물에서 생명이 생긴다는 말인데, 신학에서는 오랫동안 이 점을 간파하지 못하고 있었습니다.... 성서에서는 이렇게 피조물이 동시에 창조의 수단이 되고 있어요. 그렇다고 해서 하느님의 역사(役事)가 지닌 의미나 그 위대함이 손상되는 건 결코 아닙니다.[20]

따라서 하나님의 주체적 창조사역을 전제한 상태에서는 진화방식의 설명도 어느 정도 수용이 가능할 수 있다. 하지만 그 방법이 어떻게 되었든 성경은 그것들을 만드신 분이 하나님이라고 선언한다.

우리의 기도는 하나님의 협력과 밀접한 관계가 있다. 보존하고 통치하시는 하나님의 섭리가 인격적인 인간의 활동과 함께 이루어진다고 말하는 것은 우리의 기도가 하나님의 섭리에 영향을 미칠 수 있다는 말이다. 기도는 하나님과 인간의 교제를 가능하게 하는 통로다. 어떤 경우에 인격적인 하나님은 독단적으로 일하기를 원하지 않으시는 것 같다. 하나님은 우리와 함께 선을 이루어 나가기를 원하신다. 히스기야 왕의 기도로 하나님의 뜻이 변경된 것이나(사 38:2), 고향에서 능력을 행하지 못한 예수의 경우나(막 6:6), 베드로가 요청함으로 그에게 물 위를 걷도록 허락하신 것(마 14:22-33) 등은 기도와 하나님의 섭리가 상관관계가 있음을 보여준다. 데일 무디는 다음과 같은 말로 기도의 중요성을 강조했다:

> 기도는 항상 1인칭 곧 나·너라는 믿음의 차원 안에 있다. 그것은 믿음의 기본적 형태로서 믿는 것은 기도하는 것이다. 사람은 하나님에 관해 기도하지 않는다. 하나님께 기도한다. 이와 관련하여 칼 바르트는 기도가 없는 곳에 신학도 없다고 주장했다! "신학적 작업은 단지 기도로 시작하는 것도 아니고 단지 그것으로 인해 완성되는 것도 아니다. 신학이 기도의 행위 안에서만 행해질 수 있다는 것은 진정으로 신학의 독특함이며 특징이다."21)

그러므로 하나님의 섭리와 기도는 하나님과 인간의 뜻을 나타내는 각각의 수단이다. 기도한다고 해서 항상 자기의 뜻대로 응답되는 것은 아니지만 섭리와 기도는 서로 협력하여 선을 이룬다. 로마서 8장 28절을 영어성경 RSV는 이렇게 번역하고 있다: "우리가 알거니와 모든 일에서 하나님은 하나님을 사랑하는 자 곧 그 뜻대로 부르심을 입은 자들의 선을 위해 협력하여 일하신다." 이것은 일종의 신인협력설(synergism)로써 하나님과 인간을 중심점으로 하는 그리스도 중심의 신학구도에 어울리는 해석방식이다.22)

통치로서 섭리

통치(government)는 만물이 존재의 목적에 따라 반응하도록 다스리는 하나님의 계속적 활동이다. 하나님은 당신의 목적을 이루기 위해 창조세계를 움직이신다: "여호와께서 그가 기뻐하시는 모든 일을 천지와 바다와 모든 깊은 데서 다 행하셨도다. 안개를 땅 끝에서 일으키시며 비를 위하여 번개를 만드시며 바람을 그 곳간에서 내시는도다"(시 135:6-7).

에릭슨은 하나님의 통치활동의 주요 특징들을 다음과 같이 일곱 가지로 설명했다. 첫째는 우주적 통치다. 하나님의 통치는 창조세계의 종류에 따라 법칙을 정한 대로 어디서나 적용된다. 우리가 의자에 편안히 앉아있거나 높은 곳에서 뛰어내리지 않는 것은 하나님의 통치하시는 법칙의 보편성을 신뢰하기 때문이다. 둘째는 모든 인류에게 적용되는 통치다. 악인이나 선인이나 하나님의 통치는 골고루 미친다(마 5:45). 셋째는 선한 통치다. 하나님은 궁극적으로 선을 이루어나 가신다. 넷째는 인격적 통치다. 하나님은 우리의 머리털까지 세시는 분이다(마 10:30). 그만큼 우리의 사정과 형편에 관심을 가지고 인격적으로 대우하신다는 뜻이다. 다섯째는 인간의 행동을 포함하는 통치다. 인간의 이성을 통해 의학을 발전시키고 그 기술을 이용해 질병을 치료하는 것도 하나님의 통치 방식 가운데 하나다. 여섯째는 주권적 통치다. 하나님은 결국 당신의 뜻에 따라 이 세상을 이끌어 가신다. 우리가 일시적으로 그 뜻을 거역하고 불순종할 수는 있다. 하지만 궁극적으로 하나님은 그 뜻을 이루신다. 그러므로 "만일 하나님의 뜻이라면 그 증거를 내게 이런 방식으로 보여 주세요"라고 요청하는 것은 하나님의 주권적 통치를 인정하지 못하는 잘못된 기도방식이다. 일곱째는 비숙명적 통치다. 역사에서 발생한 특정 사건이 하나님의 통치로 왜곡되지 않아야 한다. 히틀러의 행동도 하나님이 원하시는 일이었기 때문이라고 숙명론적으로 하나님의 통치를 해석하는 것은 옳지 않다.[23]

하나님의 통치를 잘못 이해한 대표적인 견해는 극단적 예정론의 한 형태인 숙명론(fatalism)이다. 모든 일을 팔자소관으로 돌리고 미래를 개척해보려는 노력을 하지 않는 태도가 여기에 해당한다. 통치에 대한 또 다른 극단적 오해는 우연론(casualism)이다. 이것은 숙명론에 정반대되는 입장으로써 아예 하나님의 통치 자체를 인정하지 않는 것이다. 모든 일은 다 우연의 소산이라고 생각한다. 이런 태도로는 하나님에 대한 간구와 기도가 불가능하다.

그 점에서 피조세계는 단지 수동적으로만 움직이는 것이 아니다. 피조세계는 "스스로를 유지하고 목적을 향해 움직여나가는 자신만의 운동"을 한다. 하나님의 섭리는 그런 피조세계의 운동을 배제하지 않는다. 웹스터는 이런 피조세계의 운동을 "목적론적 또는 역사적"이라고 규정하고, 섭리의 미래적 측면을 다음과 같이 설명했다: "섭리는 단지 과거로 거슬러 올라가 무로부터의 창조의 시원적 행동에만 관계되는 것만이 아니라 또한 앞으로도 향하며, 하나님의 구원하시는 사역 그리고 새 창조의 종말론적인 미래에 관계된다."[24]

하나님의 섭리와 악의 문제

하나님의 섭리와 관련해서 항상 등장하는 풀기 어려운 주제는 악과 고난의 문제다. "나는 왜 이토록 험하고 고통스런 삶을 살아야 하는가?" "이 세상에 존재하는 수많은 악의 현실 속에서 하나님의 섭리는 어떻게 이해해야 하는가?" 이런 질문들은 고난의 의미를 하나님의 섭리라는 관점에서 어떻게 해석할 것인가에 대한 답을 요구한다.

성경의 관점

욥의 이야기는 이유를 알 수 없는 고난 속에서 가슴을 찢고 있는 사람들에게 몇 가지 중요한 교훈을 주고 있다. 첫 번째 교훈은 우리가 당하고 있는 악과 고통이 우리의 죄 때문만은 아니라는 것이다. 욥의 친구들은 욥에게 죄를 추궁하며 회개하라고 했지만, 하나님은 그 세 친구들을 도리어 책망하셨다: "내가 너와 네 두 친구에게 노하나니 이는 너희가 나를 가리켜 말한 것이 내 종 욥의 말 같이 옳지 못함이니라"(욥 42:7). 그러므로 고통과 슬픔이 "나 때문에 일어났다"고 자책하며 죄책감에 빠지는 것은 문제해결에 도움이 되지 않는다.

그렇다면 왜 그런 일이 일어났을까? 여기서 욥기의 두 번째 교훈을 생각해볼 수 있다. 그것은 바로 하나님의 '허용하심'이다. 성경에 보면 사탄은 욥을 시험하여 넘어뜨리려고 했다. 그런데 하나님은 그것을 막지 않고 허용하셨다. 우리는 하나님이 왜 그것을 허용하셨는지 솔직히 알지 못한다. 이런 상황에서 욥이 할 수 있는 일은 둘 중에 하나를 선택하는 것이었다. 사탄의 시험에 넘어가 하나님을 원망하고 슬픔에 빠져 세상을 외면하든지, 아니면 하나님께 변하지 않는 믿음을 보여주며 의연하게 그 일을 헤쳐 나가든지. 하나님은 그런 시련 속에서도 욥이 하나님을 원망하고 저주하며 떠나지 않을 것이라는 것을 알고 계셨던 것 같다. 욥기의 초점은 욥이 하나님에게 그 원인을 따져 묻는 일을 그치고 마침내 하나님의 뜻을 깨닫고 순종했다는 것을 보여주는 데 있다.

여기서 우리는 욥기의 세 번째 교훈과 만난다. 그것은 어떠한 어려운 상황에 빠진다 하더라도 하나님의 주권을 인정하고 그 상황을 이겨내는 것이 신앙이라는 것이다. 욥기 마지막 장인 42장에 보면, 욥은 하나님의 주권과 전능하심, 그리고 하나님이 하시는 일은 자기가 깨닫기에 "너무나 신기한 일들"이었다고 고백한다. 욥은 "잘 알지도 못하면서, 감히 주님의 뜻을 흐려 놓으려 한" 것과 "잘 알지도 못하면서 함부로 말하고" 하나님께 따져들었던 것을 회개했다. 그리고 마침내 욥은 하나님의 뜻을 정확하게 이해하지 못하면서도 그것을 받아들일 수 있는 믿음의 사람이 되었다: "내가 주께 대하여 귀로 듣기만 하였사오나 이제는 눈으로 주를 뵈옵나이다"(욥 42:5). 욥은 지금까지 귀로만 들었지만, 이제는 눈으로 본다고 했다. 그러려면 욥과 같이 끊임없이 하나님을 대면해야 한다. 하나님을 피하지 않고 더욱 더 가까이 다가가는 것이 중요하다. 때로는 묻고 따지는 일도 필요하다. 그러면 지금은 도저히 설명될 수 없는 극심한 고통이라 하더라도 언젠가 이해하고 받아들일 수 있을 것이다.

신약에서 재앙과 하나님의 뜻에 관한 교훈은 누가복음 13장 1-5절에 두 개의 사건에서 찾을 수 있다.25) 첫 번째 사건은 의도적인 악행 때문에 무고한 사람들이 학살당한 것이고, 두 번째 사건은 자연재해 혹은 인재에 의해 구조물이 무너져 졸지에 18명이 참변을 당한 이야기다. 여기서 전하는 한 가지 중요한 메시지는 예수께서 인과응보의 천벌 개념에 대해 반대하셨다는 사실이다. 예수께서 참변을 당한 사람들이 그 자신의 죄 때문에 천벌을 받은 것이 아니라고 하셨다. 그러니 그들을 비난하거나 정죄하지 말라 하신다. 이는 전통적으로 재앙을 인과응보로 해석하는 관점을 완전히 뒤집어놓는 것이다. 두 번째 메시지는 회개해야 한다는 것이다. 누가 회개해야 할 대상인가? 성전에서 유대인의 피가 제물에 섞일 정도로 무자비하게 학살했던 빌라도와 로마병사들이 회개의 일차 대상이다. 독재와 폭력을 행하는 모든 인간은 회개해야 한다. 실로암 탑을 허술하게 만든 사람들과 그렇게 될 수밖에 없도록 사회적으로 구조적으로 부패를 저지른 사람들이 회개해야 한다. 세 번째 메시지는 그 책임을 하나님에게 전가해서는 안 된다는 것이다. 그 책임은 전적으로 우리에게 있다.

악과 하나님 통치의 함수관계

오거스터스 스트롱(Augustus H. Strong)은 악과 하나님의 관계를 다음과 같이 네 가지 경우의 수로 설명했다. 첫째, 하나님은 "죄를 방지"하신다. 하나님은 원천적으로 악과 재난을 차단하심으로써 우리를 보호하신다. 둘째, 하나님은 "악한 성향을 행하도록 허용"하신다. 하나님은 세상을 만드시고 운행방식을 정하셨고, 그 법칙 안에서 우리가 자유롭게 삶을 선택해 살아가도록 하셨다. 셋째, 하나님은 "악한 행동을 관리"하신다. 하나님은 세상을 대책 없이 방관하시거나 모든 것을 허용하시는 것은 아니다. 때때로 하나님은 우리의 삶에 개입하셔서, 꿈꾸는 자 요셉의 인생에서처럼, 악과 재난을 선한 것으로 바꾸신다. 넷째, 하나님은 악을 "제한"하신다. 아무리 악이 창궐한다 하더라도 하나님의 궁극적이고 절대적인 뜻은 파괴되지 않는다. 하나님은 악의 범위와 정도를 제한하신다.[26] 욥의 경우처럼, 재앙도 하나님의 주권 아래 제한된 파괴력만을 가질 뿐이다.

하나님이 적극적인 의지로 막으셨던 일들은 성경에서도 여러 차례 언급되어 있다. 창세기 31장 7절은 라반이 야곱을 해치지 못한 것은 하나님이 그 일을 막으셨기 때문이라고 말한다. 이런 하나님의 행동은 죄를 예방하는 차원에서 이해될 수 있다. 하지만 하나님이 적극적으로 막지 않고 어떤 일이 일어나도록 허용하실 때도 있다. 여기서 하나님이 허용하신다는 표현은 그 일이 일어난 것이 하나님의 적극적이고 의도적인 뜻이 아니라는 것을 의미한다. 이는 그것이 하나님의 적극적인 작정은 아니지만, 하나님의 구속사적 큰 그림 속에서 하나님이 참고 지켜보신다는 것을 뜻한다. 그렇다면 하나님은 당신이 원하지도 않는 일을 왜 허용하시는가? 그 하나님의 허용하심 때문에 수많은 사람들이 엄청난 고통과 슬픔을 겪게 되는 것이 아닌가? 분명 어떤 더 큰 목적이 있어서 그보다 작은 악을 허용하시는 것일 수도 있다. 아니면 모든 일을 하나님이 다 막고 간섭하신다면 그런 세상에는 어떠한 자유도, 그에 대한 책임도 존재할 수 없기 때문일 수도 있다.

하나님이 어떤 의도와 목적 때문에 악을 일시적으로 허용하신다는 신앙이 악으로 인한 현실적 고통과 그 무게를 간단히 해소시킬 수는 없을지 모른다. 하지만 하나님의 허용하심에 대한 신앙은 어떠한 악이라 하더라도 무제한으로 그 힘을 떨칠 수 없을 것이라는 희망을 제공한다. 하나님은 결국 그 악을 관리하시고 제한하실 것이기 때문이다. 이런 생각은 악의 문제를 논리적으로 해결했기 때문이 아니라 궁극적으로는 하나님에 대한 또 다른 우리의 체험을 통해 싹이 트는 것이다. 우리는 이를 '섭리신앙'이라고 부른다. 섭리신앙은 결국 하나님에 대한 신뢰와 믿음에서 나오는 것이다.

고난과 하나님의 뜻27)

"당신이 행복할 때 누군가가 당신을 위해 고난을 받고 있으며, 당신이 고난을 받을 때 누군가가 당신의 고난으로 인해 행복을 누리고 있다"는 말이 있다. 고난의 의미에 대해서 이처럼 긍정적이고 당당한 찬사는 일찍이 들어보지 못했다. 물론 모든 고난에 이런 의미를 부여할 수는 없을 것이다. 악한 일을 한 사람도 그로 인해 고난을 받기 때문이다. 하지만 그것은 고난이라기보다 형벌이라고 말하는 것이 더 타당하다.

어떤 계기로 고난을 받게 되었다 하더라도, 우리들은 고난 그 자체의 고통이나 두려움보다도 그 고난의 의미를 이해할 수 없거나 받아들일 수 없을 때 더욱 참아내기가 어렵다. "하나님이 존재하신다면 이 세상에 존재하는 악과 고난은 하나님의 뜻과 무슨 관계가 있는가?" "고난 속에서 하나님의 뜻을 어떻게 해석할 것인가?" 그리고 "나는 이 고난을 어떻게 받아들여야 하는가?"

우리는 고난이 결코 간단한 문제가 아님을 잘 알고 있다. 특히 하나님의 자녀, 즉 신자가 직면해야 하는 고난은 우리를 더욱 난감하게 한다. 기독교철학이나 조직신학에서 다루는 '악고의 문제'(the problem of evil and suffering)는 그런 의미에서 인간의 영원한 숙제요, 실존과 본질의 문제를 포함하여 하나님의 존재여부 문제와도 관련되어 있는 근본적 질문이다.

고난을 바라보는 시각

우리 주변에서 일어나는 고난의 사례들은 수도 없이 많지만, 그 고난들은 바라보는 관점에 따라 매우 다른 양상으로 이해될 수 있다. 고난을 어떤 시각에서 바라보는 것이 가장 바람직할까? 더구나 하나님의 뜻과 관련해서 우리는 고난을 어떻게 해석하고 받아들여야 하는가? 먼저 고난을 바라보는 잘못된 신앙관 두 가지와 교정된 시각을 각각 살펴본다.

잘못된 시각 1: 숙명적 신앙

고난에 대한 잘못된 시각 가운데 가장 으뜸이 되는 것은 "모든 고난이 하나님의 뜻"이라고 믿는 숙명적 신앙일 것이다. 언제나 그렇듯이 전칭(全稱)명제를 사용할 때는 매우 신중을 기울여야 한다. 과연 모든 고난은 하나님의 뜻일까? 내가 병들고 아파서 고통당하는 것이 하나님의 뜻인가? 만일 그렇다면, 나는 마땅히 고통 가운데 살아야 한다. 하나님의 뜻을 거역할 수 없으니까. 가정불화가 일어나 내가 배우자와 이혼한 것도 하나님의 뜻인가? 만일 그렇다면, 나는 그 뜻을 거역하지 말고 이혼해야 한다. 내 자녀가 교회수련회를 갔다가 불의의 사고를 당하는 것이 하나님의 뜻이라면 나는 그것조차 숙명적으로 받아들여야 한다. "모든 일은 하나님의 뜻"이라고 생각하면 욥이 당한 고통도 그 자체가 하나님의 의도된 뜻으로 해석된다. 하지만 우리가 당하는 고통은 그렇게 단순하지 않다.

"모든 일은 하나님의 뜻이다." "모든 것은 하나님의 뜻 안에서 이미 예정된 것이다." 이렇게 굳게 믿는 사람들에게는 어떠한 고난도, 그 어떤 형통함도 사실 문제가 되지 않을 것이다. 그들은 모든 것을 하나님이 절대적으로 주관하신다고 믿기 때문에, 정작 내가 할 일은 사실 아무 것도 없는 셈이다. 어쩌면 이런 자세는 세상을 살아가는 데 대단히 매력적인 태도일 수도 있다. 하지만 이런 자세 안에는 자신의 책임을 전부 하나님께 떠넘기려는 마음이 들어있지 않을까? 하나님과 인간의 관계는 언제나 그렇듯이 일방적인 것이 아니다. 하나님도 인격자시요, 우리 인간도 인격자이기 때문이다.

잘못된 시각 2: 방임적 신앙

두 번째 잘못된 시각은 첫 번째 것과 정 반대의 태도인 방임적 신앙이다. 방임적 신앙은 숙명론만큼이나 잘못된 신앙의 태도다. 방임적 신앙은 말 그대로 하나님이 우리의 삶에 개입하지 않으시고 방임하신다고 믿는 신앙이다. 이런 관점에서는 이 세상에 어떤 일이 일어나더라도 그것은 하나님의 뜻과 무관하다고 생각한다. 왜냐하면 하나님은 이 세상을 창조하고 보편적인 통치원칙을 세워 두신 후, 더 이상 세상의 역사에 간섭하거나 개입하지 않고 물러서 계신 분이라고 생각하기 때문이다. 신학적으로 이런 신관은 이신론(deism)이나 무신론의 태도와도 연결된다. 이신론적 신관이 반드시 방임적 신앙으로 흐르는 것은 아닐 수 있지만, 그런 신앙과 전혀 무관하다고 보기는 어려울 것 같다.

이 입장에서 보면, 우리가 당하는 고난은 결코 하나님의 뜻 일리가 없다. 하나님은 그렇게 시시콜콜 우리의 일에 간섭하시는 속 좁은 분이 아니다. 실제로 많은 신자들이 일상생활 속에서 이런 방임적 태도로 살아가고 있다. 마치 교회 밖에서 일어나는 일은 하나님과 무관한 듯 생활한다. 그러니 사업장에서의 마음과 교회 안에서의 마음이 180도로 달라질 수 있는 것이다. 교회를 향하면서 신자가 되었다가 교회를 떠나면서 자연인으로 돌아가는 형식적인 신자들이 얼마나 많은가? 이른바 '일상심'(日常心)과 '신앙심'(信仰心)이 서로 다른 사람들, 이들은 방임적 신앙 태도를 가지고 있는 대표적인 경우라고 할 수 있다.

건전한 섭리신앙

그렇다면 어떤 신앙이 건전한 신앙일까? 우리의 고난과 하나님의 뜻과 관련해서 바람직한 신앙은 위의 잘못된 두 가지 신앙 태도의 중도(中道)를 유지하는 것이다. 양 극단의 중도는 대개 정도(正道)일 가능성이 높다. 이 가능성은 고난과 하나님의 뜻을 가늠하는 데도 적용된다: "우리가 겪는 모든 고난이 하나님의 뜻은 아니지만, 우리는 그 고난 가운데서 하나님의 뜻을 찾아야 한다."

위 진술에서 우리는 하나님의 뜻이 하나의 의미로만 사용되지 않았다는 것을 발견할 것이다. 다시 말하면 하나님의 뜻은 단의적(單意的)인 것이 아니라, 다의적(多意的)이라는 말이다. 지금까지 하나님의 뜻이 오로지 한 가지 의미로만 사용됐기 때문에 여러 가지 혼란이 야기되었던 것 같다. 이 사실을 인식하는 일은 고난의 문제를 푸는 데 대단히 중요한 열쇠가 될 수 있다.

하나님의 뜻 구분

사람들은 위와 같은 문제를 해결하기 위해서 하나님의 뜻을 여러 가지로 나누어 설명하기도 한다. 아래의 내용은 두 가지 영역으로 나누어 하나님의 뜻과 인간의 선택의 문제를 설명한 것이다.

대상과 적용 범위에 따른 구분

어떤 사람은 전통적으로 하나님의 뜻을 "주권적인 뜻," "윤리적인 뜻," "개별적인 뜻"으로 구분한다. 주권적인 뜻은 "우주 안에서 일어나는 모든 것을 결정하시는 하나님의 감추어진 계획"이고, 윤리적인 뜻은 "사람이 어떻게 믿고 어떻게 살아야 하는지를 가르치기 위해 성경에 밝히 계시된 하나님의 명령"이며, 개별적인 뜻은 "각 사람의 삶을 위해 세우신 하나님의 이상적이고도 세부적인 계획"을 의미한다.[28]

하지만 이 구분은 하나님의 뜻을 적용 대상 내지는 범위에 의해 나눈 것이어서, 결국은 하나로 통합될 수밖에 없다. 주권적인 뜻과 윤리적인 뜻이 다를 수 없고, 개별적인 뜻이 또 그것과 다를 수 없기 때문이다. 다시 말하면 이런 식의 구분은 나에게 왜 이런 고난이 찾아왔으며, 그 고난 속에서 하나님의 뜻은 무엇인가 하는 질문에 대해서 적절한 답을 제공하지 못한다는 것이다. 다만 적용 대상에 따라 그것이 보편적인 하나님이 뜻인가(윤리적인 뜻), 아니면 구체적인 하나님의 뜻인가(개별적인 뜻)를 구분할 뿐이다.

예를 들어, 예수의 십자가 죽음이라는 사건은 결국 주권적인 면에서 볼 때도 그것은 하나님의 뜻이요, 윤리적인 면에서 보아도 하나님의 뜻이요, 개별적인 측면에서도 하나님의 뜻이다. 갓난아이가 갑자기 죽은 경우를 설명할 때도, 그것은 어느 측면에서 설명해도 하나님의 뜻이 되고 만다. 결국 모든 것은 하나님의 뜻이라는 결론이 나온다. 이것은 앞에서 살펴본 숙명적 관점과 크게 다를 바 없다. 그러므로 이런 분류는 이번 주제, 즉 신자의 고난 문제를 해결하는 데는 아무런 도움을 주지 못한다. 이것은 오히려 "내가 어떤 선택을 할 것인가?" "나의 길을 선택하는 데 하나님의 뜻은 무엇인가?"를 묻는 문제에서 적절하게 다루어질 설명 방식이다.

내용과 성격에 따른 구분

어떤 사람은 하나님의 뜻을 "의도적 뜻," "환경적 뜻," "절대적 뜻"으로 구분한다.[29] 하나님의 의도적 뜻은 일종의 "소망적 뜻"과도 같다. 이 입장에 따르면, 하나님은 본래 모든 인간이 다 잘 되고 구원받기를 원하신다. 아무도 고통 속에서 신음하고 괴로워하며 사는 것을 원하지 않으신다. 마태복음 18장 14절, "이와 같이 이 작은 자 중의 하나라도 잃는 것은 하늘에 계신 너희 아버지의 뜻이 아니니라"라는 주님의 말씀은 바로 하나님의 의도적인 뜻을 의미한다. 하지만 그런 하나님의 의도적인 뜻은 인간의 완악함과 죄악으로 인해서 도전을 받고 방해를 받게 된다. 여기서 인간의 완악함과 죄악까지도 하나님의 뜻인 것처럼 오해하지 않는 것이 중요하다. 그것은 하나님을 죄의 창시자로, 선하지 않은 분으로 만드는 결과만 초래할 뿐이다. 그러므로 하나님은 우리가 잘 되기를 원하시지만, 인간이 그것을 거부하면 하나님도 우리의 행복을 보장하지 않으신다는 논리적 결론이 나온다. 그 점에서 하나님의 의도적 뜻은 인간의 반응 여부에 따라 조건적이다.

하나님의 환경적 뜻은 인간들의 불순종과 반항으로 인해서 달라진 상황에서 나타난다. 예를 들어, 전쟁이라는 악한 상황에서는 독자(獨子)임에도 아버지는 자기 아들이 국가를 위해 싸우러 나가는 것이 자신의 뜻이라고 말할 것이다. 하지만 그것은 아버지의 본래 뜻이 아니다. 아버지의 의도적인 뜻은 아들이 건강하고 행복하게 살아가는 것이 아니겠는가? 하지만 환경이 달라졌을 때, 아버지의 환경적인 뜻이 나온 것이다. 처음부터 아들이 전장에 나가 피 흘리며 싸우는 것을 원하는 아버지는 없다.

하나님의 절대적인 뜻은 어떤 상황에서도 폐기되지 않는 하나님의 뜻을 의미한다. 이것은 하나님의 최종적인 뜻이라고 할 수 있다. 하나님의 의도적 뜻은 인간들에 의해서 무산될 수 있지만, 하나님의 절대적 뜻, 즉 인류를 구원하고자 하는 뜻은 그 누구도 방해할 수 없다. 그리스도의 죽음을 통해 오히려 하나님의 사랑이 드러났고, 주님의 부활하심으로 하나님의 능력이 나타났다. 우리는 그의 죽음을 통해서 구원을 얻는다. 하나님의 의도적 뜻은 깨졌지만, 하나님의 절대적 뜻은 성취된 것이다. 이 세 가지의 뜻을 정리하면 다음과 같다: 비록 우리가 주님을 받아들이지 않아(의도적 뜻이 무산됨), 그분이 십자가를 지게 되었지만(환경적인 뜻), 우리를 구원하시고자 하는 하나님의 뜻(절대적인 뜻)은 결코 무산되지 않았다.

이처럼 하나님의 뜻을 세 가지로 구분하면 우리 앞에 놓인 고난을 하나님의 뜻과 관련해서 이해하는 데 도움이 될 것으로 생각한다. 이런 방식으로 접근하면 우리 앞에 벌어진 모든 고난을 무작정 하나님의 뜻이라고 생각함으로써, 나 자신을 무기력하게 만들고 하나님을 잔인한 분으로 만드는 어리석음은 범하지 않을 것이다.

신자의 고난과 하나님의 뜻

신자에게 찾아온 고난, 그 고난에는 반드시 의미가 있다. 욥의 고백, "나의 가는 길을 오직 그가 아시나니 그가 나를 단련하신 후에 내가 순금 같이 되어 나오리라"(욥 23:10)는, 물론 본문의 본래 의미가 그런 뜻이 아니라 하더라도,[30] 일반적으로 신자들의 고난을 해석하는 데 최적의 말씀으로 간주되어 왔다. 어떤 고난이 찾아와도 나는 하나님의 지켜보심 아래 있다는 확신은 고난 가운데 처한 우리를 이끌어나가는 놀라운 힘이다. 고난 자체가 하나님의 뜻에 의해 발생한 것은 아니라 하더라도, 고난 안에서 우리는 하나님의 뜻에 따라 지혜롭게 삶을 선택할 수 있다. 이것을 위에서 설명한 하나님의 뜻 개념으로 다시 정리한다면, "우리가 겪는 모든 고난이 하나님의 절대적인 뜻은 아니지만, 우리는 그 고난 가운데서 하나님의 환경적인 뜻을 찾아야 한다"고 말할 수 있다.

어린아이가 뜨거운 물에 심한 화상을 입어 결국 세상을 떠났다면, 그것이 어떻게 하나님의 뜻이 될 수 있겠는가? 다만 여기서 우리가 찾을 수 있는 하나님의 일차적 뜻은 어린아이가 뜨거운 물에 화상을 입으면 죽을 수 있다는 하나님이 만드신 하나의 자연법칙일 뿐이다. 심한 화상으로 죽을 수 있다는 것은 물리적 현상인 동시에 비인격적으로 작용하는 하나님의 뜻이라고 할 수 있다. 만일 하나님의 인격적 뜻을 여기서 발견하고자 한다면, 우리는 위에서 설명했던 세 가지 하나님의 뜻으로 구분해서 사건을 해석해야 할 것이다.

하나님의 의도적인 뜻은 그 어린아이가 건강하게 자라서 하나님을 위해서 사람을 위해서 옳은 일을 많이 하는 것이다. 하지만 하나님의 의도적인 뜻과는 상관없이 어머니의 부주의는 어린아이를 죽음으로 몰아넣었다. 여기서 우리는 왜 하나님이 어머니의 부주의를 사전에 예방하지 않으셨는가를 따져 물을 필요는 없다. 다만 우리는 그 어머니가 부주의하게 된 것이 하나님의 뜻이라고 말할 수 없다는 사실만을 인정할 뿐이다. 이 세상에서 일어나는 모든 일들이 다 하나님의 적극적인 뜻일 수는 없다. 만일 그렇지 않다면, 지구상에서 일어나는 수많은 전쟁, 기근, 인권유린, 폭력 등도 다 하나님의 뜻이라고 말해야 할 것이다. 그러나 우리는 결코 그렇게 말할 수 없다. 히틀러가 600만 명의 유대인을 죽인 것도 하나님의 뜻이었을까? 사람들이 예수의 복음을 외면한 것도 하나님의 뜻일까? 하나님의 뜻을 의도적인 뜻, 환경적인 뜻, 절대적인 뜻으로 나누지 않고, 하나의 뜻으로만 간주한다면 이런 질문에 대답하기가 매우 어려울 것이다.

우리는 고난과 관련해서 우리가 책임져야 할 부분을 회피해서는 안 된다는 자세를 가져야 한다. 어린아이를 죽게 한 것을 위로한다고, "그 아이가 죽은 것도 하나님의 뜻이니, 너무 상심하지 마십시오." 이렇게 위로할 수는 없는 것이다. 그렇다면 그 상황에서 슬픔에 빠져있는 어머니를 어떻게 위로할 것인가? 아마도 하나님의 뜻을 구분한다면, 비록 비정하게 들린다 하더라도, 이렇게 말을 해야 하지 않을까? "비록 당신의 실수로 아이가 죽었지만, 그것은 이미 돌이킬 수 없는 일입니다. 하지만 당신이 이렇게 정신을 못 차리고 날마다 괴로워하는 것은 하나님의 뜻이 아닐 것입니다. 어쩌면 하나님은 이런 사건을 통해서라도 당신에게 무엇인가를 깨닫게 하실 것입니다. 그 뜻을 헤아릴 수 있기를 바랍니다."

우리는 목회현장에서 수시로 접하게 되는 신자들의 고난 때문에 얼마나 애통해 하며 크게 상심하고 있는지 모른다. 심지어 욥의 아내처럼, 고난을 견디다 못해 하나님을 저주하고 교회를 떠나는 사람까지 생기는 것이 목회현장의 현실이다. 따라서 이 문제를 해결하는 것은 목양(牧羊)의 가장 큰 관심사 가운데 하나임에 분명하다.

신자의 고난과 하나님의 뜻을 함께 설명하는 것이 결코 쉬운 일은 아니다. 하지만 누구도 그 문제를 피해갈 수는 없다. 이 문제가 하나님의 주권이나 예정 교리와 민감하게 관련되어 있기 때문에 섣불리 하나의 답을 제시하려는 것은 경솔한 행동이다. 하지만 한 가지 분명한 것은 우리가 현재 고난 가운데 있을 수 있고, 앞으로도 계속 고난을 받게 될 수 있다는 사실이다. 그리고 우리는 그 고난 가운데서 끊임없이 하나님의 뜻을 묻게 될 것이다. 개인적으로는 위에서 설명했던 하나님의 의도적인 뜻, 환경적인 뜻, 절대적인 뜻이 이 문제를 해명하는 데 다른 어느 것보다 더 탁월한 설명체계라고 생각한다.

　무엇보다도 고통을 당하고 있는 사람에게 가장 확실한 위로는 그들과 함께 하는 것이다. 분석하거나 정죄하는 태도가 아니라, 그 아픔을 함께 공감하고 받아들이는 것이다. "하나의 문이 닫히면 다른 문이 열린다"는 말처럼, 다른 문을 찾을 수 있도록 도와주고 그것을 신뢰하게 하는 것이 바로 섭리신앙이다.

　우리는 하나님과 이 세상의 불편한 관계를 신앙적으로 이해하고 극복하기 위해 다음과 같은 질문에 진지한 성찰을 해야 한다. 하나님의 주권에서 자기-제한의 의미와 그 개념이 필요한 이유는 무엇인가? 하나님은 이 세상에서 벌어지는 악한 일들에 대해 왜 즉각 개입하지 않는가? 악의 문제가 그리스도인의 신앙을 성숙하게 하는 데 어떻게 기여할 수 있는가?

* * *

　하나님의 존재방식과 사역방식을 제대로 이해할 때 그리스도인의 삶은 정도(正道)를 갈 수 있다. 삶의 현장에서 제기되는 난해한 질문들은 하나님에 대한 성경적 이해로 해결될 수 있기 때문이다. 하나님이 어떤 분이시고, 어떤 방식으로 이 창조세계를 인도하시며, 어떤 방법으로 인간과 피조물을 구원하고 완성해 나가시는지를 알게 되면, 그밖에 다른 문제들은 하나님의 섭리방식 안에서 어느 정도 설명될 수 있다.

　하나님의 섭리방식을 상호 관계적, 상호 인격적으로 이해할 때 우리는 통전적 신앙인이 될 수 있다. 하나님의 주권적 통치를 신뢰한다는 것은 신앙의 본질과 통한다. 하나님의 주권적 뜻을 도구화하거나 상품화하는 것은 신앙을 피폐하게 만드는 지름길이다. 그리스도인이 자신의 정체성을 잃어버리는 중요한 까닭 가운데 하나는 하나님의 섭리방식을 오해하고 왜곡하기 때문이다. 하나님의 섭리방식을 오해하면 결과적으로 하나님과 인간의 모든 관계를 잘못 풀 수밖에 없다. 조직신학의 다른 주요한 주제들, 즉 구원론과 교회론 등이 균형 잡힌 해석으로 나가려면 하나님의 섭리방식에 대한 성경적 이해가 선행되어야 한다.

주(註)

1) Millard J. Erickson, *Christian Theology*, vol. 1 (Grand Rapids: Baker Book House, 1983), 366.
2) 배철현, 「신의 위대한 질문: 신이 원하는 것은 무엇인가」 (서울: 21세기북스, 2015), 442-6.
3) 진화론의 도전에 대한 기독교계의 반응은 대체로 세 가지 방향으로 진행되었다. (1) 진화를 창조의 방법으로 수용하는 현대주의(Henry Drummond, Henry Beecher, Lyman Abbot), (2) 진화론을 무신론으로 규정하고 기독교신앙을 진화론적 관점에서 재해석하는 것을 반대하는 보수주의(Samuel Wilberforce, Charles Hodge), (3) 근본주의와 창조과학운동: 1935년 종교와 과학연합회(Religion and Science Association); 1941년 미국과학연맹(American Scientific Affiliation); 1963년 창조연구회(Creation Research Society) 결성. 선한용, "창조냐, 진화냐?: 창조과학회의 배경과 그 비판을 중심으로," 「기독교사상」, 1997년 2월호, 52-72 참조.
4) 조정일, "우리는 왜 창조과학을 지지하는가?" 「기독교사상」, 2007년 5월호, 178-88.
5) Kurt Noll, "기독교인이 창조과학을 지지할 수 있는가?" 「기독교사상」, 2007년 4월호, 180-93.
6) 천사무엘, "창조과학과 성서해석," 「대학과 선교」 제7집 (2004): 107-26 참조.
7) John Webster, "섭리," 「현대신학지형도: 현대신학 각 주제에 대한 현대적 개관」, 박찬호 옮김 (서울: 새물결플러스, 2016), 356.
8) Ibid., 356-7.
9) Ibid., 354-5.
10) Herschel H. Hobbs, *What Baptists Believe* (Nashville: Broadman Press, 1964), 26.
11) Langdon Gilkey, *Reaping The Whirlwind: A Christian Interpretation of History* (New York: Seabury Press, 1981), 8, 43. 길키의 섭리론은 "현대적 의식의 현저한 특징이라고 생각한 것에 비추어 재구성한 것"이라는 평가를 받았다. Webster, "섭리," 367.
12) Dale Moody, *The Word of Truth: A Summary of Christian Doctrine Based on Biblical Revelation* (Grand Rapids: Eerdmans, 1981), 152.
13) Erickson, *Christian Theology*, vol. 1, 400.
14) Webster, "섭리," 360.
15) Erickson, *Christian Theology*, vol. 1, 392-3.
16) Ibid., 393.
17) Thomas G. Long, 「고통과 씨름하다: 악, 고난, 신앙의 위기에 대한 기독교적 성찰」, 장혜영 역 (서울: 새물결플러스, 2014) 참조.
18) Webster, "섭리," 361.
19) Ibid., 355.
20) Hans-Peter Dürr 외 4인, 「신, 인간 그리고 과학」, 여상훈 옮김 (서울: 시유사, 2000),

119-20.
21) Moody, *The Word of Truth*, 156.
22) Herschel H. Hobbs and Eedgar Y. Mullins, *The Axioms of Religion*, Revised Edition (Nashville: Broadman Press, 1978), 66; Moody, *The Word of Truth*, 152.
23) Erickson, *Christian Theology*, vol. 1, 401-5.
24) Webster, "섭리," 356.
25) "그 때 마침 두어 사람이 와서 빌라도가 어떤 갈릴리 사람들의 피를 그들의 제물에 섞은 일로 예수께 아뢰니 대답하여 이르시되 너희는 이 갈릴리 사람들이 이같이 해 받으므로 다른 모든 갈릴리 사람보다 죄가 더 있는 줄 아느냐 너희에게 이르노니 아니라 너희도 만일 회개하지 아니하면 다 이와 같이 망하리라 또 실로암에서 망대가 무너져 치어 죽은 열여덟 사람이 예루살렘에 거한 다른 모든 사람보다 죄가 더 있는 줄 아느냐 너희에게 이르노니 아니라 너희도 만일 회개하지 아니하면 다 이와 같이 망하리라"(눅 13:1-5)
26) Augustus H. Strong, *Systematic Theology, A Compendium*, Three Volumes in One (Philadelphia: Judson Press, 1906), 423-5.
27) 김용복, "고난 속에서 하나님의 뜻을 어떻게 이해할 것인가?"「뱁티스트」, 43호 (2000년 3/4월): 49-58에 실린 글을 일부 수정.
28) Garry Lee Friesen and J. Robin Maxson, 「하나님의 뜻과 자유의지」, 장동민 옮김 (서울: 아가페, 1991), 37.
29) Leslie D. Weatherhead, 「하나님의 뜻」, 이천 수 역 (서울: 요단출판사, 1976), 11-63.
30) 본래의 뜻을 파악하는 데는 표준새번역을 참고하면 도움이 될 수 있다. "하나님은, 내가 발 한 번 옮기는 것을 다 알고 계실 터이니, 나를 시험해 보시면 내게 흠이 없다는 것을 아실 수 있으련만!"

6
인간의 본성: 하나님의 형상

> 하나님이 이르시되 우리의 형상을 따라 우리의 모양대로
> 우리가 사람을 만들고 그들로 바다의 물고기와 하늘의 새와 가축과
> 온 땅과 땅에 기는 모든 것을 다스리게 하자 하시고
> 하나님이 자기 형상 곧 하나님의 형상대로 사람을 창조하시되
> 남자와 여자를 창조하시고
> 창세기 1장 26-27절

인간이란 어떤 존재일까? 나는 왜 이런 행동을 할 수밖에 없을까? 이렇게 인간은 스스로 자기 자신에 대해 끊임없이 질문하고 자기 자신을 성찰하는 존재다. 인간은 유일하게 '하나님의 형상'으로 창조된 존재이기 때문이다. 따라서 인간의 자기 정체성을 성경적 관점에서 정립하는 일은 매우 중요하다. 인간처럼 아름답고 고귀한 존재가 또 어디 있을까? 하지만 반대로 이 세상에서 인간처럼 잔인하고 자기중심적인 존재도 없다. 그래서 인간은 가장 인간적이면서 또 가장 비인간적인 존재다. 인간은 한 없이 아름답고 사랑스러운 존재이면서도 반대로 가장 잔인하고 추한 존재다. 하나님이 창조하신 피조물 가운데 가장 독특하고 복잡한 존재는 아마도 인간일 것이다. 따라서 폴 틸리히(Paul Tillich)의 말에 따르면, 신학은 인간이 가지고 있는 "모순의 이중성"을 설명해야 한다. 한편으로는 인간의 "본질적" 측면이고, 다른 한편으로는 "소외된 실존"의 측면이다.[1]

인간에 대한 이해에는 생각보다 많은 방식의 접근과 다양한 견해가 존재한다. 일반적으로 많이 알려진 인간에 대한 정의 가운데는 사회적 동물, 이성적 동물,

생각하는 갈대, 도구를 사용하는 동물, 소우주, 내지는 '사이-존재'[人間] 등이 있다. 특히 인간을 설명하는 개념 가운데 '형이상학적 인간'(homo metaphysicus)은 인간만이 가지고 있는 독특한 특성을 잘 파악한 것이라고 할 수 있다. 인간만큼 자기 자신에 대해, 과거와 미래에 대해 성찰할 수 있는 동물은 아마도 없을 것이다. 인간은 "'동물적인 현실'을 넘어서면서부터" "자기 앞에 나타나는 현상들을 해석하고, 거기에 일정한 목표를 부여하며, 그 목표들을 감각기관으로 체험할 수 없는 영역으로 옮겨놓으려는 욕구"를 갖게 되는가 보다.[2] 그래서 인간은 현실세계를 초월하는 존재와 죽음 이후를 끊임없이 사유하고 그에 대한 대처를 하는 것 같다.

막스 쉘러(M. Scheler)는 서구의 역사를 통하여 등장하는 인간관을 다음과 같이 다섯 가지 유형으로 분류했다: (1) 신을 추구하는 존재로서 종교적 인간, (2) 이성을 본성으로 소유한 사유인, (3) 실증과학을 근거로 하는 공작인, (4) 이성을 부정하고 의지를 삶의 본질로 보는 디오니소스적 인간, (5) 현존재로서 인간의 초월을 주장하는 초인. 그는 이런 인간의 면모들을 종합적, 전체적인 차원에서 탐구해야만 인간의 본질이 파악될 수 있다고 주장했다.[3] 인간을 이해하는 문제는 우리가 어떤 관점에 서느냐에 따라서 서로 다른 결론을 얻을 수 있기 때문에 쉘러가 인간을 총체적으로 파악해야 할 필요성을 말한 것은 타당성이 있다.

사실 어떤 면에서 보면 인간에 대해 어떤 정의를 내리든 그런 해석들은 인간을 이해하는 하나의 방편에 지나지 않을 수 있다. 그러므로 어느 방법을 동원하더라도 인간의 본질에 대한 명쾌한 답은 쉽게 얻어지지 않을 것이다. 르페브르(Perry LeFevre)가 「현대의 인간이해」란 책에서 "현대에는 인간에 대한 어떠한 단일 견해도 월등한 것이라고는 없다"고 전제하고, 인간 이해의 다양성을 한계상황으로 인정한 것도 같은 맥락에서였다. 그럼에도 그는 모든 인간 이해가 기본적으로 세 가지 질문을 통해서 접근될 수 있다고 주장했다. 그 질문은 다음과 같다: 첫째, 인간의 잘못된 것은 무엇인가? 둘째, 인간의 본질은 무엇인가? 셋째, 잘못된 것을 극복하고 본질을 회복하는 방법은 무엇인가?[4] 르페브르의 설명에 따르면, 근대 학문들이 추구하는 목표도 결국 이 세 가지 질문에 대한 답을 찾는 과정이다. 그것을 기독교에 적용하면, 기독교의 인간 이해는 인간의 불신앙 때문에 하나님의 형상이 파괴되었고, 그것은 하나님의 은혜와 믿음을 통해 극복될 수 있다는 구조로 설명된다.

기독교신학에서 인간에 대한 연구가 중요한 이유는 그것을 어떻게 설명하느냐에 따라 신학적 패러다임이 결정될 수 있기 때문이다. 인간의 최초 상태가 어떠했으며, 타락 이후 인간에게 어떤 변화가 일어났는가? 죄는 어떤 방식으로 후손에게 전가되는가? 인간의 구성 요소는 무엇인가? 이런 질문들은 인간의 본질을 파악하는 데 주요하게 작용해왔고, 그에 대한 답변은 신학의 성향을 형성하는 데 결정적인 영향을 끼쳤다.

기독교신학에서 인간에 대한 연구를 중요하게 생각하는 또 다른 이유는 그것으로 불신 세계와 대화하는 데 공동의 관심 주제를 삼을 수 있고, 동시에 사회윤리의 기초를 마련할 수 있기 때문이다. 하나님에 관해 무관심한 사람이라 하더라도, 최소한 인간의 본질에 대해 호기심을 갖지 않는 사람은 없는 법이다.[5] 게다가 인간이 창조세계 안에서 어떻게 살아가야 하는가 하는 문제는 그리스도인의 삶에 중요한 영향을 끼칠 수 있으므로 윤리적으로도 밀접한 연관이 있다. 그리고 인간의 삶의 방식은 동시에 다른 피조물의 생태계와도 밀접한 관련이 있기 때문에 인간이해는 생태학적으로도 간과될 수 없는 무게를 지닌다.

인간의 기원과 정체성

인간의 본성을 이해하려면 인간이 어떻게 시작되었는가를 살펴보는 것이 좋다. 오늘날 인간의 기원 문제는 과학적 지식과 새로운 발견으로 인해 대단히 복잡하고 논쟁적인 주제가 되었다. 특히 과학에서 주장하는 진화론과 성경에서 선언한 창조론은 전혀 대화의 접촉점을 찾을 수 없을 것처럼 보인다. 그러나 기독교신학에서 인간의 기원을 묻는 것은 단지 어떤 객관적 사실을 밝히려는 목적보다 신학적으로 그 의미를 해석하는 데 더 중요한 의의가 있음을 기억할 필요가 있다. 따라서 신학과 과학의 대화는 단절되지 않고 계속 되어야 한다.

최초의 인간: 아담

성경에 등장하는 아담이 실제로 존재한 역사적 인물인가 아니면 상징적 존재 내지는 신화적 존재인가 하는 문제는 어제오늘의 논쟁거리가 아니다. 이런 질문은 성경에 기록된 특정 내용들의 역사성을 인정하느냐 하지 않느냐 하는 문제와 밀접한 관련이 있다.

신학 안에서 갈등: 외피와 내피의 결합

아담의 역사성 문제는 신학자들 사이에서도 논쟁이 끊이지 않는다. 전통적 입장에서는 아담을 역사적 인물로서 인류의 기원으로 인정한다(눅 3: 38; 롬 5:12-21; 고전 15:20-22). 하지만 신화적 견해를 지지하는 쪽에서는 아담을 하나의 상징일 뿐이며 인간 개개인을 대표하는 존재로 설명하거나, 아담이야기를 유아기의 어느 시점에서 겪는 인간의 타락과 도덕적 결단을 묘사하는 신화적 이야기로 이해한다.[6]

어떤 견해를 받아들여야 하는가? 어느 한 편을 극단적으로 주장하는 것보다는 두 견해를 상호보완관계로 이해하는 것이 좋다. 아담의 역사성을 외적 형식으로 하고 그 상징적 해석을 내적 의미로 할 때 상호보완이 이루어진다. 여기서 외적 형식과 내적 의미는 분리되지 않는다. 외적 형식이라는 사실(fact)을 토대로 내적 의미라는 교훈(lesson)이 담겨야 한다는 것이다. 그러므로 아담의 역사성은 외피를 이루고 아담의 상징적 의미는 내피에 해당한다. 아담의 역사성을 포기하지 않으면서, 그 안에 담긴 상징적 의미들을 함께 붙드는 것이 균형 잡힌 시각이다. 이런 입장이 견지되지 않는다면, 그 방향은 둘 가운데 하나로 갈 수밖에 없다. 하나는 아담의 역사성을 포기하고 상징적 의미만을 받아들이든지, 다른 하나는 아담의 역사성만을 주장하고 상징적 의미를 외면하는 것이다. 도널드 블뢰쉬(Donald Bloesch) 등 일부 복음주의자들은 아담이 "역사적으로 최초의 인간임과 동시에 모든 사람들에 대한 상징이라는 것을 전제"한다. 블뢰쉬는 타락을 "먼 옛날에 일어난 역사적 사건"이면서 "각각의 인간에 의해 체험되는 현실"이라고 보았다.[7]

신학과 과학의 갈등: 관점의 차이

신학과 과학은 연구의 관점과 목적에서 뚜렷한 차이가 존재한다. 성경에는 신학적 관심과 과학적 묘사가 섞여있기 때문에 종종 해석상의 충돌이 발생한다. 대체로 신학적 접근은 성경이 기록된 목적에 초점을 맞추지만, 과학적 시각은 성경의 문자적 표현에 집착하는 경향이 있다. 과학은 어떻게(how)에 관심이 있지만 신학은 어떤 목적으로(for what purpose)에 주목하기 때문이다.[8] 신학은 엄밀한 과학적 기준으로 접근하는 것이 아니라 계시적 신앙을 전제한다는 점에서 과학과는 다른 차원의 접근을 필요로 한다. 따라서 성경의 진정성을 과학의 세계에서 통용되는 언어로만 접근하면 소통이 되지 않을 수 있다.

성경을 해석할 때 과학적 방법론이 가지고 있는 가장 큰 문제점은 경험적으로 증명되지 않는 진리를 수용할 공간이 없다는 데 있다. 진화론의 문제점도 바로 거기에서 나온다. 진화론의 진짜 문제는 그것 역시 인간의 기원을 객관적으로 증명하지 못한다는 데 있다. 진화론은 입증된 법칙이 아니라 하나의 가설로서 의미가 있을 뿐이다. 그 점에서는 창조론도 객관적 차원에서 보면 크게 다르지 않다.

신학과 과학의 갈등을 풀어내기 위해서는 서로의 관점이 다르다는 것을 인식하고, 일차적으로 상대의 영역을 존중해주는 것이 필요하다. 진리에 대한 부분을 어느 정도 서로 공유할 수 있는지 살펴보고 그 영역을 넓혀나가려고 노력한다면, 그 간격은 점차 줄어들 것이다.

인간 창조의 신학적 의미

하나님이 인간을 창조하셨다는 것은 신학적으로 중요한 이중적 의미가 있다. 하나는 창조를 통해 인간이 독특한 독자적 존재가 되었다는 것이고, 다른 하나는 함께 의존해서 살아가야 할 사회적 존재가 되었다는 것이다. 인간이 독자적 존재로서 독특한 지위와 존엄성을 부여받았다는 증거는 인간이 하나님의 형상으로 창조되었다는 성경의 증언에 기본적으로 근거한다. 그 점에서 인간은 특별하고 위대한 존재다. 우리는 하나님보다 조금 못한 존재로 창조된 피조물이다(시 8:1-9). 게다가 인간은 피조물을 관리하는 권세를 받았기 때문에 창조주와 피조물 사이를 중재하는 중간적 존재라는 의미도 가진다.

또한 하나님 앞에서 창조되었다는 점에서 모든 인간은 하나님 앞에서 형제요 자매다. 어느 누구라도 인간을 대상화할 수 없고 소유할 수 없다. 인간은 오직 하나님에게만 종속된다. 그러므로 모든 인간은 다 동등하다. 이 사실이 무시될 경우, 인간은 이 세상에서 가장 추악한 존재로 돌변하게 된다. 사람이 사람에 대해 늑대(homo homini lupus)가 되는 일은 인간의 동등성과 존엄성이 파괴되었을 때 나타난다.

　인간은 하나님 앞에서 존귀한 존재이지만, 동시에 홀로 존재할 수 없는 창조물 가운데 한 부분이기도 하다. 창조된 인간이라는 말은 인간이 본질적으로 피조물로서 한계를 가지고 있다는 것을 전제한다. 따라서 인간은 자신의 한계를 인정하고 피조물로서 창조주에 대해 순종하는 자세를 가져야 한다. 어떤 경우에라도 인간은 결코 예배의 대상이 될 수 없다. 어느 누구도 하나님처럼 예배를 받는 자가 되어서는 안 되고, 어느 누구도 다른 사람을 숭배해서는 안 된다. 이 한계를 어기는 것은 하나님에 대한 도전이다. 그 점에서 인간이 자신의 독자성을 근거로 다른 피조물을 지배하거나 파괴할 특권이 있다고 주장하는 것은 창조신앙을 곡해하는 일이며, 성경의 진리를 거역하는 것이다. 헬무트 틸리케(Helmut Thilicke)의 말처럼, 인간은 "자연 속의 손님"으로 살아가야 할 존재다.9) 결코 인간이 자연의 주인행세를 해서는 안 된다. 하나님이 인간에게 특별한 자질과 권한을 부여한 것은 사실이지만, 그렇다고 해서 인간이 자연에 대해 폭력을 행해도 된다는 것은 아니다. 하나님은 인간이 자연을 잘 관리하고 돌보기를 원하신다.

인간의 본질: 구성요소의 이해

인간의 본질을 이해하기 위해 전통적으로 물었던 질문 가운데 하나는 인간이 어떻게 구성되었는가 하는 것이다. 이는 인간을 구성하는 요소가 무엇인가를 묻는 것이다. 인간은 몸으로만 이루어졌는가? 아니면 몸과 영혼으로 구성되었는가? 몸과 영혼은 서로 분리될 수 있을까? 영혼을 또다시 영과 혼으로 나누는 것은 과연 의미가 있는가? 전통적으로 신학자들은 자신들의 관점에 따라 이분설(dichotomism), 삼분설(trichotomism), 일원설(monotomism)을 각각 주장해왔다. 인간의 본질을 이해하기 위해 구성요소를 묻는 이런 질문은 기독교신학이 헬라철학의 영향을 받은 것이라는 단적인 증거이기도 하다.

구성요소의 전통적 견해

전통적으로 인간의 구성요소에 대한 세 가지 견해는 몇 가지 점에서 중요한 차이점을 보여준다. 일원설은 구조적으로 유물론적 입장과 비슷할 수 있지만, 생명의 근원을 창조주에 둔다는 점에서 다르다. 이 견해에서는 몸과 영혼이 둘로 분리된 채 존재하지 않으며, 성경이 죽음 이후에 영혼이 존재하지 않는다는 것을 암시한다고 주장한다. 따라서 사후에 영과 육의 분리가 일어나는 일이 불가능하거나 불필요하게 된다. 그럴 경우 전통적인 개혁주의에서 말하는 중간상태의 교리는 설 자리가 없다.

일원론적 입장을 가지고 있는 일부 신학자들은 살아있을 때는 분리되지 않지만, 사후 상태에서는 예외적으로 영혼과 육이 분리되는 것을 인정하기도 한다. 일원론적 주장을 뒷받침하는 성경적 근거는 일반적인 히브리 사유에서 전인적으로 인간을 이해한다는 점과, 신약에서 바울의 '소마'(soma) 개념, 그리고 다음과 같은 성경적 표현 등에서 확인된다(욥 17:13-16; 시 6:5; 30:9; 88:3-5; 사 38:18; 행 13:36; 고전 15:6).

이분설은 인간의 구성요소를 물질과 비물질로 구분한다. 흔히 물질은 배(ship)로, 비물질은 배 안에 있는 선장으로 비유된다. 영혼(spirit/soul)은 정신적인 것에 해당하며, 사유하는 실체로서 불멸하는 것으로 간주된다. 반대로 몸(soma/flesh)은 물질적인 것에 해당하며, 연장적인 본체로서 가멸 혹은 필멸적인 요소로 이해된다. 이 입장을 지지하는 사람들은 성경에서 영과 혼이 상호교차해서 사용된다는 점을 들어 삼분설을 거부한다. 그리고 성경이 영혼을 인간뿐 아니라 동물의 본질로도 설명한다는 근거를 제시한다. 따라서 인간과 동물의 구별은 구조적으로 이루어지지 않는다. 이에 대한 중요한 성경적 근거는 다음과 같다: 창 41:8; 시 42:6; 전 3:21; 12:7; 슥 12:1; 마 10:28; 20:28; 27:50; 요 12:27; 13:21; 눅 12:4; 23:46; 고전 5:3; 고후 4:11; 5:8, 10; 히 12:23; 계 6:9; 16:3. 하지만 이 견해는 인간과 짐승의 차이를 설명하기 어렵다는 점에서 삼분설주의자들의 비판 대상이 되기도 한다.

그리고 일원설 편에서는 이 견해가 여전히 영혼과 육의 관계를 이원화시킨다고 비판한다.

삼분설은 이분설을 더 세분화해서 인간을 영, 혼, 육으로 분리시킨다. 육(body)은 동식물과 동일하지만 조금 더 복잡한 구조를 가진다. 혼(soul)은 심리적 요소와 관련된 것으로, 인격적 특성, 이성, 감정, 사회적 상관관계 등을 관장한다. 영(spirit)은 종교적 요소와 관련된 것으로, 영적인 특성을 반영하며, 인간과 짐승의 차이를 설명하는 데 유용하다. 이를 뒷받침하는 성경적 근거로는 다음과 같은 구절들이 인용된다: 창 2:7; 눅 8:55; 마 27:50; 살전 5:23; 히 4:12; 고전 2:14, 3:4; 14:14-15; 약 2:26 등.

하지만 삼분설은 영과 혼을 나눔으로써 인간의 주체를 더 모호하게 만드는 경향이 있다. 과연 영과 혼의 분리를 어떻게 인지할 수 있는가 하는 것도 이 견해를 받아들이는 데 장애로 작용한다. 특히 영과 혼의 분리가 신앙생활과 일상생활을 분리하는 근거로 쓰이기도 한다. 또한 영은 죄를 짓지 않고 혼이 죄를 짓는다는 독특한 주장은[10] 성경적 근거가 모호하거나 없다는 비판을 피하기 어렵다.

게다가 삼분설적 이해는 영적인 일과 혼적인 일, 그리고 육적인 일을 지나치게 구분하여 성속의 이분화와 종교적 엘리트주의에 빠지게 하는 동기를 제공하는 문제점도 있다. 특히 이런 관점은 일부 성직자들이 "우리 같이 영적인 사람들은 너희들과 다르다"는 잘못된 특권의식을 갖게 하는 근거로 오용되기도 한다.

전통적 해석의 문제점

위에서 설명한 세 가지 견해는 그 나름대로 일리가 없는 것은 아니지만, 각각의 견해들이 가지고 있는 문제점도 적지 않다. 성경은 인간의 구성요소에 대한 질문에 어떤 답을 제공하고 있을까? 이 문제에서 무엇보다도 큰 난관은 성경이 일관되게 어느 하나의 견해를 지지해주지 않는다는 데 있다. 성경 여기저기에는 위의 견해들을 뒷받침할 만한 본문들이 보이지만, 그것들은 하나의 관점으로 통일되어 있지 않다. 따라서 어느 견해도 일반화될 수 없다는 한계가 있다. 다만 히브리적 관점에서는 인간을 전일적 존재로 보는 경향이 있고, 헬라적 영향을 받은 신약적 관점에서는 어느 정도 이분설적 경향이 함축되어 있다는 것을 말할 수 있을 뿐이다. 하지만 그 가운데 삼분설은 성경에서 영과 혼이 서로 교차 혼용되고 있는 정황이 분명하므로 그 근거가 가장 취약해 보인다. 그렇기 때문에 성경에 나온 용례들만으로 인간의 구성요소를 판별하기 위한 근거를 삼는 것은 설득력이 떨어진다고 할 수 있다. 이는 구성요소를 통해 본질을 파악하려는 시도가 성경적이지 않다는 것을 의미한다. 성경에 등장하는 여러 용어들은 기능적인 측면에서 발휘되는 하나의 현상을 설명하는 방편으로 간주하는 것이 무난하다.11) 이는 전인적 인간에게 두 가지 혹은 세 가지 기능상의 활동이 나타난 것으로 보는 것이 좋을 듯하다.

밀라드 에릭슨은 물질적 요소와 비물질적 요소의 관계를 "조건적 통일체"(conditional unity)라는 개념으로 다음과 같이 설명했다:

> 우리는 인간을 물질적 요소와 비물질적 요소로 구성된 통일적 복합체로 간주할 수 있다. 인간의 영적 요소와 육체적 요소는 언제나 구별 가능한 것이 아니다. 인간의 물질적 본성과 비물질적인 본성 사이에 투쟁은 없다. 그러나 이 복합체는 인간이 죽을 때 분해될 수 있다. 그리고 부활할 때 하나의 복합체가 다시 형성된다. 이 때 몸에 붙은 영혼은 더 이상 분리되지 않을 것이다.12)

이 견해는 본체론적인 입장에서 일원설, 구성적 입장에서 이분설로 보는 것이다. 이것은 '조건적 일원설'(conditional monism) 혹은 '이원적 일원설'(dual monism)이라고도 불린다. 인간을 창조할 때 동원되었던 요소는 성경에 따르면 흙과 하나님의 숨이다. 하지만 이것이 인간을 구성하고 있는 요소가 둘이라는 것을 곧바로 입증하는 것은 아니다. 다만 자연적 일원론은 하나님의 숨을 설명할 방법이 없으므로, 그것을 성경적이라고 말하기는 어렵다. 그에 비해 영적 일원론은 인간 창조에서 하나님의 기원을 고려한 것이므로 좀 더 성경적이다. 흙과 숨은 모두 하나님으로부터 온 것이지만, 이 둘이 함께 작용해서 인간이 되었다는 점에서 일원적이고, 둘이 하나가 되었으니 이원적 일원론이라고 할 수 있다.

생명이 있는 동안 인간은 기본적으로 분할되거나 분리된 것이 아니라 단일한 존재로 살아간다. 인간을 둘로 구분하거나 셋으로 나누는 것은 성경적으로도 현실적으로도 가능할 것 같지 않다. 살아있는 인간은 영혼과 몸이 하나로 이루어진

존재다. 데일 무디는 원어의 의미를 풀어 다음과 같이 설명했다:

> 히브리어 네페쉬(nephesh)는 생명의 원리를 의미하지만, 살아있거나 죽을 수도 있다(레 19:28; 민 6:6). 인간은 영혼을 가지고 있는 것이 아니라 영혼이다. 모든 생기있는 생물은 생령으로 묘사될 수 있다. 이 단어는 영어 번역에서 불명확하게 사용되었다. 인간에 관해 사용된 창세기 2장 7절과 동일한 구절이 동물들에게도 창세기 2장 19절에서 사용되었지만 영어 번역은 서로 다른 단어처럼 표현되었다.... 호흡을 가진 모든 생물은 네페쉬(영혼)다.13)

이런 해석은 지난 150년 동안 기독교적 인간론을 지배했던 이원론에 대한 신학적 재고를 반영한다. 칼 바르트는 이에 대해 다음과 같은 인상적인 진술을 남겼다: "인간의 인격은 존재하지 않을 수 있는 육체를 소유한 영혼이 아니라 육화된 영혼이며 영혼을 가진 육체다."14) 다만 인간이 생명을 다할 때 일시적으로 영혼과 몸이 분리될 수 있다고 보는 것은 어느 정도 전통적으로 받아 들여왔던 견해라 할 수 있다. 무디는 인간의 본질이 서로 다른 요소로 분할되지 않는다고 말하면서도, 예외적으로 죽음이라는 특별한 환경에서는 몸과 영혼이 분리된다고 보았다. 그는 영혼불멸이 성경에서 "낯선 사상"이며, 바울의 서신들에서 불멸은 "죽음 너머에 계신 하나님으로부터 오는 선물"(고전 15:53-55; 고후 5:4)이고, 오직 하나님만이 "본성상" 불멸하다고 주장했다(딤전 1:17; 6:16).15) 하지만 그는 죽음 이후에 이 둘이 분리된다고 말함으로써 여전히 영혼불멸설이라는 헬라철학의 영향에서 벗어나지 못했다는 비판에서 자유롭지는 못하다.

오늘날 "통전적 대안"(wholistic alternative)을 찾는 신학자들은 "인간 존재를 복합적인 기능들을 지닌 하나의 존재론적인 통일체"로 파악한다. 그 가운데 "이중양태적 일원론"(dual aspect monism)은 "물질적 차원과 비물질적 차원의 상호작용"을 하나의 실체가 표출하는 두 양태로 보았다. 또한 "단일론적"(unitary) 인간론을 주장한 존 폴킹혼(John Polkinghorne)은 인간존재가 "물리적 세계 안에서 행동"할 뿐 아니라 "관념들과 목적들로 이루어진 지적 세계에도 참여"할 수 있는 "하나의 심신 통일체"(a psychosomatic unity)요, "생명을 지닌 몸"(an animated body)으로 이해했다.16)

영혼의 기원 문제

인간의 본성을 영혼과 육체의 관계에서 설명하려고 할 때 제기되는 또 하나의 고전적인 질문은 영혼의 기원에 관한 것이다. 인간에게 영혼이 따로 존재한다면 그것은 언제 만들어진 것일까? 일반적으로 세 가지 견해가 그 답으로 제시되어왔다. 첫 번째, 영혼선재설(preexistence of soul)은 플라톤, 몰몬교, 오리게네스, 뉴에이지운동 등이 주장했던 견해로써, 본래 불변하는 영혼이 육체를 부여받아 인간이 되었다고 설명한다. 하지만 이런 주장은 성경적인 근거를 찾기가 쉽지 않다. 만일 이 주장이 성립되려면 하나님은 한꺼번에 수많은 영혼을 미리 창조해 두었다가, 인간의 육체가 만들어질 때 하나씩 배정을 하든가, 이미 만들어진 영혼들이 계속해서 윤회하는 방식으로 옮겨 다녀야 할 것이다.

두 번째, 창조설(creationism)은 로마 가톨릭, 개혁주의 전통에서 주로 주장되었던 견해로써, 하나님이 창조 이후에도 끊임없이 직접적인 창조 작업을 통해 그때그때 영혼을 새롭게 창조하신다고 설명한다. 하지만 이런 견해는 전통적인 원죄 교리와 조화되기가 어렵다는 약점이 있다. 왜냐하면 하나님이 원죄로 인해 파괴된 영혼을 창조하시는 결과가 되기 때문이다. 그렇게 되면 죄를 만들지 않으신다는 하나님의 선한 속성에도 부조화가 일어난다. 성경도 새로운 영혼을 계속해서 창조하신다는 것을 지지할 만한 근거를 제공하지 않는다.

세 번째, 유전설(traducianism)은 테르툴리아누스, 오거스터스 스트롱 등 다수의 복음주의자들과 루터파에서 주장하는 견해로써, 최초의 인간 아담에게 창조되었던 영혼이 그 후손에게 유전되어 내려간다고 설명한다. 심지어 16-17세기 루터교적 스콜라주의에서는 하와의 영혼조차도 아담으로부터 유래되었다고 주장했고, 이는 아담으로부터 원죄가 전가되었다고 믿는 근거로 작용했다.[17] 모든 인간은 "아담의 허리"에 있었기 때문에 아담의 범죄에 참여한 것이라고 해석하는 원죄의 죄책 문제와도 연결된다. 그래서 아우구스티누스는 아담을 모든 인류의 "자연적 머리"(natural headship)라고 본 것이다.[18] 하지만 모든 인류의 영혼이 한 영혼에서 유전된 결과라고 한다면, 어떻게 인간 개체의 특성을 보존할 수 있는가 하는 정체성의 문제가 제기된다. 그 경우 인간의 다양성을 설명하기가 어렵게 된다.

위에서 말한 세 가지 해석에는 몇 가지 중요한 공통점이 있다. 첫째는 이 교리들이 영혼의 불멸성이라는 헬라적 사고 위에 기초해 있다는 것이다. 한 번 창조된 영혼은 어떤 형태로든 결코 소멸하거나 죽지 않는다는 영혼불멸성은 성경의 가르침과 절묘하게 뒤섞이면서 기독교교리의 상당 부분에 깊이 침투해 들어가 있다. 이것을 성경적으로 올바르게 평가하는 일은 기독교교리를 바로 세우는 데 매우 중요한 작업이다. 둘째는 영혼을 인간 안에 있는 실체요 구성요소로 이해한다는 점이다. 하지만 이런 해석은 마치 영혼을 물질과 같은 것으로 이해하는 길을 열어두게 됨으로써, 인간의 본질을 물질과 비물질의 구도로 이해했던 전통적인 견해들과 상충하기도 한다.

그밖에 영혼출생설(generation theory)이라는 견해도 있다. 그 견해에 따르면, 아버지의 육을 따라 아들이 출생하듯이, 아버지의 영혼을 따라 아들의 영혼도 출생한다. 이 영혼은 단순히 부모로부터 유전되는 것이 아니어서 자기의 독자적 정체성을 가지게 되고, 동시에 유전적 의미에서 부모로부터 완전히 벗어나지 않기 때문에 전혀 새롭게 창조된다고도 말할 수 없다. 그러므로 새 창조나 유전이라는 개념보다는 출생이라고 설명하는 것이 더 설득력이 있어 보인다.

하나님의 형상 해석

최초의 인간은 어떤 모습이었을까? 타락하기 전과 후의 인간은 서로 다른 존재인가? 우리는 인간의 정체성을 어떻게 이해해야 하는가? 성경은 우리가 하나님의 형상으로 창조되었다고 선언한다: "하나님이 이르시되 우리의 형상(in our image)을 따라 우리의 모양대로(in our likeness) 우리가 사람을 만들고 그들로 바다의 물고기와 공중의 새와 가축과 온 땅과 땅에 기는 모든 것을 다스리게 하자 하시고 하나님이 자기 형상 곧 하나님의 형상대로 사람을 창조하시되 남자와 여자를 창조하시고"(창 1:26-27). 그밖에도 성경은 인간을 하나님의 형상이라고 줄기차게 표현하고 있다(창 5:1-2; 창 9:6; 고전 11:7; 약 3:9; 롬 8:29; 고후 3:18; 엡 4:23-24; 골 3:10).

그런데 여기서 한 가지 질문이 나온다. 구약성경은 하나님을 형상화하는 것을 엄격하게 금지하고 있음에도(출 20:4-5), 굳이 인간을 하나님의 형상으로 창조했다고 묘사한 까닭은 어디에 있는 것일까 하는 것이다. 이 대목에서 우리는 성경적 인간관의 특성을 발견할 수 있다. 이 특성은 고대 근동지방의 인간관과 비교해볼 때 더욱 분명하게 드러난다. 최초의 창조서사시로 알려진 「에누마 엘리쉬」(Enuma Elish)는 인간이 신의 노예 신분으로 창조되었는데, 더군다나 반역자 킹구(Kingu)의 피로 인간을 만들었다고 묘사한다. 그에 비해 성경에 표현된 인간 창조는 인간의 존엄성을 한껏 드높여준다. 인간이 하나님의 형상으로 창조되었다는 말이 함축하는 중요한 의미는 어느 누구도 다른 인간의 존엄성을 박탈해서는 안 되며, 반대로 누군가에 의해 박탈당해서도 안 된다는 것을 의미하기 때문이다. 인간이 하나님의 형상으로 창조되었다는 것은 "신의 창조 질서 안에서 인간이 차지하는 위치와 하나님과의 긴밀한 관계를 나타내는 선포"라고 할 수 있다.[19]

물론 성경이 말하려는 의도는 궁극적으로 모든 인간이 하나님의 형상을 회복하고 닮아가야 할 권리와 책임이 있는 존재라는 데 있다. 따라서 "인간은 신을 알고 사랑하고 순종할 뿐 아니라 신의 형상을 지닌 동료 인간들을 신처럼 사랑해야 한다."[20] 그런데 문제는 우리가 본받고 따라가야 할 본래의 모습인 하나님의 형상을 어떻게 해석하느냐 하는 것이다.

실체적 해석과 그 한계

전통적으로 하나님의 형상은 "인간의 본질 그 자체에 속한 그 어떤 특징 곧 신체적이거나 혹은 심리적-영적 특성"으로 해석되었다. 이를 "실체적"(substantive) 해석이라고 한다. 대표적인 신학자는 이레네우스(Irenaeus)였다. 그는 하나님의 형상을 형상(image)과 모양(likeness)으로 구분하고, 전자는 신체적 도덕적 특성이고 후자는 영적인 특성이라고 이해했다. 그리고 그는 인간이 타락한 뒤에 형상은 보존되었지만 모양은 상실되었다고 주장했다.[21] 따라서 이 견해에 따르면, 인간은 타락 후에도 신체적으로나 도덕적으로 혹은 이성적으로는 여전히 탁월하지만 하나님과 영적 교제는 할 수 없는 존재로 이해된다. 하지만 이런 해석이 안고 있는 근본적인 문제는 신체적으로나 이성적으로 제 기능을 하지 못하는 선천적 장애인들에게 심각한 정체성의 혼란을 초래할 수 있다는 데 있다. 왜냐하면 그들은 하나님의 형상이든 모양이든 아무 것도 남아있지 않은 형국으로 살아가야 하며, 그 결과 불가피하게 존재론적으로 인간이라고 부를 수 있는 반쪽짜리 근거마저 남지 않기 때문이다.

종교개혁자 마르틴 루터와 장 칼뱅도 하나님의 형상 문제를 실체적으로 접근했다. 하지만 이들은 형상과 모양을 둘로 나누는 것을 반대하고, 타락 후 하나님의 형상은 파괴되어 전적으로 무능력한 상태로 떨어졌다고 주장했다. 타락한 뒤 인간에게 남아있는 것은 "형상의 잔재 혹은 흔적"뿐이다.[22] 어느 정도 그 흔적이 남았음으로 우리 자신의 지식과 하나님에 대한 지식은 서로 연결되어 있지만, 하나님의 특별한 은혜가 없는 한 그것은 사실상 무용지물이다. 이들이 하나님의 형상을 둘로 나누지 않은 것은 다행한 일이다. 적어도 장애인과 비장애인의 차별은 막아주었기 때문이다. 하지만 그 대신 실체적으로 모든 인간에게 남아있는 "형상의 잔재"를 어떻게 해석해야 하는가 하는 문제를 숙제로 남겨두었다. 그리고 그들은 "형상의 잔재"가 무용지물과 같은 상태가 되었다고 선언함으로써 결국 하나님의 특별한 은혜가 불가항력적으로 작용할 수밖에 없는 이론적 기초를 제공했다.

하나님의 형상이 얼마나 파괴되었느냐 혹은 파괴되지 않았느냐 하는 문제는 신학적 패러다임을 결정하는 중요한 사안이다. 하나님의 형상이 파괴된 정도에 따라 인간론과 구원론에 대한 이해가 달라지기 때문이다. 인간의 윤리적 책임성이라든지 하나님의 복음을 받아들이거나 거절할 수 있는 능력이 남아있다고 보는 쪽과 그렇지 않다고 보는 쪽은 모두 하나님의 형상 이해의 근본적인 차이에서 비롯된 것이다.

또한 하나님의 형상에 대한 실체론적 해석은 인간복제와 관련해서도 복잡한 문제를 야기한다. 과학적으로 아직 그 실체가 정확하게 규명되지는 않았지만, 인간복제에 관한 연구는 이미 많이 진행되었고 현실적인 문제로 다가왔다. 만일 인간복제가 현실화된다면, 복제된 인간과 하나님의 형상 문제는 어떻게 설명되어야 하는가? 이 문제는 앞으로 신학과 과학의 좀 더 긴밀한 대화를 통해 풀어가야 할 것이다.

관계적 해석과 그 특징

하나님의 형상을 어떤 자질이나 신체적 혹은 도덕적 특성으로 이해하지 않고 관계적(relational)으로 파악한 대표적인 신학자는 칼 바르트(K. Barth)였다. 초기 바르트는 인간이 하나님의 형상이라는 사실을 인정하지 않았지만, 후기 바르트는 인간이 그리스도 안에서 하나님의 형상이 될 수 있으며, 그것은 다만 "존재의 유비"가 아니라 "관계의 유비"로 설명이 가능하다고 주장했다.[23] 바르트의 설명에 따르면, 하나님의 형상을 인간의 특별한 속성이나 태도에서 찾는 것은 바람직하지 않다. 하나님의 형상은 "하나님과 인간 사이의 수직적 관계뿐 아니라 인간 사이의 수평적 관계"로 이해되어야 한다. 하나님의 형상은 하나님께서 인간을 "동역자"(partner)로 만드셨다는 사실과 관련이 있다. 인간이 하나님과 관계를 맺을 수 있다는 점에서 인간은 신적 존재의 "반복"(repetition) 혹은 "복제"(duplication)다. 그래서 "하나님의 본성이 반영된 인간은 하나님과의 관계를 경험할 뿐 아니라 또 다른 인간과의 관계도 경험한다."[24] 그런데 인간은 완벽하게 그 관계를 파괴한 존재가 되었다. 더 이상 인간에게는 어떠한 구원가능성도 남아있지 않다. 그러므로 우리가 잃어버린 하나님의 형상을 회복하는 길은 하나님의 특별한 은혜와 예수 그리스도를 통해 하나님과 인간의 관계, 인간과 인간의 관계, 인간과 자연의 관계 속에서 사랑을 실천할 때뿐이다.

에밀 브루너(Emil Brunner)도 관계적 접근을 시도하면서, 하나님과 인간의 접촉점을 강조했다. 그는 하나님의 형상을 "형식적 형상"과 "내용적 형상"으로 구분했는데, 형식적 형상은 책임성으로, 내용적 형상은 구원 가능성으로 보았다. 인간이 타락한 이후에 파괴된 것은 구원 가능성이다. 다시 말하면 형식적 형상으로 볼 때, 인간은 다른 피조물과 구별되는 어떤 능력, 즉 책임성을 가지고 있는데 타락 이후에도 그것은 남아있다는 것이다. 이 대목에서 브루너는 바르트와 길을 달리한다. 브루너는 책임성에 대해 이렇게 말했다: "모든 것은 이 책임성을 기초로 가능하다. 책임성이 사람으로 하여금 죄의식을 갖게 한다. 그리고 예수 그리스도를 통한 화해와 모든 역사적인 삶보다 앞서 존재하는 일반계시의 실재 위에 책임성이 자리 잡고 있다."[25] 물론 브루너는 이 책임성이 제한된 자유요 신적 자유로부터 구분되는 인간의 자유라는 점을 간과하지 않았다. 오직 이 제한된 자유는 하나님에게 반응할 수 있는 범위에서 자유인 것이다.[26]

하나님의 형상은 인간의 존엄성을 뒷받침하는 성경적 근거다. 그것이 실체로 해석되든 관계로 해석되든 하나님의 형상은 인간의 정체성을 밝혀주는 기독교 인간론의 핵심 사상이라고 할 수 있다. 어떤 점에서 보면 실체적 해석과 관계적 해석은 상호 보완되어야 할지 모른다. 실체가 빠진 관계는 허무하고 관계가 결여된 실체는 무의미하기 때문이다. 그 점에서 실체적으로는 인간이라는 존재를 하나의 외피로, 관계적으로는 사랑을 내피로 이해하는 것이 좋을 것 같다. 그리고 인간을 다수의 구성요소로 분리한다거나 인간의 본질을 영혼의 측면에서만 이해하지 말고, 전인적(holistic) 존재로 이해하는 것이 바람직하다.

그렇더라도 하나님의 형상이 범죄로 인해 어떻게 변했는가 하는 것에 대한 신학적 입장 차이는 쉽게 해소되기 어려워 보인다. 만일 인간의 타락 이후 하나님의 형상이 모두 파괴되었다고 믿는다면, 인간의 구원 가능성은 오직 하나님의 전적인 주권에 의해서만 가능해진다. 이것은 하나님 중심의 단독설적 구원관과 맥을 같이 한다. 그러나 하나님의 형상이 완전히 파괴되지 않고 부분적으로 파괴되었거나 구원사건 이전에도 선행은혜에 의해 어느 정도 회복된 것이라면, 하나님-인간 중심의 협력설적 구원관으로 나가게 된다. 그리고 인간의 타락이 전적으로 개별적인 사건으로서, 하나님의 형상은 파괴되지 않고 인간의 탄생과 함께 본래 주어진 선물이라면, 그것은 인간 중심의 단독설적 구원관으로 발전하게 된다.

결론적으로 우리는 하나님의 형상으로 창조된 존재가 지니는 이중적 의미를 다시 한 번 강조할 필요가 있다. 하나는 하나님 앞에서 언제나 피조물로서 우리의 한계를 잊지 말아야 한다는 것이고, 다른 하나는 하나님의 형상으로 존귀한 존재로 창조되었다는 것에 감사할 수 있어야 한다는 것이다. 인간은 그렇기에 죄인이면서 의인이요, 자유인이면서 책임적인 존재다. 그러므로 하나님의 형상은 궁극적으로 그리스도인이 이루어나가야 할 삶의 목표라고 할 수 있다. 이 점에서 하나님의 형상을 현재의 과정으로 인식하는 데일 무디의 해석은 인상적이다:

> 그리스도 안에서의 하나님 형상, 즉 그리스도를 믿고 그 안에 있는 자들에게 주어진 바로서 하나님의 형상은 미래의 목표인 동시에 현재의 과정이다. '하늘에 속한 자의 형상'(고전 15:49)과 '그 아들의 형상'(롬 8:29)에 관한 구절에서 하나님의 형상은 그리스도인의 목적이 되는 바, 곧 태어나야 할 무엇 혹은 그가 미래에 일치되어야 할 그 무엇이다. 또한 그리스도 안에서 인간이 하나님의 형상으로 변화하거나 혹은 중생하는 일은 현재의 역동적 과정이다.[27]

하나님의 형상과 생태계 문제[28]

전통적으로 "하나님의 형상"(창 1:26) 개념은 다른 피조물에 대한 인간의 우월성과 지배권을 뒷받침하는 데 사용되어왔다. 하지만 구약에서 사용된 이 단어는 일차적으로 모든 인간이 존재론적으로 동등한 특권을 가진 존재라는 뜻으로 이해되는 것이 바람직하다. 왜냐하면 고대근동사회에서는 이 단어가 신의 대리인으로서 왕을 지칭하는 개념으로 쓰였는데, 구약성경의 초점은 "모든" 인간이 왕처럼 하나님의 형상으로 창조된 하나님의 대리인이라는 것을 강조하는 데 있기 때문이다.[29] 그래서 마크 브레트(Mark Brett)는 하나님의 형상을 설명한 구절을 "인간 전체가 피조물을 다스리라는 소명을 부여한, 왕적 통치의 민주화를 이룬 본문"으로 간주했다.[30] 이런 구약성경의 만인평등사상은 신약의 전신자(全信者) 제사장직(the priesthood of all believers) 사상과 그 맥을 같이 한다. 따라서 하나님의 형상으로 창조되었다는 본문을 근거로 다른 피조물을 지배하고 마음대로 파괴하는 인간의 행동은 정당화될 수 없다. 오히려 이 구절은 모든 인간의 존엄성을 뒷받침하는 근거로 삼아야 할 뿐 아니라 나아가 피조물을 돌보는 인간의 책임성을 촉구하는 단서로 삼아야 한다. 왜냐하면 이 문맥에는 왕이 백성들을 잘 다스려야 하듯이 하나님의 형상으로 창조된 인간도 다른 피조물을 하나님의 뜻에 따라 잘 다스리고 보존해야 한다는 의미를 내포하기 때문이다.[31]

하나님의 형상에서 재고해야 할 또 다른 문제는 그것이 인간론에서뿐 아니라 창조론에서 좀 더 폭넓게 취급될 필요가 있다는 것이다. 그럴 때 비로소 이 개념은 지나치게 인간중심적으로 해석되지 않고 생태계적 관점에서 의미부여가 가능해질 수 있다. 또한 하나님의 형상 개념은 실체적 해석보다는 관계적으로 접근될 때 생태계 문제와 연계될 여지가 넓어진다. 하나님의 형상을 실체적으로 접근하면 "인간을 다른 피조물과 분리"시키고 "생태학적 제국주의(ecological imperialism)의 최대 적을 정당화"하게 된다.[32] 하지만 관계라는 측면에서 접근하면 인간의 중요한 특성이 다른 피조물에게는 없는 어떤 특별한 능력이나 특권이 아니라 창조세계 안에서 삼위일체 하나님의 관계성을 실현해야 할 책임을 가지고 있는 존재로 이해될 수 있다. 인간은 관계의 삼위일체 하나님의 형상으로 지음을 받았기 때문이다. 그리고 이 하나님과 인간의 관계성 문제는 하나님과 피조물 사이에도 그대로 적용되어야 한다. 하나님이 이 세상을 무로부터 창조하시고 그것을 보존하신다는 사상은 창조 이후에도 하나님은 이 세상과 관계하신다는 것을 의미한다.

그러므로 우리는 다음과 같은 질문들에 성실하게 임해야 한다. 과연 인간이 하나님의 형상으로 창조되었다는 것은 어떤 존재론적 의미가 있는가? 인간의 존엄성과 한계성은 다른 피조물을 대할 때 어떤 태도를 갖게 하는가? 하나님의 형상에 대한 실체적 해석과 관계적 해석이 실제 생활에서 어떤 영향을 끼칠 수 있는가? 또한 인간의 구성요소에 대한 여러 견해들이 과연 얼마나 인간의 본성을 이해하는 데 얼마나 도움이 될 수 있는가? 그것은 한낱 고대 헬라적 사유의 유물일 뿐인가? 그 견해가 실제 그리스도인들의 신앙과 삶에서 어떻게 표출될 수 있는가? 이런 질문들에 대해 답을 찾기 위해 노력하는 것은 신학을 하는 사람들에게 어쩌면 피할 수 없는 과제요 의무라고 할 수 있다.

기독교의 이상적 인간상[33]

그리스도인은 그리스도를 따르는 사람이다. 그리스도를 따르고자 하는 사람들은 마땅히 주님이 가르치신 '제자도'(弟子道)를 가슴에 품어야 한다. 참된 그리스도인에게 엄격한 제자도가 요구되는 것은 그런 점에서 당연한 일이다. 복음서에서는 제자의 상(像)을 어떻게 그려주고 있는가? 제자의 상은 궁극적으로 그리스도인들이 추구해야 할 이상적인 인간상과 통하고, 그것은 다른 말로 '의인상'(義人像)이라고도 할 수 있다.

제자도의 의미와 본질

제자도에서 '도'(道)란 무엇인가? 복음서에서 도의 의미는 이중적인 뜻을 내포하고 있다. 하나는 형이상학적 개념 내지는 명사적 용법으로서 주로 '말'이나 '말씀'이고, 다른 하나는 실천적 의미에서 '따른다'(akoloutheo)는 동사적 용법과 '제자가 된다'는 의미다. 복음서에 나타난 말에 대한 견해는 그것이 '영원한 진리' 혹은 '영생의 말씀'과 관계가 있다. 그리고 말씀은 곧 하나님과 동일시되기도 한다. 또 말은 그 사람을 대표한다. 예수께서는 자신이 하는 말과 자기 자신을 동일시하거나 자신의 말을 하나님께서 하시는 일과 동일시 하셨다(요 14:10). 동시에 말은 진리 그 자체를 의미한다. 말은 구원에 이르는 길이다. 그리고 예수 자신은 그러한 생명의 말과 동일시되었다: "내가 곧 길이요 진리요 생명이니"(요 14:6).

말의 위력은 이내 제자의 도(道)로 넘어간다. "너희가 내 말에 거하면 참으로 내 제자가 되고"(요 8:31), "사람이 나를 사랑하면 내 말을 지키리니"(요 14:23), "하나님께 속한 자는 하나님의 말씀을 듣나니"(요 8:47). 참된 도의 실천적 해석을 제자도에 두는 것은 바로 이러한 말에 근거하고 있다. 그러나 예수의 말보다도 더 중요한 근거는 복음서 전반에 드러난 예수의 행동이다. 그러므로 여기서는 예수의 공생애 전반을 통해서 그가 제자의 길로 요구한 것이 무엇인지 아는 일이 도의 실천적 의미를 파악하는 데 도움이 될 것이다. 결론적으로 말해서 그것은 사랑의 실천으로서 자기희생의 길이요, 십자가의 길로 요약된다.

도의 실천적 의미를 제자도에 국한시킨다면 자연스레 도의 내용은 제자가 되는 길에 관한 것이 된다. 그리고 그것은 예수께서 제자들에게 요구한 명령 안에서 찾아야 할 것이다. 요아힘 예레미아스(J. Jeremias)는 「신약신학」에서 예수의 윤리는 제자도의 삶이라고 단정하고, 사랑의 실천이 제자의 도라고 간파했다. 그는 구약의 율법과 구전을 예수께서 거부하신 것도 그것이 하나님의 사랑의 계명을 파괴하기 때문이라 했다. 예수께서 제자들에게 요구한 윤리는 심지어 그들을 박해하는 사람들에게까지 사랑을 베풀라는 것이었다. 동시에 사랑은 단순히 감정상의 표현이거나 말의 표현만이 아니라 행동의 표현이라는 것을 강조했다. 그리고 그는 이러한 제자도로서 사랑의 실천을 위해서 모든 소유의 포기가 선행되어야 한다고 보았다. 이는 예수께서 부자들에게는 신랄하게 말씀을 하셨지만 가난한 사람들에게는 애정 어린 태도로 대하신 이유가 된다.[34] 예수께서 이러한 극단적인 태도를 보인 것은 그의 제자도가 빈부의 차이를 극복해야 한다는 경제관념에서 나온 것도 아니고, 사람들을 편 갈라 대우하려고 했던 것도 아니다.

그렇다면 과연 복음서에서는 사랑의 의미를 어떻게 해석하고 있는가? 이를 통해 제자도의 내용을 좀 더 분명히 밝혀 보자. 예수께서 세운 사랑의 계명은 크게 두 가지로 나눌 수 있다. 하나는 원수 사랑의 계명이고(마 5:44; 눅 6:27. 이는 산상설교의 중심 테마 중 하나다), 다른 하나는 사랑의 이중 계명이다(막 12:28-34).

가난한 자들을 축복하고 부유한 자들을 저주하신 예수께서는 제자들에게 이렇게 말씀하셨다: "너희 원수를 사랑하며 너희를 미워하는 자를 선대하며 너희를 저주하는 자를 위하여 축복하며 너희를 모욕하는 자를 위하여 기도하라"(눅 6:27-28). 이것은 진정 엄청난 선언이다. 일상적 상식을 뛰어넘는 실현불가능의 윤리이기에 차라리 그것은 상징이라고 해석될 정도였다.

그러나 이러한 원수 사랑의 윤리는 산상설교의 구조적 내용을 분석해보면 좀 더 그 뜻이 밝혀진다. 마태복음 5장 1절부터 7장 29절까지의 산상설교는 예수께서 그의 제자들에게 무엇을 요구하고 있는지를 단적으로 보여준다. 이 본문은 전통적 해석에 대한 도전(대당명제, 5:21-48)과 바리새파의 의로움을 비판하고 도전하며(6:1-18), 제자들이 지켜야 할 새로운 의로움(6:19-7:27)으로 구성되어 있다. 우리는 이 본문의 설교가 예수께서 제자들을 선택하시고 하나님의 뜻을 전파하라고 그들을 세상으로 파견하기 직전에 하신 말씀이라는 사실을 기억할 필요가 있다. 그럴 때 우리는 그 설교가 단순히 불가능의 윤리도 아니고 상징으로만 해석될 수 있는 것도 아니라는 사실을 알게 된다. 오히려 그것은 하나님 나라를 위해서 제자들이 감수해야 될 기본적인 요청이요, 마음가짐인 것이다.

또한 사랑의 윤리는 사랑의 이중계명이라 불리는 하나님에 대한 사랑과 이웃에 대한 사랑이다. 서기관 중 한 사람이 모든 계명 중에 첫째가 무엇이냐고 물었을 때, 예수께서는 "첫째는 … 네 마음을 다하고 목숨을 다하고 뜻을 다하고 힘을 다하여 주 너의 하나님을 사랑하라는 것이요 둘째는 이것이니 네 이웃을 네 자신과 같이 사랑하라 하신 것이라"고 대답하셨다(막 12:28-31). 이는 사랑의 본질을 치우침이 없이 간파한 사랑의 대강령이었다.

제자도의 내용에 또 하나의 중요한 개념은 '자기희생'이다. 제자가 실천해야 할 사랑의 길은 바로 자기희생이 따라야 한다는 것이다. 이 길은 동시에 고난의 길이기도 하다. 자기를 부인하는 길이며, 십자가를 지는 길이고, 주를 따르는 길이다. 그러므로 그 길에는 고난이 필연적으로 따르게 된다. 마가복음 8장 27절에서 10장 45절까지는 구체적으로 예수의 길이 십자가 고난의 길이며, 누구든지 그의 제자가 되려면 승리가 아니라 고난이 제자들의 길이라는 것을 알아야 한다는 사실을 가르치는 본문이다. 마가복음에는 제자의 도를 절대 추종(막 8:34-35; 10:28,

38), 무소유(막 6:7-13; 10:21), 섬김(막 9:35; 10:43-45; 12:38-40), 사랑(막 12:30-31)으로 제시하고 있다.

요약하면 예수의 제자도는 사랑의 실천이라 할 수 있고, 그 사랑은 위로는 하나님께 대한 사랑이고 옆으로는 이웃에 대한 사랑(심지어 원수에게까지 사랑)이며, 그 사랑이 구체적으로 실현되는 것이 곧, 제자의 삶이라는 것이다. 예수를 사랑하게 되면 그의 계명을 지키게 되고 모든 사람이 그를 예수의 제자인 줄로 알게 된다고 하였다(요 13:34-35; 14:15). 또한 이를 실천하기 위해서는 자기희생과 포기의 정신을 가지고 섬기는 자가 되어야 한다는 것이 전체 복음서에서 말하는 제자도의 내용이다.

제자도의 실천성

제자도의 가장 중요한 실천적 의미는 행동하는 데 있다. 행동이 따르지 않는 제자의 길이란 무의미하다. 예수의 삶 자체가 바로 행동하는 제자도의 모델이 된다. 이와 관련하여 복음서에는 '행한다'(poieo)는 말이 제자도와 더불어 강조된 곳이 많이 나온다(마 5:19; 6:7; 7:21, 24; 12:12; 23:3, 23; 눅 8:21; 11:42; 17:10; 요 4:34; 5:29; 6:38-39; 9:31; 10:25, 37, 38; 14:11, 31; 15:14). 그 가운데 다음의 구절들은 대표적인 것들이다: "나더러 주여 주여 하는 자마다 다 천국에 들어갈 것이 아니요 다만 하늘에 계신 내 아버지의 뜻대로 행하는 자라야 들어가리라"(마 7:21). "내 어머니와 내 동생들은 곧 하나님의 말씀을 듣고 행하는 이 사람들이라"(눅 8:21). "너희는 내가 명하는 대로 행하면 곧 나의 친구라"(요 15:14). 행하지 않는 신앙은 쓸모없는 신앙이다. 행하는 자라야 예수의 형제요, 친구요, 하나님 나라에 합당한 사람인 것이다.

이러한 실천 강령으로서의 제자도는 또한 민중들과 함께 하는 삶으로서 실천을 의미한다. 예수의 삶은 철저히 소외된 사람들과 함께 한 삶이었다. 정치적으로, 경제적으로, 사회적으로 많이 가진 기득권자들과 결코 동화될 수 없는 삶이 예수의 삶이요, 그의 제자도로서 삶이다. "나를 따르려거든 자기를 부인하고 자기 십자가를 지고 나를 따르라"(마 16:24)는 것이나, "네 소유를 팔아 가난한 자들을 주고 나를 따르라"(마 19:21)는 말은 정치적으로나 경제적으로 철저한 포기의 삶을 요구한 것이다.

이와 같은 철저한 자기희생과 사랑의 실천 윤리가 궁극적으로 하나님의 의(義), 하나님 나라를 지향한다는 점에서 제자도의 본질은 일반적인 윤리와 구별된다. 이처럼 예수의 첫 선포가 하나님 나라에 대한 것이라는 사실은 중요한 의미를 가진다(막 1:15). "너희는 먼저 그의 나라와 의를 구하라"(마 6:33; 눅 12:31)한 것은 무엇보다도 가장 우선되어야 할 최상 개념이 하나님 나라요, 하나님의 의라는 것이다.

하나님 나라는 감추어진 보화와 같고 좋은 진주와 같아서 우리의 모든 것을 투자해서 얻어야 할 대상이다. 그리고 그 나라는 아무렇게나 주어지는 것이 아니고 비밀이기 때문에 제자들에게만 허락된다. 그런데 이러한 하나님 나라에 합당한 자는 바로 예수의 제자도를 몸소 실천한 사람이라는 것이다. 이와 관련하여 복음서에 나타난 자격을 문자적으로 살펴보면 다음과 같은 조건을 만족시켜야 하는 것으로 나타난다: 계명을 지켜 행하면(마 5:19); 하나님의 뜻을 행하면(마 7:21); 의를 위해 핍박을 받으면(마 5:10); 남을 용서하면(마 18:23); 자신의 것을 포기하면(눅 18:29); 어린아이처럼 자기를 낮추면(마 18:14); 형제 중 지극히 작은 자를 대접하면(마 25:34 ff); 좁은 문으로 들어가기를 힘쓰면(눅 13:24); 시험중에 예수와 함께 하면(눅 22:28).

이상에서 볼 때 자기희생과 형제를 사랑하는 것과 의를 위해 고난을 감수하는 것이 하나님 나라와 그의 의에 합당한 제자의 조건이 된다는 사실을 알 수 있다. 그러므로 참 제자도의 실천적 의미는 부귀와 권력을 타협으로 누리는 것이 아니라 하나님의 의를 위해 낮음과 가난을 택하는 것에 있으며, 동시에 고통받는 사람을 외면하지 않고 그와 함께 하는 것이 곧 제자도를 실천하는 삶인 것이다.

그리스도인의 이상적인 인간으로서 지켜야 할 제자의 도는 마땅히 예수께서 가신 길을 따르는 일이 될 것이다. 예수의 사랑과 정신과 무관한 일은 결코 제자가 가야 할 길이 아니다. 오늘날 예수의 제자라고 자처하는 사람들이 얼마나 많은가? 교회가 예수의 제자들이 모인 곳이라면, 우리 모두는 제자도의 실천적 의미를 분명히 깨달아야 한다. 그리고 우리는 제자도의 의미를 망각하지 않고 실천하는 교회가 얼마나 되는지 스스로에게 묻지 않을 수 없다. 삶의 현장에서 제자도의 실천적 의미는 다시 깊이 생각해야 할 우리 모두의 몫이다.

* * *

   인간론에서 가장 중요한 교훈은 하나님의 형상으로 창조된 인간은 누구나 예외 없이 존엄하다는 것이다. 세계는 한 혈통이다. 따라서 어떤 상황에서든 인종차별은 정당화될 수 없고, 어떤 경우에도 인간이 인간을 지배하고 착취해서는 안 된다. 하지만 현실적으로 인간들이 살아온 이 세상은 한 순간도 인종차별과 인간에 대한 착취와 파괴가 그친 때가 없었다. 이것은 하나님의 뜻이 인간들에 의해 거부되고 있다는 것을 의미한다. 이런 현실은 여전히 이 세계에 하나님의 말씀이 전파되어야 할 까닭이다.

   그리스도인이든 비그리스도인이든 모든 인간이 존엄한 것은 우리 모두가 하나님의 형상으로 창조되었기 때문이다. 다만 비그리스도인은 아직 하나님의 형상이 예수 그리스도를 통해 온전히 회복되지 못했을 뿐이다. 이런 맥락에서 볼 때 이중예정 교리는 진정한 의미에서 하나님의 형상 개념과 조화될 수 없을 것 같다.

   문제는 하나님의 형상으로 창조된 인간이 자기의 자유의지로 죄를 지을 수 있는 존재였다는 데 있다. 인간은 끝내 죄를 선택하고 하나님에게 불순종하는 존재가 되고 말았다. 죄의 본질은 하나님을 대적하고 불순종하는 것이다. 그런데 더욱 더 큰 문제는 이 죄가 개인에게서 그치지 않고 사회로 확장되어 인류 전체가 치유될 수 없는 절망상태로 빠져들게 만들었다는 데 있다.

   하지만 예수 그리스도를 통해 한 가지 분명해진 사실이 있다. 그것은 하나님 나라를 이 땅에 실현하기 위해 개인과 교회가 모두 죄를 이기고 진리 안에서 살아갈 수 있게 되었다는 것이다. 그러므로 하나님 나라를 이 땅에 실현하기 위해 노력하는 일은 모든 그리스도인의 중요한 사명이다.

주(註)

1) Paul Tillich, *Systematic Theology*, vol. 1 (Chicago: University of Chicago Press, 1951), 66; Kelly M. Kapic, "인간론," 「현대신학지형도: 현대신학 각 주제에 대한 현대적 개관」, 박찬호 옮김 (서울: 새물결플러스, 2016), 214.
2) Franz M. Wuketits, "형이상학의 진화론적 원천," 「신, 인간 그리고 과학」, Hans-Peter Dürr 외 4인, 여상훈 옮김 (서울: 시유사, 2000), 315.
3) Max Scheler, 「철학적 세계관」, 허재윤 역 (서울: 박영사, 1978), 25-74 참조.
4) Perry LeFevre, 「現代의 人間理解」, 이종성 역 (서울: 대한기독교서회, 1971), 21.
5) Emil Brunner, *The Christian Doctrine of Creation and Redemption*, Dogmatics vol. II. tr. Olive Wyon (Philadelphia: The Westminster Press, 1952), 46.
6) Stanley Grenz, 「조직신학: 하나님의 공동체를 위한 신학」, 신옥수 옮김 (서울: 크리스챤다이제스트, 2003), 225-7.
7) Donald G. Bloesch, *Essentials of Evangelical Theology*, vol. 1 (SanFrancisco: Harper and Row, 1978), 107, Grenz, 「조직신학」, 299에서 재인용.
8) Grenz, 「조직신학」, 229.
9) Helmut Thilicke, 「현실과 믿음 사이: 헬무트 틸리케의 산상수훈」, 윤종석 옮김 (서울: 두란노, 2015), 19.
10) Dennis and Rita Bennett, 「인간의 삼위일체」, 김홍도 옮김 (서울: 불기둥사, 1990), 97.
11) 성경에는 인간의 구성요소로 간주될 수 있는 용어들이 다양하게 등장한다. 히브리어 루아흐(ruach)와 헬라어 프뉴마(pneuma)는 보통 영(靈, spirit)으로 번역되면서, "생명원리" "자의식" "하나님-기원의 생명" "새로운 성품" 등으로 사용되고, 히브리어 네페쉬(nephesh), 헬라어 프쉬케(psuche)는 혼(魂, soul)으로 번역되면서, "생명주체" "사람" 등을 의미한다. 또한 히브리어 바사르(basar), 헬라어 싸륵스(sarx)는 육체(flesh)로 번역되어 인간의 "감각기관"을 지칭하는 데 쓰인다. 그리고 이밖에도 렙(leb)/카르디아(kardia)/마음, 누스(nous)/정신, 소마(soama)/몸, 수네이데시스(suneidesis)/양심, 텔레마(thelema)/의지 등 다양한 용어들이 사용되었다. 하지만 성경은 이 용어들에 대해 일관된 관점이나 정확한 정의(definition)를 제시하지 않는다.
12) Millard J. Erickson, *Christian Theology*, vol. 2 (Grand Rapids: Baker Book House, 1984), 537-8.
13) Dale Moody, *The Word of Truth: A Summary of Christian Doctrine Based on Biblical Revelation* (Grand Rapids: Eerdmans, 1981), 173.
14) Karl Barth, *Church Dogmatics*, III/2, tr. G. W. Bromiley (Edinburgh: T.&T. Clark, 1958), 350.
15) Moody, *The Word of Truth*, 175.
16) Grenz, 「조직신학」, 248.

17) Ibid., 177.
18) 하지만 아우구스티누스는 영혼의 기원에 대한 입장을 분명히 밝히지 못했다. 일견 유전설을 지지한 듯했지만, 영혼이 나누어질 수 있는가? 영혼은 과연 물질인가? 하는 문제 때문에 그는 유전설을 지지하는 데 망설였다.
19) 배철현,「신의 위대한 질문: 신이 원하는 것은 무엇인가」(서울: 21세기북스, 2015), 469.
20) Ibid., 485.
21) Louis Berkhof,「조직신학」, 상권, 권수경, 이상원 옮김 (고양: 크리스챤다이제스트, 1991), 412.
22) Erickson, *Christian Theology*, vol. 2, 501.
23) H. G. Pöhlmann,「교의학: 조직신학의 독보적인 고전」, 이신건 옮김 (서울: 신앙과지성사, 2012), 264-5.
24) Karl Barth, *Church Dogmatics* (Edinburgh: T. and T. Clark, 1958), vol.3, part 1, 184-5, Erickson, Christian Theology, vol. 2, 505에서 재인용.
25) Emil Brunner and K. Barth,「자연신학: 에밀 부르너의 "자연과 은혜"와 칼 바르트의 "아니오"」, 김동건 옮김 (서울: 한국장로교출판사, 1997), 17.
26) Brunner, *The Christian Doctrine of Creation and Redemption*, 56.
27) Moody, *The Word of Truth*, 232.
28) 김용복, "침례교 조직신학전통에서 본 창조신앙의 생태신학적 성찰,"「복음과 실천」, 55집 (2015년 봄): 111-8 참조.
29) Kurt Marti, "창조신앙연구: 하느님의 생태학,"「창조신앙과 생태학」, 이정배 편저 (서울: 설우사, 1987), 58.
30) Mark G. Brett, "Creation Groaning: An Earth Bible Reading of Romans 8:18-22," *Readings from the Perspective of Earth*, ed. Norman C. Habel (Sheffield: Sheffield Academic Press, 2000), 77, David G. Horrell,「성서와 환경: 생태성서학 입문」, 이영미 옮김 (오산: 한신대학교출판부, 2014), 57에서 재인용.
31) 강사문, "구약성경의 생태학적 이해,"「장신논단」, 제13집 (1997): 18.
32) Noreen L. Herzfeld, *In Our Image: Artificial Intelligence and the Human Spirit* [온라인단행본] (Minneapolis: Fortress Press, 2002), 15, https://books.google.co.kr/books?id=D_9bpU_3rWEC&pg=PA15&lpg=PA15&dq=emil+brunner,+ecology,+image+of+God&source=bl&ots=VGznmMaXTu&sig=eysQ55hh3NqYHEfWgJPwkF0CIos&hl=ko&sa=X&ei=17ebVN31Ldfc8AXh4ILoBQ&ved=0CEEQ6AEwBQ#v=onepage&q=emil%20brunner%2C%20ecology%2C%20image%20of%20God&f=false, 2014년 12월 24일 접속.
33) 김용복, "이상적 인간상: 제자도의 실천적 의미,"「뱁티스트」(1998년 9/10월): 61-6에 실린 글을 일부 수정보완.
34) Joachim Jeremias, *New Testament Theology*, tr. John Bowden (London: SCM Press, 1971), 213-22 참조.

7
죄의 본질: 원죄와 죄책의 전가

그러므로 한 사람으로 말미암아 죄가 세상에 들어오고
죄로 말미암아 사망이 들어왔나니 이와 같이 모든 사람이 죄를
지었으므로 사망이 모든 사람에게 이르렀느니라
로마서 5장 12절

하나님의 형상으로 창조된 인간이 자유의지를 잘못 사용해서 나타난 어두운 측면은 죄의 문제와 연결된다. 윌리엄 스티븐스(William W. Stevens)는 죄 가운데 빠진 인간을 "고약(膏藥) 속에 빠진 파리"에 비유한 적이 있다.[1] 이것은 파리가 고약통에서 빠져나오려고 할수록 엉켜버리듯이, 인간도 스스로 죄에서 빠져나오려 하면 할수록 더욱 더 죄의 올무에 갇히게 된다는 것을 비유한 것이다. 이런 현상은 죄의 힘이 그것에서 벗어나려는 인간의 노력보다 압도적으로 강하기 때문이기도 하지만, 타락한 인간은 하나님의 특별한 도우심 없이는 스스로 자기 죄의 본질을 인식하지 못하기 때문이기도 하다. 그러므로 성경은 죄의 문제를 구원의 부정적 전제조건으로 규정한다. 죄는 단순히 도덕적인 어떤 것을 의미하는 것이 아니라, 일차적으로 구원이 결핍된 인간의 자연 상태를 지시한다.[2]

일반적으로 죄에 대해 이해하려면 다양한 관점에서 접근할 필요가 있다. 첫째는 그것 자체로 죄가 되는 절대적 죄(absolute sin)와 지나칠 때 죄가 되는 상대적 죄(relative sin), 둘째는 아담의 죄로 인해 대가를 치르게 되는 원죄(original sin)와 스스로 죄를 범함으로 얻게 되는 자범죄(voluntary sin), 셋째는 자기 자신에게 영향을 주는 개인적 죄(personal sin)와 이 죄가 주변으로 확대되는 사회적 죄(social sin)가 그것이다. 성경에서 말하는 죄의 문제는 이런 다양한 관점을 통해 다각도로 접근되어야 한다.

죄의 본질

성경에서 말하는 죄는 그것 자체로 죄가 되는 것, 즉 절대적 죄를 의미한다. 하나님 앞에서 우리가 죄인이라고 말할 때는 바로 이 절대적 죄를 가리키는 것이다. 이 절대적 죄는 성경에서 주목하고 있는 죄의 본질이다.

죄의 특성과 원인

죄를 나타내는 구약성경의 대표적 용어는 '파샤'(pasha)와 '카타'(chatha)다. 전자는 반역하다, 올바른 권위에 복종하기를 거부하다, 후자는 그릇된 행위, 잃어버리다, 하나님의 목적으로부터 떠나다의 의미로 사용되었다. 이 용어들은 생각이든 말이든 행위든, 구체적인 행동과 연결된다. 구약에서 처음으로 '죄'라는 단어가 등장한 곳은 가인의 사건에서였다: "네가 선을 행하면 어찌 낯을 들지 못하겠느냐 선을 행하지 아니하면 죄가 문에 엎드려 있느니라 죄가 너를 원하나 너는 죄를 다스릴지니라"(창 4:7). 여기서도 죄는 행함의 문제와 관련되어 있다.

신약성경의 대표적 용어는 '휘브리스'(hubris)와 '하마르티아'(hamartia)다. 전자는 교만과 잔혹함이 뒤섞인 상태, 인간이 피조물이라는 것을 망각하고 하나님과 동등하게 되려는 시도를 의미하며, 후자는 과녁을 빗나가다, 즉 하나님과의 관계에서 죄책을 강조하는 범죄, 특정한 행위로서 죄를 의미한다.[3]

따라서 성경에서 공통적으로 말하는 죄의 가장 중요한 특성은 바른 길에서 벗어나는 것을 의미할 수 있다. 탈선(missing the mark)은 죄가 지닌 가장 두드러진 특성이다. 하나님의 길에서 벗어나 다른 길로 가는 것이 죄다. 잠언에서는 철없는 열성은 좋지 않고 발이 빠르면 헛디딘다고 했다(잠 19:2). 여기서 헛디딘다는 것은 정도(正道)에서 벗어나는 것을 말한다. 이것은 단순한 실수가 아니라 고의적이고 비난받아 마땅한 실수를 하는 것이고, 설정한 표적을 적중하지 못했기 때문에 항상 하나님을 거스르는 죄가 된다.

또한 죄는 하나님 앞에서 불경건한 것이다. 죄는 하나님 앞에서 경건하지 못하고 불의한 행위를 하는 것이다(고전 6:9; 벧후 2:8; 마 7:23). 결국 불경건은 하나님의 명령과 계명을 어기고(민 14:41; 마 15:2-3), 끝내 하나님을 배반하는 것으로 나타난다(레 26:40; 히 6:6). 그래서 죄는 배반하는 것이요, 반항하는 것이다. 죄는 본래 있었던 것이 아니라 하나님의 창조를 거역하는 것이다. 본질적 죄는 단순히 감각적인 것도 아니고 나약함도 아니다. 죄는 본질상 하나님에게 도전하는 것이고 반항하는 것이다.[4] 그런 의미에서 신약성경은 예수 그리스도를 믿지 않거나 비방하는 죄로 해석되는 이른바 "성령 모독죄"를 용서 받지 못할 죄로 가장 크게 경고한다: "그러므로 내가 너희에게 이르노니 사람에 대한 모든 죄와 모독은 사하심을 얻되 성령을 모독하는 것은 사하심을 얻지 못하겠고 또 누구든지 말로 인자를 거역하면 사하심을 얻되 누구든지 말로 성령을 거역하면 이 세상과 오는 세상에서도 사하심을 얻지 못하리라"(마 12:31-32).[5]

그런데 우리 주변에는 그 자체로 죄가 되기보다는 상대적으로 죄로 간주되는 것들도 있다. 이런 죄들은 문화적 환경과 종교적 배경에 따라서 달라지는데, 어떤 환경에서는 임히 금지되기도 하고, 다른 곳에서는 관용되기도 한다. 이 상대적 죄는 대개 종교적 의식이나 율법적 삶 혹은 관습 등과 관련될 때가 많다. 하지만 우리는 상대화될 수 있는 죄가 아니라, 그 자체로 죄가 되는 것에서 죄의 본질을 물어야 한다. 예를 들어, 하나님 앞에서 불순종하고 거짓말을 태연하게 하는 사람이 겉으로는 종교적 의식과 경건의 모양만 갖출 수 있고, 반대로 일반적 시각에서는 탈선하는 것처럼 보이는 사람이라도 하나님 앞에서는 참된 신앙인일 수 있다. 하나님은 겉으로 드러나는 모습보다는 그 사람의 마음을 평가하실 것이다.

그렇다면 우리는 왜 죄를 짓게 되는가? 그 원인은 다양한 관점에서 분석될 수 있지만, 성경은 결정적 요인으로 불순종을 지적한다(롬 5:19; 히 2:2-3). 하나님의 말씀을 주의하여 듣지 않는 것은 불순종의 중요한 원인이다. 그리고 이 죄는 무지에서 비롯되기도 하고(호 4:6; 엡 4:18), 하나님과 같아지려는 교만이나 허영심에서 나오기도 한다. 이런 무지와 교만은 유혹에서 비롯되기도 하는데, 유혹을 이기지 못할 때 우리는 죄를 짓게 된다(마 13:5-6). 예수께서도 사탄으로부터 유혹을 받으셨듯이, 모든 인간은 유혹으로부터 자유로울 수 없다. 유혹은 자기 자신으로부터 비롯된 것도 있고, 다른 사람으로부터 받는 것도 있다. 어떤 상황이든 죄를 짓지 않으려면 그 유혹을 떨쳐버릴 수 있는 의지가 필요하다. 물론 그 의지도 한계가 있어서 마땅히 성령의 도우심과 하나님의 은혜가 있어야 목적을 달성할 수 있을 것이다.

죄의 결과

하나님께 불순종하고 그를 대적한 죄에는 그 대가가 뒤따를 수밖에 없다. 죄의 결과에서 가장 치명적인 첫 번째 결과는 하나님과의 관계가 파괴되는 것이다. 성경은 이 관계 파괴를 "죽음"(muth)이라고 표현한다(창 2:17). 일반적으로 죽음은 세 가지 형태로 설명된다. 육적 죽음, 영적 죽음, 그리고 영원한 죽음이 그것이다. 죄의 삯은 사망이라고 말할 때는 육적 죽음뿐 아니라 영적 죽음과 영원한 죽음까지를 포함하는 것이다(롬 6:23). 여기서 영적으로 죽었다는 것은 하나님과의 관계가 영적으로 파괴되었다는 것을 의미하며, 영원한 죽음은 그런 파괴된 상태가 영원히 지속된다는 것을 말한다. 그런데 성경에서 기본적으로 강조하는 부분은 육적 죽음보다 영적 죽음과 영원한 죽음이다.

관계의 파괴는 우리를 하나님의 원수가 되게 한다(호 9:15; 렘 12:8; 롬 8:7; 골 1:21). 하나님은 당신의 거룩한 본성 때문에 궁극적으로 우리의 죄를 그대로 방치하거나 용서하시지 않으실 것이다. 성경이 하나님을 진노하시는 분, 원수를 갚으시는 분으로 묘사하는 것도 이와 같은 이유 때문이다(렘 46:10; 사 1:24; 롬 12:19). 그런 점에서 구원은 죄로 인해 파괴된 관계를 예수 그리스도를 통해 회복하는 것이라고 할 수 있다.

두 번째로 나타나는 죄의 결과는 부패된 본성과 죄책(guilt)이다. 부모로부터 물려받은 부패된 본성은 그 자체로는 적극적 의미의 죄로 간주되거나 그 대가를 요구하지 않지만, 그것이 결국엔 우리에게 죄를 짓게 만듦으로써 죄책을 초래한다. 그러므로 죄(sin)는 타락 또는 부패와 관련되고, 죄책(guilt)은 하나님으로부터 분리시키는 정죄의 선고를 의미한다. 죄책은 죄와 분리될 수 없고 언제나 그에 대한 책임을 수반한다. 우리가 죄를 지음으로 죄의식에 빠지게 되고 양심의 가책을 받게 되는 것도 그와 같은 이치다. 그리고 그 결과로 주어지는 형벌에 대한 책임을 피할 수 없다. 죄책과 전가에 대해서는 여러 가지 해석이 있기 때문에 좀 더 면밀히 살펴볼 필요가 있다.

세 번째로 나타나는 죄의 결과는 자기 자신과의 관계와 다른 사람과의 관계까지 파괴되는 것이다. 다른 피조물과의 관계파괴는 궁극적으로 우리를 죄의 노예로 전락시키고, 우리에게 실패(failure)라는 비관적 현실을 안겨준다. 그 결과 죄는 우리로 하여금 현실도피, 책임 전가, 자기기만, 무감각, 자기중심적 삶, 불안 등을 불러일으키고, 동시에 다른 사람과의 관계에서 불평등과 증오를 불러오기도 한다. 한 걸음 더 나아가면 죄는 자연과의 관계마저도 파괴하며 상생의 관계를 파괴와 보복의 관계로 전락시킨다.[6] 에밀 브루너는 하나님의 형상으로 창조된 인간이 자유롭고 책임적인 존재이기 때문에 불순종하게 되었고 그 결과 관계의 파괴를 초래했다는 점에서, 인간을 본질적으로 "모순된 존재"(der mensch im widerspruch)로 규정했다.[7]

원죄의 신학적 이해

원죄(original sin) 개념에는 하나님 앞에서 범하는 인간의 가장 "본질적 죄"라는 의미와 시간적으로 '최초의 죄'라는 이중적 의미가 함축되어 있다. 이 최초의 본질적 죄는 아담의 불순종이라는 행위를 통해 발현되었으며, 인간의 "부패된 본성"과 "죄책"을 포괄한다.[8] 물론 인간이 죄를 짓기 전에도 이미 사탄의 죄가 발생했기 때문에 시간적으로는 최초라고 보기 어려울 수도 있다. 하지만 사탄의 죄가 인간에게 끼친 영향이 있다 하더라도 결국 인간의 범죄는 아담으로부터 시작되었다. 그리고 그 결과로 이 원죄는 '자기 사랑' '탐욕' '불순종' '교만' '자기중심성'(self-centricity) 등으로 나타난다. 여기서 자기중심성은 타인의 입장을 배려하지 못하고 자기 자신에게만 이기적으로 집착하는 현상을 의미한다.

원죄의 전통적 해석

2세기 기독교 변증가들은 대체로 예수의 가르침을 통해 인간이 그 자유를 올

바르게 사용하여 마침내 "하나님과 합일"하는 데 이를 수 있다고 믿었다. 그들은 원죄나 자연적 타락이라는 주제의 심각성을 의식하지 못했다.9) 클레멘트(Clement of Alexandria)는 인간이 본래 완전하게 창조된 것이 아니라, 원시적인 상태에서 어린이와 같이 순진하고 단계적으로 완전을 향해 전진하도록 창조되었다고 주장했다. 그는 스스로 행동하지 않는 갓난아이가 아담의 저주 아래 떨어진다는 것을 인정하지 않았고, 사람이 범한 "인격적 비행"(the personal misdeeds)만이 사람에게 책임 전가될 수 있다고 주장하며 사실상 원죄의 개념을 부인했다.10)

최초로 원죄교리를 가르친 신학자는 테르툴리아누스(Tertullianus)로 알려져 있다. 그는 본질적으로 아담의 죄가 본성적으로 후손에게 유전되어 우리는 "태어날 때부터 부패된 존재"였다고 주장했다.11) 이 원죄교리가 신학적으로 체계화된 것은 펠라기우스와 아우구스티누스의 논쟁을 통해서였다. 인간의 "자연적인 도덕적 능력"에서12) 출발한 펠라기우스는 "유아들의 인간성이 생식에 의해서 부패되지 않았다"고 강력하게 주장했다.13) 아우구스티누스는 그를 "하나님의 은혜를 대적하는 자"요, "그리스도의 십자가를 무효화하는 자"요, "원죄를 부정함으로써 이단 사상을 소개한 자"로 비난했고, 제롬은 "오리겐의 완전주의를 계승한 자"로서 인간을 하나님과 동등하게 하려는 "어리석은 신성모독자"라고 비판했다.14)

원죄교리는 역사적으로 부침(ups and downs)을 거듭하면서 기독교신학에 많은 영향을 끼쳐왔고, 특히 종교개혁시대의 신학패러다임을 형성하는 데 결정적 기준이 되었다. 그러나 이 교리는 다양한 부류의 신학자들에 의해 끊임없이 비판을 받아온 것도 사실이다. 테드 피터스(Ted Peters)는 현대 신학자들의 비판을 다음과 같이 세 가지 측면에서 소개했다: 현대인들이 원죄교리를 받아들이려 하지 않는 것은 에덴동산의 원죄 이야기를 역사적이기보다 신화적으로 알아듣고, 조상의 죄 때문에 고통을 받는다는 것을 현세대는 정당하지 않다고 생각하며, 남녀의 결합을 마치 죄의 질병을 옮기는 순간으로 해석하는 것을 인정하지 않기 때문이라는 것이다. 하지만 그는 그런 비판이 있다 하더라도, 원죄의 개념은 인간의 경험과 죄의 보편적 현상을 설명하려는 시도기 때문에 여전히 필요할 뿐 아니라, 신학을 "구성적"으로 작업할 때 놓쳐서는 안 되는 중요한 "신학적 용어"라고 강조했다.15)

전통적으로 원죄는 "생리적 유전(遺傳)의 모델"로 설명되어왔다. 이는 최초의 죄가 그 후손에게 생리적으로 유전되어 모든 사람이 "생득적"으로 죄인이 되었다고 주장하는 것이다. 아우구스티누스는 원죄의 유전적 해석 모델을 제시한 대표적 신학자였다. 그는 원죄를 둘로 구분했는데, 하나는 "육욕"(concupiscentia canalis)이고, 다른 하나는 "육욕으로 인한 죄책"(reatus concupiscentiae)이다.16) 하지만 원죄 교리를 성(性) 문제와 직접 연계하는 것은 객관적 근거가 부족하다는 비판을 받아왔다. 아우구스티누스가 원죄 문제를 성욕과 연결시킨 것은 "다분히 개별적 경험에 근거한 주관적 해석"이기 때문이다.17) 또한 부모의 성관계 때문에 죄가 후손에게 전가된다는 주장도 성경적 근거는 없다. 그보다 원죄는 "인간의 존재 안에서 죄가 개별적이고 인격적인 행위임과 동시에 하나의 보편적이고 숙명적인 힘으로 경험된다는 사실을 신학적으로 깊이 표현하려는 전문적 용어"로 이해하는 것이 좋을 것 같다.18)

원죄의 상대 개념인 자범죄는 자발적 의지로 범하는 죄를 말한다. 원죄가 어떤 방법으로 모든 인간에게 영향을 미치는가 하는 것은 해석상의 차이가 있지만, 내재된 원죄의 속성이 행동으로 표출되면 그것은 스스로 범하는 죄(transgression)가 된다. 일반적으로 원죄라는 개념은 죄의 책임을 최초의 인간에게 돌리려는 경향이 있지만, 자범죄는 죄를 범하는 모든 사람에게 책임이 주어진다는 점에서, 전자보다는 후자가 죄의 실체를 인식하는 데에 좀 더 현실적이고 능동적이 된다.

원죄의 죄책 전가[19]

원죄와 연결된 가장 민감한 문제는 전가(imputation) 개념이다. 과연 원죄는 후손에게 전가되는가? 성경에 따르면, 원죄가 이 세상에 끼친 결정적 결과는 바로 죽음이었다: "이러므로 한 사람으로 말미암아 죄가 세상에 들어오고 죄로 말미암아 사망이 왔나니 이와 같이 모든 사람이 죄를 지었으므로 사망이 모든 사람에게 이르렀느니라"(롬 5:12). 이 본문에서 가장 중요한 표현 가운데 하나는 "이와 같이"(in this way)라는 부사구다. "이와 같이"를 어떻게 해석하느냐에 따라 원죄의 전가 문제는 달라지기 때문이다. 다음의 [표4]에서 보는 것처럼 원죄의 전가는 크게 세 가지로 나뉜다.

[표4] 원죄의 전가설 비교[20]

모범설 (Example View)	"그와 같은 방법으로"
연대책임설 (Solidarity View)	생식설(Seminalism)= 간접 전가설(Mediate Imputation): "그런 영향으로"
	연방설(Federalism)= 직접 전가설(Immediate Imputation): "그런 까닭으로"

첫 번째는 모범설, 즉 원죄의 비전가설이다. 이 견해는 아담 때문에 모든 인류가 죄인이 된 것이 아니라는 주장이다. 일찍이 펠라기우스는 아우구스티누스와 논쟁할 때 이 입장을 견지했다. 그는 아담의 죄가 전가되지 않는다고 믿었기 때문에, 모든 인간은 아담의 처음 상태처럼 무죄한 상태로 태어난다고 생각했다. 그러므로 모든 인간은 하나님 앞에서 자유의지를 발휘할 수 있는 능력을 선천적으로 가지고 있다. 그 맥락에서 펠라기우스는 "옳은 일을 행할 수 있는 인간 본성의 능력(bonum naturae)을 찬양"했다.[21] 이 견해에 따르면, 단지 인간은 자신의 죄 때문에 죄인이 된다. 아담의 죄는 자기에게만 영향을 미치는 개인적 불순종일 뿐이다. 로마서 5장 12절의 하반부는 개인이 아담의 본을 따라서 죄를 범하는 자범죄를 의미한다. 그러므로 "그와 같은 방법으로" 즉, 아담과 같은 방법으로 모든 인간은 죄를 범한다.

두 번째는 연대 책임설, 즉 전가설이다. 연대 책임설은 아담의 죄와 후손은 어떤 형태로든 연대책임을 지게 된다는 견해다. 연대 책임설은 다시 둘로 나뉘는데, 하나는 간접 전가방식의 '생식설'이고, 다른 하나는 직접 전가방식의 '연방설'이다.

생식설은 생물적으로나 유전적으로 아담의 죄가 후손에게 전가된다는 견해다. 이는 어떤 수단이나 통로를 통해 간접적으로 죄책이 전가되기 때문에 '간접 전가설'이라고 불린다. 이 때 유전된 것은 죄의 부패성이고, 이 부패된 본성 때문에 모든 인간은 죄를 짓게 된다. 따라서 아담의 죄 때문에, "그런 영향으로" 모든 인간은 죄를 짓게 되는 것이다.

간접 전가설은 또 다시 '무조건적 전가'와 '조건적 전가'로 나뉠 수 있다. 무조건적 전가는 유전적 요인을 강조한다. 그래서 무조건적으로 모든 인간은 죄인이 될 수밖에 없다. 그러므로 죄를 짓지 않아도 이미 죄인이다. 죄인의 피가 흐르기 때문이다. 이를 논리적으로 정리하면 이렇다: "아담은 범죄하였다; 그러므로 모두가 부패하였다; 그러므로 모두가 죄책이 있다."22) 하지만 이 견해는 죄에 대한 인간의 책임을 논하기 힘들다는 단점이 있다. 어쩌면 앞에서 언급한 아우구스티누스의 "육욕으로 인한 죄책"(reatus concupiscentiae) 개념이 이 경우에 가깝다고 볼 수 있다. 아우구스티누스의 '자연적 수장설'(natural headship)이 이미 존재론적으로 아담이 범죄했을 때 그 "허리" 혹은 "몸속"에 함께 있었다고 해석하는 것이라면,23) 그것은 어떤 점에서 운명적으로 유전인자를 공유하고 있다는 의미로 이해될 수 있다.

이에 비해 조건적 전가는 인간의 의지적 요인을 강조한다. 모든 인간은 죄의 경향성을 타고 날 뿐이다. 그러므로 아담의 죄는 온 인류에게 치명적인 환경을 조성해주었다. 아담 이후 인류는 죄 가운데서 출생한다. 하지만 의지적으로 범죄하기 전에는 죄의 씨앗만 배태하고 있는 것이다. 이를 논리적으로 요약하면 이렇다: "아담은 범죄하였다; 그러므로 모두가 부패하였다; 그러므로 모두가 범죄한다; 그러므로 모두가 죄책이 있다."24) 이 견해에 따르면, 실제 죄인인 것과 죄의 가능성을 가지고 있는 것은 다르다. 우리는 죄를 지을 수밖에 없는 존재지만, 하나님은 실제 우리가 죄를 지을 때까지 죄책을 유보하신다.

연방설은 아담의 죄가 직접 모든 후손에게 전가된다는 점에서 '직접 전가설'이다. 마치 연방 정부가 주정부를 대표하듯이 아담은 인류의 "연방적 우두머리"에 해당한다. 개혁주의의 주된 해석방식인 이 학설에서는 아담이 "인류의 맨 앞에 서 있"고, "하나님은 아담을 자기 자신뿐 아니라 미래의 모든 후손을 대신하여 행하도록 에덴동산에 두셨다"고 주장한다. 여기서 "연방"이라는 개념은 "아담이 범죄했을 때 우리 모두를 대표하여 범죄했다는 것"을 핵심적으로 말하기 위한 것이다. "아담의 타락은 우리의 타락"이었고, 하나님이 "아담의 원의(original righteousness)를 박탈함으로 아담을 처벌하셨을 때 우리도 똑같이 처벌"받았다는 것이다.25) 따라서 인간은 아담의 죄책과 부패한 본성으로 인해 이 땅에 태어나는 즉시 죄의 책임을 지는 것이다. 모든 인간은 아담이 범죄했다는 "그런 까닭으로" 죄의 책임을 진다. 인류를 대표하는 아담의 행위는 곧 인류의 행위로 간주된다. 이는 생물학적 유전과 상관없이 모든 인류에게 직접 전가된다. 따라서 모든 인간은 아담의 죄로 인해서 모두 죄인이 된 것이다. 이를 이단논법으로 요약하면 이렇다: "아담은 범죄하였다. 그러므로 모두가 죄책이 있다."[26]

하지만 성경은 아버지의 죄 때문에 자식이 책임을 지지 않는다는 명백한 목소리를 내고 있다: "아버지는 그 자식들로 말미암아 죽임을 당하지 않을 것이요 자식들은 그 아버지로 말미암아 죽임을 당하지 않을 것이니 각 사람은 자기 죄로 말미암아 죽임을 당할 것이니라"(신 24:16). 에스겔서에는 이보다 더욱 강하게 언급되어 있다: "범죄하는 그 영혼은 죽을지라 아들은 아버지의 죄악을 담당하지 아니할 것이요 아버지는 아들의 죄악을 담당하지 아니하리니 의인의 공의도 자기에게로 돌아가고 악인의 악도 자기에게로 돌아가리라"(겔 18:20). 이 말씀이 타협의 여지없이 강렬한 하나님의 의지가 담겼다고 하는 증거는 에스겔 18장 2-4절에서 확인이 된다. "너희가 이스라엘 땅에 관한 속담에 이르기를 아버지가 신 포도를 먹었으므로 그의 아들의 이가 시다고 함은 어찌 됨이냐 주 여호와의 말씀이니라 내가 나의 삶을 두고 맹세하노니 너희가 이스라엘 가운데에서 다시는 이 속담을 쓰지 못하게 되리라 모든 영혼이 다 내게 속한지라 아버지의 영혼이 내게 속함 같이 그의 아들의 영혼도 내게 속하였나니 범죄하는 그 영혼은 죽으리라." 이 구절은 아담의 죄에 대한 연방설과 같은 해석이 하나님의 뜻에 부합되지 않는다는 것을 강하게 증언한다.

연방설의 취약한 성경적 근거

로마서 5장 12절은 죄책에 관한 개혁주의의 전통적 견해, 즉 연방설을 뒷받침하는 근거로 많이 사용되어 왔다. 하지만 이 본문은 아담으로부터 죄책을 직접 물려받았다는 것을 분명하게 말하지 않을 가능성이 더 큰 것 같다. 그래서 아우구스티누스가 원죄유전설을 주장한 것은 이 본문을 잘못 해석했기 때문이라는 비판은 주목할 만하다. 그것을 처음 지적한 신학자는 리요네(Stanislaus Lyonnet)였다. 리요네의 설명에 따르면 아우구스티누스는 헬라어 '왜냐하면'(eph'hoi)을 라틴어「벌게이트 성경」(Latin Vulgate)에서 '그 안에서'(in quo)라고 잘못 번역한 제롬(Jerome)의 견해를 따랐다는 것이다. 그래서 리요네는 아우구스티누스가 "모방"(imitation)이 아닌 "유전"(propagation)을 통해 우리가 모두 죄인이라는 신학을 발전시켰다고 비판했다. 계속해서 그는 이로부터 림보(limbo) 전통이 생겨났고, 모든 침례 받지 않은 유아들이 저주를 받았다는 교리가 나왔다고 지적했다.27)

연방설을 지지하기 위해 개혁주의가 의존하는 또 다른 성경구절은 에베소서 2장 3절인데,28) 이 본문 역시 재고의 여지가 있다. 여기서 문제는 "본질상 진노의 자녀"(by nature objects of wrath, NIV)라고 해석한 부분이 과연 원죄의 직접전가를 뒷받침할 만한 토대가 될 수 있는가 하는 것이다. 전통적인 해석에 따르면, 아담의 후손인 우리는 날 때부터 하나님의 진노 아래 있는데, 이는 우리가 아담으로부터 직접 물려받은 죄책 때문이라는 것이다. 하지만 그렌즈의 설명에 따르면, "진노의 자녀"를 반드시 그렇게 해석해야 하는 것은 아니다. 이것은 "분노라는 특징을 지니는 사람들"로 번역될 수 있다. 바우어(Walter Bauer)사전과 테이어(Joseph H. Thayer)사전에 따르면, 자녀들이라는 헬라어 '테크논'(teknon)은 추상명사와 함께 사용될 때 특별한 용법을 가진다. 이 경우 테크논은 분노라는 헬라어 추상명사 '오르게스'(orges)와 만나면서 "무엇에 의해서 특징지어지는 사람들"의 의미가 된다. 이런 용례는 "빛의 자녀"(엡 5:8), "지혜의 자녀"(마 11:19)에서도 찾아볼 수 있다. 문맥상으로도 이 표현은 "인간의 운명"을 말한다기보다는 "인간의 행동"에 초점이 있다. 바울은 이 문장을 통해 아담의 후손에게 아담의 죄가 직접 전가되었다는 것을 말하려고 한 것이 아니라, "단순히 우리의 죄악된 상태의 특징"을 설명하려 했다. 그러므로 이 본문을 죄책의 직접전가를 지지하는 토대로 삼는 것은 그 근거가 취약하다고 할 수 있다.29) 그 점에서 무디는 로마서 5장 12절과 에베소서 2장 1절이 모든 반대자들에게 펠라기우스주의자라는 잘못을 씌워 억압하려는 사람들의 "병기고"에 저장되어 있다고 풍자했다.30) 사실 아우구스티누스주의와 개혁주의의 원죄유전설과 연방설은 결국 모든 인간이 그리스도로 말미암아 다 구원되어야 한다는 만인구원설로 나가거나 아니면 타락전 선택설로 나갈 수밖에 없다는 구조적 한계를 가지고 있다. 전통적 칼뱅주의는 타락전 선택설 혹은 이중예정설로 나갔고, 수정 칼뱅주의인 칼 바르트는 만인구원설을 주장한다는 의혹을 받았다.

원죄의 전가 문제는 신학전통에 따라 분류하면 다음 [표5]와 같이 정리될 수 있다. 하나님 중심구도의 신학(Augustinus-Calvin 전통)에서는 아담의 죄가 후손에게 직접 전가되었다고 주장하면서, 모든 인간은 죄인으로 태어나고 그 책임을 지게 된다고 말한다. 반대로 인간 중심구도의 신학(Pelagius-Socinus 전통)에서는 아담의 원죄가 후손에게 전가되지 않는다고 주장하면서, 모든 인간은 각자가 지은 죄에 대해서만 책임지면 된다고 말한다. 그리스도 중심구도의 신학(Semi-Pelagians-Arminius 전통)에서는 원죄가 후손에게 간접적으로 전가된다고 주장하며, 죄의 책임을 자의적으로 지은 죄에 대해서만 적용시킨다. 따라서 책임질 수 없는 영유아들에게는 죄책이 주어지지 않는다고 말한다. 여기서는 원죄가 하나의 씨앗이나 경향성으로 전가되는 것을 의미한다.

[표5] 유형별로 본 원죄와 죄책의 관계

하나님 중심구도의 신학	그리스도 중심구도의 신학	인간 중심구도의 신학
원죄와 죄책의 직접전가	원죄와 죄책의 간접전가	원죄와 죄책의 전가 반대
하나님의 특별은혜 필요 인간의 자유의지 불필요	하나님의 은혜와 자유의지를 모두 강조	자유의지와 자연적 능력 강조 하나님의 특별은혜 불필요

위 유형에서 하나님 중심구도의 신학과 그리스도 중심구도의 신학은 우리의 구원을 위해 하나님의 특별한 은혜, 즉 그리스도의 공로가 절대적으로 필요하다는 점에서 일치한다. 다만 우리가 원죄 이후 어떤 상태로 전락했으며 하나님의 은혜를 받을 만한 자유의지의 인정 여부에 따라 이해를 달리한다.

이 두 견해 가운데 어떤 것이 더 성경의 지지를 받을 수 있을까? 원죄의 전가방식은 그리스도의 의의 전가방식과 구조적으로 일치한다는 점에서, 직접전가보다는 간접전가가 더 설득력이 있어 보인다([표6] 참조).

[표6]에서 보듯이, 간접전가로 해석할 때 중요하게 대두되는 개념은 '범죄'와 '믿음'이다. 간접전가 방식에 따르면, 누구든지 실제 죄인이 되는 것이나 실제 의를 얻는 것은 죄를 범하거나 믿음을 통해서다. 그러므로 로마서 5장 12절은 "모든 사람이 죄를 지었으므로 사망이 모든 사람에게 이르렀느니라"고 말한 것이다. 아담의 죄가 직접전가되어 모든 사람에게 사망이 임한 것이 아니라, 모든 사람이

죄를 지었기 때문에 사망이 임한 것이다. 만일 이것을 직접전가로 해석하면 범죄와 믿음은 들어갈 자리가 없게 된다.

[표6] 원죄와 의의 간접전가 비교

원죄의 전가	아담→ 〈간접전가〉 → 잠정적 죄인→ 〈범죄〉 →실제 죄인
의(義)의 전가	그리스도→ 〈간접전가〉 →잠정적 의인→ 〈믿음〉→실제 의

원죄와 그 전가문제를 어떻게 해석하든 이 원죄를 극복하신 분은 예수 그리스도다. 그분은 '타인 사랑' '순종' '겸손' '하나님 중심성'을 삶으로 실천하셨다. 그러므로 모든 인간은 '그리스도를 통해' 잃어버린 하나님의 형상을 회복할 수 있다. 그리스도인이 된다는 것은 믿음을 통해 제자도의 삶을 살겠다고 헌신하는 것이다.

죄의 사회성 문제

죄의 신학적 의미 가운데 또 하나 주목할 만한 것은 죄의 사회성(sociality) 문제다. 죄는 개인 차원에만 머물지 않고 사회화(socialization)하려는 성향이 있다. 죄는 본성상 사회로 확장될 수밖에 없다. 한 사람의 죄가 다른 사람들에게 직간접적으로 나쁜 영향을 미치고, 그로 인해 많은 사람들이 고통을 당하는 사례들은 우리 주변에서 자주 일어난다. 따라서 사회적으로 확장되는 죄의 파괴력을 배제한 채, 개인적 차원에서만 죄를 해석하는 것은 그것이 어떤 해석이든 적합한 것이 아니다.

월터 라우쉔부쉬(Walter Rauschenbush)는 20세기 초반, 미국 사회에서 인권을 유린당하며 사는 노동자들을 대상으로 목회를 하면서, 이 사회화한 죄의 심각성을 절실히 경험했다. 그는 아무리 개인의 영혼이 거듭난다 하더라도 구조화된 악의 세력은 점점 더 강해진다는 사실을 발견했다.[31] 그래서 라우쉔부쉬는 죄가 사회화하는 것처럼 복음도 사회화해야 한다는 이른바 '사회복음'(social gospel)을 주창했다.

사회복음의 강점은 "악의 사회화"에 대항한 "복음의 사회화"를 요청했다는 점에 있다. 라우쉔부쉬에 따르면, 복음은 단순히 개인에게만 적용되는 것이 아니라 사회 전반에 적용되어야 한다.32) 나아가 우리는 오늘날 이 사회적 죄가 "생태학적 죄"(ecological sin)로까지 확대될 수 있다는 사실을 인식하는 것이 필요하다. 이런 맥락에서 볼 때 구원의 본질과 범위도 사회적 차원과 생태학적 영역에서 다루어져야 하는 것은 당연한 논리적 귀결이다. 악의 왕국을 하나님 나라로 변혁시키는 것이 사회구원이요, 생태계의 구원이기 때문이다. 이는 교회가 성령의 도움으로 추구해야 할 하나의 책임이며 동시에 사명이기도 하다. 이것을 도식화하면 [그림 6]과 같다:

[그림6] 죄와 복음의 사회화 현상

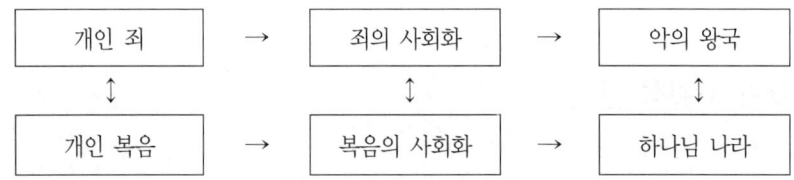

그러므로 교회가 복음을 너무 좁게 해석해서 개인의 영혼 구령에만 지나치게 집중하고 사회문제와 생태계의 문제에 대해 무관심하거나 방치하는 것은 성경적이지 않다. 사회와 격리된 신앙은 존재할 수 없다. 우리가 속한 사회와 정치 상황에서 자유로울 수 있는 존재는 아무도 없기 때문이다. 동시에 복음은 "모든 피조물"(all creature)에게 전파되어야 한다(막 16:15). 복음은 개인과 사회, 그리고 창조세계 모두에 관심이 있다. 하나님 나라는 궁극적으로 오는 세상에서 완성되겠지만, 동시에 이 세상에서도 실현되어야 한다.

물론 라우쉔부쉬의 사회복음은 1930년대 초 미국의 경제공황이라는 특수한 상황에서 주창된 것이고, 그에 대한 비판도 적지 않았다는 것을 간과할 수는 없을 것이다. 도날드 슈바이처(Donald Schweitzer)의 설명에 따르면, 그 비판은 대체로 사회복음운동이 "이성과 선한 의지를 통해서 인간조건이 점차로 진보해 간다는 문화적 낙관주의를 지향"한다는 점에서 "자유주의적"이 되었고, "자유주의적 가치를 문화에 적응하면서 사회주의와 손을 잡게 되었다"는 것이다.33) 그는 라인홀드 니버도 「도덕적 인간과 비도덕적 사회」에서 두 가지 점을 강하게 비판했다고 소개했다. 니버는 "역사를 진보로 규정하는 자유주의적 관점"을 비판했고, "사랑과 이성을 강조하는 자유주의적 환상을 고발"했으며, "기술의 진보가 도덕의 진보와 동일하지 않다"고 주장하면서 공황은 오히려 "자유주의와 사회복음운동의 역사관이 환상이었음을 드러내는 것"으로 보았다는 것이다.34) 하지만 그렇다고 해서 사회복음운동을 비판하고 제기한 니버의 기독교 현실주의가 더 건강한 대응이라고 할 수 있을까? 슈바이처는 니버가 사회복음주의와 자유주의를 비판하면서 그 대신 하나님의 "초월성"과 "죄의 보편성"을 강조했는데, 이런 니버의 태도는 역으로 "인간성이 본래 갖고 있는 이기심에 필연적으로 영향을 받는다고 논함으로써 '상호성과 공동체가 갖고 있는 힘'을 무시"했다고 비판했다. 그러므로 니버의 약점은 인간의 자유가 "죄된 성향을 갖고 있을 뿐 아니라 타인을 돌보고 더 큰 공동의 선을 추구하며 서로 협동할 수 있는 능력을 포함"하고 있다는 점을 간과했다는 점에 있다는 것이다.35)

우리는 우리 주변에 죄의 결과로 나타난 현상들을 생각해보고, 그 원인이 어디에서 비롯된 것인지 구체적인 사례들을 통해 설명할 수 있어야 한다. 죄로 인해 발생한 결과들을 해결하기 위해 어떻게 해야 하는가? 그리고 죄의 직접 전가와 간접 전가는 우리 신앙생활에 각각 어떤 영향을 끼칠 수 있는가?

* * *

목회현장에서 죄 문제를 다룰 때 우리 모두는 죄를 지을 수밖에 없는 존재였고, 여전히 죄 가운데 살아가고 있다는 사실을 간과해서는 안 된다. 그 죄가 어떤 것이든, 경중에 관계없이 하나님 앞에서 어느 누구도 예외가 될 수 없다. 그러므로 다른 사람들을 향해 손가락질하고, 정죄하고, 교제를 일방적으로 끊어버리며 적대시하면서 교회의 집단이기주의에 빠지는 것은 하나님의 은혜를 경험한 그리스도인들이 해서는 안 되는 행동이다. 진리 안에서, 하나님 앞에서 우리는 자만하지 말고, 언제나 겸허하고 신중한 태도로 죄의 문제를 극복해야 한다.

그리스도인은 무엇보다 죄에 대해 민감해야 하지만, 그 죄를 행하는 주체가 누구이며, 범죄에 대한 책임을 누가 지어야 하는가를 좀 더 전향적으로 인지해야 한다. 아담에게 죄의 책임을 전가하는 것만으로 문제를 해소하는 것은 실제 죄를 행하는 개인의 책임을 소홀히 여길 가능성이 있기 때문에 지양해야 한다. 원죄는 가공할 만큼 우리에게 부정적 영향을 끼치는 것이 사실이지만, 원죄의 영향력과 더불어 우리 자신이 의지적으로 선택하고 행하는 죄에 대해 좀 더 민감하게 대응할 필요가 있다.

특히 죄의 문제를 다룰 때 개인의 죄에만 국한하지 말고, 그 죄의 사회적 성격과 영향에 대해 좀 더 관심을 가져야 한다. 죄가 사회로 확산되고 고착화하는 것을 교회가 방치하면 그것은 복음의 사회적 영향력을 발휘하지 못하는 것이다.

주(註)

1) William W. Stevens, 「조직신학개론」, 허긴 역, 4판 (대전: 침례신학대학교출판부, 1997), 196.
2) Emil Brunner, *The Christian Doctrine of Creation and Redemption*, Dogmatics vol. II. tr. Olive Wyon (Philadelphia: The Westminster Press, 1952), 89.
3) Stanley Grenz, 「조직신학: 하나님의 공동체를 위한 신학」, 신옥수 옮김 (서울: 크리스챤다이제스트, 2003), 279-81.
4) Brunner, *The Christian Doctrine of Creation and Redemption*, 90-3.
5) 마가복음 3장 29-31절 참조.
6) Millard J. Erickson, *Christian Theology*, vol. 2 (Grand Rapids: Baker Book House, 1984), 615-9 참조.
7) Brunner, *The Christian Doctrine of Creation and Redemption*, 124-8; Emil Brunner, *Man in Revolt: A Christian Anthropology*, tr. Olive Wyon (Philadelphia: The Westminster Press, 1939)의 본래 독일어 책 제목은 「모순 속의 인간」(Der Mensch im Widerspruch)이다.
8) Grenz, 「조직신학」, 290.
9) J. L. Neve, 「기독교교리사」, 서남동 역 (서울: 대한기독교서회, 1985), 90.
10) J. N. D. Kelly, *Early Christian Doctrine* (New York: Harper & Brothers, 1958), 179.
11) George P. Fisher, *History of Christian Doctrine* (New york: Charles Scribner's Sons, 1896), 93; Reginald Stewart Moxon, *The Doctrine of Sin: A Critical and Historical Investigation into the Views of the Concept of Sin Held in Early Christian, Mediaeval & Modern Times* (London: George Allen & Unwin, 1922), 42.
12) Reinhold Seeberg, *History of Doctrine in the Ancient Church*, tr. Charles E. Hay, in *Text-Book of the History of Doctrines*, vol. 1 (Grand Rapids: Baker Book House, 1952), 332.
13) Augustinus, "그리스도의 은혜와 원죄에 대하여," 「아우구스티누스의 은혜론」, 김종흡 역 (서울: 생명의말씀사, 1990), 143.
14) Robert F. Evans, *Pelagius: Inquiries and Reappraisal* (New York: Seabury Press, 1968), 66.
15) Ted Peters, 「하나님-세계의 미래」, 이세형 옮김 (서울: 컨콜디아사, 2006), 314.
16) 김영도, "펠라기우스주의자들과의 논쟁(the Pelagian Controversy)에 나타난 어거스틴의 성서해석," 「성서마당」 [온라인자료] www.theology.ac.kr/institute/dtdata/성서신학/오리겐의 성경해석논쟁3.htm, 2015년 7월 23일 접속.
17) 서양근대철학회, 「서양근대철학의 열 가지 쟁점」 (서울: 창비, 2004), 365.
18) 이신건, 「조직신학입문」 (서울: 신앙과지성사, 2014), 132.
19) 좀 더 자세한 내용은 김용복, "아담의 죄와 그리스도의 의의 전가 교리에 대한 성서적-신학적 재고: 침례교의 조직신학 전통 안에서," 「복음과실천」, 59집 (2017 봄): 177-207 참조.

20) H. Wayne House, *Charts of Christian Theology and Doctrine* (Grand Rapids: Zondervan Publishing House, 1992), 87-90 참조.
21) Neve, 「기독교교리사」, 227.
22) Grenz, 「조직신학」, 306.
23) "또한 십분의 일을 받는 레위도 아브라함으로 말미암아 십분의 일을 바쳤다고 할 수 있나니 이는 멜기세덱이 아브라함을 만날 때에 레위는 이미 자기 조상의 허리에 있었음이라"(히 7:9-10).
24) Grenz, 「조직신학」, 307.
25) R. C. Stroull, 「하나님의 예정과 선택」, 정중은 옮김 (서울: 생명의말씀사, 2014), 93.
26) Grenz, 「조직신학」, 306.
27) Moody, *The Word of Truth*, 197.
28) "전에는 우리도 다 그 가운데서 우리 육체의 욕심을 따라 지내며 육체와 마음의 원하는 것을 하여 다른 이들과 같이 본질상 진노의 자녀이었더니"(엡 2:3).
29) Granz, 「조직신학」, 308-9.
30) Moody, *The Word of Truth*, 198.
31) Walter Rauschenbusch, *A Theology For The Social Gospel* (New York: Macmillan, 1917), 78.
32) Ibid., 87.
33) Donald Schweitzer, "대공황: 북미 신학자들의 반응," 「20세기의 사건들과 현대신학」, Gregory Baum 엮음, 연구홍 옮김 (서울: 대학기독교서회, 2009), 90.
34) Ibid., 90-1.
35) Ibid., 95-101.

8
창조세계: 보존과 전망

하나님이 그들에게 복을 주시며 하나님이 그들에게 이르시되
생육하고 번성하여 땅에 충만하라, 땅을 정복하라, 바다의 물고기와
하늘의 새와 땅에 움직이는 모든 생물을 다스리라 하시니라
창세기 1장 28절

하나님은 본래 이 세계가 생육하고 번성하며 하나님의 영광을 드러낼 존재목적을 가지도록 창조하셨다. 하나님은 창조세계에 질서를 부여하셨고 피조물 간에 서로 돕는 관계가 되게 하셨다. 그리고 그 모든 창조결과를 "보시기에 심히 좋았다"(창 1:31)고 하시며 만족하셨다. 창세기의 창조이야기는 이런 목가적이고 평화로운 그림으로 시작된다. 그런데 지금 우리가 살고 있는 이 생태계는 어떠한가? 생명은 죽음으로 변해가고, 서로 돕는 관계는 적대하는 사이가 되었다. 하나님이 기뻐하셨던 창조세계는 피조물끼리 상처를 주고받으며 회복할 수 없을 정도로 파괴되고 말았다. 이 생태계의 파괴는 모든 피조물의 존재기반을 허무는 것이다.

이런 상황에서 창조세계에 대한 총체적 반성은 모든 그리스도인이 마땅히 해야 할 과제다. 이는 창조세계의 근원과 피조물의 정체성을 좀 더 냉철하게 성경적으로 반성해야 한다는 것을 의미한다. 하나님이 창조하신 피조물 가운데는 인간뿐 아니라 무생물과 생물을 포함한 우주 삼라만상이 있고, 또 다른 영적 존재들도 있다. 성경은 이런 피조물에 대해 어떤 정보를 주고 있을까? 인간과 인간 이외의 다른 피조물은 어떤 차이가 있을까? 그들의 관계는 어떠해야 하는가? 이런 질문들에 대한 답을 찾는 노력은 창조신앙을 재정립하는 데 중요한 단초를 제

공한다. 따라서 이 창조신앙의 재정립은 하나님의 구원 사건이 단순히 이 세상을 벗어나 '구원의 방주'로 옮겨가는 데 있는 것이 아니라 이 세상을 회복시키고 새 하늘과 새 땅을 펼치는 데 있다는 것을 강조하는 일과 연결된다. 이 피조세계가 "썩어짐의 종노릇"하는 데에서 벗어나게 될 것이라는 것이 로마서의 구원론적 한 관점이다(롬 8장).[1]

생태계 위기와 실태[2]

어느 봄날 갑자기 숲 속에 새들이 사라지고 온통 삭막한 정막이 흐른다면, 우리는 어떤 기분일까? 하나님이 창조하신 이 세계의 피조물들이 점차 사라지고 있다는 생태학적 보고서를 보면 상상을 초월할 만큼 그 정도가 심각하다. 레이첼 카슨(Rachel Carson)의 「침묵의 봄」은 바로 그런 상황을 경고한 대표적 문제작이다.[3]

총체적 위기상황

실제로 오늘날 지구생태계는 총체적으로 심각한 위기상황이다. 대기의 온도는 빠른 속도로 올라가고 있기 때문에 21세기를 지나는 동안 지구의 온도는 1.5-5.5도 정도 높아질 것으로 예측되고 있다. 이런 온도상승 현상은 "열풍, 해수면 상승, 빙하의 축소, 극지방의 온난화, 빨라지는 봄, 더욱 강력한 폭풍, 질병의 확산, 생물종의 상실" 등과 같은 지구온난화 징후로 나타난다. 또한 생명을 유지하는 데 필수적인 요소인 물이 부족하게 됨으로써 2015년에는 전 세계인구의 40퍼센트가 물이 없는 지역에 살게 될 것이라는 통계도 나왔다. 특히 "생명의 재생산" 자체가 중단되고 있는 현상은 인간뿐 아니라 다른 모든 종들에게도 위협이 되고 있는 상황이다.[4] 최근에 국제환경단체 '그린피스'(Greenpeace)의 홈페이지에 올라와 있는 한 자료는 다음과 같이 생태계 파괴의 위험성을 여전히 경고하고 있다: "전 세계에서는 지금도 목재와 펄프 생산을 위한 벌채와 작물 재배를 위한 개간 작업이 진행되고 있습니다. 뿐만 아니라 기후변화도 열대우림을 파괴하는 요인입니다. 8천 년 전만 해도 지구 전체 면적의 거의 절반을 차지했던 숲이 이제는 4/5가 황폐화 되었거나 파괴되었습니다. 지금 이 순간에도 매 2초마다 축구장 한 개면적에 해당하는 숲이 벌채나 삼림파괴 행위로 지구상에서 사라지고 있습니다. 인도네시아 원시림의 72%, 아마존 원시림의 15%는 이미 영원히 사라졌습니다. 그리고 이제는 콩고의 원시림마저 같은 위협을 받고 있습니다. 삼림파괴의 원인은 지역마다 다르지만 공통된 원인도 있습니다. 바로 '인간의 활동'입니다."5)

생태계에 대한 위기의식이 최고조에 달한 지는 이미 오래 되었다. 인류역사상 그 유례를 찾아볼 수 없을 정도로 우리의 생태계는 파괴되었고, 곧 해체될 위험에 처해있다는 절박한 경보가 세계 도처에서, 여러 분야에서 제기되었다. 몰트만(J. Moltmann)은 이러한 사태를 생태계 위기의 차원을 넘어 인간에 있어서 "모든 삶의 체계의 위기"라고 지적한 바 있다.6)

독일의 물리학자며 동시에 철학자인 칼 프리드리히 폰 바이젝커(C. F. von Weizsacker)는 1986년, "정의와 평화 그리고 창조의 보전"을 위해 전 기독교인들이 세계공의회를 개최할 것과 공동으로 인류가 처한 위기에 대처할 것을 제안한 소책자 「시간이 촉박하다」를 펴내, 독일 지성인들의 열띤 논쟁을 유도한 바 있다.7) 사실 폰 바이젝커의 문제작 「시간이 촉박하다」는 1990년 JPIC세계대회(서울)의 이론적 정당성을 학문적으로 부여한 획기적인 책이며, 그의 사상 및 공의회적 프로그램에 대한 논의는 서울대회에서 큰 열매를 맺게 되었다고 평가되고 있다.8) 이와 관련해 프리조프 카프라(Fritjof Capra)는 이러한 형태의 위기를 가리켜 "인식의 위기"라고 지적하였고,9) 슈마허(F. Schumacher) 역시 「작은 것이 아름답다」는 저서에서 가치관의 변화를 요청하고 있으며, 가장 심각한 인식의 위기를 "사악한 형이상학"에서 찾고 있다.10)

생태계 파괴의 주범

생태계 위기에 대해 그리스도인들에게 강력하게 책임을 추궁한 것은 1967년 「사이언스(Science)」지에 발표한 린 화이트(Lynn White)의 논문이었다. 그녀는 오늘의 생태계 위기에 대한 역사적 근원을 기독교의 창조신앙에 있다고 규탄했던 것이다. 그러자 생태계 파괴의 주범으로 지목된 기독교는 더 이상 이 문제를 방관할 수 없게 되었고, 신학자들은 생태계의 위기에 대해 반성과 토론을 거쳐 대책을 내놓기 시작했다.11)

화이트는 "기독교는, 특히 서구의 기독교는 더욱 그러하지만 이 세상에 있는 어떤 종교보다도 인간중심적인 종교이다"고 말하고, 기독교가 "이교적인 정령숭배 사상을 무너뜨림으로 인해서 인간은 자연히 만물의 감정과는 관계없이 자연을 마음대로 이용할 수 있게 되었다"고 주장하였다.12) 또한 그는 이러한 환경문제를 해결하기 위한 기독교적 대안으로 "앗시시의 성 프란시에게로 돌아가자"고 외쳤다. 그는 인간에게 자연을 파괴시킬 수 있는 권리가 있다고 보는 정통 기독교의 견해를 성 프란시스와 대조시키고 있다. 화이트는 프란시스를 생태학자들의 수호성인으로 천거하고 있다.13)

화이트의 기독교 자연관에 대한 생태학적 비판이래, 많은 학자들이 오늘의 위기를 기독교의 책임으로 돌리고 있는 것도 사실이다. 그러므로 먼저 이러한 비판의 소리에 귀를 기울이는 것이 필요하다. 지난 수세기 동안 인간은 "세계의 중심이요 정점"으로 행세했고, "세계는 인간 아래에, 인간의 주변에 있으며, 인간을 위하여 존재"하게 되었던 것은 부인하기 어렵다. 그리고 이런 반생태적 사상은 인간이 "이 세계를 자기 마음대로 지배"14)할 수 있다는 잘못된 인식을 낳았다. 물론 그렇다고 해서 이런 일련의 사실들이 곧바로 성경 자체가 반생태적 사상을 담고 있다는 근거가 되는 것은 아니다. 성경은 생각보다 여러 곳에서 생태학적 관심을 표명하기 때문이다(창 2:15; 창 6-9장; 레 25: 2-4, 8-11, 21-24; 시 104편; 욥 38-41장; 사 11:6-9; 렘 33:25-26; 마 10:29; 막 1:13; 롬 8:18-23; 엡 1:22-23; 골 1:19-20; 계 21:1-8 등). 다만 성경에 대한 잘못된 해석과 적용이 이런 반생태적 전통을 만들었던 것이다.15)

인간과 자연의 대결구조

생태계 위기를 초래한 가장 근본적 원인은 지나친 인간중심주의에서 찾을 수 있다. 대체로 이 인간중심주의는 다음과 같은 세 가지 차원에서 접근될 수 있다. 이것은 인간의 멈추지 않는 탐욕과 그것을 채워줄 수 있을 만큼 발달한 과학과 기술, 그리고 창조신앙에 대한 기독교의 잘못된 해석 등에서 비롯된 것이라고 할 수 있다.

인간중심의 세계관

기독교는 창세기 1장과 2장에 기록되어 있는 창조이야기를 통해 전통적으로 인간중심의 세계관을 가르쳐왔다는 비판이 강하게 대두되었다: "인간이 세계의 중심이요 정점이다. 세계는 인간 아래에, 인간의 주변에 있으며, 인간을 위하여 존재한다. 인간은 세계의 '소유자이며 지배자'이다. 인간이 '창조의 완성'이요 '창조의 면류관'이다. 인간이 '만물의 영장'이요 '만물의 척도'이다. 그러므로 인간은 이 세계를 자기 마음대로 지배할 수 있다."16)

문서설을 지지하는 사람들은 "P문서의 창조설화에 있어서 사람을 우주적 피라밋의 정점에 서 있다면 J문서의 창조설화에 있어서 사람은 우주의 중심점의 위치에 있고 우주의 만물은 이 중심점의 주변에 있는 것으로 표상되어 있다"고 주장한다. 어떤 경우라 하더라도 성경에 표상된 인간의 위치는 우주만물의 중심이요, 우주의 모든 것을 다스리고 지배하는 존재로 부각되어 온 것이 사실이다. 이러한 인간중심적 세계관에 대한 가르침은 전통적으로 그 맥을 유지하고 내려와 개신교의 정통주의 신학에서 인간과 대비하여 자연을 소홀히 취급했고, 무(無)로 돌아가야 할 존재로 보아온 것이 또한 사실이다. "자연 그 자체는 아무런 의미나 가치를 가지고 있지 않다. 그것은 인간의 유익을 위하여 존재하며 종말이 오면 무로 돌아갈 것이다." 종말론에 있어서 자연의 세계를 부정적으로 묘사한 루터의 소요리 문답에서의 인간중심적 세계관과, "창조 곧 자연의 세계를 역사에 예속시킨" 폰 라트(G. von Rad)의 신학체계, 교의학에서 우주론을 약화시키고 인간론을 강조한 칼 바르트, 그리고 "역사는 자연과 관계없이 단지 인간의 행위를 통하여 구성된다"는 불트만(R. Bultmann)의 실존론적 해석 등에서도 자연을 신학의 영역에서 소외시키는 경향을 발견하게 된다. 아무튼 기독교가 제공한 인간중심적인 세계관, 그리고 그것을 근거로 한 기독교적 인간학은 인간을 우주의 중심이요 지배자로 만들었다는 비판을 피하기 어렵다. 이러한 사상적 배경을 통해 "근대 서구인들은 마음 놓고 세계를 정복하고 지배할 수 있는 근거를 마련"했으며, "서구의 식민주의, 제국주의, 인종주의"를 배양하고도 그에 대해 "침묵"했다는 부정적 평가를 받게 된 것이다.17)

현대사회의 가치관과 자연과학의 발달

기독교의 인간중심적 세계관은 자연의 가치를 격하시켰고, 자연을 단지 인간의 목적을 위한 수단으로 이용하는데 별다른 문제의식을 불러일으키지 못하게 했고, 도리어 그것을 더욱 가중시키는 결과를 초래하였다는 비판을 살펴보았다. 그러나 자연 파괴의 원인이 전적으로 기독교의 잘못은 아니라는 반대 견해 또한 적지 않다. 기독교의 가치관이 통용되지 않는 세계에서도 자연파괴는 심각한 현실문제로 대두되기 때문이다. 예를 들어 일본은 기독교 국가가 아니며 성경의 창조신앙을 받아들이지 않는 전통을 가지고 있음에도 자국의 경제발전을 위하여 생태계를 파괴하는 세계첨단의 나라로 알려져 있다.[18]

따라서 생태계의 위기를 초래하는 근본원인으로서 비판되어야 할 또 하나의 요소는 현대사회의 가치관과 사고방식이다. 현대의 자연과학에 대한 지나친 신뢰와 기대현상은 발전과 진보를 기본 가치로 삼아 생산을 확대하고 노동의 효율성을 높이는 새로운 과학기술을 추구하게 만들었다. 그러나 이러한 자연과학은 "정치적 의지, 곧 자기의 자기집단의 이익과 힘을 신장시키고 그것을 지키려는 정치적 동기에 의해 조종"되고 있다. 오늘날 많은 나라의 정부가 자연과학의 연구에 엄청난 투자를 하는 원인도 여기에서 찾을 수 있다. 그런데 이러한 현상에서 발생하는 결과가 다름 아닌 "보다 더 새로운 물질, 보다 더 많은 물질의 소비, 풍요와 행복, 힘의 획득과 유지, 자기 확장" 등으로 인한 생태계 위기의 발생 원인이 된다는 사실이다.[19]

이와 같은 자연과학에 대한 비판과 일면 맞물려 돌아가는, 현대사회의 "소유와 소비와 향락"에 가치관을 두고 있는 현대인의 생활태도 역시 생태계의 파괴에 크게 작용하고 있는 주요 원인으로 지적하지 않을 수 없다. 소유와 소비를 삶의 목표로 삼는 개인과 사회는 다른 개인과 사회에 대하여 적대적 태도를 가질 수밖에 없다. 더 많이 소유하고 소비하여 행복을 얻으려고 더 많은 물건을 생산하려 하면 불가피하게 천연자원을 좀 더 많이 소모할 수밖에 없고 환경을 오염시키고 파괴할 수밖에 없는 결과를 초래하지 않을 수 없을 것이다.[20]

자연과학과 과학기술의 발달은 인식의 주체와 대상을 철저히 분리시키는 이른바 "자연의 대물화"와 "인간의 주체화"에서 사상적 근거를 마련하였고, 이런 주객

전도식의 근대철학은 베이컨(F. Bacon)과 데카르트(R. Descartes)에 의해 결정적으로 형성되었다는 비판은 이미 널리 알려진 바다.[21]

파괴된 창조신앙: 하나님 없는 이기적 욕망

창조신앙이 근본적으로 하나님의 세계창조를 믿고 인간과 자연의 본래의 관계를 회복하는 것을 의미한다고 할 때, 파괴된 창조신앙이란 바로 하나님의 존재를 인정하지 않는 것이며 인간과 자연의 상호의존적인 관계를 파괴하는 일련의 "생태계의 위기"를 말한다. 생태계의 위기를 초래한 원인을 인간중심적 세계관과 현대사회의 가치관이라는 두 범위 안에서 살펴보았지만, 그보다 더 근본적인 원인을 캐물으려 할 때는 어쩔 수 없이 인간의 죄를 논하지 않을 수 없다. 하나님을 거부하는 데까지 이른 인간의 죄성(罪性)은 인간의 교만과 욕망이 분출된 하나의 존재론적인 한계상황이다.

죄는 관계를 파괴하는 힘이다. 죽음이란 현상은 이 관계 파괴에 대한 하나님의 심판이다. 죄를 범함으로 해서, 인간은 스스로 죽음을 피할 수 없게 되었다. 죽음으로 인해 또한 창조신앙도 파괴되어 나타났다. 파괴된 관계 속에서 인간은 하나님에 대하여, 또 다른 인간에 대하여, 그리고 자연에 대하여, 대적자가 되고 말았다. 창조신앙은 살리는 신앙인데, 죄로 인해 그것이 죽이는 신앙이 되고 만 것이다.

인간과 자연의 화해구조

교회는 인간과 자연을 창조하신 하나님을 믿는다. 따라서 창조신앙을 살려서 파괴된 관계를 회복해야 할 의무가 있다. 교회가 요청받고 있는 과제는 인간과 자연의 대결구조에서 벗어나 인간과 자연 그리고 하나님이 화해의 구조 속으로 들어가는 창조신앙의 회복이다.

인간이 하나님의 형상으로 "창조된" 존재이며 동시에 자연을 지배하고 독점해서는 안 될 존재라는 사실을 인식하는 일은 창조신앙을 회복하는 길의 첫 걸음이 될 것이다. 린 화이트는 자연에 대한 우리의 태도변화를 요청했다. 그녀는 성장을 역사적으로 이해하려면 기독교적인 진리에 깊이 뿌리박은 자연에 대한 분명한 태도와 반드시 결부지어 생각해야만 한다"고 주장하고 그 대안으로서 성 프란시스의 자연관에 대한 수용을 제안했다.[22] 그것은 창조신앙의 회복과 일맥상통하는 요구였다. 인간이 자연과 대결하게 된 원인이 인간중심적 세계관과 현대사회의 가치관의 전도, 나아가서 인간의 하나님 없는 이기적 욕망에서 나온 것이라면 이를 극복하기 위한 노력은 인간중심이 아닌 하나님 중심의 세계관 수립, 인간과 자연의 관계 회복, 그리고 그리스도의 삶과 그의 제자도 원리에서 나오는 금욕적 혹은 이타적 사랑의 실천정신에서 찾아야 할 것이다.

하나님 중심의 세계관

성경은 모든 창조세계는 하나님의 것이라는 전제에서 출발한다. "하늘과 모든 하늘의 하늘과 땅과 그 위의 만물은 본래 네 하나님 여호와께 속한 것이라"(신 10:14), "세계가 다 내게 속하였나니"(출19:25)라고 선언되어 있다. 레위기 25장 23절에 의하면 "땅은 하나님의 것"이라 규정되었다. 그러므로 부모로부터 물려받은 땅을 자신의 것이라고 생각해서 그 땅을 황폐화시킬 수 있는 권리는 결코 인간에게 없는 것이다. 이 문제는 JPIC서울대회(1990)에서도 선언되고 있다. 이 대회의 최종문서 가운데 여덟 번째 명제는 "우리는 땅이 하느님께 속해 있다고 확언한다"는 내용이다.[23]

세계의 소유자가 인간이 아니라 하나님이라는 것을 인식하는 것은 세계의 궁극적인 존재근거를 인간에게 두지 않고 하나님께 두는 것이다. "인간은 생태계를 창조할 수도 없고 자신의 소유로 삼을 수도 없다. '생물권에서 인간에게 소유를 보증해 주는 것은 아무 것도 없다.'" 그러므로 이 세계는 인간을 중심으로 이해될 것이 아니라, 세계의 중심은 하나님이라는 사실을 받아들일 것을 요구한다. 이러한 하나님 중심의 세계관은 성경의 창조신앙을 대변해 주고 있다. "창세기의 창조신앙은 인간이 자연 위에 군림하면서 자연을 지배하고 정복하는 인간상과 세계상을 보여주기보다 인간이 자연을 자기와 동일화시키고 자연의 삶과 운명에 참여하는 인간상과 세계상을 그 속에 지니고 있다." 따라서 인간이 창조의 완성이요 창조의 면류관이라고 생각했던 인간중심적 세계관에서, 창조의 주인은 하나님이며 "창조의 면류관은 하나님과 모든 피조물들이 평화롭게 안식하는 안식일"이라는 하나님 중심의 세계관으로의 인식전환이 무엇보다 우선되어야 할 생태학적 과제가 아닌가 생각한다.[24] 물론 인간이 다른 피조물보다 더 고귀한 존재로 창조되었다는 것은 분명 성경의 인간관에서 부인할 수 없는 중요한 측면이기는 하다. 오죽 했으면 "하나님보다 조금 못한"(시 8:5) 존재로 창조되었다고까지 고백했을까? 하지만 그렇다고 해서 인간이 다른 피조물을 마음대로 주관하고 파괴해도 된다는 것을 의미하는 것은 아니다. 모든 피조물의 주인은 인간이 아니고 하나님이시기 때문이다.

자연과 인간의 관계회복

생태계의 위기는 자연에 대한 인간의 관계를 새로운 관점에서 바라볼 것을 요청하고 있다. 세계의 중심은 하나님이라는 근본사상을 근거로 하여, 인간과 자연은 모두 이 세계에 속해 있다는 사실에서 출발하는 인간과 자연의 관계정립이 필요하다. 또한 하나님의 형상에 대한 해석과 인간에게 자연의 세계를 "다스리고" "정복하라"고 가르쳐 준 창세기 1장 20-28절에 대한 바른 해석문제를 요구한다. 생태계에 대한 신학적 반성은 성경본문에 대한 재해석에서부터 시작되어야 한다. 특히 인간의 지배권과 관련된 두 본문에 대한 새로운 해석은 불가피하다.[25]

첫 번째 본문은 "모든 것을 다스리게 하자"(창 1:26)라는 구절이다. 여기서 사용된 히브리어 "다스리다"(radah)는 구약에서 사람, 지역, 민족, 힘, 생물 등을 "주관하다," "관리하다," "다스린다" 등으로 25회 등장한다. 클라우스 베스터만(Claus Westermann)은 고대 왕의 통치를 다음과 같이 설명했다: "그것은 착취하는 것이 아니라, 왕이 다스리는 사람들의 안녕과 번영에 대해 인격적으로 책임지는 것이다."[26] 이런 해석은 하나님이 아담에게 피조물들을 "경작하며 지키라"(창 2:15)고 한 최종명령에서도 확인된다. 여기서 사용된 히브리어 "경작하다"(abad)는 "섬기며 일한다"는 의미로(289회, 동사), "주인을 섬기는 종이나 봉사자"의 뜻으로(799회, 명사) 사용되었다. 하나님은 인간을 당신이 만드신 피조물을 섬기며 봉사하는 존재로 세우셨던 것이다. 그러므로 다스리는 것이 동시에 섬기는 것을 내포한다는 것은 구약성경의 중요한 가르침이다. 영어 minister가 장관과 목회자를 모두 의미

하는 단어라는 것도 이런 맥락을 반영한 것이다.[27)]

　재고해야 할 두 번째 본문은 "땅을 정복하라"(창 1:28)는 구절이다. 과연 히브리어 "정복하라"(kabash)가 파괴하고 짓밟아도 좋다는 군사적 의미로 이해되고, 생태계 파괴행위를 정당화하는 근거로 사용될 수 있을까? 이에 대해서는 서로 상반된 해석이 있다. 우선 노르만 하벨(Norman Habel)에 따르면, "정복하라"는 뜻은 "단순히 인간이 자연에 권력을 가지고 있음을 확증해주는 데 그치지 않고 잔인한 통제를 의미"한다. 따라서 "정복하라는 명령은 상대를 부숴버리라"는 뜻이기 때문에 이 말을 "유연하게 설명할 방도"는 없다. 또한 그는 "사람을 하나님보다 조금 못하게 하시고 … 주의 손으로 만드신 것을 다스리게 하시고 만물을 그의 발아래 두셨"다고 하는 본문(시 8:5-6)이 문자적으로 볼 때 성경을 친환경적으로 해석하기 어렵게 만든다고 주장했다.[28)]

　하지만 이 단어는 문맥적으로 볼 때 땅을 충만하게 하고 그것을 더욱 풍성하게 하라는 뜻으로 해석하는 것이 더 자연스러워 보인다는 해석도 있다. 그래야만 창세기에서 "여호와 하나님이 그 사람을 이끌어 에덴동산에 두어 그것을 경작하며 지키게 하"신(2:15) 하나님의 뜻과 잘 조화되기 때문이다. 피조물에 대한 인간의 이런 청지기 개념은 "이 땅이 하나님의 것"이라는 진리에서 나온 "필연적 관심"이며 결과다. 인간은 결코 땅의 주인이 될 수 없기 때문에 자연을 자기 마음대로 하지 못하고 주인이신 하나님의 뜻에 따라 다스려야 한다. 성경에서 읽히는 이런 청지기직 사상은 "환경문제에서 우리가 어떻게 빛과 소금이 될 수 있는가 하는 것을 이해하는 데 본질적"이다.[29)]

　성경의 교훈을 이해할 때는 어떤 관점에서 해석할 것인가 하는 것이 중요하다. 이는 무엇을 중심으로 해석하고 어떤 것을 부수적인 것으로 간주할 것인가를 결정하는 문제이기도 하다. 그러므로 특정 구절에 대한 다양한 해석 가능성을 열어두는 것이 좋다. 그러므로 성경의 교훈을 포착하기 위해서는 성경의 기본 정신을 먼저 읽어내고, 그것을 전체적인 맥락에서 조화롭게 이해하려는 노력이 따라야 한다.

　그러므로 인간과 자연의 관계회복은 자연에 대한 창조신앙의 올바른 이해를 통해서 접근 가능하다. 여기에 그리스도를 통한 하나님과 온 우주의 화해, 곧 구원의 사건은 이러한 창조신앙을 더욱 자리매김해주는 복음의 핵심이 될 것이다.[30] "그리스도의 복음은 개인의 죄 용서, 마음의 평화를 넘어서서 온 우주의 평화, 자연과의 평화에 대한 메시지"이기 때문이다.[31]

창조신앙과 제자도

창조신앙의 회복이 근본적으로 하나님과의 파괴된 관계를 회복하고 인간과 자연의 적대구조를 화해구조로 되돌리는 일이라고 한다면 그것은 우리에게 두 가지 의미에서 현실적으로 중요한 의미를 내포한다. 하나는 하나님과의 관계회복이라는 우리의 존재론적인 구원문제이고, 다른 하나는 구원의 실천적 차원에서 관계회복의 문제이다. 이 관계의 회복에는 인간과 인간의 관계회복과 인간과 자연의 관계회복이 포함된다.

우리는 여기서 그리스도의 제자도 원리를 되돌아볼 필요가 있다. 그리스도를 통해서 구원을 확증받은 우리가 그리스도가 원하는 제자도의 정신을 구현하며 사는 것은 의무인 동시에 은혜이다. 바로 그리스도의 제자도는 한마디로 "사랑의 실천"에서 그 의미가 부각되며, 사랑의 실천을 위해서는 "모든 소유의 포기가 선행되어야 한다"는 요아힘 예레미아스(J. Jeremias)의 산상설교에 대한 해석은 오늘날 생태학적 위기와 맞물려 중요한 열쇠를 제공해 주고 있다.[32] 생태학적 위기의 근본원인이 무엇보다도 하나님 없는 인간의 이기적인 욕망에서 유래한 것이라고 할 때, 철저한 자기희생과 하나님과 이웃을 자기 몸처럼 사랑할 것과 "소유의 포기" 정신을 강조하는 제자도의 삶은 새롭게 태어나게 하고 생태계의 위기를 이겨내는데 기독교적 대안으로 제시될 만하다고 할 것이다.

창조신앙에 대한 그릇된 이해와 자연에 대한 지배적인 가치체계는 오늘날 인간과 자연의 적대 관계를 심화시킨다. 또한 현대사회의 소비와 소유에 대한 가치지향적 생활방식은 생태계의 위기를 초래한다. 이런 생태계의 위기 현상은 우리 모두가 극복해 나가야 할 중요하고 시급한 과제임에 분명하다. 결코 인간은 이 세계의 중심도 아니고 창조의 면류관도 아니다. 다만 창조주 하나님에 대한 신앙과, 창조신앙에 대한 인간과 자연의 관계회복을 끊임없이 추구해 나가야 할 의존적이며 관계 지향적인 존재일 뿐이다. 그러기 위해서는 하나님 중심의 세계관으로 우리의 인식을 전환하는 일과, 그리스도의 복음으로 하나님과 자연과의 화해를 받아들이는 일이 과제로 남는다고 할 수 있다. 이를 위해서 우리는 그리스도의 윤리 강령이며 제자도의 실천덕목이라 할 수 있는 자기희생적인 사랑과 이기적 욕망에서 벗어날 수 있는 "소유의 포기" 정신을 삶 속에서 실천하는 길을 모색해야 할 것이다.

패러다임의 전환33)

생태계의 위기현상에 대한 신학적 반성 가운데 주목할 만한 것은 자연과 인간의 갈등을 접근하는 새로운 관점에 있다. 이는 창조신앙에 관한 전통적 패러다임을 신학적으로 새롭게 반성하는 것이다.

게르하르트 리드케(G. Liedke)는 「생태신학」에서 두 종류의 갈등을 제시했는데, 하나는 균형적 갈등이고 다른 하나는 비균형적 갈등이다. 여기서 생태계와 인간의 갈등은 비균형적 갈등에 속한다. 리드케의 설명에 따르면, 비균형적 갈등을 해소하기 위해서는 두 단계의 접근이 필요하다. 첫 번째는 먼저 갈등의 균형을 이루는 것이고, 두 번째는 "연합적 전략"을 시도하는 것이다. 그 동안 생태계는 인간의 폭력에 의해 지나치게 불균형을 경험해왔다. 그래서 기독교신앙의 전통적 교리를 성찰하고 재해석하여 그 관계를 재설정하는 것은 그 첫 번째 작업인 균형을 시도하는 일이다. 로즈메리 류터(Rosemary R. Reuther)가 "에코페미니즘과 신학"(1994년)에서 주장한 대로, "착취와 지배의 관계를 상호 지지의 관계"로 바꾸는 작업이나, 레오나르도 보프(Leonardo Boff)가 「생태신학」(1994)에서 "가난을 가장 큰 환경문제"로 규정한 것도 이 불균형을 해소하려는 시각의 전환이라고 볼 수 있다.34) 이는 생태계문제가 사회정의와 밀접한 관련이 있어서, 사회정치문제와 함께 일어난다는 사실을 명확하게 인식하게 되었다는 것을 의미한다.35) 나아가 이런 작업은 불가피하게 기독교신학에서 신관의 변화와 전통적 패러다임의 전환을 요구하게 되었다. 셀리 맥페이그(S. McFague)가 하나님을 단순히 초월적 존재로 보는 관점을 버리고 하나님의 내재성을 강조하면서 초월성을 견지하는 "범재신론"(panentheism)적 시각이 필요함을 역설한 것도 이런 맥락에서다. 물론 이런 범재신론적 시각은 자연을 "하나님의 몸"이라고 표현하는 것과 같이, 자연숭배사상이나 범신론의 문제점을 공유하기 때문에 그것이 과연 건강한 성서적 이해인지 끊임없이 의심을 받았고, 모순적이며 부적절하다는 비판을 받기도 했다.36)

결국 창조신앙에 대한 신학적 반성은, 그 성패와 관계없이, 전통적 패러다임을 어떻게 전환할 것인가 하는 문제로 귀결된다. 과연 그 신학적 반성이 성서적 계시에 어긋나지 않는 새로운 틀을 마련할 수 있을까? 문제의 원인으로 지목된 이 인간중심주의에서 완전히 벗어날 수 있을까? 그리고 성서는 여러 가지 대안적 관점들을 얼마나 지지해주고 있을까? 이런 질문들은 매튜 폭스(Matthew Fox)가 주장했던 "창조 중심의 영성"(the creation-centered spirituality)을 복음주의 입장에서 그대로 수용하기 어렵게 만드는 견제장치로 작용했다. 그가 말하는 창조 중심의 영성은 "'(자연) 안에 존재하는 신성'을 발견"하고, "'자연과 대화'할 뿐 아니라 '자연과 함께 창조'하며, '인간과 모든 피조물 안에 존재하는 우주'를 추구"하는 것을 의미하며, "인간과 우주는 합일하여 하나의 우주로 존재하게 된다"는 이론이기 때문이다.37) 그러므로 인간중심주의에서 벗어나는 일이 반대로 자연중심주의나 자연의 신성화로 대체되어서는 안 될 것이다. 왜냐하면 그런 주장은 명백히 성서의 지지를 받지 못하기 때문이다. 성서는 하나님과 피조물의 관계를 동일시하는 것이 아니라 다음과 같이 주종관계로 선언한다: "하늘과 모든 하늘의 하늘과 땅과 그 위의 만물은 본래 네 하나님 여호와께 속한 것이라"(신 10:14), "땅은 하나님의 것"이다(레 25:23). 이 세상의 모든 것이 다 하나님의 것이라는 성서의 사상은 창조세계에서 인간의 올바른 위치를 자리매김하는 데에도 대단히 중요하다. 이 말은 이 땅에 대한 소유권을 행사하고 그것을 마음대로 파괴하고 독점할 수 있는 권리가 인간에게 없다는 것을 선언한 것이며, 동시에 피조물을 신성시해서는 안 된다는 경고이기도 하다.

생태계 위기를 초래한 원인과 책임이, 전적으로는 아니더라도, 기독교의 창조신앙에 대한 잘못된 해석과 그로 인해 야기된 자연에 대한 인간중심적 태도와 행동에 있다면, 신학적 반성은 창조신앙을 새롭게 해석하는 데서 출발하는 것이 자연스럽다. 따라서 전통적으로 해석해왔던 창조신앙을 어떻게 패러다임을 달리하여 생태신학적으로 재해석할 수 있는가 하는 것은 문제해결의 주요한 관건이다.

* * *

　　하나님이 창조하신 세계의 파괴는 창조신앙과 하나님의 창조질서의 보존이라는 관점에서 볼 때 하나님의 뜻에 역행하는 일임이 분명하다. 그러므로 그리스도인들은 마땅히 생태계의 파괴에 대한 위기의식을 가지고 하나님의 창조질서에 순응하는 삶을 살아야 한다. 생태계의 위기는 총체적 위기이며, 생태학적 관심은 총체적 관심이라고 할 수 있다. 생태계의 위기가 눈앞에 닥친 우리의 현실로서 인식되기 위해서는 무엇보다도 생태학에 대한 관심이 필요하며, 우리의 가치관의 변화가 요구된다. 이를 위해 우리는 다음과 같은 질문에 진지한 답을 추구해 나가야 한다. 오늘날 생태계의 위기는 어떻게 다가오는가? 생태학적 죄란 무엇인가? 생태계 위기를 교회는 어떻게 대처해야 하는가?

　　하나님의 최초 창조사역은 이 땅을 에덴동산으로 만든 것이었다. 인간과 온갖 피조물들은 창조세계에서 평화롭게 살아가도록 지음을 받은 것이다. 하지만 인간의 범죄가 생태계의 선순환 고리를 끊어버리고 말았다. 서로의 관계는 파괴되었다. 이제 좀 더 적극적으로 생태계의 회복을 위한 그리스도인들의 신학적 반성과 실천적 행동이 필요하다.

　　그리스도인은 인간과 자연을 창조하신 하나님을 믿는다. 따라서 모든 그리스도인에게는 창조신앙을 살려서 파괴된 관계를 회복시켜야 할 의무가 있다. 오늘날 교회가 요청받고 있는 과제 가운데 하나는 하나님과 인간과 자연의 대결구조에서 벗어나 삼자 사이의 화해구도 속으로 들어가게 해주는 성경적 창조신앙을 회복하는 것이다.

주(註)

1) 이 주제에 대해서는 Tom Wright, 「마침내 드러난 하나님 나라」, 양혜원 (서울: IVP, 2009) 참조.
2) 이하 내용은 김용복, "생태계의 위기와 창조신앙의 회복," 「뱁티스트」, 38호 (1999): 52-61에 실린 글을 일부 수정보완.
3) Rachel Carson, 「침묵의 봄」, 김은령 옮김 (서울: 에코리브르, 2011).
4) Charolyn Merchant, 「래디컬 에콜로지: 잿빛 지구에 푸른빛을 찾아주는 방법」, 허남혁 옮김, 개정판 (서울: 이후, 2011), 40-5.
5) [온라인자료] http://m.greenpeace.org/korea/high/What-We-Do/forests, 2016년 7월 30일 접속.
6) J. Moltmann, 「창조안에 계신 하나님」, 김균진 역 (서울: 한국신학연구소, 1986), 38.
7) Erhard Eppler et al., 「인내의 한계」, 이정배 옮김 (서울: 대한기독교서회, 1990).
8) 이정배, "역자후기," 「인내의 한계」, 199.
9) F. Capra, 「새로운 과학과 문명의 전환」, 이성범, 구윤서 역 (서울: 범양출판사, 1985), 17.
10) 최봉기, "생태계윤리를 위한 해석학적 기초연구," 「동서문화연구」, 제1집(1990), 99-103.
11) 서남동, "자연에 관한 신학," 「신학논단」, 11집 (1972): 94.
12) Lynn White, "생태계의 위기에 관한 역사적 근거," Francis A. Schaeffer, 「공해」, 송준인 옮김 (서울: 두란노, 1990), 87-88.
13) Schaeffer, 「공해」, 11, 12.
14) 김균진, 「생태학의 위기와 신학」(서울: 대한기독교서회, 1991), 23.
15) 김용복, "침례교 조직신학 전통에서 본 창조신앙에 대한 생태신학적 성찰," 「복음과 실천」, 55집 (2005년 봄): 108-9.
16) 김균진, 「생태학의 위기와 신학」 (서울: 대한기독교서회, 1991), 23.
17) Ibid., 23, 56-65, 163-4.
18) Ibid., 33.
19) 김균진, "오늘의 생태학적 위기와 신학," 「신학논단」, 제17집 (1987): 155.
20) 김균진, 「생태학의 위기와 신학」, 35.
21) Ibid., 41, 44; F. Capra, 「새로운 과학과 문명의 전환」, II장, III장 참조.
22) White, "생태계의 위기에 관한 역사적 근거," 94.
23) 박재순, "JPIC대회 이후의 민중신학," 「신학사상」, 제70집 (1990 가을): 692에서 재인용.
24) 김균진, 「생태학의 위기와 신학」, 75, 82, 109.
25) 이 내용과 관련된 아래 부분은 김용복, "침례교 조직신학 전통에서 본 창조신앙에 대한 생태신학적 성찰," 11-8에서 일부 발췌.
26) C. Westermann, *Genesis*, tr. David E. Green (Grand Rapids: Wm. B. Eerdmans, 1987), 11.

27) 강사문, "구약성경의 생태학적 이해,"「장신논단」, 제13집 (1997), 21-2.
28) Norman Habel, "Geophany: The Earth Story in Genesis 1," *The Earth Story in Genesis*, eds. Norman C. Habel and Shirley Wurst (Sheffield: Sheffield Academic Press, 2000), 46, David. G. Herroll,「성서와 환경」, 64에서 재인용.
29) Morris H. Chapman, "Salt and Light in Our World," *The Earth Is the Lord's: Christians and the Environment*, Richard D. Land & Louis A. Moore, eds. (Nashville: Broadmann Press, 1992), 29.
30) 기독교의 구원의 우주적 보편성에 대한 성경적 근거로는 사 11:6-9; 시 103:19, 22; 고전 15:20-28; 엡 1:22-23; 골 1:15-20 등을 들 수 있다.
31) 김균진,「생태학의 위기와 신학」, 151.
32) J. Jeremias,「신약신학」, 정충하 역 (서울: 새순출판사, 1991), 323-6 참조.
33) 김용복, "침례교 조직신학 전통에서 본 창조신앙에 대한 생태신학적 성찰," 109-11에서 발췌
34) Rosino Gibellini, "생태신학의 최근 흐름," 심광섭 옮김,「기독교사상」1998년 12월호, 104-5, 106, 108.
35) Stephen B. Scharper, "생태위기,"「20세기의 사건들과 현대신학」, Gregory Baum 엮음, 연규홍 옮김 (서울: 대한기독교서회, 2009), 365.
36) Sallie McFague, *The Body of God: An Ecological Theology* (Minneapolis: Augsberg Fortress, 1993), 71, 장도곤,「예수 중심의 생태신학: 생태신학 입문」(서울: 대한기독교서회, 2002), 34-5에서 재인용.
37) Matthew Fox, *Original Blessing* (Santa Fe, N. Mex: Bear & Company, 1983), 15, 69, 장도곤, 「예수 중심의 생태신학」, 75에서 재인용.

9
영적 존재들: 천사와 귀신

> 너희가 세상의 초등학문에서 그리스도와 함께 죽었거든
> 어찌하여 세상에 사는 것과 같이 규례에 순종하느냐
> (곧 붙잡지도 말고 맛보지도 말고 만지지도 말라 하는 것이니
> 이 모든 것은 한때 쓰이고는 없어지리라) 사람의 명령과 가르침을 따르느냐
> 이런 것들은 자의적 숭배와 겸손과 몸을 괴롭게 하는 데는 지혜 있는 모양이나
> 오직 육체 따르는 것을 금하는 데는 조금도 유익이 없느니라
> 골로새서 2장 20-23절

천사와 사탄/귀신을 논하는 것은 그에 대한 성경적 사례들을 통해 그 존재의 의미를 해석하는 것이다. 특히 현대사회에서 눈에 보이지 않고 과학적으로 설명하기 어려운 천사와 사탄의 존재를 어떻게 이해해야 하는가 하는 것은 조직신학에서 다루어야 할 무거운 과제임에 틀림없다. 단지 설명될 수 없다 해서 그 존재와 의미를 부정할 수 있는가? 만일 그렇다면 눈에 보이지 않는 하나님의 존재는 어떻게 믿을 수 있겠는가? 빌리 그레이엄(Billy Graham)이 지적한 바에 따르면 하드록 팝송(hard-rock pop song) 가운데 4분의 1 가량이 사탄에 관계된 내용의 가사를 담고 있고, 미국 국민의 70%가 사탄의 인격적 존재를 믿고 있다고 한다.[1]

성경 역시 하나님의 존재를 선언하듯이 천사/사탄의 존재도 증언하고 있다. 하지만 천사와 사탄에 대한 성경의 증언은 파편적이다. 그래서 성경의 근거를 통해 체계적인 천사/사탄론을 확립하는 것은 쉬운 일이 아니다. 그렇더라도 우리는 성경의 부분적 근거와 여러 문헌들을 통해 천사와 사탄에 대한 이해를 어느 정도

추론할 수는 있을 것이다. 게다가 마지막 때 이 세상에 사탄의 권세와 훼방이 갈수록 심해질 것이라는 성경의 증언(벧전 5:8-9)은 우리에게 천사와 사탄에 대한 성경적 지식을 정립해야 할 필요성을 준다. 우리 주변에는 잘못된 사탄/귀신론 때문에 자신의 신앙을 파괴하고 왜곡된 삶을 사는 사람들이 의외로 많다.

천사: 하나님의 일꾼

성경은 하나님의 피조물 가운데 인간 외에 영적 존재로 다양한 활동을 펴는 천사들을 언급한다. 물론 천사는 실제 존재하는 것이 아니라 신화적 표현에 지나지 않는다고 보는 사람들도 있다. 하지만 눈에 보이지 않고 과학적으로 설명이 되지 않는다는 이유로 그 존재를 거부한다면, 그것은 일종의 과학주의 혹은 증거주의에 빠지는 것이다. 이성적으로 천사의 존재를 규명하지는 못한다 하더라도, 다행히 우리는 성경에 나타난 파편적 정보를 통해 어느 정도 천사의 정체를 추론해볼 수 있다.

천사에 대한 역사적 이해

천사가 존재한다면, 과연 언제 창조되었을까? 천사의 창조시기를 묻는 것은 중세시대의 사변철학에서 비롯된 질문이었다. 이런 질문은 답하기가 쉬운 문제가 아니다. 게다가 성경은 그것에 대해 어떠한 근거도 확정적으로 제시하지 않는다. 하지만 한 가지 분명한 것은 천사가 하나님에 의해 창조된 존재라는 것이다. 그러므로 천사는 어떠한 경우에도 신앙이나 숭배의 대상이 될 수 없다.

어떤 신학자들은 욥기 38장 7절을 근거로 천사가 천지창조 전에 창조되었다고 주장하기도 하지만(Wayne House, Henry C. Thiessen),[2] 일반적으로는 천지창조 기간에 창조되었다는 견해(L. Berkhof)가 더 설득력이 있어 보인다. 왜냐하면 성경이 "모든" 피조물을 하나님께서 창조하시고 제 칠일에는 쉬셨다고 증언하기 때문이다(출 20:11).[3] 천사도 피조물이므로 이 "모든 것" 안에 포함된다고 보는 것이다.

종교개혁시대에는 철학적 사변을 배제하면서 성경에서 보여준 내용들을 조직하는 데 힘썼다. 하지만 계몽주의시대에는 천사론과 귀신론 자체를 거부하는 경향이 지배적이었다. 과학적인 방법론을 사용함으로써 초자연적이거나 합리적이지 않은 내용들은 논의의 대상에서 제외되었기 때문이다. 프리드리히 슐라이어마허(F. Schleiermacher)는 천사론이 우리 행위에 영향을 주지 않는다는 이유로 조직신학의 영역에 두는 것을 문제 삼았고, 제프리 러셀(J. Russell)은 사탄과 귀신들을 기독교 메시지에서 중요하지 않은 미신적인 유물로 치부했다.4) 하지만 최근에는 천사에 대한 새로운 관심들이 대두되고 있다. 그것은 영적인 존재를 재출현시킨 여러 가지 대중문화들의 영향 때문이기도 하고, 지구 이외의 우수생명체에 관한 관심과 연구도 한몫 거들었다.5) 특히 실존주의 신학의 영향으로 천사를 "존재의 힘들"(powers of being)로 설명하는 것도 이 주제에 대한 관심을 새롭게 하는 데 기여했다.6) 스탠리 그렌즈는 이런 현상을 "합리주의와 과학이 서양의 세계관으로부터 우주적 세력들을 쫓아내었을 때, 영적인 존재들은 뒷문을 통해서 다시 돌아온 것"이라고 표현했다.7)

천사의 특성

천사들은 어떤 속성을 가지고 있을까? 정확히 알 수는 없지만, 적어도 천사는 영적 존재로서 인간과는 다른 어떤 독특한 존재로 봐야 할 것 같다. 성경의 묘사에 따르면, 천사(mal'ak/angelos)는 이중적 의미를 가지고 있다. 하나는 하나님에 의해 보내진 인간 사자(使者)라는 의미로 사용되고, 다른 하나는 하나님으로부터 임무를 받은 천상의 존재라는 뜻으로 쓰였다.8) 천사는 영적 존재로서 외형적으로는 살과 뼈가 없고(눅 24:39), 결혼하지 않으며(마 22:30), 눈에 보이지 않는 존재(골 1:16)로 간주된다. 하지만 때에 따라서는 육체로 전환이 가능한 것 같다. 종교학에서는 이것을 천사현현(angelophany)이라 한다. 육체가 없으므로 천사는 인간처럼 육체적 죽음을 경험하지 않는다. 몰트만(J. Moltmann)이 "피조물 속에는 죽음 없는 죄와 죄 없는 죽음이 있다"고 말한 것도 타락한 천사를 빗대어 한 것이다.9) 내면적으로는 천사들도 이성과 도덕성, 그리고 자유의지를 가지고 있는 존재라는 것을 알 수 있다. 타락한 천사들도 자신의 자유의지로 타락했기 때문이다(요 8:44; 요일 3:8-10; 벧후 2:4; 유 6).

성경의 증언에 따르면, 천사들은 그 역할과 지위에 따라서 세 종류로 구분될 수 있다. 첫째는 하나님을 보좌하는 천사들이고, 둘째는 천사들의 우두머리고, 셋째는 일반 천사들이다. 그런데 천사들은 인간과 달라서 군대처럼 계급이 있는 것 같다(유 1:9; 계 12:7). 하나님의 명령을 수행하는 목적으로 창조된 존재이기 때문에 그들에게는 질서가 무엇보다 필요했기 때문일까? 그 숫자도 군대처럼 많을 것이라 추정할 수 있지만(시 68:17; 계 5:11), 정확히 알 수는 없다. 천사들의 계급을 지칭하는 명칭들과 역할을 정리하면 다음 [표7]과 같다.10)

[표7] 천사의 종류

분류	이름	성경	특징과 역할
하나님의 보좌관	그룹 (Cherubim)	창 3:24; 출 25:18; 히 9:5; 삼하 22:11	낙원의 입구를 지키고, 속죄소를 덮으며, 하나님의 강림에 동행한다. 성막과 성전의 그룹 사이에 하나님이 계신다. 하나님의 권능과 위엄과 영광을 계시한다.
	스랍 (Seraphim)	사 6:2, 6	하나님 보좌 주위에서 하나님께 찬양을 드리며 수종 든다. 대기 상태에서 명령을 기다리는 귀족 천사다.
천사장	미가엘	단 10:13 유 9; 계 12:7	하나님의 용감한 영적 전사의 우두머리, 천사장으로 호칭
	가브리엘	단 8:16; 눅 1:19, 26	계시 전달과 해석 담당
영적 권세	주관자 정사 능력 보좌	엡 1:21 엡 3:10 골 1:16	천사들의 역할을 지칭하는 용어들

천사의 역할

천사들의 일반적인 사역들은 대체로 하나님과 신자들을 위한 역할로 압축될 수 있다. 성경의 증언에 따르면, 첫째, 천사들은 하나님을 경배하고 찬양한다(욥 38:7; 시 103:20-22; 148:2; 계 5:11-12; 7:11; 8:1-4). 둘째, 하나님의 일을 수행하고 그 말씀을 전한다(행 7:53; 갈 3:19; 눅 1:13-20, 26-38). 셋째, 하나님의 뜻을 해석한다(욥 33:23; 단 7:16). 넷째, 하나님의 심판을 대행한다(왕하 19:35; 삼하 24:16; 행 12:23; 계 8:6-9:21; 16:1-17; 19:11-14). 다섯째는 그리스도를 보좌한다(마 4:11; 13:39-42; 25:31; 28:2-4; 살전 4:16-17). 끝으로 신자를 보호하고 인도한다(시 91:11; 마 18:10; 눅 16:22). 하지만 신자 한 사람당 수호천사가 있다는 사상은 성경적이지 않다. '수호천사' 개념은 사실 외경과 다른 성문서들에서 나온 것이다.[11] 이를 중세의 토마스 아퀴나스(Thomas Aquinas)가 체계화했고 로마가톨릭교회가 교리로 받아들인 것이다. 로마 가톨릭교회는 하나님께서 지상에 "한 생명이 탄생할 때는 하늘나라에서도 아기천사가 탄생되어 일생동안 [그] 인간의 삶을 수호한다"고 가르친다.[12]

성경에 등장하는 천사는 특별한 상황에서 파견된 천사들(왕하 6:17;[13] 단 3:24-28;[14] 행 5:19-20[15]))이고, 마태복음 18장 10절[16]의 상황은 어린이만 수호천사가 있다는 것이 아니라, 어린이를 무시하지 말라는 뜻으로 해석하는 것이 좋다. 신자들은 천사들의 보호를 받는 귀한 존재다.[17] 주변에 보면 천사의 존재를 믿지 않는 사람도 있지만, 성경의 증언은 그렇지 않다. 성경은 선한 천사와 타락한 천사가 존재한다는 것을 분명히 강조하고 있다. 그리고 천사들의 역할에 대해서도 구체적으로 제시하고 있다. 천사의 존재에 대한 믿음은 구원과 직접 관련된 것은 아니라 하더라도 신자들에게 필요한 신앙 가운데 하나다.

사탄과 귀신: 정체와 영향력

사탄과 귀신의 존재는 천사만큼이나 설명하기 어려운 주제다. 물론 문명화된 현대사회에서 사탄과 귀신은 한낱 나약한 인간의 심리적 현상이나 질병에 대한 옛날 방식의 표현이거나 또는 사회의 구조적 힘을 의인화한 것에 지나지 않는다는 견해도 있다. 하지만 성경은 인격적 존재로서 사탄과 귀신의 실체를 망설임 없이 증언한다. 따라서 일차적으로 사탄과 귀신의 존재를 받아들이고 그것들이 표상하고 드러내는 현상적 실체의 의미를 신학적으로 덧붙이는 것이 바람직하다고 생각한다.

사탄의 기원

성경은 악한 존재 혹은 그 세력을 일컬어 사탄(Satan) 혹은 마귀(Devil)라고 부른다. 이 존재는 영적 실재로서 인격적인 측면도 있지만, 때로는 악한 세력이나 구조적 악으로도 나타난다. 성경은 "영을 다 믿지 말고 오직 영들이 하나님께 속하였나 분별하라. 많은 거짓 선지자가 세상에 나왔"다고 경고한다(요일 4:1). 하나님에게 속하지 않은 영들은 사탄과 연관성을 가지고 있다. 이 영들은 타락한 천사(벧후 2:4; 유 6)로 추정될 수 있겠는데, 자신의 지위를 지키지 않고 타락한 존재라고 볼 수 있다. 이 타락한 존재들은 이 세상에서 하나님의 뜻을 대항하고 인간들을 미혹한다.

구약에서 사탄의 존재가 처음으로 등장한 곳은 창세기의 타락사건이다. 물론 사탄의 실제 존재가 표면에 등장한 것은 아니지만, 그는 아담과 하와를 속이고 유혹하는 뱀과 관련이 있는 것으로 묘사되었다. 이는 뱀이 곧 사탄이라는 의미가 아니라, 사탄이 뱀이라는 동물로 표상되었다는 뜻이다. 그 점에서 오늘날 뱀처럼 억울한 대접을 받고 있는 동물은 아마도 없을 것이다. 이런 현상은 성경의 모든 이야기를 문자적으로 적용했기 때문이다. 그렇다면 왜 뱀인가? 뱀은 가나안 사람들에게 다산(多産)과 재물(財物)의 상징이었고, 이교의 신(神)을 표상하는 주술적 상징이었기 때문일 것으로 추론된다.[18] 그래서 그런 뱀의 일반적 이미지가 사탄을 표상하는 동물로 적합하게 채택된 것이 아니겠는가.

사실 성경에서 사탄의 기원을 찾는 일은 쉬운 일이 아니다. 그래서 언제 어떤 계기로 사탄이 존재하게 되었는지는 하나의 수수께끼로 남아있다. 하나님이 사탄을 본래 그런 모습으로 창조하지는 않았을 것이다. 그러므로 어느 순간에 하나님의 창조물 가운데 하나가 타락해서 사탄이 되었다고 볼 수밖에 없다. 그 타락의 시점이 정확히 언제인지는 잘 알 수 없지만, 창조 이후 인간의 범죄 이전에 타락했다고 보는 것이 무리가 없어 보인다.

어떤 사람들은 사탄의 이름을 "레비아탄"(욥 41:1; 시 104:26), 혹은 "루시퍼"(사 14:12)라고 표현하기도 한다. 특히 에스겔 28장 15-17절과 이사야 14장 12-14절은 사탄과 관련해서 자주 인용되는 본문들이다. 하지만 이 본문들이 직접 사탄을 지시한다고 보기는 어렵다. 역사적 맥락에서 볼 때 이 본문들은 실제 존재했던 두로(Tyre) 왕과 바벨론(Babylon) 왕의 교만함과 처참한 운명을 말하고 있기 때문이다. 특히 루시퍼라는 이름은 "너 아침의 아들 계명성이여"(사 14:12)라는 구절에서 "계명성"을 라틴어 성경과 킹제임스 성경에서 "루시퍼"(Lucifer)로 번역함으로써 비롯되었다. 그 이름의 유래가 어찌 되었든 사탄 역시 하나님이 창조하신 천사의 타락으로부터 기인했을 것으로 보는 견해가 대체로 지지를 받는다. 사탄의 타락이 먼저 있은 후 그를 따르는 사자들의 타락도 이어졌을 것이라고 추론할 수 있다.

사탄의 정체와 활동

사탄은 하나님과 대등한 관계에서 악을 행하는 존재가 아니다. 오히려 구약성경은 사탄이 하나님에게 예속되어있던 존재라고 말한다. 심지어 사탄은 하나님 아들들과 함께 앞에 서서 하나님과 대화하는 상대로 묘사되기도 한다(욥 1:6). 그렇다면 사탄이 처음부터 극단적인 악의 존재로 등장한 것만은 아니라고 볼 수 있다. 이런 현상은 성경에 하나님의 계시가 나타나는 과정에서 사탄의 실체가 점진적으로 드러난 것으로 이해될 수 있다. 실례로 다윗의 인구조사와 관련해서 기록된 본문이 두 군데 나오는데, 사무엘하 24장 1절에서는 다윗을 부추긴 존재가 하나님이지만, 역대상 21장 1절에서는 사탄이 부추겼다고 되어있다. 구약성경의 이런 부조화는 계시의 점진성이라는 측면에서 이해될 필요가 있다. 어떤 시기에는 사탄도 하나님의 뜻을 수행하는 역할을 했던 것으로 이해된 적이 있다는 것이다.

하지만 사탄에 대한 이해는 시간이 지나면서 점점 더 분명해졌다. 구약에서는 하나님의 유일무이성과 주권이 강조되었기 때문에 사탄도 하나님에게 예속된 존재로 그려지기도 했지만, 신약에서는 하나님을 대적하고 하나님의 보좌에서 추방된 존재로 묘사된다(눅 10:18; 계 12:7-9). 신약에서 사탄은 이 땅에서 공중의 권세를 장악하고 믿는 자를 공격하는(행 5:3; 살전 2:18; 엡 6:11-12; 고전 7:5; 계 2:10; 12:10) 존재다. 그리고 그의 최후 운명은 이미 결정되어 있다. 그는 영원한 불못에 던져질 것이다(계 20:10).

귀신의 정체

사탄 외에 등장하는 또 다른 영적 존재는 귀신(demon)이다. 구약에서 귀신에 해당하는 용어들은 세딤(sedim, 신 32:17; 시 106:37), 릴리트(Lilit, 사 34:14; 시 91:5), 레셒(resep, 신 32:24; 시 78:48; 합 3:5) 등으로, 이들은 "밤의 유령" "질병과 파괴를 가져오는 귀신" 등으로 해석된다.19) 신약에서는 주로 다이모니온(daimonion)이라는 용어가 사용되는데, 이들은 "하나님의 선한 의도에 조직적으로 반대하는 무리"들로 나타난다.20)

귀신들에 대한 신구약성경의 반응에는 차이가 있다. 구약은 귀신들림 현상이나 축사(逐邪)에 관해서 큰 관심을 보이지 않으면서도 귀신들에 대해서는 엄격히 금지한다. 그에 비해서 신약의 공관복음서와 사도행전에서는 귀신과 귀신들림, 축사 현상 등이 많이 등장한다. 아마도 이는 예수의 활동이 귀신 축출로부터 시작된다는 것을 보여주는 것이고, 이 세상을 정화하여 하나님 나라를 전파한다는 의미가 담긴 것으로 해석될 수 있다.21) 데일 무디는 신약의 귀신축출을 하나님 나라의 임재와 관련해서 다음과 같이 주장했다: "귀신들림과 귀신추방의 가능성, 즉 예수의 이름으로 귀신들을 쫓아내는 것에 대한 믿음은 신약에서 특별히 지배적이다. 예수의 사역에서 하나님 나라의 임재에 대한 가장 중요한 진술은 귀신추방에 있다."22)

귀신의 정체는 신학자들에 의해 다음과 같이 다양하게 설명되어왔다. 첫째는 귀신의 존재를 부인하는 학설이다. 여기에는 축귀사건을 모두 상징으로 해석하는 신화설(the mystical theory), 당시 문화수준에 맞도록 설명하는 조정설(the accommodation theory), 정신착란현상으로 설명하는 환상설(the hallucination theory) 등이 있다. 둘째는 귀신을 죽은 악한 자의 영이라고 보는 견해다(Philo, Josephus, Alexander Campbell, 김기동). 셋째는 아담 이전 인류가 육체를 상실해서 귀신이 되었다고 주장하는 견해다(G. H. Pember, Benny Hinn, Terry Law). 넷째는 천사들과 홍수 이전의 여인들 사이에서 태어난 거인들이 홍수 때 죽어서 귀신이 되었다는 설명이다(Book of Enoch, Locus Classicus). 여러 견해 가운데 일반적으로 보수적인 학자들로부터 지지를 받고 있는 것은 "타락한 천사설"(the fallen angel theory)이다.23) 성경은 "마귀와 그 사자들"(마 25:41)의 존재를 언급한다. 그렇다면 여기서 "그 사자들"은 무엇을 지칭하는가? 다른 본문에는 "귀신의 왕 바알세블"(마 12:24)이라는 표현이 등장한다. 이를 논리적으로 연결하면 "사탄=바알세블"이고 "바알세블=귀신의 왕"이면 "귀신의 왕=사탄"이 되므로, "귀신=그 사자들"이라는 등식이 성립한다.

베뢰아 귀신론의 문제점

주변에는 축귀사역을 목회의 주된 활동으로 삼는 목회자들과 교회들이 있다. 그 가운데 한국 교회가 이단으로 정죄하고 교제를 끊었던 베뢰아의 귀신론은 귀신의 정체와 그 활동에 대해 동의할 수 없는 내용들을 담고 있어서 경계하지 않을 수 없다.

베뢰아 귀신론에서 나타난 첫 번째 문제점은 귀신의 정체를 불신자의 사후 영적 존재로 보는 것이다. 베뢰아에서는 천사가 인간의 몸속으로 들어갈 수 없고, 귀신은 병을 가지고 있으며, 육체를 떠나기 싫어한다는 특성을 들면서 타락한 천사는 귀신일 수 없다고 주장한다.[24] 그들은 천사가 타락하면 미혹하는 영이 될 뿐이라고 말한다. 귀신이나 천사 등에 관한 정보는 성경에 단편적으로 주어졌기 때문에 그 정체와 기원에 대해서 명확하게 밝혀내기란 어려운 일이 아닐 수 없다. 다만 귀신이 불신자의 사후 영혼이라고 주장하는 결정적 근거가 성경에서 도출된 것이라기보다 개인의 주관적인 임상결과에서 나왔을 뿐 아니라 무속적 배경을 가지고 있다는 데 심각한 문제점이 있다. 실제로 김기동은 죽은 여인을 살려내고 그에게 붙었던 귀신을 쫓아내는 경험을 한 뒤부터[25] 귀신의 정체에 대한 하나의 관점을 형성한 것 같다. 베뢰아에서 제공하는 자료에 따르면, 1968년부터 3년간 8,000명을 대상으로 조사한 결과로 나온 귀신의 정체는 다음과 같다: "죽은 불신자의 영혼이다 7,995명; 나는 천사다 2명; 나는 신자였으나 후에 배교했다 2명; 나는 신자였다가 자살했다 1명."[26]

하지만 성경은 죽은 자의 영이 귀신이 되어 이 세상을 배회한다는 것을 뒷받침할 만한 근거를 가지고 있지 않다. 더구나 성경은 베뢰아에서 주장하는 것처럼 음부와 이 세상을 동일시하는 것이 아니라 오히려 단절시키고 있다(눅 16:19-31). 도한호는 성경에 등장하는 음부의 어원연구나 교훈, 그 어느 곳에서도 "음부=세상"이란 등식을 발견하는 것이 불가능하다고 비판했다.[27] 게다가 귀신의 정체를 밝힐 때 그 근거를 귀신들의 고백에 결정적으로 의존했다는 것도 이 견해를 신뢰하기 어렵게 만드는 요인 가운데 하나다. 귀신들은 얼마든지 거짓으로 정체를 가장할 수 있기 때문이다.

두 번째 문제점은 귀신의 활동 기간을 구체적으로 산출하는 근거가 비성경적이라는 데 있다. 베뢰아에서 주장하는 내용은 다음과 같다: "귀신은 미신자(불신자)의 사후 영혼이며 자기 자연수명을 다하지 못하고 죽은 자는 그 자연수명이 다할 때까지 음부(이 세상)에서 귀신으로 활동한다."[28] "인간의 수명은 보통 70~80년이나 정상적인 자연 수명은 120년이다.... 예컨대 갑의 자연 수명이 90세인데 그가 50세에 병들어 죽었든 자살했든 간에 비운에 사망했음은 틀림없다. 그러면 90세에서 50세를 제한 나머지 40년간이 귀신으로 활동할 수 있는 기간이다."[29] "자연수명이 70세인 어떤 불신자가 50살에 죽었다면 20년 동안은 자기 가족이 있는 이 세상, 마귀와 그 사자들이 활동하는 이 세상에서 방황하다 때가 되면 가족도 볼 수 없는 영원한 무저갱으로 갈 것입니다."[30] 하지만 실제로 무당들이 섬기는 신들 가운데 최영 장군이나 관운장이 있는 것을 보면, 제 수명까지만 활동한다는 베뢰아의 귀신수명이론은 무속세계에서도 황당해할 주장이다. 무당의 조상신들은 나이의 한계가 전혀 없기 때문이다. 이는 베뢰아의 귀신론이 성경의 근거가 전혀 없을뿐더러, 무속세계에서도 지지를 받기 어려운 주장이라는 것을 말해준다.

세 번째 문제점은 모든 질병의 원인을 귀신으로 본다는 데 있다. 그들은 귀신이 모든 사고와 재난을 일으키고, 모든 중독을 일으키며, 모든 죄와 불법을 낳는 근원을 준비하고, 모든 자살을 충동한다고 주장한다: "주님은 모든 병의 원인이 귀신이라고 밝히셨습니다."[31] "병을 고치지 않고 묵인해버린다면 마치 원수에게 식물을 공급하는 것과 같습니다."[32] 하지만 성경은 병의 원인을 다양하게 진단한다. 과로와 부주의(에바브로디도-빌 2:25-30), 하나님의 영광(나사로-요 11:4)도 병의 원인이 될 수 있다. 따라서 모든 질병의 원인이 귀신의 작용이라고 주장하는 것은 성경적이지 않다.

네 번째 문제점은 축귀하는 과정에서 귀신들이 예수 이름의 권세 앞에서 속이지 못한다고 주장한다는 데 있다.[33] 축귀현상 자체는 성경적으로나 현실적으로나 부인할 수 없는 일이지만, 그 방법론에서는 좀 더 신중하게 주의를 기울일 필요가 있다. 왜 그들은 귀신이 거짓말하지 않는다고 말하는가? 그것은 아마도 그들이 임상적으로 귀신의 정체를 귀신들의 입을 통해 밝혀냈기 때문일 것이다. 만일 귀신이 거짓말을 한 것이라면 그들이 주장하는 귀신의 정체는 그 근거가 취약해질 수밖에 없다. 그래서 그들은 그리스도의 이름으로 명하면 귀신들도 속이지 못하고 이실직고 하게 된다는 가설을 세운 것 같다. 하지만 성경은 그 어디에도 귀신들이 거짓말하지 않는다고 말하지 않을 뿐더러, 귀신은 온통 더러운 영(계 18:2)이라고 고발하고 있다. 또한 귀신들이 거짓말을 하지 않는다고 전제하면 엔돌 무당이 불러낸 사무엘의 영(삼상 28:13-14)을 설명하는 데에도 문제가 생길 수밖에 없다. 귀신은 불신자의 사후 영이라고 했기 때문에 사무엘도 불신자로 치부되거나, 아니면 귀신이 자신의 정체를 사무엘로 속였다고 볼 수밖에 없다.

그밖에 신자가 귀신들릴 수 있다는 주장도 논란의 여지가 많다. 베뢰아는 그리스도인들에게도 귀신들림이 가능하다고 주장한다. 그런 주장의 근거로 그들은 메릴 엉거(Merrill F. Unger)의 견해를 내세웠다. 엉거는 「성서적 마귀론」(1952)에서 불신자만이 귀신 들릴 수 있다고 말했다가 1971년에 출판한 「악마」에서는 신자들도 귀신들릴 수 있다고 주장했다는 것이다. 그리고 그는 1977년에 출판된 「성도들을 향한 귀신들의 도전」에서도 그리스도인들이 "중대한 죄를 지속적으로 범하게 되어 사탄, 귀신들에게 마음을 개방"하면 "영적 구원을 받은 신분은 영원히 변하지 않지만," 그리스도인들에게도 귀신들릴 수 있다고 주장했다.[34] 하지만 성경에는 신자가 귀신들렸다고 말할 만한 증거가 분명하게 나타나지 않는다. 오히려 귀신이 신자에게 일시적으로 영향을 줄 수는 있지만, 신자들을 영속적으로 장악할 수는 없다고 보는 것이 성경적이다. "귀신에게 영향을 받는 것"(demonization)과 "귀신들림"(demon possession)은 구분될 필요가 있다.[35] 성경은 사탄이 하나님께로 난 자를 만질 수도 없다고 말한다(요일 5:18). 그러므로 귀신이나 사탄은 참된 믿음을 가진 신자를 최종적으로 정복할 수 없다고 말하는 것이 성경적 이해에 가까운 것 같다.

이런 베뢰아의 귀신론은 몇 가지 점에서 중요한 신학적 문제점을 야기한다. 첫째, 음부에 간 불신자의 영혼이 다시 세상을 배회한다고 주장하는 것은 비성경적 종말관이다. 음부를 세상으로 해석하는 것도 문제지만, 사후 세계와 현세를 물리적으로 왕래하는 것처럼 설명하는 것은 성경적 근거가 없다. 둘째, 베뢰아는 무속

신앙의 귀신관을 타당한 성경적 근거도 없이 그대로 인정하고 수용함으로써 기독교신앙을 변질시키고 있다. 게다가 성경적 세계관과 무속적 세계관의 차별을 해소시킴으로써 기독교를 혼합주의적 종교로 전락시킨다. 셋째, 베뢰아의 귀신론은 죽은 인간을 신격화하는 것이기 때문에 결과적으로 우상숭배의 심각한 문제점을 교리적으로 가지고 있다.

귀신의 실체와 그 영향력에 대해서는 각별한 주의가 필요하다. 현실세계에서 그것이 어떤 형태로든 영향을 주기 때문이다. 특히 목회적 차원에서 이 문제를 성경적으로 적절하게 해석하는 것은 무엇보다 시급한 일이다. 만일 우리 주변에 귀신에 의해 강하게 영향을 받거나 아니면 귀신들린 사람이 있다면 우리는 신속하게 대처할 수 있어야 한다. 먼저 그가 귀신들렸는지, 아니면 정신질환에 의한 것인지 분별하는 것이 필요하다. 그것을 분별하는 것은 쉽지 않지만, 전문가의 도움을 먼저 받아볼 필요가 있다. 정신질환을 앓고 있는 사람에게 귀신들렸다고 몰아세우는 것은 그 상태를 더 악화시킬 위험성이 있으므로 조심하는 것이 좋다.

귀신은 언제나 활동하고 있지만(엡 6:12), 마지막에는 심판받을 운명이다(마 25:41; 8:29). 귀신과 사탄의 존재를 과소평가하는 것도 문제가 있지만, 지나치게 두려워할 필요도 없다. 성경은 우리에게 믿음으로 사탄을 대적하라 한다(벧전 5:9). 귀신은 두려워할 대상이 아니다. 담대하게 하나님을 믿고 나가는 사람에게는 결코 귀신이 가까이 접근하지 못할 것이다.

천사와 귀신의 현대적 의미

오늘날에는 천사와 귀신의 존재와 활동을 '인간실존의 구조들'과 연결시켜서 이해하려는 경향이 있다. 물론 이런 해석이 천사와 귀신의 인격적 실재를 부인한다는 것은 아니다. 다만 오늘날의 연구는 사회적 영향력이나 구조적 문제를 배제하고 천사와 귀신의 존재를 지나치게 인격적 존재로만 해석하는 것을 경계하는 데 그 의도가 있다.

실존의 구조

스탠리 그렌즈(Stanley Grenz)는 '실존의 구조들'(structures of existence)을 "인간의 삶을 위한 필수적인 맥락을 형성하면서 개인적이거나 공동체적인 인간의 실존을 규정하는 현실의 좀 더 거대하고 초인간적인 측면들 또는 차원들"이라고 정의했다.[36] 제임스 코블(James F. Cobble, Jr.)은 이 구조를 "어느 누구도 그 영향에서 벗어날 수 없는" 것으로서, "현재의 인간 실존을 조건지어주는 힘들이 그물처럼 뒤얽혀 이루어진 복합권력"(a power complex)이라고 규정했고,[37] 존 요더(John H. Yoder)는 이 구조들을 "인간 실존을 위한 조직적 원리들," "종교적 구조들," "지적 구조들," "도덕적 구조들," "정치적 구조들"로 구분해서 설명했다.[38] 그는 이 구조들이 하나님에 의해 지음을 받았지만 반역하고 타락했다고 말함으로써[39] 구조들의 인격적 측면을 어느 정도 암시하고 있다. 그렌즈는 이 구조들이 "인간 사회가 만들어낸 구성물"이지만, "인간의 통제"를 넘어서 있다고 말하고, 그것은 "유사 독립적(quasi-independent)이며 동시에 유사 인격적(quasi-personal)"이라고 진단했다.[40]

구조들에 대한 이러한 정의는 구조 그 자체로는 선도 악도 아니라는 것을 전제한다. 헨드릭 벌코프(H. Berkhof)는 구조적 힘들이 "여전히 인간의 삶과 사회를 떠받치고 있기 때문에, 삶과 사회를 혼돈으로부터 보호하는"[41] 긍정적 측면이 있다고 지적했다. 이처럼 실존적 구조들은 양면성을 띠고 있다. 하지만 이 실존적 구조들은 현대의 인간들에게 대체로 부정적인 모습으로 나타난다. 한국사회의 남아선호사상이나 고부관계, 관습과 제도, 미신과 점성술 등과 같은 것이 그러한 사례가 될 수 있다. 따라서 선한 구조들은 천사의 현대적 활동으로, 악한 구조들은 사탄의 현대적 활동으로 해석되는 것은 어느 정도 현실적합성과 타당성을 가지고 있다고 할 수 있다.

물론 이 실존의 구조들이 영적인 존재들과 단순하게 동일시되어서는 안 될 것이다. 구조들이 영적 존재는 아니기 때문이다. 하지만 영적 존재들은 구조들을 통해 나타날 수 있다. 비록 하나님은 구조들을 선한 의도를 가지고 창조하셨지만, 타락한 인간에 의해 구조들은 악한 용도로 사용될 수 있다. 스탠리 그렌즈는 구조들이 어떻게 작용하는지 다음과 같은 논법으로 정리했다: (1) 구조들은 하나님과 무관한 삶을 위한 수단이 되어버릴 때 공동체를 방해한다. (2) 악한 존재들은 구조들의 사탄적인 악용을 통해 인간을 구조의 노예로 만든다. (3) 구조들은 하나님의 통치를 촉진시키지 못할 때 악의 통로가 된다. (4) 악한 영의 목적은 하나님의 계획을 전복시키는 것이다. (5) 구조들은 천사들의 도구가 될 수 있을 뿐 아니라, 귀신의 도구도 될 수 있다.42)

권세들의 의미와 기능

성경에서 "스토이케이온"(stoicheion)이라고 표현된 이 땅의 권세들은 바로 구조들의 힘과 관련된다고 볼 수 있다. 권세들은 "영적인 존재들과 실존의 구조들 간의 가장 직접적인 연결고리"로서, "만물을 구성하는 주요한 덩어리들(벧후 3:10)"로 이해된다. 이는 "계명들, 교리들, 인간의 전통들을 통해서 인간의 실존에 영향을 미치는 권세들(골 2:20-22)"이다. 사실 이 권세들은 본질적으로 하나님이 창조한 선한 것(골 1:16)이다. 그것들이 지금은 우리를 대적하고 있다 하더라도(골 2:8), 그리스도는 이 권세를 이기셨고 우리는 이 권세를 더 이상 섬길 필요가 없다(골 2:16).43) 모든 피조물은 궁극적으로 하나님의 주권 아래 있기 때문이다. 요더는 그리스도가 하신 일이 그런 권세들(the powers)을 이긴 것이기에 교회는 바로 그 메시지를 선포해야 한다고 주장했고,44) 월터 윙크(Walter Wink)는 만일 교회가 이 "권세들의 환심"을 사려고 하거나 "권세들의 말을 들어주기를" 시도한다면 교회는 "거룩한 사명"을 다 할 수 없다고 경고했다.45) 그러나 궁극적으로는 모든 구조들도 "그리스도의 주권" 아래 있으며, "권세들도 하나님의 구속 계획의 대상들"이다.46) 권세들이 구속의 대상이라는 말은 교회가 어디까지 복음을 전파해야 하는가를 시사한다. 이는 사회복음(social gospel)의 중요한 신학적 근거가 될 수 있다. 사회복음은 복음 선포의 대상이 인간을 넘어서서 인간이 속해있는 이 사회의 구조와 권세들에까지 미쳐야 한다고 주장하기 때문이다.

이처럼 성경은 천사나 사탄/귀신이 인격적 실재들로서 특별한 사역을 수행하고 있음을 증언하면서도 동시에 그것이 이 세상에서 어떤 구조나 형태로 표출되는지에 대해서도 설명하고 있다. 물론 과거에는 그들의 현현과 활동에 대한 이해 수준이 빈약했기 때문에 그들의 활동범위를 무분별하게 넓혔던 것이 사실이다. 하지만 오늘날에는 과학기술의 발달과 인간의 종교적 경험이 확대됨으로써 그 현상에 대한 이해도가 많이 깊어진 편이다. 이제는 천사와 사탄의 인격적 활동과 어떤 자연현상이나 사회조직의 권력을 맹목적으로 동일시하지도 않고, 그 연관성에 대해 배타적이지도 않게 되었다. 따라서 우리는 천사가 인간세상에서 하나님의 선한 목적을 위해 신자들을 위해 보조적 역할을 하고, 반대로 사탄/귀신이 하나님의 뜻에 반하는 악한 역할을 하며 신자들을 미혹하고 있다는 사실을 굳이 배제할 필요가 없다.

우리는 천사와 사탄, 그리고 그에 대한 현대적 해석에 대해 다음과 같은 질문들을 통해 재확인해야 한다고 생각한다. 과연 천사의 역할은 무엇이며, 천사에 대한 이해가 신자들의 삶에 어떤 영향을 끼치는가? 타락한 천사를 귀신으로 보는 성경적 근거는 무엇인가? 혹은 귀신을 불신자의 사후영이라고 해석하는 것은 어떤 점에서 신앙생활에 부정적 영향을 끼치는가? 사실 천사와 사탄/귀신의 문제는 현대인에게 매우 부자연스럽고 설명하기 어려운 주제이기는 하다. 하지만 그 문제는 현대문화 속에서 각종 매체를 통해 그 논의가 이어지고 있으며, 때로는 그것들이 부적절한 신앙현상으로 나타나서 기독교신앙을 위협하기도 하고 왜곡시키기도 하기 때문에 여전히 중요한 현안이 아닐 수 없다.

또한 천사와 사탄의 실존적 이해를 사회의 구조와 조직으로 설명하는 것에 대해서도 진지한 성찰이 필요하다. 그래서 천사와 사탄의 존재는 어떤 점에서 실존적 구조로써 설명될 수 있는가? 실존적 구조는 우리의 신앙생활에 어떻게 영향을 끼치는가? 실존적 구조에 대한 하나님의 의도는 무엇인가 등과 같은 신학적 질문에 대한 답을 계속해서 찾아나가야 한다.

* * *

천사와 사탄/귀신은 창조세계에서 매우 특별한 역할을 수행하는 존재들이다. 눈에 보이지도 않고 객관적 증거도 없지만, 이들의 실체는 믿음의 눈을 통해서 바라보아야 한다(왕하 6:17). 천사도 타락하여 사탄/귀신이 될 수 있다는 성경의 교훈을 본받아, 그리스도인들은 더욱 더 시험에 들지 않도록 조심해야 한다(고전 10:12).

사탄/귀신을 무조건 비인격화하거나 심리적 현상으로 환원하는 것은 비성경적 신앙이다. 이들이 지나치게 두려워할 존재는 아니지만 그렇다고 무시해도 좋을 대상은 분명 아니다. 또한 사탄/귀신의 문제는 성경적 근거와 더불어 현대의학의 조명을 통해 통합적으로 접근하는 것이 현명하다. 사탄/귀신에 대한 신학적 견해들은 매우 다양하다. 하지만 어느 하나를 정당화하는 데에만 집중하기보다는 삶의 현장에서 사탄/귀신의 존재를, 그것이 인격적이든 비인격적 사회구조든, 믿음으로 쫓아내고 막아내는 것이 더 중요하다. 그것이 개인의 인격과 관련된 문제라면 더욱 더 말씀과 기도로 신앙의 체질을 강화해야 하고, 그것이 사회구조적인 문제라면 이 사회가 악의 왕국으로 전락되지 않고 하나님 나라를 향해 나아갈 수 있도록 교회는 힘써야 한다.

주(註)

1) Billy Graham, 「천사: 하나님의 비밀을 맡은 자」, 도한호 역 (서울: 침례회출판사, 1976), 19-20.
2) "그 때에 새벽 별들이 기뻐 노래하며 하나님의 아들들이 다 기뻐 소리를 질렀느니라"(욥 38:7)
3) "이는 엿새 동안에 나 여호와가 하늘과 땅과 바다와 그 가운데 모든 것을 만들고 일곱째 날에 쉬었음이라 그러므로 나 여호와가 안식일을 복되게 하여 그 날을 거룩하게 하였느니라"(출 20:11).
4) Stanly J. Grenz, 「조직신학: 하나님의 공동체를 위한 신학」, 신옥수 옮김 (고양: 크리스챤 다이제스트, 2003), 325-7.
5) Ibid., 327-8.
6) Ibid., 327-9.
7) Ibid., 328.
8) Ibid., 330.
9) J. Moltmann, 「오시는 하나님: 기독교적 종말론」, 김균진 옮김 (서울: 대한기독교서회, 1997), 169.
10) 박해경, 「챠트로 본 조직신학」 (서울: 아가페문화사, 1991), 161 참조.
11) 외경의 하나인 「토비트」에는 라파엘 천사가 "아자리아"라는 이름으로 세상에 나타나서 토비트의 아들 토비아와 함께 주류천하 하며 온갖 기행(奇行)을 벌이는 이야기가 실려 있다. 아자리아는 물론 토비아의 수호천사이며, 그는 토비아를 도와서 토비트의 시력을 되찾아 주고, 후에 토비아의 아내가 된 그의 사촌 누이동생 사라에게 붙은 애굽 귀신을 퇴치하는가 하면, 토비아와 선한 사람들을 돕고 다닌다. 그러나 라파엘이나 토비아는 성경에 없는 존재이며, 이 이야기 자체가 신구약 중간시대에 형성된 것이었다. 도한호, 「이야기로 풀어가는 조직신학: 평신도를 위한 조직신학」 (서울: 대한기독교서회, 2012), 231-2.
12) Ibid., 234-5.
13) 엘리사의 사환 눈을 열어 불 말과 불 병거를 확인시킴. 특별한 상황에서 파송된 천사들.
14) 풀무에 떨어진 다니엘의 세 친구를 보호하는 천사.
15) 옥에 갇힌 사도들을 구하는 천사.
16) "삼가 이 작은 자 중의 하나도 업신여기지 말라 너희에게 말하노니 그들의 천사들이 하늘에서 하늘에 계신 내 아버지의 얼굴을 항상 뵈옵느니라"(마 18:10).
17) "그가 너를 위하여 그 천사들을 명령하사 네 모든 길에 너를 지키게 하심이라"(시 91:11); 429장 3절) 세상권세 너의 앞길 막을 때 주만 믿고 낙심하지 말아라. 천사들이 너를 보호하리니 염려 없이 앞만 보고 나가라 받은 복을 세어 보아라. 크신 복을 네가 알리라 받은 복을 세어 보아라. 주의 크신 복을 네가 알리라.
18) 이신건, 「조직신학입문」 (서울: 신앙과지성사, 2014), 134-5.

19) 성종현, "성경에 나타난 마귀·귀신," 「목회와 신학」, 1990년 10월호, 46.
20) Grenz, 「조직신학」, 335.
21) 유상현, "신약의 귀신," 「한국교회 신학자들이 본 마귀론 이해」 (서울: 은성, 1997), 33.
22) Dale Moody, *The Word of Truth: A Summary of Christian Doctrine Based on Biblical Revelation* (Grand Rapids: Eerdmans, 1981), 305.
23) 예영수, "귀신의 기원에 대한 제 학설 비교연구," 「한국교회 신학자들이 본 마귀론 이해」, 201-84 참조.
24) 한상식, "베뢰아의 마귀론," 「목회와 신학」, 1990년 10월호, 74-5.
25) 김기동, 「내가 체험한 그리스도의 신유와 거룩한 이적」 (서울: 베뢰아, 1988), 47-50.
26) 민병소, 「하나님 말씀 마귀박멸신학: 성락교회 김기동 목사를 중심으로」 (서울: 세계종교현상연구소, 1987), 182.
27) 도한호, "베뢰아 마귀론 비판," 「목회와 신학」, 1990년 10월호, 83.
28) 민병소, 「김기동 성락교회」, 141, 김기동, 「마귀론」, 187, 이종욱, "성락교회에 대한 소고"에서 재인용. [온라인자료] http://cafe.daum.net/sungjicn/C93p/28?q=%B9%CE%BA%B4%BC%D2%20%B1%E8%B1%E2%B5%BF%20%BC%BA%B6%F4%B1%B3%C8%B82017년 1월 15일 접속. 이 내용의 출처는 기독교대한성결교회, 「구원이 있는가」 (서울: 기독교대한성결교회출판부, 1993), 141-50.
29) 민병소, 「하나님 말씀 마귀박멸신학」, 187.
30) 김기동, 「미혹의 영이란?」 (서울: 도서출판 베뢰아, 1985), 82.
31) 김기동, 「임마누엘」 (서울: 베뢰아, 1985), 50,
32) 김기동, 「태초에 계신 말씀」 (서울: 베뢰아, 1986), 106.
33) 한상식, "베뢰아의 마귀론," 76.
34) Ibid.
35) C. Fred Dickason, *Demon Possession & the Christian* (Westminster: Crossway Books, 1987); 「그리스도인도 귀신들릴 수 있는가?」, 김병제, 이학규 역 (서울: 요단, 1994), 42-3 참조. 여기서 demonization을 "귀신들림"으로 번역한 것은 바람직하지 않다. 제목에서는 possession을 귀신들림으로 번역했지만, 본문에서 demonization까지 "귀신들림"으로 번역했기 때문에 혼란을 초래하기 때문이다. 따라서 번역서의 본문에서 '귀신들림'으로 번역된 것은 '귀신영향'으로 교체하는 것이 좋다.
36) Grenz, 「조직신학」, 343.
37) James F. Cobble, Jr. *The Church and the Powers: A Theology of Church Structure* (Peabody: Hendrickson, 1988), 5,
38) John Howard Yoder, 「예수의 정치학」, 신원하, 권연경 옮김 (서울: IVP, 2007), 252.
39) Ibid.
40) Grenz, 「조직신학」, 345-6.
41) Hendrikus Berkhof, *Christ and the Powers*, tr. John H. Yoder (Scottdale: Mennonite

Publishing House, 1962), 30.
42) Grenz, 「조직신학」, 350-1.
43) Ibid., 347-8. 스토이케이온은 "세상의 초등학문"(개역); "세속의 유치한 원리"(공동); "the basic principles of this world"(NIV) 등으로 번역되었다.
44) Yoder, 「예수의 정치학」, 252.
45) Walter Wink, 「사탄의 체제와 예수의 비폭력: 지배체제 속의 악령들에 대한 분별과 저항」, 한성수 옮김, 중판 (고양: 한국기독교연구소, 2009), 310. 그는 권세들을 "물질적 실재의 내적 측면"으로, 지배체제를 "권세의 폭력적 실체"로 해석했다.
46) Grenz, 「조직신학」, 352.

10
예수 그리스도: 인격과 정체성

> 그런즉 이스라엘 온 집은 확실히 알지니 너희가 십자가에 못 박은
> 이 예수를 하나님이 주와 그리스도가 되게 하셨느니라 하니라
> 사도행전 2장 36절

예수 그리스도는 어떤 존재인가? 2,000년 전에 이스라엘 땅에 태어난 예수라는 인물이 어떤 점에서 온 인류의 구세주가 될 수 있는가? 그는 어떤 일을 했으며, 그 사역은 어떤 점에서 중요한가? 또한 기독교는 예수 그리스도 외에 다른 구원의 길을 왜 인정하지 않는가? 또한 예수 그리스도는 성경에 어떤 존재로 설명되어 있으며, 어떤 근거로 그분이 하나님의 최종적 계시가 될 수 있는가? 이런 질문들은 기독교신앙의 가장 중요한 핵심을 건드리는 것이다. 기독론은 바로 이런 질문에 대해 성경적으로 타당한 대답을 제시하는 것으로써, 우리와 함께 하시는 하나님이라는 예수에 대한 신앙고백을 성찰하는 것이다. 이는 예수 그리스도에 관한 두 가지 핵심문제, 즉 "그리스도의 정체성(identity)과 사명(mission)"에 관한 기독교적 주장을 조직신학적으로 고찰하는 것이다.[1]

우리는 먼저 예수 그리스도가 우리에게 어떤 이미지로 각인되어 있는가를 물어볼 필요가 있다. 주변을 둘러보면 의외로 다양한 예수의 이미지가 존재한다는 것을 알 수 있다. 어떤 사람에게는 승리자 예수로, 어떤 사람에게는 고난 받는 예수로, 또 다른 사람에게는 양의 목자로, 혹은 하나님의 아들로, 아니면 세리와 창녀의 친구로, 또 누군가에게는 흑인 그리스도나 여성 그리스도로 형상화된다. 어떤 예수의 이미지를 가지고 있는가에 따라 우리의 신앙양태는 달라질 수 있다.

기독론의 위치와 방법론

신학에서 기독론이 차지하는 위치는 기독교신앙의 정체성과 밀접한 관련이 있다. 에밀 브루너(E. Brunner)는 "기독교신학 전체는 그리스도에 대한 신앙의 설명에 불과하다"고 했고,2) 칼 바르트(K. Barth)는 기독론의 중요성을 이렇게 진술했다: "기독론은 기독교적 의미에서 모든 신인식의 시금석이요 모든 신학의 시금석이 다.... 당신의 기독론이 어떤 것인지 내게 말하라. 그러면 나는 당신이 누구인지를 말할 것이다."3)

역사적 예수 연구

예수 그리스도에 대한 우리의 이미지를 재고할 때 제기되는 문제 가운데 하나는 예수와 그리스도의 관계에 관한 신학적 질문이다. 이 질문은 예수 그리스도의 정체성에 해당하는 것으로써, 예수와 베드로 사이에서 오고간 대화에서 시작된다: "너희는 나를 누구라 하느냐?" "주는 그리스도시요 살아계신 하나님의 아들이시니이다"(마 16:15-16) 기독교역사에서 언제나 심각했던 질문은 예수 그리스도의 정체성과 관련된 것이었다. 하지만 이 질문은 19세기에 들어와서 신학자들에 의해 새롭고 급진적으로 다시 등장했다. 이른바 '역사적 예수'(historical Jesus) 연구는 예수에 대한 전통적 교리와 성경의 기록을 비판적으로 접근했고, 역사적 예수와 초대교회 공동체에서 선포한 그리스도는 서로 불일치한다는 주장을 내놓았다. 그들은 예수의 활동에서 신성이나 초자연적 행동 등을 벗겨내고 "엄격하게 인간 예수만을 그리려 했다." 그 바람에 그들이 그린 역사적 예수는 "발견된 것이 아니고 만들어진 것이었다"는 비판을 받았다.4) 그렇다면 성경은 이 문제와 관련해서 우리에게 무엇을 말하고 있는가?

어떤 사건이 의미를 가지려면 역사 속에서 일어난 사실이어야 한다. 사건 없는 의미는 공허하고 의미 없는 사건은 무가치하다. 발생한 사실(예수론)과 그 의미 (그리스도론)가 분리될 수 없는 까닭이 여기에 있다. 바울의 관점에 따르면 역사적 예수는 그리스도로 선포되었고, 선포된 그리스도는 역사적 예수로 존재했다.

그러므로 "역사적 예수 = 선포된 그리스도"다.

방법론적 고찰

예수 그리스도를 연구하는 방법에는 두 가지 접근방식이 있다. 하나는 '위로부터'(from above) 접근하는 것이고, 다른 하나는 '아래로부터'(from below) 접근하는 것이다. 그 가운데 전통적으로 사용해왔던 방법론은 위로부터 접근하는 것이다. 그리스도는 하나님과 동일한 분이며, 한 인격을 가지신 분이지만 두 본성을 공유하셨다는 신앙고백으로부터 시작하는 이 접근법은 지금까지 정통 기독교가 고수해 온 방법론이다. 이 입장에서는 그리스도가 하나님의 아들로서 선재하고 계셨는데 우리의 죄를 해결하기 위해 이 땅에 성육신하셨다는 사실을 선험적으로 주장한다.

아래로부터 방법론은 질문의 방향을 달리 한 것으로, 인간 예수가 어떻게 하나님이 되셨는가를 묻는 것이다. 근대 이후 인간 중심의 사고전환이 가져온 관점의 변화라고 볼 수 있다. 위로부터 기독론이 예수 그리스도의 신성을 강조하는 것이라면, 아래로부터 기독론은 그의 인성을 부각시킨다.

성경에 나타난 예수 그리스도의 모습은 이 두 가지 접근법이 공존했던 것으로 보인다. 비교적 오래된 복음서는 '아래로부터' 그리스도를 인식하고 고백했다. 하지만 시간이 지나면서 "부활과 영적인 현존과 재림의 빛 안에서 역사적 예수를 기술하는 과정에서 서서히 위로부터 '그리스도'를 재인식하고 다시 새롭게 고백"된 것이다. 예컨대, 마가복음서는 예수의 지상활동으로부터 출발하지만, 요한과 바울은 위로부터, 즉 그의 선재로부터 시작한다.5) 그 사례로는 바울의 서신(고전 1:24; 빌 2:5-11; 골 1:15-17)과 요한복음(1:1-2), 요한일서(1-3), 그리고 히브리서(1:2-3, 8) 등을 들 수 있다. 따라서 예수 그리스도를 설명하기 위해서는 이 두 관점을 모두 사용하는 것이 바람직하다.

여기서는 위로부터 방법론의 방향과 순서에 따라 그리스도의 인격 부분을 먼저 살펴보았고, 후반부에서는 아래로부터의 관점에 따라 그의 인성과 인간으로서 예수의 사역에 초점을 맞추었다. 예수 그리스도의 인격과 사역에 관한 성경적 이해를 위해서는 위로부터 방법론과 아래로부터 방법론의 적절한 대화가 필요하다.

예수 그리스도의 존재양식: 인격

예수 그리스도의 존재양식을 묻는 것은 그의 본질과 정체성을 신학적으로 성찰한다는 것을 의미한다. 그리스도는 어떤 분이시고, 어떻게 하나님이 인간이 되셨는가를 혹은 인간이 하나님이라고 고백되었는가를 설명하는 것이다. 이는 어떻게 예수 그리스도가 하나님이면서 동시에 인간이 될 수 있는가를 묻는 것이기도 하다.

성육신

위로부터 기독론의 대표적인 사례는 성육신(incarnation)이다. "말씀이 육신이 되었다"(요 1:14)는 것은 문자적으로 참 하나님이 참 인간이 되었다는 것을 의미한다. 여기서 육신(flesh)이란 단어는 헬라어 '사륵스'(sarx)를 번역한 것이다. 이는 하나님이 역사 속으로, 인간 세상으로 들어오셨음을 뜻한다. 물론 하나님이 성육신하셨다고 해서, 그분의 본성이 상실된 것은 아니다. 다만 그 권능의 사용을 자제하셨을 뿐이다. 그 본질적 문제는 여전히 신비에 가려있다. 디모데전서 3장 16절은 이 신비를 다음과 같이 노래했다: "크도다 경건의 비밀이여, 그렇지 않다 하는 이 없도다 그는 육신으로 나타난 바 되시고 영으로 의롭다 하심을 받으시고 천사들에게 보이시고 만국에서 전파되시고 세상에서 믿은 바 되시고 영광 가운데서 올려지셨느니라."

그렇다면 하나님은 왜 성육신하실 수밖에 없었는가? 성경의 증언에 따르면, 그것은 인간의 죄를 대속하고 인간에게 생명을 주기 위함이다(요 6:35; 8:12; 14:6; 20:31). 그런 점에서 "그리스도는 하나님과 인간의 중재자"요 "신-인 그리스도"이다. 인간은 자력으로 하나님께 갈 수 없다. 그 때문에 하나님은 스스로 당신을 희생제물로 삼으시고, 스스로 제사장이 되어서, 하나님과 불화한 인간을 화목하게 하셨다. 히브리서는 "율법을 따라 거의 모든 물건이 피로써 정결하게 되나니 피흘림이 없은즉 사함이 없느니라"(히 9:22)고 말하고, "이와 같이 그리스도도 많은 사람의 죄를 담당하시려고 단번에 드리신 바 되셨고 구원에 이르게 하기 위하여 죄와 상관없이 자기를 바라는 자들에게 두 번째 나타나시리라"(히 9:28)고 설명한다.

그런데 인간이 되신 하나님을 일부 사람들은 오해하기 시작했다. 하나님의 성육신을 논리적으로나 이성적으로 설명하려고 했기 때문이다. 어떤 이는 그리스도가 육신으로 이 세상에 온 것을 부인하면서(인성 부인) 하나님이 인간으로 오셨다는 것을 받아들이지 않았다. 또 어떤 이들은 아예 예수가 하나님일 수 없다고 주장했다(신성 부인). 초기 기독교의 역사는 이 잘못된 그리스도 이해를 바로 잡기 위해 혼신을 다한 역사였다. 이 과정에서 정통 기독론이 형성되었다.

동정녀 탄생

예수 그리스도의 성육신이 어떤 방법으로 이루어졌는가를 규명하는 것은 결코 쉬운 일이 아니다. 성경은 예수의 탄생이 매우 독특하고 초자연적인 방법으로 이루어졌다고 증언한다. 그는 육신의 아버지가 없는 상태에서 성령으로 동정녀 마리아의 몸을 빌어 이 땅에 태어났다(마 1:18-25; 눅 1:26-38).

예수의 동정녀 탄생 교리는 초대교회 때부터 시작되어 2세기경에 보편적 신앙으로 자리 잡게 되었으며, 특별히 사도신경을 통해 널리 일반적 신앙으로 확산되었다. 대체로 기독교 공동체 안에서 18세기까지는 크게 도전을 받지 않았던 것으로 보인다. 그러나 18세기 이후 성경비평들을 통해 이성적이고 합리적인 근거를 요청했던 신학자들에 의해 동정녀 탄생교리는 외면당하거나 역사적 사실이 아닌 하나의 신화적 표현으로 재해석되었다.

마리아의 동정녀 탄생교리는 궤도를 이탈하여 마리아 무흠잉태교리, 마리아 평생 동정교리, 마리아 몸소 승천교리 등의 비성경적 교리가 만들어지는 데 기여했다는 비판을 받기도 한다. 이런 역사적 일탈 현상을 보면서 우리는 동정녀 탄생교리가 지시하는 대상이 마리아가 아니라 예수 그리스도라는 사실을 잊어서는 안 된다는 교훈을 얻는다.

부활

부활(resurrection)은 그리스도가 단순한 인간이 아니라 하나님의 아들이었음을 입증한 사건이다. 동시에 부활은 하나님의 절대적 뜻인 구원 사역을 어떤 세력도 차단할 수 없음을 보여준 사건이기도 하다. 우리는 그리스도의 부활로 인해서 소망을 갖게 된다. 부활은 모든 신자들을 위한 약속이다. 그런 의미에서 그리스도의 부활은 모든 사람들에게 적용될 "부활의 첫 열매"다(고전 15:20). 또한 부활은 계시의 정점이요, 인류 역사의 결정적인 전환점으로써 미래의 종말을 선취(先取, prolepsis)한 사건이다.6)

하지만 부활사건을 신앙의 눈으로 보지 않는 사람은 그 사실성을 의심할 수밖에 없었다. 그래서 부활사건을 그들 나름대로 합리적인 방법으로 설명하려고 했다. 그 결과, 어떤 사람은 예수의 무덤이 어딘지 알지 못해서 시체를 찾지 못했다고 주장하고, 또 어떤 사람은 다른 사람의 빈무덤을 보고 착각해서 부활한 줄 알았다고 말한다. 부활사건을 하나의 전설로 치부한 사람이 있는가 하면, 육체의 부활이 아니라 영적 부활이라고 주장한 사람도 있다. 제자들이 환상을 보았다고 하거나, 실제로 부활한 것이 아니라 실존적으로 부활했다고 말하기도 한다. 또 어떤 사람들은 제자들이 예수의 시체를 탈취해 놓고 거짓말한 것이라고 말하는가 하면, 예수는 실제로 죽지 않고 다만 기절했을 뿐이라고 말하는 사람도 있다.7) 하지만 이런 이론들은 사실상 예수의 부활을 믿는 것보다도 더 믿기 어려운 가설에 불과하다.

성경은 예수의 부활을 세 가지 양식으로 분명하게 증언하고 있다. 첫째는 빈무덤(고전 15:1-3)이다. 실제 예수의 무덤은 비어있었고, 그 시신은 사라졌다. 그런데 당시 이것에 대한 결정적인 반대증거는 나오지 않았다. 둘째는 부활 후 현현(顯現)이다. 예수께서는 제자들에게 나타나 평강을 선언하고 제자의 불신을 해소시켜주고, 그들에게 새로운 사명을 부여하셨다(요 20:19-21:23). 셋째는 제자들의 변화다. 제자들은 예수를 부인하고 저주할 만큼 절망했지만, 돌연 예수 부활을 선포하는 증인이 되었다(행 2:29-32). 그들의 갑작스런 변화를 부활 이외에 다른 어떤 것으로 설명하는 것은 쉽지 않다.

부활 후 예수 그리스도의 활동

성경은 부활 이후의 그리스도(post-existence of Christ)를 세 가지 단계로 설명한다. 첫째는 승천(ascension)이다. 승천은 본래 있었던 자리로 돌아가는 것이다. 비하(humiliation)에서 승귀(exaltation)로 그 상태가 변하는 것이다. 이것은 그리스도의 초

역사적 임재성을 회복한 것이며, 인성의 한계를 극복한 것이다. 둘째는 주관적 통치와 중보적 사역(intercession)이다. 성경은 예수께서 하나님 우편에 앉아서 그의 백성들을 위해 중보하신다고 선포한다(마 26:64; 히 7:25). 우편에 앉는다는 것은 그리스도의 직위와 기능을 지칭한다. 즉, 그리스도는 하나님의 전권을 가지고 통치하실 자라는 뜻이다(엡 1:21-22). 이제 모든 피조물이 그 발 아래 복종하게 될 것이다. 셋째는 재림(parousia)이다. 이제 그리스도는 심판주요, 역사를 최종적으로 완성하실 자로서 다시 오신다. 이것은 기독교신앙의 최상의 희망이다. 예수 그리스도의 재림에 대한 기대가 없는 신앙은 건전한 성경적 신앙이 아니다. 그 점에서 종말론은 역사의 끝이면서 동시에 새로운 시작을 신학적으로 성찰하는 것이다.

예수 그리스도의 인격 교리와 정립과정

역사적으로 그리스도의 정체성을 확립하는 과정에서 많은 오해가 발생했다. 그 오해는 때로 불신앙에서 비롯되기도 했지만, 좀 더 잘 설명해보고자 하는 의도에서 빗나간 것이기도 했다. 신앙고백이 하나로 일치되지 않았기 때문에 전체 교회들은 통일된 신앙고백을 작성하기 위해 모였고, 이 과정에서 교회 이외의 세력들이 침투하기도 했다.

예수 그리스도의 정체성을 확립해나가는 과정은 대체로 다음과 같은 세 가지 차원에서 진행되었다. 첫째는 예수의 신성을 바로 세우는 작업이고, 둘째는 그리스도의 인성을 확립하는 것이고, 셋째는 신성과 인성의 결합관계를 정립하는 것이다.

예수 그리스도의 신성

예수 그리스도의 신성을 왜곡하게 된 가장 중요한 배경은 유대교 전통에서 나온 신관이었다. 유일신관에 익숙해있던 유대전통에서는 예수 그리스도가 또 다른 하나님이 될 수 없었고, 적어도 하나님과 동일한 존재는 아니어야 했다. 유대교와 기독교의 차별화는 여기서부터 출발한다고 해도 과언이 아니다.

에비온주의

에비온주의(Ebionism)는 본래 히브리어 '가난한 사람'(ebion)이란 말에서 파생된 것인데, 대개 기독교로 개종한 일부 유대인들이 이 사상을 주장했다. 이들은 모세의 율법이 모든 사람에게 적용되어야 한다고 믿었고, 유대교적 전통 가운데 가장 중요한 유일신 하나님 사상 때문에 예수 그리스도를 신으로 받아들이지 않았다. 신은 오직 한 분 여호와뿐이기 때문이다. 그래서 그들은 예수의 신성과 동정녀탄생을 부인하고 예수의 인성만을 인정했다. 그 결과 예수의 메시아성을 인정했지만, 그가 하나님이라고 하는 것은 받아들일 수 없었다([그림7] 참조).8) 이레네우스는 "이단적인 유대계 분파"(heretical judiizzing sect)를 설명하기 위해 에비온주의자(Ebionites)라는 단어를 처음으로 사용했다.

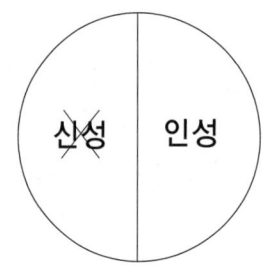

[그림7] 에비온주의

에비온주의와 비슷한 견해가 군주신론적 기독론(Monarchian Christology)이다. 이 입장도 기본적으로 신은 오직 한 분이고 하나님이 모든 것을 군주처럼 다스리신다고 주장한다. 군주신론주의자들은 예수가 신이 아니라 정상적인 사람이며, 하늘로부터 내려온 말씀을 가지고 있는 특별한 존재로 간주했다. 그러므로 마리아는 사람만 잉태했을 뿐 말씀은 잉태하지 못했다. 왜냐하면 마리아는 "시대들 이전에는" 존재하지 않았기 때문이다.9) 말씀의 요소는 외부로부터 예수 안에 임재했지만, 그것이 인격적인 존재는 아니다. 당연히 그들은 예수에게서 신성을 발견하지 못하고 신의 명령을 수행한 분으로서, 다만 그의 신적 재능과 기능만을 받아들였다. 따라서 군주신론주의자들이 초기 로고스기독론을 양신론(bitheism)이라고 비난했던 것도 유일신론의 유대적 전통을 보존하기 위한 것이었다.10)

아리우스주의

아리우스주의(Arianism)는 4세기 초 아프리카 알렉산드리아의 장로 아리우스(Arius)의 주장에서 비롯되었다. 아리우스는 알렉산더(Alexander) 감독이 삼위 하나님의 통일성(unity)에 대해 언급하자, 그것이 유일신사상에 위배되는 비성경적 진술이라고 즉각 반박했다. 그리고 그는 도리어 예수 그리스도가 하나님과 본질상 다른 존재라고 규정했다.11)

알렉산더 감독은 성부와 성자가 근본적으로 동일하다는 것을 설명하기 위해 "동일본질"(homoousios)을 사용했고, 아리우스는 이 교리가 양태론적 단일신론으로 흐른다고 비판하면서 그 둘의 관계를 "유사본질"(homoiousios)이라고 규정했다. 아리우스는 "만일 성부가 성자를 낳았다면 난 자(예수)는 존재의 시작이 있었을 것이다. 그러므로 성자는 존재하지 않은 적이 있었다. 그는 비존재로부터 나왔다"고 주장했다. 이것은 당시 동방의 사상을 주도했던 오리게네스(Origenes)의 성자 종속설(subordinationism)을 계승한 것이었다. 이로써 성자는 피조물로서 "제2의 하나님" 혹은 "중간적 존재"로 이해된 것이다. 이에 반해 알렉산더는 예수께서 본질상 하나님이며 참된 신성을 가진 "영원한 아들"이라고 응수했다. 이 역시 오리겐의 영원출생설(eternal generation theory)을 수용한 것이었다. 영원 전부터 아들로 출생하신 성자는 아버지와 함께 영원하며 존재하지 않은 적이 없었다는 것이다.12) 아리우스주의는 결국 [그림8]과 같은 형태로 예수의 신성을 온전하게 인정하지 못했다는 문제점을 드러냈다.13)

왜 아리우스는 성부와 성자의 동일본질을 거부했을까? 밀리오리(Daniel L. Migliore)에 따르면, 곤잘레스는 아리우스가 "성경의 살아계신 하나님을 버리고 싶은 유혹, 권력과 영광의 구성 요소만을 다루는 '현상 유지 신학'(theology of the status quo)에 안주하고 싶은 심각한 유혹에 빠졌다"고 해석했다. 아리우스는 "복음의 하나님을 그리스 정신과 그리스 세계에 익숙한 하나님 이해로 재단하여 맞추는," 즉 하나님을 "콘스탄티누스화"(Constantinization)한 것이다. 그는 그리스도의 참 신성과 참 인성을 확증한 칼케돈신조가 이런 "콘스탄티누스화"에 대한 저항이었다고 평가했다. 밀리오리는 이런 콘스탄티누스화에 대한 유혹은 오늘날에게 강력

[그림8] 아리우스주의

하게 계속된다며 다음과 같이 주장했다: "가난한 자들에게 복음을 선포하고 두 천한 강도 사이에서 십자가 처형을 당했던 자가 바로 하나님의 아들이며 성부와 '동일본질'이라고 확증하는 행위는 그때나 지금이나 하나님을 강력한 절대 군주로 여기는 자들에게는 큰 걸림돌인 것이다."[14]

결국 이 둘의 기독론 논쟁은 통일 로마제국의 교회를 분열시킬 위기로 비화될 조짐을 보였다. 이에 콘스탄티누스는 교회의 통일을 위해 니케아에서 최초로 세계교회공의회를 소집하게 되었고(325년), 여기서 아리우스의 사상은 이단으로 정죄되었다. 그리고 마침내 니케아신조는 그리스도를 "만들어진 것이 아니라 성부와 하나의 본질로부터 낳음을 받았다"고 선언했으며, 다음과 같은 말로 마무리했다: "그[그리스도]가 존재하지 않았던 적이 있었고, 만들어지기 전에는 존재하지 않았으며, 무(無)로부터 만들어졌다고 말하거나 혹은 그가 다른 본체 또는 본질이라고 말하거나 하나님의 아들이 창조되었다거나 변화 혹은 대체될 수 있다고 말하는 자들을 거룩하고 보편적이고 사도적인 교회는 저주한다."[15]

예수 그리스도의 인성

예수의 신성이 오해를 받았던 것과 마찬가지로 그리스도의 인성은 그 반대 논리로 의문시 되었다. 왜냐하면 그리스도의 인성을 인정하면 그 신성에 문제가 생긴다고 판단했기 때문이다. 인성을 부인한 사람들은 지나치게 신성에 몰입했던 것이다. 그리스도의 인성이라는 개념은 헬라사상의 형이상학적 기본전제에 적합하지 못했다. 그래서 그 해결책은 두 방향으로 나타났다. 하나는 아예 인간의 모습이 허상이라고 하든지(가현설) 아니면 적어도 예수는 죄 많은 우리 인간과는 다른 구성요소로 이루어진 특별한 존재(아폴리나리우스주의)라고 설명하는 것이다.

가현설

가현설(Docetism)은 그리스도가 육신을 입었다는 것을 받아들이지 않는 사상이다. 이 사상이 가지고 있는 기본 입장은 "하나님은 인간이 될 수 없다"는 전제다. 이는 헬라철학에서 "신적 본질은 불변한다"는 사상과 도덕적 이원론을 강조하는 영지주의의 합작품이라고 할 수 있다.

가현설이란 말은 그리스도가 실제로 사람의 육체를 입고 오신 것이 아니라 "가상적으로"(dokein) 사람이 된 것처럼 보였다는 말에서 유래한다. 이들은 결국 그리스도의 인성을 부인할 수밖에 없었다. 그리스도의 신성 내지는 하나님이심을 중시하기 때문에 하나님의 아들이 진짜 인간이 될 수 없다고 보았던 것이다. 왜냐하면 신은 불변할 뿐만 아니라 육체는 악한 것이기에 하나님이 죄악의 상태로 존재한다는 것은 불가능하기 때문이다([그림9] 참조).16)

[그림9] 가현설

사실 가현설은 그리스도의 죽으심과 수난을 인정하고 싶지 않은 모든 사람들에게 아주 매력적인 설명방식이다. 오늘날 설교자들이 현실의 고통과 무기력함을 잊어버리고 오로지 미래의 영광스런 삶에만 집중하라는 메시지가 "현대판 가현설"이라는 비판은 매우 통찰력 있는 목소리다.17) 그러므로 오늘날 유행하는 번영신학이나 삼박자 축복론은 복음의 본질을 왜곡하는 일종의 현대판 가현설인 셈이다.

가현설은 신약성경에서부터 이단으로 정죄된 사상이었다. 성경은 분명한 목소리로 예수 그리스도께서 육체로 오신 것을 시인하는 영은 그리스도께 속한 것이고(요일 4:2), 그것을 부인하는 자는 미혹하는 자요 적그리스도라고 선언한다(요이 1:7). 여기서 그리스도께서 육체로 온 것을 시인하는 것과 부인하는 것 사이에는 어떤 차이가 있는가? 전자는 예수께서 우리를 위하여 목숨을 버리셨고, 따라서 우리도 형제들을 위하여 목숨을 버리는 것이 마땅하다는 것을 받아들이는 것이고, 후자는 그것을 거부하는 것이다. 다른 사람을 위해서 자기 목숨을 내놓는 일이 어찌 쉬운 일이랴. 그러므로 하나님이 인간의 몸으로 이 땅에 와서 죄인들을 위해 죽으셨다고 하는 성경의 복음은 부담스러운 메시지가 아닐 수 없는 것이다.

아폴리나리우스주의

아폴리나리우스주의(Apollinarianism)는 아폴리나리우스(Apollinarius)가 구원론적 관점에서 그리스도의 인성에 대한 문제를 제기한 사상이다. 아폴리나리우스는 그리스도가 인간과 완전히 하나가 되었다면 변하기 쉽고 죄 짓기 쉬운 인간의 본성까지 받아들이게 된다고 보았다. 이렇게 되면 그리스도의 무죄성이 보장될 수 없을 뿐 아니라 그의 구속역사도 보증될 수 없게 된다. 그래서 어떤 방법으로든지 그리스도는 무죄한 본성을 가지고 있어야 했다. 그리스도의 무죄성을 확보하기 위해 그가 택한 방법은 그리스도의 인성을 달리 설명하는 것이었다. 그는 그리스도가 인간의 영 대신에 로고스를 그대로 보유함으로써 죄가 없는 존재가 될 수 있었다고 주장했다.18) 그리스도 안에서 인성과 신성이 결합될 때 신적 이성인 로고스가 육과 혼의 지배 원리로 작용함에 따라 그리스도의 육체는 신적인 육체 혹은 하나님의 육체로 영화되었다는 것이다. 이것은 "로고스-육체 기독론"이라고 불렸다. 그러므로 그의 설명에 따르면, 그리스도는 인간의 몸을 가지셨으나 인간의 영을 가지지 않은 것이 되었다. 인간의 영 대신 로고스로 대체된 존재, 이것이 그가 그렸던 예수 그리스도의 왜곡된 인성이었다([그림10] 참조).19)

[그림10] 아폴리나리우스주의

아폴리나리우스의 사상은 377년 교황 다마스커스(Damascus)에 의해 로마종교회의에서 정죄되었고, 최종적으로 381년 제2차 세계교회회의인 콘스탄티노플회의에서 이단으로 단죄되었다. 451년 칼케돈 교회회의는 이 대목에 대해 "그리스도는 이성적 영혼과 육체를 가진 진정한 인간"이라고 천명했고, 아폴리나리우스가 우려했던 무죄성의 문제는 단지 "죄가 없는 것 외에는 우리와 똑같다"는 예외조항을 두는 것으로 마무리했다.20)

고대 교회에서 예수 그리스도의 신성과 인성이 동시에 확립되어야 했던 가장 중요한 이유는 무엇일까? 제자들은 인간 예수에게서 하나님의 신성을 체험했을 뿐만 아니라, 신적 존재가 아닌 인간으로는 인간을 구원할 수 없다고 생각했기 때문이다. 그래서 인간의 구원을 가능하게 할 수 있는 존재는 인간이 아닌 하나님이어야 했던 것이다. 반대로 인성은 실제로 예수의 인간적 삶에서 비롯된 것이기도 하지만, "인간의 불행한 처지로 내려와서 인간이 된 자만이 인간을 불행으로부터 구원"할 수 있다고 믿었기 때문이다. 그래서 고대 교회는 예수 그리스도를 "참 하나님"이며 "참 인간"이라고 천명한 것이다.[21]

인격의 통일성

예수 그리스도의 양성(신성과 인성) 교리는 해결되었지만, 또 다른 논쟁, 즉 한 인격 안에 두 본성이 어떻게 존재할 수 있는가 하는 논쟁이 이어졌다. 신성과 인성이 분리되어있는가, 아니면 결합되어 있는가? 둘이 섞여 하나가 되었는가, 제3의 어떤 성질로 변형되었는가? 이런 질문이 제기되는 것은 어쩌면 양성교리의 필연적인 결과라고 할 수 있다.

네스토리우스주의

네스토리우스주의(Nestorianism)는 안디옥 학파의 네스토리우스(Nestorius)가 그리스도의 인성과 신성이 혼합되는 것을 방지하기 위해 신성과 인성의 엄격한 구별을 주장한 것과 관련되는 사상이다([그림11] 참조).[22] 네스토리우스는 신성과 인성이 윤리적 굴레로 결합되어 있는 것에 불과하다고 생각했다: "예수 그리스도의 신성은 인간 예수의 몸을 빌렸을 뿐, 신성과 인성은 혼동될 수 없는 별개의 본성이다." 따라서 동정녀 마리아는 로고스가 거처할 육체를 낳은 "인간의 어머니"(anthropo-tokos), 아니면 적어도 "그리스도의 어머니"(Christo-tokos)일 뿐 로고스는 하나님이기에 어머니가 있을 수 없다고 주장했다. 즉 신성은 마리아에게서 온 것이 아니므로 그녀를 "하나님의 어머니"(theo-tokos)라고 부를 수 없다는 것이다.

하지만 네스토리우스는 양성의 분리를 주장한다는 이유로 정죄를 받았다. 교회는 433년 통합신조를 통해 네스토리우스의 견해를 반대하던 키릴로스(Cyril, 376-444)의 주장을 받아들였다. 키릴루스는 그리스도의 양성이 연합되어 서로 교류될 수 있는 완전한 하나님이며 완전한 사람이며, 마리아는 "하나님의 어머니"라고 불러야 한다고 주장했다.[23] 교회

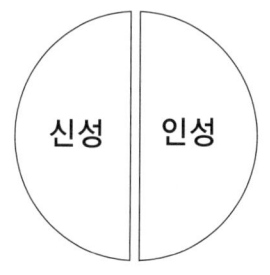

[그림11] 네스토리우스주의

의 이런 결정은 후에 마리아숭배의 이론적 발판을 마련한 것이라는 비판을 받았다. 따라서 이 사건은 교회회의의 결정이 가지고 있는 한계를 적나라하게 보여준 대표적 사례가 되었다. 동시에 이 사건은 어떤 교회회의의 결정이든 혹은 어떤 신앙고백이든, 그것은 언제나 성경의 검증을 받아야 한다는 역사적 교훈을 주었다.

유티케스주의

유티케스주의(Eutychianism)는 예수 그리스도의 인격과 관련된 또 하나의 사상으로 유티케스(Eutyches)에 의해서 제기되었다. 유티케스는 네스토리우스주의에 반대하는 콘스탄티노플 근방의 수도원 원장이었다. 그는 네스토리우스와 정반대로 그리스도는 두 본성을 이루고 있지만 성육신 이후에는 한 본성만 남는다고 주장하면서, 결국 인성은 신성에 흡수될 수밖에 없음을 강조했다([그림12 참조).[24] 그는 그리스도가 이 땅에 사는 동안에는 인간의 몸을 띠고 있었지만, 그 본성은 전적으로 신성(神性)이라고 주장했다.[25] 이처럼 그리스도에게는 신성만이 남았다고 주장하는 것을 단성론(monophysitism)이라고 부른다.

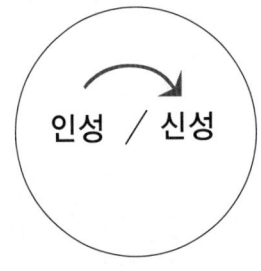

[그림12] 유티케스주의

교회는 몇 차례의 공방전 끝에 최종적으로 유티케스의 단성론을 정죄하고 예수 그리스도의 양성교리를 확정했다. 448년, 플라비아누스 대주교가 주재한 콘스탄티노플 지역회의에서 유티케스의 단성론은 정죄를 받았다. 그리고 1년 뒤에 에베소회의가 소집되어 정세는 역전되었고, 플라비아누스는 파면되었으며, 유티케스 단성론은 황제의 군대가 동원된 상태에서 무력적으로 통과가 되었다. 이 회의는 단성론을 반대하는 로마감독 레오의 편지를 읽지도 못하게 하고, "그리스도에게 두 본성이 있다고 하는 자는 그 몸을 둘로 나누겠다"고 위협했다 하여 일명 '강도회의'(the Robber Council of Ephesus)라고 불린다. 하지만 451년 칼케돈회의(the Council of Chalcedon)에서는 다시 플라비아누스의 정통성이 받아들여지고, 유티케스의 이단성은 재확인되었다.

451년 칼케돈 교회회의에서는 예수 그리스도의 양성 교리를 재천명했고, 그 두 본성은 "혼동되지 않고, 변화되지 않고, 분할되지 않고, 분리되지 않음"을 인정했다. 그리고 이 본성들의 특징이 연합으로 인해 없어지지 않고 오히려 각 본성의 특징이 보존되고 한 인격과 한 실체 안에 함께 존재하며, 두 본성으로 분리 혹은 분할되지 않는다는 신앙고백을 채택했다. 이로써 칼케돈회의는 상반되는 두 요소를 지혜롭게 연합하고 본성의 구분과 인격의 통일성을 추구했다는 평가를 받았다.26)

칼케돈신조의 의의

451년 칼케돈 교회회의의 결과는 그리스도에 대한 신앙고백의 근간이 되었다. 그 내용의 중요성 때문에 다소 길지만 그 전문을 여기에 옮겼다. 다음의 글은 신앙고백의 실제 적용사례에 대한 이해를 돕기 위해 원문을 의미상 구분하고 반대되는 사상을 쌍방화살표(↔)로 표시하여 병기했다:

> [도입부] 그러므로 우리는 거룩한 교부들을 따라 어떠한 의의도 없이 한 분이신 아들 우리 주 예수 그리스도를 고백하도록 사람들을 가르친다.
>
> [존재방식] 그분은 신성에서 완전하며 인성에서도 완전하다. 참 하나님이고 참 인간이며(truly God and truly man), 이성적 영혼과 몸을 가졌다.
> ↔ Arius, Apollinarius
>
> [존재방식] 신성에서 성부와 동일본질(consubstantial)이고 인성에서 우리와 동일본질이며, 죄가 없는 것 외에는 모든 면에서 우리와 같다.
> ↔ Arius, Apollinarius
>
> [선재사상] 신성에서 모든 시대 이전에 성부에게서 태어나셨으며(begotten)
> ↔ Arius
>
> [성육신 목적] 인성에서 이 마지막 날에 우리와 우리의 구원을 위해서 하나님의 어머니(the Mother of God)인 동정녀 마리아에게서 태어났다(born).
> ↔ Nestorius

> [정체성] 두 본성(two natures) 안에 계신 한 분이면서 동일한 그리스도요, 아들이요, 주님이요, 독생자이시며
>
> [결합방식] 이 두 본성은 혼동되지 않고(inconfusedly), 변화되지 않고(unchangeably), 분할되지 않고(indivisibly), 분리되지 않음(inseparably)을 인정한다.
> ↔ Nestorius, Eutyches
>
> [결합특징] 이 본성들의 구별은 연합(the union)으로 인해 제거되지 않고, 오히려 각 본성의 특징이 보존되며, 한 인격(Person)과 한 실체(Subsistence) 안에서 함께 협력하고, 두 인격으로 분리 혹은 분할되지 않고
> ↔ Nestorius, Eutyches
>
> [정체성] 한 분이신 동일한 아들이며 독생자이며, 로고스이신 하나님이며, 주 예수 그리스도시다.
>
> [마무리] 이는 바로 처음부터 예언자들이 그분에 관해 [선언한 것으로], 주 예수 그리스도 자신이 우리에게 가르치신 것이며, 거룩한 교부들의 신조(the Creed)가 우리에게 전해준 것이다.27)

마침내 교회는 칼케돈신조를 통해 예수 그리스도에 대한 극단적이거나 잘못된 견해들을 차단하고 하나님과 인간의 본성을 공유하는 예수 그리스도를 신앙고백하는 선에서 결말을 보았다.

성자의 신성을 오해했던 아리우스의 사상을 막는 의미에서 칼케돈신조는 신성에서 성자 하나님은 "완전"한 "참 하나님"이고, 성부와 "동일본질"이며, "모든 시대 이전에 성부에게서 태어나셨"다고 고백했다. 반대로 예수의 인성을 왜곡한 아폴리나리우스의 사상은 인성에서 "완전"한 "참 인간"이며, "이성적 영혼과 몸을 가졌다"고 밝힘으로써 분명하게 거부했다. 또한 인성에서 "우리와 동일본질"이며, "죄가 없는 것 외에는 모든 면에서 우리와 같다"고 함으로써 예수 그리스도의 인성을 정립했다.

성육신의 목적을 밝히는 자리에서는 예수의 인성이 "우리의 구원을 위해서 하

나님의 어머니인 동정녀 마리아에게서 태어났다"고 함으로써, 네스토리우스가 마리아를 "인간의 어머니" 혹은 "그리스도의 어머니"로 불러야 한다는 주장을 받아들이지 않았다. 하지만 반대로 이는 비성경적인 마리아 교리가 만들어지는 데 좋지 않은 영향을 준 셈이다.

신성과 인성의 결합방식과 관련해서는 네스토리우스와 유티케스의 견해를 철저히 차단하면서, 두 본성의 존재양태를 네 개의 부정적 문구를 통해 정리했다. 그것은 두 본성이 서로 "혼동되지 않고, 변화되지 않고, 분할되지 않고, 분리되지 않음"을 천명한 것이다. 그리고 한 발 더 나아가 그 결합의 특징으로는 본성들의 구별이 "연합으로 인해 제거되지 않고, 오히려 각 본성의 특징이 보존"된다고 했다. 그래서 그리스도의 신성과 인성은 "한 인격과 한 실체 안에서 함께 협력"하는 관계로 이해되었다.

하지만 그리스도의 정체성에 관한 논쟁은 여기서 끝나지 않았다. 예수 그리스도의 행동을 결정하는 의지는 어떤 본성에서 나오는 것인가 하는 문제가 더 검토되어야 했다. 이 질문은 681년 3차 콘스탄티노플 교회회의에서 다음과 같이 결론이 났다: 예수 그리스도 안에는 두 본성의 자유의지가 있다. 이 두 의지는 "서로 반대"되지 않고 "인격의 단일성"은 문제가 되지 않는다. 그러나 인간의 의지는 "항상 그리고 모든 지점에서" 신적 의지에 종속된다. "인간의 의지는 신적 의지에 저항하거나 거역하지 않는다."[28] 물론 이런 결정은 인간의 본성이 신적 본성의 수단이 된다는 의미가 아니다. 두 본성의 교제를 통해 "하나의 단일한 행동"이 일어난다는 것이다. 이런 결정은 당시 칼케돈의 결정을 "심화하고 명료화"하는 측면이 있었다는 평가를 받았지만,[29] 두 의지의 문제는 여전히 논쟁의 여지를 남겨두었다. 이 주제는 훗날 종교개혁시대에 주의만찬 논쟁으로 재현되었는데, 루터파는 본성과 속성의 교류를 인정함으로써 그리스도의 몸이 빵과 포도주 안에, 옆에, 그 아래에 실재로 임재한다고 이해했고, 개혁파는 속성의 교류를 반대하고 그리스도는 영적으로 임재한다는 주장을 폈다.

인간적 의지와 신적 의지는 언제나 같을 수 있는가? "내 원대로 마옵시고 아버지의 원대로 되기를 원하나이다"(마 26:39)라고 말한 예수의 바람은 두 의지가 서로 어긋날 수 있다는 것을 암시하는 것은 아닌가? 슐라이어마허가 두 의지의 통일성에 의혹을 제기한 것도 같은 맥락에서 이해될 수 있다. 그는 우리가 두 의지의 "인격적 통일성"을 유지하려고 해도 그 통일성은 "더 이상 분명하지 않다"고 지적하고, 그것은 "연합(unity)이 아니라 합의(agreement)에 불과"하기 때문에 결국 "그리스도의 분리로 돌아갈 뿐"이라고 진단하기도 했다.30)

예수 그리스도는 하나님만도 아니고 인간만도 아닌 존재, 즉 하나님-인간이신 분이라는 것이 정통 기독론의 기본 입장이 확립되었다. 그리고 이 선언들은 역사적으로 기독교 보수신학과 자유주의신학을 가늠하는 하나의 기준처럼 작용되고 있다. 그리스도의 본성 교리가 확립되어 가는 과정에서 우리는 그리스도의 신성과 인성의 문제가 중요한 신학논쟁이 된 배경을 살펴보았다. 또한 네스토리우스의 양성분리론을 거부하고 키릴로스가 주장한 마리아의 "하나님-어머니" 교리를 받아들이게 된 종교회의의 문제점은 무엇인지도 반성했다. 그리고 칼케돈 교회회의에서 채택된 신앙고백에서 그리스도가 "두 본성"을 가지셨고, 이 두 본성은 "혼동되지 않고, 변화되지 않고, 분할되지 않고, 분리되지 않으며," 인간적 의지는 신적 의지에 "종속"된다는 신앙고백의 의미가 무엇인지 오늘날 우리가 처해있는 상황에서도 진지하게 다시 물어보아야 한다.

* * *

왜 예수 그리스도는 우리의 유일한 답인가? 기독교신앙에서 가장 중요한 질문이 아닐 수 없다. 결론적으로 말하면, 예수 그리스도는 하나님이 범죄하고 타락한 인간을 구원하시기 위해 이 땅에 보낸 메시야이기 때문이다. 따라서 예수 그리스도는 매우 독특한 존재양식을 가지고 있는 분이다. 하나님과 인간을 중재하기 위해 그분은 "하나님이면서 인간"(God-Man)이어야 했다. 인성과 신성의 확립은 그렇기 때문에 기독교신앙의 핵심이며 모든 기독교신학의 공통분모 가운데 하나가 되었다. 하지만 신성과 인성의 결합방식에 대한 합리적 설명에는 한계가 있다는 것을 인정해야 한다. 신학은 왜(how)를 묻는 노력이지 어떻게(how)에 대한 합리적인 답을 찾는 작업이 아니기 때문이다. 때로는 성경적 근거가 모호하더라도 신비로 남겨둘 수 있어야 한다. 입증이 불가능한 것을 모두 완벽하게 증명하려는 시도는 도리어 신앙의 독이 될 수 있기 때문이다. 이런 상황에서는 신앙의 근거와 신앙의 대상을 분별하는 것이 필요하다.

역사적 근거 없이 세워진 신앙은 허구에 불과하다. 예수 그리스도에 대한 우리의 신앙은 역사적 토대 위에 세워져야 한다. 역사성을 부인하거나 왜곡할 때 기독교신앙이 설 땅은 없다. 예수의 성육신과 부활 사건은 그 점에서 역사성을 확보할 수 있어야 한다. 마찬가지로 기독교신앙에서 예수와 그리스도는 분리될 수 없다. 이 둘이 분리되는 순간 기독교신앙의 토대는 사라지거나 허구가 된다. 예수 그리스도의 신성은 우리의 구원을 위한 근거가 되고, 인성은 우리의 삶을 위한 발판이 된다.

주(註)

1) Stanly J. Grenz, 「조직신학: 하나님의 공동체를 위한 신학」, 신옥수 옮김 (고양: 크리스챤다이제스트, 2003), 364.
2) Emil Brunner, *The Christian Doctrine of Creation and Redemption: Dogmatics* vol. II. tr. Olive Wyon (Philadelphia: The Westminster Press, 1952), (s.257)
3) Karl Barth, 「바르트 교의학개요」, 전경연 역 (서울: 한신대학출판부, 1989), 94.
4) Ted Peters, 「하나님-세계의 미래: 새로운 시대를 여는 조직신학」, 이세형 옮김 (서울: 컨콜디아사, 2000), 128.
5) 이신건, 「조직신학입문」 (서울: 신앙과지성사, 2014), 182-3.
6) W. Pannenberg, *Jesus-God and Man*, tr. L. L. Wilkins and Duane A. Priebe (Philadelphia: Westminster Press, 1977), 66-73.
7) 부활을 부인하는 이론은 두 형태로 정리된다. 하나는 무덤에 안장되었는데 부활로 오해했다는 설이다: (1) 무덤 무지설(Charles A. Guignebert), (2) 착각설(Kirsopp Lake), (3) 전설설(초기 양식 비평), (4) 영적 부활설(영지주의자), (5) 환각설(불가지론자). 다른 하나는 무덤을 비운 뒤 부활했다고 거짓말을 했다는 설이다: (1) 유월절 음모설(Hugh Schönfield), (2) 시체 도적설(유대인들), (3) 기절설(18세기 합리주의자), (4) 실존적 부활설(R. Bultmann) 등. H. Wayne House, *Charts of Christian Theology and Doctrine* (Grand Rapids: Zondervan Publishing House, 1992), 63-5 참조.
8) Ibid., 55.
9) J. N. D. Kelly, 「고대 기독교교리사」, 김광식 역 (서울: 맥밀란, 1987), 163.
10) Grenz, 「조직신학」, 370.
11) 성기호, 「교회와 신학논쟁」 (서울: 성광문화사, 1995), 22.
12) Ibid., 22-4.
13) House, *Charts of Christian Theology and Doctrine*, 55에서 일부 수정.
14) D. L. Migliore, 「기독교 조직신학개론: 이해를 추구하는 신앙」, 신옥수, 백충현 옮김 (서울: 새물결플러스, 2012), 361.
15) "Nicene Creed," [온라인자료] https://en.wikipedia.org/wiki/Nicene_Creed, 2015년 1월 18일 접속. 마지막 교회의 저주선언은 381년 콘스탄티노플 신조에서는 삭제되었다.
16) House, *Charts of Christian Theology and Doctrine*, 55.
17) Migliore, 「기독교조직신학개론」, 362.
18) 성기호, 「교회와 신학논쟁」, 39-40.
19) House, *Charts of Christian Theology and Doctrine*, 55에서 일부 수정
20) Ibid., 42.
21) 이신건, 「조직신학입문」, 184.

22) House, *Charts of Christian Theology and Doctrine*, 55.
23) 성기호, 「교회와 신학논쟁」, 43-7.
24) House, *Charts of Christian Theology and Doctrine*, 55에서 일부 수정
25) 성기호, 「교회와 신학논쟁」, 47-50.
26) Philip Schaff, *The Creeds of Christendom with A History and Critical Notes*, vol. I (New York: Harper & Brothers, 1919), 34.
27) "Chalcedonian Creed (A.D. 451)," [온라인자료] http://carm.org/christianity/creeds-and-confessions/chalcedonian-creed-451-ad, 2015년 1월 18일 접속. 신조전문을 필자가 내용별로 구분해서 문맥을 나눔.
28) Norman P. Tanner, SJ., *Decrees of the Ecumenical Councils*, vol. 1, *Nicaea I to Lateran V* (Washington: Sheed & Ward and Georgetown University Press, 1990), 128, Bruce L. MacCormack, "그리스도의 인격성,"「현대신학지형도: 현대신학 각 주제에 대한 현대적 개관」, 박찬호 옮김 (서울: 새물결플러스, 2016), 268-9에서 재인용.
29) MacCormack, "그리스도의 인격성," 269.
30) Ibid., 270-1.

11
예수의 사역: 삶과 사명

> 이르시되 너희는 가서 저 여우에게 이르되
> 오늘과 내일은 내가 귀신을 쫓아내며 병을 고치다가
> 제삼일에는 완전하여지리라 하라 그러나 오늘과 내일과 모레는
> 내가 갈 길을 가야 하리니
> 선지자가 예루살렘 밖에서는 죽는 법이 없느니라
> 누가복음 13장 32-33절

예수 그리스도의 사역을 살펴본다는 것은 인간으로서 예수의 삶을 따라간다는 것을 함축한다. 어떤 점에서 이 작업은 예수 그리스도가 이 땅에서 어떻게 살았고, 우리는 그를 어떤 근거에서 하나님으로 신앙고백하게 되었는지를 성찰하는 것이다. 이는 아래로부터의 연구방법에서 사용하는 관점과 상통한다.

디트리히 본회퍼(D. Bonhoeffer)는 "오늘 우리에게 예수 그리스도는 누구인가?"라는 유명한 질문을 던지고 세상을 악의 수렁으로 몰고 가는 히틀러를 응징하고자 했고, 알버트 슈바이처(A. Schweitzer)는 복음서를 통해 만난 예수 때문에 평생을 가난하고 소외된 사람들을 위해 의술을 폈다고 한다. 우리는 "지금 여기에서" 예수 그리스도를 누구라고 생각하는가? 이 질문에 정직하게 직면하는 것은 우리의 신앙을 근본적으로 반성하는 일이 될 것이다.

결국 신앙이란 예수의 길을 좇아가는 여정이라 할 수 있다. 예수께서 어떤 길을 걸어가셨는가 하는 것은 그의 소명(召命)과 깊은 관련이 있다. 소명을 받는다는 것은 삶의 목표를 정하는 것이고, 그 목표를 어떤 방법으로 실행할 것인가를

결정하는 일과 같다. 예수에게도 그런 깊은 고뇌와 번민의 시간이 필요했을 것이다. 성경이 공생애를 시작하기 전에 먼저 예수께서 광야에서 40일 금식기도를 했다는 점을 강조하는 것은 바로 그런 소명의 확신과정이 있었음을 말하기 위한 것이다.

예수의 소명과 유혹1)

종교(宗敎)란 한자어는 '으뜸이 되는 가장 높은 가르침'이란 뜻이다. 그런 의미에서 기독교를 알려면 예수 그리스도의 가르침에 집중해야 한다는 말은 타당하다. 예수께서 "나는 길이요 진리요 생명"(요 14:6)이라고 하신 말씀도 이런 맥락에서 받아들일 수 있다. 그리스도인들은 예수를 따라가야 한다. 예수를 따라가기 위해서는 그분이 가신 길을 알아야 한다. 나아가 그분이 가신 길을 따라간다는 것은 그분을 닮는다는 것을 함축한다. 우리는 과연 예수의 어떤 모습을 닮아야 하는가? 그분의 어떤 삶을 따라가야 하는가? 오늘 우리의 관심은 바로 여기에 있다. 예수께서 이 세상에 오셔서 우리를 구원하시기 위해서 걸어가셨던 길, 그 길을 우리는 그리스도의 길이라고 부른다. 어느 시인의 말처럼, 길은 언제나 두 갈래로 우리 앞에 다가오는 법이 아니던가. 한 길을 선택하면 다른 길은 포기해야 하는 것이 인생이다. 예수에게도 인생이 있었다. 비록 짧은 인생을 사시다가 가셨지만, 그분이 선택하신 인생의 길은 모든 그리스도인이 알고 따라야 할 인생의 목표다.

　마태복음 4장 1-11절(병행구절, 막 1:12-13, 눅 4:1-13)에 보면, 예수께서 광야에서 40일 동안 금식기도하실 때 사탄이 예수를 유혹하는 장면이 나온다. 우리는 그 본문에서 삶에 대한 예수의 태도를 살펴볼 수 있다. 다시 말하면 이것은 예수의 사역 방식에 관한 문제라고 할 수 있다. 사탄의 세 가지 유혹과 그에 대한 예수의 응전은 한 평생 예수의 삶이 지향하고자 했던 그리스도의 길을 상징적으로 보여준다. 여기서 우리는 예수께서 선택하였던 길이 그리스도의 길이었다는 것을 확인하게 될 것이다. 그리고 이와 같은 세 가지 유혹과 그에 대한 선택은 예수의 뒤를 따르려는 모든 사람들에게도 동일하게 직면하는 문제이기에 그 의미하는 바가 대단히 크다.2)

재물과 경제력에 대한 유혹

이 세상에 먹을 것이 없다면 모든 인간은 죽는다. 그러므로 인간이 살아가는 데 무엇보다 중요한 것은 '빵'이라고 해도 지나친 말은 아닐 것이다. 여기서 빵은 '돈'으로 치환될 수 있다. 사탄은 예수에게 '돌'을 빵으로 만들라고 유혹한다. 만일 누가 돌을 빵으로 만들 수만 있다면 그는 이 세상에서 가장 위대한 사람이 될 것이고 또한 가장 큰 부자가 될 것이다. 어쩌면 그는 그 힘을 이용해서 세계를 자기 손 안에 장악하게 될 지도 모른다.

모든 인간은 먹는 것을 위해서 살아간다고 해도 과언이 아니다. 회사에 나가는 것도 사업을 하는 것도 바로 이 먹을 것을 얻기 위해서인 것이다. 남보다 더 많은 빵을 차지하기 위해서 사기도 치고 남의 것을 빼앗기도 하는 것 아닌가? 그래서 모든 사람에게 "돌을 빵으로 만들라"는 유혹은 언제나 자신의 삶에서 떠나지 않는 문제로 남아 있다.

그런데 예수께서는 "사람이 빵으로만 살지 못한다"고 선언하셨다(마 4:3-4). 빵으로만, 즉 돈만 있으면 살 수 있다고 생각하는 사람들에게 이런 대응은 놀라운 충격이 아닐 수 없다. 적어도 그리스도인은 돈만 있으면 무엇이든지 다 할 수 있다고 생각해서는 안 된다. 돈으로 모든 것을 할 수 있고, 돈이 모든 가치의 기준이라는 생각은 예수의 삶의 태도를 전혀 이해하지 못한 데서 나온 것이라고 할 수 있다. 예수께서는 "사람이 빵만으로 살 수 없고 하나님의 입에서 나오는 모든 말씀으로 산다"고 말씀하심으로써 우리의 가치관을 바꾸어 주셨다. 그리고 그분은 직접 그 길을 걸어가셨다.

예수의 길은 부를 축적하는 길이 아니라 가난의 길이었고 사랑의 길이었다. 어쩌면 가난과 사랑은 함께 가는 것인지도 모른다. 가난한 사람들이 부자보다 더 많은 사랑을 가지고 있는 모습을 우리는 주위에서 흔히 발견한다. 사랑의 마음을 가지고 있는 사람은 돈을 축적하지 않는다. 왜냐하면 그들은 그것을 소유하지 않고 다른 사람에게 나누어주는 속성이 있기 때문이다. 사랑과 돈은 함께 어울리지 못한다. 그래서 예수께서도 "가난한 자는 복이 있다"(눅 6:20)고 하셨고, "부자가 하나님의 나라에 들어가는 것은 낙타가 바늘귀로 들어가는 것보다 어렵다"(마 19:24)고 선언하셨던 것이다. 그만큼 돈에 집착하면 사랑을 실천하지 못한다는 말이다. 돈이 어느새 사랑의 대용물로 군림하기 때문이다.

예수에게 던져진 첫 번째 유혹은 바로 이런 황금만능주의를 경계하라는 교훈으로 받아들일 수 있다. 한 평생 우리를 유혹하는 것은 바로 이러한 황금에 대한 집착이 아닌가? 이것을 극복할 수 있는 길은 예수를 닮는 길이며 그분의 뜻대로 하나님의 말씀에 순종하는 것이다.

예수께서는 결코 돈과 물질로써, 세상을 구원할 수 없다는 것을 아셨다. 그리스도의 길은 우리에게 경제적인 욕구를 채워줄 수 있는 부유한 길이 아니다. 주님이 걸어가신 것처럼, 가난하고 가진 것이 없는 자들의 길에서 우리는 그리스도의 길을 발견하게 된다. 반대로 성경은 적그리스도의 길이 경제적인 권세를 가지고 나타난다고 경고한다: "그가 모든 자 곧 작은 자나 큰 자나 부자나 가난한 자나 자유인이나 종들에게 그 오른손에나 이마에 표를 받게 하고 누구든지 이 표를 가진 자 외에는 매매를 못하게 하니 이 표는 곧 짐승의 이름이나 그 이름의 수라"(계 13:16).

정치와 명예욕에 대한 유혹

두 번째 사탄의 유혹은 권력과 명예에 관한 것이다(마 4:5-8). 사탄은 예수를 세계의 모든 것을 한 눈에 볼 수 있는 높은 곳으로 데리고 갔다. 높은 곳에서 바라보는 세상은 화려하고 웅장하여 그 안에 있는 온갖 악취와 부패가 보이지 않는 법이다. 다시 말해 세상의 겉모습만 보여주는 셈이다. 하지만 겉모습이 깨끗하게 보인다 하더라도 그 속이 더럽다면 그것은 진정한 의미에서 아름다움이라 할 수 없다. 이것은 성형수술을 한 사람의 아름다움이 진짜 아름다움일 수 없는 것과 같다.

우리 선조들은 물욕과 탐욕을 경계하게 하려고 "아무도 보지 않는 곳에 혼자 있을 때 더욱 몸가짐을 신중하게 하라"고 했는데, 이를 '신독'(愼獨)이라 한다. 예수께서도 "은밀한 중에 보시는 하나님"을 여러 곳에서 강조하셨다. 은밀하게 구제하고(마 6:3), "은밀한 중에 계신 네 아버지께 기도하라"(마 6:6)고 하셨다.

세상을 얻고자 하는 욕망은 누구에게나 있다. 좀 더 유능한 인재가 되어 남을 지배하고 명예와 권력을 차지하려는 욕심은 어쩌면 당연한 인간심사일 것이다.

우리는 이러한 욕망이 정치적인 수단을 통해서 표출되는 예를 많이 보아 왔다. 그러나 그것을 얻기 위해 우리가 지불해야 하는 대가가 무엇인가를 생각해 보아야 한다. 사탄이 요구한 것은 무엇인가? 바로 자기 자신에게 절하라는 것이었다. 절 한번만 하면 세상의 명예와 권세를 몽땅 주겠다고 하니 이 얼마나 달콤한 유혹인가? 기독교에서는 이것을 우상숭배라고 한다. 세상의 명예와 권력을 얻기 위해서라면 악마에게 자기의 영혼까지 팔아버릴 것 같이 행동하는 것이 바로 우리들의 모습이 아닌가? 우상숭배는 이방신에게 절하고 제사를 지내는 것에만 있는 것이 아니다. 바로 명예와 권력을 추구하기 위해 우리가 가차없이 자신의 양심과 예수의 이름까지 팔아먹는다면 그것이 또한 우상숭배인 것이다.

예수께서는 그 본질을 꿰뚫어 보셨다. "너의 하나님이신 주님께 엎드려 절하고 그분만을 섬겨라." 우리가 경배해야 할 대상은 오직 하나님 한 분이라는 것이다. 사탄에게도, 세상의 권세와 명예에도 결단코 절할 수 없다는 것이 예수의 단호한 의지였다. 그 어떠한 명예가 우리에게 주어진다 하더라도 하나님보다 더 높이 경배할 수는 없다는 것이다. 오로지 우리는 두렵고 떨리는 마음으로 하나님을 경배해야 할 것이다. 아브라함이 이삭을 하나님께 바치려고 했을 때, 그가 어떤 심정이었는지를 생각해보자.

우리는 '아브라함의 제사'(창 22:1-19)를 가볍게 흘려버리는 경향이 있다. 성경을 읽는 것은 그 성경에서 나오는 말씀을 '듣는 것'이다. 성경의 말씀이 나와 아무런 관계가 없으면 그 성경은 살아서 내게 운동력을 발휘할 수 없다. 하나님이 아브라함에게 "너의 외아들 이삭을 나에게 제물로 바쳐라"고 명령하신 것을 하나의 옛날이야기를 듣듯 지나친다면, 우리는 성경의 진리를 죽은 말씀으로 방치하는 것이다. 바로 지금 나에게 하나님께서 사랑하는 아들을 다시 내놓으라고 하신다면 어떻게 하겠는가? 과연 우리는 아브라함처럼 선뜻 이삭을 바칠 수 있을 것인가? 그 일을 해낸다는 것은 보통 사람에게는 불가능한 일이다. 그러나 아브라함은 해냈다. 예수께서 사탄의 유혹을 이기신 것과 아브라함이 하나님의 말씀에 순복한 것에는 하나의 공통분모가 있다. 그것은 바로 하나님을 두렵고 떨리는 마음으로 경배한다는 것이다. 예수께서 사탄에게 경배하지 않은 것은 바로 하나님만이 유일하게 경배를 받으실 분이라는 것을 아셨기 때문이다. 또한 아브라함이 불

합리하고 무자비한 하나님의 명령에 순복할 수 있었던 것도 바로 하나님만이 유일하게 경배를 받으실 분이라는 것을 체험적으로 알고 있었기 때문이다. 그에게 하나님은 엄하고 거룩하신 분이어서 감히 그 앞에서 다른 것을 더 소중하게 여길 수 없었던 것이다. 그것이 비록 그의 외아들이라 할지라도.

이처럼 그리스도의 길은 바로 하나님만을 경배하고, 세상의 권력 혹은 정치권력의 유혹을 단호히 거부하는 길이다. 반대로 성경은 적그리스도의 길이 세상의 권력과 짝하는 것이라고 경고한다: "또 짐승이 입을 벌려 하나님을 향하여 비방하되 그의 이름과 그의 장막 곧 하늘에 사는 자들을 비방하더라 또 권세를 받아 성도들과 싸워 이기게 되고 각 족속과 백성과 방언과 나라를 다스리는 권세를 받으니"(계 13:6-7).

그런데 우리는 하루에도 얼마나 많이 이러한 사탄의 유혹에 넘어가고 있는가? 입으로는 하나님만 경배한다고 하면서도 화려한 세상의 모습에 빠져드는 일이 비일비재한 것이 우리의 모습이다. 이 세상의 거짓 아름다움에 속지 않아야 한다. 세상의 아름다움은 속임수요 거짓이다. 하나님만 섬기고 그분만을 경배하기 위해서는 세상에 대한 우리의 가치관을 변화시켜야 한다. 예수의 요구는 단호한 것이다. 우리가 어쩔 수 없는 상황에서 그 요구를 지키지 못하는 것은 할 수 없는 일이지만, 적어도 예수의 윤리가 우리를 세상과 적당히 타협하도록 하지는 않는다는 사실만은 망각하지 않아야 한다.

기적과 종교적 시험에 대한 유혹

사탄의 세 번째 유혹은 예수의 믿음을 파괴하려는 것이다(마 4:9-12): "당신이 하나님의 아들이라면 여기서 뛰어내려 보시오. 아마도 천사들이 당신을 다치지 않게 보호해줄 것이요." 이 말은 하나님이 당신을 보호해 주는가를 시험해 보라는 뜻을 담고 있다.

믿음이 깨어지는 첫 번째 징조는 의심이라고 할 수 있다. "내가 그 일을 할 수 있을까?" "그 사람이 나를 사랑하고 있을까?" 의심이란 것은 한번 들기 시작하면 쉽게 멈출 수 없는 속성을 지닌다. 사탄이 가장 큰 무기로 사용하는 것도 바로 이 의심이다.

베드로가 담대하게 바다 위를 걸어가던 중 바람을 보고 무서워하다가 물 속에 빠져들 때, 예수께서는 "왜 무서워하느냐?"하지 않고 "왜 의심하였느냐?"(마 14:31)고 책망하셨다. 언제나 우리의 기도를 무기력하게 하는 것은 다름 아닌 의심이다. "누구든지 이 산더러 들리어 바다에 던져지라 하며 그 말하는 것이 이룰 줄 믿고 마음에 의심하지 아니하면 그대로 되리라"(막 11:23). 의심하지 않고 믿는다는 것은 그만한 힘과 능력을 발휘한다는 것이다. 그러나 우리 인간 가운데 과연 몇 사람이나 이 말의 의미를 깨달을 수 있을까?

의심의 반대는 믿음이다. 의심하지 않는다는 것은 그만큼 믿고 신뢰한다는 것을 의미한다. 그러나 여기서 우리를 당혹하게 하는 문제가 발생한다. 만일 우리 가운데 누구라도 믿고 의심하지 않는다고 장담하면서 "이 산더러 바다에 던져지라" 명령한다면 어떻게 될까? 그런 행동은 과연 믿음인가 의심인가? 그 말을 하는 순간 이미 그 마음속에 의심이 싹튼 것은 아닐까? 어쩌면 그것은 일종의 신앙에 대한 시험일 수도 있는 것이 아닐까? 그러한 신앙의 시험에는 "정말 하나님이 그런 나의 기도를 들어주실까?" 혹은 "과연 하나님이 이 산을 바다로 던질 수 있을까?" 하는 의심이 전제되어 있기 때문이다.

그러므로 의심과 믿음은 그리 멀리 떨어져 있는 사이가 아닌 것 같다. 그렇기 때문에 믿음이 좋았던 것 같았다가도 의심의 먹구름에 사로잡힌 것 같은 경험을 수시로 하게 되는 것이 바로 우리들의 신앙인 것이다. 예수께서 우리에게 "선 줄로 생각하는 자는 넘어질까 조심하라" 말씀하신 것은 어느 누구도 자신의 신앙을 자랑할 수 없다는 의미인 것이다.

예수께서는 사탄의 꾀에 넘어가지 않으셨다. "너의 하나님을 시험하지 말라"는 말씀으로 사탄의 유혹을 이기셨다. 우리도 하나님을 시험하는 어리석은 자가 되지 말아야 한다. 기적을 행하도록 유혹하는 것, 이것은 하나님을 의심하도록 하는 유혹이다. 그리스도의 구원 사역은 이런 종교적 기적을 통해서 이루어지지 않는다. 오히려 그분은 기적을 통하는 대신, 자기 자신을 희생제물로 내 던지심으로 그 사역을 담당하셨다. 그리스도의 길은 기적과 요란하고 일시적인 영광의 길이 아니라, 헌신과 순종과 섬김의 길이다. 반대로 성경은 적그리스도의 길이 기적과 거짓된 영광과 경배로 치장된 길이라는 것이라고 경고한다(계 13:11-15).

그리스도의 길은 경제적 부와 정치적 힘과 종교적 기적이라는 허울을 쓰고 나타나지 않는다. 우리는 역사 속에서 거짓 그리스도와 적그리스도가 그런 모습으로 나타났음을 잘 알고 있다. 그리스도의 길은 오히려 고난과 섬김과 순종의 길이요, 가난과 희생의 길이었다. 그 약함이 강함을 이기고 우리를 구원하셨다. 여기에 그리스도의 길이 있고, 구원의 길이 있다.

우리는 빵에 대한 욕구를 외면할 수 없다. 좀 더 풍요롭게 사는 것은 자연스러운 삶의 목표다. 그것을 어느 누가 손가락질하겠는가? 승진하고자 하는 욕망, 업적을 남겨 이름을 떨치고자 하는 욕망, 이것들은 우리의 일생동안 우리와 떨어질 수 없는 것이다. 그러나 예수께서는 그러한 유혹을 떨쳐버리셨다. 그리고 우리에게도 사실 그러한 결단을 요구하신다. 하지만 누가 그것을 쉽게 수용할 수 있겠는가? 그렇기 때문에 예수께서는 "누구든지 나로 말미암아 실족하지 아니하는 자는 복이 있도다 하시니라"(마 11:6)고 하셨던 것이다.

예수께서 받으셨던 세 가지 유혹은 오늘날 우리에게 여전히 직면해 있는 떨쳐버리기 힘든 세 가지 유혹이다. 빵에 대한 유혹, 권력에 대한 유혹, 하나님을 시험하고자 하는 유혹. 이 유혹에서 우리가 벗어날 수 있는 길은 예수의 길을 따르는 것이며, 그분의 삶과 가치관을 본받는 것이다. "나는 곧 길이요 진리요 생명"이라고 말씀하시는 예수를 바라보는 것이 우리가 마땅히 나아가야 할 방향이며 도리다.

예수와 율법

예수의 모습을 재현하기 위해서는 먼저 복음서에 주목하는 것이 필요하다. 복음서는 예수의 생애를 우리에게 보여주는 거의 유일한 자료이기 때문이다. 복음서를 연구하는 방법은 다양하지만 특별히 여기서는 예수의 사역을 율법과 전통이라는 관점을 중심으로 살펴보려고 한다. 예수의 사역은 새로운 계명과 복음을 옛 전통 위에 새롭게 펼쳐내는 것이기 때문이다. 과연 예수의 행태는 율법이라는 측면에서 볼 때 얼마나 파격적이었는가? 또 그런 행동은 오늘날 우리의 삶에 무엇을 요구하는가? 이것은 예수의 사역을 통해 우리가 깊이 생각해야 할 질문이다(히 3:1).

평범한 목수의 아들로 생활하던 예수께서 공생애에 들어갔을 때 사람들은 그를 어떤 사람으로 생각했을까? 성경에 보면 예수는 회개를 요청하는 예언자로 사람들에게 비치기도 했고(막 1:15), 회당에서 구약성경을 해석하고 하나님의 뜻을 가르치는 랍비의 모습으로도 알려졌다(막 1:21-22; 눅 4:31-32). 그런데 사람들은 그의 가르침을 들으면서 크게 놀랐고 무언가 남다른 권위를 느꼈다. 예수의 가르침은 일반 예언자나 랍비와 같지 않았기 때문이다(막 1:22). 심지어 예수의 권위는 율법을 폐기하거나 심화시키는 권위요 모세보다 위에 있는 권위였으며, 나아가 성육신한 말씀으로서 권위였다(요 1:14).

예수의 권위가 어디로부터 왔는가 하는 것은 당시 유대인들도 궁금해 하던 것이었다(마 21:23). 유대인들은 예수와 그 권위의 출처 때문에 크게 곤혹스러웠던 것으로 보인다. 예수의 언행은 그들에게 너무 파격적이었다. 그래서 도저히 그를 감당할 수 없었던 유대인들은 예수를 심지어 제거하려고 했다(마 12:14). 아마도 그 이유는 예수의 언행이 자신들이 가지고 있던 전통과 율법에 크게 어긋나고, 그것을 무력화시킬지도 모른다고 생각했기 때문일 것이다. 그러므로 예수를 바르게 이해하는 좋은 방법 가운데 하나는 유대 율법과의 상관관계 속에서 예수의 언행을 파악하는 것이다.

율법의 권위 계승

예수께서는 유대의 율법이나 전통을 무조건 배척한 것이 아니었다. 그는 필요에 따라서 율법이나 관습을 따랐다. 안식일을 지키고 유대의 관습에 따라 의복에 '옷술'을 달고 다니셨고(막 6:56), 유대의 정결예법도 준수했다(마 8:4). 그리고 유대인들과 논쟁을 벌일 때 구약의 말씀을 논거로 사용하기도 했다.[3]

이혼 논쟁: 바리새인 vs. 예수

당시 유대 사회는 음행한 연고 외에도 아내를 버릴 수 있는 권한이 남편에게 있었다(마 19:3-12). 철저하게 남성 중심적인 사회였기 때문에, 여성들은 하나의 수단으로 전락되었던 시대였다. 아내가 남편의 마음에 들지 않아도 그것은 이혼의 사유가 되었을 정도였다. 그러나 예수께서는 그런 행위를 간음이라 책망하셨다(마 19:9). 잘못된 전통을 거부하신 것이다. 바리새인과 이 문제를 가지고 논쟁할 때, 예수께서는 "사람이 그 부모를 떠나서 아내에게 합하여 그 둘이 한 몸이 될지니라"는 창세기 2장 24절을 인용하셨다. 구약의 말씀이 하나의 증거 본문이 된 셈이다.

부활 논쟁: 사두개인 vs. 예수

부활을 믿지 않는 사두개인이 질문한다(마 22:23-33). 일곱 형제와 한 아내. 이들의 관계는 부활 후 어떻게 될 것인가? 정말 그것이 궁금해서가 아니라, 부활의 허구성을 지적하기 위해서 예를 든 것이다. 1세기 경 요세프스(Flavius Josephus)는 부활에 대한 당시 바리새인과 사두개인의 입장을 이렇게 기록하고 있다: "바리새인들은 영혼이 그 속에 불멸의 활력을 지니고 있다고 믿고 있으며, 한편 사두개인들은 영혼의 영원성에 대한 신념을 빼버리고 그 대신 영혼은 몸과 함께 죽는다고 가르친다." 예수께서는 사두개인들이 성경과 하나님의 능력을 알지 못한다고 책망하시고, "하나님은 산 자의 하나님"(출 3:6)이라고는 구약의 말씀을 인용하셨다. 그리고 부활한 뒤에는 장가도 시집도 가지 않는다고 말씀하셨다.

현대의 사두개인들은 초자연적인 것을 믿지 못하는 합리주의자들이다. 그들은 과학적으로 설명되지 않는 것은 믿으려 하지 않는다. 그래서 현대과학 속에서 하나님을 믿는 신앙이 어떻게 가능한지 그들은 의아해 하고 있다. 여기서 우리는 예수께서 말씀하신 대로, "그들은 하나님의 능력을 알지 못하는 자"라고 볼 수밖에 없다. 특히 그들은 부활에 관한 한 믿지 못할 합리적 이유들을 더욱 더 많이 내세운다. 그러나 기독교는 부활의 종교다. 부활이 빠져 버리면 기독교는 파괴되고 말 것이다. 부활은 초자연적인 사건이요 하나님의 능력에서 기인한다.

계명에 대한 논쟁: 율법사 vs. 예수

예수를 시험할 목적으로 율법사가 질문한다(마 22:35-40). "제일 큰 계명이 무엇이냐?" 이에 예수의 답은 명쾌했다. 제1계명은 "네 마음을 다하고 목숨을 다하고 뜻을 다하여 주 너의 하나님을 사랑하라"(신6:5)이고, 제2계명은 "네 이웃을 네 몸과 같이 사랑하라"(레19:18)고 선포하셨다. 이 말씀은 이미 구약 성경에 기록되어 있는 것이었다. 예수께서는 구약의 말씀을 인용하여 당신의 말씀의 권위를 대신하셨다. 예수의 사랑 선언은 단순한 휴머니즘과 구분되어야 한다. 휴머니즘은 하나님에 대한 사랑을 거부하고 이웃의 사랑만을 강조하기 때문이다. 휴머니즘은 모든 인간에게 보편적으로 선행을 베푸는 일에 주목할 뿐이다.4)

유대인의 잘못된 전통

예수께서 분노하신 일 가운데 하나는 유대인들이 하나님의 계명을 저버리고 인간의 유전과 전통에 사로 잡혀 사는 것을 목격했을 때였다. 예수께서 그런 유대인의 잘못된 전통을 대할 때마다 가차 없이 그들을 꾸짖고 책망하셨다. 예수에게는 하나님의 계명이나 율법 그 자체에 문제가 있는 것이 아니라, 하나님의 계명이나 율법을 악용하는 사람들의 잘못된 전통이 문제였다.5)

고르반 전통

고르반 전통(막 7:10-13; 마 15:3-9)은 잘못된 사람의 전통으로서, 예수의 질책을 받은 대표적인 전통이었다. 이 인간의 전통은 "장로들의 유전"(막 7:3-4)이라고 하여, 하나님의 계명을 종교적 전통에 얽매어 그 참 의미를 상실하도록 한 것이었다. 평소 바리새인들은 "성경은 물이요, 미쉬나는 포도주인데, 게마라는 향신료를 넣은 포도주"라고 말할 정도로 전통에 대해 과도한 애착을 가지고 있다.6)

'고르반'은 선물이라는 뜻으로, 하나님께 바쳐진 물건을 지칭할 때 쓰였다. 당시 고르반이란 말은 부모를 공양하지 않는 사람들에 의해 악용되었던 것 같다. 보통 부모를 공양하는 데 사용되어야 할 물건이라도 그것을 '고르반'이라고 선언하면, 그것으로 부모를 공양할 의무가 면제되었기 때문이다. 그래서 사람들은 부모를 공경하기 싫으면, 그 물건을 '고르반'으로 성별시키기만 하면, 부모 공양의 책임까지도 면할 수 있었다. 많은 사람들은 정말 그것으로 하나님께 드리기 위해서가 아니라, 단지 부모를 공양하기 싫어서 핑계를 댄 것이다. 그러므로 고르반 전통은 겉으로 하나님 제일주의를 표방하면서도 실제로는 인간으로서 마땅히 행해야 할 도리를 저버리는 반인륜적인 나쁜 관습이었던 셈이다.

그런데 그들은 하나님의 참된 전통이 "부모를 공경하라"(출 20:12)요, "아비와 어미를 훼방하는 자는 반드시 죽으리라"(출 21:17)는 것임을 망각하고 있었던 것이다. 예수께서는 즉각 이런 잘못된 전통을 따르는 사람들을 크게 꾸짖으셨다. 예수께서는 인간의 관습과 전통에 연연하면서, 하나님의 계명을 저버리는 사람들을 향해 "외식하는 자요 입술로만 경배하는 자"라고 책망하셨다(사 29:13 인용; 막 7:6-9). 그들은 "하나님의 계명을 버리고 사람의 유전을 지키는" 자들이었다(막 7:8).

성경(하나님 말씀)과 전통이 충돌할 때는 언제나 성경이 전통 위에 서야 한다는 것을 예수께서는 가르쳐 주신 것이다. 다시 말해서 부모를 공경하라는 하나님 말씀은 고르반 전통 위에 서야 한다는 것이다.

십일조 전통

예수께서 책망하신 또 하나의 잘못된 사람의 전통은 십일조와 관련된 것이다(마 23:23; 눅 11:42). 예수는 사람들이 신명기 14장 22절의 십일조 전통은 잘 지키나 그보다 더 중요한 의(義)와 인(仁)과 신(信)을 저버렸다고 꾸짖으셨다: "화 있을진저 외식하는 서기관들과 바리새인들이여 너희가 박하와 회향과 근채의 십일조를 드리되 율법의 더 중한바 의와 인과 신은 버렸도다 그러나 이것도 행하고 저것도 버리지 말아야 할지니라"(마 23:23). 다시 말해서, 사람들은 율법의 내용보다는 형식에 더 연연해했다는 것이다. 매년 하나님께 드려야 한다는 십일조는 잘 바치지만, 그보다 더 중요한 율법의 본질적인 내용, 즉 참 정신은 지키지 못한다는 것이다. 성경은 이와 관련해서 하나님이 진정으로 바라는 것이 무엇인지를 선언하고 있다: "하나님은 정의와 공의를 사랑하신다"(시 33:5), "여호와가 구하는 것은 공의, 사랑, 행함이다"(미 6:8), "진실한 재판을 행하며 인애와 긍휼을 베풀라"(슥 7:9). 예수께서는 이 문제를 "이것도 행하고 저것도 버리지 말라"는 말씀으로 마무리하셨다. 이것은 십일조 전통이 잘못된 것은 아니므로 폐지할 필요는 없다는 것을 의미하는 말이기도 하다. 하지만 이 말을 통해서 예수께서 진짜 강조하고 싶은 것은 의와 인과 신을 적극적으로 지켜 행해야 한다는 데 있음을 모를 사람은 아무도 없을 것이다.

새롭게 해석한 율법과 전통[7]

예수께서는 유대인들의 잘못된 전통을 단순히 책망하는 데 그치지 않고, 그것에 도전하거나 새롭게 해석하면서 하나님의 계명을 바르게 실천하려고 하셨다.

밀 이삭 자른 사건

밀 이삭 자른 사건은 유대인의 안식일 준수 전통에 대해 예수께서 어떻게 도전했는지를 보여준다(막 2:23-28). 당시 관습으로 볼 때, 안식일에는 서른아홉 가지의 노동이 금지된다. 그 가운데 하나가 추수작업이다. 바리새인들은 안식일에 예수의 제자들이 밀이삭을 자른 사건을 추수작업으로 해석하고, 그런 행동을 비난한 것이다. 이는 안식일에 "아무 일도 하지 말라"(출 20:10)는 말씀을 확대 해석한 것이라고 할 수 있다.

이 때 예수의 반응은 세 가지로 나타났다. 이 반응은 대단히 호전적이어서 예수의 분명한 의지를 쉽게 확인할 수 있다. 첫째, 예수께서는 사무엘상 21장 1-6절을 근거로, 굶주렸을 때는 법을 지키지 않아도 된다고 적극 방어하셨다. 예수께서는 다윗도 시장할 때 하나님의 전에 들어가 제사장 외에는 먹지 못하는 진설병을 먹고 함께 있던 자들에게도 주었던 사실을 상기시키신다(막 2:25-26). 그러니 배고파서 제자들이 밀이삭을 먹었기로서니 그것이 뭐 그리 잘못이냐는 것이다. 참으로 대담한 태도가 아닐 수 없다.

둘째, 예수께서는 안식일이 인간 위주로 이해되어야 한다는 안식일의 정신을 선언하셨다. "또 가라사대 안식일은 사람을 위하여 있는 것이요 사람이 안식일을 위하여 있는 것이 아니니"(막 2:27). 안식일을 종교적으로 준수하는 것보다 중요한 것이 바로 인간 사랑이라는 말씀이다(막 3:1-6; 눅 13:10-17; 요 5:1-18). 지금껏 안식일을 위해서 사람이 살아왔다고 해도 틀린 말이 아니었다. 그런데 이제 예수께서는 그 우선 순위를 바꾸셨다. 사람이 안식일보다 우선된다. 사실 안식일은 사람이나 짐승이나 다 하루를 쉬게 하기 위해서 제정된 하나님의 법이었다. "제 칠일은 너의 하나님 여호와의 안식 인즉 너나 네 아들이나 네 딸이나 네 남종이나 네 여종이나 네 소나 네 나귀나 네 모든 육축이나 네 문 안에 유하는 객이라도 아무 일도 하지 말고 네 남종이나 네 여종으로 너같이 안식하게 할지니라"(신 5:14).

셋째, 예수께서는 안식일에 대해 급기야 기독론적 선언으로 맞대응하셨다. "인자는 안식일에도 주인이니라"(막 2:28). 마태복음에서는 자신을 성전보다 더 큰 사람이라고 말한 적도 있었다(마 12:6). 이런 선언들은 당시 유대 사회에서 엄청난 충격을 주었을 것이 분명하다. 도대체 자기를 안식일의 주인이라고 말하는 저 사람은 누구인가? 진정 저 사람은 하나님의 아들인가, 아니면 신성을 모독하는 자인가? 아마도 예수의 거침없는 선언을 접한 유대사회는 예수에 대해 이렇듯 두 갈래로 의견이 나누어졌을 것이다.

예수께서는 안식일의 형식적인 법 조항을 지키는 것보다 더 중요한 것이 하나님의 뜻을 행하는 것이라고 선포하셨다. 예수의 이 모든 일들은 "내가 긍휼을 원하고 제사를 원치 않는다"(호 6:6)는 하나님의 말씀에 근거한 것이었다.

손 마른 자를 고친 사건(막 3:1-6)도 안식일 준수 전통에 대한 예수의 도전적 행동으로 야기된 것이었다. 당시 안식일 법은 생명이 위독한 경우를 제외하고 어떠한 의료 행위도 금지했다. 그러므로 예수의 이런 치료 행위는 안식일 법에 위반된 것이라고 해석되었다.

예수께서는 여기서도 당당하게 전통적인 안식일 법을 무시하셨다. 즉, 예수께서는 안식일에도 생명이 위독한 경우뿐 아니라 일반 병자까지 고쳐주는 것이 마땅하다고 주장한 것이다. 그렇지 않으면 오히려 안식일에 악행을 저지르는 것이 된다는 것이다. 요한복음에서 예수께서는 모세의 율법을 지키려고 안식일에도 할례를 받는 그들의 전통을 지적하면서, 어찌 사람의 전신을 고쳐주는 것을 노여워하느냐고 반문하셨다(요 7:23). 결국 예수께서는 여기서도 "인간 사랑이 안식일 법에 우선한다"는 것을 선언하신 것이다.

단식 논쟁

당시 단식은 하나의 종교적 행사였다. 요한의 제자들은 자주 단식했고(막 1:6), 바리새인들은 매주 2번 단식했다. 그런데 예수의 제자들은 속죄일에만 단식할 뿐, 평소에는 단식을 하는 법이 없었던 모양이다(마 9:14-15). 이런 제자들의 행동은 말하기 좋아하는 사람들의 비판거리가 되었다. 심지어 그들은 스승인 예수에게도 "먹기를 탐하고 포도주를 즐기는 자"라고 비난했다(마 11:19).

그러자 예수께서는 제자들을 혼인잔치에 초청된 신부방 손님에 비유하면서, 단식하지 않는 제자들을 변호하셨다. 당시 혼례 관습은 신랑신부의 가까운 친구들이 모여 1주일 동안 잔치하는 것인데, 그런 경사스런 날에 단식한다는 것은 전혀 어울리지 않는 것이다. 그러니 지금은 예수와 그들이 함께 있으니 단식할 필요가 없다는 말이었다.

   이어서 예수께서는 대단히 중요한 선언을 하셨다: "새 포도주는 새 부대에." 이 말은 과거 낡은 전통의 틀로는 새로운 진리(복음)를 담을 수 없다는 뜻을 담고 있었다. 사실 새 포도주는 발효하는 힘이 있어 팽창하는데, 그 힘을 낡은 가죽부대로는 감당하지 못한다. 낡은 가죽은 더 이상 팽창하지 않기 때문이다. 그래서 새 포도주를 담으려면 신축성이 강한 새 가죽부대가 필요한 것이다. 이 선언에는 매우 깊은 진리가 담겨 있는데, 특히 유대 전통과 관련하여 예수의 입장을 명쾌하게 반영하고 있어서 더욱 그 뜻이 깊다. 예수의 말씀과 법은 새로운 포도주와 같다. 그 말씀을 담으려면, 과거의 형식과 틀에서 벗어나야 한다. 구습에 얽매여서는 새로운 예수의 말씀을 받을 수 없다. 예수께서는 유대의 낡은 관습과 전통에서 해방되어야 할 필연성을 선언하신 것이다.

금기식품법 폐기

   대개 유대인들은 그들의 결례법에 따라 먹을 수 있는 음식과 먹을 수 없는 음식을 구분해 왔다(레 11:1- 신 14:3-21). 그들은 결코 정결하지 않은 음식을 먹지 않았다. 그러나 예수의 생각은 그들과 달랐다. 예수께서는 사람을 더럽게 하는 것이 그 마음 속의 악한 생각과 말이지, 그 사람의 밖에서 들어가는 음식이 아니라고 하셨다. 이것은 유대사회에 던지는 하나의 폭탄선언이었다(막 7:15-22).

   유대인이 유대인일수 있었던 것은 성과 속에 대한 철저한 구분과 선민의식 때문이라고 해도 과언이 아닐 정도로 그들에게 정결의식은 중요했다. 유대인들은 정결한 짐승과 불결한 짐승을 구별하는 것이 곧 하나님 앞에서 거룩한 백성이 마땅히 해야 할 의무요 도리라고 믿어 왔다. 그런데 예수라는 한 젊은이가 자기들 앞에서 그것마저도 송두리째 부정하고 있는 것이다. 예수께서는 "마음으로 들어가지 아니하고 배로 들어가는 모든 식물은 다 깨끗하다"(막7:19)고 선언하셨다. 이 대목에 오면, 유대 전통과 정면으로 대결이라도 하려는 듯한 예수의 모습을 상상하게 된다.

전통은 소중하다. 사실 전통을 떠나서는 아무 것도 남는 것이 없을 정도로 전통은 우리에게 의미가 있는 것이다. 하지만 전통은 고정 불변한 것이 아니다. 새로운 시대가 요구하면, 새로운 전통을 받아들여야 한다. 예수께서는 새로운 시대의 도래였고, 예수의 말씀은 새로운 전통이었다. 유대인들은 그것을 받아들이지 못했다. 왜 그랬을까? 아마도 예수의 새로운 전통이 그들에게 너무 파격적이었고, 혁명적이었기 때문일지도 모른다. 오늘, 우리는 어떤 전통 위에 서 있는가?

궁극적으로 예수의 목적은 율법의 내적 정신을 더욱 심화시키고, 완성하는 것이었다(마 5:17). 그가 일부 율법조항을 폐한 것도 결국은 율법의 본래 정신을 살리기 위함이었다. 그러므로 예수의 삶은 단순히 전통을 따라가는 수동적인 것이 아니었다. 그는 하나님의 계명을 외면하는 종교적인 사람들을 심하게 책망했고, 기존 율법을 파기하고 새 계명을 제시하셨다.

새 계명과 옛 계명[8]

예수께서 선포하셨던 하나님 나라에 대한 복음은 질적으로 전혀 새로운 것이었다. 하나님 나라는 예수의 첫 설교주제였고(마 4:17), 그는 평생 하나님 나라를 위해 살아가셨다. 예수의 비유와 산상설교의 핵심 주제도 역시 하나님 나라였다. 그는 자신이 보냄을 받은 목적도 하나님 나라의 복음을 전하기 위함이라고 밝혔으며(눅 4:43), 돌아가시기 전에 제자들에게 약속한 것도 하나님 나라였다(막 14:25).

하지만 하나님 나라의 도래는 간단한 문제가 아니었다. 예수 자신이 걸어가신 길도 그렇거니와, 그가 제자들에게 하나님 나라를 맞이하기 위해서 요구하신 것도 결코 가볍지 않았다. 예수께서는 하나님 나라를 실현하기 위해 인간의 철저한 회개를 요구하셨는데, 이것은 사실 그리 쉬운 일이 아니었다. 하나님 나라를 위한 회개는 율법의 담장을 뛰어넘는 것이었고, 그것은 새로운 계명을 따르는 삶을 요구하는 것이었기 때문이다. 이는 옛 것과 철저히 단절하는 것을 의미했고 전혀 새로운 삶을 사는 것이었다. 예수께서는 이 상황을 "새 포도주"에 비유하셨다(마 9:17). 이 비유는 유대인들이 자신들의 금식 전통을 따르지 않는 제자들을 비난할 때 예수께서 사용하신 것이다. 예수께서는 옛 전통에 연연하지 않고, 새 포도주를 담기 위해서 새 부대를 준비해야 한다고 말씀하셨다. 이는 예수의 복음을 받기 위해서는 유대의 전통을 버리고 새로운 전통을 마련해야 한다는 의미다. 유대인들이 새 포도주를 받아들이지 못하는 것은 자신의 전통에 사로 잡혀있기 때문이라는 것이다. 회개의 진정한 의미는 옛 것을 버리고 새 것을 받아들이는 것이다.

그렇다면 유대인들이 버리지 못했던 전통은 무엇일까? 그것은 구약의 율법과 다윗의 권위였다. 예수께서 바리새인들과 그리스도와 다윗의 자손에 대한 논쟁을 벌인 것도 어떤 의미에서 다윗의 잘못된 권위를 바로 잡기 위해서였는지 모른다(마 22:41-46). 유대인의 희망은 그리스도가 다윗의 자손이 되는 것이었지만 예수의 반응은 전혀 달랐다. 예수께서는 다윗의 육체적 가계에 대한 권위를 부인하기 위해 "메시야는 다윗의 주"라고 주장하셨다(마 22:41-46).

그리고 마침내 예수께서는 새로운 법을 선포하셨다. 이 새로운 법은 이전 법과 서로 대응관계에 있다(마 5:21-48). 새로운 법은 예수의 선언이고 이전 법은 율법이다. 말의 구조는 "옛 사람이 말한 바를 너희가 들었으나" "나는 너희에게 이르노니"라는 대당 구조로 되어있다. 그것을 도표로 비교하면 [표8]과 같다.

[표8] 옛 계명과 새 계명 비교

	옛 계명	새 계명	비 고
1	살인금지(출 20:13)	형제에게 화내는 것 금지(5:21-26)	심화
2	간음금지(출 20:14)	음욕조차 금지(5:27-30)	심화
3	이혼증서(신 24:1)	음행 외에는 이혼 금지(5:31-32)	심화
4	헛맹세금지(레 19:12)	일체 맹세금지(5:33-37)	폐지/극단화
5	동태복수 허용(출 21:24)	일체 복수금지(5:38-42)	폐지/극단화
6	이웃사랑, 원수증오(레 19:18)	원수사랑(5:43-48)	폐지/극단화

옛 계명과 새 계명의 가장 큰 차이는 무엇일까? 그것은 근원적인 사랑의 실천이다. 예수의 제자도 선언도 결국은 이 사랑의 실천에서 그 의미가 확인될 수 있다(마 19:16-22). 비록 부자 청년이 어려서부터 계명을 지켜왔다고 하더라도, 예수

께서는 그 청년이 자기 자신을 희생하며 이웃을 진정 사랑하기를 원하셨다.

예수께서는 "네가 온전하고자 할진대 가서 네 소유를 팔아 가난한 자들에게 주라…. 그리고 와서 나를 따르라"(마 19:21)고 다시 명령하셨다. 예수께서는 제자들이 종교적인 계명 준수나, 습관적인 율법 준수에 머무는 것을 원치 않으셨다. 종교적 의례를 지키는 것보다 더 중요한 것은 제자도의 실천적 윤리였다. 실천이 따르지 않는 사랑은 형식적인 율법의 자구 준수와 다를 바 없기 때문이다. 여기서 예수의 제자도가 요구된다.

예수와 제자도 실천

사랑의 실천을 강조했던 예수의 제자도는 어떤 상황에서도 적극적으로 실천되어야 하는 보편적 계명인가? 아니면 신앙의 문제에만 해당되는 제한된 계명인가? 이는 예수께서 정치경제적인 문제에도 적극적으로 제자도를 실천하라고 명령하셨는가를 묻는 질문이기도 하다. 이 주제는 실제로 기독교를 양분시키는 갈등요인으로 작용해왔던 민감한 문제였다.

예수의 언행: 정치경제적 의미

과연 예수께서는 세상의 정치나 경제 문제를 어떻게 생각하셨고, 어떤 태도를 보이셨는가? 이 문제는 예수께서 '은혜의 해'를 선포하는 장면을 통해서 답을 찾을 수 있다. 여기서 예수께서는 은혜를 받게 될 대상을 "가난한 사람들"과 "포로"와 "갇힌 사람"과 "슬퍼하는 사람들"로 특정하셨다(눅 4:16-19). 이들은 사회에서 가장 비참한 생활을 하는 사람들이고, 복음은 무엇보다도 이런 사람들에게 기쁜 소식을 전하는 것이다. 그런데 은혜의 해를 실현하는 방법에 대해서는 누가복음 1장 51-53절, 이른바 '마리아의 찬가'에서 밝혀주었다. 이 본문에 따르면, 하나님은 권능의 팔로 마음이 교만한 사람을 흩고 제왕들을 끌어내리며, 그 대신 비천한 사람들을 높이고 주린 사람들에게 먹을 것을 주며 부자들에게서 모든 재산을 빼앗겠다고 하신다. 과연 이런 말을 듣고 누가 환호할 것이며, 누가 반발하겠는가? 이런 예수의 행태가 어찌 사회적이고 정치적이지 않을 수 있을까? 그러므로 교회가 이 사회 안에서 이런 사람들과 함께 하겠다는 신앙고백과 그에 따른 행동을 하지 않는다면, 그것은 예수의 뜻을 따르지 않겠다고 말하는 것과 다를 바가 없다.

그러므로 예수께서 세상의 권력자들에 대해서 부정적인 태도를 보이신 것은 어쩌면 당연한 일이라고 할 수 있다. 그들의 행동에 대한 예수의 비판은 권력자들의 실체가 무엇인지를 고발한 것이다: "예수께서 이르시되 이방인의 임금들은 그들을 주관하며 그 집권자들은 은인이라 칭함을 받으나 너희는 그렇지 않을지니 너희 중에 큰 자는 젊은 자와 같고 다스리는 자는 섬기는 자와 같을지니라"(눅 22:25-26). 공동번역은 "이 세상의 왕들은 강제로 백성을 다스린다. 그리고 백성들에게 권력을 휘두르는 사람들은 백성의 은인으로 행세한다"고 번역했다. 세상은 권력을 갖기를 원하고 그것을 행세하려고 하지만, 예수께서는 그와 전혀 다른 가치관을 가지고 계셨다. 그는 제자들에게 권력을 잡은 자들처럼 살지 말라고 하시면서, 큰 자는 작은 자처럼 처신하고 지배하는 자는 섬기는 자처럼 처신해야 한다고 말씀하셨다.

또 하나님의 집에 대한 말씀(마 21:12-13)에서도 예수께서는 하나님의 집을 "기도하는 집"(사 56:7; 렘 7:11)이라고 선언하셨다. 이런 예수의 선언은 그들이 하나님의 집을 "강도의 소굴"로 만들었기 때문이다. 그래서 그는 성전을 정화하는 과격한 모습을 보여주기도 했다(마 21:12). 예수의 이와 같은 언행은 종교지도자들과 결탁된 부패한 경제질서에 대한 저항이고, 성전을 지배의 수단으로 삼고 있던 "로마제국의 질서에 대한 노골적인 도전"9)이었으며, 하나님의 일이 세상의 일과 뒤엉키면 안 된다는 경고였다. 르네 지라르(Rene Girard)는 예수의 이런 비판적 언행이 "인간 사회의 구조가 폭력을 감추기 위해 세워진 것이라는 사실을 폭로한 것"이라고 해석했다.10) 물론 이런 예수의 언행은 얼핏 열심당의 주장과도 비슷해서, 주변 사람이 예수를 열심당의 지도자로 오인했을 가능성도 있다. 하지만 예수의 사명은 세상의 일에 최종 목표가 있었던 것이 아니라 궁극적으로 하나님 나라의 도래에 있었기 때문에 단순히 혁명적인 차원에서만 해석될 수는 없는 일이다.

예수께서는 하나님 나라가 이 세상에 속해 있지 않다(요 18:36)고 선언하신 분이다. 세상에 속해 있지 않다는 것은 "내 나라가 이 세상으로부터 오는 것이 아니다"라는 의미로 읽어야 한다. 이는 하나님 나라가 세상질서와 관계가 없다는 것이 아니라 세상적인 방법으로 오는 것이 아니라는 뜻이다. 여기서 말하는 세상적인 방법은 힘과 폭력을 사용하는 것을 의미한다. 예수께서는 그런 힘을 사용하기보다 죽음을 택하셨다. 그의 죽음은 가장 힘없는 자의 비폭력적인 방법의 결과였다.

그렇다면 예수께서는 실제로 사회의 구조적 악이나 불의를 향해 어떤 구체적인 행동을 했을까? 결론적으로 말하면, 예수의 행동은 유대교 지도자들의 반발과 분노를 불러일으키는 것이었다. 그들은 자신들이 믿고 따랐던 율법과 전통을 여지없이 파괴하는 예수의 행태를 결코 묵과할 수 없었다. 심지어 그들은 성전파괴까지(마 24:2) 입에 올리는 예수가 하나님을 모독하는 자라고 생각했다. 예수께서는 헤롯을 "여우"라고 비난했고(눅 13:32), 로마제국의 지배 이데올로기와 로마의 신들과 법률을 공격하셨다. 세금 문제에서도 예수께서는 하나님의 것과 가이사의 것을 구분함으로써(막 12:13-17) 로마황제가 하나님이 아니라는 것을 선언했을 뿐 아니라, 땅이 하나님에게 속해 있는 것이므로(레 25장), 그 생산물은 모두 하나님의 백성을 위한 것이라는 선언하셨다.[11] 부자들에게도 예수의 언행은 눈엣가시였다. 언제나 가난한 사람들 편에 서 있던 예수께서는 부자들에 대해 매우 부정적이었기 때문이다. 심지어 예수께서는 부자들이 하나님 나라에 들어갈 수 없다고 선언하기도 했다(마 19:24).[12]

오스카 쿨만(O. Cullmann)은 예수께서 열심당의 지도자로 오인되어 십자가에서 처형되었다고 보았다. 그는 예수의 윤리적 요청이 내적 마음의 변화를 향하고 있는 것이지 사회, 정치적 개혁 프로그램을 지향하지 않았기 때문에 예수를 일반적 의미의 혁명가로 평가하는 것은 문제가 있다고 주장했다. 반대로 한스 큉(Hans Küng)은 예수의 활동이 종교적이었으나 정치적인 영향을 내포하고 있었다고 보았고, 예수의 활동은 "간접적으로 정치적"이었다고 평가했다.[13]

실제로 예수의 삶을 정치경제적으로 이해하고 받아들이는 사람들은 정치와 신학이 무관할 수 없고, 교회도 중립을 지켜서는 안 된다고 주장한다. 몰트만은 그 점에서 정치와 교회의 필연적 관계를 다음과 같이 간파했다: "정치적으로 무의식적인 신학은 있으나 근본적으로 비정치적인 신학은 없다. 확실히 두드러진 비정치적인 신학은 언제나 침묵을 통해 특히 보수적인 정치운동과 더불어 견고한 동맹을 맺는다. 그러므로 비정치적이고 정치를 초월하는 중립 지대로 은둔하는 교회일수록 실로 더욱 더 정치화된 교회다."14)

정치경제와 관련해서 그리스도인이 어떻게 예수의 제자로서 그의 길을 따를 것인가 하는 것은 삶의 현장에서 대단히 중요한 문제가 아닐 수 없다. 이는 예수의 비정치성을 운운하면서 오히려 더 드러나게 정치적 행보를 걷고 있는 수많은 교회들이 새겨들어야 할 문제다.

예수와 폭력

예수의 이름으로 폭력을 정당화하는 일은 결코 성경적이지 않다. 예수께서는 폭력이나 무력을 사용하는 것을 엄히 경계하셨기 때문이다. "칼을 쓰는 자는 칼로 망한다"(마 26:51-53)는 선언은 이를 단적으로 말해준다. 사실 예수와 함께 하던 사람들은 칼을 쓸 수 있는 사람이 아니라 칼을 쓰는 자들에게 늘 억눌려있던 사람들이었다. 칼을 쓰지 말라는 것은 일차적으로 권력자들에 대한 경고요, 그 다음은 박해를 받는 사람들에 대한 위로와 희망의 메시지였다. 그러므로 어떤 명분이라도 폭력을 사용하는 것은 예수의 뜻이 아닌 것이 분명하다.

특별히 폭력과 관련해서 마태복음 11장 12절은 번역상 재고가 필요한 본문이다.15) 두 형태의 번역이 현재 팽팽히 맞서고 있는 형국이다. 하나는 천국이 침노를 당하고 있다는 부정적 의미로 해석되는 것이고, 다른 하나는 천국이 확장되고 있다는 긍정적 의미로 해석되는 것이다.16) 개역개정성경은 "세례 요한의 때부터 지금까지 천국은 침노를 당하나니 침노하는 자는 빼앗느니라"라고 번역했고, 공동번역은 "세례자 요한부터 지금까지 하늘나라는 폭행을 당해왔다. 그리고 폭행을 쓰는 사람들이 하늘나라를 빼앗으려 한다"고 풀었다. 그러나 표준새번역은 "세례자 요한 때로부터 지금까지, 하늘나라는 힘을 떨치고 있다. 그리고 힘을 쓰는 사람들이 그것을 차지한다"고 해석했다. 같은 본문이 어떻게 이렇게 다르게 번역될 수 있을까? 앞의 두 경우는 "침노한다"(biazetai)를 수동태로 해석했고, 뒤의 경우는 중간태로 해석했기 때문이다. 수동태로 해석하면, 천국이 어떤 세력에 의해 침노당하고 있는 상황이 되고, 중간태로 해석하면 천국이 힘 있게 침노하는 상황이 된다.

여기에 더 큰 문제는 이 문장의 의미가 마지막 어휘 "빼앗는다"(harpazousin)라는 동사와 만나면서 결정된다는 데 있다. 두 문장이 섞이면, 같은 수동태 번역이라도 개역개정번역과 공동번역은 또 다른 의미로 읽힌다. 개역개정은 천국이 침노를 당하는 중이니 수단과 방법을 가리지 말고 그것을 빼앗아 차지하라는 의미가 되고, 공동번역은 그 반대로 천국이 못된 사람들에 의해 침노/폭행을 당하고 있고, 그들이 강제로 천국을 차지하려 한다고 탄식하는 것이 된다. 어느 쪽으로 번역을 하는 것이 더 타당한 것인지는 주석학적으로 더 연구해야 할 문제이지만, 개역개정의 전통적 해석이 그리스도인에게 폭력을 정당화하는 하나의 근거로 사용될 수 있다는 점에서 우려할 만하다.

이 본문에 대한 개역개정방식의 긍정적 해석은 기독교신앙을 가진 사람들이 종종 보여주는 이해할 수 없는 폭력성의 원인과도 무관하지 않은 것 같다. 왜 그리스도인들이 신앙의 양심에 따라 살아가면서도 폭력적일 수 있는가? 이는 예수의 말씀을 본문의 해석과 같이 호전적으로 해석하고 가르치기 때문이 아닐까? 실제로 이 본문은 대부분의 목회자들이 천국을 차지하기 위해서는 수단과 방법을 가리지 않아도 된다는 식으로 설교할 때 종종 사용된다. 이런 식의 가르침은 교인들로 하여금 침노하는 자가 천국을 빼앗는다고 가르친 결과가 되었다. 이는 교인들에게 천국이라는 명분의 목적을 위해서라면 폭력적이고 비인격적인 방법이라도 용납될 수 있다고 생각하게 만들고, 그런 폭력에 대해 면죄부를 주며, 그것을 정당화하면서 도리어 부추기는 역할을 했다. 미국의 근본주의 기독교청년운동인 '배틀크라이'(BattleCry)를 운영하는 론 루스(Ron Luce)는 젊은 기독교인들에게 "주변의 세속적 힘을 쳐부수라"고 촉구하는 근거로, 예수는 "폭력적인 자들, '힘있는' 자들이 하나님 나라를 차지할 것이라고 말한다"는 것을 들었다.17) 배틀크라이는 자신들의 메시지를 효과적으로 전달하기 위해 군용 지프, 미해군 특수대원 등을 이용하는 등, 전체주의운동의 모습을 보여주고 있다는 평가를 받고 있다.

이 구절에서 주목해야 할 또 다른 헬라어 단어는 biazetai와 harpazousin이다. 전자는 힘을 사용하다는 뜻이고, 후자는 차지한다, 잡다는 뜻이다. 도날드 해그너(Donald A. Hagner)와 조셉 피츠마이어(Joseph A. Fitzmeier)는 harpazousin을 '약탈하다'(plunder)로 해석했다.18) 영어성경 중에서 KJV/NASB도 천국이 폭력 때문에 고통을 당하고 있고, '폭력배'(the violent)가 "천국을 힘으로 빼앗는다"(take it by force)로 번역했다.19) 만일 이런 해석이 바람직한 것이라면, 그 동안 교회는 하나님 나라가 폭력 때문에 고통을 당하고 폭력배들이 그것을 빼앗으려한다는 말씀을 곡해해서 오히려 폭력을 사용해서라도 하나님 나라를 빼앗으라고 가르친 셈이 되는 것이다. 본래 예수의 말씀은 폭력으로 하나님의 나라를 쟁취하려는 자들을 비판하는 것이었다. 그러나 제자들은 예수를 정치적 의미의 왕으로 기대했고(막 10:35; 막 8:31-35), 오늘날 그리스도인들도 이런 예수이미지를 포기하지 못하는 것이다.

그렇다면 "왜 세례 요한 때부터 지금까지"라는 구절이 나온 것일까? 요한 이전과 이후를 구분하기 위함이다. 하나님 나라의 도래가 제대로 이해하고 선포되기 시작한 것은 침례 요한 때부터였기 때문이다. 그런데 요한은 결국 회개 운동을 전개하다 처형당했고, 하나님 나라에 합당하지 않은 사람들이 끊임없이 그 도래를 방해하고 저지하고 있는 상황을 지적하기 위함이다.

예수의 죽음

예수의 죽음은 삶의 결과였다. 죽음과 삶은 별개의 사건이 아니라 하나로 연결된 문제다. 어떤 형태의 죽음을 맞이했는가를 보면 어떤 삶을 살았는가를 알 수 있다. 예수의 죽음은 두 가지 원인에 의한 것이었다.

외형적으로 보면, 예수의 죽음은 기득권자들의 자기방어가 빚은 억울한 결과였다. 정치인, 경제인, 종교인들이 결탁한 거대한 권력이 하나님 나라를 외치며 가난한 사람들을 편들던 젊은 선지자를 살해한 것이다. 왜 그들은 예수를 죽여야만 했을까? 예수의 존재가 그들을 두려움에 떨게 했기 때문이 아닐까? 예수의 삶은 남달랐다. 예수의 존재는 그들의 부패와 비리를 온 세상에 폭로했다.

예수의 사명은 어떤 방해세력이나 달콤한 유혹이 있어도 포기될 수 없는 것이었다. 그 사명은 억압받는 사람들, 죄 가운데 있는 사람들을 구원하고 해방하는 일이었다. 그래서 그분은 귀신을 쫓아내고 병을 고치셨다(눅 13:32). 예수께서는 "오늘도 내일도 모레도" 그 사명을 다 하시겠다고 각오를 밝히셨다. 그리고 제3일에 그 모든 일을 완성하겠다고 선포하셨다. 이것은 하나님의 궁극적인 뜻, 절대적인 뜻이 실현된다는 약속이기도 하다. 그래서 예수께서는 죽는 한이 있어도 당신이 가야할 길을 가겠다고 하셨다: "그러나 오늘과 내일과 모레는 내가 갈 길을 가야 하리니 선지자가 예루살렘 밖에서는 죽는 법이 없느니라"(눅 13:33). 이 얼마나 확고부동한 의지요 결심인가? 예루살렘 밖에서 죽는다는 것은 사명을 회피하고 달아난다는 것을 의미한다. 예루살렘은 선지자를 죽이는 곳이지만, 선지자는 그 죽음의 현장에서 자신의 최후를 맞이해야 한다는 것이다.

그러나 내면적으로 보면, 예수의 죽음은 이미 예견된 것이었고, 스스로 예수께서 택한 길이었다. 예수께서는 제자들에게 자신의 죽음과 부활을 이렇게 예고하셨다: "보라 우리가 예루살렘으로 올라가노니 인자가 대제사장들과 서기관들에게 넘겨지매 그들이 죽이기로 결의하고 이방인들에게 넘겨주어 그를 조롱하며 채찍질하며 십자가에 못 박게 할 것이나 제삼일에 살아나리라"(마 20:18-19).

왜 예수께서는 죽음을 예견하면서도 그 길을 마다하지 않으셨을까? 그 죽음은 어떤 의미를 담고 있는가? 예수의 첫 설교, "하나님 나라의 도래"와 그 죽음은 분명 상관관계가 있다. 죽음을 통하지 않고서는 하나님 나라가 도래하지 않기 때문일까? 예수께서는 하나님 나라를 맞이하려면 회개하라고 촉구했는데, 그렇다면 그 죽음은 회개 요청과 무슨 관계가 있는 것일까? 그렇게 본다면 회개는 죽는 것이 아닌가? 회개는 지난날의 모든 기반을 버리고 옛 자기를 죽이고 새로운 피조물로 다시 태어나는 것이 아니던가? 그러므로 예수의 죽음은 이 세상의 모든 사람들의 죽음을 대신한 것이면서도, 동시에 그것은 세상 모든 사람들의 회개방식을 모범으로 보여주신 것이다.

성경은 예수의 이런 죽음을 "대속물"(ransom)이라고 선언한다: "인자가 온 것은 섬김을 받으려 함이 아니라 도리어 섬기려 하고 자기 목숨을 많은 사람의 대속물로 주려 함이니라"(막 10:45). 여기서 대속물은 몸값과 같은 것으로, 세상 사람들을 구원하기 위해 자기 자신을 내어주는 것을 의미한다. 그렇게 해서 예수께서는 자신의 삶과 생명을 세상의 구원을 위해 아낌없이 내놓으셨고, 대속물이 되셨다. 하지만 그의 죽음은 끝이 아니었다. 부활이 도래했기 때문이다.

예수의 부활은 어둠의 세력이 그를 이길 수 없다는 것을 만천하에 선포한 사건이며, 예수께서 하나님의 아들임을 입증한 것이다. 만일 예수의 부활이 없었다면, 그의 삶과 사명은 실패로 끝난 것일지 모른다. 그를 죽인 세력의 승리로 역사는 기록되었을 것이고, 사람들은 예수의 사건을 잊고 살아갔을 것이다. 그리고 여전히 어둠의 세력 아래에서 절망을 품은 채 살아가야 했을 것이다. 하지만 하나님의 궁극적 뜻은 반드시 실현된다는 것이 부활을 통해 드러났다. 실패한 줄로만 알았던 예수의 삶이 죽음에서 부활함으로써 결실을 맺은 것이다. 십자가의 죽음과 부활사건은 예수께서 참 인간임과 동시에 참 하나님이라는 것을 증명할 뿐 아니라, 예수의 자기 인식에 대한 하나님의 확증이었다.[20]

그리스도의 속죄사역: 신학적 해석

예수 그리스도가 십자가를 지고 고난의 길을 간 것은 무엇을 위한 행동이었을까? 그 행위와 인간의 구원은 어떤 상관관계가 있는가? 구속사적 관점에서 볼 때 그 행위는 속죄(atonement)의 의미를 가진다. 속죄라는 단어는 하나님과 인간의 관계를 회복하고 '하나로 만드는'(at-one-ment) 과정을 지시한다. 그에 대한 신학적 해석들은 어떻게 달라져왔으며, 성경은 이에 대해 무엇을 증언하고 있는가?

고난의 십자가

하나님과 인간 사이의 관계를 회복하는 일은 그리스도를 통해서 가능해졌다(고후 5:19). 그리스도가 십자가를 통해 죽음으로써 그 길을 열어주었던 것이다. 그렇다면 왜 십자가인가? 예수께서 십자가를 지고 고난의 길을 가신 이유는 무엇인가? 다른 길은 없었는가?

십자가는 공생애를 시작하기 전에 광야에서 40일 동안 기도하신 예수께서 사탄의 세 가지 유혹을 뿌리치고 선택한 길이었다. 십자가의 길은 예수의 삶을 요약한 것이며, 고난의 절정이다. 이사야 53장에서 말하는 고난의 메시아 개념에는 대속의 의미가 있다(11절). 다른 사람의 죄악을 친히 담당한다는 것이 바로 그것이다. 다른 사람을 위해 대신 고난을 당한다는 것은 사랑의 최고 표현이다.

만일 세상 사람들이 예수의 복음을 받아들이고 회개했다면 굳이 십자가를 지지 않아도 되었을까? 하지만 예수께서는 당신이 십자가를 지게 될 것을 미리 아셨다. 인간은 복음을 받아들일 수 없을 정도로 심각하게 부패했고, 하나님은 인간의 죄에도 불구하고 인간을 구원하시기를 원하셨기 때문이다. 그러므로 그리스도께서 죄인을 위해서 대신 돌아가신 것은 불가피한 일이었다. 십자가사건은 궁극적으로 하나님의 공의를 이룬 사건이면서 하나님의 사랑이 드러난 사건이다. 달리 말하면 십자가의 사건은 하나님의 특별계시가 완성된 역사의 정점이었고, 인류의 미래를 앞당겨 선취한 희망의 등불이었다.

예수 그리스도의 속죄: 신학적 견해들

예수 그리스도의 죽음은 신학적으로 다양하게 해석되어 왔다. 해석의 관점이나 강조점에 따라 각각의 이론은 그 나름대로 타당하고 설득력이 있지만 동시에 그에 대한 문제점도 드러났다. 이 해석들은 큰 틀에서 보면, 희생제사, 승리자, 속전, 칭의 등의 개념으로 설명되어 왔지만, 다른 설명을 압도할 만한 '단 하나의 교리'는 만들어지지 않았다. 그렇다고 해서 속죄론이 중요하지 않은 것은 아니다. 오히려 속죄에 대한 이해는 기독교신학의 최고 정점에 해당한다. 캐빈 밴후저(Kevin J. Vanhoozer)는 이를 다음과 같이 인상적으로 표현했다:

> 문학과 지성의 바다에 신학이 일으키는 물결에 대해 다른 어떤 교리도 속죄론보다 더 나은 축소표본이나 지표일 수 없을 것이다. 속죄를 어떻게 이해하는가 하는 것이 '하나님, 인간, 역사, 나아가 자연에 대한 우리의 개념을 다른 어떤 것보다도 더 많이 결정하며,' 그 역도 사실이다.[21]

몇 가지 전통적인 속죄론을 나타난 순서에 따라 살펴보면 다음과 같다. 여기서 중요하게 제기되는 질문들은 '누가'(who) '어떻게'(how) 속죄를 이루는가와 관련된다. 이 질문들은 속죄의 주체와 대상, 그리고 그 방법에 관한 논의에 해당한다.

속전설

속전설(ransom theory)은 고대 교회로부터 많은 지지를 받아 중세까지 이어졌던 이론이다. 이 견해는 오리게네스(Origenes)에 의해 처음으로 확립된 것인데, 그는 인류를 구원하기 위해 하나님이 예수를 몸값으로 사탄에게 지불했다고 해석했다.

즉, 속죄의 주체는 하나님이고, 대상은 인간이며, 그 방법으로 예수 그리스도를 몸값으로 사용했다는 것이다. 오리게네스는 "사탄은 예수를 소화해내지 못하고 3일 만에 토해냈다"고 설명하면서 요나사건을 인용하기도 했다. 닛사의 그레고리(Gregory)는 하나님이 사탄을 속인 것이라고 주장하면서 "신성은 인간 본성의 베일 아래 감추어져 있었다. 그래서 [사탄은 굶주린 고기처럼 신성의 올가미를 육체의 미끼와 함께 꿀꺽 삼키게 된 것"이라고 주장했고, 아우구스티누스(Augustinus)는 십자가를 쥐덫으로, 그리스도의 피는 미끼로 사용된다고 생각했다.22) 하지만 이 이론은 하나님을 사탄과 거래해야 할 만큼 무력한 존재로 만든다는 비판을 받을 수 있다.

만족설

만족설(satisfaction theory)은 11세기 켄터베리의 주교 안셀무스(Anselmus)에 의해 주장된 이론이다. 이 속죄설은 속죄의 "객관적" 측면을 강조한 것으로, 하나님의 주권을 우선적으로 고려한 설명방식이다. 안셀무스의 설명에 따르면, 그리스도의 십자가 사건은 하나님의 상처 입은 명예를 회복하기 위해 일어났다. 그는 「하나님이 왜 인간이 되셨나?」에서 다음과 같은 논리를 전개했다: 죄는 반드시 벌을 받거나 용서를 받아야 한다. 하나님은 아담의 죄 때문에 자신의 명예에 손상을 입었다. 이 손상은 제3자에 의해 회복되어 하나님께 만족을 주어야 한다. 그런데 그러한 일을 할 수 있는 분은 하나님 자신 외에는 없다. 그 만족을 주기 위해 하나님은 스스로 인간이 되셨다. 사람이 되신 하나님, 즉 예수 그리스도는 십자가를 통해 죄의 문제를 해결하고 하나님께 만족을 주셨다.23) 하지만 이 이론은 그리스도의 속죄 사역이 가지는 객관성을 강조했지만, 대리적 죽음이 필연적으로 들어갈 필요가 없다는 비판을 받을 만하다. 또한 십자가 사건의 동기로써 하나님의 명예와 공의를 강조하려다 인간에 대한 하나님의 사랑을 놓치고 말았다.

특히 만족설은 예수의 죽으심을 가난하고 학대 받는 자들과 연대한 것에 의미를 부여했던 아시아계 미국신학자들에 의해 비판을 받았다. 고수케 고야마(Kosuke Koyama)는 예수께서 수난과 죽음을 통해 "지배 권력에 대한 철저한 비판"을 선언한 것이라고 주장했다: "세상 종교와 정치의 파괴적인 중심주의에 …

대항하여, 십자가에 달리신 그리스도는 주변부를 위해 자신을 중심성을 포기함으로써 오히려 그 중심성을 확증한다. 이것이 바로 샬롬을 실현하는 예수의 길이다."[24]

도덕감화설

도덕감화설(moral influence theory)은 안셀무스와 동시대에 존재했던 아벨라르(Peter Abelard)에 의해 주장된 이론이다. 이 견해는 속죄의 '주관적' 측면을 강조한 것으로, 하나님보다는 인간의 반응을 중요하게 보는 설명방식이다. 아벨라르는 「너 자신을 알라」에서 인간이 "전체적으로 아담의 죄를 타고나지 않"았으며, "자연적 이성"을 통해 "선한 것을 결정"할 수 있는 존재라고 생각했다. 따라서 그리스도의 속죄 사역은 우리가 본받아서 따라가야 할 하나의 "강력한 모범"이다.[25] 이 견해는 그리스도의 죽음을 죄에 대한 보상이나 하나님의 명예 회복으로 간주하기보다는 죄인과 고통을 함께 나누시고 그들의 슬픔을 직접 담당하신 하나님의 사랑이 나타난 것으로 이해한다. 그리고 그리스도의 성육신과 고난은 하나님의 공의를 충족시키는 것이 아니라, 인간의 마음을 유화시키고 회개로 이끄시는 하나님의 사랑을 계시한다.[26] 하지만 이 이론은 그리스도의 죽음을 필연적으로 보지 않는다는 것과 속죄의 객관성과 하나님의 공의 측면을 무시하고 주관적인 측면만을 강조한다는 점에서 비판을 받는다.

위에서 살펴본 속전설, 만족설, 도덕감화설 등은 중세시대 동안에 속죄설의 논의를 주도해왔던 대표적 견해들이다. 속죄론에 대한 이후 논의는 이 초기 모델들을 "광범위하게 재생하고 새롭게" 꾸며나갔다. 특히 종교개혁자들은 속죄의 동기를 하나님의 명예보다는 정의를 만족시키는 방향으로 전환하면서 "징벌적인 변형"을 일으켰고, 그 이후에는 점차 인간의 의식과 경험을 부각시키고 도덕감화설의 "재림"을 초래하는 경향으로 관심이 모아졌다.[27]

형벌대속설

전통적인 종교개혁자들에 의해 주장된 형벌대속설(penal substitution theory)은 안셀무스의 만족설과 아벨라르의 도덕감화설을 종합한 형국이면서, 이전에 하나님의 만족이나 인간의 도덕적 반응이라는 측면보다는 '대리'(substitution) 개념을 강조했다. 이 견해에 따르면, 하나님의 공의와 인간의 죄는 형벌을 피할 수 없게 만든다. 그러나 하나님은 사랑의 하나님이므로 그리스도의 죽음을 통해 인간이 받아야 할 형벌을 대신 받게 하셨고, 그로 인해 우리는 용서를 받게 된 것이다. 이 점에서 형벌대속설은 그리스도에게 우리의 죄가 옮겨가고, 그리스도의 의는 우리에게 전가되는 "놀랍고" "행복한 교환"(exchange)이라고 불린다.[28] 장 칼뱅은 다음과 같이 주장했다:

> 성경은 그리스도께서 유대 총독 본디오 빌라도 앞에서 정죄 받으신 사실을 보도함으로써 우리가 받아야 할 형벌이 이 의로운 사람에게 부과되었다는 것을 가르쳐준다. 우리는 하나님의 그 끔찍한 심판을 피할 수 없었다. 그러므로 우리를 그 심판으로부터 구원하시기 위하여, 그리스도께서는 스스로 자신을 허락하셔서 죽을 사람 앞에서 -그것도 사악하고 불경건한 자 앞에서- 정죄를 받으신 것이다.[29]

통치설

통치설(government theory)은 아르미니우스주의자 그로티우스(Hugo Grotius)에 의해 주장된 이론이다. 그의 설명에 따르면 하나님은 법을 제정하신 분이다. 죄란 법을 어기는 것이다. 통치자이신 하나님은 죄를 벌할 권한이 있다. 하나님은 사랑의 하나님이지만 죄인을 해방시키기 위해서 무조건 용서하지는 않으신다. 도덕적 통치를 고려하기 때문이다. 그리스도의 죽음은 용서에 대한 근거를 준비하면서 도덕적 통치를 존속시키는 데 필요하다. 하나님은 그리스도의 죽음을 통해서 형벌 대신 사랑으로 용서하셨는데, 이를 그로티우스는 "형벌적 대리"(penal substitution)라고 불렀다. 하지만 그리스도가 우리를 위해 대신 형벌을 받은 것은 아니다. 오히려 그리스도의 죽음은 형벌을 필요 없게 만든 행위였다. 형벌을 대신 받았다면 하나님이 우리를 용서하실 필요가 없기 때문이다. 죄는 형벌을 받든지 용서를 받든지 해야 한다. 그러므로 그리스도의 죽음은 하나님이 우주의 도덕적 성격을 깨뜨림 없이 우리의 죄를 용서하실 수 있게 한 것이다. 하지만 에릭슨은 이 이론이 그리스도의 대속적 죽음에 대한 이해가 부족하거나 그에 대한 성경적 근거의 결

여라는 한계를 가지고 있다고 비판했다.[30]

속죄의 현대적 해석

전통적인 속죄론의 핵심적 화두가 그리스도의 고난과 희생적, 대리적 죽음이었다면, 새롭게 제기되는 속죄론의 관심사 가운데 하나는 '비폭력'이다. 해방신학이나 여성신학 등은 예수의 십자가 고난이 "노예나 여성의 굴종을 정당화하는 데 사용되는 것"을 반대한다. 벤후저의 설명에 따르면, 이들은 심지어 아버지가 아들을 보내어 고난 받고 죽게 한다는 생각을 "신적인 아동학대"로 규정한다. 이들이 주장하는 것은 하나님이 구원의 목적을 이루기 위해서 폭력을 채택하지 않는다는 사실이고, 문제를 삼는 것은 개인적인 죄책으로서의 죄가 아니라 "구조적인(systematic) 악으로서의 죄"다. 여기서 등장하는 십자가는 "신적인 구원 계획의 요체(linchpin)가 아니라, 국가적인 고문의 도구"며, 예수께서는 고난 받고 죽기 위해서가 아니라 "가난한 자들에게 복된 소식"을 선포하기 위해서 오셨다는 것이다. 이들의 관점에서 보면 예수의 죽음을 대리적 희생으로 해석하는 것은 "현 체제의 불의한 구조에 도전하는 데 아무 일도 하지 않"을 뿐 아니라 "그 구조를 바꾸려는 노력"을 하지 않는다는 "치명적 결함"을 안고 있다.[31]

십자가의 폭력성이 "사탄적인 책략"임을 폭로하는 것이 복음서의 참된 의도라고 주장한 신학자는 르네 지라르다. 지라르의 설명에 따르면, 복음서는 오히려 예수의 "속죄양 기제"(mechanism)와 "거룩한 폭력이라는 환상"을 제거한다. 예수께서는 희생제물로서 죽은 것이 아니라 권세에 직면하여 진실을 말함으로써 궁극적 대가를 지불했던 "예언자"로서 죽은 것이다.[32] 하지만 지라르는 십자가에서 "부정적인 몸짓만" 취했을 뿐 십자가의 "적극적인 어떤 것"(예를 들면, 새로운 실천)을 놓쳤다는 비판을 받았다. 단지 옛것(즉 속죄양으로 삼는 것)을 거절할 뿐 피 흘림이 빠진 지라르의 설명은 속죄론의 "진정한 척도," 즉 "예수의 고난과 죽음의 필연성에 대한 설명(눅 9:22)"을 제대로 하지 못했다는 것이다.[33]

속죄의 성경적 의미

속죄에 대한 여러 이론들은 그 나름대로 속죄의 의미를 부분적으로 설명해준다는 점에서, 어느 하나를 절대적 설명으로 주장하기보다 서로 보완하는 관계에서 이해하는 것이 좋다. 다만 성경에 나타난 속죄 개념의 공통 요소는 어느 정도 정리될 필요가 있다. 우선 성경은 기본적으로 하나님의 사랑을 속죄의 동기로 설명한다. 성경은 그리스도의 죽으심으로 하나님의 사랑을 확증했다고 증언한다: "우리가 아직 죄인 되었을 때에 그리스도께서 우리를 위하여 죽으심으로 하나님께서 우리에 대한 자기의 사랑을 확증하셨느니라"(롬 5:8).

또한 하나님의 사랑으로 인한 속죄의 죽으심에는 세 가지 의미를 함축한다. 첫째, 그것은 하나님과 세상을 화해시키는 일이다(롬 5:10; 고후 5:19; 골 1:20). 둘째, 그것은 예수께서 화해를 위해 희생(화목)제물이 되셨다는 것을 의미한다(롬 3:25; 히 9:6-15; 10:5-18). 셋째, 그것은 우리를 구원하기 위해 대신 죽으신 사건이었다(막 10:45). 그리스도는 우리를 위해 희생하여 화목제물이 되셨고, 그 희생을 통해 우리와 하나님과의 화해를 중재하셨으며, 궁극적으로는 우리의 죄를 대신 씻어주신 것이다.

속죄의 범위

속죄의 범위 문제는 그리스도께서 누구를 위해 죽으셨는가를 묻는 것으로써 첨예한 신학적 논쟁이 수반되었다. 이 주제는 다른 신학적 주제와 밀접하게 연결되어 있으며, 신학의 패러다임을 결정하는 문제이기도 하다. 전통적으로는 세 가지 견해가 상존한다.

제한속죄설(limited atonement)은 칼뱅주의의 5대 교리 가운데 세 번째에 해당하는 것으로 속죄의 범위가 특정한 사람에게 제한되어 있다는 주장이다. 이 견해에 따르면, 예수 그리스도는 오직 하나님에 의해 선택된 사람만을 위해 돌아가셨다. 예수의 속죄사역은 모든 사람을 위한 것이 아니라, 선택된 사람에게만 해당된다. 그리스도의 죽음은 "그의 백성"(마 1:21; 요 17:9, 24)을 위한 것이다. 하지만 이 입장은 하나님의 절대 주권을 강조하는 단독설(monergism) 안에서 설명되기 때문에 그리스도의 죽음에 대한 인간의 믿음이 작용할 여지가 전혀 없다는 한계를 지닌다. 또한 동일한 구조적 논리를 가지고 있는 만인구원설로 가지 않기 위해서는 불가피하게 하나님이 구원의 대상을 제한해야 한다는 문제가 생길 수밖에 없다.

그런데 이는 하나님께서 이 세상을 사랑할 뿐 아니라(요 3:16), 모든 사람이 구원받기를 원하신다(벧후 3:9)는 성경의 가르침과 조화되기 어렵다.

보편속죄설(universal atonement)은 아르미니우스의 5대 교리 가운데 세 번째에 해당하는 것으로써, 그리스도의 죽음이 미치는 범위에는 제한이 없다는 주장이다. 이 견해에 따르면, 예수 그리스도는 모든 사람을 위해 돌아가셨고 그의 죽음을 받아들이고 믿는 사람은 실제로 속죄의 효력을 보게 된다. 이 견해는 구원이 하나님의 은혜에 대한 인간의 반응에 달려 있다고 보기 때문에 신인협력설(synergism)의 구조 안에서 설명된다. 구원이 인간의 반응이라는 조건에 달려있기 때문에 '조건적 속죄설'(conditional atonement)이라고도 한다(요 1:29; 3:16-17; 행 15:30; 고후 5:14-15; 딤전 2:6; 4:10; 히 2:9; 요일 2:1-2; 벧후 3:9). 구원은 예수를 믿는 사람에 한해서 적용되는 것으로, 인간의 개인적인 믿음에 의해 속죄의 범위가 제한될 수 있다는 말이다. 물론 여기서 인간의 믿음은 오로지 하나님의 선물이라는 입장을 고수하면, 구원의 주체는 전적으로 하나님에게 돌아가지만, 인간의 반응이 자유의지에 근거하면 하나님과 인간의 상호작용에 의해서 구원이 이루어지는 셈이다. 따라서 구원의 주체가 하나님이라고 말하면서도 그것의 최종적 선택이 인간에게 달려있는 것이어서, 하나님의 주권을 약화시키거나 무시한다는 비판을 받을 수 있다.

만인구원설(universalism)은 궁극적으로 모든 사람이 그리스도의 속죄사역으로 인해 구원받게 된다는 주장이다. 이는 하나님께서 어떤 근거를 기초로 하든지 모든 인간들을 최종적으로 다 구원하실 것이라는 입장이다. 만인구원설은 인간의 의지와 믿음에 기초하지 않고 오직 하나님의 은혜에 의지하기 때문에 아르미니우스주의에서보다는 구조적으로 칼뱅주의와 더 밀접한 관련성이 있다. 구원이 전적으로 하나님의 주권에 의해 인간의 믿음 여부와는 관계없이 우주적 차원에서 최종적으로 이루어진다고 믿기 때문이다.

* * *

우리는 예수의 새 계명이 유대 전통과 어떤 점에서 다른지를 다시 물어볼 필요가 있다. 그 차이는 오늘날 기독교가 구약의 율법을 대하는 태도에 어떤 영향을 끼치고 있는가? 과연 기독교 진리는 구약의 완성인가, 아니면 대체인가? 이 문제를 복음과 율법의 관계로 어떻게 설명할 수 있는가? 결과적으로 어떤 근거로 그리스도인들은 구약의 전통이 아니라 예수의 새로운 계명을 따라야 한다고 주장할 수 있는가?

나아가 예수의 새 계명을 "새 술과 새 부대"라는 표현과 연결해서 설명하는 것이 어떤 의미가 있는지 성찰해보아야 한다. 예수께서는 무엇을 "헌 부대"로 보셨는가? 우리가 헌 부대를 버리지 못하고 살아가는 모습은 어떻게 설명될 수 있는가? 새 술을 새 부대에 담아야 한다는 말에서 새 술에 방점이 찍히는 것과 새 부대에 무게중심이 놓이는 것은 어떤 차이가 있는가?

또한 예수의 사역에서 하나님 나라를 그 무엇보다도 최우선적으로 고려되어야 한다는 것은 어떤 실천적 의미를 가지고 있는가? 하나님 나라는 어떤 방식으로 이 땅에서 실현된다고 보는가? 하나님 나라는 '위에서' 임하는 것인가, 아니면 '아래에서' 우리들을 통해 구현되어야 하는가? 그리고 하나님 나라와 세상의 관계는 어떻게 이해되어야 하는가? 세상정부와 권력이 하나님 나라를 이루는 데 어떤 영향을 끼친다고 생각하는가? 또한 예수께서는 하나님 나라를 이루기 위해 세상의 권력과 폭력의 문제를 어떻게 대하셨는가?

그리스도의 속죄와 관련해서 우리는 예수께서 십자가를 지신 까닭에 대해 깊이 성찰할 필요가 있다. 왜 십자가여야 했는가? 과연 십자가를 진다는 것이 실제로 우리의 삶에서 어떻게 나타날 수 있는가? 십자가를 진다는 표현이 우리의 삶에서 잘못 적용된 사례는 없는가? 또한 오늘날 교회는 십자가를 지기 위해 구체적으로 어떤 일을 해야 한다고 생각하는가?

예수의 정체성은 그의 삶과 죽음으로부터 시작해서 부활을 통해 완성된다. 마땅히 그리스도인들은 인간 예수의 삶에 관심을 가져야 한다. 제자도의 삶은 예수의 삶을 본받는 것이고 그의 발자국을 따라가는 것이다. 그러므로 예수를 따라가는 삶은 이 땅의 모든 그리스도인들에게 열려있고, 차별이 없는 형태여야 한다. 어떤 동기와 배경에서 나왔든 모든 그리스도인들에게 예수 그리스도의 삶과 사역은 동일하게 적용되어야 한다. 예수의 남성성이 성차별이나 인종차별의 근거로 오용되어서는 안 될 까닭이 바로 여기에 있다.

예수 그리스도의 삶을 따라가는 사람들에게는 '제3일'의 신앙이 필요하다. 오늘과 내일과 모레는 갈 길을 가야 한다(눅 13:32-33)는 예수의 말씀은 뜻을 끝까지 굽히지 않고 타협하지 않겠다는 의지를 표방한 것이다. 그러므로 권력과 폭력적인 방법을 거부하고 십자가의 길을 가는 것이 오늘 우리들이 따라가야 할 방식이고 목표지만, 그것을 포기하거나 타협하지 않고 끝까지 가는 것이 중요하다. 그래서 예수를 따라간다는 말은 단지 그의 교훈을 실천하는 차원을 넘어서 존 요더(John H. Yoder)의 말처럼 예수와 운명을 같이 한다는 말이기도 하다.

그 길의 끝에 기다리고 있는 예수의 운명은 이 세상을 살아가는 그리스도인에게 요구하는 삶과 죽음의 방식이다. 삶과 죽음은 분리될 수 없다. 삶의 연장선에 죽음이 따라오기 때문이다. 예수의 삶을 살지 않고는 예수의 죽음을 맞이할 수 없다. 예수의 죽음과 무관한 삶의 방식은 결코 예수의 삶과도 무관할 수밖에 없다. 그 점에서 예수의 부활은 그의 삶과 죽음의 결론이며, 교회공동체의 종말론적 소망의 근거다.

주(註)

1) 김용복, "그리스도의 길에 대하여," 「뱁티스트」 (1997년 5월): 77-84에 실린 글을 일부 첨삭수정.
2) 도스토예프스키의 소설 「카라마조프가의 형제들」에 삽입된 "대심문관"이라는 서사시는 당시 종교재판이 난무하는 시대상과 교회의 병폐를 고발하기 위해 예수의 유혹 사건을 풍자적으로 재해석한 것이다. 작가는 대심문관의 입을 통해, 교회가 어떤 명분으로 예수의 가르침을 거부해왔는지를 다음과 같은 도발적인 말로 항변했다: "양심을 영원히 지배하고 사로잡을 강력한 세 가지 힘이 지상에 존재하오. 그 힘은 다름 아닌 기적과 신비와 교권이오." 이는 예수께서 거부했던 사탄의 유혹을 교회가 받아들여 행세해왔다는 것을 비판한 것이다. Fyodor Dostoevsky, 「대심문관」, 이종진 편역 (서울: 한국외국어대학교출판부, 2004).
3) 예수의 논쟁 부분은 김용복, "전통과 예수," 「뱁티스트」, 34호 (1997년 6월): 81-5에서 인용.
4) Miroslav Volf, 「광장에 선 기독교: 공적 신앙이란 무엇인가」, 김명윤 옮김 (서울: IVP, 2014), 94.
5) 이 부분은 김용복, "전통에 도전하신 예수," 「뱁티스트」, 35호 (1998년 1/2월): 90-2에서 발췌.
6) 미쉬나=구전된 전통이 주전 2세기에 기록된 것. 게마라=미쉬나에 대한 주석. 탈무드=미쉬나+게마라.
7) Ibid., 92-5.
8) 이 부분은 김용복, "옛 계명과 새 계명," 「뱁티스트」, 36호 (1998년 3/4월): 50-5에서 발췌.
9) Richard A. Horsley, "예수와 제국," 「제국의 그림자 속에서」, 정연복 옮김 (고양: 한국기독교연구소, 2014), 158.
10) Rene Girard, *Things Hidden since the Foundation of the World* (Stanford: Stanford University Press, 1987), 159-64, Ted Peters, 「하나님-세계의 미래」, 이세형 옮김 (서울: 컨콜디아사, 2006), 398에서 재인용.
11) Horsley, "예수와 제국," 154.
12) 이신건, 「조직신학입문」, 199-200 참조.
13) 김명용, 「현대의 도전과 오늘의 조직신학」 (서울: 장로회신학대학교출판부, 1997), 28-31.
14) J. Moltmann, 「정치신학, 정치윤리」, 조성노 역 (서울: 심지, 1985), 48.
15) 김용복, "기독교신앙의 폭력성은 어디에서?" 「곁에 머물다: 그 봄을 기억하는 사람들의 겨울 편지」, NCCK 세월호참사대책위원회 (서울: 대한기독교서회, 2014), 121-4.
16) 부정적 의미로 번역한 성경은 공동(개정)번역, NRSV, TEV 등이고, 긍정적 의미로 번역한 성경은 (표준)새번역, 쉬운 번역, NIV 등이다.
17) Sunsara Taylor, "Battle Cry for Theocracy," Truthdig.com, May 11, 2006, http://www.truthdig.com/report/item/20060511-battle-cry-theocracy, Chris Hedges, 「지상의 위험한 천국: 미국을 좀먹는

기독교 파시즘의 실체」, 정연복 옮김 (서울: 개마고원, 2012), 57에서 재인용.
18) R. T. France, *The Gospel of Matthew*, New International Commentary on the New Testament (Grand Rapids: Wm. B. Eerdmans, 2007), 429-31.
19) KJV의 번역: "And from the days of John the Baptist until now the kingdom of heaven suffereth violence, and the violent take it by force."
20) Grenz, 「조직신학」, 417.
21) Kevin J. Vanhoozer, "속죄," 「현대신학지형도: 현대신학 각 주제에 대한 현대적 개관」, 박찬호 옮김 (서울: 새물결플러스, 2016), 305.
22) Millard J. Erickson, *Christian Theology*, vol. 2 (Grand Rapids: Baker Book House, 1984), 794-5.
23) 이종성, 「그리스도論」 (서울: 대한기독교서회, 1984), 165-6.
24) Kosuke Koyama, "The Crucified Jesus Challenges Human Power," in *Asian Faces of Jesus*, ed. R. S. Sugirtharajah (Maryknoll: Orbis Books, 1993), 155, Migliore, 「기독교조직신학개론」, 367에서 재인용.
25) Peters, 「하나님-세계의 미래」, 380.
26) 이종성, 「그리스도論」, 167-8.
27) Vanhoozer, "속죄," 307-8.
28) Peters, 「하나님-세계의 미래」, 396.
29) John Calvin, 「기독교강요」, 상, 원광연 옮김 (고양: 크리스챤다이제스트, 2003), 624.
30) Erickson, *Christian Theology*, vol. 2, 788-92; Dale Yocum, 「기독교신조대조」, 손택구 역 (서울: 예수교대한성결교회출판부, 1988), 130-4.
31) Vanhoozer, "속죄," 320-1. 현대신학에서 논의되는 다양한 형태의 속죄론에 대해서는 벤후 저의 같은 논문, 306-47 참조.
32) Ibid., 323.
33) Ibid., 325.

제2부

구원의 기둥: 신앙을 통해

the Pillar of Salvation: through Faith

12
신앙: 은혜와 자유의 만남

> 믿음은 바라는 것들의 실상이요 보이지 않는 것들의 증거니
> 선진들이 이로써 증거를 얻었느니라
> 히브리서 11장 1-2절

    신앙이라는 말은 누구에게나 친숙하고 익숙한 용어지만, 그것을 정확하게 정의하기는 그리 쉬운 일이 아니다. 뿐만 아니라 그것에 대한 오해와 왜곡도 많이 일어나기 때문에 신앙을 말할 때는 신중함과 예민함이 필요하다. 또한 신앙은 인간의 다양한 활동 가운데 영적이고 초월적인 영역뿐 아니라 정치경제적인 문제에도 깊이 연관되어 있기 때문에 그 중요성이 더해진다.

    신앙은 어느 특정한 문제에 국한되는 것이 아니라 인간의 모든 행동과 관련된다는 점에서 총체적이다. 어떤 신앙을 가지고 있는가에 따라 우리의 행동과 삶은 달라지기도 한다. 일상생활에서 중요한 행동의 근거로 작용하는 것도 신앙과 무관하지 않다. 승용차나 대중교통을 이용해서 출퇴근을 하는 사람들은 그 교통수단이 목적지까지 무사히 인도해줄 것이라는 하나의 신앙이 있기 때문에 그것을 이용한다. 그 점에서 신앙은 일차적으로 무엇 혹은 누군가에 대한 신뢰(trust)를 의미한다. 하지만 신앙이 단순히 누군가를 신뢰하는 것만을 의미하지는 않는다.

    일상적 혹은 종교적 삶 가운데서 드러나는 신앙의 모습은 다음과 같은 질문들과 밀접한 관련을 맺고 있다. 하나님은 어떤 분이신가? 하나님은 우리를 어떻게 도우시는가? 하나님의 뜻을 어떻게 알 수 있는가? 나는 어떻게 구원을 받을 수 있으며, 구원의 대상은 어디까지인가? 이런 질문들은 우리의 삶 전반에서 제기되

는 신앙의 근본적인 문제와 연결되어 있다. 우리가 어떤 결정을 하고 어떤 길을 가느냐 하는 것은 신앙의 유무, 혹은 신앙의 형태로 인해 결정된다. 그 점에서 신앙은 "특별한 인간들이 추구하는 기이한 행위가 아니라, 모든 인간들이 지니는 삶의 근본적인 태도"라고 할 수 있다.1) 따라서 폴 틸리히는 이런 신앙의 특징을 "인격의 총체적이고 중심적이고 무조건적인 행위이며 무한하고 궁극적인 관심"이라고 정의한 바 있다.2) 신앙은 우리의 중심에서 우러나오는 것이지만 동시에 그것은 우리 안에서 나오거나 그것에 머무는 것이 아니다. 신앙은 우리의 밖에서 오는 것이며 동시에 무한하고 궁극적인 어떤 것을 지향한다.

기도의 목적이나 태도도 신앙의 차이에 따라 그 양상이 다르게 나타난다. 어떤 이는 자신의 부귀영화를 위해서 기도한다. 하나님은 우리에게 부귀영화를 주시는 분이라는 신앙이 있기 때문이다. 그러나 어떤 이는 다른 사람을 위해 자기가 어떤 희생을 할 수 있으며, 또 어떤 일을 해야 할지를 위해 기도한다. 또 어떤 이는 기적을 체험하기 위해 기도한다. 온통 기적을 이루었다는 사람들의 간증에만 집착하는 경향이 있다. 자신의 삶을 통해서도 그 일을 이루고자 하며 하나님도 그것을 원하신다고 믿기 때문이다.

질병에 걸렸을 때 어떻게 반응하느냐 하는 것도 신앙의 문제와 관련이 있다. 어떤 이는 병에 걸리면 단숨에 병원이나 약국으로 달려간다. 병을 치료하는 것은 약이라고 믿기 때문이다. 그런데 어떤 이는 병원 대신 기도원으로 들어간다. 병을 치료하는 것은 하나님이라고 믿기 때문이다. 물론 이런 극단적인 두 가지 태도만 있는 것은 아니다. 어쩌면 대부분의 신앙인들은 하나님이 약을 통해 치료하신다고 믿기 때문에 자연스레 기도하며 병원을 찾게 될 것이다. 문제는 왜 그런 질병에 걸렸는가 하는 것에 대한 해석이다. 병의 원인을 어떻게 진단하느냐에 따라 처방이 달라지는 것은 당연한 일이다. 질병의 원인은 죄 때문인가? 병에 걸렸을 때 죄를 회개하면 치유되는가? 하나님 앞에서 성결하면 어떤 병에도 걸리지 않는가? 심지어 모든 질병은 귀신이 가져다주는 것인가? 이처럼 질병을 보는 관점에 따라 해결방법도 달라진다. 어떤 질병은 하나님 앞에서 회개해야 할 죄 때문일 수 있지만, 또 어떤 질병은 본인의 부주의한 건강관리 때문일 수 있다. 어떤 경우에라도 우리는 먼저 하나님께 기도하는 것이 중요하다. 그러나 질병의 다

양한 원인을 진단하고 해결하려는 노력은 우리의 몫이다.3)

결과적으로 일상적 삶과 연관된 신앙의 형태들을 살펴보면 대체로 두 부류로 나뉜다. 하나는 십자가를 목적으로 하는 신앙이고, 다른 하나는 십자가를 수단으로 삼는 신앙이다. 십자가가 목적이 되는 신앙을 가진 사람은 현세적 복을 포기하고 자기희생의 길을 걷지만, 그것을 수단으로 삼는 사람은 현세적 기복신앙을 기독교신앙의 전부인양 생각한다. 신앙은 어떤 점에서 우리의 삶에 디딤돌로 작용하기도 하고 또 어떤 때는 그것이 오히려 걸림돌이 되기도 한다. "과연 나의 신앙은 어떠한가?" "나는 무엇을 믿고 있는가?" 그리고 "왜 그것을 그런 방식으로 믿고 있는가?" 깊이 생각해볼 일이다.

신앙의 일반적 이해

신앙의 원초적 문제는 하나님과 우리의 관계에서 형성된다. 그리고 이 양자 간의 관계는 무엇보다도 구원의 문제에서 절정에 달한다. 기독교신앙은 궁극적으로 이 구원의 문제를 해결하는 데 가장 중요한 의미를 부여한다.

신앙의 정의

신앙의 일차적 의미는 '신뢰'와 관련이 있다. 예수께서 보여주고 가르친 신앙도 신뢰하는 신앙이었다. 이 세상에서 어린아이가 부모에 대해 가지고 있는 신뢰만큼 절대적인 것이 있을까? 예수께서 하나님을 '아빠'(abba)라고 부른 것도 부모에 대한 어린아이의 신뢰 같은 신앙을 가지라고 가르친 것이 아니겠는가. 따라서 신앙의 본질은 관계 속에서 파악된다. 신앙하는 자와 신앙의 대상 사이의 관계가 요구되는 것이다.

신앙의 본질을 파악하려면 이 두 요소, 즉 하나님과 인간의 측면을 함께 고려해야 한다. 그 하나는 하나님의 은혜(grace)고 다른 하나는 인간의 반응으로서 자유(freedom)다. 그 점에서 기독교신앙의 구조는 하나님의 은혜, 즉 구원의 사건에 대한 인간의 응답으로 이루어져 있다. 신앙이 인간의 응답으로 나타난다는 것은 "모든 세대에 대하여 일어난 하나님의 구원사건은 신앙 안에서 현재의 구체적인 사건이 된다"⁴⁾는 말과 통한다.

따라서 신앙이 없는 구원은 있을 수 없다. 동시에 과거의 사건은 언제나 오늘의 사건이 된다. 과거의 한 사건이 우리의 신앙에 의해 현재 우리의 구원을 가능하게 하기 때문이다. 여기에서 우리의 관심은 응답이라는 인간적 측면에 있다. 이 응답은 신앙의 핵심에 속하며 궁극적으로 인격적 신뢰를 의미한다. 신앙은 하나님에 의해 씨앗이 던져지고 인간이 그 씨앗을 품을 때 결실을 맺는다.

폴 틸리히는 이것을 신앙의 주관적 측면과 객관적 측면으로 설명했다. 그는 신앙을 "궁극적 관심"으로 정의하면서 "믿는 것을 통해 얻는" 신앙과 "믿게 되어진" 신앙이 연합한 것이라고 주장했다. 여기서 첫 번째 신앙은 "인격의 중심적 행위"로 해석되고, 두 번째 신앙은 "궁극적 존재 자체에게로 인도"되는 것으로 해석된다. 이 둘의 관계는 어느 하나가 배제되면 성립되지 않는다. 이는 "주체와 객체로서 존재하기도 하고 주체와 객체를 초월하여 존재"하기도 한다.⁵⁾

신앙과 역사

역사는 하나님의 일반계시와 특별계시가 함께 나타나는 자리다. 그런데 그 역사 속에 드리워있는 구원의 사건은 신앙이라는 눈을 통해 읽혀진다. 따라서 성경의 역사는 신앙 안에서 이해될 수밖에 없다. 사실 모든 역사는 객관적으로 해석되지 않는다. 역사라는 것 자체는 객관적 의미나 본래적 의미를 가지지 않는다. 그 점에서 모든 역사는 '해석된 역사'(geschichte)다. 구원의 역사는 신앙의 눈으로 볼 때 의미가 있다: "기독교신앙은 단순히 구속적 역사적 행위를 요구할 뿐 아니라 그 의미와 의의를 요구한다. 역사적 연구 자체만으로는 어떤 과거의 사건을 보장하는 데 무능하며 또 그 의미나 신학적 취지를 인용하는 데 무능하다."⁶⁾

복음서에 기록된 역사적 사실도 어떤 점에서 보면 해석된 역사라고 할 수 있다. 그것은 예수의 생애를 연대기적으로 소개하는 것보다 생명을 얻게 하려는 목적으로 기록된 글이기 때문이다(요 20:31). 그리스도인은 현재 여기에 살면서 동시에 신앙을 통해 과거와 미래를 함께 사는 존재다. 따라서 어떤 신앙을 가지고 있는가 하는 것이 현재의 삶을 결정한다고 할 수 있다. 그 점에서 신앙도 역사를 떠나서는 의미가 없다. 이 세상의 역사를 외면하고 저 세상만을 말하는 신앙은 건강하지 못하다. 특별히 기독교신앙이 예수 그리스도를 따르는 것이라면 당연히 역사적일 수밖에 없다. 왜냐하면 예수의 삶이 "역사적 사건과 결부"되어 있고, 그 자신은 "이 땅에 온 목적과 사명을 구체적이고 역사적인 해방과 연결하여 선포"(눅 4:18-19)했기 때문이다.7)

신앙과 문화

신앙과 문화의 관계는 어떻게 이해되어야 하는가? 기독교 신앙은 세상의 문화를 수용해야 하는가, 아니면 배척해야 하는가? 수용하는 것이 필요하다면 어디까지 해야 하며, 배척한다면 어떤 근거로 어디까지 해야 하는가? 사실 문화에 대해 어떤 신앙을 가지고 있는가에 따라 그리스도인의 삶은 양상을 달리 하게 될 수밖에 없다. 세상문화를 긍정적으로 받아들일 경우 기독교신앙의 본질이 희석되거나 왜곡될 수 있고, 반대로 부정적으로 거부하면 세상과 분리되어 세상을 치유하고 구원할 그리스도인의 사명을 외면할 수 있다.

리처드 니버(H. Richard Niebuhr)는 「그리스도와 문화」에서 신앙과 문화의 관계를 분석하고 문화에 대한 그리스도인의 태도를 다섯 가지로 제시했는데,8) 미로슬라브 볼프(Miroslav Volf)는 이런 유형화가 "지나치게 포괄적이고 추상적"이며, 그 구분이 "분명"하지도 않고, "하나의 범주 이상의 요소들이 서로 결합"되어 나타나기 때문에9) 설득력이 떨어진다고 보았다. 볼프는 문화에 대해서 그리스도인이 좀 더 복잡한 태도를 가질 필요성을 말하면서, 세상을 고치려하지 않거나 강제적 방법으로 타인에게 강요하는 신앙을 "심각한 기능장애"에 빠진 신앙으로 규정했다. 나아가 그리스도인은 이 세상에 선한 삶을 실현하는 그리스도에 대한 증인이 되어야 하며, 다른 신앙을 가진 사람들과 어떻게 살아가야 하는지에 대해 "정치적인 기획으로서 다원주의"를 포용해야 한다고 주장했다. 이는 종교적 다원성(plurality)을 인정하고 종교적 정치적 자유를 부여하는 것을 포함한다.10) 결국 볼프가 내린 처방책의 목표는 "기독교신앙을 실천하여 우리의 개인적인 삶과 문화에서 어그러진 모습을 바로잡고 우리 모두가 하나님의 피조물로서 번성"하게 되는 것이다.11)

그리스도인은 예수의 명령에 따라 세상에 나아가 '빛과 소금'의 역할을 해야 한다. 이를 원천적으로 봉쇄하게 만드는 신앙은 성경적이라고 말할 수 없다. 세상의 문화가 모두 악하거나 선한 것은 아니다. 그러므로 세상과 관계할 때, 예수 그리스도의 삶과 사명이라는 차원에서 기준을 정하고, 그의 사명을 이어가는 방향으로 나가야 한다. 그러기 위해서는 세상문화에 매몰되어서도 안 되지만, 세상 문화를 완전히 배제해서도 안 된다. 이를 다른 말로 하면 세상에 대한 교회의 '포용과 배제의 변증법'이라 할 만하다.[12]

신앙의 요소들과 참된 신앙

신앙을 들여다보면 몇 가지 두드러진 성향이 나타난다. 여기에는 지적 요소, 의지적 요소, 감정적 요소가 일정한 형태로 결합되어 있다. 가장 이상적인 신앙은 이 세 가지 요소가 균형과 조화를 이룰 때 가능하다. 어느 하나로 편중될 때 신앙은 왜곡된다. 틸리히는 신앙을 "총체적인 인격의 중심적 행위"라고 보았다. 그는 "인격의 총체성"을 구성하는 기능들 가운데 하나가 지나치게 신앙과 동일시되면 왜곡이 일어난다고 주장했다. 그의 설명에 따르면, 첫 번째 현상은 "지적 왜곡"인데, 이는 신앙을 단순한 지적 확신 내지는 신뢰와 동일시하기 때문에 일어난다. 둘째 현상은 신앙에 대한 "자발적 왜곡" 혹은 "심리적 왜곡"인데, 이는 무엇인가를 믿겠다고 결심하는 것을 신앙으로 동일시할 때 나타난다. 셋째 현상은 신앙의 의미에 대한 "감정적 왜곡"이다. 그는 "종교를 감정적인 구석으로 몰아넣는 데에만 특별한 관심을 가진 사람들"은 "진정한 종교"를 받아들일 수 없다고 일갈했다.[13]

지식적 신앙

지식적 신앙은 합리적이고 역사적인 요소를 갖추고 있지만, 진리를 도덕적, 영적 목적 없이 순전히 지성으로 이해하려는 경향이 있다. 이런 유형은 엄밀한 의미에서 진정한 신앙이라고 말하기 어렵다. 이러한 신앙은 인격적 관계가 형성되지 않고, 어떤 사실을 받아들이는 하나의 지식에 불과할 수 있기 때문이다. 이런 지식은 신앙의 한 요소로서 작용할 수 있지만, 이것만으로는 참된 신앙이 될 수 없다.

교회나 신학교에서 가르치는 교리를 그대로 암기하는 것만으로는 진정한 신앙이 될 수 없다. 기독교교리를 학습하는 것이 신자들에게 필요한 것은 사실이지만, 그것이 단순히 지식습득의 방편으로 전락하면 신앙과는 무관할 수 있고 오히려 신앙의 독(毒)으로 작용할 수 있다. 반면에 교리학습이 자신의 신앙을 성찰하고 반성하는 수단이 된다면 그것은 신앙을 더욱 풍성하게 만드는 좋은 안내자가 될 수도 있다. 여기서 주목할 사실은 원인과 결과의 관계다. 교리적 지식이 원인이 되고 그 결과로 신앙이 산출되어서는 안 된다. 이는 신앙이 "지식의 결론으로부터 생겨나는 것은 아니지만, 그 자체 안에 항상 지식을 포함"한다는 것을 의미한다.[14] 그러므로 단지「사영리」나 어떤 전도용 소책자를 읽고 그 순서에 따라 신앙고백을 했다고 해서 그것만으로 참된 신앙이 이루어졌다고 말하기는 어렵다. 물론 그런 경험이 신앙의 길로 안내하는 문을 열어줄 수는 있지만, 그것만으로 충분하지 않기 때문이다. 한 번의 지적 동의로 값싼 은혜를 받듯이 너무 쉽게 영원한 구원을 약속하는 것은 한국 교회가 겪고 있는 '사영리 전도법'의 병폐 가운데 하나다.

요아힘 바흐(Joachim Wach)는 종교체험의 네 가지 요소를 궁극성(ultimacy), 전적 반응(total response), 강렬성(intensity), 행동(action)으로 분석하고 이 네 가지 요소 가운데 하나라도 결여된다면 그것이 진정한 종교체험이 아니라고 주장했다.[15] 지식적 신앙만으로는 위에서 말한 네 가지 요소 가운데 어느 것과도 필연적 관계를 맺기 어려워 보인다. 무엇보다 지식적 신앙의 가장 큰 맹점은 행동이 따르지 않는다는 데 있다. 그 때문에 성경은 이런 신앙을 모래 위에 지은 집과 같고(마 7:26), 귀신들도 가지고 있는 신앙(약 2:19)이라고 비판한다.

기적적 신앙

이성적이고 지적인 신앙의 반대편에는 반지성적이고 초자연적 신비주의와 연관되는 기적적 신앙이 있다. 이 신앙은 자신이 하나님의 능력을 힘입어 이적을 행할 수 있으리라는 능동적 의미와 하나님이 자신을 위해 이적을 베풀어주실 것이라는 수동적 의미를 모두 함축한다. 전자는 겨자씨만한 믿음이 있으면 산을 옮길 수 있다는 신앙(마 17:20), 믿는 자는 표적이 따르는 데, 귀신을 내쫓고 새 방언을 말하며, 뱀을 집으며 무슨 독을 마셔도 해를 받지 않을 것이라고 믿는 신앙이다(막 16:17-18). 후자는 네 믿음대로 되리라는 축복을 받은 백부장의 믿음(마 8:13)과 구하면 하나님이 모두 들어주실 것이라고 믿는 마르다의 신앙이다(요 11:22). 이 신앙은 필연적이지는 않지만, 구원의 신앙을 수반할 수는 있다(행 14:9). 하지만 기적적 신앙이 곧바로 구원의 신앙으로 귀결되는 것은 아니다. 경우에 따라서 이런 신앙은 오히려 참된 신앙을 가로막는 장애가 되기도 한다. 체험적이지만 건전하지 못한 맹목적, 신비주의적 신앙이 될 수도 있기 때문이다.16)

그런데 문제는 한국 교회에 이런 기적적 신앙이 차지하는 현상이 지나치게 만연되어 있다는 점이다. 각종 은사와 기복을 추구하는 신앙이 어느 틈엔가 그 한계를 넘어선 듯하다. 특히 표적을 구하는 신앙은 기독교신앙의 본질을 심각하게 왜곡하는 것이므로 철저한 자기성찰이 필요하다. 강만원은 표적신앙의 오류에 대해 다음과 같이 지적했다: "예수 영성의 근본은 초능력이 아니라 자신의 생명을 바쳐 타인을 구원한 거룩한 사랑이다. 예수 그리스도의 영성을 드러내지 못하는 초능력은 뛰어난 '마술'일 수는 있어도 그리스도의 성령이 역사하는 진정한 은사라고는 할 수 없다."17) 합리적이고 지성적 신앙이 가지고 있는 문제점도 분명 적지 않지만, 그럼에도 오늘날 한국 교회는 오히려 지성적 신앙의 수급을 절실히 필요로 하는 실정이다.

감정적 신앙

어떤 신앙은 일시적이고 감정적인 형태로 나타날 때가 있다. 감정적 신앙은 양심을 자극하거나 마음의 감동을 일으키기는 하지만 중생한 심령에 뿌리박지 못한 주관적이고 감정적 확신에 불과할 수 있다. 비유컨대 이는 돌밭에 뿌려진 씨앗과 같은 신앙이다(마 13:20-21). 이런 신앙은 지속적이지 못하고 환난이나 핍박이 오면 상실되기 쉽다. 때때로 이 신앙은 위선적 신앙이 될 가능성도 있다. 이처럼 감정적 신앙을 가진 자들은 자기들이 진정한 신앙을 가지고 있다고 믿지만, 그 신앙의 실체는 허구일 때가 많다. 또한 이 신앙은 인격적인 관심을 보여줄 수는 있지만 역사적 신앙과는 무관해질 위험이 있다. 그 속에는 신앙의 본질적 뿌리가 없기 때문에 진정한 구원의 신앙과도 구별된다. 이러한 신앙은 감정적 생활에 기초하며, 복음적 삶보다는 개인적인 향락을 추구하려는 경향이 크다.

바람직한 신앙

바람직한 신앙은 지, 정, 의가 균형을 이루며 형성된 신앙이다. 여기서 지(知)는 진리에 대한 긍정적 인식을 말하고(히 11:1), 정(情)은 감정의 실존적 참여 및 동의를 의미하며, 의(意)는 신뢰와 실천을 뜻한다. 이 신앙은 인간의 행위로 인해 확실성이 보장되는 것이 아니라, 하나님에 의해 야기될 때 가능해진다. 다시 말하면 이 신앙은 하나님에 의해 씨앗이 던져지고 인간이 그 씨앗을 품을 때 완성된다(은혜 + 자유 = 신앙). 이는 비유컨대 마치 옥토에 떨어진 씨가 결실을 맺는 것과 같다(마 13:23).

택함을 받는다는 것은 단순히 하나님으로부터 일방적으로 점지되는 것을 의미하지 않는다. 아브라함이 택함을 받은 사건의 과정에는 떠나는 것과 결실을 맺는 것이 함축되어 있다. 아브라함은 끝까지 길을 떠나 결실을 맺었고, 데라는 중도에 포기해서 결실을 맺지 못했다(창 11:31-12:1). 따라서 참된 신앙은 성령에 의해 생성되고 인간의 신뢰와 행위에 의해 완성되는 신앙이다. 그 점에서 신앙은 "성격상 실존적"이다. 신앙은 "역사적 지식이나 심지어는 지적인 동의"를 넘어서서 "자신의 의지를 포함"하고 "전 인격이 참여하는 어떤 것"이다.[18] 그렇기 때문에 신앙은 어떤 상태로 고정된 것이나 소유하고 있는 어떤 물질이 아니다. 신앙은 "우리가 호주머니에 넣고 다닐 수 있는 유리알이 아니라, 우리가 항상 뛰어드는 액체"와 같이,[19] 유동적이며 변화하는 것이다.

신앙과 궁극적 관심

진정한 신앙은 '거룩'(holiness)의 문제와 밀접한 관계가 있다. 신앙은 궁극적 관심이고 궁극적 관심은 거룩함에 대한 관심이기 때문이다. 폴 틸리히에 따르면, 신앙의 영역 안으로 들어간 사람은 "삶의 거룩한 장소"로 들어가는 것이고 신앙이 있는 곳에 "거룩에 대한 자각"이 있다.[20] 그는 "거룩에 대해 자각한다는 것은 거룩한 것의 임재 즉, 궁극적 관심의 내용에 대해 자각하는 것"이라 보았다. 이 자각은 구약성경 안에 "광범위하게 표현"되었는데, 이는 루돌프 오토(Rudolf Otto)

가 묘사한 것과 같이 "거룩의 성격에 매혹되면서 동시에 거룩의 성격으로 인해 요동치는" 신비와 통한다.21) 하지만 틸리히는 이 거룩이라는 개념이 신성한 것과 악마적인 것을 모두 포함하고 있다고 전제하면서, 그것을 신앙의 문제와 다음과 같이 연결시켰다:

> 악마적이고 파괴적인 거룩의 내용은 맹신의 내용과 동일하다. 하지만 맹신 역시 여전히 믿음이다. 악마적인 거룩 역시 여전히 거룩이다. 이것을 통해 우리는 이 세상에서 가장 모호한 성격을 가진 것이 종교이며 가장 위험한 성격을 가진 것이 믿음임을 알 수 있다. 믿음의 위험은 바로 맹신에 있으며 거룩의 모호성은 바로 악마적이 될 수 있다는 가능성에 있다. 우리의 궁극적 관심은 우리를 치료할 수도 있으며 파괴할 수도 있다. 하지만 우리가 궁극적 관심을 가지고 있지 않다면 그것을 경험할 수조차 없게 된다.22)

거룩과 신앙에 대한 틸리히의 이런 분석은 우리에게 신앙이 가지고 있는 이중성을 경고한다. 따라서 신앙이 어떻게 작동하는가에 따라 우리의 삶은 전혀 다른 양상으로 나타날 수 있다는 사실을 기억해야 한다. 특히 겉으로는 신앙의 모습을 띠고 있지만, 실상은 궁극성을 잃어버린 신앙은 일종의 '가짜'(pseudo) 신앙이다.

신앙과 신앙체계

모든 형태의 신앙은 불가불 하나의 신앙체계를 구성할 수밖에 없다. 신앙이 신학과 떨어질 수 없는 관계라는 것은 바로 이런 측면을 두고 말하는 것이다. 전체의 틀 속에 서로 연결되지 않은 단편적인 신앙은 없다. 어떤 신앙체계를 갖추느냐 하는 것은 신앙의 성격과 본질을 형성하는 데 결정적 영향을 끼친다. 그러므로 신앙에 대한 신학적 성찰은 끊임없이 계속되어야 한다. 이런 신학적 성찰을 통해 개인의 신앙체험은 건강한 공적(public) 신앙으로 자리매김한다.

가짜 신앙체계

신앙이 진짜인지 가짜인지는 어떻게 판별될 수 있는가? 어떤 기준으로 그것의 진위를 판단할 것인가? 다니엘 밀리오리는 신학적 성찰의 기준으로 다음의 네 가지를 제시했다: 복음의 충실성, 통전성, 적합성, 실천성. 그의 설명에 따르면, 다음과 같은 네 가지 질문을 통해 그 진위를 분별할 수 있다. 신앙은 얼마나 복음에 충실한가? 신앙은 복음의 진리에 단편적이 아닌 통전적으로 대응하는가? 신앙은 현실에 얼마나 적합한가? 신앙은 현실을 변혁하고자 실천하는가? 이학준은 이 네 가지가 결여될 때 나타나는 현상에 대해 다음과 같이 설명했다:

> 복음에 대한 충실성이 빠질 때 우리의 개인적인 사견이나 이기심을 따라 진리에 대한 왜곡이 일어나고, 통전성이 결여될 때 우리가 해석하는 복음은 균형을 잃어 한 부분을 마치 복음의 전체인 것처럼 해석하여 신앙이 병들게 됩니다. 현실에 대한 적합성이 없을 때 우리는 세상과 상관없이 자기 의나 독선주의에 빠지게 되고, 실천성이 결여될 때 현실의 도전은 회피하고 말만 외치는 공허하고 무책임한 자들이 되고 맙니다.[23]

사실 이런 네 가지 기준에 미달되는 신앙체계를 우리는 사이비신앙 혹은 가짜신앙이라고 부른다.

가짜 신앙체계에 해당하는 대표적인 현상들에는 기복/보상주의, 율법/선행주의, 신비/은사주의, 맹목/교조주의 등을 들 수 있다.[24] 첫 번째, 기복/보상주의는 복음을 제대로 이해하지 못한 신앙이고, 복음에 충실하지 못한 신앙이다. 그렇기 때문에 신앙의 목적에서 진정성이 결여될 수밖에 없다. 이는 결국 자기 자신의 이기적 만족감을 충족시키는 데 집중한다. 두 번째, 율법/선행주의는 복음의 통전성을 손상시킨 신앙이다. 신앙의 한 측면만을 크게 부각시켜서 복음의 균형을 잃어버린 신앙양태라고 할 수 있다. 이는 대개 신앙이 위로부터 임한다는 '신적 측면'에 대한 이해가 왜곡된 형태로 나타난다. 신앙에서 하나님의 은혜라는 측면을 망각하고 자신의 행동을 통해서 의를 이루려하기 때문이다. 세 번째, 신비/은사주의는 복음의 적합성이 결여된 신앙이다. 이는 신앙이 사회에 어떤 영향을 끼쳐야 하고, 어떤 관계를 맺어야 하는지에 대한 진지한 사회적 성찰이 결여된 신앙이다. 이는 신앙의 궁극적 가치, 즉 사랑의 실천을 실현하는 데 가치를 두지 않고, 오히려 그것을 해소하거나 변두리 가치로 전락시킨다. 넷째, 맹목/교조주의는 복음의 변혁적 실천성이 결여된 신앙이다. 복음을 통전적으로 이해하지 못하고 오해하기 때문에 복음에 대한 빗나간 충성심이 양산된다. 이런 빗나간 충성심은 비판적 성찰을 원천적으로 차단하고 맹목적으로 복음 아닌 다른 대상에 충성하고 헌신하게 만든다. 따라서 이런 신앙을 가진 사람들은 특정 지도자를 교조로 섬기거나 우상시하는 함정에 빠지게 되고, 교회와 사회를 변혁하려는 노력이나 복음적 신앙을 실천하려고 하지 않는다. 이 네 가지 가짜 신앙체계 가운데 가장 근원적으로 교회를 병들게 하고 신앙을 변질시키는 요소는 단연 기복/보상주의 신앙이다. 기복/보상은 인간이 본능적으로 추구하는 것이기도 하고 절묘하게 성경적으로 포장되어 마치 그것이 복음의 본질인양 선전되기 때문이다.

기복신앙의 문제점[25]

복을 구하는 것 자체가 비성경적인가 하는 문제는 재고의 여지가 있지만, 신앙의 목적과 행위가 자기 자신의 이기적인 복을 구하는 일에 집착해 있다면 그것은 진정한 신앙의 모습이 아니다. 이런 기복신앙은 결코 궁극적 관심을 지향하지 않는다.

한국 교회가 기복신앙 때문에 위태롭다는 자성의 목소리는 어제 오늘의 문제가 아니다. 사실 모든 종교가 그 나름대로 기복신앙을 경계하지만, 복을 얻고자 하는 신도들의 강렬한 욕구를 외면할 수 없는 것도 엄연한 사실이다. 따라서 기복신앙을 완전히 버릴 수 없기 때문에 그 의미를 영적인 것으로 해석하는 일이 종교 안에서는 자연스럽게 일어나고 있다. 어떤 점에서 복을 구하는 것 자체가 나쁜 것은 아닐지 모른다. 하나님의 은혜로 구원을 받는 것도 어떤 의미에서는 복이요, 건강하고 행복하게 살아갈 수 있는 것도 복이다. 성경은 하나님이 복을 주시는 분이라고 한다(창 12:2). 하나님으로부터 복을 받는다는 것은 결코 나쁜 일이 아니다. 오히려 기쁘고 감사할 일이다. 하지만 여기서 문제를 삼고자 하는 기복신앙은 하나님으로부터 '주어진' 은혜와 복을 말하는 것이 아니라, 자신의 욕심과 이기심에서 '요구하는' 왜곡된 신앙을 의미한다. 그리고 이 왜곡된 신앙이 오히려 정상적인 신앙인 양 그 정체를 숨기고 교회 안에서 보편화되고 있는 현실에 문제가 있다는 것이다.

기복신앙은 왜 나쁜 것인가? 이 세상에 '나쁜'이라고 생각하는 사람이 가장 '나쁜' 사람이라는 말이 있다. 기복신앙의 폐해 가운데 하나는 그것이 바로 이런 '나쁜'이라는 이기적인 신앙이기 때문이다. 또한 기복신앙은 성경에서 우리에게 요구하는 신앙과 거리가 너무 멀기 때문에 결단코 떨쳐버려야 할 신앙양태라고 할 수 있다. 그런데 한국 교회의 기복신앙은 그 정도가 너무 지나치다. 목회자로부터 일반 성도에 이르기까지 기복신앙으로 온통 뒤범벅이 된 듯하다.

기복신앙의 첫 번째 문제점은 그것이 물질적이고 이기적인 신앙양태일 뿐이라는 데 있다. 한국 교회에서 우려하는 기복신앙의 양태는 결코 영적인 기복신앙에 있는 것이 아니다. 사실 '영적'이라는 말과 '기복신앙'이란 말은 서로 양립하기 어렵다. 그러나 한발 양보해서 그런 것이 있다 하더라도, 한국 교회의 기복신앙 실태는 결코 영적인 기복신앙이 아니다. 한국 교회의 기복신앙은 자신의 물질적, 육체적 복을 위해 비는 미성숙한, 더 심하게 말하면 천박한 신앙일 뿐이다. 여기서 미성숙한 신앙이란 자신의 건강, 재물, 출세 등을 위해 날마다 시간마다 하나님께 기도하는 신앙을 말한다. 선을 행하고 악을 금하는 목적이 복을 얻고 재앙을 물리치기 위한 것으로 이해될 때, 그것은 바로 저차원적인 종교윤리가 된다. 기독교의 신앙은 결코 자기 자신만을 위하는 저차원적인 윤리와 동일시될 수 없다.

강단에서 울려 퍼지는 기복신앙의 설교는 오늘날 한국 교회의 영적 수준을 보여주는 단적인 예라 할 수 있다. 기복신앙을 자제하고 좀 더 남을 위해 기도하며 살아야 한다고 가르쳐야 할 교회가 복 받으라고 외치고, 부자 되라고 축원한다. 심지어 복 받지 못하고 부자 되지 못하면 신앙이 없거나, 하나님의 은혜를 받지 못한 사람이라는 의심까지 받아야 할 지경이다. 심지어 돈을 많이 벌면 하나님의 은혜라고 추켜세우지만, 정작 그 돈을 어떻게 벌었는가에 대해서는 말하는 이가 별로 없다.

이런 교회의 기복신앙은 외적 성장주의로 빠르게 치닫는다. 교회의 외적 성장주의는 한국 교회의 문제점을 가장 잘 드러내는 또 다른 현상 가운데 하나다. 대부분 한국 교회들은 크고 안정적인 교회로 성장되는 것이 하나님의 복이라고 믿는다. 그래서 목회의 1순위는 '교회 키우기,' '교인 늘리기'에 집중되는 경우가 많다. 대형교회가 되기 위해서 가장 필요한 것은 당연히 물질적인 자원이라고 생각한다.

이것은 교인수와 직결되는 문제다. 많은 교인들이 교회 안에 몰려들어야 교회는 재정적으로 자립하고 그 자립의 토대 위에 큰 교회를 세울 수 있기 때문이다.

한국 교회의 '교회건축 신드롬'은 교회 기복신앙의 결정체다. 이것은 교회당을 하나님 나라와 동일시하는 현상일 수도 있다. 구약에서 성전을 건축하기 위해 온 힘을 쏟았던 신앙이 오늘날 신약시대에도 그대로 적용되어야 할 신앙의 모범이 되었다. 구약의 성전은 신약의 교회로 대체되었다. 성전이라는 건축물에 갇힌 하나님은 이제 우리 모두의 마음 안에 살아 계신다. 교회는 바로 신자 자신들이요, 신자들의 모임이다. 그러므로 어디나 신자들이 모여 예배하는 그 자리가 교회당이요, 성전인 것이다.

두 번째 문제점은 기복신앙이 일종의 보상신앙이라는 데 있다. 보상을 바라고 하는 행동이나 신앙은 과연 정당한가? 초기 한국 유학자들이 기독교의 복음을 받아들이지 않은 원인 가운데 하나는 기독교가 천국이라는 보상만을 기대하는 종교라고 이해했기 때문이다. 그들에게 신앙은 모름지기 그런 보상을 기대하지 않고 마땅히 해야 할 인간의 '도리'(道理)를 다하는 것이어야 한다. 헬무트 틸리케(Helmut Thielicke)도 신앙은 보상과 무관한 것이라고 주장했다. 그는 "천국의 면류관"에 보석이 하나씩 더 박힌다고 믿으며 열심히 야간에 환자를 돕는 간호사의 말을 듣고 난 뒤, 간호사에 대한 고마운 마음이 사라졌다고 말하면서, 보상을 기대하며 베푸는 선행은 "외식하는" 신앙, 위선적 신앙이라고 질타했다.26)

신앙의 본질적 측면에서 볼 때, 복을 구하기 위해, 어떤 보상을 기대하고 누군가를 믿고 따른다는 것은 성숙한 신앙양태가 아니다. 만일 복을 주지 않는다면 그 신앙의 대상을 버릴 것인가? 철새처럼 복을 장담하는 그런 신앙의 대상으로 옮겨 다닐 것인가? 신앙이란 어떤 대가를 바라는 것이 아니다. 더군다나 그 대가가 이 땅에서 호위호식하며 사는 물질적인 것에 있다면 그것은 더더욱 잘못된 신앙이다.

그러나 어떤 사람은 보상 개념이 완전히 제거된 신앙이 과연 존재할 수 있느냐는 의문을 제기한다. 예수께서도 천국에서 받을 상을 언급하지 않았던가 하고 묻는다. "사람에게 보이려고 그들 앞에서 너희 의를 행하지 않도록 주의하라 그리하지 아니하면 하늘에 계신 너희 아버지께 상을 받지 못하느니라. 네 구제함을 은밀하게 하라 은밀한 중에 보시는 너의 아버지께서 갚으시리라"(마 6:1, 4). 하지만 여기서 말하는 "상"(reward)이 무엇을 의미하는지 살펴보아야 한다. 틸리케는 하나님으로부터 받는 상을 근본적으로 오해하는 것은 "이웃을 목적의 수단으로 삼아 천국의 내 계좌를 불리려는 데 이용해도 된다고 생각"하는 것이라고 지적했다. 그의 설명에 따르면, 하나님이 주시는 상은 "물질이 아니라 그분의 마음"이며, "내가 하나님의 약속과 자비에 전적으로 의존"하게 하는 것이다. 하나님은 "우리를 이끌어 세상과 죄와 난관을 이겨내게 하시며, 현세에나 내세에나 결코 우리를 버리지 않으시"며, "박해의 상징물인 십자가를 높이 쳐들어 화평의 깃발로 탈바꿈"하시는 분이다. 그래서 하나님의 마음을 상으로 받은 우리는 "지극히 가난하고 보잘 것 없는 사람들을 값 주고 사신 그분의 크고 거룩한 희생을 헛되지 않게" 이웃사랑을 하게 되는 것이다.[27] 진정한 신앙은 하나님의 뜻을 헤아려 이 땅에서 실천하는 것이다.

우리는 왜 기도를 하고, 왜 전도를 하며, 왜 봉사를 하는가? 하나님이 주실 어떤 상급을 위해서 하는가? 물론 하나님은 우리에게 상급을 주신다고 약속하셨고, 상 주실 것을 믿으라고도 했다(히 11:6). 따라서 하나님은 분명 우리에게 믿음대로 또 행한 만큼 충분한 상급을 주실 것이다. 하지만 신앙생활이 상급을 바라고 하는 것이라면 그것은 저급한 어린 아이의 신앙에 불과한 것이다. 아이들은 부모에게 무엇인가를 기대하고 봉사한다. 하지만 성숙한 어른이 되면 보상을 기대하고 효도하지는 않는다. 그런 어른이 있다면 그는 미숙한 '어른 아이'일 뿐이다.

보상심리에서 나온 신앙양태는 헌금을 드리는 근본 목적도 변질시킨다. 교회 건축헌금을 종용하면서 하나님께 투자하는 것만큼 확실한 투자는 없으니 힘껏 헌금을 하자고 강변하는 모습을 보면, 그 정도가 너무 심하다는 생각을 하지 않을 수 없다. 헌금은 가장 확실한 투자라며, 하나님께 헌금하면 30배 60배 100배의 이자를 붙여서 돌려주신다고 힘주어 말하는 것은 헌금을 투자로 생각하는 것이 아닌가? 하지만 하나님은 우리에게 그런 이기적이고 달콤한 약속을 하신 분이 아니다.

세 번째 문제점은 기복신앙이 복음의 정신과 상극(相剋)된다는 데 있다. 예수께서 천국에 들어가기에 합당한 조건으로 물질적 풍요와는 정반대 조건들을 내세웠다는 사실을 기억하는 것은 대단히 중요하다. 복음서에 보면 하나님 나라에 합당한 사람은 가난한 사람이며(눅 6:20), 의를 위해 핍박을 받는 자이며(마 5:10), 하나님 나라를 위해 부모와 형제자매도 버린 자(눅 14:26)라고 했다. 반대로 합당하지 않은 사람은 부자요(마 19:23-24; 눅 10:23-25; 막 10:23-25), 손에 쟁기를 잡고 뒤를 돌아보는 자요(눅 9:62), 어린아이와 같지 않은 자요(막 10:15; 마 18:3; 눅 18:17), 물과 성령으로 거듭나지 않은 자다(요 3:5).

또한 성경은 육체의 소욕과 성령의 소욕을 구분하고, 육신의 정욕, 안목의 정욕, 이생의 자랑을 경계한다(요일 2:16). 예수께서는 영혼에 유익이 되지 않으면 눈도 빼고 손도 찍어내라 하셨다(마 5:29-30). 자기 자신을 버리고 죽기까지 제자의 삶을 따르라고 하셨다. 예수께서 40일 동안 사탄에게 세 가지 유혹을 받은 것은 어떤 점에서 기복신앙의 요소들(재물/명예/권력)을 끊어버려야 한다는 강한 메시지다. 교회의 기복신앙도 세상의 기복현상과 다를 것이 없다. 교회에 나가서 복을 비는 것과 큰 고목 밑에서 복을 비는 것은 다를 것이 없다. 이런 신앙행태는 하나님을 세상의 잡신들과 같이 취급하는 것이다. 가장 큰 문제는 하나님의 이름으로 '기복'을 정당화하고 추구하는 것이다. 이는 하나님에 대한 불경이요, 우상숭배와 다를 바가 없다. 어떤 형태로 미화한다 하더라도 교회의 기복신앙은 정당화 될 수 없다. 신앙의 본질과 거리가 멀다. 기복신앙은 한국 교회의 가장 큰 암적 요소다.

기도의 문제는 더욱 심각하다. 기복신앙의 기도는 하나님도 들어주실 수 없다. 왜냐하면 기복신앙은 제 한 몸 잘 되기를 바라는 신앙이기 때문이다. 하나님은 우리가 행복하고 강건하기를 바라는 분이지만, 일부 특별한 사람들만 그렇게 되기를 바라는 분은 아니다. 결코 하나님은 차별적인 사랑을 베푸시는 분이 아니다. 하나님은 사랑 그 자체이신 분이다. 그러나 기복신앙은 다른 사람이 어려움 가운데 고통당해도 나만 잘 되면 그만이라는 식의 신앙이다. 내 아들 대학 붙게 해달라는 기복적 기도는 다른 학생 떨어지게 해달라는 기도와 다를 바 없다. 모든 부모가 다 자기 아들 붙게 해달라고 기도하면 하나님은 누구 기도를 들어 주실까? 우리가 하는 대부분의 기도는 하늘나라에서 "잡동사니 우편물" 취급을 당한다는 말의 의미를 새겨볼 필요가 있다.[28]

하나님의 뜻에 따라 하는 기도가 아닌 기복신앙의 기도는 당연히 이방인처럼 중언부언할 수밖에 없다. 자신의 목적을 달성할 때까지 같은 기도를 반복해서 하는 기도, 이런 기도가 중언부언하는 기도다. 통성기도의 문제점은 하나님의 음성을 들을 준비가 되어있지 않은 기도라는 데 있다. 통성기도가 다 잘못된 기도는 아니지만, 통성기도가 하나님의 음성에는 귀 기울이지 않고 자기 원하는 것만 목청껏 외치는 기도라면, 그것은 기복신앙과 잘 어울리는 기도형태다.

물론 절박한 상황에서 하나님께 매달리며 애절한 심정으로 몸부림치며 기도해야 할 때가 있다. 부르짖으며 하나님을 찾아야 할 때도 있다. 어린 아이처럼 떼를 부리며 간구해야 할 때도 있다. 모든 것이 형통하기 때문에, 혹은 하나님의 응답을 믿지 않기 때문에 열광적으로 기도하지 않는 것은 결코 아니다. 우리는 하나님이 우리의 기도에 귀를 기울이는 분이고, 우리의 억울함에 응답하시는 분이라는 것을 믿는다. 억압과 고통에서 울부짖는 우리의 기도를 듣고 대답하시는 하나님은 "너는 내게 부르짖으라 내가 네게 응답하겠고 네가 알지 못하는 크고 은밀한 일을 네게 보이리라"(렘 33:3) 하셨다.

하지만 우리가 무엇 때문에 절박한 기도를 드리는가? 우리의 기도 내용은 무엇인가? 하나님 나라를 위해서, 이웃 성도의 아픔을 위해서 기도하고 있는가? 아니면 나 자신만을 위해, 내 교회만을 위해 기도하고 있는가? 다른 교회는 어떻게 되는 말든, 우리 교회에만 성도들이 많이 나오게 해달라고 기도하고 있지는 않은가? 다른 사람이야 어찌 되든지 간에 나만 잘 되고 잘 살게 해달라고 기도하고 있지는 않은가? 여기서 가장 중요한 문제점은 우리의 기도가 대부분 하나님의 기본 법칙, 서로 나누라는 명령을 파기하고 있다는 데 있다. 다시 말해서 내가 잘 되기 위해 다른 사람은 어렵게 되고, 내 교회가 부흥하기 위해 다른 교회는 문을 닫아야 하는 가슴 아픈 현실을 외면하고 있다는 것이다. 기복신앙의 기도를 우리가 경계해야 할 이유가 바로 여기에 있다.

또한 기복신앙은 은사 위주의 신앙으로 빠지기 쉽다. 신비주의와 은사주의는 신앙의 본질을 착각하게 하고 신앙을 기적을 추구하는 신앙으로 바뀌게 한다. 자기희생과 섬김의 덕목은 어느 틈엔가 사라져버리고 만다. 한국의 일부 기도원들이 기적과 초자연적인 은사를 내세우며 성도들을 혹세우민하는 일들이 종종 일어나는 것도 기복신앙으로 길들여진 한국 교회의 성도들이 있기 때문이다. 부와 명예를 얻는 것이 신앙생활의 목표인 양 신앙의 본질을 왜곡시키는 것은 장기적으로 볼 때 한국 교회를 쇠퇴시키는 주된 요인이 될 것이다.

기복신앙을 바로잡기 위해서는 올바른 신앙교육이 필요하다. 성경은 의로 교육하기에 유익하다고 했다(딤후 3:16). 성경을 바로 볼 수 있도록 도우시는 분은 성령이시다. 성령의 조명을 통해 성경을 바로 읽고 이해할 수 있는 교육이 필요하다. 성경을 통해 우리는 복음의 본질과 신앙의 본질을 바로 깨달아야 한다. 이것은 일차적으로 목회자에게 주어진 사명이다. 그런데 목회자가 기복신앙에 빠져있다면 누가 바른 교육을 시킬 수 있겠는가? 목회자의 기복신앙은 누가 바로 잡아주는가? 성도들이 나서야 한다. 아니 성도들이 나설 수밖에 없다.

성경에서 성령의 아홉 가지 열매 가운데 제일 마지막 열매가 절제(갈 5:23)라고 하는 것은 시사하는 바가 크다. 성경은 여러 곳에서 절제의 미덕에 대해 강조하고 있다(행 24:25; 고전 9:25; 딤전 3:2, 11; 딛 1:8; 2:2; 벧후 1:6). 절제신앙과 기복신앙은 서로 반대말이다. 기복신앙을 가진 사람은 절제할 수 없다. 절제할 수 있는 사람은 기복신앙에 빠지지 않는다.

맹목적 신앙과 강요하는 신앙

신앙은 살아있는 생명과 같아서 움직임을 멈추는 순간 죽은 신앙이 된다. 움직이는 신앙이란 고정되고 획일화된 신앙체계에 갇히지 않는 신앙을 말한다. 때로 이런 움직이는 신앙은 의심하는 신앙과 일맥상통한다. 의심과 신앙은 서로 반대되는 개념인 것 같지만, 진정한 신앙은 의심의 터널을 통과하는 신앙이다.

'의심하는 도마'(doubting Thomas)의 신앙은 건강하지 못한 신앙이라고 생각하는 사람들이 많다. 하지만 진정한 신앙은 단 한 번도 의심이나 질문도 없이 언제나 확고하게 흔들림 없이 믿는 신앙을 의미하지 않는다. 칼 야스퍼스(Karl Jaspers)가 「철학적 신앙」에서 신앙은 '회의하는 신앙'이어야 하고 그렇지 않으면 죽은 신앙이라고 말한 까닭도 같은 맥락에서 이해된다.[29]

사실 회의하지 않는 신앙은 맹목적 신앙에 가깝다. 맹목적 신앙은 한 번 입력된 신앙의 체계나 내용이 절대 진리인양 불변하는 것으로 믿고 행동하는 신앙이다. 이런 신앙을 가진 사람은 대체로 권위에 지나치게 의존적이거나 반대로 배타적이고 폭력적 성향을 드러낸다. 그 권위가 하나님에 대한 바른 신앙에 근거한 것이라면 문제될 것이 없지만, 잘못된 인간적 권위나 제도적 권위에 기대는 것이라면 "맹신도"가 되지 않을 수 없다.30) 이런 맹목적 신앙은 비판하지 못하는 신앙이기 때문에, 그 온상에 기생하는 부패한 교회리더십을 분별하거나 통제할 길이 없다.

이런 맹목적 신앙이 배타적이고 폭력적 양상을 띠게 되면 전체주의(totalitarianism)에 빠질 위험이 크다. 기독교 파시즘의 실체를 강도 높게 비판한 크리스 헤지스(Chris Hedges)는 "아무런 의심도 없이 행동하는 사람들은 두려운 존재"라고 경계했다.31) 이런 형태의 신앙을 가진 사람들이 파시즘의 망상에 빠져들어 다른 사람들에게 파괴적이고 폭력적인 행동을 하기 때문이다. 그는 "미심쩍은 교리보다 정직한 의심 속에 더 많은 신앙이 살아 있다"고 말한 알프레드 테니슨의 말을 인용하면서,32) 교리적 확신에 찬 파시즘적 신앙이 어떻게 미국에서 신정체제(theocracy)를 구축하려는 극우적 근본주의운동으로 확산되고 있는지를 구체적으로 설명했다. 그는 신앙이란 "우리가 알 수 없다"는 것을 전제로 해야 하는데, 생명이 무엇을 의미하는지를 안다고 주장하는 사람들이 하나님 행세를 하고 우상이 된다고 지적하고, 이 "새로운 급진적 근본주의자들은 극심한 피해를 주는 거대한 돌연변이"와 같다고 비판했다.33)

신앙은 신조에 대한 동의 혹은 교리적 확신과도 구분되어야 한다. 신앙은 오히려 그것들보다 더 근원적이고 일차적인 반응에 속한다. 종교적 생활이나 교리적 동의를 하지 못하는 사람 가운데 오히려 살아있는 신앙의 양심을 간직하고 있는 경우가 적지 않다. 같은 종교적 언어를 사용하지 않고, 같은 종교적 문화에 녹아들지 못하는 사람들 가운데 참된 신앙인을 발견한다는 것은 오히려 신선하고 경이로움을 준다. 신앙고백이 신조화되면 신앙이 화석화하거나 파시즘신앙이 될 위험이 크다.

파시즘신앙은 일종의 이데올로기(ideology)와 같은 것이다. 사전적 의미에서 이데올로기는 "사회집단에 있어서 사상, 행동, 생활 방법을 근본적으로 제약하고 있는 관념이나 신조의 체계" 혹은 "역사적·사회적 입장을 반영한 사상과 의식의 체계"라고 할 수 있다.34) 신앙이 이데올로기화하는 가장 확실한 길은 그것이 폐쇄적인 신조체계에 갇혀서 타인의 신앙이나 삶을 통제하며 특정한 목적을 달성하는 수단으로 사용되는 것이다. 이런 신앙은 결국 "종교적 전체주의"(religious totalitarianism)로 가는 통로가 된다. 종교적 전체주의는 공적 영역에서 자신의 신앙을 자유롭게 펼치는 것을 금지하거나 억압하고, "공적 신앙"을 위협한다.[35]

미로슬라브 볼프는 이런 강요하는 신앙을 "회귀 기능장애"의 한 현상이라고 진단했다. 그의 설명에 따르면 기독교와 같은 예언자적 종교는 "상승"과 "회귀"라는 중요한 두 가지 측면을 가진다. 상승은 하나님과 만남으로 나타나고, 회귀는 다시 세상으로 돌아와 하나님의 메시지를 전파하고 실천하는 것이다. 그런데 이 두 지점에서 심각한 기능장애가 발생한다. 상승의 기능장애는 실제로 신을 만나지 못한 채 위장하는 것(기능 축소)과 하나님을 우상으로 대체하는 것이다. 회귀의 기능장애는 신앙의 "나태"와 "강요"라는 두 가지 양상으로 나타난다. 그는 현대사회에서 회귀 기능장애의 두 극단은 맞물려 돌아간다고 보았다. 즉 신앙의 "나태함을 극복하고자 신앙을 강요하거나, 강요하지 않으려다 나태해진다"는 것이다.[36]

종교적 전체주의자나 기독교 파시스트들이 사회 전면에서 강한 영향력을 행사하게 되면, 교회와 국가는 다시 하나로 통합하는 길로 갈 수밖에 없다. 그들은 온갖 수단과 방법을 동원하여 사회를 자신들이 믿는 신념체계로 통제하려고 하기 때문이다. 동시에 이런 신앙은 궁극적으로 권력 지향적이 될 수밖에 없다. 이와 같은 현대적 상황에서 16세기에 교회와 국가의 분리를 외치면서 성경적 교회의 본질을 회복하려 했던 근원적 종교개혁자들의 외침은 오늘날 다시 울려 퍼질 필요가 있다.

신앙과 신앙고백

신앙이라고 하는 것은 어떤 형태로든지 고백되지 않을 수 없다. 그 점에서 그리스도인은 언제나 자신의 신앙을 '간증'해 왔다. 하지만 신앙을 간증하는 일은 몇 가지 점에서 주의해야 할 문제가 있다. 첫째, 간증의 초점이 예수 그리스도에서 자기 자신으로 이동하는 것이다. 처음에는 신앙 간증이 예수 그리스도가 중심이 되다가도 어느새 간증을 하는 사람이 주인공이 되는 경우가 비일비재하다. 결국 간증이 자신의 신앙을 선전하거나 자기 의를 드러내는 수단이 되고 만다. 그래서 틸리케는 간증이 "자전적 과시"로 변하고 그것으로 "사람들의 호감을 사면서 주목"을 받게 될 위험성을 경고하면서, 주님을 고백하기를 원하는 그리스도인은 "하나님과의 고독 속으로" 들어가야 한다고 촉구했다.37)

둘째, 개인의 주관적 체험을 일반화하려는 경향이다. 마치 자신의 신앙체험이 다른 사람의 신앙을 판단하는 기준이라도 되는 듯이 행동하는 것은 무례한 일이다. 신앙고백이 자기 과시의 수단이 되는 것보다 더 심각한 문제는 그것이 다른 사람의 신앙을 통제하고 판단하는 기준이 되는 것이다. 자신의 신앙이 신앙에 대한 많은 체험 가운데 하나일 뿐이라는 것을 언제나 겸허하게 인정하는 것이 필요하다.

역사적으로 그리스도인들은 개인이든 교회공동체든 자신이 믿는 바를 체계적으로 설명하고 대내외적으로 선포하는 일을 끊임없이 계속해 왔다. 그 과정에서 수많은 신학적 논쟁이 불가피했고, 그것은 결과적으로 정통과 이단의 구분으로 이어졌다. 이때 순수하게 신학적 논쟁이 교리를 형성하는 데 긍정적으로 작용하기도 했지만, 때로는 정치적 힘이 개입하여 교회와 국가가 결탁하는 문제가 발생하기도 했다. 4세기 이후 기독교가 국가교회로 변모하게 된 것은 기독교 역사에서 볼 때 대단히 불행한 행보가 아닐 수 없었고, 그로 인해서 순수한 초대교회의 신앙은 변질되었다.

각종 교회회의에서 채택한 신앙고백은 기독교 공동체의 동질성을 위해서 기여한 바가 매우 크지만, 그것이 진리를 판단하는 절대적 기준으로 행세하게 되면 기독교신앙은 근본주의적이고 획일화된 이데올로기가 될 수밖에 없다. 그리고 이런 폐쇄적 신앙은 정치적 힘을 동반하며 막강한 절대적 권위가 부여되는 '신조'(the creed)로서 위상을 가지게 된다.

신앙고백과 신조의 차이

신앙고백(confession)이 기독교신앙의 정체성을 바로 세우고 이단적 사상을 차단하는 역할을 했던 것은 대단히 중요한 의미가 있는 일이다. 하지만 본래 신앙고백은 본질적으로 자발적이어야 하고, 언제나 수정 가능해야 하며, 그것으로 다른 사람의 신앙을 통제하거나 억압해서는 안 되는 속성이 있다. 그런데 역사적 기독교는 신앙고백이 절대적 힘을 행사하며 다른 사람의 신앙을 규제하고 탄압하는 도구가 되었던 불행한 역사를 가지고 있다. 신앙고백과 신조를 구분하는 배경이 바로 여기에서 나온다. 허셀 홉스(Herschel Hobbs)는 이 둘의 관계를 다음과 같이 설명했다: "신앙고백이 우리가 무엇을 믿는다는 것을 진술하려고 노력하는 것이라면, 신조는 당신이 우리의 교회에 일부가 되려면 이것을 믿어야 한다고 말하는 것이다.... 그들이 '만일 이것을 믿지 않으면 나가라'고 말한다면, 그것은 이미 신앙고백이 아니라 신조다."38)

침례교회와 같은 자유교회 전통에 속한 사람들은 대체로 신앙고백과 신조를 엄격하게 구분하는 경향이 있다. 물론 침례교인들도 일정한 형태의 신앙을 체계화하고, 통일된 교리를 수호하려는 노력을 하지 않는 것은 아니다. 하지만 그것은 어디까지나 '신조'로서가 아니고 '신앙고백'으로서였다. 침례교회들이 전통적으로 '사도신경'(apostolic creed)을 공적 예배에서 암송하지 않는 까닭은 바로 그것이 전형적인 '신조'로 작용하고 있다고 보기 때문이다. 사실 그동안 사도신경은 수세기 동안 정통과 이단을 판별하는 수단으로 사용되었고, 마치 문자적으로 변경되어서는 안 되는 절대적 진리처럼 간주되었던 것을 부인하기 어렵다.

그 점에서 미국 남침례교회들이 교단의 일치된 신앙고백을 채택하면서 그 성격을 제한하고 규정한 것은 신앙고백이 신조로 변질되지 않도록 경계하려는 의지가 반영된 것이라 할 수 있다. 1963년에 개정된 '침례교회의 신앙과 메시지'(Baptist Faith and Message)는 다음과 같이 다섯 가지 전제를 제시했다: "(1) 신앙고백은 침례교회들의 일치된 견해로 이루어진다. (2) 신앙고백은 결코 완전한 진술로 받아들여지지 않는다. 자유롭게 개정할 수 있는 자유를 보장한다. (3) 필요하다고 느낄 때는 침례교의 어떤 단체라도 그들의 신앙고백을 기록하고 출판할 수 있는 기본적인 권한이 있다. (4) 신앙과 실천에서 유일한 권위는 신구약성경이다. 신앙고백은 해석에 있어서 안내의 역할을 할 뿐, 양심을 지배하는 권위를 지니는 것이 아니다. (5) 신앙고백은 성경으로부터 나온 종교적 확신에 대한 진술이다. 다른 삶의 영역에서 탐구나 사상의 자유를 방해할 목적으로 사용되지 않는다."39)

이 전제조건들은 남침례교인들이 신앙고백을 어떻게 이해하고 있으며, 그것이 다른 사람의 신앙을 어떤 형태로든지 규제하거나 통제하는 도구가 되지 않기를 바라는 마음을 담고 있다. 신앙고백이란 본래 강제성이 없어야 하고, 획일화되지 말아야 하며, 성경보다 더 큰 권위를 가져서도 안 되고, 지나치게 형식에 갇혀 있어도 안 된다. 만일 신앙고백이 이런 조건을 충족시키지 못한다면, 그것은 이미 신앙고백이 아니라 신조로서 변질된 것이다.

* * *

신앙은 우리의 삶을 구성하는 가장 중요한 요소 가운데 하나다. 신앙의 색깔에 따라 우리의 삶의 방향이 결정되기 때문이다. 우리가 속해 있는 사회나 교회도 결과적으로 우리의 신앙으로 빚어내는 하나의 결과물이라고 할 수 있다. 따라서 우리는 이기적이고 폭력적인 신앙을 배격해야 한다. 기복적이고 맹목적인 신앙은 사회를 병들게 하는 암적 요소일 뿐 아니라, 타인에게 강요하는 신앙은 건강하고 공적(public) 신앙을 파괴하는 폭력으로 작용한다. 이런 신앙은 가짜 신앙이다.

신앙은 그리스도인의 행동을 결정하는 바탕이 된다. 모든 그리스도인은 신앙인으로서, 그 대상이 되는 예수 그리스도를 향한 '해바라기'다. 그래서 그리스도인은 예수 그리스도를 신뢰하는 만큼 그분의 말씀을 순종하며 살아가야 할 존재다. 신뢰한다는 것은 자신의 삶을 그분의 뜻에 맡기고 행동으로 옮기는 것이다. 따라서 기독교신앙은 예수 그리스도를 떠나서는 설명될 수 없다. 기복신앙이 기독교신앙이 될 수 없는 까닭은 예수 그리스도의 삶과 복음이 그것을 허용하지 않기 때문이다.

참된 신앙은 지, 정, 의가 잘 조화된 신앙이다. 이 요소 가운데 어느 하나에 지나치게 편중하거나 몰입하는 것은 건강한 신앙이 아니다. 신앙이 균형을 이루고 건강해지면, 궁극적으로 자기 자신뿐 아니라 타인의 행복을 위해 자신을 헌신하는 길을 찾아가게 된다. 보상을 바라지 않고 진정한 삶의 가치를 추구하는 신앙은 세상적이고 물질적인 것보다 궁극적인 어떤 것에 대한 관심을 갖게 된다는 것을 의미한다. 그 점에서 신앙은 궁극적 관심이다.

신앙이 개인의 삶을 치유하고 에너지를 제공하는 역할을 하는 것은 지극히 당연한 일이다. 하지만 신앙이란 그런 일을 하는 데만 필요한 것이 아니다. 신앙은 사회를 개혁하고 다른 사람의 행복을 위해 기여하는 공적 특성을 보여줄 수 있어야 한다. 미로슬라브 볼프는 만일 신앙이 "단지 치유하거나 힘을 북돋워 주기만 한다면, 신앙이란 필요할 때 우리가 마음대로 사용할 수 있는 목발과 같은 도구가 될 뿐 우리가 걸어가야 하는 인생의 길이 되지 못한다"고 주장했다. 우리는 "예언자적 종교"로서 기독교신앙이 "삶의 길"이 되지 못한다면, 그것은 한낱 "그 길에 대한 풍자가 될 뿐"이라고 경고한[40] 그의 말을 깊이 새겨들어야 한다.

주(註)

1) 이신건, 「조직신학입문」 (서울: 신앙과지성사, 2014), 29.
2) Paul Tillich, 「믿음의 역동성」, 최규택 옮김 (서울: 그루터기하우스, 2005), 40-1.
3) 안우성, 「안수로 병 고치는 내과의사」 (서울: 규장, 2006).
4) 김균진, 「기독교조직신학」, III, 7판 (서울: 연세대학교출판부, 1993), 145.
5) Tillich, 「믿음의 역동성」, 43-4.
6) Carl F. H. Henry, 「신, 계시, 권위」, II, 맹용길 역 (서울: 대한기독교출판사, 1978), 403.
7) 이신건, 「조직신학입문」, 35.
8) (1) 문화에 대립하는 그리스도 (2) 문화의 그리스도 (3) 문화 위에 있는 그리스도 (4) 역설적인 관계를 가진 그리스도와 문화 (5) 문화의 변혁자 그리스도. H. Richard Niebuhr, 「그리스도와 문화」, 김재준 역, 17판 (초판 1958; 서울: 대한기독교서회, 1992), 52-228.
9) Miroslav Volf, 「광장에 선 기독교: 공적 신앙이란 무엇인가」, 김명윤 옮김 (서울: IVP, 2014), 18.
10) Ibid., 19-21.
11) Ibid., 26.
12) 볼프는 이 문제를 「배제와 포용」에서 포용(현실주의)와 배제(평화주의)의 극단적 태도보다 이 둘의 관계를 섞어 이해하려 한다.
13) Tillich, 「믿음의 역동성」, 71-85.
14) 이신건, 「조직신학입문」, 40.
15) Joachim Wach, 「비교종교학」, 김종서 옮김 (서울: 민음사, 1988), 85-93. 종교체험의 표현방식: (1) 이론적 표현=교리 (2) 실천적 표현=예배, 봉사 (3) 사회적 표현=공동체(ibid., 121-218 참조).
16) 표적을 구하는 신앙은 (1) 불신의 증거 (2) 천박한 신앙 (3) 이기적 신앙을 내포하고 마침내 은사주의로 갈 수 있다.
17) 강만원, 「그것은 교회가 아니다: 성경 해석의 오류와 신앙의 일탈」 (서울: 창해, 2015), 129.
18) Ted Peters, 「하나님-세계의 미래: 새로운 시대를 여는 조직신학」, 이세형 옮김 (서울: 컨콜디아사, 2000), 135.
19) R. Musil, *Der Mann ohne Eigenschaften* (1970), 755, 이신건, 「조직신학입문」, 35-6에서 재인용.
20) Tillich, 「믿음의 역동성」, 45.
21) Ibid., 46-9.
22) Ibid., 50.
23) 이학준, 「한국 교회, 패러다임을 바꿔야 산다: 변화와 갱신을 위한 로드맵」 (서울: 새물결플러스, 2011), 28-9.

24) 여주봉은 "신앙의 모조품인 거짓 신앙체계는 하나님의 생명이 없는 가짜 신앙"이라고 규정하고, 율법주의, 기복신앙, 인본주의를 대표적 현상으로 지목했다. 여주봉, 「거짓 신앙 체계」 (서울: 요단, 2008).
25) 김용복, "기복신앙이 나쁜 이유는 무엇인가?" 「뱁티스트」, 59호 (2002년 11/12월): 52-9에 실린 글을 일부 수정.
26) Helmut Thielicke, 「현실과 믿음 사이」, 윤종석 옮김 (서울: 두란노, 2015), 156-7.
27) Ibid., 165-70.
28) Juan Carlos Ortiz, 「기도: 우리 기도의 대부분은 하늘나라에서 잡동사니 우편물처럼 취급 당합니다」, 김귀탁 역 (서울: 만나, 2007) 참조.
29) Karl Jaspers, 「철학적 신앙」, 신옥희 옮김 (서울: 이화여자대학교출판부, 1979) 참조.
30) 강만원은 한국 교회가 급격하게 타락하게 된 원인이 "신앙의 근본인 '말씀'에 관한 본질적 왜곡" 때문이라고 지적하면서, 이를 부추긴 두 요소로 "비리목사들"과 맹목적인 교인들, 즉 "맹신도"를 들었다. 강만원, 「그것은 교회가 아니다」, 14-20.
31) Chris Hedges, 「지상의 위험한 천국: 미국을 좀먹는 기독교 파시즘의 실체」, 정연복 옮김 (서울: 개마고원, 2012), 24.
32) Alfred Lord Tennyson, In Memoriam A. H. H., stanza 96, in The Poetic and Dramatic Work of Alfred Lord Tennyson (New York: Houghton Mifflin, 1899), 246, Hedges, 「지상의 위험한 천국」, 24에서 재인용.
33) Hedges, 「지상의 위험한 천국」, 25-32.
34) "이데올로기," 「네이버사전」.
35) Volf, 「광장에 선 기독교」, 13.
36) Ibid., 31-43.
37) Thielike, 「현실과 믿음 사이」, 206-7.
38) Herschel Hobbs, "Southern Baptist Theology Today-An Interview with Herschel H. Hobbs," The Theological Educator, VII, 2 (Spring 1976): 20.
39) William L. Lumpkin, Baptist Confessions of Faith, Revised Edition (Valley Forge: Judson Press, 1969), 392-3.
40) Volf, 「광장에 선 기독교」, 41.

13
신앙의 신학적 패러다임

주의 약속은 어떤 이들이 더디다고 생각하는 것같이 더딘 것이 아니라
오직 주께서는 너희를 대하여 오래 참으사 아무도 멸망하지 아니하고
다 회개하기에 이르기를 원하시느니라
베드로후서 3장 9절

신앙의 신학적 패러다임을 이해하려면 신앙의 두 측면을 살펴보아야 한다. 하나는 하나님의 은혜라는 외적, 혹은 위로부터의 신앙적 요소고, 다른 하나는 인간의 자유, 즉 내적 혹은 아래로부터의 신앙적 요소다. 이 둘의 관계를 어떻게 이해하는가 하는 것은 오래된 신학적 논쟁주제요 신학의 패러다임을 결정하는 요인이다.

신앙이 하나님의 은혜와 인간의 자유가 만나서 형성되는 것이라면, 그것은 두 요소의 관계를 통해 성격이 규정된다. 그리고 관계는 일종의 시스템, 혹은 조직화된 체계 안에서 이루어진다. 우리는 그것을 '신학'(theos+logos), 즉 궁극적 대상인 신에 대한 체계적 설명이라고 부른다. 그러므로 신학은 신앙체계와 동의어다.

하나님과 인간의 관계를 어떻게 설정하느냐에 따라 신앙체계는 달라지고, 서로 다른 신앙체계는 신앙의 내용을 다르게 이해한다. 기독교역사에서 볼 때 기독교 신앙을 담고 있는 신앙체계는 세 가지 유형으로 설명되어 왔다. 첫째는 하나님 중심의 신앙체계요, 둘째는 인간 중심의 신앙체계요, 셋째는 그리스도 중심의 신앙체계다. 하나님 중심의 신앙체계는 하나님과 인간의 관계를 철저히 하나님 중심으로 해석하는 경향이 있어서, 진정한 신앙을 이루는 일에서 사실상 인간이 주

체적으로 할 수 있는 여지가 거의 없거나 전혀 없다고 보는데, 이를 대표하는 신학자는 아우구스티누스와 칼뱅이다. 인간 중심의 신앙체계는 그 반대로 신앙의 본질이 궁극적으로 인간 안에 내재되어 있는 본성을 통해 발현된다고 주장하는데, 이를 대표하는 신학자에는 펠라기우스와 소시너스가 해당된다. 그리스도 중심의 신앙체계는 신앙의 본질이 하나님과 인간의 상호협력을 통해 실현될 수 있다고 믿으며, 이를 대표하는 신학자는 세미펠라기우스주의자들과 아르미니우스라고 할 수 있다.

신앙의 신적 측면: 하나님의 은혜

신앙이 성립하려면 우선 하나님의 은혜가 선행되어야 한다. 이는 우리의 신앙에서 하나님의 주도권을 인정하는 것이다. 신앙이 무엇인가를 믿는 것이라면 믿어야 할 대상이 필요하다. 그리고 신앙은 하나님에 대한 우리의 인격적 반응을 통해 이루어진다. 하나님의 은혜와 인간의 자유 가운데 어느 하나라도 배제되면 진정한 신앙이 될 수 없다. 그러므로 하나님의 은혜와 인간의 자유가 만날 때 신앙은 형성된다. 만일 하나님의 도움이 없다면 인간은 하나님에 대한 구원의 신앙을 가질 수 없다. 왜냐하면 인간은 죄의 영향 아래에 있기 때문이다. 그 점에서 하나님의 은혜 없이도 구원에 이를 수 있다고 말하는 펠라기우스적인 인간 중심의 신학은 지지될 수 없다.

신앙의 기본 토대는 하나님의 은혜다. 이 말은 신앙이 근본적으로는 하나님으로부터 나온다는 것을 의미한다. 하나님의 은혜가 빠지면 온전한 의미의 기독교 신앙은 성립될 수 없다. 그러므로 하나님의 은혜는 신앙의 본질적 요소라고 할 수 있다. 그러나 하나님의 은혜만으로 신앙이 이루어지는 것은 아니다.

은혜의 본질

은혜에 대한 일차적 정의는 헬라어로 '카리스'(charis), 즉 '값없이 받는 것'을 의미한다. 하나님의 은혜는 모든 피조물에 대한 하나님의 값없는 사랑이다. 즉 이것은 "하나님의 보편적인 창조와 유지와 통치의 은혜"를 의미한다(시 145:15-16; 전 3:11; 마 5:45). 그리고 하나님의 보편적인 은혜는 그의 "선택과 언약의 은혜로 집약"되며(출 19:5-6; 레 26:12), 이것은 다시 "하나님의 종말론적 행위"인 "예수 그리스도의 구원" 사건으로 나타난다(엡 1:7).[1] 그 점에서 은혜는 하나님의 구원 행위, 즉 섭리, 주권, 선택, 예정, 그리스도의 십자가와 부활 등을 포함하는 폭 넓은 신학주제다.

복음서에 나타난 은혜는 예수의 사명과 연결되어 있다. 예수께서 이 땅에 오신 목적이 은혜의 해를 선포하는 것이기 때문이다: "주의 성령이 내게 임하셨으니 이는 가난한 자에게 복음을 전하게 하시려고 내게 기름을 부으시고 나를 보내사 포로 된 자에게 자유를, 눈 먼 자에게 다시 보게 함을 전파하며 눌린 자를 자유롭게 하고 주의 은혜의 해를 전파하게 하려 하심이라"(눅 4:18-19). 신앙은 바로 이 은혜의 해를 선포하는 예수 그리스도를 믿고 따르는 것이다. 특별히 바울에게 이 은혜는 "옛 시대와 새 시대를 구분"하는 개념으로써, 예수 그리스도를 통해 이루어진다. 그것은 보편적인 것이어서 누구에게나 차별이 없다. 또한 이 은혜는 은사(charisma) 안에서 나타나며, 하나님의 선택과 예정에 따라 일어난다.[2]

하나님의 구원하는 은혜를 경험한 신자들은 그 은혜를 나누는 삶을 살아야 할 책임이 있다. 이는 은혜를 체험한 사람들이 "모든 것에 대하여 무감각하고 초월적인 사람이 되는 것이 아니라, 그리스도를 따라 사랑하는 사람"이 되어야 한다는 말이다. 그가 아무리 신비한 체험을 했고, 신통한 기적을 행한다 하더라도 이웃에 대한 사랑과 실천적 관심이 없으면 그것은 하나님의 은혜와 관계없다.[3]

신자들은 "지금까지 지내온 것 주의 크신 은혜라"(찬송 301장), "이제껏 내가 산 것도 주님의 은혜라"(찬송 305장)라고 입으로 찬양을 올리는 데에서 그칠 것이 아니라, 그리스도를 따르는 적극적인 삶 속에서 하나님의 은혜를 나타내야 한다. 은혜는 값을 매길 수 없을 만큼 큰 것이다. 그렇지만 오늘날 한국 교회의 모습은 이 은혜를 값싼 은혜로 만든다는 비판을 피하기 어렵다. 한국 교회에서 보여주는 모습은 옳고 그름을 따지기도 전에 모든 것을 은혜로 '덮자'거나, 은혜는 전적으로 하나님의 일방적인 선물이라고 주장하는 경향이 있다. 그래서 은혜를 많이 받아야 한다는 강박관념에 사로 잡혀 있는 것 같다. 디트리히트 본회퍼(D. Bonhoeffer)는 하나님의 은혜가 "값싼 은혜"로 전락되어서는 안 된다고 주장했다. 그에게 값싼 은혜란 "죄인을 의롭다 인정하는 것이 아니라, 죄를 의롭다 인정하는 것"이다. 본회퍼에 따르면, 은혜로 하나님이 해결해주기 때문에 "어차피 우리의 행위는 쓸데없다"고 생각하는 그런 은혜가 값싼 은혜다. 또한 값싼 은혜는 "회개 없는 용서의 설교요, 공동체의 징계가 없는 세례[침례]요, 죄의 고백이 없는 성찬이요, 개인의 참회가 없는 죄 사함"이다. 나아가 값싼 은혜는 "본받음이 없는 은혜, 십자가 없는 은혜, 살아계신 예수 그리스도, 사람이 되신 예수 그리스도가 없는 은혜"다.[4] 반대로 값비싼 은혜는 "우리가 되풀이해서 찾아야 할 복음, 우리가 구해야 할 은사, 우리가 두드려야 할 문"이다. 본회퍼는 은혜가 값비싸야 할 까닭을 다음과 같이 설명했다:

> 은혜가 값비싼 것은 따르라고 부르기 때문이다. 그것이 은혜인 것은 **예수 그리스도**를 따르라고 부르기 때문이다. 은혜가 값비싼 것은 사람에게 목숨을 요구하기 때문이다. 그것이 은혜인 것은 사람에게 생명을 선사하기 때문이다. 은혜가 값비싼 것은 죄를 비난하기 때문이다. 그것이 은혜인 것은 죄인을 의롭다고 인정하기 때문이다. 은혜가 무엇보다도 값비싼 것은, 그것이 하나님께 소중하기 때문이고, 이를 위해 하나님이 자기 아들의 목숨을 대가로 지급하셨기 때문이다.[5]

은혜는 인간이 소유할 수 있는 것이 아니라, 하나님의 구원하시는 능력이다. 은혜는 본질적으로 인간 안에서 나오는 것이 아니라 하나님으로부터 온다. 은혜의 선도권 혹은 주도권(initiative)은 하나님께 있다. 은혜는 어떤 조건에서 나온 것이 아니라, 독자적인 것이요, 인간의 행위나 공로를 전제하지 않는다(롬 11:6). 그래서 하나님의 은혜는 언제나 "값없이 주어지는 것"이다. 값이 없다는 것은 값을 측량할 수 없을 만큼 귀하다는 뜻이다. 그런데 하나님의 은혜가 "값없다"는 말을 오해하는 사람들도 적지 않다. 어떤 목회자들은 "하나님은 공짜가 없는 분"이라는 말로 무지한 사람들을 속이거나 협박하는 경우가 있다. 이것은 하나님의 은혜를 크게 오해하거나 의도적으로 곡해한 것이다.

동시에 하나님의 은혜는 역설적인 성격을 가진다. 왜냐하면 인간이 그것을 받을 수 없는 상태에서 오는 하나님의 은혜이기 때문이다. 때로는 인간이 거부한다

하더라도 하나님은 인간의 뜻을 무시하지 않으면서도 은혜를 주신다. 끝으로 은혜는 인간의 어떤 기관이나 조직체의 전유물이 될 수 없다. 교회도 예외는 아니다. 언제나 성령을 통해서 새롭게 다가오는 것이 하나님의 은혜다.6)

하나님의 주권

하나님의 은혜는 하나님의 주권(sovereignty) 문제와 밀접한 관련을 가진다. 창조자 하나님이 세상을 섭리하실 때 주권을 가지고 계신다는 사상은 성경의 핵심 신앙 가운데 하나다. 에드가 멀린스(Edgar Y. Mullins)는 영혼의 역량에서 파생된 신앙의 공리들(axioms)을 여섯 가지로 설명했는데, 첫 번째 신학적 공리가 바로 하나님의 주권사상이다. 그는 "거룩한 사랑의 하나님은 주권을 가지고 계신다"고 선언했다.7) 여기서 전제조건은 하나님의 두 가지 속성, 즉 거룩과 사랑이다. 이는 하나님이 주권을 행사하실 때는 거룩과 사랑이라는 속성과 불일치한 방법으로 하지 않는다는 의미를 함축한다.

거룩과 사랑은 하나님의 주권을 이루는 기초다. 하나님의 주권은 우주 속에, 역사 속에 모두 적용된다. 그리고 그리스도의 성육신은 하나님의 주권을 가장 잘 표현할 수 있는 사건이다. 그런데 중요한 것은 "이 주권 교리가 반드시 인간의 자유를 안전하게 보장한다"는 점이다.8) 하나님의 주권은 인간의 자유를 파괴하지 않는다. 실제로 멀린스의 다음과 같은 말들은 이 사실을 뒷받침하는 근거다: "인간의 자유로운 의지를 무시하는 것은 하나님이 독단적으로(arbitrarily) 어떤 사람을 구원으로 선택하시고 나머지는 간과하는 것을 보는 것과 같다. 그러나 성경에서 말하는 선택 사상은 인간의 자유 의지와 상충하지 않는다. 선택하는 하나님의 목적은 소수의 사람이 아니라 가능한 한 많은 사람을 구원하는 것이다." 포괄적으로 보면 "하나님의 주권과 인간의 자유의지 사이에는 갈등이 없다. 그보다 오히려 이 둘은 서로 보완한다." "자유의지를 가진 인간은 받아들이거나 거부할 자유가 있다. 그러나 그 선택에 대한 책임은 인간에게 있다."9) 따라서 이 원리에 따르면 하나님의 주권적 은혜는 이중예정(double predestination)이나 그리스도의 제한속죄(limited atonement) 혹은 불가항력적 은혜(irresistible grace) 개념과 조화되기 어렵다.

예정과 선택에 대한 역사적 이해

하나님의 은혜에 대한 논의는 하나님의 예정과 선택이라는 신학주제에서 절정에 달한다. 그런데 예정과 선택의 개념은 사람들에 따라 서로 다르게 이해되어 왔다. 예정 신앙을 본격적으로 신학의 주요 주제로 삼은 신학자는 아우구스티누스(Augustinus)였다. 그는 택함을 받은 자와 받지 않은 자가 이미 영원 전부터 정해졌다는 이중예정을 주장했다. 그리고 택함을 받은 자는 하나님의 은혜요, 받지 못한 자는 인간의 죄 때문이라고 설명했다. 중세의 대표적 신학자인 토마스 아퀴나스(Thomas Aquinas) 역시 예정 신앙을 중시했고, 아우구스티누스의 사상을 대체로 수용했다. 종교개혁시대의 장 칼뱅(Jean Calvin)은 예정론을 더 철저하게 조직적으로 발전시켰다. 칼뱅의 이중예정사상은 다음의 진술에서 확인된다:

> 하나님의 영원한 작정(God's eternal decree)을 가리켜 예정이라 부르는 것이다. 모든 사람이 다 동등한 조건으로 창조함을 받은 것이 아니다. 오히려 어떤 이들에게는 영원한 생명이 미리 정해져 있고, 또 어떤 이들에게는 영원한 저주가 미리 정해져 있다. 그러므로 누구나 이 두 가지 중 어느 한 방향으로 향하도록 창조함을 받았기 때문에, 우리는 사람이 생명에 이르거나 혹은 사망에 이르도록 예정되었다고 말하는 것이다.10)

칼뱅은 예정이 인간의 믿음에 의존된 것이 아니라 오직 하나님의 기뻐하시는 뜻에 따라 이루어진다고 보았기 때문에, 인간의 타락도 하나님의 뜻에 따라 예정된 것으로 이해했다. 하지만 칼뱅의 이러한 이중예정설은 강력한 반대에 직면했다.

1588년 네덜란드 암스테르담의 개혁교회 목사였던 제임스 아르미니우스(James Arminius)는 칼뱅의 후계자 테오도르 베자(Theodore Beza)의 예정교리, 특히 타락전 선택설(supralapsarianism)이 바울의 실제 교훈과 일치하지 않는다고 확신하고 그 사상에 반대했다. 아르미니우스가 타락전 선택설을 거부했던 까닭은 다음과 같은 근거에서였다: (1) 성경의 지지를 받지 못한다. (2) 과거 1500년간 책임있는 기독교학자에 의해 주장되지 않았고, 전체 교회에 수용된 적이 없다. (3) 하나님을 죄의 창시자로 만든다. (4) 창조되지 않은 사람에 관해 선택의 작정을 만든다.11) 반대근거로 제일 중요하게 제기된 문제는 타락전 선택설이 비성경적이고 하나님의 속성과 조화되지 않는다는 것이었다. 그 대신 아르미니우스는 다음과 같은 예정의 원리들을 제시했다: (1) 예정교리는 논리적이거나 철학적이 아니라 반드시 성경적이어야 한다. (2) 예정은 반드시 기독론적으로 이해되어야 한다. (3) 구원은 반드시 복음적이어야 한다. 즉 구원은 그리스도를 개인적으로 믿는 믿음에 의해 성취된다. (4) 하나님을 죄의 창시자로 만드는 것은 비성경적이다.12) 결국 예정론이 성경적이려면 예수 그리스도를 중심으로 해석되어야 한다는 논지였다. 그는 하나님이 창세전에 예정한 것은 누군가의 구원과 멸망이 아니라 예수 그리스도를 통해 구원의 역사를 이루겠다는 하나님의 의지라고 해석했다. 따라서 아르미니우스에게 "예정이란 그리스도 안에서 하나님의 선하시고 기뻐하시는 작정이다. 이는 그리스도 안에서 그가 믿음을 주기로 작정한 모든 믿는 자에게, 그리고 그의 영광스런 은혜를 찬양하는 자들에게 영원으로부터 영원한 삶을 주고 양자로 받아들이며 의롭게 하는 하나님의 작정이다."13) 여기서 중요한 초점은 "그리스도 안에서"에 있다.

　존 웨슬리(John Wesley)도 칼뱅의 이중예정과 무조건적 선택 사상을 반대했다. 그는 이중예정사상이 하나님의 사랑이라는 속성을 곡해시킨다고 생각했다. 그의 설명에 따르면, 하나님의 선택과 예정은 하나님의 독단적 주권으로 결정되는 것이 아니라 하나님의 은혜와 인간의 자유의지로 인한 결단을 토대로 이루어진다. 즉, 하나님은 인간이 어떤 선택을 하게 될지를 미리 아는 '예지'(foreknowledge)에 근거해서 선택하고 예정한다는 것이다. 이것을 '예지예정'이라 부른다. 웨슬리의 이런 사상은 '선행은혜'(prevenient grace)라는 개념에서 비롯된 것이다. 그에게 선행은혜란 우리가 회심하기 이전에 먼저(pre) 오는 하나님의 은혜다. 그는 선행은혜로 인해서 죄인에게 하나님을 사모할 수 있는 마음이 생기고, 하나님의 은혜에 반응할 수 있는 자유의지가 주어졌다고 보았다.14) 따라서 기본적으로 웨슬리의 사상은 신인협력설(synergism) 구도 안에서 설명될 수 있는 것이었다.

　칼 바르트(Karl Barth)는 이중예정의 문제를 새로운 국면으로 전환시킨 신학자였다. 그는 1936년에 "하나님 은혜의 선택"이라는 연설을 통해 병상에 누워 죽어가는 사람 곁에서 "부르심을 받은 자는 많으나 택함을 받은 자는 적다"는 말밖에 할 줄 모르는 개혁교회 목사를 비판하면서, 과거의 예정론을 운명만 강조하는 "기계적 예정론"으로 규정했다.15) 바르트에 따르면 하나님의 예정을 고정된 어떤 체계로 바꾸는 것은 잘못이다. 복음 전파의 절박성이 희생되는 심각한 위험을 초래할 뿐 아니라 하나님의 자유와 주권을 해치기 때문이다. 그는 하나님이 누가 구원받고, 누가 버림받을 것인가를 최종적인 방식으로 결정했다는 예정론의 전통적 입장을 비판하고, 성경을 기독론적으로 읽을 것을 촉구했다. 이는 예정의 핵심을 하나님이 예수 그리스도를 선택했다는 데 두었다는 의미다. 결론적으로 바르트는 예수 그리스도를 믿는 자는 예정된 자라는 입장을 밝혔다. 즉, 그는 예정을 믿음의 사건으로 해석한 것이다.

바르트의 이중예정은 "하나님이 예수 그리스도의 선택을 통하여 (1) 인간에게는 구원의 선택을 결정하셨고, (2) 하나님 자신에게는 이 인간의 저주와 죽음을 결정하심"을 의미한다.16) 여기서 예수 그리스도는 선택하는 하나님이며, 동시에 선택된 사람이다. 하지만 바르트의 이런 설명방식은 결국 모든 인간이 하나님의 선택된 자라는 논리로 비약될 수 있다. 이 점에서 바르트는 만인구원론자라는 비판을 받기도 한다. 비록 바르트가 '객관적 화해론'을 말한 것이지 '만인구원론'을 말한 것이 아니라 변명한다 해도 그의 논리에는 여전히 의심의 불씨가 남아있다.

그렇다면 화해와 구원은 어떤 차이가 있는 것일까? 바르트는 만인화해와 만인구원의 차이를 다음과 같이 설명했다: 2차 대전 중에 어떤 사람이 나치를 피해 오스트리아의 알프스 깊은 산중에 은신했다. 드디어 나치가 망하고 평화가 찾아왔다. 하지만 그 은둔자는 평화를 누리지 못했다. 나치가 망한 것을 알지 못했기 때문이다. 그가 구원을 받기 위해서는 나치의 패망소식을 듣고 은신처에서 나와야 한다. 여기서 나치가 망한 것은 화해의 사건이고, 그 소식을 듣고 산에서 내려온 것은 구원의 사건이다.17)

에밀 브루너(Emil Brunner))는 이중예정을 거부했지만, 동시에 만인구원론도 비판했다. 이중예정은 "하나님의 사랑"과 충돌하고 만인구원론은 "하나님의 거룩함"과 조화되지 못하기 때문이다. 그는 구원이 "영원한 선택"에 근거해 있다는 것을 성경이 가르치고 있음을 인정하지만 멸망은 "영원한" 결정에 근거해 있다는 결론에 도달하지 않았다.18)

홀스트 푈만(Horst G. Pöhlmann)은 이중예정이 하나님의 보편적 은혜와 하나님의 본질인 사랑과도 충돌할 뿐 아니라 하나님을 "비인간적인 방자한" 존재로 만들기 때문에 비성경적이라고 보았다. 그는 이중예정 교리가 "하나님에게 영광을 돌리려 하지만, 하나님의 성육신 때문에 존중되어야 할 인간의 명예를 박탈한다"고 비판했다.[19]

칼뱅주의와 아르미니우스주의 논쟁

칼뱅주의와 아르미니우스주의의 논쟁은 구원 사역에서 하나님과 인간의 역할에 대한 이해 차이에서 비롯된다. 이 논쟁을 이해하려면 그것들이 태동한 역사적 배경과 각자가 주장하는 바의 차이점을 정확하게 파악하는 것이 선행되어야 한다. 그리고 칼뱅주의와 아르미니우스주의가 기독교신앙을 형성하는 데 각각 어떤 영향을 끼쳤는지를 아는 것이 중요하다.

이 신학논쟁은 아르미니우스가 죽은 뒤, 17세기 초 아르미니우스주의자들에게 매우 불공정하게 진행되었던 돌트(Dort)회의를 통해 정치적으로 일단락되었다.[20] 이 회의에서 아르미니우스주의자들은 이단으로 징죄되었다. 이 때 아르미니우스주의자들이 제기한 신학적 질문에 대한 응답이 바로 칼뱅주의의 5대 교리다. 이 교리는 영어 첫 번째 알파벳을 따서 '튤립'(TULIP) 교리라고도 불린다([표] 참조).

칼뱅주의는 전적으로 하나님의 절대주권을 강조하는 반면에 아르미니우스주의는 하나님과 인간의 상호협력을 중요하게 간주한다. 이런 강조점의 차이는 인간론으로부터 마지막 견인론에 이르기까지 각각 다른 해석을 낳게 했다. 칼뱅주의는 인간이 타락 이후 전적으로 부패했기 때문에(전적 부패) 구원을 위해 어떠한 반응도 할 수 없다고 생각한다. 따라서 전적으로 하나님이 누구를 구원하고 누구를 버릴지 창세전에 미리 조건 없이 선택했다고 주장한다(무조건적 선택). 이것은 이중예정으로 이미 구원받을 자와 받지 못할 자가 정해져 있으므로 그리스도의 속죄사역은 모든 사람을 위해서가 아니라 택자만을 위해서 이루어졌다는 말이 된다(제한속죄). 이런 구도 속에서 하나님이 미리 정한 사람들을 구원으로 초대하시고 그들을 거듭나게 하실 때 어느 누구도 그 은혜를 거부할 수 없게 된다(불가항력적 은혜). 그렇기 때문에 결과적으로 하나님이 예정하신 사람은 아무도 구원의 상태에서 타락할 수 없다(최종적 견인).

반대로 아르미니우스주의는 타락한 인간이 스스로는 구원할 수 없지만 어느 정도 조건적으로 하나님의 은혜에 대해 반응할 수 있다고 생각한다(자연적 무능력). 그러므로 하나님은 무조건적으로 선택하시는 것이 아니라 복음을 믿을지 믿지 않을지 미리 아시고 그 믿음을 조건으로 선택하신다(조건적 선택). 이를 '예지예정'이라고 한다. 그 결과 그리스도의 속죄범위는 택자만을 위한 것이 아니라 모든 사람을 위한 것이다. 그리스도는 모든 사람을 위해 돌아가셨고, 모든 사람들 가운데 복음을 믿는 사람은 구원을 받는다(보편속죄). 따라서 인간은 그리스도에 의해 미리 부여된 은혜(선행적 은혜)로 인해 복음에 대해 반응할 수 있게 되었으므로, 이런 하나님의 은혜를 조건적 은혜라고 한다. 결과적으로 최종적 상태에서도 신자들은 반드시 견인되는 것이 아니라 신앙의 상태에 따라 조건적으로 견인된다(조건적 견인).

[표9] 칼뱅주의와 아르미니우스주의 비교

아르미니우스주의 5대 교리	주제	칼뱅주의의 5대 교리(TULIP)
1. 하나님 은혜 없이는 선행할 수 없는 자연적 무능력(Natural Inability)	인간론	1. 전적 부패 (Total Depravity)
2. 예지에 기초한 조건적 선택 (Conditional Election)	선택론	2. 무조건적 선택 (Unconditional Election)
3. 인간의 개인적 믿음에 의해 제한되는 보편속죄(Universal Atonement)	속죄론	3. 선택된 사람을 위한 제한속죄설 (Limited Atonement)
4. 선행적 은혜 (Prevenient Grace)	은혜론	4. 불가항력적 은혜 (Irresistible Grace)
5. 조건적 견인 (Conditional Perseverance)	견인론	5. 최종적 견인 (Final Perseverance)

이 두 신학체계는 하나님과 인간의 관계에서 어디에 무게 중심을 두고 있는가에 따른 차이라 할 수 있다. 칼뱅주의는 하나님 쪽에 하나의 구심점을, 아르미니

우스주의는 하나님과 인간 모두에게 두 개의 구심점을 둔 셈이다. 찬송가 338장에서 "주 예수를 가까이 하게 함은…"(칼뱅주의)과 "하려 함은…"(아르미니우스주의)은 이런 두 신학의 차이를 단적으로 반영하는 가사(歌詞)라고 할 수 있다.

칼뱅주의의 장단점

칼뱅주의가 지닌 장점은 무엇일까? 무엇보다도 칼뱅주의는 하나님의 주권과 영광을 강조하기 때문에 전적으로 하나님 중심으로 모든 것을 해석한다. 그렇기 때문에 신앙에서 오는 불확실성과 인간의 나약함을 의지하지 않게 해주는 장점이 있다. 이런 특징은 구원에서 성령의 역할을 "부각"시키고, 선택교리는 개인 구원의 "심오한 신비"를 설명함으로써 내가 어떻게 그리스도인이 될 수 있었는가에 대한 근거를 제공해준다.[21] 이런 칼뱅주의의 장점은 인간의 자유의지에 따라 구원여부가 달려있고, 하나님조차도 인간의 결정에 종속된다고 보는 아르미니우스주의에 비해 상당히 매력적일 수 있다.

하지만 아르미니우스주의자들은 이런 칼뱅주의가 가지고 있는 장점보다 그것으로 야기되는 문제점에 더 주목한다. 스탠리 그렌즈(Stanley Grenz)는 다음과 같이 칼뱅주의의 약점들을 제시했다: (1) 칼뱅주의는 하나님을 편파적이며 불공정한 분으로 만든다. 칼뱅주의가 제공하는 개념은 성경에서 말하는 하나님과 다르다(행 10:34). (2) 칼뱅주의는 명백한 결정론(determinism)이기 때문에 우연성(contingency)을 상실한다. 그것은 인간의 의지로 이루었던 우리의 상식이나 체험과 모순된다. (3) 칼뱅주의는 견인(perseverance)이라는 잘못된 개념과 결부된다. 성경은 믿음을 붙잡으라고 명령한다(히 6:4-12). (4) 칼뱅주의는 선택교리와 불가항력적 은혜교리를 연결한다. 이런 설명은 구원과 관련된 모든 책임이 하나님께만 있다는 것을 함축한다. (5) 그리고 불가항력적 은혜는 성경적인 은혜와 조화되지 않는다. 성경은 은혜가 멸망하는 자에게도 부어지는 보편적인 것이기 때문이다(딛 2:11; 요 12:32). 또한 불가항력적 은혜교리는 철학적인 문제점도 크다. 왜냐하면 도덕적 결단은 "당위성"과 "가능성"을 모두 요구하는데, 그 개념은 어떤 사람들에게는 전혀 "가능성"이 주어지지 않기 때문이다.[22]

물론 칼뱅도 이런 비판을 인지하지 못한 것은 아니었다. 그는 이중예정을 반대하는 사람들에게 다음과 같이 변론했다: (1) 하나님의 선택은 그를 폭군으로 만드는 것이 아니다. 하나님의 뜻은 "모든 일을 의롭게 하는 최고의 기준"이다. 버림 받은 자들은 자기들의 "본성 자체"에 따라 사망으로 인도되는 것이다. 하나님의 예정은 불공정하지 않다. (2) 선택론은 인간에게서 죄책과 책임감을 제거하지 않는다. "사람은 자기 자신의 악한 의도로 인하여 주께로부터 받은 순결한 본성을 부패시켰고, 또한 그의 타락으로 말미암아 그의 후손 모두를 그와 함께 멸망으로 이끌게 된 것이다." "우리로서는 [그 작정 이유를] 알 수 없지만 그럼에도 불구하고 그 공평함이 매우 분명"하다. (3) 선택론은 하나님을 편파적으로 만들지 않는다. "하나님이 어떤 사람을 택하시고 어떤 사람은 버리신다는 사실은 사람을 고려하시기 때문이 아니라 오직 하나님의 긍휼하심 때문이다." (4) 선택 교리가 올바른 삶을 향한 열심을 무너뜨리는 것은 아니다. 바울은 "우리가 택하심을 받은 목적이 바로 거룩하고 흠이 없는 삶을 살도록 하고자 하는 데 있다고 가르치고 있다(엡 1:4)." (5) 선택의 교리가 모든 권고들을 무의미하게 만드는 것은 아니다. "우리는 누가 예정된 자에 속하며, 또 누가 거기에 속하지 않는지를 모르기 때문에 … 우리가 만나는 모든 자들을 우리의 평안에 함께 참여하는 자들로 만들기를 힘써야 하는 것이다."[23] 그러나 칼뱅의 이런 변론은 주장만 있을 뿐 그에 대한 타당한 근거는 결여되어 있다. 성경적 근거도, 논리적 근거도 부족하다. 칼뱅은 예정과 선택 교리를 오직 성경과 그리스도 안에서만 이해해야 한다고 말했지만, 정작 "복음 전파의 비형평성, 복음에 대한 다양한 반응, 소수의 신자와 같은 현실적인 경험 자료" 그리고 "목회적인 유용성과 가치" 등도 예정론의 중요한 근거로 제시했다.[24]

이중예정의 문제점

칼뱅주의자들이 주장하는 이중예정은 어떤 점에서 수용하기 어려운가? 과연 성경은 이중예정을 주장할 근거를 제공하는가? 그 답은 부정적이다. 이중예정을 받아들일 수 없는 첫 번째 까닭은 그것이 성경에서 증언하는 하나님 속성과 조화되기 어렵다는 데 있다. 누가 구원을 받고 누가 멸망을 받을지 여부를 창세전에 이미 정해 놓았다고 말하는 이중예정은 모든 사람이 다 구원을 받게 되고 진리를 알게 되기를 바라시는 하나님(딤전 2:4)이라는 성경의 진술과 어긋난다. 또한 이중예정은 "주의 약속은 어떤 이들의 더디다고 생각하는 것같이 더딘 것이 아니라 오직 주께서는 너희를 대하여 오래 참으사 아무도 멸망하지 않고 다 회개하기에 이르기를 원하시느니라"(벧후 3:9)는 말씀과도 어울리지 못한다.

이중예정을 받아들이면 예수를 믿지 않고 지옥에 가는 사람들에게 책임을 물을 수 없다. 하나님이 구원하지 않기로 예정한 사람은 이미 그렇게 되도록 작정된 것이기 때문이다. 책임을 물으려면 선택할 수 있는 기회가 주어져야 한다. 그런데 이중예정은 아예 그런 여지를 남겨놓지 못한다. 결국 이 사상은 하나님이 죄의 창시자가 되고, 모든 것을 책임져야 하는 존재가 되도록 한다는 치명적 결함을 안고 있다.

또한 이중예정은 로마서 9장의 토기장이 비유를 문맥과 다르게 해석하도록 한다. 극단적 칼빈주의자들은 이 비유를 이중예정을 뒷받침하는 근거로 사용했는데, 그것은 본문을 잘못 적용한 대표적 사례 가운데 하나라고 할 수 있다. 하지만 이 본문은 이중예정을 위한 근거가 될 수 없다. 바울이 이 비유를 사용한 의도는 저주의 대상이었던 이방인들을 하나님이 전적으로 그분의 주권에 의해 예수 그리스도를 믿는 믿음을 의로 여기고 하나님의 백성으로 삼기로 작정했다고 해서 누가 감히 하나님을 비난할 수 있는가를 반어적으로 묻기 위한 것이었다. 비유의 초점을 정확히 파악하는 것이 필요하다. 김명용은 이 부분을 다음과 같이 설명했다: "바울은 로마서 9장부터 11장까지 영원 전에 있었던 알 수 없는 하나님의 이중예정을 설득하기 위하여 글을 쓴 것이 아니라, '유대인이나 헬라인이나 차별이 없이'(롬 10:12) 예수 그리스도를 '믿는 자는 부끄러움을 당하지 않고'(롬 10:11) 선택되고 구원받음을 설득하기 위해 글을 쓴 것이다."[25] 바울은 이스라엘에 대한 하나님의 선택이 이방인에 대한 선택으로 확대될 수 있는 것이고, 하나님이 그렇게 하신다 하더라도 우리는 그것을 하나님의 주권적 행위로 받아들여야 한다는 것을 강조하고 싶었던 것이다. 그러므로 이 본문의 초점은 "하나님이 자기 백성이 아닌 자를 자기 백성으로 부르시기로 작정했는데 이에 대해 아무도 항변할 수 없다는 것을 말하려는 데" 있다.[26] 하나님은 아브라함의 육적 자손들을 선택하신 것이 아니라, 예수 그리스도를 통해 구원하시기로 예정하셨다. 그리고 그를 믿는 자는 누구든지 약속의 자녀로 삼겠다고 한들, 너희가 감히 "하나님의 계획에 대해 왈가왈부 할 수 있겠느냐"고 힐문한 것이 토기장이 비유를 사용한 바울의 의도였던 것이다.27) 이 점에 대해서는 한스 큉의 다음과 같은 주장도 참고할 만하다: "바울에게 - 아우구스티누스에서 중세를 거쳐 루터와 칼빈에 이르기까지 이러한 점[하나님의 선택]은 잘못 이해되어 왔다 - 개인의 구원이나 멸망, 또는 개인의 선택이나 배척이 중요한 것은 아니었다."28)

사실 토기장이 비유는 로마서에서 처음 사용된 것이 아니었다. 하나님이 예레미야를 통해 이스라엘 백성에게 경고하실 때에도 이 비유는 등장한다(사 29:16; 45:9-13; 렘 18:1-12). 특히 토기장이 비유는 하나님이 이스라엘도 예외 없이, 어느 민족이든 순종하지 않으면 재앙을 내리고 악에서 돌이키면 복을 주시겠다고 선언하실 때 적절하게 사용된 것이었다: "이스라엘 족속아 이 토기장이가 하는 것 같이 내가 능히 너희에게 행하지 못하겠느냐 이스라엘 족속아 진흙이 토기장이의 손에 있음 같이 너희가 내 손에 있느니라. 내가 어느 민족이나 국가를 뽑거나 부수거나 멸하려 할 때에 만일 내가 말한 그 민족이 그의 악에서 돌이키면 내가 그에게 내리기로 생각하였던 재앙에 대하여 뜻을 돌이키겠고 내가 어느 민족이나 국가를 건설하거나 심으려 할 때에 만일 그들이 나 보기에 악한 것을 행하여 내 목소리를 청종하지 아니하면 내가 그에게 유익하게 하리라고 한 복에 대하여 뜻을 돌이키리라"(렘 18:6-10). 이런 하나님의 선고는 선민이라 자처하던 이스라엘 백성에게는 충격적인 것이 아닐 수 없었다. 도저히 그런 처사를 받아들이려고 하지 않는 이스라엘 백성에게 토기장이 비유는 하나님의 주권을 드러내고 이스라엘의 오만과 엘리트의식을 깨뜨리기에 적절한 것이었다.

당시 이스라엘 사람은 하나님이 자신들을 버린다거나, 이방인이 하나님의 자녀가 될 수 있다는 생각이 너무 낯설고 이례적이어서 받아들일 수가 없었다. 그들은 자신들이 거룩한 백성이고 이방인들은 부정한 백성이라 믿었기 때문이다. 그래서 베드로의 환상경험(행 10장)에서 보여준 것처럼, 이방인에게 복음을 증언해야 할 당위성을 말하기 위해서는 전면적인 시각전환이 필요했던 것이다. 하지만 유대인들은 자신들이 가지고 있던 관점을 쉽사리 바꾸려고 하지 않았다. 그들은 여전히 이방인들을 복음전파의 대상으로 인정하지 않았다. 토기장이 비유는 이런 상황에서 나온 것이다. 하나님은 야곱을 사랑하고 에서를 미워할 수 있는 분이라는 것은 하나님의 주권을 강조하기 위한 것이었다. 하나님의 주권은 유대인뿐 아니라 이방인까지 구원의 대상으로 삼으시는 하나님의 사랑을 의미한다. 유대인들은 그것을 놓고 시시비비를 따질 수 없다. 여기서 '야곱과 에서' 이야기는 장자인 유대인이 아니라 이방인의 구원을 염두에 둔 것이다(롬 9:24-25; 11:33). 로마서 9장은 하나님의 주권 사역과 이방인에게 베푼 긍휼에 대해서, 10장은 구원이 믿음을 통해서 가능하다는 것을, 11장은 이방인과 이스라엘이 모두 은혜로 구원을 받는다는 것을 강조한다. 로마서의 주요 핵심 의도 가운데 하나는 이방인에 대한 하나님의 사랑에 있다.

필만은 로마서 9장에 "멸망이 영원부터 결정되었다는 말이 없다"고 단언했다. 그는 9장에서 12장의 문맥을 해석하면서, "개인이 버림을 받는 것은 믿지 않은 그 자신의 잘못" 때문이고, 바울은 "결코 궁극적이고 불변적인 멸망에 관해 말하지 않는다"고 주장했다. 그의 설명에 따르면, 예정은 "이중적인 예정이 아니라, 오직 구원을 위한 예정일 따름이다."29)

인간의 책임과 심판의 당위성 문제도 이중예정을 받아들일 수 없는 중요한 까닭이다. 성경은 사람이 자신의 행동에 대한 책임이 있다고 강조한다(행 2:23; 갈 6:7-10; 렘 6:19; 마 12:36-37; 약 2:12-13; 계 22:12). 행동은 선택에 의해 이루어지고 선택은 의지를 행사한 결과다. 하나님께서 순종과 불순종의 결과를 경고하시고 생명을 택하라고 촉구하신 것은 사람에게 선택할 수 있는 자유의지가 있음을 전제한다(신 30:19; 수 24:15; 사 1:16; 계 22:17). 동시에 심판은 이런 인간의 자유의지가 보장될 때, 당위성이 있는 것이다. 그러므로 하나님의 심판은 자신의 선택에 대한 책임을 질 수 있을 때 의미가 있다.

끝으로 천박한 경제논리가 예정론의 진위 여부를 판단하는 근거로 사용될 수 있다는 점에서 이중예정에 근거한 신앙은 건강하지 못하다. 이 세상에서 어떤 사람이 구원의 예정을 받았다는 사실을 어떻게 검증할 수 있는가? 당신이 예정된 사람이라는 것을 어떻게 확신할 수 있겠는가? 이중예정을 주장하는 사람들은 그 사람의 생활을 보면 알 수 있다는 논리를 편다. "구원의 예정이라는 축복을 받은 사람은 그 사실을 '검증'해 보이기 위해서라도 청교도적 금욕 생활과 왕성한 노동을 하지 않을 수 없게 된다는 것이다."³⁰⁾ 심지어 어떤 사람은 아예 노골적으로 부를 축적할 수 있는 사람이 구원의 예정을 받은 사람이라고 주장하기도 한다. 이중예정은 가진 자의 논리로 작용하게 된다는 점에서도 약한 자를 위해 살라고 하는 성경의 가르침과 어긋난다.

아르미니우스주의의 장단점

예정론에서 아르미니우스주의의 가장 큰 장점은 하나님의 구원사역을 편파적이거나 일방적인 것으로 만들지 않고, 인격적이고 협력적인 방법으로 이해한다는 데에 있다. 그들은 하나님의 주권을 간과하지 않으면서 하나님이 선택과 예정이라는 구원사역을 인간의 협력을 통해 이루시는 분으로 이해한다. 이는 중생의 두 측면, 즉 하나님의 은혜와 인간의 회심을 함께 강조한 것이다.³¹⁾ 물론 아르미니우스주의에서 말하는 예지예정이 성립되려면 한 가지 전제가 필요하다. 그것은 인간의 타락에 대한 해결책이 마련되어야 한다는 것이다. 왜냐하면 기본적으로 아르미니우스주의자들은 인간이 타락한 이후 자유의지가 파괴되고 무능력해졌다는 것을 인정하기 때문이다.³²⁾ 아르미니우스는 타락 이후 인간의 자유의지에 대해 다음과 같이 주장했다: "진실한 선을 향한 인간의 자유의지가 손상되었고, 쓸모없게 되었으며, 박약하고, 왜곡되었고, 약화되었다. 그뿐 아니라 그 의지는 감금되었고, 파괴되었으며, 상실되었다."³³⁾ 그는 자유의지가 전적으로 부패했다는 표현을 사용하지 않았지만, 타락 이후의 자유의지는 "하나님의 은혜가 없으면 무용지물이어서 아무런 힘도 행사하지 못한다"는 것을 인정했다. 아르미니우스주의자들은 이런 입장을 "자연적 무능력"(natural inability)이라는 용어로 표현한다.³⁴⁾

그렇다면 무능력한 인간이 자유의지를 회복할 수 있는 길은 무엇인가? 이 문제에 대해 아르미니우스는 그 답을 '선행은혜'(prevenient grace) 개념에서 찾았다. 아르미니우스는 선행은혜의 개념과 역할에 대해서 다음과 같이 설명했다:

> 자유의지가 있다 하더라도 은혜가 없으면 참되고 영적인 선행을 완성하거나 시작할 수 없다.... 은혜는 마음을 조명하여 성정을 적절히 배열하고, 의지가 선을 행하도록 하는 데 절대적으로 필요한 것이다.... 은혜는 선행하여 함께 가고 뒤따른다.

은혜는 우리가 의지할 수 있도록 자극하고 도와주며 움직이게 하여 우리의 의지가 헛되지 않도록 협력한다.... 은혜는 구원을 시작하고 증진시키고 완성시킨다.[35]

하지만 예지예정은 하나님의 주권이 인간의 결정에 의존된 예정이라는 비판을 피하기 어렵다. 그러므로 인간의 믿음에 우선권이 주어지듯이, 믿음을 떠나는 인간의 결정으로 인해 하나님의 구원사역도 실패할 수 있다는 문제점이 발생한다. 이는 구원의 시작과 끝을 열고 닫는 일이 하나님 편에 있다기보다 인간 편에서 이루어지는 것이라는 의미를 내포한다. 그렇다면 이 과정에서 하나님은 도대체 어떤 역할을 하는가 하는 의문이 제기될 수밖에 없다. 그 점에서 아르미니우스주의의 논리가 극단화되면 이신론(deism)이 된다는 비판을 받는다.[36]

또한 자유의지를 가능하게 만드는 선행은혜 개념이 가지고 있는 한계도 드러난다. 선행은혜가 보편적으로 모든 인간에게 주어지는 하나님의 선물이라는 것과, 이 선행은혜만으로는 구원의 길에 들어설 수 없다고 말하는 것은 사실상 그 역할에 대해 의문을 제기하게 만든다. 어떤 점에서 보면, 선행은혜는 칼뱅주의가 주장하는 '전적 타락'의 강도를 약화시키는 역할을 한다. 그러므로 이는 처음부터 전적 타락을 부정하는 펠라기우스주의와 실제로 크게 다르지 않다는 의혹을 받는다. 물론 중요한 차이점은 있다. 그것은 펠라기우스주의자들의 신학이 "자연적 자유의지"(natural free will)에 강조점을 두지만, 아르미니우스의 신학은 여전히 "하나님의 은혜"(divine grace)에 초점을 둔다는 점이다.[37]

또 하나의 문제점은 이 선행은혜의 개념이 얼마나 성경적 근거를 가지고 있는가 하는 것이다. 아르미니우스주의와 웨슬리주의에서 말하는 선행은혜의 근거는 다음과 같다: 첫째, 선행은혜는 그리스도의 보편성과 그의 이끄는 은혜(drawing grace)와 관련된다. 그리스도는 모든 사람에게 은혜롭게 충분히 비출 세상의 빛이다(요 1:9; 3:19-21). 둘째, 선행은혜는 모든 사람에게 구원을 주시고자 하는 하나님의 은혜(딛 2:11)에서 나오지만 선택의 주체는 인간이라는 점에서 조건적 은혜다. 셋째, 죄인들이 가지고 있는 하나님에 대한 부분적 지식, 하나님을 찾으려는 욕망, 선악에 대한 부분적 지식, 양심(롬 2:12-15) 등과 관련된다. 그들은 사도행전에서 지나간 세대에 자기를 증거하신 것(행 14:16-17), 사람이 하나님을 더듬어 찾아 발견할 수 있다고 하는 것(행 17:27), 그리고 미가서에서 "사람아 주께서 선한 것이 무엇임을 네게 보이셨나니"(미 6:8)라고 하는 대목에서 선행은혜를 뒷받침할 수 있는 성경적 근거를 찾는다. 하지만 이런 근거는 일반계시의 차원에서도 해소될 수 있는 것이어서 직접적으로 선행은혜를 지지하는 성경구절로 보기 어렵다.[38]

아르미니우스가 제시한 선행은혜 개념이 아우구스티누스와 펠라기우스의 양극단을 절충할 수 있는 "가장 적절한 대안"은 아닌 것 같다. 물론 그것이 "하나의 해결책"이 될 수는 있지만, 이 선행은혜 개념은 성경적 근거가 부족할 뿐 아니라 신학적으로도 풀어야 할 여러 의문이 남아있다. 따라서 아르미니우스의 선행은혜 개념은 하나님의 은혜와 인간의 자유의지 문제를 풀어내는 데 완전히 성공적이었다고 보기는 어렵다. 이는 그가 아우구스티누스와 칼뱅 전통의 전적 부패 교리에서 자유롭지 못했기 때문일 것이다.[39]

신앙의 인간적 측면: 인간의 자유의지

신앙은 하나님의 은혜가 선행되어야 가능하다. 하지만 그 은혜에 인간의 반응이 더해지지 않는다면 그것은 진정한 신앙이 될 수 없다. 인간은 유한하지만 동시에 자유롭고 책임적인 존재다. 스스로 선택하고 결정한다. 그 선택이 어떠하든지 간에 그 결과는 인간의 책임이다. 사실 인간의 자유로운 반응이 빠진 신앙이란 존재하지 않는다. 그 점에서 하나님의 구원에 이르는 신앙이 오직 하나님의 주권적인 은혜에 의해서만 가능하다고 말하는 칼뱅주의적인 하나님 중심 신학은 지지받기 어렵다. 신앙은 인간의 인격적이고 의지적인 개별적 응답에 의해서 결실이 맺어지기 때문이다. 그래서 신앙의 여정은 기차로 여행하는 것이 아니라 자전거로 여행하는 것과 같다. 신앙이란 각자 페달을 밟고 함께 가야 할 순례의 길이기 때문이다

참 자유는 하나님으로부터 오는 것이다. 하나님만이 어떤 외부 원인으로부터 온전히 자유로우신 분이다. 모든 피조물은 그 점에서 제한적 자유를 가질 뿐이다. 신앙과 관련해서 자유의 문제는 구원을 위한 인간의 인격적 반응이 과연 가능한가를 묻는 것이다. 하나님 앞에서 인격적 반응을 할 수 있느냐 할 수 없느냐

하는 것은 신앙의 본질을 이해하는 데 결정적으로 중요한 질문이 아닐 수 없다. 그 점에서 신앙의 자유와 자유의지는 떨어질 수 없는 문제다.

자유의지 논쟁

인간에게 자유의지가 존재하는가 하는 문제는 모든 분야에서 첨예하게 대결구도를 형성하고 있는 주제다. 신학에서는 이 주제가 예정론과 밀접한 관련성을 가지고 오랫동안 논쟁되어왔다. 특히 구원사건에서 인간의 자유의지가 어떤 영향을 끼칠 수 있는가 하는 것은 신학적 관점에 따라 매우 극명하게 갈라졌다. 한편에서는 구원사건에서 인간의 자유의지를 전혀 인정하지 않았고, 다른 한 편에서는 자유의지와 책임성을 강조했다. 여기서 인간의 자유의지를 인정한다는 것은 "인간이 그리스도와 그의 구원을 받아들이는 자유로운 행동에서 자기 결정적(self-determined)"이란 뜻이다.[40]

아우구스티누스 대 펠라기우스

최초의 본격적인 자유의지 논쟁은 5세기 초에 아우구스티누스(Augustinus)와 펠라기우스(Pelagius)에게서 나왔다. 아우구스티누스는 철학과 수사학에 심취해 한때 마니교와 신플라톤주의에 매료되었다가 극적으로 하나님의 은혜를 깨닫고 회심을 경험했던 인물이었다. 그가 운명적으로 집어 들고 읽었다는 성경구절은 로마서 13장 13-14절, "낮에와 같이 단정히 행하고 방탕하거나 술 취하지 말며 음란하거나 호색하지 말며 다투거나 시기하지 말고 오직 주 예수 그리스도로 옷 입고 정욕을 위하여 육신의 일을 도모하지 말라"였다. 그때 그는 모든 "의심의 그림자"를 사라지게 할 "확고 불변한 빛 한줄기"를 체험했고, 그 후 기독교 진리를 변증하는 일에 크게 기여했다. 한편, 펠라기우스는 로마에 거주하던 영국인이었는데, 당시 그리스도인들의 비도덕성에 크게 실망하고 있었다. 그는 모든 것을 하나님의 은혜로 돌리고 인간의 책임성을 무시하거나 소홀히 여기는 듯이 보이는 아우구스티누스식의 신학적 해석에 반발하면서 전혀 다른 해석을 내놓게 되었다.

자유의지 논쟁은 하나님의 은혜와 인간의 자유라는 신학적 시스템을 구축하는 출발점이 되는 주제였다. 이 논쟁에서 아우구스티누스와 펠라기우스가 공통으로 인정한 것은 타락 전에는 인간에게 자유의지가 있었다는 사실뿐이다. 아우구스티누스는 타락 후에 인간은 자유의지를 완전히 상실했다고 주장했고, 펠라기우스는 아담뿐 아니라 그 후손들에게도 타락 이후에 "죄를 짓지 않을 수 있는 능력"(posse non peccare)이 손상되지 않았다고 주장했다.[41] 이 두 사람의 주장을 비교하면 [표10]와 같다.[42]

[표10] 아우구스티누스와 펠라기우스의 자유의지 비교

	아우구스티누스	펠라기우스
타락 이후	전적 타락 인정, 자유의지 상실	전적 타락 부인, 자유의지 보존
자유의지와 선택	인간에게 자유의지가 주어졌지만 인간의 뜻대로 자유의지를 행할 수 없다. 자유는 선택의 자유가 아니라 올바른 선택의 자유다.	인간의 힘에 의지하여 전적으로 자신의 책임 아래 행위를 선택할 수 있다.
의지와 능력	의지와 능력은 서로 다르다.	의지와 능력은 서로 같다.
은혜와 의지	은혜 안에서만 의지의 행사가 가능하다. 의지를 성취시키는 능력은 은혜의 선물이다.	인간의 본성 안에서 의지의 행사가 가능하다. 인간은 완전한 자유의지를 가지고 하나님이 요구하는 것을 행할 수 있다.

아우구스티누스와 펠라기우스의 가장 큰 차이는 원죄에 대한 이해에 있다. 아우구스티누스는 원죄가 인간의 자유의지를 무력하게 만들었다고 보았다. 그는 접시 두 개가 달린 천칭을 비유로 들었는데, 한 쪽 접시에 악이라는 무거운 것을 올려놓으면 저울은 악 쪽으로 심하게 기울러질 수밖에 없다고 판단했다. 선과 악이라는 두 접시는 균형을 이루고 있을 때 인간의 자유의지가 제대로 작동할 수 있는데, 이미 인간은 원죄로 인해 악의 접시 쪽으로 기울어져 있으므로 자유의지를 발휘할 수 없다는 것이다.[43] 그리고 그런 불균형과 자유의지의 파괴가 모든 인류에게 전가되었다고 주장했다. 아우구스티누스는 이 문제를 설명하기 위해 로마서 5장 12절을 인용하여 우리 모두가 "아담 안에 있었으며, 우리는 모두 아담이

었다"고 주장했다.44) 따라서 아우구스티누스의 설명에 따르면, 아담 이후 모든 인간은 하나님 앞에서 자유의지를 행사할 수 있는 능력을 원천적으로 상실했다. 자유의지는 인간에게 적용될 수 없는 신적 용어다. 구원은 하나님의 특별한 은혜가 있어야 가능하다. 오직 하나님의 특별한 은혜만이 범죄한 인간을 구원할 수 있다. 인간의 의지는 노예가 되었기 때문에 인간에게 주어지는 은혜는 하나님의 선물이다. 그 은혜는 "불가항력적"인 것이며 "예정된 것"이다.45) 인간의 의지가 신을 향해 움직인다면 그것은 하나님의 예정 때문이다. 따라서 죄인이 의롭다고 간주되는 근거는 전적으로 그리스도의 의가 "믿는 자에게" "수여"되고 믿는 자의 죄는 그리스도에게 "전가"되기 때문이다.46) 그런데 루터에게는 그 믿음까지도 하나님이 주시는 선물이다.

반대로 펠라기우스는 아담의 범죄와 타락이 후손에게 전가되지 않았다고 보았다. 펠라기우스의 설명에 따르면 아담의 죄는 아담의 죄일 뿐, 모든 인류는 각자가 자기의 죄를 지을 뿐이다. 원죄가 전가되지 않기 때문에 아담 이후의 모든 인간은 아담의 처음 상태처럼 무죄한 상태에서 태어난다. 아담에게 소급할 수 있는 것이 있다면 그것은 "영혼이 아니라 육체(care)"다. 모든 인간은 하나님 앞에서 자유의지를 발휘할 수 있는 능력이 선천적으로 존재한다. 인간의 구원은 하나님이 주신 선천적 선함을 잃어버리지 않고 하나님을 향한 구원의 길을 가면 얻을 수 있다. 그래서 펠라기우스는 "옳은 일을 행할 수 있는 인간 본성의 능력(bonum naturae)을 찬양"했다.47) 여기서 하나님의 특별한 은혜는 필요하지 않다. 하지만 이와 같은 펠라기우스의 인간 중심적 신학은 기독교신학에서 정설로 받아들여지거나 인정된 적이 없었다. 이후 기독교신학은 펠라기우스주의를 이단으로 정죄하고 끊임없이 경계해왔다.

루터 대 에라스무스48)

자유의지 논쟁이 교회사에서 몇 차례의 논쟁을 거치면서 또다시 크게 주목을 받은 것은 루터(M. Luther)와 에라스무스(D. Erasmus) 사이의 논쟁에서였다.49) 루터는 천성적으로 투쟁적 삶을 살았던 인물이었다면, 에라스무스는 성격상 어떤 것에도 누구에게도 예속되지 않으려 했다는 점에서 진정한 자유인이었다. 루터는 격정적이고 민족주의적이고 혁명적이었다면, 에라스무스는 타협적이고 세계주의적이고 진보적이었다. 그래서 루터는 세상에 긴장과 흥분을 선사했지만, 에라스무스는 세상의 평온과 평화를 원했다.50) 에라스무스는 조용한 어조로 교회의 부패상을 조롱하고 풍자했다면, 루터는 그것을 거리에서 큰 소리로 외쳤다. 문제에 대한 인식은 같았지만 그것을 해결하고자 하는 방식은 너무 달랐다. 그 점에서 에라스무스는 신중했고, 루터는 선동적이었다. 물론 롤랜드 베인턴(Roland Bainton)은 루터가 일반적으로 생각되는 것만큼 "폭력적"이지 않았으며, 에라스무스도 일반적으로 생각되는 것만큼 "부드러웠던 것"이 아니었다고 평가하기도 했다. 그는 루터의 무절제함이 언어에 국한된 것이었고, 에라스무스는 "퉁명스럽지도, 격렬하지도, 상스럽지도" 않았지만, 매우 "신랄"했다고 지적했다.51) 특히 에라스무스의 거침없는 풍자적 비판은 가톨릭 측에서도 두려워할 정도였다. 그의 「우신예찬」(Praise Folly)이 "축제의 가면 아래 숨겨진 그 시대에서 가장 위험한 책 가운데 하나"로 평가받는 것도 그런 연유에서다.52)

에라스무스는 루터의 은혜와 믿음만으로 구원된다는 주장을 반대하여 1524년 「자유의지론」(On the Freedom of the Will)이라는 책을 저술했다. 그는 인간의 의지가 전혀 무능하다는 루터의 견해를 비성경적이라고 반박하고, 인간의 의지는 약화되었을 뿐 완전히 파괴된 것은 아니라고 주장했다. 그가 루터의 견해를 '운명론'(fatalism) 내지는 '도덕폐기론'(antinomianism)이라고 공격한 것도 그런 이유에서였다. 루터는 1년 뒤 「노예의지론」(On the Bondage of the Will)을 써서 이에 대응했다. 이 두 사람의 주장을 비교하면 [표11]과 같다.53)

에라스무스의 논점은 인간의지란 하나님의 은혜가 없다면 무능력하다는 데에서 시작한다. 그는 언제나 새로운 하나님의 은혜가 있어야 영원한 생명의 행복을 얻을 수 있다고 주장했다. 이 점에서는 루터도 기본적으로 같은 목소리를 냈다. 그는 하나님이 모든 일을 계획하고 주관하기 때문에, 하나님의 특별한 은혜를 통하지 않고는 구원에 이를 사람이 아무도 없다고 확신했다.

[표11] 루터와 에라스무스의 자유의지 비교

	에라스무스	루터
대표저서	「자유의지」(1524)	「노예의지」(1525)
주장 내용	인간의 의지는 약화되었을 뿐, 완전히 파괴된 것은 아니다. 루터의 견해는 운명론(fatalism) 내지는 도덕폐기론(antinomianism)이다.	인간은 전적으로 의지의 무능력이 있을 뿐이다. 인간 의지는 예속되어 있다. 마치 짐승의 뜻과 관계없이 그 등에 올라탄 사람이 짐승을 인도하듯이, 인간의 의지는 하나님이나 사탄의 의지에 예속되어 있다.
자유의지 정의	자유의지는 영원한 구원으로 이끄시는 하나님의 역사에 협동하거나 반대할 수 있는 인간의지의 능력이다.	자유의지란 말은 신적인 용어요 하나님에게만 해당되는 말이다. 인간에게 자유의지가 있다고 하는 것은 인간에게 신성을 부여하는 것이므로 신성모독적인 발상이다.
자유의지와 구원의 관계	하나님의 은혜가 없다면 구원을 위한 인간의 노력은 아무 것도 이룰 수 없지만, 선행적인 하나님의 은혜에 협동하려는 인간의 의지가 없어도 구원에 이를 수 없다. 인간 구원에서 하나님의 은혜는 1차적 요소이고, 인간의 의지는 2차적 요소다.	구원을 위한 인간의 자유의지는 전적으로 무능력하다. 오직 하나님의 은혜를 통해서 가능하다. 성경의 명령과 교훈은 인간의 능력으로 실천할 수 있다는 것을 말하는 것이 아니라 인간이 해야 할 바가 무엇인지를 보여주는 데 목적이 있다.54)
공통점	하나님의 은혜가 구원의 선행요건이다.	

이 둘 사이에 좁혀지지 않는 문제는 구원하시는 하나님의 은혜에 대응해서 인간이 할 수 있는 역할, 즉 인간의 자유의지와 선택에 관한 것이었다. 루터는 하나님의 예정과 예지는 실수가 없을 뿐 아니라 인간이나 그밖에 다른 피조물에게는 자유로운 선택이 존재할 수 없다고 주장했다. 그에게 모든 일은 하나님의 뜻 가운데 필연적으로 일어날 뿐이다. 그러나 에라스무스는 인간에게 하나님과 협력할 수 있는 자유의지와 선택의 자유가 있다는 결론에 도달했다. 비록 그것이 인간의 나약하고 훼손된 의지라 할지라도 하나님은 인간의 선택을 요구하시며 인간

은 그에 응답해야 한다고 판단했다.

루터는 기본적으로 아우구스티누스의 전통을 계승한 사람이다. 루터에 따르면, 인간에게 자유의지는 존재할 수 없다. 아담의 타락 이후 모든 인간은 전적으로 부패했고, 무능력하기 때문이다. 그가 말한 "노예의지"는 인간의 정체성을 이해하는 데 매우 비관적이었다. 그는 아우구스티누스와 마찬가지로 인간의 의지는 어딘가에 예속되었다고 보았다. 따라서 그것은 하나님에게 예속되든지, 아니면 사탄에게 예속된다.

에라스무스의 관점은 하나님이나 사탄보다 인간에게 집중되어있다. 기본적으로 그는 인문주의의 아들이었다. 그에게 인간의 자유의지는 구원을 이룰 수 있는 선천적 능력이 아니라, 구원의 은혜를 수용할 수 있는 선택이다. 그가 인간의 선천적 능력으로 구원에 이르지 못한다고 본 점에서는 펠라기우스의 사상과 확연히 다르다. 반대로 그는 하나님의 은혜를 선택할 수 있는 능력이 인간에게 있다고 말한 부분에서는 아우구스티누스의 사상과도 거리를 두었다. 그렇지만 인간의 구원이 하나님의 특별한 능력이 선행되어야 한다고 말한 점에서는 아우구스티누스를 닮았다. 결국 에라스무스는 아우구스티누스와 펠라기우스의 중도적 입장을 견지한 셈이다.

자유의지에 대한 성경의 증언

구약과 신약에서는 인간의 자유의지를 어떻게 말하고 있는가? 하나님께서 성경을 통해 독자들에게 요구하시는 것이 무엇인가? 이런 질문을 통해 우리는 자유의지에 대한 성경의 입장을 조명할 수 있다. 다음에 제시한 구절들은 인간이 구원을 위해 어떻게 해야 하는가를 보여주는 대표적 사례들이다.

구약의 자유의지

구약성경에 나타난 자유의지 문제는 구원의 문제와 밀접한 관련이 있다. 첫째, 자유의지는 죄와 관련되어 있다: "네가 선을 행하면 어찌 낯을 들지 못하겠느냐 선을 행하지 아니하면 죄가 문에 엎드려 있느니라 죄가 너를 원하나 너는 죄를 다스릴지니라"(창 4:7). 죄는 본래 인간을 넘어뜨리려는 성향이 있지만, 인간에게는 그것을 다스릴 수 있는 의지가 있다. 둘째, 자유의지는 구원과 관련되어 있다: "땅의 모든 끝이여 내게로 돌이켜 구원을 받으라 나는 하나님이라 다른 이가 없느니라"(사 45:22). 구원을 받으려면 하나님에게로 돌이키려는 의지가 있어야 한다. 셋째, 자유의지는 회개와 관련되어 있다: "그러므로 너는 그들에게 말하기를 만군의 여호와께서 이처럼 이르시되 너희는 내게로 돌아오라 만군의 여호와의 말이니라 그리하면 내가 너희에게로 돌아가리라 만군의 여호와의 말이니라 너희 조상들을 본받지 말라 옛적 선지자들이 그들에게 외쳐 이르되 만군의 여호와께서 이처럼 말씀하시기를 너희가 악한 길, 악한 행위를 떠나서 돌아오라 하셨다 하나 그들이 듣지 아니하고 내게 귀를 기울이지 아니하였느니라 여호와의 말이니라"(슥 1:3-4). "보라 내가 오늘 생명과 복과 사망과 화를 네 앞에 두었나니 곧 내가 오늘 네게 명령하여 네 하나님 여호와를 사랑하고 그 모든 길로 행하며 그의 명령과 규례와 법도를 지키라 하는 것이라 그리하면 네가 생존하며 번성할 것이요 또 네 하나님 여호와께서 네가 가서 차지할 땅에서 네게 복을 주실 것임이니라 그러나 네가 만일 마음을 돌이켜 듣지 아니하고 유혹을 받아서 다른 신들에게 절하고 그를 섬기면 내가 오늘 너희에게 선언하노니 너희가 반드시 망할 것이라 너희가 요단을 건너가서 차지할 땅에서 너희의 날이 길지 못할 것이니라"(신 30:15-18). "주 여호와의 말씀이니라 죽을 자가 죽는 것도 내가 기뻐하지 아니하노니 너희는 스스로 돌이키고 살지니라"(겔 18:32). 하나님은 우리에게 악한 행위를 떠나서 돌아오라고, 마음을 스스로 돌이키라고 촉구하신다. 하나님께 돌아서서 가는 것이 바로 회개다.

그러므로 구약의 하나님은 끊임없이 우리에게 회개를 촉구하고, 죄에서 돌이킬 것을 명령하신다. 그분은 인간의 순종을 요구하신다. 이것은 인간이 기본적으로 선과 악을 택할 수 있는 의지가 있음을 전제하지 않고는 나올 수 없는 명령이다. 하나님과 인간은 언약을 맺는 관계다. 언약은 기본적으로 상호관계 속에서 이루어진다.

신약의 자유의지

신약 역시 구약과 같은 맥락에서 인간의 자유의지를 강조한다. 신약성경은 하나님의 뜻에 순종하지 않는 것도 인간이고, 생명을 얻기 위해 하나님께 순종해야 할 주체도 인간임을 강하게 암시한다. 첫째, 자유의지는 회개하지 않는 마음과 관련된다: "예루살렘아 예루살렘아 선지자들을 죽이고 네게 파송된 자들을 돌로 치는 자여 암탉이 그 새끼를 날개 아래에 모음 같이 내가 네 자녀를 모으려 한 일이 몇 번이더냐 그러나 너희가 원하지 아니하였도다"(마 23:37). 이는 하나님이 원하시더라도 인간이 자유의지로 회개하지 않는다는 것을 지적한 것이다. 둘째, 자유의지는 쉼과 구원을 위한 선택과 관련된다: "수고하고 무거운 짐 진 자들아 다 내게로 오라 내가 너희를 쉬게 하리라"(마 11:28). "볼지어다 내가 문밖에 서서 두드리노니 누구든지 내 음성을 듣고 문을 열면 내가 그에게로 들어가 그와 더불어 먹고 그는 나와 더불어 먹으리라"(계 3:20). 구원과 쉼을 얻기 위해서는 인간이 주님을 향해 나가거나 마음의 문을 열어야 한다는 것이다.

신약은 구원의 주도권이 하나님께 있으나, 이를 받아 소유하는 것은 인간의 선택과 결심에 있음을 강조한다. 신약에서는 불순종에 따른 인간의 책임과 벌이 언급되어 있고, 인간의 결단을 촉구하는 권면과 명령으로 가득 차있다. 책임적인 존재가 되기 위해서는 스스로 결단할 수 있는 자유로운 존재여야 한다. 특히 씨 뿌리는 비유(마 13:1-9)는 똑같은 씨앗이라 할지라도 그 씨를 받아들이는 토양의 상태에 따라 결과가 달라진다는 것을 말함으로써 하나님의 복음에 순종하는 인간의 태도가 중요함을 설명한 것이다. 그러므로 예수의 구원사역에서 볼 때 모든 역사는 하나님의 주권과 인간의 자유 사이의 갈등이라는 차원에서 이해될 수 있다.[55]

하나님은 인간의 자유를 존중하며, "강제적 폭력의 길보다는 섬기는 종의 길"을 선택하시는 분이다. 그 바람에 하나님은 "인간의 자유에 의해 자신의 자유가 제한되는 것"을 "허락"하신다. 하나님은 "인간에 의해 거부될 수 있는 모험"을 "감수"하신다. 인간은 "로봇이나 꼭두각시가 아니라 하나님의 대화상대로, 계약의 파트너로 창조"되었기 때문이다.[56]

신앙은 은혜와 자유가 만날 때 형성된다. 서구전통의 기독교신학은 은혜와 자유의 조화보다는 그 갈등을 더 많이 양산해낸 신학 유산을 남겨주었다. 극단적 일원론이나 갈등적 이원론으로는 이 문제를 해결하기 어렵다. 기독교신앙은 은혜와 자유를 긴장 관계 안에서 조화롭게 풀어내야 한다. 에릭슨은 하나님의 계획과 은혜가 인간의 자유를 억압하는 것으로 표출되는 것이 아니라는 사실을 분명히 했다. 그에게 하나님의 은혜는 "반드시 응답되어야 할 것"이 아니라 부름을 받은 사람들이 "자발적으로 응답하도록 호소하는 것"이다.57) 하나님의 은혜와 인간의 자유는 서로 양립할 수 있는 것이다. 그 점에서 다커리(David S. Dockery)는 에릭슨이 "하나님의 계획"을 온건한 칼뱅주의 모델에 의해 풀어가고 있으면서도, "과감하게" 인간의 자유와 하나님의 주권이 서로 관련되어 있음을 보여주려 한다고 평가했다.58)

신앙과 영혼의 역량59)

"신앙 안에서 영혼의 역량"(soul competence in faith) 개념은 모든 인간이 하나님에게 직접 반응할 수 있는 신앙의 역량이 있다는 사상이다. 에드가 멀린스(Edgar Y. Mullins)는 이 개념이 신앙생활에서 감독제도, 유아세례, 대리자(proxy)에 의한 종교 등과 같은 다른 사람의 간섭을 배제하는 근거가 된다고 주장했다. 신앙은 오직 하나님과 인간의 영혼 사이에서 일어나는 개인적인 문제다.60) 그러나 이 말은 구원이 인간의 능력에 의해 이루어진다는 것을 의미하는 것은 아니다. 구원은 어디까지나 하나님의 은혜에 의해 가능하다.

레온 맥베스(H. Leon McBeth)는 영혼의 역량 개념을 다음과 같이 설명했다: "하나님께서 모든 사람에게 결정할 수 있는 능력을 주셨다는 뜻이다. 영적인 결정은 다른 사람에게 양도될 수 없으며, 우리를 위해 결정하도록 다른 사람에게 위임될 수도 없다. 영혼의 역량은 인간이 이룩한 업적이 아니라 우리를 창조한 하나님의 선물이다."61) 스스로 결정할 수 있는 능력이 있다는 말은 인격적이라는 말과 통한다. 인격이란 "자기 결정적"(self-determined)이다. "영혼의 역량 개념은 하나의 단순한 교리가 아니다. 실제로 이것은 믿음의 다른 모든 교리들을 포괄한다. 이 개념 없이는 이신칭의도, 개인적인 회개의 요청도, 전도의 근거도 있을 수 없다. 이 모든 것들은 예수 그리스도 안에서 하나님께 반응할 수 있는 개인적인 영혼의 자유와 능력을 함축한다."62) 그러므로 "우리는 예수께서 부르실 때 '예'라고 말할 수 있는 능력도 있고, '아니오'라고 말할 능력도 있다."63) 우리가 즐겨 부르는 찬송 중에, "주 예수 따라 살기로 했네.... 뒤돌아서지 않겠네"(I have decided to follow Jesus.... No turning back)라는 노랫말은 바로 이런 인격적인 반응과 의지를 강조하는 대표적인 노래다.

월터 셔든(Walter B. Shurden)은 영혼의 자유를 "신조의 강요나 목사의 간섭, 시민정부의 방해없이 모든 개인이 하나님과 교제할 수 있는, 양도할 수 없는 권리와 의무가 침례교인들 안에 있다는 역사적인 확신"이라고 규정했다.[64] 그는 "영혼의 자유," "개인의 능력," "하나님 앞에서의 영혼의 능력[역량]," "개인적인 신앙," "영적인 신앙," "신자의 제사장 직분," "신성한 개인주의" 등의 개념이 같은 의미를 담으려는 노력이라며, 침례교인들의 영성을 이해하는 데 이 개념들은 중요한 사상이 된다고 설명했다.[65] 또한 셔든은 영혼의 자유란 선택할 권리를 의미한다고 말하면서 "신앙은 자원적인 것"이기 때문에 "누구도 믿도록 강요할 수 없"으며, "'강요된 사랑'이란 단어는 조합될 수 없다"고 주장했다.[66]

이 사상은 '전신자 제사장직'과 '지역교회의 자율성' 개념과도 밀접한 관계가 있다. 전신자 제사장직 개념이 "하나님과의 관계에서 표현된 영혼의 역량"이라면, 지역교회의 자율성 개념은 "교회생활 차원에서 표현된 영혼의 역량"이라고 말할 수 있다. 동시에 영혼의 역량 개념은 신자들에게 중생의 개인주의를 넘어서서 예배와 복음전도뿐 아니라, 사회질서를 위한 사회적 영적 필요를 채우기 위해서 사회적 영역에도 참여하게 한다.

* * *

신앙은 일반 신념과 달리 단순히 우리 자신에게서 나오는 것이 아니다. 기독교 신앙은 하나님으로부터 시작된 은혜가 선행될 때 비로소 가능해진다. 그 은혜가 우리 안에서 결실을 맺는 것이 신앙이다. 그러므로 하나님의 은혜가 신앙의 토대라면, 인간의 자유의지는 신앙의 기둥이다. 신앙은 하나님의 은혜라는 토대에 인간의 자유의지라는 기둥으로 이루어진 집이라고 할 수 있다. 집의 한 구성요소로서 기둥은 집의 토대를 만드는 데 필연적이지 않지만 기둥을 세우려면 토대는 반드시 마련되어 있어야 한다. 기초가 없거나 부실한 집은 아무리 기둥이 든든하게 많이 세워진다 하더라도 견고히 설 수 없다. 반대로 기초가 아무리 튼튼해도 그 위에 세운 기둥이 부실하면 그 역시 오래 버티지 못할 것이다. 신앙은 하나님의 은혜를 1차 요소로, 인간의 신앙을 2차 요소로 삼고 서로 하나가 될 때 온전한 구원의 조건으로 제 역할을 다할 수 있다.

신앙의 적극적 요소는 하나님의 은혜이며, 신앙의 소극적 요소는 인간의 자유라고 할 수 있다. 구원이 하나님의 은혜와 인간의 믿음이 만나서 이루어지는 것이라면(by grace through faith), 신앙은 하나님의 은혜와 인간의 자유가 만나서 이루어지는 것이다(by grace through freedom). 그러므로 신앙은 은혜와 자유의 절정이요, 완성이라고 할 수 있다. 은혜와 자유는 신앙의 중요한 두 요소가 된다. 은혜는 신앙의 기초요 자유는 신앙의 기둥이다. 어느 하나가 빠진다면, 신앙은 올바로 이해될 수 없다. 이 두 요소는 분리되지 않고 하나가 되며, 혼합되지 않고 하나가 된다. 이 둘은 서로 떨어지지 아니하되(不相離), 서로 섞이지도 않는(不相雜) 관계다.

결국 신앙은 은혜와 자유의 만남으로 가능하다. 하나님의 은혜만으로도 안 되고, 인간의 자유만으로도 불가능한 것이 신앙이다. 그 점에서 하워드 마샬(I. Howard Marshall)이 "하나님의 결정론과 인간의 자유가 양립할 수 없다는 칼뱅주의 견해는 하나님의 피조물이 부여받은 인격성의 실재를 부인하는 것"이며, 결정론적 입장의 문제점은 "하나님을 자신의 예정된 목적에 사로잡힌 포로"로 만든 것이라고[67] 비판한 것은 일리가 있다. 하나님의 은혜와 인간의 자유는 갈등을 일으키지 않는 것이 아니라 긴장관계에 있는 것이다. 신앙은 하나님과 나의 만남을 통해서 일어난다. 이 점에서 기독교는 체험의 종교다.

하나님의 주권과 선택사상은 폐쇄적 예정론 안에 갇혀있지 않다. 하나님의 뜻은 고정불변한 것이라기보다는 인격적 관계 안에서 역동적이다. 칼뱅주의 예정론이 조심해야 할 몫은 그것이 가진 자를 옹호하는 논리로 사용될 수 있다는 것이다. 만일 결과적으로 나타나는 삶과 행동을 근거로 하나님의 택자 여부를 가리려고 한다면 이것은 언제나 가진 자의 편에 서서 빼앗긴 자들을 택함을 받지 못한 자로 치부하는 논리로 악용될 가능성이 있다. 결국 이런 관점은 성공주의와 손을 잡게 된다는 점에서 복음적이지 않다.

주(註)

1) 김균진, 「기독교조직신학」, III, 7판 (서울: 연세대학교출판부, 1993), 328-30.
2) 이신건, 「조직신학입문」 (서울: 신앙과지성사, 2014), 142.
3) 김균진, 「기독교조직신학」, III, 333-4.
4) D. Benhoeffer, 「나를 따르라」, 김순현 옮김 (서울: 복있는 사람, 2016), 30-2.
5) Ibid., 32-3. 진한 글씨는 원문 그대로.
6) 김균진, 「기독교조직신학」, III, 339-42.
7) Herschel H. Hobbs and Eedgar Y. Mullins, The Axioms of Religion, Revised Edition (Nashville: Broadman Press, 1978), 67. 멀린스가 주장한 나머지 공리들은 다음과 같다. 신앙적 공리: "모든 영혼은 하나님께 직접 접근할 동등한 권리를 가진다." 교회적 공리: "모든 신자는 교회 안에서 동등한 특권을 가진다." 도덕적 공리: "책임적인 존재가 되기 위해서는 영혼이 자유로워야 한다." 시민적 공리: "자유로운 국가 안에 자유로운 교회가 있다." 사회적 공리: "네 이웃을 네 자신과 같이 사랑하라."
8) Ibid.
9) Ibid., 71, 72.
10) John Calvin, 「기독교강요」, 중, 원광연 역 (고양: 크리스챤다이제스트, 2003), 517.
11) Mildred B. Wynkoop, 「칼빈주의와 웨슬레신학」, 한영태 역 (서울: 생명의말씀사, 1987), 48.
12) Ibid., 50; Carl Bangs, Arminius: A Study in the Dutch Reformation, 2nd ed. (Grand Rapids: Zondervan Publishing House, 1985), 350.
13) Bangs, Arminius, 262; James Arminius, "Public Disputation XV," The Works of James Arminius, vol. 2, reprinted (Grand Rapids: Baker Book House, 1991), 226.
14) 한영태, 「웨슬레의 조직신학」 (서울: 성광문화사, 1993), 111-25.
15) 김명용, 「현대의 도전과 오늘의 조직신학」 (서울: 장로회신학대학교출판부, 1997), 305.
16) 백현철, 「은총의 선택: 「교회교의학」 II-2를 중심으로 한 칼 바르트의 선택론 연구」 (서울: 기민사, 1986), 118.
17) 김명용, 「현대의 도전과 오늘의 조직신학」, 313.
18) E. Brunner, Dogmatik, I, 2, Aufl., 1953, 364, 354, H. G. Pöhlmann, 「교의학: 조직신학의 독보적인 고전」, 이신건 옮김 (서울: 신앙과지성사, 2012), 393에서 재인용.
19) Pöhlmann, 「교의학」, 393.
20) 아르미니우스에 관한 내용은 Bangs, Arminius, 참조. 돌트회의(1618-1819)는 130명의 칼뱅주의 대표자들과 13명의 아르미니우스주의 대표자들이 참석한 회의였다. 특히 아르미니우스주의 대표자들은 국가의 죄수 신분이기 때문에 발언권과 선거권이 없었다. 그 결

과 만장일치로 칼뱅주의 5대교리가 채택되고, 아르미니우스주의는 이단으로 정죄되었다.

21) Stanley Grenz, 「조직신학: 하나님의 공동체를 위한 신학」, 신옥수 옮김 (고양: 크리스챤다이제스트, 2003), 649-50.

22) Ibid., 648-9.

23) Calvin, 「기독교강요」, 중, 547-69.

24) 이신건, 「조직신학입문」, 145.

25) 김명용, 「현대의 도전과 오늘의 조직신학」, 316.

26) Ibid., 74.

27) Ibid., 75.

28) Hans Küng, 「교회」, 정지련 역 (서울: 한들출판사, 2007), 197.

29) Pöhlmann, 「교의학」, 393-4.

30) 서광선, 「기독교신앙과 신학의 반성」(서울: 이화여자대학교출판부, 1996), 72.

31) William G. Witt, "Creation, Redemption and Grace in the Theology of Jacob Arminius" (Ph.D. Dissertation. The University of Notre Dame, 1993), 631.

32) 이 문제는 김용복, "James Arminius의 선행은혜에 대한 성서적·신학적 반성," 「복음과 실천」, 39집 (2007년 봄): 249-76 참조.

33) James Arminius, "Public Disputation XI," *The Works of James Arminius*, vol. 2, 192.

34) Wynkoop, 「칼빈주의와 웨슬레신학」, 58; Dale M. Yocum, 「기독교신조대조: 칼빈신학과 알미니안신학의 비교연구, 성결교리의 신학과 성서적 바른 이해」, 손택구 역 (서울: 예수교대한성결교회(연합)출판부, 1988), 33.

35) Arminius, "A Letter to Hippolytus a Collibus," *The Works of James Arminius*, vol. 2, 700.

36) Edgar. Y. Mullins, *The Christian Religion in Its Doctrinal Expression* (Philadelphia: Roger Williams Press, 1917), 433-4.

37) 김용복, "James Arminius의 선행은혜에 대한 성서적·신학적 반성," 256.

38) Ibid., 267-70.

39) Ibid., 273-4.

40) Mullins, *The Christian Religion in Its Doctrinal Expression*, 344.

41) Aurelius Augustine, 「자유의지론」, 박일민 옮김 (서울: 반석문화사, 1993); 성기호, 「교회와 신학논쟁」(서울: 성광문화사, 1995), 85.

42) 성기호, 「교회와 신학논쟁」, 82-93 참조.

43) Alister McGrath, 「이신칭의」, 김성웅 옮김, 2판 (서울: 생명의말씀사, 2015), 47.

44) J. L. Neve, 「기독교교리사」, 서남동 역 (서울: 대한기독교서회, 1985), 231.

45) Ibid., 233.

46) McGrath, 「이신칭의」, 72.

47) Neve, 「기독교교리사」, 227.
48) 좀 더 자세한 내용은 김용복, "Martin Luther와 Desiderius Erasmus의 자유의지 논쟁점과 그 방법," 「종교개혁의 풍경」, 침례교신학연구소 편 (대전: 침례신학대학교출판부, 2017), 63-94 참조.
49) 물론 이번 논쟁은 이전의 아우구스티누스와 펠라기우스 논쟁과 다소 양상이 다르다. 아우구스티누스와 루터는 같은 견해를 가지고 있지만, 펠라기우스와 에라스무스는 그렇지 않기 때문이다. 펠라기우스가 인간 중심의 신학에 해당한다면 에라스무스는 그리스도 중심의 신학유형에 속한다.
50) Steffan Zweig, *Erasmus: The Right to Heresy*, tr. Eden and Cedar Paul, Hallam edition (London: Cassell and Company Limited, 1951), 90-3.
51) Roland H. Bainton, 「에라스무스의 생애」, 박종숙 옮김 (고양: 크리스챤다이제스트, 2001), 352-3.
52) Zweig, *Erasmus*, 58.
53) 성기호, 「교회와 신학논쟁」, 91-115 참조.
54) 이런 주장은 불가능의 윤리를 반영한다. 과연 예수의 가르침이 불가능한 윤리인가? 마태복음 5장 48절, "그러므로 하늘에 계신 너희 아버지의 온전하심과 같이 너희도 온전하라." 이 말씀은 본질은 "원수사랑"에 있다. 어떤 방식으로 하느냐 하는 것이 그 뒤에 따라 나오는 행동양식이다. 6:3→구제할 때 은밀하게; 6:6→기도할 때 은밀하게; 6:18→금식할 때 은밀하게; 6:24→재물과 하나님 가운데 하나를 택하라.
55) Dale Moody, *The Word of Truth: A Summary of Christian Doctrine Based on Biblical Revelation* (Grand Rapids: Eerdmans, 1981), 340.
56) Pöhlmann, 「교의학: 조직신학의 독보적인 고전」, 84; 이신건, 「조직신학입문」, 151.
57) Millard J. Erickson, *Christian Theology*, vol. 3 (Grand Rapids: Baker Book House, 1985), 927.
58) David S. Dockery, "Millard J. Erickson," *Baptist Theologians*, ed. Timothy George and David S. Dockery (Nashville: Broadman Press, 1990), 650.
59) 김용복, 「침례교신학: 침례교인의 신앙과 신학 유산」 (대전: 침례신학대학교출판부, 2009), 92-4에서 부분 수정.
60) Hobbs and Mullins, *The Axioms of Religion*, 48.
61) H. Leon McBeth, "God Gives Soul Competency and Priesthood to All Believers," *Defining Baptist Convictions: Guidelines for the Twenty-First Century*, Charles W. Deweese, ed. (Franklin: Providence House Publishers, 1996), 63.
62) Ibid., 63-4.
63) Ibid., 62.
64) Walter B. Shurden, 「침례교의 정체성」, 김태식 옮김 (서울: 서로사랑, 1999), 18.
65) Ibid., 43-4.

66) Ibid., 49.
67) I. Howard Marshall, "The Problem of Apostasy in the NT Theology," *Perspectives on Scripture and Tradition: Essays in Honor of Dale Moody*, ed. Robert L. Perkins (Macon, George: Mercer University Press, 1987), 69.

14
구원의 의미와 대상

성경에 이르되 누구든지 그를 믿는 자는 부끄러움을 당하지
아니하리라 하니 유대인이나 헬라인이나 차별이 없음이라
한 분이신 주께서 모든 사람의 주가 되사
그를 부르는 모든 사람에게 부요하시도다
누구든지 주의 이름을 부르는 자는 구원을 받으리라
로마서 10장 11-13절

구원의 문제는 그리스도인들의 가장 중요한 관심사 가운데 하나다. 그래서 어떻게 하면 죄와 사망의 질곡에서 구원 받을 수 있을까 하는 문제는 신앙의 궁극적 목표가 되기도 한다. 하지만 구원의 문제가 중요한 것만큼이나 그것에 대한 질문들도 적지 않다. 그 질문들 가운데 하나는 구원에도 유효기간이 있는가 하는 것이다. '한번 구원은 영원한 구원'(once saved, always saved)인가? 한 번 받은 구원이 폐기되거나 취소될 수 없다고 주장하는 것은 마치 구원의 유효기간이 없다고 말하는 것과 같다.

고린도후서 13장 5절 전반부에서는 "너희는 믿음 안에 있는가 너희 자신을 시험하고 너희 자신을 확증하라"고 했다. 이는 우리가 우리 자신의 구원에 대해 확신을 가지고 증언할 수 있어야 한다는 말이다. 물에 빠져 죽어가는 사람이 구원받았다고 외친다고 구원을 받는 것은 아니듯이, 구원은 말로만 이루어지는 것이 아니다. 구원은 실제요, 삶이다. 구원의 길은 영원한 삶으로 가는 여정이다. 존 번연(John Bunyan)이 설명했던 것처럼, 그것은 "이 세계에서 오는 세계로 향하는 순례

의 과정"이다.[1] 그런 의미에서 셀교회의 대부 랄프 네이버(Ralph W. Neighbour)가 한 말은 새겨들을 가치가 있다: "성경의 지식을 지적으로 믿는 것을 구원이라 말하는 전통주의적 구원관에 대해 우리는 반대한다…. 구원은 예수를 영접한 후 십자가에 자신을 못 박고 공동체와 함께 죄를 이기는 세 단계를 포함한다. 죄의 능력으로부터 해방되는 것은 공동체로서만 가능하기 때문이다."[2]

예수께서는 시험을 받으셨지만 그 유혹에 지지 않고 이기셨다. 그는 생명으로 인도하는 문은 좁고 길이 협착하다고 말씀하셨다(마 7:13-14). 그렇다면 오늘날 수많은 사람들이 가는 길은 과연 예수께서 말씀하신 길과 같을까? 신앙인으로서 정체성은 단순히 의례나 교리 고백에서 나오는 것이 아니라 구원체험에서 나온다. 그런 점에서 구원의 문제는 삶과 분리되어 다루어져서는 안 된다.

구원의 의미와 차원

구원의 문제를 풀기 위해서는 전반적으로 성경에서 말하는 구원의 의미를 큰 그림으로 살펴보는 것이 필요하다. 구원이란 무엇이며, 누가 구원을 받을 수 있고, 또 받을 수 없는가? 특별히 구원의 문제를 개인의 영혼 구원에만 제한해서는 안 될 이유와 그런 구원관이 교회에 어떤 영향을 끼칠 것인가를 신학적으로 반성해야 한다. 이는 사회복음과 교회의 사역이 어떤 필연적 관계를 가져야 하는가를 성찰하는 문제이기도 하다. 또한 교회가 사회복음에 대해 소홀하거나 그것을 반대하는 배경을 아는 일도 신학적 성숙을 위해 요청되는 일이다. 같은 맥락에서 생태계 구원의 문제를 21세기 지구 환경과 관련해서 연구하는 것도 필요하다. 교회들은 마땅히 환경보호에 참여해야 할 근거를 신앙적으로 마련해야 한다. 나아가 영유아와 지적 장애인들에게 구원은 어떻게 적용되어야 하는가 하는 것과 자살을 하면 구원을 받을 수 없는가 하는 문제도 다시 정리할 필요가 있다.

구원의 정의

구원은 일차적으로 '~으로부터' 벗어나는 것이다. 죄로부터 구원, 가난으로부터 구원, 폭정으로부터 구원 등이 모두 넓은 의미에서 구원에 해당한다. 하지만 이런 것들이 모두 구원의 최종적 목표는 아니다. 단지 벗어나야 할 상황을 적시한 것이다. 진정한 의미에서 구원은 어떤 목표로 나아가는 것이다. 신학적으로 다양한 언어로 표현할 수 있지만, 구원은 궁극적으로 하나님과의 관계를 회복하는 것이다. 이는 달리 표현하면 우리에게 주어졌던 하나님의 형상을 회복하는 것을 의미한다. 그러므로 구원의 일차적 과제는 하나님과의 관계를 단절하고 그의 형상을 파괴했던 주된 원인을 해결하는 것이다. 예수를 믿음으로 구원 받았다고 말하는 것은 그 자체로 중요한 의미가 있다. 하지만 과거형으로 말하는 것은 어떤 점에서 구원의 문제를 일회적 사건으로 단순화하는 것일 수 있다. 구원은 단순히 어떤 특정 시점에서 일어난 사건만을 말하는 것이 아니라 삶의 전체 과정을 포함하기 때문이다. 구원은 그리스도인의 삶을 총체적으로 다루는 것이어야 한다.

하지만 구원의 문제가 인간의 삶만 다루는 것은 아니다. 구원은 인간의 삶뿐 아니라 하나님의 피조세계 전체를 회복하고 완성하는 것을 포함한다. 그 점에서 찰스 콜슨(Charles Colson)과 낸시 피얼시(Nancy Pearcey)의 다음과 같은 진술은 타당하다:

> 하나님은 영혼을 구원하는 일에만 관심이 있는 것이 아니라 그의 피조물을 회복시키는 데에도 관심을 두고 계신다. 하나님은 구원의 은혜뿐만 아니라 그의 보편적인 은혜를 위한 대리자로 우리를 부르고 계신다. 우리의 임무는 교회를 세우는 것만이 아니라 하나님께 영광 되는 사회를 건설하는 것이다.3)

리처드 린츠(Richard Lints)는 "구원하시는 분은 하나님이시고 구원받는 것은 인간과 피조적 질서"라고 적시하고, 복음은 "단지 우리의 회심 이야기를 담는 것이 아니라, 창조 전체를 포함하는 이야기"라고 주장했다.4)

구원의 세 차원

구원론에서 해결해야 할 문제는 크게 세 가지 차원에서 설명될 수 있다. 첫째는 수직적 문제, 즉 하나님과 인간의 관계를 회복하는 것이다. 이는 개인적 회심(conversion)을 통해 이루어지는 것으로, 서방교회 전통적인 구원론에서 주로 다루는 주제이며 복음주의에서 특히 강조하는 구원관이다. 아담의 원죄와 그리스도의 대속사건이 이 구원관의 핵심을 이루는 두 축이다. 이는 아담의 범죄로 모든 인류는 죄 가운데 태어나 스스로 해결할 수 없는 구원의 문제를 운명적으로 안고 있는데, 그것을 예수 그리스도가 성육신하여 우리와 하나가 되고 대신 구원의 길을 열어주셨음을 믿는다는 것을 의미한다. 이 구원은 그리스도와 인격적으로 만나는 체험을 무엇보다 중요하게 생각한다. 이 원죄-대속의 패러다임은 수직적 구원을 이해하는 가장 중요한 근거와 토대가 된다. 구원의 궁극적 목표는 첫째 아담의 죄로 인해서 파괴된 하나님과의 관계가 둘째 아담인 그리스도의 공로로 회복되는 데 있다.

수직적 차원의 구원을 강조하는 사람들은 대체로 구원의 의미를 좁게 해석하는 경향이 있다. 구원은 좁은 의미에서 그리스도인과 교회 안에서만 적용되어야 한다고 주장하는 것이다. 이 입장에 따르면, 신약성경에서도 예수 그리스도를 메시아라고 고백하는 현장에서만 하나님 나라의 임재가 나타난다는 것을 근거로 삼는다. 우주적 구원이 오로지 예수 그리스도의 재림 때만 가능하다. 교리적으로도 구원(중생)은 회심하여 예수 그리스도를 주님으로 고백하는 신자에게만 적용된다. 이것이 온전한 의미의 구원이며, 그렇게 될 때 교회와 사회/세상의 차이를 분명하게 할 수 있게 된다. 르네 파딜라(René Padilla)의 말처럼, 이 입장에 있는 사람들은 "우리는 구원을 육체적 필요의 충족, 사회적 개선, 또는 정치적 자유와 동일한 것으로 받아들일 수 없다"고 생각한다.[5] 하지만 이처럼 구원을 좁은 의미로만 사용하면, 구원이 오로지 개인의 영혼구원 차원에 머물고 마는 경우가 많다. 복음전도의 포괄적 대상이나 하나님의 구원사역이 담당하는 범우주적 차원을 망각하게 된다. 사회나 역사의 문제에 관심을 갖지 않게 함으로써, 교회의 사명을 축소시키거나 왜곡하게 한다.

둘째는 수평적 문제로서 인류와 다른 피조물 사이의 불화와 불평등을 제거하는 것이다. 이스라엘의 출애굽이나 예수의 인간해방 선언(요 8:32)은 이런 맥락에서 넓은 의미의 구원 선언이다. 구원의 수평적 차원은 우리에게 '사회적 회심'을 통해 사회를 보는 관점을 바꿀 것을 요청한다. 이 주제는 해방신학, 흑인신학, 민중신학 등 주로 정치신학이라 불리는 신학에서 주로 다루어진다. 이들 신학에서 말하는 구원의 목표는 일차적으로 정치적 혹은 경제적 상황에서 억압된 인간의 조건을 해결하고 인간성을 회복하는 데 있다. 물론 사회정치적 차원에서는 이 땅의 온전한 구원이 실현되지 못할 것이다. 그러나 그것은 온전한 구원을 향한 힘찬 걸음이 된다. 그 점에서 구원은 "공동체-안에-있는-개인들"과 관련된다.[6]

정치신학과는 맥락이 다르지만, 복음주의진영에서 교회의 사회참여 문제에 획기적인 전환점을 마련한 문건은 1974년 제1차 세계복음화국제대회(The First International Congress on World Evangelization)에서 작성한 로잔언약(Lausanne Covenant)이다. 로잔언약은 복음전도와 함께 사회참여의 중요성을 강조하고 이 둘의 상호 보완적 관계를 주장했지만, 사회참여를 구원의 문제와 동일시하지는 않는다는 특징을 보여준다. 선언문 제5조는 그리스도인의 사회적 책임에 대해 다음과 같이 진술했다:

> 우리는 인간 사회 어디서나 정의와 화해를 구현하시고, 인간을 모든 압박으로부터 해방시키려는 하나님의 관심에 동참하여야 한다. 사람은 하나님의 형상대로 창조되었기 때문에 인종, 종교, 피부색, 문화, 계급, 성 또는 연령의 구별 없이 모든 사람은 천부적 존엄성을 지니고 있으며 따라서 사람은 서로 존경받고 섬김을 받아야 하며 누구나 착취당해서는 안 된다. 이 사실을 우리는 등한시하여 왔고, 또는 종종 전도와 사회 참여가 서로 상반된 것으로 잘못 생각한 데 대해 뉘우친다. 사람과의 화해가 곧 하나님과의 화해는 아니며, 또 사회참여가 곧 전도일 수 없으며, 정치적 해방이 곧 구원은 아닐지라도 전도와 사회·정치 참여는 우리 그리스도인 의무의 두 부분임을 인정한다. 이 두 부분은 모두 하나님과 인간에 대한 교리와, 이웃을 위한 사랑, 그리고 예수 그리스도에 대한 순종의 필수적 표현들이기 때문이다. 구원의 메시지는 모든 소외와 압박과 차별에 대한 심판의 메시지를 내포한다.[7]

셋째는 인간의 내적 문제로서 개인의 죄의식, 열등감, 불안 등을 해소하는 것이다. 인간의 내적 차원은 언제나 구원의 수직적, 수평적 문제와 함께 다루어져야 할 문제다. 특히 이런 문제는 철학이나 현대의 여러 학문들을 통해 추구되기도 하고, 여러 종교들이 제공하는 하나의 자기 치유의 과정에서 해결책을 찾기도 한다. 19세기 프리드리히 슐라이어마허와 알브레히트 리츨은 이런 내면적 변화의 구원론을 대변하는 인물이다. 슐라이어마허는 기독교신앙이 "인간적 경험을 변화시키는 것을 가장 심오한 목표로 삼는 종교로 표현되어야 한다"고 주장했고, 리츨은 하나님을 믿는 것이 "자신의 고유한 죄의식에 의한 소외의 해결"을 의미한다고 생각했다.[8]

오늘날 기독교 안에서 내적 치유 혹은 영성훈련 프로그램이 각광을 받는 것은 그 점에서 시사하는 바가 있다. 물론 치유(healing)라는 행위가 단순히 내적, 심리적 치유만을 의미하지는 않는다. 그것은 하나님이나 사회와의 관계에서도 파괴된 관계를 회복할 때 구원의 사건이 된다. 회심의 경험 하나만으로도 내면의 문제가 해결될 수 있지만, 적절한 방법으로 나 자신을 점검하고 훈련을 하는 것은 치유를 위해 도움이 될 수 있다. 하지만 그것이 도리어 신앙방식을 규제하고 부담감을 주는 경우도 있고, 심지어는 잘못된 신학적 관점과 이교적 영성을 접목하는 사례도 있어서 많은 주의가 요구된다. 따라서 영성신학이라는 이름으로 행해지는 각종 프로그램에 대한 신학적 성찰이 필요하다. 가톨릭사전에 따르면, 영성신학이란 "영성 생활의 성격과 본질을 규명하고 완덕(完德)에 이르는 길에 대한 이론과 방법을 연구하는 학문"이라고 정의되어 있다.[9] 문제는 교회의 전승과 신학자들에 의해 계발된 관상이나 명상기도와 같은 훈련과정이 성경에서 말하는 경건한 삶과 성숙한 신앙을 키우는 데 얼마나 도움이 되는가 하는 데 있다. 이런 문제에 접근할 때는 그 영성훈련 프로그램이 성경의 복음을 간과하거나 왜곡하는 현상이 일어나지 않도록 조심해야 한다. 문제를 바라보는 관점과 그것을 해결하는 방법론을 신중하게 검토하는 것이 필요하다. 신학적으로 검증되지 못한 영성훈련 프로그램들은 비복음적이거나 이교도적 영성을 무분별하게 차용함으로써 오히려 신앙을 호도하고 왜곡시키는 결과를 빚을 수 있다.

구원의 문제는 여러 차원에서 총체적으로 접근되어야 한다. 공간적 차원도 고려해야 하고, 시간적 차원도 간과해서는 안 된다. 우리가 일차적으로 관심을 가지는 것은 당연히 구원의 수직적 문제라는 것을 부인할 수 없다. 전통적 의미의 기독교신학은 주로 이 차원에 집중해왔다. 하지만 수직적 구원의 문제는 수평적 구원과 내면적 구원과 언제나 함께 다루어져야 한다. 어느 한 차원에서만 구원의 문제를 취급하고 강조하는 것은 부분적인 구원일 뿐이다. 사회구원이 빠진 개인

구원은 불완전하고, 반대로 개인구원이 배제된 사회구원은 신앙에서나 실제에서나 허탈할 수밖에 없다. 또한 이 둘의 관계가 원만하게 조화를 이룬다 하더라도 내적인 구원, 즉 마음의 안정과 평안을 얻지 못한다면 그것도 무의미한 일이 될 수 있다. 구원은 여러 차원에서 동시에 하나님의 형상을 이루어가는 과정이라고 할 수 있다.

구원의 대상과 주체

기독교 메시지의 핵심은 인간의 구원과 그 방법에 있다. 구원이 인간에게만 한정된 것은 아니지만 전통적 관점에서는 그 초점이 인간에게 집중되었던 것이 사실이다. 그런데 누가 혹은 무엇이 구원의 대상인가 하는 문제는 오늘날 신학계의 새로운 관심을 불러일으키는 주제 가운데 하나가 되었다. 그 동안 전통적인 기독교신학에서 구원을 언급할 때는 인간의 문제만을 주로 다루었기 때문에 그 대상으로 인간 이외의 피조물을 거론하는 것은 다소 생소할 수 있다. 하지만 구원은 모든 피조물에게 적용되어야 한다.

생태계 구원과 우주적 구원[10]

하나님의 구원사역은 온 우주를 포함하는 '보편적 구원'으로 이해된다. 인간은 죄를 범했기 때문에 형벌을 받은 것이지만, 자연은 인간과 유기적 관계에 있기 때문에 함께 저주를 받았다고 성경은 선언한다. 자연의 파괴는 자연에서부터 기인된 것이 아니라 원칙적으로는 인간이 제공한 것이다. 그러므로 인간의 구원은 자연의 회복까지 포함되는 우주적 구원과 불가불 연결된다. 본래 구원이란 인격적인 동시에 사회적이고 궁극적으로 우주적인 문제다.

과거에는 기독교가 창세기의 창조신앙(창 1:26-27)을 잘못 해석하여 인간 중심적인 세계관을 가르쳐 왔고, 그 결과 인간들은 자연을 지배하고 정복해야 할 대상으로 여겼다. 그 때문에 자연의 파괴가 심각하게 일어나도 그것을 신학적으로 반성하지 못했다. 게다가 헬라의 이원론적 사고에 영향을 받은 기독교는 하나님의 구원을 인간의 육체나 물질 세계와 무관한 것으로 이해해 왔다. 물질은 하나의 수단으로 전락된 것이다. 수단은 목적을 위해 쓰이면 그만이었다. 따라서 "자연의 권리"라는 개념은 존재하지 않았다. 존 브리그스(John H. Y. Briggs)는 바울의 구속에 대한 환상(골 1:16-20)이 "모든 창조질서를 위해서 주어진 것"이라고 전제하고, 교회는 "인권"(human rights)뿐 아니라 창조세계의 "권리"가 "훼손"당하는 것에 대해서도 말해야 하며 그 "죄에 대해 고백"해야 한다고 주장했다.[11]

이제 창조 신앙을 새롭게 해석함으로써, "다스리고" "정복하는" 것이 억압하고 파괴한다는 뜻이 아니라 "돌보고" "축복하는" 것임을 자각하게 되었다.[12] 하나님의 구원은 자연과 무관하게 진행되는 것이 아니라는 인식이 확대되었다. 성경은 구원의 보편성과 우주성에 대해 몇 가지 근거를 제공해 주는데, 그 가운데 "새 하늘과 새 땅"은 기독교가 추구하는 구원의 보편성과 우주성을 대변한다: "그 때에 이리가 어린 양과 함께 살며 표범이 어린 염소와 함께 누우며… 내 거룩한 산 모든 곳에서 해 됨도 없고 상함도 없을 것이니…"(사 11:6-9).

로마서 8장은 "썩어짐의 종노릇한 데서 해방"되기를 고대하는 피조물의 구원(8:18-23)을 웅변적으로 말해 준다. 고린도전서 15장 28절은 죽음의 세력이 극복된 다음에 올 하나님의 보편적, 우주적 구원을 말하고 있으며, 에베소서 1장 22-23절, 골로새서 1장 15-20절은 교회의 머리요, 만물의 근원이신 그리스도의 보편적 구원을 선포한다. 바울은 특별히 골로새서 1장 19-20절에서 그리스도를 통해 성취된 만물의 구원을 하나님이 기뻐하셨다고 말함으로써 "창세기의 창조사역의 완전성과 충만성을 설명하는 '하나님 보시기에 좋았더라—결구'처럼(창 1:4, 10, 12, 18, 21, 25, 31) 창조회복의 말미를 장식"한다.[13] 요한계시록 21장 1-8절에서도 "새 하늘과 새 땅"의 비전을 통해 우주적 차원의 구원을 분명하게 제시한다.

구원의 대상이 피조세계를 포함한다면 교회가 복음을 선포해야 할 대상도 사람을 넘어서서 모든 피조물로 확대되어야 한다. 성경은 다소 낯설기는 하지만 이 복음을 "모든 피조물"(all creation)에게 전하라고 했다(막 16:15). 이 본문에서 개역개정번역이 헬라어 "파세 테 크티세이"(pase te ktisei)를 "만민"으로 번역하는 것은 왠지 자연스럽지 않다.[14] 다른 본문에서처럼 크티세이를 "피조물"로 번역하는 것이 더 일관된 것처럼 보인다. 이 단어가 다른 본문에서 사용된 예는 다음의 밑줄 친 부분과 같다: "창세로부터 그의 보이지 아니하는 것들 곧 그의 영원하신 능력과 신성이 그가 만드신 만물에 분명히 보여 알려졌나니 그러므로 그들이 핑계하지 못할지니라"(롬 1:20); "그는 보이지 아니하는 하나님의 형상이시요 모든 피조물보다 먼저 나신 이시니"(골 1:15); "인간의 모든 제도를 주를 위하여 순종하되 혹은 위에 있는 왕이나"(벧전 2:13). 용례를 통해 확인한 결과, 이 단어는 누군가에 의해 만들어진 어떤 것, 피조물 혹은 제도 등을 가리킨다.

그 점에서 볼 때 피조세계의 구원을 배제한 전통적인 구원론은 "반쪽짜리 진리"밖에 되지 않는다. 이 둘의 관계가 제대로 정립되지 못할 때 나타나는 가장 심각한 문제 가운데 하나는 구원받은 성도들이 세상에서 어떻게 살아야 하는지에 대한 지침을 제공하지 못한다는 것이다. 그리스도의 속죄 사역은 삼위일체 하나님의 창조 공동체를 회복하는 사역이다. 이 사실을 무시하면, 복음의 의미는 단지 그리스도를 통한 개인 구원의 차원으로 축소되고 만다.[15]

사회구원

구원의 문제를 개인 차원으로 축소하지 않고 사회로 확대 적용하고자 하는 신학적 시도는 이른바 '사회구원'(social salvation)이라는 이름으로 일찍이 공론화되었다. 이 신학주제는 하나님이 개인을 먼저 구원하시고 개개인의 구원을 통해 그들의 변화로 사회와 인류의 구원까지 이루시는가? 아니면 사회의 구조를 먼저 치유하시고 그 개선된 구조를 통해 개인까지 구원하시는가? 그도 아니면 이 둘은 동시에 이루어질 사안인가 하는 논쟁점을 형성한다.

개인구원과 사회구원의 문제는 어떤 상관관계가 있는가? 이것은 이미 오래 전에 제기되었던 문제지만, 오늘날에도 여전히 중요한 질문이다. 특히 이 주제는 19세기 말에 시작된 사회복음운동의 핵심 관심사였다. 사회복음(social gospel)과 사회구원을 주창했던 월터 라우센부쉬(Walter Rauschenbusch)는 교회와 사회를 서로 뗄 수 없는 관계로 설명하면서, 종교적 열정과 사회적 관심을 결합시키는 일에 주력했다. 그는 개인적 죄뿐 아니라 사회의 구조적 문제에도 예수와 선지자들의 가르침이 적용되어야 한다고 주장했다. 이 사회복음은 20세기 초 미국 신학에서 이루어진 "경제체제에 복음을 적용시키는 과업"이었다는 평가를 받았다.[16]

라우쉔부쉬는 무엇보다 인간의 사회성에 주목했다. 그에게 전통신학에서 소홀히 해 왔던 인간의 사회성에 대한 신학적 토대를 제공하는 일은 매우 의미있는 일이었고, 반드시 필요한 것이었다. 특히 전통적인 기독교신학이 죄의 본성 가운데 하나를 "이기심"으로 파악한 것은 기독교의 사회적 정신을 반영하는 증거였다. 그는 이것을 죄에 대한 윤리적이고 사회적인 정의(定義)로 간주했고, 사회구원에 대한 탁월한 신학적 기초를 제공하는 것이라고 생각했다.[17] 나아가 그는 죄를 개인적인 관점에서 파악하는 데 그치지 않고 죄의 사회성을 간파했다. 본질상 죄는 사회적 방향으로 확장될 수밖에 없기 때문이다. 사회적 전승을 통한 죄의 파급을 배제한 채, 죄에 대한 과거의 유전적 해석은 완전한 해석이 될 수 없다. 라우쉔부쉬는 「사회복음 신학」에서 "만일 모든 시대와 모든 장소를 연대 책임으로 묶어 악과 고통의 멍에를 짊어지는 인간 본래의 집단 속에서 모든 인간을 바라보지 못한다면, 우리들의 죄에 대한 신학적 개념은 단편적인 것에 불과하다"고 주장했다.[18] 이 죄는 단순히 하나님에게 대항하는 주관적인 것이 아니라, 다른 사람들에게 상처를 입히는 객관적인 것이고, 실제로 인간의 존재 자체를 형성하는 사회적 구조와 제도들 안에 거주하는 "초자연적인 죄요, 악의 왕국"이다.[19]

전통적인 원죄 개념을 수용하면서도 개별적인 죄에 대한 이해와는 구별되는 죄의 사회성과 집단적인 악, 그리고 사회적인 죄의 전승에 대해 눈을 돌린 라우쉔부쉬는 급기야 "악의 왕국"에 대해 이렇게 언급했다: "악의 사회적 이상화란 인간의 집단이나 공동체의 권위에 의해 개인의 윤리적 표준을 그르치게 하고 개인이나 공동체의 양심에 대한 성령의 음성을 마비시키는 것으로 … 이들은 초인간적인 힘을 통해 사회적인 악과 결합하여 더욱 더 큰 죄의 세력을 강화한다."[20] 그는 악의 왕국이 역사적이고 사회적인 실재이며 죄를 전적으로 장악하면서 연대 책임을 가지고 있기 때문에 사회복음만이 현대인의 심성 속에서 악의 왕국을 깨우쳐 줄 수 있는 유일한 영향력이라고 보았다.[21] 여기서 그가 말하는 사회복음의 가장 초보적인 이해는 "악의 사회화"에 대항한 "복음의 사회화"라고 할 수 있다. 그러므로 복음은 단순히 개인에게만 적용되는 것이 아니라 사회 전반에 적용되어야 하는 것이다. 이것이 그가 주장하는 사회복음의 신학적 전제다.

죄와 구원의 개념은 서로 떨어질 수 없는 밀접한 관계에 있다. 죄의 본질과 범주가 개인의 영혼을 넘어서 사회적인 것으로 인정될 경우, 그에 따라 구원의 본질과 범위도 사회적인 차원에서 다루어져야 하는 것은 당연한 논리적 귀결이다. 라우쉔부쉬는 이 둘의 관계를 이렇게 천명했다: "만일 죄와 악의 왕국이 초인간적인 대리인으로서 작용한다는 설명이 사실이라면, 영혼과 개인적 관심으로 국한된 구원은 명백히 불완전한 것이며 단지 부분적으로만 효력이 있는 구원이 될 것이다."[22] 라우쉔부쉬에 따르면, 완전한 구원이란 하나님의 영을 통해 주시는 사랑의 원동력에 순종하는 가운데 자신의 삶을 동료들의 삶과 자연스럽게 협력함으로써 상호 봉사하는 하나님의 유기체에 참여하는 것이다.[23] 하나님께 완전히 복종하게 될 때 최상의 공동선에 순종하는 것이다. 이런 의미에서 구원은 영혼을 자발적으로 사회화하는 것이고, 성령은 이 일을 위해 필요한 사랑과 평화와 인내를 일으키게 하는 "혁명적인 힘"이다. 동시에 신앙도 단순히 과거에 형성된 사상에 동의하는 것이 아니라 다가오는 하나님의 구원에 대한 기대요 확신이며, 정의롭고 우애 있는 사회질서의 실현을 위해 전진하는 것을 의미한다.[24] 복음은 최종적으로 악의 왕국을 정복하고 하나님 나라를 실현하는 힘이 된다. 악의 왕국을 하나님 나라로 변혁시키는 것이 사회구원이요, 교회가 성령의 도움으로 완성해야 할 사명이다. 이것은 궁극적으로 사회지향적인 진보주의 토착운동이 추구해야 할 목표이기도 하다. 물론 라우쉔부쉬의 구원론이 개인구원을 무시하고 사회구원만을 주장한 것은 아니다. 그에게 개인구원은 최우선적으로 취급되어야 할 과제이며, 개인의 영적 중생이 빠진 사회적 변혁은 궁극적으로 효과가 없는 무의미한 것이다.[25] 다만 개인의 구원만으로는 충분하지 못하고 반드시 사회적 구원이 따라야 한다는 점에서 구원받은 개인의 사회적 책임을 강조한 것이었다. 그는 "인격적인 종교" 혹은 "영적 중생"을 "최상의 가치," "가장 중요한 요소"로 인정하는 것을 주저하지 않았다.[26]

라우쉔부쉬는 악의 사회화가 이루어지는 것처럼, 복음도 개인에게뿐 아니라 사회화하여 하나님의 나라를 이루어나가야 한다고 주장했다. 그럴 때 비로소 온전한 구원이 이루어진다는 것이다. 이는 구원의 대상이 개인에서 사회로 확대된 것을 의미한다. 그러므로 교회는 개인의 구원에서 그칠 것이 아니라 사회의 구원을 위해서도 관심을 가지고 노력해야 한다.

하지만 라우쉔부쉬의 사회복음은 지나치게 전통 기독교의 교리를 외면하거나 무시했기 때문에 복음주의 진영에서는 받아들이기가 어려웠다. 그래서 복음주의의 입장에서 개인구원과 사회구원을 총체적으로 회복하려는 노력이 필요했다. 20세기 후반에 로널드 제임스 사이더(Ronald James Sider)는 그 일에 관심을 쏟았다. 다양한 자유교회 전통 안에서 성장했던 그는 사회참여를 위한 복음주의 운동을 전개했다. 그의 사회적 관심과 신학 작업은 마침내 "복음주의적 사회참여를 위한 시카고선언"(Chicago Declaration of Evangelical Social Concern)을 이끌어내는 데 기여했다. 이 선언은 "복음주의의 사회적 관심을 갱신하기 위한 첫 걸음"이었고, 로잔세계복음화대회를 소집하는 데 영향을 주었다.[27] 사이더는 복음전도의 중요성을 간과하지 않고 사회구원을 포괄하는 신학적 입장을 다음과 같이 보여주었다:

> 사회정의 없는 복음화나 복음화 없는 사회정의는 온전한 복음(whole gospel)이 아니다. 이 둘의 관계는 총체적 선교(wholistic mission)의 맥락에서 상호연관적으로 결합되어야 한다. 따라서 개인구원과 사회구원, 복음화와 인간화, 구원의 수직적 차원과 수평적 차원, 피안성과 차안성, 영원성과 현재성은 상호배타적인 것이 아니라 상호연관 관계에 있다.[28]

사이더의 설명에 따르면, 죄는 개인적이면서도 구조적이다. "불행하게도 우리는 공동체 안에 사람으로 존재하기 때문에 필연적으로 인간의 죄가 사회의 구조와 제도 안으로 침투해서 그 구조와 제도들을 언제나 비극적으로 선과 악의 혼합물로 존재할 수밖에 없도록 만든다."[29] 예수께서도 사회적 악에 도전하셨다. 예수께서 "나사렛의 회당에서 그의 할 바에 대해서 선언하셨을 때, 그 선언은 사회적 운동의 강력한 구성요소가 되었다." 구원과 사회적 관심도 분리될 수 없다. "구원을 죄의 용서와 이상적인 천국에서의 영생으로 제한한다면 구원과 사회적 관심 사이에는 연결한 만한 접점이 거의 없다." 영생으로 제한하는 관점은 "구원에 대한 성경적 관점을 왜곡하고 절감시킨다." 예수의 속죄적 죽음에 대한 신약의 이해는 "그리스도를 우리 죄를 대속하신 분으로 이해하는 것과 동일한 비중으로 그를 우리의 모범과 악한 세력의 정복자로 이해한다."[30] 이는 세상의 권세, 즉 종교적 구조, 학문적 구조, 도덕적 구조, 정치적 구조 "이면에 자리 잡고 있는 영적 세력"에 대한 승리를 의미한다. 마땅히 하나님 나라도 "죄용서와 칭의, 내면의 성화를 동반한다는 점에서 개인적인 성격을 지니면서, 사회질서의 변화를 가져온다는 점에서 사회적인 나라"다.31)

정치신학과 구원

구원의 대상을 사회로 확대시켜 논의하는 신학들은 일반적으로 정치신학의 특성을 띠는 경향이 있다. 그 가운데 하나인 해방신학은 20세기 후반 라틴 아메리카의 지배계급과 자본가들에 의해 착취된 민중들의 해방에 대한 신학적 성찰과 사회적 행동을 다룬 것이다. 특별히 해방신학은 "교회가 역사적으로 통치자 편에 섰던 방대한 지역의 충격적인 빈곤"에서 그 추진력을 얻게 되었다. 해방신학자들은 "가난이 소수에 의해 야기되며, 역사는 불가피하게 억압하는 자들에 대한 억압받는 자들의 투쟁을 드러낸다고 확신했다."32) 남미 해방신학자들의 주장에 따르면, 인간을 죄에서 자유롭게 하는 구원은 개인적 차원과 정치적 차원 모두에서 이루어져야 할 문제다. "죄와 불의를 일으키는 집단적 구조"는 엄연히 존재한다. 예수도 개별적 죄뿐 아니라 "세상의 죄악 된 구조"와 맞선 분이다. 예수에게 구원이란 "고립된 개별 영혼들이 하나님과 교제하도록 회복되는 것 이상"을 의미한다. 예수께서 선포한 하나님 나라는 "은혜롭고 의로운 하나님의 통치로서 삶의 전 영역을 포괄"한다.33)

흑인신학은 1960년대 미국에서 인종차별에 반대하며 일어난 시민권 투쟁에서 비롯되었다. 물론 그 뿌리는 수 세기 전부터 흑인들의 비인간적인 삶과 역사에 닿아있다. 제임스 로버츠(James D. Roberts)는 흑인신학의 필요성과 당위성을 "개인적이고 집단적인 면 모두에서 독특한 유형의 영적 경험을 낳게" 만든 흑인들의 "특별한 수난"에서 찾았다. 그는 "신학의 과업은 미국에서 흑인이면서 동시에 기독교인이 된다는 것이 무엇을 의미하는지 결정하는 데 있다"고 믿었다.34)

흑인신학자들은 "흑인 공동체의 경험과 신앙의 렌즈를 통해 성경을 만나고 읽는다면, 억눌린 자를 자유롭게 하는 하나님의 해방의 기쁜 소식을 재발견하게 될 것"이라고 주장한다. 이는 마치 루터가 이신칭의를 재발견하고, 바르트가 "철저한 타자로서 하나님"을 재발견하는 것에 비교될 수 있을 것이다. 따라서 흑인신학에서 추구하는 구원의 문제는 "북미 교회와 북미 사회의 태도와 구조와 관행의 특

징을 이루는 만연한 인종차별을 포함하되 여기에 한정되지 않고 모든 악한 세력을 폭로"하는 것이다.35)

민중신학은 같은 시기에 한국이라는 땅에서 동일한 상황에서 노동권과 인권을 박탈당한 민중의 한을 풀기 위한 신학적 반성과 정치적 운동과 관련된다. 민중신학은 1976년에 '3·1 민주구국선언'에 서명하여 함석헌, 김대중 등과 함께 긴급조치 제9호 위반으로 구속되었던 서남동이 감옥에서 갈릴리 예수와 젊은 노동자 전태일의 죽음을 존재론적으로 연결시킴으로써 태동하게 되었다. 서남동의 민중신학은 "문자"가 아니고, "이 땅에서 버림받은 쭉정이를 바라보는 애틋한 눈길"이며, "논리"가 아니고, "고난 받는 민중의 한(恨)의 소리를 그리스도의 소리로 들을 수 있는 신앙의 힘"이다. 그 점에서 서남동의 민중신학은 "학문"이 아니라, "어느 한 곳에 머물러 있지 않고 끊임없이 길 떠나는 신학적 순례정신"이라고 평가를 받는다."36) 안병무도 "상아탑의 신학"에서 벗어나 "민중현장에서 하는 신학"을 강조했다.37) 그는 죄와 사탄을 구조악으로 보고, 죄의 뿌리는 공동의 것을 사유화하는 것이며, 하나님의 것을 사유화하고 독점하는 것이라고 주장했다.38) 민중신학자들에게 구원은 역사화하여 이 땅에 민중의 나라를 구현하는 것으로 이해된다. 그래서 민중신학은 "예수 복음 선포의 중심 메시지인 종교적이고 영적인 우주론적 하나님 나라의 도래를 사회경제사적인 민중의 나라 도래로 변모시키고 있으며, 성서 내용과 교회사 과정을 사회경제사적인 이데올로기로 비종교화시키고 있다"는 비판을 받기도 한다.39)

영유아와 지적 장애인의 구원

구원의 문제와 관련해서 논의할 또 다른 대상은 영유아와 지적 장애인들이다. 자의식이 형성되기 이전의 영유아나 성인이 되더라도 스스로 판단할 능력이 없는 전혀 없는 지적 장애인들의 구원 문제는 어떻게 설명되어야 하는가? 이 문제는 성경에 명시적 가르침이 없기 때문에 단정적으로 말하기가 어렵다. 무엇보다 큰 난제는 이들이 인격적으로 복음을 받아들일 수 있는 역량과 책임이 없다는 점에 있다. 이런 경우 인격적 결단을 통해 믿음을 보유할 수 없음에도 구원이 가능한가 하는 의문이 제기될 만하다. 왜냐하면 기독교신학에서는 구원이 믿음을 통해

가능하다고 가르치고 있기 때문이다.

복음을 받아들일 기회나 능력이 주어지지 않은 아이들에게 과연 책임을 물을 수 있는가 하는 것은 간단히 설명될 수 있는 문제가 아니다. 칼뱅주의냐 아르미니우스주의냐에 따라 이 문제를 푸는 방식은 달라질 수 있다. 어떤 입장에 서든지 영유아나 정신지체장애인들의 구원 가능성은 긍정적으로 접근될 수 있다. 다만 칼뱅주의에서는 인간의 자유의지를 인정하지 않기 때문에 전적으로 그 원인을 하나님으로 돌릴 수밖에 없다. 그럴 경우 여전히 이 문제는 결국 이중예정의 문제와 직면하게 된다. 신자의 자녀는 구원을 받고 불신자의 자녀는 받지 못한다고 말하든지, 모든 영유아는 구원을 받는다고 해야 될 것이다. 반면에 아르미니우스주의는 그리스도의 선행은혜로 모든 영유아들이 원죄의 죄책에서 벗어났다고 하든지 아니면 원죄의 죄책이 직접 전가되는 것은 아니기 때문에 자기 의지를 행사하지 못하는 영유아는 그 책임에서 제외된다고 말해야 할 것이다.

성경은 이런 상황에 대해 무엇이라고 말하는가? 성경에 직접적인 언급은 없지만 그 해석의 단초를 발견할 수는 있다. 신약성경에 보면 예수께서는 어린아이들을 사랑하고 그들을 하나님 나라에 합당한 자라고 강조하셨다(마 18:3, 4, 10, 14; 19:13, 14). 이 구절들은 이 문제에 대한 간접적인 증거가 될 수 있다. 어쩌면 하나님은 그들을 구원하실 수 있는 대비를 해 놓으셨을 것이라고 믿는 것이 우리의 정서에 더 맞는 일인지 모르겠다. 다만 만일 영유아기에 죽은 아이가 구원을 받는다면, 그것은 어린아이가 죄가 없는 완전한 존재기 때문이 아니라 하나님의 주권적 은혜라는 관점에서 설명되어야 할 것이다. 아르미니우스주의 입장에서처럼 영유아들은 잠정적 죄인이지만 아직 죄를 의지적으로 짓지 않았으므로 죄에 대한 책임이 없다고 말하는 것은 어쩌면 칼뱅주의의 설명보다 이 문제를 해결하는 데 더 도움이 될 수 있다. 하나님께서 신자나 불신자의 자녀 모두에게 관심이 있다는 것은 "좌우를 분변하지 못하는" 아이들에 대한 요나서의 관심(4:11)에서도 확인된다. 로마 가톨릭은 이런 경우를 위해서 세례 받지 않은 유아들이 수용된다는 림보(Limbo) 개념을 내세우지만, 여기에 대한 성경적 근거는 없다.

영유아와 지적 장애인의 구원은 불가불 원죄와 유전죄 문제와 연결되지 않을 수 없다. 데일 무디는 "유아에게조차 저주를 내리는 유전죄가 한 번의 은혜의 주

입에 의해 제거된다고 가르치는 로마 가톨릭"의 구원관은 보잘 것 없는 것이라고 비판했는데, 그 까닭은 그 견해가 "언약적 믿음의 중심에 놓여 있는 인격적 차원"을 모호하게 만들기 때문이라고 보았다.40) 밀러드 에릭슨은 유아와 도덕적으로 무능한 자에게는 죄책이 없는 것으로 간주하면서, 의의 전가와 죄책의 전가 문제를 다음과 같이 의미심장하게 단언했다: "그리스도의 의가 전가되는 것처럼, 죄책도 의식적이고 자발적인 결단이 있어야 한다. 그러기 전에는 단지 죄책의 전가는 조건적이다. 고로 우리가 책임을 질 나이가 되기 전에는 정죄란 없다."41)

구원과 자살42)

구원의 주체와 관련해서 논의되어야 할 현안 가운데 하나는 구원과 자살의 관계다. 신앙생활을 하면서 자주 제기되는 질문 가운데 하나는 "자살하면 구원받지 못하는가?" 하는 것이다. 이 질문은 궁극적으로 구원의 주체가 누구인가를 묻는 것이기도 하다. 즉, 자살이라는 자범죄를 범한 내가 구원의 문을 열고 닫는 주체인가 아니면 다른 누군가(성령)가 주체가 되는가를 묻는 문제라는 것이다. 따라서 구원과 자살의 문제는 성령, 자범죄, 회개라는 세 축의 관계에서 풀어야 한다.

자살의 유형과 사례

자살 가운데는 종교적 신념에 따른 자살이 있다. 대표적인 사례는 빗나간 종말신앙이 자살을 부른 경우다. 대개 이들은 잘못된 극단적인 종말신앙을 가진 사람으로서, 스스로 목숨을 끊어 하나님 앞으로 간다고 믿는다. 1997년 3월 26일에 39명의 집단자살로 그 실체가 드러난 '천국의 문'(Heaven's Gate)이란 사교집단이 여기에 해당한다. 이 집단자살 소동은 "우주로부터 왔으니 우주로 돌아가야 한다," "하늘에서 때가 옴을 알려오면 옷에 불과한 인간의 육체를 벗어 던지고 우주로 돌아간다"는 잘못된 신앙을 가지고 있던 사람들이 벌렸던 사이비집단의 극단적 종말신앙이 표출된 것이라고 볼 수 있다. 그들은 헤일-봅 혜성이 지구에 접근하는 것을 종말의 신호로 믿고, 그 혜성이 가장 밝게 타오르고 지구에 가장 가깝게 다가오는 3월말에 집단적 자살을 시도한 것이다. 한 외신에 따르면 이 사건이 발생하고 며칠 뒤 '천국의 문' 신도는 아니지만, 그들을 모방하여 자살한 사람도 있었다. 그는 비닐봉지를 뒤집어쓰고 프로판가스를 연결하여 질식해 죽었는데, 유서를 보면 그의 자살은 우주선에 오르기 위한 것이었다.

종말론적 신앙 때문이 아니라 스스로 자신의 죽음을 선택한 자살도 있다. 이것은 죽음에 대한 일종의 철학적 확신에서 나온 것이기도 하고, 인격 장애나 정신적 질병에서 발생한 것이기도 하다. 그 어떤 경우라 하더라도 삶에 대한 비정상적이고 부정적인 태도에서 비롯된 것이다.

그리스도인이 고통이나 절망감을 견디지 못해 자살을 한 경우도 적지 않다. 전문직에 종사하고 있던 한 젊은이가 심한 스트레스를 극복하지 못하고 자살을 택했다. 그의 자살을 지켜보았던 주변 사람들은 의문을 갖지 않을 수 없었다. 분명히 그는 삶의 열매를 맺었던 독실한 기독교인이었는데, 어떻게 그가 자살을 할 수 있는가? 그 안에 계신 성령께서는 어떻게 그의 자살을 방조하실 수 있는가? 젊은 시절부터 신앙생활을 해왔으며, 3대에 걸쳐 목회자를 길러냈던 한 여권사가 70평생의 삶에 스스로 종지부를 찍었다. 도대체 무슨 일 때문에 자살을 택할 수밖에 없었는가? 더 이상 구차한 목숨을 부지할 명분과 의미를 찾지 못해서일까? 가난한 가정에서 가장의 역할을 힘들게 감당하던 한 사매가 스스로 목숨을 끊는 사건도 있었다. 비록 생활이 고달프고 어려워도 그 자매는 열심히 살았고, 신앙생활도 충실히 했다. 그런 손녀의 모습을 통해 할머니도 예수님을 믿기로 했다. 그런데 자매가 어느 날 새벽기도회에 가는 길에 불량배에게 집단 성폭행을 당했다. 그 일로 괴로워하던 자매는 마침내 자살을 택했다. 할머니는 그 뒤로 교회에 나가지 않는다.

위의 사례들 가운데, 잘못된 종말신앙을 가진 자들이나 철학적 신념 때문에 자살을 한 경우는, 그들이 구원을 받을 수 없다는 데 이견이 없을 것이다. 이들은 자살로 구원을 상실한 것이 아니라, 아예 구원을 받지 못한 것이기 때문이다. 그런데 신자가 자살을 한 경우는 어떻게 이해해야 하는가? 잘못된 종교 신념에 의한 자살은 사이비 신앙에 근거한 것이므로 구원의 상실 문제와 무관하다고 할 수 있지만, 신자들의 경우 그렇게 단순하지 않다.

성경에 나타난 자살 사례

성경에 나오는 몇 가지 자살의 사례는 어떠한가? 구약의 사울은 전쟁에서 패하고 중상을 입게 되자, 할례 없는 이방인에게 모욕당할 것이 두려워 자신의 칼 위에 엎드려져 죽음을 맞이했다(삼상 31:3-5). 물론 사무엘하 1장 9절 이하에 따르면, 자살한 사울의 목숨이 아직 붙어있고, 또 사울의 간청으로 아말렉 사람이 그를 죽였다고 한다. 하지만 마지막 숨을 끊은 것은 아말렉 사람이지만, 아말렉 사람이 아니었더라도 사울은 죽을 수밖에 없었고, 그 죽음은 자살에 기인한 것이었다. 아히도벨은 압살롬의 반역과 관련해서 자기의 모략이 성공하지 못함을 깨닫고 스스로 목매어 죽었다(삼하 17:23). 이스라엘의 왕 오므리는 성이 함락되는 것을 보고 불을 질러 그 가운데서 죽었다(왕상 16:18). 가룟 유다는 "예수를 판 일에 대해 뉘우치고," 스스로 목매달아 죽었다(마 27:3-5). 여기서 뉘우쳤다고 하는 것은 구원을 위한 회개라기보다는 일반적으로 감정적인 후회 정도로 해석된다.

성경에 나타난 자살은 불의한 자들 가운데 최악의 죽음을 보여주는 용례로 사용된다. 사울, 아비도벨, 오므리, 가룟 유다 모두 하나님 앞에 크게 범죄한 자들이다. 의로운 자는 스스로 자기 생명을 끊지 않는다. 하나님이 생명을 귀히 여기셔서 살인을 엄히 금하셨을 뿐 아니라, 신자들에게 역경을 이겨낼 힘을 주시기 때문이다. 그러므로 하나님의 뜻에 순종하며 산 사람들은 자살할 까닭이 없다.

그러므로 성경에서 나온 사례들을 볼 때, 자살 그 자체를 구원의 상실로 해석할 근거는 없어 보인다. 성경에는 하나님의 뜻에 불순종한 사람들 가운데 자살을 한 사람들의 사례가 나올 뿐이다. 자살을 했기 때문에 구원을 받지 못한다는 의미로 사용된 성경의 용례는 찾기 어렵다. 그 점에서 성경의 사례들을 통해 자살과 구원의 관계를 명쾌하게 밝히기는 쉽지 않다.

구원과 자살의 관계: 신학적 의미

자살과 구원의 문제를 관련시키는 문제는 신학적 입장에 따라서 크게 두 가지 관점에서 설명이 가능하다. 하나는 칼뱅주의 관점이다. 성도의 견인을 믿는 사람들은 "한번 구원은 영원한 구원"(once saved, always saved)이라고 주장한다. 이 견해에 따르면, 구원받은 사람, 즉 택함을 받은 사람은 반드시 견인된다. 신자 자신의 심적 변화나 외부의 어떤 환경이 작용한다 하더라도 하나님의 구원하시는 주권에 영향을 끼칠 수 없다. 따라서 자살을 했든, 타살을 했든, 그가 하나님이 택한 사람이라면, 즉 참으로 중생한 사람이라면 그 구원을 상실하지 않는다. "높음이나 깊음이나 다른 아무 피조물이라도 우리를 우리 주 그리스도 예수 안에 있는 하나님의 사랑에서 끊을 수 없으리라"(롬 8:39).

다른 하나는 아르미니우스주의 관점이다. 성도의 배교를 주장하는 사람들은 믿음에서 떠난 자가 구원을 상실한다는 것을 인정한다. 히브리서 6장 4-6절은 "한번 비췸을 얻고 하늘의 은사를 맛보고 성령에 참예한 바 되고 하나님의 선한 말씀과 내세의 능력을 맛보고 타락한 자들은 다시 새롭게 하여 회개케 할 수 없나니 이는 자기가 하나님의 아들을 다시 십자가에 못 박아 현저히 욕을 보임이라"고 선언한다. 여기서 헬라어 '타락하다'(parapipto)는 떨어져 나가다, 잃어버리다, 길을 잃다, 타락하다는 뜻을 가지고 있다.

비록 배교의 가능성(실제성)을 인정한다 하더라도, 자살을 여기서 말하는 타락한 경우로 적용할 수 있는가 하는 문제가 있다. 왜냐하면 여기서 말하는 타락이란 하나님의 아들을 다시 십자가에 못박아 현저히 욕을 보이는 것이라고 말하기 때문이다. 자살은 믿음에서 떠나는 행위와 무조건 동일시될 수 있는 문제가 아니다. 믿음을 가진 자도 죄를 짓거나 다른 사람을 죽일 수 있듯이, 자신을 죽일 수 있는 것이다. 따라서 자살이 배교는 아니며, 자살을 했다고 해서 무조건 구원을 상실한다고 단정하는 것은 그 근거가 불충분하다. 구원의 조건은 믿음이다. 어떤 죽음을 택했는가 하는 것이 구원의 조건이 될 수는 없다. 그것은 행위의 문제기 때문이다.

일반적으로 자살을 구원의 상실로 연결시키는 까닭은 무엇인가? 대개 자살하면 구원을 받지 못한다고 믿는 것은 자살한 뒤에 그 죄를 회개할 시간이 없기 때문이라고 생각하는 것 같다. 그런데 구원받은 자가 자신의 죄를 회개하지 않으면 구원을 상실한다고 믿는 신앙은 문제가 있다. 이와 같은 극단적인 신앙을 가진 사람은 비록 중생한 사람이라도 죄를 짓고 그것을 회개하지 않을 때 구원을 잃는다고 가르친다. 예를 들면, 죄를 범하고 회개하지 않은 채 교통사고가 나서 목숨을 잃는다면, 구원을 상실하는가? 하나님이 주신 구원의 선물인 중생이 이처럼 우리의 행위에 따라 좌우될 수 있는가?

자범죄를 짓고 회개하지 않으면 구원을 받을 수 없다는 신앙체계를 가지고 있는 사람은 자살하면 구원을 받을 수 없다고 생각한다. 이 문제는 단순히 죄와 회개의 문제에 국한된 것이 아니라 실제로는 율법과 구원에 대한 질문이기도 하다. 자살했다는 한 가지 이유만으로 구원을 상실했다고 정죄하는 것이 과연 정당할 수 있을까? 구원은 우리의 믿음을 통한, 하나님의 주권적인 은혜에 의한 것이다. 그러므로 믿음을 잃었거나 없기 때문에 구원을 잃었거나 얻을 수 없다고 말할 수는 있지만, 자살했다는 이유 때문에 무조건 구원을 잃는다고 단정할 수는 없다. 성경에서 유일하게 말하는 구원의 조건은 믿음뿐이다. 구원받은 자가 자신의 죄를 회개하지 않았기 때문에 구원을 상실한다고 주장하는 것은 일종의 '율법주의 구원관'에 해당한다.

따라서 자살과 구원의 문제에서 다음과 같은 결론을 내릴 수 있을 것 같다. 첫째, 자살은 분명히 죄라는 사실이다. 이것은 자기의 생명을 스스로 끊었든, 아니면 다른 사람의 생명을 끊었든, 고귀한 생명을 파괴했다는 의미에서 큰 죄다. 이 파괴행위는 하나님의 주권을 무시한 처사요, 생명의 근원이신 하나님께 도전하는 행위다. 그러므로 우리는 어떤 일이 있어도 자살을 해서는 안 된다. 자살이 미화되어서도 안 된다.

둘째, 비록 자살과 같은 죄를 지었다고 해서 반드시 구원을 상실한다고 단정해서는 안 된다는 사실이다. 이미 얻은 구원은 하나님이 그것을 보증하시기 때문에 믿음을 버리지 않는 한 상실되지 않는다. 왜냐하면 우리를 구원으로 인도하시는 분은 우리가 아니라 하나님이기 때문이다. 구원은 우리의 행위로 인한 공로 때문에 가능한 것이 아니라, 하나님의 전적인 은혜로 인한 것이다.

셋째, 주변에서 신앙생활을 잘 하다가 마지막 순간에 잘못된 판단으로 인해서, 혹은 너무 힘이 들어서 일시적으로 하나님의 은혜를 망각한 채 자살을 선택한 사람들을 볼 때, 애석한 마음을 금할 수 없다. 하지만 자살했다는 단 한 가지 이유 때문에 그들을 비난하고 정죄하지 말아야 한다. 그보다 먼저 그들이 처한 환경과 사회적 구조에 대한 목회적 차원에서 점검하는 것이 필요하다. 그들을 극단적인 상태로 몰고 간 요인들에 대한 반성과 대책을 마련하는 것이 더 중요하다. 그리고 다시는 그런 불행한 사태가 일어나지 않도록 서로 돌보고 연대하는 것이 교회와 성도들의 마땅한 사명이다.

* * *

구원을 누가 어떻게 받는가 하는 문제는 우리의 삶에서 매우 중요한 질문이다. 그 범위를 인간에게만 제한하는 것이나 영적인 문제에만 적용하는 것은 모두 단편적 시각이다. 구원은 총체적이고 우주적 차원에서 이해되어야 한다.

하지만 그것이 어떤 대상이라 하더라도 그 구원을 가능하게 하시는 주체는 하나님이라는 것을 기억해야 한다. 이는 우리가 구원의 주체가 될 수 없고, 오직 성령의 역사가 있어야 구원이 이루어질 수 있다는 것을 의미한다. 우리의 구원과 관련해서 가장 중요한 성령의 두 가지 사역은 성경의 완성과 중생의 사역이라고 할 수 있다. 특별히 개혁신학은 성령을 "세계 안에서 하나님이 진행하시는 사역을 성취하는 대행자(agent)"로 이해한다.[43] 성경의 완성은 우리의 구원이 가능할 수 있는 유일한 근거, 즉 하나님의 계시를 우리에게 온전하게 보존하고 전달할 수 있게 되었다는 것을 의미한다.

특별히 성령은 우리의 구원을 위해 하나님의 계시가 안전하게 보존되고 전달되도록 역사하신다. 그로 인해 성경은 성령의 영감에 의해 기록된 하나님의 계시된 말씀이 되었다. 그리고 그 계시된 말씀을 읽고 깨달을 수 있도록 성령은 우리에게 조명한다. 이 성령의 조명은 우리가 실제로 구원의 은혜를 받을 수 있는 결정적 접촉점이다. 이 조명을 통하지 않고는 우리가 예수 그리스도를 구세주로 인식할 수 없기 때문이다. 그래서 바울은 성령이 아니고서는 아무도 예수를 주라 시인할 수 없다고 단언했다(고전 12:3). 또 어느 누구도 물과 성령으로 거듭나지 아니하면 하나님 나라에 들어갈 수 없다고 성경은 선언한다(요 3:5). 따라서 성령의 가장 중요한 실질적이고 직접적인 사역은 우리에게 죄를 깨닫고 뉘우치게 하고(요 16:8, 행 2:37, 16:30), 중생하게 하며(요 3:5, 딛 3:5), 구원의 확신을 갖게 할 뿐 아니라(롬 8:14-17), 인(印)을 치는 것이다(엡 4:30). 나아가 성령은 우리를 그리스도와 연합하게 한다. 누구라도 신분과 인종에 관계없이 신자들은 성령으로 침례를 받아 한 몸이 되고 한 성령을 마신다(고전 12:13). 그밖에도 성령은 믿음, 칭의, 양자, 성화, 견인 등 모든 구원의 과정에서 밀접한 관계를 맺고 사역하실 뿐 아니라, 모든 피조물을 썩어짐의 종노릇에서 해방시키시는 전 우주적 구원을 이루실 것이다.

주(註)

1) Dale Moody, *The Word of Truth: A Summary of Christian Doctrine Based on Biblical Revelation* (Grand Rapids: Eerdmans, 1981), 308.
2) 박명철, "더 이상 셀이란 말조차 쓰지 말라: '셀의 아버지' 랄프 네이버 목사 인터뷰," [온라인자료] http://www.newsnjoy.or.kr/news/articleView.html?idxno=170, 2015년 1월 29일 접속.
3) Charles Colson and Nancy Pearcey, 「그리스도인, 이제 어떻게 살 것인가」 (서울: 요단, 2002), 64.
4) Richard Lints, "구원론,"「현대신학지형도: 현대신학 각 주제에 대한 현대적 개관」, 박찬호 옮김 (서울: 새물결플러스, 2016), 443-4.
5) René Padilla, *Mission Between the Times*, 41, Ronald J. Sider, 「복음전도와 사회운동: 총체적 복음을 위한 선행신학」, 이상원, 박현국 옮김 (서울: 기독교문서선교회, 2013), 339에서 재인용.
6) Lints, "구원론," 447.
7) "로잔 언약(The Lausanne Covenant, 1974) 전문,"「크리스천투데이」 [온라인신문] http://www.christiantoday.co.kr/articles/262171/20130319/%EB%A1%9C%EC%9E%94-%EC%96%B8%EC%95%BD-the-lausanne-covenant%C2%B71974-%EC%A0%84%EB%AC%B8.htm, 2012년 8월 20일 접속.
8) Lints, "구원론," 450-1.
9) "영성신학,"「가톨릭대사전」[온라인자료] http://dictionary.catholic.or.kr/dictionary.asp?name1=%BF%B5%BC%BA%BD%C5%C7%D0, 2016년 8월 19일 접속.
10) 좀 더 자세한 내용은 김용복, "침례교 조직신학 전통에서 본 창조신앙에 대한 생태신학적 성찰,"「복음과실천」, 55집 (2015 봄): 105-34 참조.
11) John H. Y. Briggs, "지역교회에 충실할 뿐 아니라 지구촌 침례교인들의 공동체에도 기여하자,"「21세기 속의 1세기 신앙」, Charles W. Deweese 편, 김승진 옮김 (대전: 침례신학대학교출판부, 2005), 365.
12) 김균진, 「생태학의 위기와 신학」 (서울: 대한기독교서회, 1991), 100-4. 이 책의 제목은 「생태계의 위기와 신학」이 잘못 인쇄된 것으로 보인다.
13) 서동수, "골로새서 1:13-20에 나타난 우주적 교회론," [온라인자료] http://chtimes.co.kr/lib/1881, 2016. 8월 15일 접속. 이 자료는 대화문화아카데미 '성서의 역설적 쟁점 연구모임'에서 2008년 9월 25일에 "교회 안 구원 vs. 교회 밖 구원"이라는 주제로 개최한 세미나에서 발표한 발제문을 정리한 것이다. 서동수는 발제문에서 바울의 종말사상을 다음과 같이 설명했다: "바울의 종말사상은 우주의 총체적 회복을 꿈꾸고 있다. 이것은 골로새서 1:13-20에서 창조론-종말론의 구도 안에서 전개되는 방해받지 않는 하나님의 구원의지와 목적과 함께 τα παντα의 사상으로 수용되었다. 또 다른 형태의 우주보편적 구원을 말하는 바울의 본문은 고전 15:21-28에서 발견된다. 종말의 부활을 순서와 내용을 선포하는 과정에서 온 우주(τα παντα)는 하나님의 통치에 흡수되고 생명의 부활로 변화된다.

고린도서에 등장하는 만유의 새 생명으로 부활과 회복은 골로새서 1:18에 그대로 반영된다."

14) 골로새서 1장 23절도 그런 경우에 해당한다: "만일 너희가 믿음에 거하고 터 위에 굳게 서서 너희 들은 바 복음의 소망에서 흔들리지 아니하면 그리하리라 이 복음은 천하 만민에게 전파된 바요 나 바울은 이 복음의 일꾼이 되었노라"(골 1:23)

15) 이학준, 「한국 교회, 패러다임을 바꿔야 산다」 (서울: 새물결플러스, 2011), 113-5.

16) Robert G. Torbet, 「침례교회사」, 허긴 역 (대전: 침례신학대학출판부, 1984), 183.

17) Walter Rauschenbusch, *A Theology For The Social Gospel* (New York: Macmillan, 1917), 47. 여기서 그는 죄를 정욕(sensuousness), 이기심(selfishness), 무신성(godlessness) 등으로 파악했다.

18) Ibid., 81.

19) Roger Haight, S.J., "The Mission of the Church in the Theology of the Social Gospel," *Theological Studies*, 49 (1988): 481.

20) Rauschenbusch, *A Theology for the Social Gospel*, 78.

21) Ibid., 87.

22) Ibid., 95.

23) Ibid., 98.

24) Ibid., 99, 101-2.

25) Stephen Brachlow, "Walter Rauschenbusch," ed. by Timothy George and David S. Dockery, *Baptist Theologians* (Nashville: Broadman Press, 1990), 374.

26) Walter Rauschenbusch, *Christianizing the Social Order* (Boston and Chicago: Pilgrim Press, 1912), 104.

27) Sider, 「복음전도와 사회운동」, 27.

28) 김동춘, 「전환기의 한국교회: 복음과 사회적 제자도를 위한 신학」 (대전: 대장간, 2012), 91-2.

29) Sider, 「복음전도와 사회운동」, 227.

30) Ibid., 228-31.

31) 김동춘, 「전환기의 한국교회」, 92-5.

32) Lints, "구원론," 459-60.

33) D. L. Migliore, 「기독교조직신학개론: 이해를 추구하는 신앙」, 신옥수, 백충현 옮김 (서울: 새물결플러스, 2012), 341.

34) Gerald Thomas, "James Deotis Roberts," *Baptist Theologians*, Timothy George and David S. Dockery, eds. (Nashville: Broadman Press, 1990), 630-1.

35) Migliore, 「기독교조직신학개론」, 346-8.

36) 채희동, "다시 부르는 죽재신학," 「기독교사상」, 1999년 10월호, 177.

37) 안병무, "민중을 발견하기까지," 「민중신학 이야기」 (서울: 한국신학연구소, 1988), 43.

38) 안병무, "죄와 체제,"「민중신학 이야기」, 192-203 passim.
39) 김영한, "최근 한국 신학의 재조명,"「목회와 신학」, 1992년 6월, 117-18.
40) Moody, *The Word of Truth*, 293.
41) Millard J. Erickson, *Christian Theology*, vol. 2 (Grand Rapids: Baker Book House, 1984), 639.
42) 김용복, "자살하면 구원받지 못하는가?"「뱁티스트」 40호 (1999): 47-53 일부 수정.
43) Telford Work, "성령론,"「현대신학지형도: 현대신학 각 주제에 대한 현대적 개관」, 박찬호 옮김 (서울: 새물결플러스, 2016), 396.

15
구원: 그리스도인의 시작과 완성

> 그러므로 나의 사랑하는 자들아 너희가 나 있을 때뿐 아니라
> 더욱 지금 나 없을 때에도 항상 복종하여 두렵고
> 떨림으로 너희 구원을 이루라 너희 안에서 행하시는 이는
> 하나님이시니 자기의 기쁘신 뜻을 위하여
> 너희에게 소원을 두고 행하게 하시나니
> 빌립보서 2장 12-13절

구원의 시작이라는 말은 구원의 끝 혹은 완성이 있다는 것을 전제한다. 과연 구원은 언제 어떤 방식으로 시작될까? 구원은 무엇을 의미하며, 구원의 조건은 무엇인가? 회심의 체험과 중생은 어떤 상관관계가 있는가? 그리고 회심 체험은 그리스도인의 삶에서 어떤 행동으로 나타나는가? 이런 질문들에 대한 답을 성경적 근거를 통해 찾는 것은 구원의 정체성을 파악하는 데 유용한 방법이다. 이를 위해 먼저 구원의 수직적 관계에서 설명되는 다양한 단계 혹은 상태에 대해 살펴보는 것이 좋겠다. 물론 구원의 시작과 끝이 있다고 해서 마치 구원의 순서가 반드시 공식처럼 정해져 있다는 것을 의미하는 것은 아니다. 다만 어느 것은 동시에 일어나는 사건일 수 있고, 또 어떤 것은 시간적 혹은 논리적 순서를 생각해 볼 수 있다. 구원의 전 과정에서 어느 하나 중요하지 않은 것은 없지만, 기독교 신앙에서 무엇보다 주목받는 현상은 당연 회심과 성화일 것이다. 왜냐하면 이 두 개념은 성경에서 복음의 핵심으로 강조되고 있기 때문이다.

구원의 시작: 회심

하나님의 구원 사역은 소명과 응답의 구도 안에서 이루어진다. 소명은 구원을 위한 하나님의 선도적 행위고, 그에 대한 응답은 인간의 회심이다. 그러므로 구원의 전 과정은 하나님의 소명과 인간의 회심으로 시작된다고 할 수 있다.

소명

구원사건을 논리적으로 설명할 때 시간적으로 가장 먼저 발생하는 것은 '소명'(calling) 사건이다. 에드가 멀린스(Edgar. Y. Mullins)는 소명을 "그리스도 안에 있는 구원을 믿음으로 받아들이도록 하나님께서 사람을 초대하는 행위"라고 정의했다.1) 만일 하나님이 먼저 길을 마련하시고 우리를 그 길로 초대하시는 행위가 없다면 어느 누구도 구원의 길을 스스로 걸어가지 못할 것이다.

그런데 어떤 사람들은 이 소명을 일반소명(general calling)과 특별소명(special calling)으로 구분한다. 이런 입장에서 보면, "수고하고 무거운 짐진 자들아 다 내게로 오라 내가 너희를 쉬게 하리라"(마 11:28)는 초대 행위는 일반소명에 해당한다. 하지만 이 소명으로는 아무도 구원을 받을 수 없다. 오직 하나님이 특별히 예정한 사람들을 부르시는 특별 혹은 유효한 소명(effectual calling)이 있어야 구원을 받을 수 있기 때문이다. 하지만 문제는 굳이 소명을 그렇게 분리시킬 필요가 있는가 하는 데 있다. 만일 소명을 이렇게 둘로 분리시켜 이해한다면 결국 하나님은 신뢰하기 어려운 분이 되지 않겠는가? 이는 한쪽 손에 누구든지 오기만 하면 구원해주겠다는 카드를 제시하면서, 다른 손에는 특별히 선택한 사람들이 이미 정해져있다는 숨겨진 카드를 가지고 있는 형국이기 때문이다.

소명을 둘로 구분해서 설명하는 사람들이 인용하는 본문 가운데 하나는 '혼인잔치 비유'다(마 22:1-14). 여기서는 "청함을 받은 자"와 "택함을 받은 자"가 서로 대립구도로 나타난다. 청함을 받은 자는 일반소명을 받은 사람이고, 택함을 받은 자는 특별소명을 받은 사람이라는 논리로 본문이 해석되는 것이다. 언뜻 그럴 듯해 보이는 설명방식이지만, 이런 해석에는 중요한 문제가 간과되어 있다. 그것을 둘로 구분하게 된 기준이 무엇인가 하는 것이다. 성경에 따르면, 그 기준은 바로

"예복"이었다(마 22:11-13). 이 성경본문을 이중소명으로 해석하면 이 예복의 의미를 놓치거나 왜곡하는 문제가 발생한다. 본문은 예복을 준비하지 않은 혼인잔치 손님이 결국 택함을 받지 못하고 내어쫓기게 되었다고 말한다. 택함을 받은 자를 특별소명으로 해석하려면 어떻게 해야 하는가? 그 예복을 주인이 미리 준비해서 그 사람에게만 제공해주어야 한다. 하지만 본문의 문맥상 그런 해석은 가능하지 않다. 누구나 초청을 받게 되었지만, 적어도 예복을 준비하는 것은 손님이 갖추어야 할 기본조건으로 해석하는 것이 무리가 없기 때문이다.

따라서 소명은 하나가 있을 뿐이다. 형식적이든 실질적이든 소명을 둘로 구분하는 것은 불필요하다. 특별소명은 하나님의 일반소명에 우리가 믿음으로 응답한 것이다. 데일 무디는 "누구든지 그것을 듣고 회개와 신앙으로 반응할 때 그것은 유효한 소명이 된다"고 주장했다.[2] 스탠리 그렌즈도 의미상으로는 일반소명과 특별소명을 구분한 듯했지만, 실제로는 일반적 부르심에 응답하는 자들, 즉 회개와 믿음을 통해 복음에 응답하는 자들이 하나님의 부르심을 특별하게 받은 자들이라고 통합해서 설명했다.[3]

회심

하나님의 소명에 대한 인간의 총체적 반응을 신학적 용어로 '회심'(conversion)이라고 한다. 회심은 인간 측면에서 볼 때 기독교신앙에서 가장 중요한 사건이라고 할 수 있다. 회심사건은 구원의 전 과정을 시작하는 첫 관문 내지는 출발점이기 때문이다. 하나님과 인간의 관계가 회복되고, 인간이 하나님의 뜻 가운데 인격적으로 변화되는 삶을 살 수 있는 것은 회심이라는 전환점이 있을 때 가능해진다.

앞에서 설명했던 것처럼, 구원의 기초는 하나님의 은혜지만 구원의 조건은 신앙이다. 기초는 하나님이 제공하지만 그 위에 기둥을 세우는 일은 사람의 몫이다. 그런데 신앙은 인간 편에서 일어나는 회개라는 반응이 있을 때 완성된다. 회개가 동반되지 않는 신앙은 존재하지 않는다. 회개와 신앙은 동전의 양면과 같은 것이다. 회심은 회개와 신앙을 합해서 이르는 말이다. 그러므로 회심의 구성요소는 회개와 신앙이다.[4] 회개와 신앙은 동일한 현상의 소극적인 측면과 적극적인 측면을 지칭하며, 어느 하나가 빠진 회심은 존재할 수 없다. 즉, 회개하지 않은 신자, 회개한 불신자란 개념은 성립하지 않는다는 것이다.

회개

회개(repentance)는 히브리어로 shub(의지 반영), naham(감정 반영), 헬라어로 epistrepho(회심과정 전체, 만물이 구원자에게 다시 돌아옴), metanoeo(정신적 변화, 감정적 변화, 의지적 변화)로써, '돌이키다'(return)는 뜻을 함축하고 있다.[5] 따라서 회개는 "자신의 죄에 대해 거룩한 근심을 가지고 그것으로부터 돌아설 결단을 하는 것"을 의미한다.[6] 이것은 단순한 후회나 고백과 다르다. 참된 회개에는 참된 변화가 뒤따른다. 단지 자신의 죄를 깨닫는다고 해서 온전한 회개가 되는 것은 아니다. 회개에는 통회하는 마음이 있어야 하고, 죄로부터 돌아서고자 하는 의지가 있어야 한다. 허셀 홉스(Herschel H. Hobbs)는 "죄의 깨달음은 구원과 같은 것이 아니다. 깨닫고 나서도 사람은 그리스도를 거부하고 더 깊은 죄에 빠질 수 있다"고 경고했다.[7] 또한 월터 카너(Walter Thomas Conner)는 회개를 마음의 변화라고 전제한 뒤, 진정한 회개는 죄를 깨닫고(지성의 작용), 조심하며(감정의 작용), 죄를 폐기하는 것(의지의 작용)이라고 설명했다.[8]

그렇다면 회개는 한 번으로 족한가, 아니면 끊임없이 계속 되어야 하는가? 윌리엄 스티븐스(William W. Stevens)는 "사람이 죄를 범할 때마다 회개가 필요하며, 그리고 그가 회개할 때마다 그는 하나님의 죄사함에 대한 기쁨을 느낀다"고 설명했고,[9] 멀린스도 회개로 인한 변화는 한 번으로 끝나는 것이 아니라 "죄에 대한 영혼의 항구적인 태도"라고 주장했다.[10] 이처럼 회개는 매일 꾸준히 계속되는 도덕적 과정이다. 하지만 이런 설명은 회개의 진면목을 충분히 반영하지 못한다. 회개를 정확하게 설명하기 위해서는 회개의 일용성과 계속성을 '대문자' 회개(Repentance)와 '소문자' 회개(repentance)로 구분하는 것이 좋다. 일회성 회개는 구속사적 관점에서 일어나는 구원의 조건을 말하는 것이고, 계속성 회개는 성화의 조건으로 그 중요한 의미가 있다.

그러므로 회심 단계에서 말하는 회개는 일회성 회개로 의미제한이 필요하다. 이 일회성 회개에는 두 국면이 수반된다. 하나는 단절이고 다른 하나는 새로운 만남이다. 단순한 종교체험이나 기적 체험을 회심이라고 말할 수 없다. 회심은 "근본적인 단절"과 "인생을 변화시키는 만남"을 전제한다.[11] 데일 무디(Dale Moody)의 설명에 따르면, "구원에 이르게 하는 회개는 두 가지 기본적인 관계를 가진다. 하나는 하나님을 향하는 것이고 다른 하나는 죄로부터 떠나는 것이다. 회개가 죄를 향하는 것으로 해석될 때, 그 결과는 후회와 영적인 죽음이다. 그러나 그것이 죄로부터 떠나고 하나님을 향할 때, 구원의 길은 시작된다(막 1:1-4)."[12]

계속성 회개는 성화를 위해 자범죄를 반성하고 회개하는 것이다. 그러므로 회개의 이중적 의미를 구분하지 않게 되면 종종 자범죄를 회개하지 않아 지옥에 간다는 그릇된 주장이 나올 수 있다. 하지만 자범죄를 회개하지 않았다고 해서 구원이 상실되는 것은 아니다.

신앙

신앙(faith)도 회개와 마찬가지로 그리스도의 구속행위를 '인식'하고 '동의'하고 '순종'하는 세 가지 요소를 포함한다. 특히 신앙의 마지막 요소로 순종이 언급되는 것은 시사하는 바가 매우 크다. 순종이 뒤따르지 않는 신앙이 너무 많기 때문이다. 그 점에서 "'노티티아'(지식) 또는 '아센수스'(동의)로 끝나지 않는다. 오히려 구원하는 믿음은 헌신을 포함한다"는 진술은[13] 신앙의 핵심을 정확하게 파악한 것이다. 예컨대, 안락의자가 나를 편안하게 해줄 것을 믿는다는 말은 지친 내 몸을 안락의자에 맡길 수 있을 때 성립되는 것과 같은 이치다. 그러므로 신앙은 행동하는 믿음이어야 한다(약 2:17-18). '믿는다'(believe)는 것은 '자신의 마음을 주다'란 뜻을 가지고 있다. 참된 신앙은 하나님의 뜻을 행하는 것이고, 하나님의 뜻은 지극히 작은 자에게 사랑을 베푸는 것이다(마 25장).

또한 신앙은 구원의 은혜를 자기 것으로 만드는 수단이기도 하다. 인간은 신앙의 공로로 구원 받는 것이 아니며 신앙에 의해서 구원 받는 것도 아니다. 신앙을 '통하여' 구원을 받는 것이다. 다시 말해서 구원은 하나님의 은혜로 인하여(by) 신앙을 통하여(through) 이루어진다는 것이다(엡 2:8). 이는 구원의 주체가 하나님이라는 것을 의미한다. 구원의 기초는 인간의 신앙이 아니라, 그리스도의 속죄 행위에 있다. 신앙은 결코 어떤 합리적 증거에 근거하지 않는다. 합리적 증거는 지식일 뿐이지만 신앙은 때로 초자연적이고 초합리적 사건을 포함한다. 거룩함을 경험하는 것처럼, 신앙은 자신이 설명할 수 없는 것이라도 받아들이는 것이다.

그러므로 하나님의 소명에 응답하여 회심한다는 것은 회개하는 요소와 믿는 요소가 지, 정, 의라는 세 가지 측면에서 동시에 일어나는 사건을 의미한다. 지금까지 하나님을 구원의 주로 인정하지 않고 살았던 삶을 회개하고, 구원의 기쁜 소식(복음)을 신뢰하여 받아들이고, 하나님의 뜻에 따라 살아가는 것, 이것이 진정한 의미의 회심이다.

회심 이후의 변화

회심 이후에 그리스도인의 정체성과 삶이 총체적으로 변화되는 것은 자연스러운 일이다. 이 변화에는 신분의 변화(양자), 상태의 변화(중생), 삶의 변화(성화) 등이 포함된다. 그런데 이 가운데 양자와 중생은 전적으로 하나님 편에서 하는 일이지만, 성화는 하나님과 그리스도인이 함께 이루어나가는 구원의 과정이다.

칭의

칭의(justification)는 본래 성경과 기독교 전통 안에서 "그리스도를 통한 하나님과 세상의 화해를 설명"하기 위해 사용되어온 개념 가운데 하나다. 그런데 이 화해가 '믿음에 의한 칭의'(justification by faith, 롬 5:1)라는 용어로 설명되고 논의되었다.14) 즉, 칭의는 하나님이 죄인인 우리를 의롭다고 간주하는 은혜의 사건을 의미한다. '의롭게 여긴다'는 표현은 아브라함의 믿음에 대한 하나님의 반응이었다: "아브람이 여호와를 믿으니 여호와께서 이를 그의 의로 여기시고"(창 15:6). 이때 사용된 '의'(righteousness)는 "두 사람 사이의 관계에서 의무와 요구를 성취하는 것"을 가리킨다. 그러므로 의롭게 된다는 구약적 개념은 하나님과 그의 백성 사이에 이루어진 "언약의 조건이 충족된 상태"를 말한다. 신약에서는 그 언약의 성취가 예수 그리스도의 죽음과 부활을 통해 이루어졌다고 설명한다. 특히 바울은 그 칭의가 "하나님의 은혜로, 율법이 아닌 믿음을 통하여 일어난다(롬 3:22-24, 갈 2:21)"고 보았고,15) "일을 아니할지라도 경건하지 아니한 자를 의롭다 하시는 이를 믿는 자에게는 그의 믿음을 의로 여기시나니"(롬 4:5)라고 선언했다.

칭의 개념은 하나님과 인류의 관계를 다음과 같은 세 가지 명제를 통해 이해되었다: "(1) 하나님은 의로우시다. (2) 인간은 죄인이다. (3) 하나님은 인간을 의롭게 하신다."[16] 그런데 하나님이 인간을 언제, 어떤 방법으로 의롭게 하시는가에 대한 해석의 차이가 있다. 어떤 신학체계에서는 칭의가 일방적이고 무조건적인 하나님의 은혜라고 주장하는 것처럼 보이고, 다른 신학체계에서는 인간의 반응에 따른 하나님의 은혜라고 말하는 것 같다. 이런 해석 차이는 결국 칭의의 주체와 주도권이 누구에게 있는가 하는 것과 신앙과 행함의 문제를 불러왔다.

기독교역사에서 볼 때 처음 350년 동안에는 칭의에 관한 교회의 가르침이 확정되지도 완전히 개념화되지도 못했다. 이 교리는 아우구스티누스에 이르러 최초로 중요한 토론주제가 되었고, 칭의 논의의 틀이 형성되었다.[17] 아우구스티누스의 칭의 교리의 핵심은 하나님의 의 즉, "유스티티아 데이"(iustitia Dei)에 관한 이해에 있다. 그에게 하나님의 의는 하나님 자신이 의롭다는 뜻이 아니라 "죄인을 의롭게 하신다"는 뜻이다. 이는 단순히 하나님이 의를 "수여"하시는 것이 아니라 "사람 자체를 의롭게 만든다는 것"을 의미한다. 그렇다면 하나님은 어떤 방법으로 인간을 의롭게 하시는가? 그것은 "그리스도 예수 안에서... 사랑으로써 역사하는 믿음"(갈 5:6)을 통해서다. 다만 그는 이 믿음이 인간의 의지나 자연적 능력에 의해 가능한 것이 아니라, 오로지 하나님의 선물이라는 점을 강조함으로써 펠라기우스적 해석의 가능성을 차단했다. 그리고 이런 아우구스티누스의 칭의 개념은 중세시대 "칭의 교리의 발전을 위한 기초"를 제공해주었다.[18]

의의 전가[19]

칭의에 대한 마르틴 루터(Martin Luther)의 새로운 해석은 개신교회가 가톨릭의 교리로부터 탈출할 수 있게 했던 결정적 전환점이었다. 루터는 이신칭의(以信稱義)사상을 "그리스도교 교리의 대전(大典)"이며 "하나님의 거룩한 교회를 비추는 태양"이라고 극찬했다. 따라서 그것이 "상실되면, 그리스도와 교회도 상실되며 그 어떤 교리 인식과 영 인식도 남지 않는다." 루터에게 칭의론은 "그리스도교 인식의 총괄 개념"이다. 그것이야 말로 "모든 종류의 교리에 대한 교사와 군주, 주님, 지배자와 심판관"이다.[20] 이러한 루터의 이신칭의, 즉 믿음을 의로 간주한다는 사상은 율법주의와 공적(功績)사상에 빠져있던 사람들에게 복음을 확연하게 드러낸 것이었다. 제임스 패커(James I. Packer)는 그리스도의 의의 전가가 칭의의 "유일한 공식적 원인"(formal cause)이었으며, 이 부분에 관한 「웨스트민스터 신앙고백」의 진술이 "그리스도와 죄인의 교환 사상에 관한 가장 분명한 변증적"이고 "균형 있는 표현"이라고 평가했고, 존 오웬(John Owen)도 "종교개혁의 역사에 첫번째 도화선"인 칭의 교리는 "종교의 주요 요점 또는 신앙을 떠받치는 주요 토대"라고 주장했다.[21]

하지만 신학적으로 칭의의 문제는 언제나 행위와 관련해서 민감한 논쟁의 장을 형성했다. 야고보가 "행함이 없는 믿음은 그 자체가 죽은 것"(약 2:17)이라고 선언한 것처럼, 신앙은 그에 걸 맞는 행위를 수반하게 되어 있다. 그래서 "너희는 말씀을 행하는 자가 되고 듣기만 하여 자신을 속이는 자가 되지 말라"(약 1:22)고 야고보는 권면하고 있다.

그런데 루터는 야고보서를 "지푸라기 서신"이라고 폄하했다. 그 이유는 야고보서가 복음의 내용을 담지 못했다고 보았기 때문이다.[22] 그는 심지어 야고보서를 신약정경에서 빼기도 했다. 하지만 좀 더 구체적으로 들여다보면 야고보서를 정경으로 인정하지 않았던 가장 큰 이유는 자신이 해석한 '이신칭의' 사상에 야고보서의 내용이 부합하지 않았기 때문이었다. 그에게 야고보서는 마치 믿음으로 의롭게 되는 것이 아니라 행함으로 의롭게 되는 것을 가르친 것처럼 보였다. 이는 루터가 '오직 신앙'으로만 의롭게 된다는 것을 종교개혁의 기치로 걸고 있었던 당시 상황에서 보면 어느 정도 이해가 되지 않는 것도 아니다. 그에게 의롭게 된다는 것은 언제나 신자들 밖에 있는 '외적 의'(iustitia aliena), 즉 그리스도의 의가 신자들에게 전가된 것일 뿐이기 때문이다. 신자를 의롭게 하는 주도권은 언제나 하나님에게 있다. 모든 것을 제공하시는 이는 하나님이다. 루터는 로마서 4장 7절을 주석하면서, "우리 자신이 또는 우리 공적이 의로워서가 아니라 단지 하나님이 전가하셔서 우리가 의로울 때 외적으로 의롭다"고 선언했다. 이 전가는 마치 에스겔 16장 8절에서 하나님이 자신이 옷으로 우리 벗은 몸을 덮으시는 것처럼, 그리스도의 의의 옷을 우리에게 입히시는 것을 의미한다.[23]

루터의 '전가된 의' 개념은 아우구스티누스의 구원론적 틀 속에 "새롭고 급진적인 해석"을 집어넣은 것이었다.24) 이 점에서 루터는 "내적인 의"를 강조했던 아우구스티누스와 차이가 난다. 아우구스티누스에게 내적인 의란 "하나님이 우리 안에서 일하셔서 만들어지는 것"이지만, 루터에게 의는 "외적이고 하나님이 우리 밖에서 일하셔서 만들어지는 것"이다. 이 "외적 의" 개념은 나중에 멜란히톤과 칼뱅 등에 의해 "법정적 칭의"로 발전했다: "의롭다 하심을 받는다는 말은 경건하지 않은 사람이 의롭게 된다는 뜻이 아니다. 오히려 경건하지 않은 사람이 법정적인 의미에서 의롭다고 선언될 뿐이다(멜란히톤)." 여기서 칭의와 성화는 구별되었다. "칭의는 하나님이 밖에서 하는 일이요, 성화는 우리 안에서 하시는 일"이다. 물론 칼뱅은 이 둘이 구별되는 것이지 결코 분리될 수 있는 것은 아니라고 분명하게 밝혔다.25)

종교개혁의 전통은 이신칭의와 의의 전가 개념을 중요한 유산으로 물려주었다. 초기 개신교에서 발표했던 신앙고백서들, 즉 아우구스부르크(1530년), 프랑스신앙고백서(1559년), 영국국교회 39개 조항(1571년). 하이델베르크 요리문답(1563년) 등은 "그리스도의 공로" "은혜" "복종" "완전한 만족" "거룩" 등이 "전가"되어 혹은 그를 믿는 "믿음" 때문에 죄인들이 칭의 된다고 고백해왔다.26) 이렇듯 종교개혁의 전통에서 칭의의 기반은 "그리스도의 의, 즉 그분이 삶과 죽음을 통해 하나님께 순종하셔서 얻은 의"에 전적으로 의존된다. 인간에게는 "본질적으로" 칭의를 얻을 만한 "충분한 의"가 존재하지 않고, 다만 그리스도의 의가 "전가"될 뿐이다.27)

제임스 뷰케넌(James Buchanan)은 로마서 5장 18-19절을 근거로 "의는 '한 사람의 의'와 '한 사람의 순종'으로 불리어졌다"고 주장했다. 그리고 그는 이런 표현을 "그리스도의 사역과 즉각적으로 연결시키는 한편, 많은 사람이 의롭게 되는 개인적 순종들을 배제"하면서, "우리 자신의 순종으로 말미암아 획득되는 것이 아니라, 하나님의 은혜로 말미암아 무조건적이며 자비롭게 수여된 것"을 나타내는 것이라고 해석했다. 다만 그 의는 "주입"이 아니라 "반드시 전가"로 이루어지는 것이라는 단서를 달았다. 그가 말하는 전가의 일반적 교리는 다음과 같은 세 가지 경우에서 나타난다: 첫째, "아담의 첫 번째 범죄가 그의 후손들에게 전가된 것" 둘째, "우리의 죄들이 우리의 대속자로서의 그리스도에게 전가된 것" 셋째, "우리들의 칭의의 직접적인 근거로서의 그리스도의 의가 우리에게 전가된 것" 등이다.28)

어떤 점에서 칭의는 '전적으로' 하나님의 주권적 은혜로 주어지는 선물이다. 하나님의 은혜는 우리의 구원을 가능하게 하는 근거가 된다. 하지만 여기서 검토해야 할 문제는 그 칭의가 과연 조건적인가 아니면 무조건적인가 하는 것이다. 만일 칭의의 토대는 그리스도의 구속(롬 3:23, 25)에 있고, 칭의의 수단은 회심(롬 4:5; 5:1)에 있다고 말한다면, 그때 칭의는 회심이라는 조건을 전제하는 것이라고 할 수 있다. 그러므로 칭의는 하나님이 무조건적으로 특정인에게 일방적으로 주시는 것이라기보다 회심하는 자에게 주시는 은혜라고 할 수 있다. 회심과 분리된 칭의는 존재하지 않는다. 칭의의 문제는 회심의 문제가 된다. 과연 회심은 어떻게 일어나는가? 조건적인가 아니면 무조건적인가? 회심을 어떻게 이해하느냐에 따라 칭의의 성격이 결정된다.

칭의가 회심과 불가분리의 관계가 있는 것과 마찬가지로, 그것은 또한 성화와도 분리될 수 없다. 즉, 성화와 분리된 사건으로서 칭의는 존재하지 않는다. 그 맥락에서 칼뱅은 칭의와 성화를 "이중의 은혜"라고 표현했고,[29] 칼 바르트는 칭의가 "성화의 토대"요, 성화는 "칭의의 결과"지만 이 둘은 서로 "최상"(supreme)이면서 동시에 "종속"(subordinate) 관계에 있다고 설명했다.[30] 그러므로 칭의를 단순히 과거의 사건으로 치부하는 것은 옳지 않다. 바울도 칭의를 성도의 삶에서 "시작과 최종적인 완성" 모두에 연관되었다고 보았고, 과거뿐 아니라 미래와도 관련된 것으로 언급했다(롬 2:13; 8:33; 갈 5:4-5). 동시에 성화도 과거의 사건(고전 6:11)과 미래의 사건(살전 5:23)을 포함한다.[31] 칭의되는 순간 이미 그 안에 성화의 모든 요소가 시작된다. 오랫동안 억눌려왔던 원죄와 실존적 죄성을 벗겨나가는 성화의 과정을 통해 의가 밝게 드러나는 것이다. 그러므로 칭의를 단순히 하나님의 "법정적"(forensic) 선언으로만 간주하는 것은 이런 이중적 의미를 간과한 것이다. 디트리히 본회퍼는 칭의가 잘못 적용된 사례를 죄의 정당화와 죄인의 칭의로 구분해서 다음과 같이 설명했다:

> 루터를 수도원에서 세상으로 내몬 동기는 죄의 정당화가 아니라 죄인의 칭의였습니다.... 그렇기 때문에 값진 것입니다. 은혜는 값지기 때문에 은혜이며, 은혜이기 때문에 값집니다. 이것이 종교개혁 복음의 비밀-죄인의 칭의-입니다.... [그런데

세상에서 죄인의 칭의는 세상의 정당화와 죄의 정당화로 변질되었습니다. 값진 은혜가 순종 없는 값싼 은혜가 되어 버린 것입니다.[32]

한편, 칭의 개념은 '오직 신앙주의'에 빠지게 될 때 신앙의 개인주의와 내면주의를 낳을 수 있다는 비판을 받기도 한다. 칭의론이 교리화되면 삶이 배제될 수 있으며, 그것이 개인적 영성으로 간주되면 관계가 간과되기 쉽다. 이런 현상은 한국 교회의 병폐 가운데 하나로 지적되어온 현상이다. 그 점에서 칭의를 "믿음에 의한 첫 번째 칭의"와 "행위에 의한 두 번째 칭의"로 구분해서 이해했던 마르틴 부처(Martin Bucer)의 사상은 독특하다. 그가 제시한 구원의 순서에 성화가 빠진 것을 감안하면, 그에게 두 번째 칭의는 곧 성화였던 것으로 보인다.[33]

16세기에 등장했던 아나뱁티스트들의 칭의 개념은 주목할 만하다. 그들은 루터의 칭의 개념을 수용하지 않았으며, 오히려 "순종과 규율을 중시"했고, 은혜 교리를 이해할 때도 "개인을 변화시키는 하나님보다는 인간의 책임과 하나님에 대한 의무를 강조"했다.[34] 따라서 그들은 칭의를 단순히 믿는 자를 의롭게 간주하는 하나님의 은혜가 아니라, 예수를 따르는 자들이 이 세상으로부터 분리되는 것으로 해석했다.[35] 그들이 칭의를 그렇게 해석하는 까닭은 예수 그리스도를 믿는 제자들이 세상의 권세를 따르지 않고 예수를 따르기 위해 세상과 단절하는 것이 신앙의 본질이라고 보았기 때문이다.

아나뱁티스트들의 이와 같은 근원적 신앙양태는 초대교회의 신앙이 세상과 타협하여 왜곡된 것을 개혁하고자 하는 의지로 이어졌다. 그들에게 신앙이란 외부의 압력이나 강요에 의하지 않고 전적으로 자발적인 결단에 의한 것이어야 하고, 자발적 신앙을 훼손하는 어떤 세력도 용납하지 않는 행동으로 나타났다. 그들이 유아세례를 거부하고 신자들의 침례를 실천한 것은 그것이 신앙의 본질을 회복하는 길이라고 믿었기 때문이다. 하지만 아나뱁티스트들의 이런 신앙은 당시 사회로부터 외면되었고, 심지어 국가의 법을 어긴 범법자로 취급되었다. 아나뱁티스트들은 어떠한 사회적 보장이나 국가의 보호도 받을 수 없는 상황에서도, '오직 신앙'만을 외치며 모진 박해를 감내해야 했다. 그들에게 신앙은 불의한 세상과 타협하지 않는 길을 가는 것, 즉 교회를 그러한 세상과 분리시키는 것이었다.

최근의 칭의논쟁

최근에는 바울의 칭의에 대한 논쟁이 많은 이목을 끌고 있다. 이는 전통적인 바울 해석과 새롭게 조명한 바울 해석 사이의 격돌에서 비롯되었다.36) 이 논쟁은 유대교의 율법주의, 법정적 칭의, 칭의와 성화의 관계, 그리스도의 의의 전가 등에 대한 옛 관점과 새 관점의 대립 양상을 띠고 나타났다. 대체로 칭의에 대한 새로운 접근은 인간의 자율성을 강조하는 계몽주의와 자유주의를 거치면서 전통적인 칭의 개념이 약화되거나 재해석되면서 새롭게 부상한 것이다. 그 가운데 알브레히트 리츨(Albrecht Ritschl)은 그리스도의 의의 전가라는 일방적 측면보다는 하나님과 인간 사이의 "상호연관성" 속에서 칭의와 화해를 동의어로 간주했다.37)

논쟁의 실질적 출발점은 2차 대전 이후에 제기된 칭의에 관한 재해석으로 거슬러 올라간다. 유대인 신학자 클라우드 몽테피오레(Claude G. Montefiore)는 유대교에서도 이스라엘의 운명이 "인간의 공로"가 아니라 "하나님의 자비"에 의해서 결정된다는 것을 인정하고 있었다는 새로운 주장을 했다. 데이비스(W. D. Davies)도 「바울과 랍비의 유대교」(1948)에서 "바울에게 복음은 결코 유대교의 폐지가 아닌 완성이었으며, 유대교의 핵심적 정수를 흡수한 것"이라며 바울을 새롭게 읽을 것을 요청했다. 바울에 관한 새 관점의 등장은 1977년 샌더스(E. P. Sanders)의 「바울과 팔레스타인 유대교」의 출판으로 "결정적 전기"를 맞았다.38)

이 논쟁의 가운데 서 있는 톰 라이트(Tom N. Wright)는 개인의 법정적 칭의 개념에 이의를 제기하고, 칭의를 교회론적으로 접근해서 "전 세계를 위한 – 이스라엘을 통한 – 하나님의 구원 계획"으로 해석했다. 라이트의 이런 관점은 칭의를 개인적 구원의 문제에서 만물의 회복이라는 차원으로 논의를 옮기는 것이었다. 나아가 그는 칭의가 단순히 과거의 사건에 그치는 것이 아니라 미래의 사건이기도 하다는 점을 다음과 같이 강조했다:

> 이 법정 현재와 미래 모두에서 선언된다. 현재에서 이 판결은 오직 믿음에 기초하여 선언된다. 또한 성령이 이미 거주하는 사람 모두를 죽은 자 가운데에서 다시 살리시는 그날에도 선언될 것이다. 그런데 현재의 판결은 현재의 판결에 상응하여 미래의 판결이 일어날 것임을 보증해준다. 그리고 미래의 판결이 성도들이 살아온

삶에 상응하여 주어질 것인데, 성령은 성도들이 그러한 삶을 살 수 있도록 능력을 불어넣는다.39)

또한 그는 1세기의 칭의 사건은 "그리스도의 의"가 전가되는 것이 아니라 의롭다고 "선언"되는 것이라고 전제하고, 그것은 종말에 가서 누가 "하나님의 백성으로 인정을 받는 것인지를 현재 확인"하는 것이라고 해석했다.40) 그가 그리스도의 의가 전가되는 것을 반대한 것은 "처음 믿는 순간부터 마지막으로 하늘나라에 도달하기까지 죄인을 그와 같은 의의 상태로 옷을 입힌다"는 전통적인 개혁주의사상을 비판하는 데 있다.41) 그는 로마서 8장의 결론을 다음과 같이 정리했다: "칭의는 우리의 죄악된 성품에 잔재해 있는 모든 것을 사망이 삼켜버리고 우리가 ... 아들의 완전한 형상으로 하나님 앞에 서게 되는 마지막 날에 선언될 의로운 판정에 대한 현재에 있어서의 올바르고 적절한 예견이다."42)

양자

양자(adoption)는 칭의의 결과로 주어지는 하나님의 은혜로서 믿는 자가 하나님의 자녀가 된다는 뜻이다. 논리적 순서에 따르면 양자의 시작점에는 회심이 존재한다. 성경은 하나님의 자녀가 된 후에 믿는 것이 아니라 믿는 자가 하나님의 자녀가 된다고 선언한다: "영접하는 자 곧 그 이름을 믿는 자들에게는 하나님의 자녀가 되는 권세를 주셨으니"(요 1:12). 그리고 성경은 예수 그리스도로 말미암아 그렇게 되도록 예정하셨다고 말한다: "그 기쁘신 뜻대로 우리를 예정하사 예수 그리스도로 말미암아 자기의 아들들이 되게 하셨으니"(엡 1:5). 이 모든 일이 가능하도록 만드는 하나의 원인은 바로 우리의 믿음이다: "너희가 다 믿음으로 말미암아 그리스도 예수 안에서 하나님의 아들이 되었으니"(갈 3:26). 하나님의 자녀가 되는 양자의 은혜는 그런 의미에서 믿음의 결과요, 동시에 칭의의 결과다.

양자가 되었다는 것은 우리에게 세 가지 변화가 일어났다는 것을 함축한다. 첫째는 하나님으로부터 진정한 용서를 받았다는 것이고, 둘째는 하나님과 화해하게 되었다는 것이며, 셋째는 진정한 자유인이 되었다는 것이다.43)

그러므로 양자라는 것은 외형적으로 신분의 변화를 의미하고, 내면적으로 하나님과 관계가 회복되었다는 것을 의미한다. 모든 사람은 하나님의 창조물이지만, 하나님의 양자됨은 믿는 자에게 국한되어 있다. 그것이 하나님의 사랑에서 비롯된 것이라는 것을 성경은 이렇게 말한다: "보라 아버지께서 어떠한 사랑을 우리에게 베푸사 하나님의 자녀라 일컬음을 받게 하셨는가 우리가 그러하도다. 그러므로 세상이 우리를 알지 못함은 그를 알지 못함이라"(요일 3:1).

중생

중생(regeneration)은 '다시'(re) '태어난다'(generate)는 것을 의미한다. 성경은 우리에게 다시 태어나야 할 것을 요구한다. 그런데 다시 태어나는 것은 무엇을 말하는가? 미국 대통령에 출마한 지미 카터(Jimmy Carter)가 자신을 "중생한 크리스천"(a born-again Christian)이라고 소개하자 언론 매체들은 그 말의 의미를 알기 위해 "허둥대며 연구"했고, 그 말은 "미국의 인기 있는 화두"가 되었다는 일화가 있다.44) 이처럼 성경에서도 그것이 이해가 되지 않아 질문한 사람의 이야기가 전해진다. 그 때 예수께서는 "물과 성령으로" 다시 태어나야 한다고 말씀하셨다(요 3:5). 이것은 거듭나게 하는 동력, 즉 힘이 어디에 있는가를 말한 것이다. 거듭나는 힘은 우리가 아니라 바로 하나님에게 있다는 선언이다. 성부, 성자, 성령 삼위일체 하나님이 협력하여 우리를 다시 태어나게 하신다. 여기서 다시 태어난다는 것은 옛 사람이 죽고 새로운 존재가 된다는 뜻이다. 그러므로 중생은 우리의 신분과 소속을 완전히 바꾸어 놓는 것이다.

그럼 어떤 사람이 중생할 수 있는가? 성경은 회개하고 믿는, 즉 회심한 사람이 하나님 나라를 볼 수 있고, 하나님 나라를 볼 수 있는 사람은 중생한 사람이라고 증언한다(막 1:15; 요 3:3; 행 19:4, 20:21). 칭의와 양자가 그러하듯, 중생 또한 하나님의 은혜로 인해 인간의 회심을 통해 이루어지는 사건이다. 그러므로 중생과 회심은 서로 분리될 수 없는 사건이고, 동일한 사건의 두 측면이다.

그런데 신학 차이에 따라 중생과 회심의 순서는 서로 다르게 설명된다. 칼뱅주의자들은 중생이 회심보다 먼저 일어나는 사건이라고 말하고, 아르미니우스주의자들은 회심이 중생보다 앞선다고 주장한다. 물론 어느 입장이든 중생이 성령의 사역이라고 믿는 것에는 근본적인 차이가 없다. 다만 회심은 인간의 관점에서 관찰한 것이고 중생은 하나님의 관점에서 관찰한 것인 만큼,45) 칼뱅주의는 하나님의 관점을 강조한 것이고, 아르미니우스주의는 인간 쪽을 부각시킨 것이다. 하지만 믿는 자를 다시 태어나게 한다는 것과 다시 태어난 사람이 믿음을 가질 수 있다는 것은 사실 완전히 다른 주장이다. 따라서 둘 다 성경적이라고 말하는 것은 불가능하다. 그렇다면 어느 견해가 더 성경적이라고 말할 수 있을까? 이를 해결하기 위해서는 성경의 구체적 근거와 신학적 체계를 종합적으로 살펴보는 것이 필요하다.

그리스도와 연합

그리스도와 연합(union)한다는 것은 양자와 중생에 대한 또 다른 표현이다. 이 말은 그리스도와 신자가 하나가 되었다는 사실을 지칭한다. 성경은 "그리스도 안에서"라는 표현을 많이 사용한다: "그런즉 누구든지 그리스도 안에 있으면 새로운 피조물이라 이전 것은 지나갔으니 보라 새 것이 되었도다"(고후 5:17), "우리는 그리스도 안에서 그의 은혜의 풍성함을 따라 그의 피로 말미암아 속량, 곧 죄사함을 받았느니라"(엡 1:7), "아담 안에서 모든 사람이 죽은 것 같이 그리스도 안에서 모든 사람이 삶을 얻으리라"(고전 15:22). 그리스도 안에 있다는 말은 거듭났다는 뜻이고, 새로운 사람이 되었다는 의미다. 이것은 또한 반대로 그리스도가 우리 안에 거하는 것을 의미하기도 한다. "내가 그리스도와 함께 십자가에 못박혔나니 그런즉 이제는 내가 사는 것이 아니요 오직 내 안에 그리스도께서 사신 것이라 이제 내가 육체 가운데 사는 것은 나를 사랑하사 나를 위하여 자기 자신을 버리신 하나님의 아들을 믿는 믿음 안에서 사는 것이라"(갈 2:20).

그렇다면 신자가 그리스도 안에 거하거나 하나가 된다는 것은 무엇을 말하는 것인가? 어떻게 하나가 될 수 있다는 말인가? 한 가지 분명하게 말할 수 있는 것은 그것이 신비로운 경험으로서 육적 연합이 아니라 영적 연합을 의미한다는 것이다.46) 성경은 이 연합의 성격을 다음과 같은 세 가지 비유를 통해 설명한다. 첫째는 인격적 연합으로서, 남편과 아내의 연합으로 비유된다(골 2:2). 둘째는 유기체적 연합으로서 건물과 기초로 비유된다(고전 3:9-16; 엡 2:20-22). 셋째는 종속적 연합으로서 지체와 머리로 비유된다(롬 12:42; 고전 12:12). 그리고 이 연합의 결과로 신자들은 내적 성품이 새롭게 되고(롬 12:2; 고후 4:16), 정죄함이 없게 되며(롬 8:1), 예수의 능력 안에 살게 된다(빌 4:13; 갈 2:20; 고후 12:9).

그리스도와 연합하기 위해서 별도의 특별 프로그램에 참여하거나 어떤 신비한 체험을 하기 위해 극기의 훈련을 할 필요는 없다. 연합은 회심의 결과로 주어지는 하나님의 은혜요 선물이기 때문이다. 이 연합을 통해 신자의 영적 생명이 살아나게 된다. 바울은 영적 연합을 다음과 같이 설명했다: "만일 너희 속에 하나님의 영이 거하시면 너희가 육신에 있지 아니하고 영에 있나니 누구든지 그리스도의 영이 없으면 그리스도의 사람이 아니라. 또 그리스도께서 너희 안에 계시면 몸은 죄로 말미암아 죽은 것이나 영은 의로 말미암아 살아있는 것이니라"(롬 8:9-10).

구원의 계속과 완성: 성화와 영화

구원이란 단어는 개인의 어느 한 순간을 말하는 것이 아니라 삶 전체를 지시한다. 데일 무디는 시제에 따라 달라지는 구원에 대해 논의하는 것이 필요하다고 주장함으로써 구원을 총체적 과정으로 이해하고자 했다: "사도 바울의 신학은 대부분 과거, 현재, 미래라는 구원 유형을 떠나서는 논의될 수 없다. 죄로부터 인간을 구원하시는 하나님의 사역을 설명하기 위해 바울이 사용한 대부분의 단어들은 구원을 설명하기 위해 정교하게 다듬어진 술어들이다. 바울의 복음을 이해한다는 것은 총체적으로 구원을 이해하는 것이다."[47] 따라서 구원은 특정 시점에서 다루어질 문제가 아니라 전 과정을 통해 이루어져 나가야 할 '현재적' 사건으로 이해되어야 한다. 구원에는 시작과 완성이 있으며, 그 사이에는 계속되는 과정이 있다. 특별히 구원의 완성을 향해 나아가는 과정을 성화(聖化)라고 부르는데, 이 성화는 구원의 시작과 완성을 연결하는 끈이다.

성화

성화(sanctification)는 일차적으로 "신자의 삶 속에서 그/그녀를 실제로 거룩하게 만드시는 하나님의 계속적인 사역"이라고 정의될 수 있다.[48] 즉, 성화란 하나님 앞에서 도덕적인 상태가 법적 신분에 맞게 성장한다는 의미가 있다. 하지만 기독교의 성화는 단순히 도덕적으로 결함이 없다는 소극적인 의미가 아니다. 신약에서 말하는 성화는 "삶 속에서 성령의 활동에 의해 그리스도의 형상을 닮아가는 것"이다. 그리스도의 형상을 닮아간다는 것은 그리스도의 사랑을 실천하는 삶으로 성숙해진다는 것을 의미한다.[49] 하지만 성화가 오로지 하나님의 사역으로만 이루어지는 것도 아니다. "성화를 수행하는 궁극적인 주체는 성령이지만, 이 과정에서 성령은 우리의 인격적인 협력을 요구"하기 때문이다.[50]

성화의 두 단계

성화의 과정에는 두 단계가 있다. 하나는 '시초적'(initial) 혹은 '지위적'(positional) 성화다. 이 성화는 우리가 믿음으로 의롭다고 칭함을 받는 그 순간부터 시작된 성화다. 즉, 칭의와 함께 성화하는 것을 의미한다. 거룩하다는 것은 분리된다는 뜻을 가지고 있는데, 이는 성도가 세상으로부터 분리되어 하나님께 속한다는 의미를 함축한다. 그 점에서 성화는 신자의 삶 초기부터 시작된다. 신자를 '성도'(聖徒)라고 부르는 이유는 여기에 있다(고전 1:2). 허셀 홉스(Herschel H. Hobbs)는 "믿는 바로 그 순간 그리스도인은 하나님께 헌신하고 봉사한다는 점에서 성화된다"고 말했다.[51] 또 하나는 점진적(progressive) 혹은 상태적(conditional) 성화다. 이것은 시초적 성화에 점점 더 도덕적 선함과 영적 성숙함을 더하는 것이다.

성화가 내포하고 있는 일반적 특성을 정리하면 다음과 같다. 첫째, 성화는 본질적으로 하나님의 초자연적 역사에 속한다. 왜냐하면 인간은 스스로 성화를 이루어낼 수 있는 존재가 못되기 때문이다. 성화의 주체는 언제나 성령이시다: "평강의 하나님이 친히 너희를 온전히 거룩하게 하시고..."(살전 5:23). 둘째, 성화는 점진적으로 성장한다는 특징을 가진다: "너희 안에서 착한 일을 시작하신 이가 그리스도 예수의 날까지 이루실 줄을 우리는 확신하노라"(빌 1:6). 셋째, 성화는 그리스도의 형상을 이루는 데까지 성장해야 할 목표가 있다: "하나님이 미리 아신 자들을 또한 그 아들의 형상을 본받게 하기 위하여 미리 정하셨으니 이는 그로 많은 형제 중에서 맏아들이 되게 하려 하심이니라"(롬 8:29). 끝으로 성화는 신자의 능동적 참여가 있어야 한다. 성화는 본질적으로 하나님의 도우심이 없으면 불가능한 것이지만, 동시에 그에 대한 인간의 참여와 의지가 뒤따르지 않아도 이루어지지 않는다. 성화는 하나님과 신자가 함께 하여 결실을 맺는 협력사역이다: "그러므로 나의 사랑하는 자들아 너희가 나 있을 때 뿐 아니라 더욱 지금 나 없을 때에도 항상 복종하여 두렵고 떨림으로 너희 구원을 이루라. 너희 안에서 행하시는 이는 하나님이시니 자기의 기쁘신 뜻을 위하여 너희에게 소원을 두고 행하게 하시나니"(빌 2:12-13). 제임스 가레트(James Leo Garrett, Jr.)는 성화를 "믿음을 통한 하나님의 사역"(work of God through faith)이라고 정의했다.[52]

개념적으로 볼 때 칭의와 성화는 전적으로 동일한 것은 아니다. 칭의가 시작점을 알리는 것이라면 성화는 그 완성을 위해서 전 생애가 요구되는 하나의 과정이다. 칭의는 누구에게나 차이가 없겠지만, 성화는 질적 양적 차이가 있을 수 있다. 하지만 칭의와 성화는 분리될 수 없다. 칼 바르트는 칭의와 성화를 "시간적인 구원질서"가 아니라 "내용적인 질서"로 보았다. 칭의와 성화는 어느 것이 선행하느냐 뒤따르느냐를 다룰 문제가 아니다. 칭의가 "내가 너의 하나님이 되겠다"는 의미라면, 성화는 "너희는 나의 백성이 되어야 한다"는 뜻을 담고 있다. 따라서 바르트에게 칭의와 성화는 다른 동기를 가지지만 "하나의"(unitary) 사건이다. 이는 마치 예수 그리스도의 낮아짐(humiliation)과 높이심(exaltation)이 동일한 것은 아니면서 하나인 것과 같은 이치다.[53]

존 웨슬리(John Wesley)는 칭의와 성화를 다음과 같이 구분했다: "칭의는 상대적인 변화를 포함하지만, 성화는 참된 변화를 포함한다. 칭의는 본질적으로 객관적인 변화지만, 성화는 본질적으로 주관적인 변화다. 칭의는 죄책으로부터 해방하지만, 성화는 죄의 세력과 죄의 뿌리로부터 해방한다."[54]

사실 웨슬리의 경우, 칭의와 성화의 관계보다 더 중요한 것은 회심과 성화의 문제라고 할 수 있다. 그는 성화의 사건이 점진적이 아니라 순간적으로 임한다고 보았는데, 그것은 두 번째 회개사건과 관련된다. 웨슬리는 회개와 성화의 과정을 모두 네 단계로 설명했다. 첫 번째. 칭의 전에 일어나는 회개가 있다. 이 회개는 "성령에 의해 각성된 사람"이 "하나님을 향한 영혼의 최초의 움직임"이며, "율법적인 회개"에 속한다. 이 때 그리스도인은 "외적인 죄와 관계"한다. 두 번째는 회개를 경험한 사람이 "자기 의에 대한 부정"을 통해 칭의에 이른다. 칭의는 일종의

"관계적 성화"로서 "하나님의 자녀의 신분으로 변화"하는 것이지만, 아직 "완전한 자유"를 소유하지는 못한다. 세 번째는 "성화의 부분이며 성화의 입구"인 중생의 사건이다. 이는 "모든 선한 기질을 마음에 심는 것"이며 "내적인 변화" 혹은 "내적인 성화"를 의미한다. 마지막은 칭의 후의 회개. 웨슬리는 이 회개를 "복음적인 회개"라 불렀고, "심령이 온통 죄에서 온전한 거룩함으로 변화하는 것"이며 "내면적 죄와 관계"하는 것이다. 이 두 번째 회개의 사건은 칭의 후에 일어나는 "순간적인 구원"으로서 성령침례를 의미한다.55)

완전한 성화

이 땅에서 살아가는 동안 성화가 완전히 이루어질 수 있는가 하는 문제는 신학체계의 차이로 인해 두 갈래로 견해가 나뉜다. 먼저 아르미니우스주의자들은 신자가 이 땅에서도 온전히 성화될 수 있다고 주장한다. 이들이 제시하는 성경적 근거는 다음과 같다: "그러므로 하늘에 계신 너희 아버지의 온전하심과 같이 너희도 온전하라"(마 5:48). "우리가 다 하나님의 아들을 믿는 것과 아는 일에 하나가 되어 온전한 사람을 이루어 그리스도의 장성한 분량이 충만한 데까지 이르리니"(엡 4:13). "평강의 하나님이 친히 너희를 온선히 거룩하게 하시고 또 너희의 온 영과 혼과 몸이 우리 주 예수 그리스도께서 강림하실 때에 흠 없게 보전되기를 원하노라"(살전 5:23). "하나님께로부터 난 자마다 죄를 짓지 아니하나니 이는 하나님의 씨가 그의 속에 거함이요 그도 범죄하지 못하는 것은 하나님께로부터 났음이라"(요일 3:9). "이는 하나님의 사람으로 온전하게 하며 모든 선한 일을 행할 능력을 갖추게 하려 함이니라"(딤후 3:17).

존 웨슬리는 완전한 자를 다음과 같이 정의했다: "그리스도의 마음을 품은 자요, 그리스도께서 행하신 대로 행하는 자요, 손이 깨끗하고 마음이 성결한 자이며, 육과 영의 온갖 더러운 것에서 깨끗해진 자이다. 어떠한 경우에도 실족하지 않는 자요, 따라서 죄를 범하지 않는 자."56) 물론 웨슬리가 주장한 것이 신자가 흠도 없이 완전무류한 자가 될 수 있다는 뜻은 아니다. 절대완전은 하나님에게만 해당되는 것이기 때문이다. 하지만 그는 적어도 우리가 죽기 전에 죄로부터 완전한 구출이 가능한 즉각적인 성화가 일어날 수 있다는 것을 믿었다.

반대로 칼뱅주의자들은 신자가 사는 날 동안 끊임없이 자신의 죄와 싸워야 한다는 것을 강조한다. 그들은 이 땅에서 신자라 하더라도 완전히 성화될 수는 없다고 생각하고 그 근거로 다음과 같은 성경구절을 제시한다: "만일 우리가 죄가 없다 말하면 스스로 속이고 또 진리가 우리 속에 있지 아니할 것이요"(요일 1:8). "내 속 곧 내 육신에 선한 것이 거하지 아니하는 줄 아노니 원함은 내게 있으나 선을 행하는 것은 없노라. 내가 원하는 바 선은 행하지 아니하고 도리어 원하지 아니 하는 바 악을 행하도다"(롬 7:18-19).

과연 어떤 입장이 더 성경적일까? 사실 이론체계를 세우는 일은 그리 중요하지 않을 수 있다. 성화는 어떻게 살아가야 하는가를 묻는 현실적인 질문이기 때문이다. 비록 이 땅에서 완전성화가 불가능하다 하더라도 처음부터 그것을 교리화할 필요는 없다. 적어도 신자라면 완전히 성화될 수 있도록 노력하는 것이 중요하다. 그리스도인의 삶은 그리스도를 향해 한 걸음씩 발을 내딛는 것이다. 비록 인간의 몸을 지니고 있는 동안 죄를 지을 수밖에 없는 것이라 하더라도, 습관적인 죄를 계속적으로 지어서는 안 된다는 것이 우리가 취해야 할 태도다. "죄를 짓는 자마다 불법을 행하나니 죄는 불법이라"(요일 3:4)에서 "죄를 짓는다"는 말은 현재시제로서 반복적이고 습관적인 죄를 의미한다.

견인과 배교

성도의 견인(perseverance)과 배교(apostasy)의 문제는 신자가 중도에서 타락할 수 있는가 할 수 없는가를 묻는 것이다. 이 질문은 하나님의 주권과 인간의 자유의지 가운데 어느 쪽의 역할을 더 중요하게 생각하는가 하는 문제라고도 할 수 있다. 여기서도 칼뱅주의와 아르미니우스주의의 입장은 상반된다. 루이스 벌코프(L. Berkhof)는 구원의 길에서 인간의 지속적인 활동을 견인의 요인으로 오해하면 안 된다고 지적하면서, 성도의 견인을 "심령 안에서 시작된 신적 은혜의 사역이 지속되고 완성에 이르게 하는 신자 안에서의 성령의 지속적 사역"으로 정의했다.57) 이는 견인에서 인간이 협력하지 않는 것은 아니라 하더라도 견인의 주체는 인간이 아니라 하나님이라는 것을 분명히 한 것이다. 칼뱅주의를 대변하는 장로교의 '웨스트민스터신앙고백' 17장에서는 성도의 견인을 이렇게 고백한다: "하나님이 그의 사랑하시는 자로 받아들이시고 성령으로 유효하게 부르시고 성화하게 하신 자들은 은혜의 상태로부터 전적으로나 최종적으로 떨어져나갈 수 없으며, 마지막까지 확실히 견인하며 영원히 구원을 받을 것이다."58) 따라서 한번 구원은 영원한 구원인 셈이다. 하지만 아르미니우스주의자들은 성경적 사례와 신앙의 속성을 근거로 견인사상을 비판한다. 신자들도 실제로 배교하여 하나님을 떠날 수 있다고 보기 때문이다.

신자의 배교 문제59)

잘 믿던 교인이 어느 날 갑자기 교회에 나오지 않겠다고 말한다면 목회자로서 얼마나 당혹스러운 일인가? 하지만 이런 일은 목회현장에서 보면 그다지 낯선 일이 아닌 것 같다. 그들이 교회에 나오지 않겠다는 이유는 다양하다. 목사로부터 소외당한 느낌을 받았거나, 같은 교인에 의해 마음의 상처를 입었거나, 아니면 자신의 종교생활이 성장하지 못하고 정체된다고 느꼈을 때, 혹은 교회보다 다른 종교단체에 더 큰 매력을 느꼈을 때, 그들은 심사숙고하다가 결국 교회 나가는 것을 포기하게 된다.

그럴 때 목회자들은 수차례 권면하고 심방하다가 마침내 관심의 끈을 놓게 되는 경우가 많다. 목회자가 돌보아야 할 대상은 그 사람만이 아니기 때문에, 이런 결과는 어쩌면 자연스런 결말일지도 모른다. 이쯤 되면 목회자는 그 교인에 대해 일반적으로 두 가지 반응을 보이게 된다. 하나는 그 교인의 신앙적 타락 혹은 방황을 일시적일 것이라고 믿는 것이고, 다른 하나는 그 교인이 아예 처음부터 하나님의 택함을 받지 못한 사람이었다고 생각하는 것이다. 첫 번째 경우는 그래도 일말의 가능성이 남아있다. 꾸준히 그를 위해 기도하면서 돌아오기를 기다리기 때문이다. 하지만 두 번째 경우는 어떤가? 그에 대한 목회자의 관심은 순식간에 사라지고 만다. 이런 결말은 그 교인을 빠져 나올 수 없는 깊은 늪 속으로 내던지는 꼴이어서 여간 불행한 일이 아닐 수 없다.

과연 그 교인의 타락은 일시적 방황인가, 아니면 그 사람은 본래 구원받을 수 없는 운명을 타고난 것일까? 근본적으로 본래부터 죽을 운명을 가지고 태어난 사람은 아무도 없다. 그러므로 이 문제제기는 다시 두 가지의 가정으로 재정리될 수 있다. 하나는 신자였던 교인이 타락하는 것은 일시적 타락이기 때문에 언젠가는 다시 주님 앞으로 돌아오게 될 것이라는 가정이다. 또 하나는 비록 신자였다 하더라도 영원히 타락하여 배교했기 때문에 다시 돌아오지 못하고 영원형벌을 받게 될 것이라는 가정이다. 첫 번째 가정은 사실 우리에게 아무런 문제가 되지 않는다. 왜냐하면 어찌되었든 그는 우리의 최고의 관심사요 궁극적 목표인 구원을 받게 될 것이기 때문이다. 이 경우라면 목회자는 이렇게 한 마디 던져주는 것으로 모든 문제를 해결할지 모른다: "아무개 교인이여! 당신의 지금 방황은 일시적인 것입니다. 언젠가는 다시 주님 앞으로 나오게 될 것이니, 너무 걱정하지 마십시오. 나중에 교회에 다시 나오고 싶은 마음이 생길 것입니다. 그 때 연락 주십시오. 즉시 달려가겠습니다. 우리는 언제든 당신을 환영합니다." 그런데 과연 우리 주변에서 어떤 목회자가 이렇게 할 수 있겠는가? 그러므로 이 문제의 핵심적 질문은 "신자의 배교가 가능한가?"로 귀결될 수밖에 없다. 과연 신자도 배교할 수 있는가? 만일 신자의 배교를 인정한다면, 교회에 나오지 않겠다고 말하는 교인에게 목회자가 그렇게 태연하고도 아무렇지 않게 한 두 차례 권면하다가 그만 둘 수 있겠는가?

배교의 의미

위에서 제기된 문제를 해결하기 위해서는 "배교란 무엇인가?" 하는 질문부터 풀어야 한다. 배교(背敎)는 한자말 그대로 "가르침을 배반한다"는 뜻이다. 이 말의 성경적 어원은 히브리서 3장 12절, "형제들아 너희가 삼가 혹 너희 중에 누가 믿지 아니하는 악심을 품고 살아계신 하나님에게서 떨어질까 염려할 것이요"에서 찾을 수 있다. 이 구절에서 하나님에게서 "떨어진다"는 표현은 헬라어로 '아포스테나이'(apostenai)다.

일반 사람들은 배교의 문제를 너무 단순하게 생각하고 있는지도 모른다. 믿음이야 가졌다가도 잃어버리고, 잃었다가도 다시 갖는 것이 아니냐고 생각할 수 있기 때문이다. 엔도 슈사꾸(遠藤周作)는 「침묵」이라는 소설에서 그 나름대로 배교의 문제를 깊이 다루고 있다.[60] 이 소설은 로드리꼬라는 신부가 박해 상황에서 다른 사람들이 자신의 신앙심(배교하지 않겠다는 신앙) 때문에 대신 고통을 받고 있다는 사실을 알고 난 뒤 고민하다가 마침내 다른 사람들의 고통을 덜어주기 위해 스스로 배교의 길을 걷는다는 이야기를 담고 있다.

이 책은 인본주의 시각으로 배교라는 사건을 너무 미화시켰다는 비난을 받기도 한다. 하지만 한편으로 이 책은 자신의 영광스런 순교를 위해서 아무 죄가 없는 사람들이 고문당하는 것을 외면하는 것이 참된 사랑이냐, 아니면 비록 자신은 배교자라는 낙인을 받게 되더라도 이웃의 고통을 외면하지 않고 스스로 영광스런 순교의 잔을 포기하는 것이 참된 사랑의 실천인가 하는 본질적인 질문을 던진다.

그런데 배교라는 주제는 단순히 인간 편에서 믿고 안 믿고, 순종하고 배신하고의 차원을 넘어선다는 데 문제의 복잡함이 있다. 다시 말해서 배교는 인간 편에서 하나님을 믿었다가 그 신앙을 저버리고 포기하는 것 이상의 의미를 담고 있다는 것이다. 배교는 궁극적으로 하나님의 은혜에서 떨어져 나가는 것을 의미하고, 이미 얻었던 구원을 상실한다는 내용을 함축한다. 그러므로 이 문제는 구원의 확실성과 관련해서 대단히 민감한 주제가 아닐 수 없다. '한번 구원은 영원한 구원'이라는 믿음을 송두리째 포기하는 문제이기 때문이다.

배교에 대한 전통적 견해

신자가 배교할 수 있는가 아니면 하나님의 능력으로 끝까지 구원의 길에서 견인(堅忍)되는가 하는 문제를 푸는 열쇠는 하나님의 은혜를 어떻게 이해하느냐에 달려있다고 해도 과언이 아니다.

칼뱅주의는 하나님의 은혜를 불가항력적 은혜로 이해하는 반면에, 아르미니우스주의는 조건적 은혜로 파악한다. 불가항력적 은혜에 따르면, 하나님이 미리 구원하시기로 예정한 사람들은 하나님의 은혜를 거절할 수 없게 된다. 왜냐하면 하나님이 택하신 백성들은 100% 구원을 받아야 하기 때문이다. 예수 그리스도는 바로 이 택한 사람들을 위해서 죽으셨고, 그 대속의 효력 역시 100% 적용된다. 이런 견해는 하나님의 주권을 최대로 강조한 반면, 상대적으로 인간의 인격적인 반응과 책임성을 약화시키는 결과를 초래한다. 택한 자의 구원을 책임지고 있는 분이 하나님이시기 때문에 그들의 최종적 구원은 100% 보장되는 것이다. 칼뱅은 이렇게 말한 바 있다: "우리는 끝까지 견디는 견인이 덧붙여지지 않으면 부르심과 믿음이 있다 해도 별 소용이 없다.... 그들에게는 떨어져 나갈 위험이 없다고 확신할 수 있다. 왜냐하면 그들의 믿음이 한결같이 유지되기를 구하시는 분이 바로 하나님의 아들이시니, 그의 간구가 거부를 당할 리가 없기 때문이다."[61]

반대로 아르미니우스주의의 조건적 은혜에 따르면, 신자의 구원 문제는 언제나 현재적일 뿐이다. 오늘의 구원이 언제나 미래의 구원을 보장해주지는 않는다. 이는 누구라도 하나님의 은혜로부터 떨어져 나갈 가능성이 있다는 말이다. 그렇기 때문에 하나님의 은혜는 조건적인 것이다. 이 조건은 인간에게 주어진 몫이다. 인간이 하나님에 대한 믿음을 잃지 않는다는 조건 아래에서 하나님의 은혜는 구속의 은혜가 된다. 아르미니우스주의자들은 성경에 배교에 대한 수많은 경고의 말씀이 있는 것이 신자라도 중간에 배교할 수 있다는 첫 번째 증거라고 말한다: "만일 의인이 돌이켜 그 공의에서 떠나 범죄하고 악인이 행하는 모든 가증한 일 대로 행하면 살겠느냐 그 행한 공의로운 일은 하나도 기억함이 되지 아니하리니 그가 그 범한 허물과 그 지은 죄로 죽으리라"(겔 18:24). 이들은 성경에 등장하는 배교의 구체적인 예로, 사울왕(삼상 28:6), 가룟 유다, 아나니아와 삽비라(행 5:1-11), 후메내오와 알렉산더(딤전 1:19-20) 후메내오와 빌레도(딤후 2:16-18), 데마(딤후 4:10), 거짓선지자들과 그들을 따르던 사람들(벧후 2:1-2) 등을 들고 있다.

데일 무디는 칼뱅주의자들이 배교를 인정하지 않는 것은 "전통이 성경을 이겼기 때문"이라고 비판하면서, 빌레몬서를 제외하고 모든 신약성경은 배교의 위험을 경고하고 있다고 주장했다.[62] 물론 "배교의 가능성을 주장하는 사람들도 하나님의 백성들이 보존된다는 약속이 성경에 기록되어 있다는 것을 의식하지 못하는 것은 아니지만, 그들은 그 약속이 주님을 계속해서 따르고 그리스도 안에 거하는 사람에게 주어졌다는 점을 중시한다."[63]

그런데 칼뱅주의 관점에서 이 문제에 접근하면, 신자들은 구원을 받기 위해 끝까지 노력해야 할 필요가 없는 것처럼 보인다. 왜냐하면 구원은 하나님의 절대적인 능력으로 이루어지기 때문이다. 신자들은 사실상 배교하는 것조차 불가능하다. 하나님이 신자가 배교하도록 방치하지 않으시기 때문이다. 이 얼마나 안전한 보장인가. 그래서 '한번 구원은 영원한 구원'인 것이다. 하지만 이런 입장에 서면, 신자가 스스로 신앙을 지키고 성화를 위해서 노력하고자 하는 마음을 갖지 않게 될 지도 모른다는 문제점이 있다.

반대로 아르미니우스의 조건적 은혜도 문제가 없는 것은 아니다. 이 견해는 하나님의 주권과 사랑을 충분하게 담아낼 수 없다. 인간이 선택하는 반응에 따라 하나님의 은혜가 영향을 받지 않을 수 없기 때문이다. 조건적 은혜란 개념에서 보면, 인간의 견인과 배교는 으레 인간의 반응과 결정에 좌우될 수밖에 없기에, 하나님의 주권은 명목상의 주권일 수밖에 없다는 비판을 받게 되는 것이다. 그런 점에서 에드가 멀린스(E. Y. Mullins)가 아르미니우스의 은혜론은 "이신론"(deism)으로 빠질 위험이 있다고 지적한 것은 정당한 것이었다.64)

배교에 대한 성경적 견해

성경은 신자들에게 현재의 삶을 아무렇게나 살아도 된다고 말하지 않는다. 구원의 표를 확보했으니 이제 모든 것이 다 끝났다고 말하지도 않는다. 그보다는 오히려 성경은 언제나 두렵고 떨리는 마음으로 구원을 이루라고 충고한다. 그리고 구원을 잃지 않도록, 즉 은혜에서 떨어져 나가지 않도록 조심하라고 경고한다: "그러므로 나의 사랑하는 자들아 너희가 나 있을 때 뿐 아니라 더욱 지금 나 없을 때에도 항상 복종하여 두렵고 떨림으로 너희 구원을 이루라"(빌 2:12). "사람의 미혹을 받지 않도록 주의하라"(마 24:4). "끝까지 견디는 자는 구원을 받으리라"(마 24:13), "선 줄로 생각하는 자는 넘어질 까 조심하라"(고전 10:12). "그러므로 우리는 들은 것에 더욱 유념함으로 우리가 흘러 떠내려가지 않도록 함이 마땅하니라"(히 2:1). "우리가 시작할 때에 확신한 것을 끝까지 견고히 잡고 있으면 그리스도와 함께 참여한 자가 되리라"(히 3:14). "한번 빛을 받고 하늘의 은사를 맛보고 성령에 참여한 바 되고 하나님의 선한 말씀과 내세의 능력을 맛보고도 타락한 자들은 다시 새롭게 하여 회개하게 할 수 없나니 이는 그들이 하나님의 아들을 다시 십자가에 못 박아 드러내 놓고 욕되게 함이라"(히 6:4-6). "내가 내 몸을 쳐 복종하게 함은 내가 남에게 전파한 후에 자신이 도리어 버림을 당할까 두려워함이로다"(고전 9:27). "믿음과 착한 양심을 가지라 어떤 이들은 이 양심을 버렸고 그 믿음에 관하여는 파선하였느니라"(딤전 1:19). 분명히 이 말씀들은 신자들이라도 구원의 길에서 떨어지고 믿음을 파선하게 될 수도 있다는 것을 전제한다.

그러나 다른 한편에서는, 우리가 한번 하나님의 자녀가 되면 결코 그 신분을 상실하지 않을 것이라는 약속도 있다: "내가 확신하노니 사망이나 생명이나 천사들이나 권세자들이나 현재 일이나 장래 일이나 능력이나 높음이나 깊음이나 다른 어떤 피조물이라도 우리를 우리 주 그리스도 예수 안에 있는 하나님의 사랑에서 끊을 수 없으리라"(롬 8:38-39). "내가 그들에게 영생을 주노니 영원히 멸망하지 아니할 것이요 또 그들을 내 손에서 빼앗을 자가 없느니라"(요 10:28). 한번 거듭났는데 어떻게 다시 거듭나지 않은 처음의 상태로 돌아갈 수 있는가? 중생이라고 하는 것은 아버지와 아들의 관계로 인(印)이 처지는 것인데, 어떻게 그것이 무효가 될 수 있겠는가? 신자의 배교를 인정할 수 없다는 성경의 목소리도 적지 않은 설득력을 가지고 있음을 인정하지 않을 수 없다.

성경은 견인과 배교의 문제에서 어느 하나의 단일한 결론을 내리지 않는 것처럼 보인다. 한 쪽에서는 신자라도 넘어질 수 있으니 조심하라고 경고하면서도, 다른 한 쪽에서는 하나님이 신자들을 결코 넘어지지 않도록 지켜주신다고 약속한다. 이런 성경의 이중적 태도 때문에 사람들은 어느 하나를 확실하게 주장하기가 어렵게 되었다. 이 문제를 어떻게 풀어야 할 것인가? 어떤 것이 성경의 가르침인가?

'견인'(堅忍)은 참고 인내한다는 뜻이다. 그렇다면 칼뱅주의의 견인론에서 참고 기다리는 주체는 인간이 아니라 하나님이다. 인간이 잘못하더라도 그를 구원하기까지 참고 기다리는 것은 하나님의 은혜다. 칼뱅주의는 견인을 전적으로 하나님이 하시는 것으로 이해하기 때문에 '견인'(堅忍)을 '견인'(牽引)으로 해석하는 듯한 인상을 준다. 이는 마치 인간이 아무 것도 하지 않아도 견인차에 이끌려가는 자동차처럼 성도들을 구원으로 하나님이 끌고 가신다는 믿음을 갖게 한다. 이런 해석이 가능한 것은 아마도 칼뱅주의 사상이 전혀 배교의 가능성조차 인정하지 않는 신학적 논리를 가지고 있기 때문일 것이다.

반대로 아르미니우스주의자들의 입장에서 보면 견인하는 주체는 결과적으로 하나님이 아니라 인간이다. 참고 견디는 주체가 인간이므로 아르미니우스주의는 언제든지 배교가 현실적으로 열려있다. 따라서 인간이 그리스도 안에서 신앙을 지키지 못하고 인내하지 않는다면 구원의 반열에서 떨어져 나갈 수 있다.

하지만 성경은 견인의 주체가 하나님이며 동시에 인간이라고 말한다. 하나님도 우리를 붙들지만 인간도 하나님을 견고히 붙잡는 주체다. 따라서 견인의 주체는 이중 구조로 되어 있다. 하나님도 인간을 참고 기다려주시고, 인간도 하나님을 굳게 붙잡는다. 그러므로 우리는 참된 신자가 배교할 가능성(can)을 열어두지만, 실제로 하나님으로부터 떨어져 나가지는 않을 것(will not)임을 믿는다.[65]

강권적 은혜: 대안적 견해

복음은 강요된 구원의 길이 아니라, 설득하고 초청하는 인격적인 구원의 길이다. 이 복음은 하나님이 주신 은혜이며, 하나님에 대한 인간의 자발적인 반응을 요구한다. 하나님의 은혜는 결코 강제적인 것도 아니지만 그렇다고 해서 무력하거나 조건적인 것도 아니다. 하나님의 은혜는 인격적이면서 동시에 강력한 것이다. 어떤 세력도 하나님을 대적할 수 없다.

우리는 하나님이 신자들을 구원으로 인도하실 것을 믿는다. 따라서 신자의 배교는 실제로 일어나지 않을 것이라는 희망을 가진다. 하지만 신자의 견인은 운명적이고 필연적으로 뒤따르는 논리적 결론이 아니다. 신자들은 믿음 안에 계속 거하기 위해 노력해야 할 것이고, 하나님은 그런 신자들을 안전하게 보호하신다. 하나님은 그리스도 안에 있는 신자들을 "강권적으로" 구원의 길로 인도하실 것이다. 멀린스는 하나님의 강권하시는 은혜를 위험한 절벽에서 놀고 있는 아이에 대한 부모의 교육에 비유하면서 다음과 같이 설명한 바 있다: 아이의 위험을 방지하는 방법은 두 가지가 있다. 하나는 위험을 제거하기 위해서 담을 쌓아두는 것이고, 다른 하나는 아이의 의지와 자제력을 증진시켜 위험을 피하게 하는 것이다. 하나님의 강권적 은혜는 두 번째 방법과 같다. 멀린스는 바로 이런 강권적 은혜를 통해서 하나님이 믿는 자를 끝까지 보존하신다고 믿었다. 다시 말해서 성도의 견인은 "불가항력적 은혜"에 의한 것이 아니라, 하나님의 "강권적 은혜"에 의한 것임을 확신했던 것이다. 멀린스는 이것을 다음과 같이 묘사했다:

> 하나님은 우리의 의지를 짓밟는 무엇인가를 통해 불가항력적인 은혜로 우리를 보존하시는 것이 아니라, 우리의 의지를 협력케 하는 강권적 은혜로 보존하신다. 하

나님은 범죄와 타락에도 불구하고 우리를 보존하시는 것이 아니라, 우리를 죄와 타락에서 회개하고 돌아서서 새롭게 하심으로 보존하신다.66)

밀러드 에릭슨(Millard J. Erickson)도 다음과 같이 이 문제를 정리했다: 히브리서 6장은 참 신자도 타락할 수 있다고 지적하지만 요한복음 10장은 그들이 믿음에서 떨어지게 되지 않을 것이라고 가르친다. 배교라는 사실은 하나의 "논리적 가능성을 띠고 있으나 [실제로는] 신자에게 발생하는 현상이 아니다." "하나님은 선택의 가능성을 제거함으로써 배교를 불가능하게 만드시는 분이 아니다. 그보다는 성서에 있는 경고들을 포함하여 은혜의 모든 가능한 수단을 사용하여 우리를 그분에게 남아 있도록 동기를 부여하신다."67) 물론 신자들이 자신들의 믿음을 저버리고 히브리서 6장에서 언급된 그 운명으로 떨어질 수는 있으나, 하나님의 은혜는 그들이 그렇게 타락하지 못하도록 보호해 주신다. 하나님께서는 보호하시되, 신자들이 타락하는 것이 불가능하도록 원천봉쇄하는 것은 아니다. 타락할 수는 있으나 타락하려고 하지 않을 것이라는 우리의 논리는 일견 비논리적인 것처럼 보인다. 그러나 이것은 성경적 관점이라고 생각한다. 신자들은 그들의 믿음을 포기할 수는 있다. 그렇지만 그들은 결코 포기하려고 하지 않을 것이다.

멀린스의 말을 인용한다면, 견인과 배교에 대한 성경의 결론은 다음과 같이 세 가지로 요약될 수 있다. 첫째, 신약성경의 저자들은 모든 신자들이 자신들을 방치한다면 실제로 은혜에서 떨어져 나갈 수 있다고 간곡한 권고와 경고를 통해서 말하고 있다. 둘째, 하나님은 사람들이 구원받도록 의도하고 보존하신다. 하지만 그것은 인간의 행동과 무관하게 일어나는 하나의 과정이 아니라, 하나님의 은혜로운 사역에 대한 인간의 능동적인 반응을 포함하는 과정이다. 셋째, 한편으로 하나님의 목적과 은혜와 능력을 무시하거나, 혹은 다른 한 편으로 인간의 반응과 협동을 무시하는 것은 비성경적이며 잘못된 것이다. 물론 궁극적으로 결정적인 요소는 하나님의 은혜와 능력이지 인간의 약함이 아니다. 그 은혜와 능력을 통하여 인간은 약함을 극복할 수 있다.68)

주제의 난해함 때문에 이해하는 데 어려움이 있을 수도 있지만, 처음의 문제제기, 즉 "신자도 배교할 수 있는가?"의 답은 다음과 같이 내릴 수 있을 것 같다:

배교의 가능성은 언제나 열려 있지만, 하나님의 강권적 은혜로 인해 신자가 실제로 배교하는 일은 일어나지 않을 것이다. 하나님은 우리를 붙들어주시지만, 우리도 견인을 위해서 끊임없이 노력해야 한다. 성화(聖化)에 실패한 견인은 없는 법이다. 그런 점에서 구원의 확신은 언제나 '진행형의 믿음'에서 나온다고 말할 수 있다. "신자들은 미래에 견인된다"는 말보다 "신자들은 미래에도 신앙을 포기하지 않는다"는 표현이 더 성경적이다. 우리는 "그리스도 안에" 있는 신자가 언제나 견인된다고 말할 수 있다.

신자의 배교 문제를 지나치게 한 방향으로만 접근하는 것은 바람직하지 않다. 또한 그것은 논리적 차원에서만 접근될 문제도 아니다. 신자의 견인과 배교는 하나님과 인간이 함께 인격적이고 역동적으로 해결해야 할 문제다. 하나님은 언제나 우리와 함께, 그리고 우리를 통해서 일하신다.

영화

영화(glorification)는 구원의 과정에서 마지막 단계에 하나님이 창조하신 모든 피조물을 영광스럽게 변화시키는 것을 의미한다. 성경은 "또 미리 정하신 그들을 또한 부르시고 부르신 그들을 또한 의롭다 하시고 의롭다 하신 그들을 또한 영화롭게 하셨느니라"(롬 8:30)고 선언한다. 영화는 구원받은 개인뿐 아니라 모든 창조 세계가 새롭게 변화되는 것을 포함한다(롬 8:18-25). 마지막 날에는 하늘과 땅도 새 하늘과 새 땅으로 변모할 것이다(계 21:1). 그러므로 영화는 영적 차원에 국한되는 것이 아니라, 물리적 신체에까지 미칠 것이다.[69]

이러한 영화는 일반적으로 부활의 때에 이루어질 것으로 본다. 영화는 영광의 종말론적 현현을 신자의 소망과 목표로 제시한다는 점에서 믿음의 최종적 결과라고 할 수 있다. 신자의 영화는 영과 몸이 온전히 최종적으로 완성되는 것이다. 성경은 "그러나 우리의 시민권은 하늘에 있는지라 거기로부터 구원하는 자 곧 주 예수 그리스도를 기다리노니 그는 만물을 자기에게 복종하게 하실 수 있는 자의 역사로 우리의 낮은 몸을 자기 영광의 몸의 형체와 같이 변하게 하시리라"(빌 3:20-21)고 선포한다. 이 때 우리의 몸은 썩지 않을 몸, 영광스런 몸, 강력한 몸, 영적인 몸이 된다고 성경은 말한다(고전 15:38-50).

＊ ＊ ＊

　하나님의 구원사역에서 무엇보다도 중요한 것은 먼저 하나님의 마음과 의도를 읽는 것이다. 특정 주제에 사로 잡혀서 더 큰 그림을 볼 수 없게 되는 것은 불행한 일이다. 하나님이 어떤 구체적인 방법으로 구원사역을 펴나가시는지에 대해서는 다양한 관점에 따라 서로 해석이 다를 수 있지만, 그 판단근거로 놓치지 말아야 할 것이 바로 하나님의 본래 의도와 뜻이다. 그리고 그것이 성경 전체에서 어떤 목소리를 내고 있는가에 초점을 맞추는 것이 필요하다.

　구원은 하나의 과정이다. 회심과 중생은 구원의 출발이지만, 성화와 영화는 구원의 완성이다. 특히 그리스도인이 자신의 감정을 뜨겁게 하고, 어떤 종교적 엑스타시를 경험하는 것에 성화의 목표를 두어서는 안 된다. 성화의 궁극적 목표는 "사랑 안에서 사는 것"이다.

　신자가 마지막 순간까지 신앙을 지키고 견딜 수 있는가 하는 것은 논리적으로 접근될 문제가 아니다. 한 번 구원을 받았다고 해서 아무렇게나 살아도 된다는 생각을 하는 그리스도인들은 아무도 없을 것이다. 하지만 견인의 교리가 논리적으로 배교가능성을 전혀 인정할 수 없는 방식으로 설명된다면 결국 결과적으로 율법폐기론의 논리와 다를 바가 없다. 그러므로 견인과 배교의 관계는 논리적 확실성보다는 목회적 차원에서 책임과 신뢰의 문제로 풀어나가는 것이 좋다.

주(註)

1) Edgar. Y. Mullins, *The Christian Religion in Its Doctrinal Expression* (Philadelphia: Roger Williams Press, 1917), 365.
2) Dale Moody, *The Word of Truth: A Summary of Christian Doctrine Based on Biblical Revelation* (Grand Rapids: Eerdmans, 1981), 316.
3) Stanley Grenz, 「조직신학: 하나님의 공동체를 위한 신학」, 신옥수 옮김 (고양: 크리스챤다이제스트, 2003), 600.
4) Mullins, *The Christian Religion in Its Doctrinal Expression*, 377.
5) Grenz, 「조직신학」, 589-90.
6) Millard J. Erickson, *Christian Theology*, vol. 3 (Grand Rapids: Baker Book House, 1985), 937.
7) Herschel H. Hobbs, *What Baptists Believe* (Nashville: Broadman Press, 1964), 93.
8) Walter T. Conner, *A System of Christian Doctrine* (Nashville: Sunday School Board of the Southern Baptist Convention, 1924), 188-90.
9) William W. Stevens, 「조직신학개론」, 허긴 역, 4판 (대전: 침례신학대학교출판부, 1997), 315
10) Mullins, *The Christian Religion in Its Doctrinal Expression*, 370.
11) Grenz, 「조직신학」, 588.
12) Moody, *The Word of Truth*, 312.
13) Grenz, 「조직신학」, 593.
14) Alister E. McGrath, 「하나님의 칭의론: 기독교교리 칭의론의 역사」, 한성진 옮김 (서울: 기독교문서선교회, 2008), 9, 18.
15) Alister McGrath, 「이신칭의」, 김성웅 옮김, 2판 (서울: 생명의말씀사, 2015), 28-33.
16) McGrath, 「하나님의 칭의론」, 25.
17) Ibid., 63-5.
18) Ibid., 72-4, 84.
19) 의의 전가 문제는 김용복, "아담의 죄와 그리스도의 의의 전가 교리에 대한 성서적·신학적 재고: 침례교의 조직신학 전통 안에서," 「복음과 실천」, 59집 (2017 봄): 177-207 참조.
20) Paul Althaus, 「마르틴 루터의 신학」, 구영철 옮김 (서울: 성광문화사, 1994), 317-8.
21) J. I. Packer, *A Quest for Godliness: the Puritan Vision of the Christian Life* (Wheaton: Crossway Books, 1990), 153; John Owen, *The Doctrine of Justification*, vol. 5, ed. W. H. Goold, reprint (Edinburgh: the Banner of Truth Trust, 1965), 65, 신호섭, 「개혁주의 전가교리」 (서울: 지평서원, 2016), 22, 49에서 각각 재인용.
22) R. H. Lenski, "The Interpretation of the Epistles to the Hebrews," *The Epistle of James*, 426, 한천설, "야고보서 설교를 위한 배경연구" [온라인자료] http://www.duranno.com/bdictionary/

result_juseok_detail.asp?jid=685, 2016년 8월 8일 접속.
23) Alister McGrath, 「신학의 역사」, 소기천, 이달, 임건, 최춘혁 옮김, 개정판 (서울: 지와 사랑, 2013), 295-8.
24) McGrath, 「하나님의 칭의론」, 284.
25) McGrath, 「이신칭의」, 77-82.
26) Philip H. Eveson, 「칭의론 논쟁」, 석기신, 신호섭 옮김 (서울: 기독교문서선교회, 2001), 94-6.
27) McGrath, 「이신칭의」, 84.
28) James Buchanan, 「칭의 교리의 진수」, 신호섭 옮김 (서울: 지평서원, 2014), 347, 351.
29) John Calvin, *Institutes of Christian Religion*, vol. 1, ed. John T. McNeill (Philadelphia: The Westminster Press, 1960), 725.
30) Karl Barth, *Church Dogmatics*, IV/2, tr. G. W. Bromiley (Edinburgh: T & T Clark, 1969), 508.
31) McGrath, 「하나님의 칭의론」, 45.
32) D. Bonhoeffer, 「제자의 길과 십자가」, 강성철 역 (서울: 오리진, 1999), 72-4.
33) McGrath, 「하나님의 칭의론」, 338-9.
34) Ibid., 283.
35) Robert Friedmann, *The Theology of Anabaptism: An Interpretation* (Eugene: Wipf and Stock Publishers, 1998), 80-1.
36) 김세윤, 「칭의와 성화: 칭의란 무엇이고, 성화란 무엇인가」 (서울: 두란노, 2013); John Piper, 「칭의 논쟁: 칭의 교리의 미래는 어떻게 될 것인가?」, 신호섭 역 (서울: 부흥과개혁사, 2009); Tom N. Wright, 「톰 라이트, 칭의를 말하다」, 최현만 역 (서울: 에클레시아북스, 2011) 참조.
37) McGrath, 「하나님의 칭의론」, 506.
38) Ibid., 20.
39) Wright, 「톰 라이트, 칭의를 말하다」, 340-1.
40) 권연경 외, "톰 라이트, 바울, 한국교회"(신학좌담) [온라인자료] http://cafe.daum.net/Wellspring/Tx8N/1?q=%C5%E8%20%B6%F3%C0%CC%C6%AE%20%C4%AA%C0%C7%B8%A6%20%B8%BB%C7%CF%B4%D9, 2015년 1월 18일 접속.
41) Wright, 「톰 라이트, 칭의를 말하다」, 14.
42) Wright, "Justification: The Biblical Basis & Its Relevance for Contemporary evangelicalism," 27, Eveson, 「칭의론 논쟁」, 184에서 재인용.
43) Erickson, *Christian Theology*, vol. 3, 963-5.
44) Herschel H. Hobbs and Edgar Y. Mullins, 「기독교신앙의 6대 공리: 침례교의 신학적 유산」, 김용복 옮김 (대전: 침례신학대학교출판부, 2005), 30.
45) Erickson, *Christian Theology*, vol. 3, 930.

46) William W. Stevens, 「조직신학개론」, 허긴 역, 4판 (대전: 침례신학대학교출판부, 1997), 342.
47) Moody, *The Word of Truth*, 311.
48) Erickson, *Christian Theology*, vol. 3, 967.
49) D. L. Migliore, 「기독교조직신학개론: 이해를 추구하는 신앙」, 신옥수, 백충현 옮김 (서울: 새물결플러스, 2012), 399.
50) Grenz, 「조직신학」, 640.
51) Hobbs, *What Baptists Believe*, 102.
52) James Leo Garrett, Jr. *Systematic Theology: Biblical, Historical, and Evangelical*, vol. 2 (Grand Rapids: William B. Eerdmans, 1995), 367.
53) Barth, *Church Dogmatics*, IV/2, 499-503.
54) H. Linstrom, 「웨슬리와 성화」, 전종옥 역 (서울: 총리원교육국, 1962), 82 이하, 이신건, 「조직신학입문」, 170에서 재인용.
55) 유창형, "칼빈과 웨슬리의 성화에 있어서 점진성과 순간성에 대한 비교 고찰," 「성경과 신학」, 45집 (2008): 126-30.
56) John Wesley, 「완전한 성화」, 정행덕 역 (서울: 전망사, 1979), 42.
57) Louis Berkhof, 「벌코프 조직신학」, 하, 권수경, 이상원 옮김 (고양: 크리스챤다이제스트, 1991), 798-9.
58) "The Westminster Confession of Faith," [온라인자료] https://www.google.co.kr/url?sa=t&rct=j&q= &esrc=s&source=web&cd=1&ved=0CBwQFjAA&url=http%3A%2F%2Fpresbyterian.ca%2F%3Fwpdm dl%3D279&ei=Ite8VOjECuXAmwWgmIDQCQ&usg=AFQjCNFq6Z5xDpBAdgOSGvY1rMybqliCLg&si g2=Cukob5gdMKa4MLeBMwNRmQ&bvm=bv.83829542,d.dGY&cad=rjt. 2015년 1월 18일 접속.
59) 김용복, "신자도 배교할 수 있는가?" 「뱁티스트」, 47호 (2000년 11/12월): 48-57에 실린 글 수정.
60) 遠藤周作, 「침묵」, 공문혜 옮김 (서울: 홍성사, 2003).
61) John Calvin, 「기독교 강요」, 중, 원광연 옮김 (고양: 크리스챤다이제스트, 2003), 580-1.
62) Moody, *The Word of Truth*, 358.
63) I. Howard Marshall, "The Problem of Apostasy in the NT Theology," *Perspectives on Scripture and Tradition: Essays in Honor of Dale Moody*, ed. Robert L. Perkins (Macon: Mercer University Press, 1987), 68.
64) Mullins, *The Christian Religion in Its Doctrinal Expression*, 433-4.
65) 김용복, "E. Y. Mullins의 강권적 은혜: 견인의 확실성과 배교의 가능성을 포괄하는 이론적 근거," 「복음과 실천」, 제25집 (2000 봄): 306-7; Garrett, *Systematic Theology*, vol. 2, 430.
66) Mullins, *The Christian Religion in Its Doctrinal Expression*, 437.
67) Erickson, *Christian Theology*, vol. 3, 994.
68) Mullins, *The Christian Religion in Its Doctrinal Expression*, 436-7.
69) Grenz, 「조직신학」, 645.

16
성령: 정체와 사역

> 보혜사 곧 아버지께서 내 이름으로 보내실 성령
> 그가 너희에게 모든 것을 가르치고
> 내가 너희에게 말한 모든 것을 생각나게 하리라
> 요한복음 14장 26절

한국 교회에서 말하는 '성령운동'은 거친 물살에 몸살이 났다고 말해도 좋을 정도로 그 반응이 상반되고 논란도 크다. 어떤 사람은 성령운동 때문에 한국 교회가 신앙을 회복할 수 없을 정도로 파괴되었다고 비판하고, 또 어떤 사람은 성령운동이야말로 오히려 한국 교회를 살리는 길이라고 주장한다. 도대체 성령운동이란 무엇인가? 왜 그것이 '운동'(movement)이라는 말로 규정되어야 하는가? 한국 교회의 성령 이해는 과연 성경적으로 건강한가?

성령운동을 평가하기 위해서는 먼저 성령이 어떤 존재인지 알아야 한다. 성부 하나님이나 성자 하나님에 비해 성령 하나님은 왠지 상대적으로 덜 중요하게 취급되는 경향이 있는 것 같다. 그것은 성령에 대한 이해가 쉽지 않을 뿐 아니라 그에 대한 편견도 적잖게 작용했기 때문이다. 하지만 성령 하나님은 삼위일체 하나님의 한 분으로서 창조에서부터 종말에 이르기까지(창세기에서 요한계시록) 살리는 영으로서 함께 사역하신다. 다만 그의 중요한 역할 가운데 하나가 중재하는 것이기 때문에 성령의 독자적 인격성이 제대로 이해되지 못한 측면이 있다. 그분은 구약에서 하나님과 인간을 중재하셨고, 신약에서 그리스도와 인간을 중재하셨다. 이는 성령 하나님의 중요한 특성, 즉 '화해의 영'으로서 특성을 반영하는 것이다.

특히 성령은 그리스도의 구원사건과 교회의 자기정체성을 확립하는 데 없어서는 안 되는 중요한 역할을 한다. 성령은 사람을 살리고 교회를 교회답게 하는 영이다. 그러나 지금까지 성령운동의 부정적 현상 때문에 성령론이 외면된 측면이 있다. 이는 성령운동의 신비주의적 성격이나 은사주의가 건전한 신앙을 훼손하고 있기 때문에 나온 결과라고 할 수 있다. 또한 혼합주의에 입각해서 본질을 왜곡하는 토착화가 시도되면서 성령이해의 파행이 이루어지기도 했다.[1] 성령에 대한 올바른 성경적 이해는 시대의 요청이다. 역사적으로 볼 때 신학의 패러다임은 시대별로 신론에서 기독론을 거쳐 성령론의 순으로 전개되어갔다. 좀 더 열린 시각을 가지되 성경에 근거한 성령 이해가 필요하다.

나아가 21세기의 다원화된 사회에서 성령의 역할에 대한 기대는 자못 크다: "[성령은 다원화된 세계 속에서 수평적인 사고를 하게 하므로, 열려진 마음으로 세계를 향하게 하고 또 자아 중심 세계 속에서 함께 서로를 향하여 공동체적 사고를 하게 하고... 사랑과 연합과 연대의 공동체를 형성하게 한다."[2] 수직적 사고의 틀이 전통적 신관에서 비롯된 것이라면 이제 성령에 대한 바른 이해를 통해 수평적 사고를 하고, 성령의 도우심으로 사랑의 공동체를 구현해나가는 것이 우리 시대의 최대 관심사가 될 것이다. 특히 성령론은 교회시대를 사는 그리스도인에게 직접적인 영향을 끼친다는 점에서 그 중요성이 강조될 필요가 있다. 성령에 대한 이해는 교회사역의 방향을 결정하는 데 밀접하게 연관되어 있기 때문이다.

성령의 정체

성령의 정체(identity)를 이해하는 데 그의 인격성과 관련된 질문은 불가피하다. 성령은 인격적 존재인가, 아니면 어떤 힘이나 에너지인가? 성령은 우리의 목적을 이루기 위해 활용되는 유효한 도구인가 아니면 주권적 의지를 가진 하나님이신가? 왜 이런 질문이 대두될 수밖에 없는가? 그것은 오늘날 교회 안에서 여러 가지 비성경적 성령현상들이 난무하고 성령을 수단화하는 일들이 일어나고 있기 때문이다. 따라서 이 시대에 성령의 실체에 대한 바른 이해는 그 어느 때보다 더 절실하다.

성령의 성경적 이해

구약에서는 바람, 호흡을 의미하는 '루아흐'(ruach)란 단어가 성령을 지칭하는 용어로 사용되었다.[3] 이 단어는 구약적 관점에서 하나님의 신, 여호와의 신, 주님의 신 등으로 호칭되면서 독립적 인격체로서보다는 소유격과 함께 주로 사용되는 특징을 보였다. 하지만 성령 하나님은 단순히 누구누구의 소유격으로서 의존적 존재가 아니다. 성령 하나님은 독자적이고 인격적인 본성을 가지고 있는 하나님으로서 그 정체성을 분명하게 보여주었다. 스탠리 그렌즈는 구약에서 루아흐가 사용된 용례를 다음과 같이 정리했다: (1) "생명을 창조하고 지탱해 주는 신적인 힘" (2) "세계 속에서 활동하는 하나님의 힘" (3) "이해불가해한 분(the incomprehensible one)으로서 하나님"(사 40:13) (4) "편재(omnipresence)하시는 하나님"(시 139:7) (5) "도덕적 거룩함(moral holiness)을 지닌 하나님의 영"(시 51:11) (6) 하나님의 영은 삼위일체 교리를 탄생시킨 점진적 계시(progressive revelation) 속에서 첫 번째 단계.[4]

그렇다면 하나님으로서 성령은 어떤 사역을 하시는가? 그 사역은 우리가 생각했던 것보다 훨씬 다양하고 광범위하다. 성경은 성령의 사역을 다음과 같이 설명한다: 인간을 창조할 때(창 2:7), 사람에게 육체적인 힘이나 군사적인 힘을 줄 때(삿 14:6; 11:29), 기술적인 힘을 줄 때(출 31:1-11; 35:30-35), 예언을 할 때(삼상 10:10), 정의를 실현할 때(사 11:1-5), 세계를 창조하고 보존할 때(시 104:29-30) 등. 성경은 성령의 이런 활동을 통해 세계의 질서가 유지되고 하나님의 계획과 섭리가 실현된다고 증언한다. 특히 성령의 사역에서 정의를 실현하는 일이 명시되었다는 것은 오늘날 시사하는 바가 매우 크다: "[성령은] 공의로 가난한 자를 심판하며 정직으로 세상의 겸손한 자를 판단할 것이며 그의 입의 막대기로 세상을 치며 그의 입술의 기운으로 악인을 죽일 것이며 공의로 그의 허리띠를 삼으며 성실로 그의 몸의 띠를 삼으리라"(사 11:1-5).

구약의 성령활동이 인간의 역사에 나타날 때 보여준 특징은 대체로 다음과 같이 네 가지로 설명될 수 있다. 그것은 성령의 사역이 '특정한 임무'를 가지고, '특정한 개인'에게, '초자연적 권능'으로 나타난 '일시적' 현상이었다는 점에서 특징적이다.[5] 그리고 그 활동의 결과는 대개 객관적으로 드러났던 것으로 보인다. 하지만 구약시대의 이런 제한적 특징은 신약시대를 기해서 모든 신자들에게로 확대될 것이라는 기대가 모세의 입을 통해 언급되었다: "모세가 그에게 이르되 네가 나를 두고 시기하느냐 여호와께서 그의 영을 그의 모든 백성에게 주사 다 선지자가 되게 하시기를 원하노라"(민 11:29).

구약의 이런 소망은 신약에 와서 성취되었다. 신약시대의 개막을 알린 성령의 직접적 활동은 구속사적 관점에서 볼 때 오순절 성령강림과 더불어 본격화되었다고 할 수 있다. 구약에 비해 신약의 성령활동은 신자에게 영속적으로 내주(요 14:17)하면서, 상대적으로 좀 더 주관적이고 모든 신자들에게 나타난다는 점에서 보편적이다. 신자의 몸은 "성령의 전"(고전 3:16)이다. 이것은 신약과 구약의 가장 중요한 차이점이다. 이것을 근거로 신약은 구약과 달리 '전신자 제사장직'(priesthood of all believers)을 특별히 강조한다. 구약에서는 백성을 대표하는 소수의 특정한 사람들을 통해 성령의 역사가 나타났다면, 신약에서는 성령께서 모든 신자 안에 거하시면서 신자와 교제를 나눈다(고전 12:13). 그러므로 성령론의 새로운 조명은 회중 중심의 목회와 신학을 촉구하는 신호탄과 같다.

신약에서 활동한 성령은 다음과 같은 이름으로 그 정체성을 보여준다. 성경은 성령이 살리는 영(요 6:63), 가르치는 영(요 14:26), 인도하는 영(요 16:13), 자유하게 하는 영(눅 4:18-19; 고후 3:17), 평화의 영(갈 5:22), 귀신을 쫓는 영(행 10:38), 진리의 영(요 14:17; 15:26; 16:13)으로 임하신다는 것을 강조한다. 또한 이 성령은 영원한 영(히 9:14), 영광의 영(벧전 4:14), 거룩한 영(롬 1:4; 요일 2:20), 지혜의 영, 능력의 영, 여호와를 두려워하게 하는 영(사 11:2), 진리의 영(요 14:17), 은혜의 영(히 10:29) 등으로 표현된다.[6] 이는 성령의 본성과 역할에 대한 설명이기도 하다.

구약에서는 성부 하나님과의 관계에서 성령을 이해했다면, 신약에서 성령의 사역은 예수 그리스도에 의해 그 의미가 완성된다는 점에서 특별하다. 예수 그리스도는 구약에서 보여주었던 성령의 사역을 완벽하게 "성취"하신 분으로서,[7] 성령의 정체성과 그 사역의 방향을 결정짓는 역할을 하셨다. 그래서 신약의 성령사역은 예수 사역의 연장선에서 전개된다는 특징을 보인다. 특히 예수의 사역이 시작될 때를 묘사한 누가복음 4장 18-19절은 그 사역의 방향과 목표를 매우 구체적으로 선언했다는 점에서 향후 성령사역의 방향을 이해하는 데 하나의 기준과 목표를 제공한다. 그 방향과 목표는 사역의 대상이 가난한 자, 포로된 자, 눈먼 자, 눌린 자에게 복음과 자유를 전파해야 한다는 것이다.[8]

특별히 성경은 성령을 비인격적인 어떤 에너지나 힘으로서가 아니라 하나의 인격체로서 지칭한다. 그런데 구약의 '루아흐'가 헬라어 '프뉴마'(pneuma)로 번역되면서 오해가 발생했다. 그것은 그리스 세계에서 사용되는 '프뉴마'라는 단어가 "물질적이거나, 물질과 비물질 간의 중간에 위치한 중재자" 혹은 "비인격적인 영매(靈媒)"를 의미할 뿐, "독립적이고 신적인 실체로 이해되는 인격적인 성령 개념"을 설명하지 못했기 때문이다.[9] 그 까닭에 신약에서 말하는 성령에 대한 이해는 당시 프뉴마가 가지고 있는 의미를 재해석하는 작업을 요청한다.

신약성경은 성령을 헬라어 남성대명사 '에케이노스'(ekeinos)로 받는가 하면(요 16:14), 위안자, 옹호자, 상담자, 조력자를 뜻하는 헬라어 '파라클레테'(paraclete)를 성령(요 14:16)과 그리스도(요일 2:1)에게 함께 사용하기도 한다. 물론 성령을 여성으로 이해하려는 시도가 없는 것은 아니다. 그 근거로는 히브리어 루아흐가 여성형이라는 것과 니고데모와 대화하면서 예수께서 성령의 활동을 어머니가 출산하는 것에 비유했다는 것 등이 제시된다. 하지만 삼위일체 하나님을 성별로 규정하는 것은 의미 없는 일이다. 누구 말대로 삼위일체 하나님은 "남성만의 배타적인 사교 클럽"도 아니고 "남성 둘과 여성 하나로 구성된 신적인 집단"도 아니다.[10] 이 대목에서 우리는 성령의 인격성을 성경이 인지하고 있다는 정도로 받아들이는 것이 좋다.

성경의 설명에 따르면, 성령은 인격체만이 할 수 있는 기능, 즉 말하게 하고(행 2:4), 알리고(요 16:13, 14), 확신시키고, 가르치고(눅 12:12), 인도하고(행 8:29), 간구하고(롬 8:26), 은사를 주고(고전 12:11), 근심하고(엡 4:30), 돕고, 책망하고(요 16:8), 말씀을 전하는(행 4:31) 역할을 수행한다.[11] 특히 성령이 모독당하고 거역당할 수 있다는 성경적 개념은 성령의 인격성을 단적으로 보여주는 중요한 근거라고 볼 수 있다: "그러므로 내가 너희에게 이르노니 사람에 대한 모든 죄와 모독은 사하심을 얻되 성령을 모독하는 것은 사하심을 얻지 못하겠고 또 누구든지 말로 인자를 거역하면 사하심을 얻되 누구든지 말로 성령을 거역하면 이 세상과

오는 세상에서도 사하심을 얻지 못하리라"(마 12:31-32).[12]

　신구약 전체를 통해서 볼 때, 이와 같은 성령의 활동은 여러 가지 은유적 혹은 상징적 표현을 통해서 흥미롭게 묘사되었다. 성령을 상징하는 표현들을 살펴보면 다음과 같다. 첫째는 바람, 생기, 호흡으로서 살리는 영이다(창 2:7; 8:1; 욥 33:4; 겔 37:9; 요 3:8; 20:22; 행 2:1-2; 딤후 3:16). 성령이 바람으로 표현된 것은 특별히 시사하는 바가 크다. 바람으로 은유된 성령은 때로는 폭풍으로, 어떤 때는 미풍으로 또 어떤 경우는 열풍으로 나타난다. 언제나 뜨거운 성령의 바람만이 아니라 시원하게 부는 미풍도 성령의 역사다. 그러나 어떤 경우에는 인간의 몰이해와 남용 때문에 성령의 바람이 허풍으로 끝나기도 한다. 둘째는 비둘기로 나타난다(눅 3:22; 요 1:32). 이것은 성령이 함께 하는 사람은 비둘기처럼 온유하고 순결하며 평화롭다는 것을 상징한다. 성령은 평화의 영이시다. 따라서 그리스도인들이 폭력적이고 전쟁을 좋아한다면 그것은 다시 한 번 심각하게 신앙의 정체성에 대해 생각해볼 문제다. 셋째는 비와 기름으로 표현된다(호 6:3; 시 72:6; 눅 4:18; 행 10:38; 요일 2:20, 27; 고후 1:21). 이것은 성령의 권능과 임재를 의미한다. 넷째는 불로 나타난다(행 2:3-4; 마 3:11-12; 요 16:8). 성령은 정화하고 심판하는 분이다. 특히 성령의 이와 같은 역할은 초대교회의 원동력이 되었다. 제자들의 변화도 능력으로 임하시는 성령 사역의 결과다. 다섯째는 인(印)으로 묘사된다(엡 1:13; 4:30; 고후 1:22). 이것은 성령의 구원 보증, 소유를 뜻한다. 구원받은 성도들을 성령께서 끝까지 지켜 보호하신다는 의미다. 여섯째는 생수의 강으로 표현된다(요 7:38-39). 이때 생수로서 성령은 믿는 자에게 목마름을 해갈시켜줄 존재다.

성령과 삼위일체

　성령이 하나님이시라는 신앙고백은 곧바로 삼위일체 문제를 불러온다. 어떤 근거로 우리는 성령을 삼위일체의 한 분 하나님으로 신앙하는가? 성경은 이에 대해 어떤 정보를 주고 있는가? 이에 대한 기독교의 정통신앙은 어떤 과정을 통해 형성되었는가? 삼위일체와 관련된 성령의 정체성을 살펴봄으로써 성령의 하나님 되심에 대한 이해를 좀 더 분명하게 할 필요가 있다.

성령의 정체성

교회사에서 성령의 정체성을 크게 왜곡했던 인물은 아리우스(Arius)와 마게도니우스(Macedonius)였다. 그들은 비록 성령이 단순한 피조물은 아니라 하더라도 적어도 하나님과 동등하지는 않다고 주장했다: "성령은 성자의 첫 번째 피조물이었다." 하지만 성령의 정체성과 그의 인격성은 콘스탄티노플공의회(381년)에서 정립되었다. "성령은 성부 및 성자와 함께 완전한 하나님이다. 이런 이유로 '사랑'으로서의 '성령'은 삼위일체 하나님의 제3위임과 동시에 한 분 하나님의 본성을 규정하는 존재다"(요 4:24; 요일 4:8). 따라서 성령은 "성부와 성자의 상호적(reciprocal) 사랑"으로 존재하는 분으로 이해되었다.[13]

또한 하나님의 능력으로서 성령 하나님은 "모든 생명 안에 내재하는 하나님의 편만한 능력"이며, "구속을 포함하여 하나님의 임재를 중재하는 초월적이고 돌입하는 동력"이고, "공동체 안에서 생명을 전달하는 하나님의 역동적 능력"으로서 활동하신다.[14] 이 성령은 마침내 종말론적 창조자로서 하나님의 창조사역을 최종적으로 완성하는 역할을 수행하신다. 따라서 결론적으로 "성부는 성자로 말미암아(by) 성령을 통하여(through) 창조하신다."[15] 이것이 삼위일체 하나님의 사역 원리다.

성령의 신성과 사역의 상관성

역사적 교회는 성령이 "완전한 인격이며 완전한 하나님"이고, 사역에서 "성부 및 성자와 동등하다"고 고백해왔다. 하지만 성경에는 성령의 정체성에 대해 다소 불분명하게 표현한 부분이 없는 것도 아니며, 구약과 신약의 인식차이도 존재한다. 따라서 성령에 관한 성경의 진술은 "점진적 계시"라는 측면에서 접근하는 것이 필요하다.[16] 하나님의 계시는 구약에서 신약으로 오면서 점점 더 명료해지는 특성이 있다.

성경에 나타난 성령의 하나님 되심에 대한 가장 확실한 근거 가운데 하나는 성령을 하나님으로 호칭하거나 간주한 것이다. 성경은 성령을 속인 것이 하나님께 거짓말한 것이고(행 5:3, 4), 우리 몸은 하나님의 성전과 하나님의 성령이 거하는 곳이며(고전 3:16), 하나의 성령, 하나의 주, 하나의 하나님이라는 말로 각각

하나님의 사역을 같은 맥락에서 언급하고 있다(고전 12:4-6). 또한 침례의식에서 삼위 하나님이 함께 등장하고(마 28:19), 축도에서 동급으로 언급되는 것도 그런 증거라고 할 수 있다(고후 13:13).

또한 다른 근거는 성령의 속성이 하나님의 속성을 공유한다는 점이다. 즉 "생명의 성령"(롬 8:2), "진리의 성령"(요 16:13), "성령의 사랑"(롬 15:30), "영원하신 성령"(히 9:14), "편재하신 성령"(시 139:7) 등은 성령의 하나님 되심을 존재론적으로 설명한 것이라 할 수 있다. 마찬가지로 성령의 사역 역시 하나님과 함께 하는 사역이라는 점에서 주목할 만하다. 즉, 창조하고(창 1:2), 죄를 깨닫게 하며(요 16:8), 중생을 가능하게 하고(요 3:5), 새롭게 하며(딛 3:5), 죽을 몸을 살리고(롬 8:11), 귀신을 쫓아내는 일(마 12:28) 등은 성령의 하나님 되심을 활동적인 면에서 증언한 것이다.

성경은 하나님의 역사를 단독의 역사로 말하지 않는다. 하나님의 역사는 동시에 그리스도의 역사요, 그리스도의 역사는 곧 성령의 역사라는 기본 전제를 가지고 있다.17) 예수 그리스도의 사역 역시 성령의 임재를 시점으로 출발하고 사역하는 동안 항상 동행했다는 점에서, 성자와 성령의 사역은 상호 중재적이며 상호 협력적이다. 그러므로 오늘날 교회현장에서 나타나는 성령의 역사는 반드시 예수 그리스도의 사역과 상관관계가 있어야 하며, 서로 보완적이어야 한다.

성령과 예수의 긴밀한 관계는 다음과 같은 일련의 사건들을 통해서도 잘 나타난다: (1) 성령에 의해 잉태(마 1:20), (2) 침례 때, 예수께 성령이 임재(눅 3:22), (3) 광야에서 성령에 충만(눅 4:1-2), (4) 성령의 인침을 받음(눅 4:18-19) (5) 영의 인도함을 받음(마 12:28, 히 9:14, 롬 1:4) (6) 장차 오실 성령에 대한 예수의 약속(요 14:16), (7) 성령의 사역이 제자들에게 예수의 약속을 기억나게 하고(마 28:20), 그들이 감당할 일을 돕기 위해 성령께서 능력을 행하게 하신 일(행 2장) 등은 예수 그리스도와 성령의 사역이 협력관계라는 것을 잘 보여줄 뿐 아니라, 언제나 성령은 그리스도와 관계를 가지고 사역한다는 것을 말해 준다. 그 점에서 예수께서는 성령의 '지닌 자'(the bearer) 또는 '중재자'(the mediator)다.

성령론은 신론이나 구원론을 뒷받침하거나 보조하는 종속된 주제가 아니다. 성령 또한 그런 목적을 달성하는 수단으로 간주되어서는 안 된다. 성령은 삼위일체 하나님으로서, 인격적이고 주체적으로 존재한다. 그런 측면에서 성령이 어떤 명목이나 형태로든 사역의 도구로 전락되어서는 안 된다. 삼위일체 하나님은 각각 주체적 활동을 하되 독자적 활동이 아니라 서로 협력해서 일하신다. 그 가운데 특히 성령의 사역은 성자 하나님의 구원사역이 우리에게 적용되어 그 결실을 맺게 하는 데 각별한 초점이 있다.

한국 교회의 성령운동18)

한국 교회의 갈등 구도 가운데 하나는 이른바 '영성파'와 '사경파'의 대립양상으로 나타난다. 이 현상이 어제 오늘의 갈등은 아니지만, 요즘 들어 심심찮게 또 공공연히 거론되고 있는 형편이다. 대체로 영성파는 성령운동과 대중집회를 선호하고 사경파는 성경공부와 제자훈련을 중시하는 성향이 있다.

한국 교회의 일부 사람들은 영성운동을 은사운동으로 좁게 해석하는 경향이 있는 듯하다. 영성훈련을 한다고 하면, 으레 지성을 무가치한 것으로 치부하고 감성만을 강조하는 분위기가 어느덧 교회의 일상적인 모습이 되어 버렸다. 심지어 어떤 사람은 신학의 무용성을 주장하거나, 계시를 직접 받고 있다며 자신의 신적 카리스마를 은근히 내세우기까지 한다. 하지만 한쪽으로 치우친 영성은 건강한 영성이 아니다. 정체 모를 이상한 영적 현상을 분별할 생각은 하지 않고, 성령의 은사라고 자랑하고 부추기는 일부 몰지각한 태도는 결코 본받을 만한 모델이 될 수 없을 뿐만 아니라, 도리어 우리의 신앙을 위험에 빠뜨리는 걸림돌이 될 수도 있다. 얼마나 많은 사람들이 검증되지 않은 영적 현상에 사로 잡혀서 잘못된 길로 접어들었는가? 그리고 그런 사람들 때문에 애꿎은 한국 교회 성도들은 또 얼마나 많이 현혹되었는가?

우리의 관심은 성령과 영성의 올바른 관계를 이해하는 데 있다. 도대체 영성이란 무엇인가? 영성훈련은 어떻게 해야 하는가? 가장 본질적인 이런 질문들에 답을 찾는 일은 왜곡된 영성운동을 바로 잡는 일이고, 동시에 한국 교회의 미래를 건강하게 여는 길이다.

영성과 성령충만

영성(spirituality)이란 말은 영적인 상태로 풀어쓸 수 있다. 그리고 신자의 영적 상태는 성령의 내주에서 비롯된다. 성령이 내주하실 때 진정한 영적 상태를 유지할 수 있기 때문이다. 따라서 영성회복은 본래의 영적 상태를 회복하는 것이다. 본래의 영적 상태란 무엇인가? 타락하기 이전 하나님과 맺었던 영적 관계를 말한다. 그러므로 영성회복은 일차적으로 하나님과의 관계 회복이요, 이차적으로는 하나님이 주신 이웃과 피조물과의 관계회복이다.

영성훈련을 하는 목적은 이렇게 회복된 관계를 더욱 돈독하게 하는 데 있다. 영성훈련은 영성을 갖기 위해서 하는 것이 아니라, 이미 있는 회복된 영성을 더 높이고 성숙시키기 위해서 하는 것이다. 여기서 영성을 높인다는 말은 다른 말로 "성령충만하게 한다"로 바꿔도 별 문제가 없다. 그렇다면 영성훈련은 성령충만을 위한 훈련인 셈이다.

성경은 우리에게 "성령으로 충만함을 받으라"고 명령한다(엡 5:18). 성령충만을 위해 영성훈련을 하는 것은 마땅한 일이다. 그런데 여기서 한 가지 짚고 넘어갈 일이 있다. 과연 성경에서 궁극적으로 요구하는 성령충만의 본질은 무엇인가 하는 것이다. 어떤 이들은 방언하고, 예언하고, 초자연적인 능력을 행사하고, 진동하고, 입신하고, 울부짖는 것을 성령충만한 현상으로 이해하기도 한다. 나아가 어떤 일시적인 감정 체험이나 정체 모를 영적 체험까지 성령충만으로 해석한다. 하지만 이런 현상을 성령충만과 동일시하는 것은 바람직하지 않다.

성령충만은 두 가지 측면에서 이해될 수 있다. 하나는 외적 현상이요 또 하나는 내적 변화다. 외적 현상은 겉으로 드러나는 각종 능력으로서 복음의 전파를 위해 하나님이 허락하신 은사 내지는 초자연적인 은사를 말하고, 내적 변화는 새롭게 변화된 인격적 삶을 의미한다. 성경은 일시적인 성령 체험이나 성령충만의 외적 현상에 대해 부인하지 않는다. 어쩌면 사도행전은 이런 성령 체험의 역사를 기록한 책이라고도 말할 수 있다. 예루살렘에서 땅 끝까지 복음을 증거하기 위해 (행 1:8) 성령께서는 필요한 곳에서 성령의 뜨거운 역사를 일으키셨고, 그를 통해 초대교회 성도들은 권능을 받고 말씀을 증거했다.

초대교회는 성령의 능력이 절실히 필요한 때였다. 이런 초대교회 성령의 역사는 그 이후에도 세계 역사 속에서 끊임없이 계속 되었다. 한국 교회의 초기 역사에서도 예외는 아니다. 그리고 오늘 이 시대에도 성령의 역사는 얼마든지 일어날 수 있고, 또 일어나고 있다. 그러므로 성령의 역사가 임하고 성도들이 성령충만하면 복음이 전파되고 교회가 부흥한다는 말은 결코 과장된 것이 아니다. 하나님은 언제나 성령의 역사를 통해 이 땅을 복음으로 치유하실 것이기 때문이다.

하지만 오늘날 한국 교회에서 성령충만을 위해 시도되는 영성운동은 과연 얼마나 건강한가 하는 의문이 제기되는 것도 사실이다. 영성운동을 통해 교회가 그리스도의 복음을 증언하는 편지(고후 3:3)가 되고 있는가? 한국 교회는 그리스도의 향내(고후 2:15)를 풍기고 있는가? 오히려 너무나 많은 교회들이 그리스도를 부끄럽게 하고 있는 것이 아닌가? 이것은 영성이 부족해서가 아니라 영성을 잘못 추구하기 때문이 아닌가 하는 의구심을 갖게 한다. 그래서 지금과 같은 방식의 성령운동을 통해서는 결코 수렁에 빠져 있는 한국 교회를 건져내기 어렵다는 진단과 우려의 목소리가 나오는 것이다. 이는 한국 교회에서 이해하고 있는 영성이 너무 은사 중심적이고 외형적인 교회성장에 치우쳐 있는 것과 무관하지 않다.

영성과 부흥

교회의 부흥을 바라지 않는 그리스도인은 아무도 없을 것이다. 목회자는 목회자 나름대로, 성도는 성도대로 교회의 부흥을 위해 기도하고 노력한다. 그런데 교회 부흥을 강하게 추구하는 사람들 가운데, 그 부흥이 질적 부흥인지 양적 부흥인지, 혹은 영적 부흥인지 물질적 부흥인지, 그리 민감하게 따져 물으려 하지 않는 사람들이 많다. 왜냐하면 그들은 이 둘의 관계가 서로 다르지 않다고 생각하기 때문이다.

질적 부흥과 양적 부흥은 구분되어야 한다. 영적 부흥과 물질적 부흥도 구분되어야 한다. '양을 통하지 않은 질은 없다'는 말이 전적으로 틀린 것은 아니지만, 그렇다고 양과 질의 문제가 시간의 차이를 두고 단계적으로 실현되는 것은 아니다. 다시 말해, 양을 어느 정도 채운 다음에 좋은 질이 나올 수 있는 것이 아니라는 말이다.

양과 질은 본질적으로 다른 영역의 문제다. 대체로 양에 일차적인 관심을 가진 사람들은 질을 추구할 시간이 없다. 언제나 현재의 양에 만족하지 않기 때문이다. 심지어 많은 교인을 끌어 모으지 않고는 목회를 성공적으로 할 수 없다는 말을 당당하게 외치는 현실에서 영적인 질을 기대한다는 것은 처음부터 무리가 아닐 수 없다. 양과 물질적 부흥이 자동적으로 질과 영적 부흥으로 넘어가지는 않는다. 정작 교회가 지향해야 할 질적 부흥과 영적 부흥은 대개 하나의 관념화된 이상에 불과할 뿐, 교회는 여전히 양과 물질적 부흥의 굴레에서 벗어나지 못하고 있다.

이런 상황에서 교회의 외적 부흥과 영성은 매우 부자연스러운 조합이 되지 않을 수 없다. 영성에 대한 이해가 왜곡될 수밖에 없는 이유가 바로 여기에 있다. 왜냐하면 한국 교회의 영성은 교회의 양적, 물질적 부흥을 달성시켜주는 가장 중요한 수단이요 열쇠로 이해되는 경향이 있기 때문이다. 이는 한국 교회의 영성운동 대가(大家) 혹은 대부(代父)라고 일컬어지는 일부 목회자들의 치적과 공로가 대부분 겉으로 드러나는 외적 성장과 카리스마로 돌려지고 있다는 점에서 더욱 그러하다. 구름같이 몰려오는 성도들, 집회 중에 일어나는 신유와 기적의 현상들, 초자연적이라고 할 수밖에 없다는 각종 현상들은 한국 교회의 부흥과 영성운동의 대표적 특징이다.

과연 영성이라는 것이 초자연적 은사활동을 통해 얼마나 성숙해질 수 있을가? 다시 말해서 우리가 방언으로 기도하고 예언하며, 초자연적인 영적 현상들을 경험하게 되면 영성이 깊어지는 것일까? 영성훈련의 목적이 양적, 물질적 성장을 위한 것이라면 그것은 영성을 잘못 이해한 결과가 아닐 수 없다. 성경에서 말하는 영성은 양적, 물질적 부흥을 염두에 두지 않는다. 또한 그런 것들로 영성의 수준을 가늠할 수도 없다. 예수께서 강조하신 영성과 사도들이 추구했던 영성은 결코 물량적인 것이 아니었다.

한국 교회의 영성운동이 저급한 수준을 벗어나지 못하고 있다는 증거 가운데 하나는 그것이 물량주의에 매몰되어 있다는 점이다. "뜨거운 성령체험을 한 사람은 헌금 내는 수준이 다르다"거나, "성경공부해서 키운 성도 1000명보다 성령체험한 성도 10명이 더 낫다"는 말이 공공연히 회자되는 것을 볼 때, 한국 교회의 영적 수준을 가히 짐작할 수 있다.

영성과 목회

예수께서는 외적 성장과 번영에 별 관심이 없으셨다. 오히려 그분은 거대한 성전의 종교를 파괴하셨고, 광야와 빈들로 나가셨다. 힘 있는 사람들보다는 소외되고 가난한 사람들과 함께 하셨다. 아무리 양보한다고 하더라도 예수의 생애와 화려하고 부유한 교회당의 모습은 어울리기 어렵다. 오늘날 한국 교회가 성도들의 헌금으로 천 억짜리 교회당을 짓고, 그것이 하나님이 원하시는 교회요, 주님이 기뻐하는 교회라고 외치는 것은 왠지 억지스럽다. 교회는 겉을 치장하기보다 속을 정화해야 한다. 한국 교회의 구제헌금이 전체 헌금 사용액의 3%에도 못 미치는 현실 속에서는 더욱 더 그러하다.

사도 바울은 어떠했는가? 그는 성령충만을 강조했던 인물이고, 성령의 은사를 소중하게 생각했으며, 누구보다도 방언을 잘 할 수 있는 사람이었다(고전 14:18). 하지만 그는 남이 알아듣지 못하는 일만 마디의 방언보다 다섯 마디라도 남에게 덕을 끼칠 수 있는 말을 하는 것이 더 좋다고 했다(고전 14:19). 그가 고린도 교인들에게 더 큰 은사만 사모한다고 책망한 것은(고전 12:31), 예언이나 방언과 같은 표면적인 은사보다 사랑의 실천이 더 중요하기 때문이다(고전 13장).

그럼에도 우리는 왜 아직도 방언과 각종 초자연적인 은사를 그토록 사모하는가? 심지어 성경을 공부하고 깨달아 가르치는 것을 비하하면서까지. 그렇게 하는 이유가 과연 어디에 있을까? 무엇을 위해 은사활동을 하는가? 어떤 점에서 은사활동이 우리에게 필요할까? 혹시 그것이 교회성장과 어떤 관계가 있기 때문인가?

영성과 목회! 이 둘은 동전의 양면과 같이 결코 떨어질 수 없는 관계다. 그러나 영성의 깊이가 반드시 외적인 교회성장과 정비례하는 것은 아닐 것이다. 영성이 깊어도 교회는 외적으로 크게 성장하지 않을 수 있다. 예수께서는 당신을 외면하고 떠나는 제자들을 바라보면서(요 6:66) 어떤 심정이 되셨을까? 외적 성장만을 두고 본다면, 이 땅에 사는 동안 예수처럼 실패한 목회자는 아마 없을 것이다. 예수께서 십자가를 지실 때, 대부분의 제자들과 백성들은 예수를 외면하고 부인했다.

그러므로 영성과 목회의 성공 여부는 비례관계가 아닐 수 있다. 오히려 영성이 깊기에 오늘 같은 부패한 시대에 목회의 어려움을 겪을 수 있고, 천박한 영성을 가졌기에 이 시대에 인기있는 목회자가 될 수도 있는 것이다. 사실 이름도 빛도 없는 곳에서 묵묵히 목회하는 사람들의 영성이 올바르게 평가될 수 있어야 한다. 예수께서는 사람들에게 찬양을 받지 않으신다고 하셨는데(요 5:41), 요즘은 사람들로부터 칭찬과 영광을 받으며 인기를 누리는 목회자들이 많으니 참 어이없는 일이다.

사도 바울이 교회와 직분자들에게 권면한 말에 주목할 필요가 있다. 누구보다도 신비한 영적 체험을 많이 했고, 교회의 기초를 세우는 데 큰 몫을 했던 바울은 무엇보다도 열매 맺기를 강조했다(롬 1:13; 7:4; 고전 14:14; 고후 9:10; 갈 5:22-23; 엡 5:9; 빌 1:11; 골 1:6, 10; 딛 3:4). 그는 성령의 은사를 행하라고 하지 않고, 오히려 성령의 열매를 맺으라고 했다(갈 5:22-23). 그가 요구한 성령의 아홉 가지 열매 가운데는 사도행전에서 나타났던 초자연적인 은사가 하나도 포함되지 않았다. 게다가 성령의 초자연적 은사가 자동적으로 성령의 열매를 맺게 하는 것도 아니다. 때로는 성령의 초자연적인 은사를 행한다는 사람들이 오히려 세간의 지탄을 받는 비인격적이고 비도덕적인 행동을 일삼는 경우도 적지 않다. 성령의 열매는 감정에서 나온 일시적 충동이 아니라 신앙에 기초한 삶의 결실이요, 요란한 능력이 아니라 잔잔한 인격이다. "빛의 열매는 모든 착함과 의로움과 진실함에 있느니라"(엡 5:9)는 바울의 말은 그런 점에서 깊이 새겨야 할 덕목이다.

또한 바울은 집사와 장로 및 감독들에게도 초자연적 은사를 갖추라고 하지 않고, 철저하게 인격을 다듬으라고 요구했다. 생활이 검소하고 단정하며, 다른 사람을 인격적으로 대하고, 돈을 사랑하지 말고, 방탕한 생활을 하지 않으며, 깨끗한 양심을 가진 자가 되라고 당부했다(딛 3:2-9). 오히려 그는 "부하려 하는 자들은 시험과 올무와 여러 가지 어리석고 해로운 욕심에 떨어지나니 곧 사람으로 파멸과 멸망에 빠지게 하는 것이라"(딤전 6:9)고 경고했다.

* * *

성령의 정체와 사역에 대한 올바른 성경적 이해는 그리스도인의 신앙과 삶을 건강하게 키워나가는 데 필수적 요소로 작용한다. 교회의 본질과 사명은 성령의 역할과 분리해서 이해될 수 없는 문제다. 그 가운데 성령의 인격성과 은사의 문제는 교회의 정체성을 형성하는 데 매우 중요한 영향을 미친다는 점에서 주목할 필요가 있다. '성령운동'이라는 것은 건강한 성령이해를 토대로 전개되어야 한다.

  은사 위주의 성령운동은 바람직하지 않다. 영성훈련은 초자연적 은사 위주의 성령체험운동이 되어서는 안 된다. 영성훈련은 일시적인 은사체험이나 혹은 초자연적인 은사체험보다 지속적인 삶에서 결실을 맺는 데 초점을 두어야 한다. 물론 성령충만의 외적 현상을 부인하는 것은 아니지만, 그 내적 역사에 더 우선순위를 두어야 한다는 말이다. 예수와 사도 바울이 강조한 것도 바로 이 점이다. 그러므로 영성훈련을 한다는 명분 아래 언제나처럼 감정에 호소하는 부흥회밖에 할 줄 모른다면, 그것은 교회의 영성이 일천하고 메말랐기 때문인지도 모른다. 아직도 영성의 증거가 헌금을 많이 하고, 목회자를 잘 섬기는 것이라고 말하는 사람이 있다면, 그는 영성을 크게 오해한 것이다. 성경적 영성은 하나님 앞에서 "의와 경건과 믿음과 사랑과 인내와 온유를 따르"는 것이요(딤전 6:11), "하나님 아버지 앞에서 정결하고 더러움이 없는 경건은 곧 고아와 과부를 그 환난 중에 돌보고 또 자기를 지켜 세속에 물들지 아니하는 그것"이다(약 1:27). 따라서 영성은 하나님 앞에서 믿음을 통해 지(IQ)·정(EQ)·의(AQ)를 동반하는 삶의 변화가 함께 할 때 비로소 깊어지는 것이고, 한 걸음 더 나아가 공존지수(NQ, network quotient)를 높여 우리의 이웃(고아와 과부)을 돌아보는 심성을 키워나갈 때 한층 깊어지는 것이다. 영성은 근본적으로 관계의 회복이기 때문이다.

주(註)

1) 정현경의 초혼신학(招魂神學) 논란: 1991년 2월 7-20일, 호주 캔버라 세계교회협의회 제7차 총회에서 정현경은 둘째 날 행한 주제 강연, "Come Holy Spirit, Renew the Whole Creation"에서 굿판과 유사한 구조를 가진 특별한 강연을 했다. 이 강연은 (1) 초혼제, (2) 한 맺힌 영들과 함께 이 "영의 땅" 위에서, (3) 바벨탑의 영으로부터 오순절의 영에로, (4) 회개에의 촉구: 생명의 정치 경제를 위하여, (5) 지혜와 자비로 막힌 담을 무너뜨리기 위하여 등 5부로 구성되었다. 그녀는 무속종교의 자연관과 영 개념을 기독교에 그대로 반영했고, 인간의 영과 자연의 영을 동일하게 취급했으며, 예수의 영을 죽은 자의 한 맺힌 영으로 간주했다. 또한 정현경은 불교의 관음사상을 도입하여 여성 그리스도의 상을 만들기도 하고, 성령의 상이 관음상으로부터 왔다거나 성령이 여성이라는 견해를 펴기도 했다. 그 때문에 그녀는 한국 기독교계로부터 복음의 본질을 왜곡하고 혼합주의적 토착화를 시도했다는 비판을 받았다.
2) 황승룡, 「성령론: 신학의 새 패러다임」 (서울: 한국장로교출판사, 1999), 28.
3) 말콤 펜윅(Malcolm C. Fenwick)이나 유영모 등은 루아흐를 "숨님"으로 번역하기도 했다. Malcolm C. Fenwick, 「복음과 은혜: 한국 침례교회의 초대선교사 말콤 C. 펜윅의 사경공부 설교 복음문답」, 김용복 편역·해설 (대전: 침례신학대학교출판부, 2011), 213-92; 김홍호, 이정배 편, 「다석 유영모의 동양사상과 신학」 (서울: 솔, 2002), 19.
4) Stanley Grenz, 「조직신학: 하나님의 공동체를 위한 신학」, 신옥수 옮김 (고양: 크리스챤다이제스트, 2003), 528-9.
5) Ibid., 530.
6) William W. Stevens, 「조직신학개론」, 허긴 역, 4판 (대전: 침례신학대학교출판부, 1997), 130-3.
7) Grenz, 「조직신학」, 533.
8) "주의 성령이 내게 임하셨으니 이는 가난한 자에게 복음을 전하게 하시려고 내게 기름을 부으시고 나를 보내사 포로 된 자에게 자유를, 눈 먼 자에게 다시 보게 함을 전파하며 눌린 자를 자유롭게 하고 주의 은혜의 해를 전파하게 하려 하심이라 하였더라"(눅 4:18-19).
9) 김희성, 「부활신앙으로 본 신약의 성령론」 (서울: 대한기독교서회, 2000), 24-5.
10) D. L. Migliore, 「기독교 조직신학개론: 이해를 추구하는 신앙」, 신옥수, 백충현 옮김 (서울: 새물결플러스, 2012), 389-90.
11) Stevens, 「조직신학개론」, 136-7.
12) 박형용, 「교회와 성령」 (수원: 합동신학대학원출판부, 1997), 204-5.
13) Grenz, 「조직신학」, 544-5.
14) Ibid., 548.
15) Ibid., 548-50.

16) Ibid., 527.
17) Stevens, 「조직신학개론」, 140.
18) 김용복, "한국 교회의 영성운동, 어떻게 할 것인가?" 「뱁티스트」, 65호 (2003년 11/12월): 32-8에 실린 글을 일부 수정.

17
성령침례와 성령의 은사

> 우리가 유대인이나 헬라인이나 종이나 자유인이나 다 한 성령으로
> 침례를 받아 한 몸이 되었고 또 다 한 성령을 마시게 하셨느니라
> 고린도전서 12장 13절

성령의 사역과 관련해서 중요하게 논의되는 주제는 성령침례와 성령의 은사 문제로서, 이는 그리스도인의 정체성과 교회의 사명과 깊은 관련이 있다. 사실 이 주제는 교회가 하나 되는 일을 방해하는 원인으로 작용될 만큼 그 논쟁이 크게 일어나는 문제이기도 하다. 교회의 정체성과 밀접하게 관련되어 있기 때문에 이 문제를 신학적으로 해결하는 일은 교회의 시급한 현안이라고 할 수 있다. 특히 한국 교회 안에서 이 문제의 갈등은 도가 지나칠 정도로 극심하다. 한국교회는 이 첨예한 갈등을 어떻게 해결할 수 있겠는가?

성령침례는 개혁신학과 오순절신학 사이에 신학적 갈등을 초래하는 이론적 문제라면, 성령의 은사는 현장에서 표출되는 실제적 문제다. 전자는 그리스도인을 일류 신자와 이류 신자로 구분하는 병폐를 안고 있다면, 후자는 교회의 문화와 영성을 형성하는 데 결정적 영향을 끼치는 문제라고 할 수 있다.

성령침례의 현상과 의미

성령침례(Spirit-Baptism)는 성령의 사역과 그리스도인의 삶에서 독보적으로 중요한 의미를 지니고 있는 주제다. 동시에 성령침례 문제만큼 복음주의신학 안에서 큰

갈등을 빚는 주제도 없을 것이다. 특히 개혁주의신학과 오순절신학에서 성령침례의 해석 차이는 서로 중재가 불가능해보일 정도로 크다. 도대체 성령침례는 어떻게 해석되어야 하는가? 역사적으로는 이와 관련해서 어떤 현상들이 일어났는가? 과연 그리스도인들은 갈등을 풀어낼 수 있는 공통분모를 찾을 수 있을까?

오순절운동의 기원과 역사적 전개[1)

미국의 오순절운동은 기원적으로 볼 때 존 웨슬리(John Wesley)로부터 영향을 받은 성결운동에서 비롯되었다고 할 수 있다. 하지만 성령침례와 관련해서 보면 전통적 성결운동과 오순절운동 사이에는 분명한 입장 차이가 존재한다.[2)] 전통적 성결운동은 성령침례를 중생과 구분하면서 '성결' 혹은 '제2의 축복'이라 불렀지만, 20세기 오순절운동은 성령침례를 성결 혹은 성화와 또 다시 분리하여 '제3의 축복'이라 부르며 차별화했기 때문이다.[3)] 그 때문에 오늘날 오순절운동은 그리스도인의 성결이나 성화보다 성령의 특별한 현상에 더 많은 관심이 있는 것 같다.

역사적으로 20세기 오순절운동은 세 단계로 전개되어 왔다. 첫째 단계는 1906년에 침례교회 목회자 시모어(William J. Seymour)에 의한 로스앤젤레스 아주사거리(Azusa Street)의 부흥집회로부터 시작되었다. 아주사거리의 부흥운동은 1901년 켄사스 주 토페카(Topeka)에서 파람(Charles Fox Parham)이 운영하던 성경학원에서 나타난 방언현상으로 출발했다. '첫 번째 물결'이라 불린 이 오순절운동은 자신들의 견해를 교리적으로 받아들였기 때문에 "교리적 오순절주의"(doctrinal pentecostalism)라 일컬어졌다. 이 운동은 "오순절 체험을 제도화"하고 방언을 회심 이후의 성령침례와 그 표적의 일차적 증거라고 주장하는 배타적 특징을 보여주었다.[4)]

그러나 이런 배타적 주장은 우선 성결운동을 하는 사람들로부터 신랄하게 비판을 받았다. 특히 방언에 대한 비판은 혹독할 정도였다. 성결운동의 여성지도자 화이트(Alma White)는 "소위 오순절 세례라고 하는 방언운동은 육에 속한 것이며, 사탄에게 속한 것"이라고 비판했다. 그녀는 계속해서 "사탄운동은 말세에 하나님의 백성을 넘어뜨리려는 사탄의 마지막 계교이다. 늦은 비 운동으로 잘 알려진 [방언운동은] 하나님의 옛 백성들을 몰아내려는 사탄의 거대한 계획"이라고까지 주장했다.[5)]

둘째 단계는 1960년대에 일어난 '두 번째 물결'인 '은사운동'이다. 이 운동은 자신들의 견해를 절대화하지 않고 온건하게 주장했기 때문에 "체험적 오순절주의"(experimental pentecostalism)라 불렸다. 이 두 번째 운동은 1959년 성령침례를 받았다는 성공회 사제 베네트(Dennis Bennett)에 의해 주도되었다. 그는 방언을 성령침례의 필수적 표적이라고 고집하지 않았다.6) 이 운동은 이전 오순절운동의 교리적 확신에서 한발 물러나, 어느 정도 체험의 상대성을 인정했다. 역사적으로는 교리적 오순절운동에 빚을 지고 있었지만, 이 두 번째 운동은 성경해석에서 근본주의적 태도를 버리고 좀 더 융통성을 발휘했다.7) 첫 번째 물결로서 오순절운동이 특정 교단들에 한정되어 있는 것에 반해서, 두 번째 은사운동은 1960년 이래 다양한 기독교 지도자들의 주목과 관심을 받았고, 미국뿐 아니라 다른 나라에까지 널리 확산되기 시작했다.8)

셋째 단계는 1980년대 표적과 기사를 강조하는 '세 번째 물결'로 다시 변모하여 그 저변을 확대한 운동이다. 이 세 번째 운동은 방언을 무시하지 않았지만, 그밖에 다른 성령의 외적 현상들(예언, 치유, 축귀, 죽은 자 소생)에 더 관심을 두었다. 이 운동은 풀러신학교의 피터 와그너(C. Peter Wagner)에 의해 시작되었고, 존 윔버(John Wimber)의 지도력에 힘입은 '빈야드협회'(the Vineyard Fellowship)를 통해 새로운 양상으로 확산되고 있다.9)

오순절 사건의 신학적 의미

사도행전의 오순절 사건에 대한 해석은 성령의 사역과 은사를 이해하는 데 결정적 근거로 작용한다. 개혁주의는 그것을 단회적으로 공동체적 사건으로 이해하고, 오순절주의는 반복적으로 일어나야 할 개별적 사건으로 해석한다. 과연 어떤 해석이 더 성경적인 지지를 받을 수 있을까?

이 문제를 해결하기 위해서는 우선 사도행전이 어떤 성격의 글인가를 이해하는 것이 필요하다. 사도행전의 기록은 초기 기독교 역사에서 복음전파가 어떻게 확산되고 있는지를 서술하려는 데 목적이 있다. 그 점에서 사도행전에 소개된 하나의 역사적 사건은 보편적 규범이 될 수 없다. 역사 속에 나타난 현상들을 모든 그리스도인에게 일반화하여 적용하는 것은 부적절하기 때문이다. 또한 그런 다양한 사건들 사이에는 동일한 패턴도 발견되지 않는다. 따라서 성령론에 대한 교리화는 사도행전이나 누가복음과 같은 역사적 기록에 의해서가 아니라 바울의 명시적 가르침을 그 근거로 삼아야 한다. 이는 스탠리 그렌즈가 사도행전의 오순절 사건이 반복될 수 없는 사건이라고 주장한 근거이기도 하다. 그의 설명에 따르면, 오순절 사건은 구약의 "거대한 예언 전승"이 신약에 와서 "성취된 사건"(욜 2:22-32; 행 2:16-22)이며, "새 시대의 시작"을 알리는 "이정표"다.[10] 박영돈도 같은 맥락에서 오순절 사건의 의미를 풀었다: "제자들의 성령체험은 그들을 새 시대, 즉 교회시대로 진입시킨 '시대 전이적 사건'이었다. 이런 점에서 제자들의 경험은 오순절 이후를 살아가는 우리에게 더 이상 성령체험의 정상적인 규범이 되지 못한다."[11]

비유로 말하면, 오순절 성령강림 사건은 마치 식민통치시대의 사람들에게 해방의 날이 찾아온 것과 같다. 이제 억압과 설움의 통한시대는 지나갔다. 해방을 맞이한 사람들은 더 이상 해방을 기다리지 않고 해방 이후의 삶을 살아간다. 마찬가지로 오순절 성령강림을 경험한 이후 세대들은 더 이상 성령의 강림을 기다리지 않는다: "기다림은 끝났다! 성령은 임했다! 우리의 과제는 성령강림을 위한 기도가 아니라 성령의 동력을 전유하기 위해 '성령 안에서 걷는 것'이다."[12] 이제 우리는 우리 안에 내주하고 계시는 성령의 음성에 어떻게 귀를 기울이며 살아갈 것인가를 고민해야 한다.

성령침례의 성경적 근거와 의미[13]

신약성경에서 성령과 침례라는 말이 함께 사용된 곳은 모두 일곱 군데다. 그 가운데 복음서의 내용은 모두 병행구절로 나타난다(마 3:11; 막 1:8; 눅 3:16; 요 1:33). 이 네 군데 본문의 요지는 요한보다 더 능력이 있는 예수 그리스도께서 성령과 불로 침례를 줄 것이라는 예언이다. 그리고 사도행전 1장 5절은 복음서에 기록된 요한의 말을 재확인하면서 오순절 사건으로 연결하는 역할을 한다. 사도행전 11장 6절은 베드로가 성령으로 침례받을 것이라는 요한의 말을 회상한 것이다. 이 네 본문은 결국 하나의 내용으로 귀결되고, 이는 다시 사도행전의 오순절 성령강림 사건으로 이어진다. 따라서 신약성경에 등장하는 성령과 침례의 문제는 형식적으로는 두 개의 본문만 남게 된다. 나머지 하나는 고린도전서 12장 13절이다.

앞에서 살펴본 복음서의 네 본문이 예언적으로 지시한 것은 사도행전에서 다음과 같이 네 번의 성령강림사건으로 보고되었다. 첫째는 오순절 성령강림사건(행 2:1-4)이다. 이것은 예수께서 약속하신(눅 24:49; 행 1:8) 성령이 실제로 제자들에게 처음으로 임한 사건으로 예수의 역할과 성령의 역할이 교체되는 하나의 전환점을 보여준다. 예수는 떠나고 성령이 오신 것이다. 그런 점에서 이 사건은 구속사적 관점에서 최초의 사건이었다. 이는 가시적이었고 집단적이었으며, 초대교회의 시작을 선포한 사건이기도 했다. 그것은 예수의 제자들이나 그들과 함께 있었던 사람들의 삶에서 볼 때 "개인적인 사건 이상"이었다.14)

여기서 성령이 임한 증거는 두 가지로 나타났는데, 하나는 보는 것이고 다른 하나는 듣는 것이다. 보는 것은 "불의 혀처럼 갈라지는 것들"이었고, 듣는 것은 "급하고 강한 바람 같은 소리"와 "다른 언어들"이었다. 성령이 이와 같은 방법으로 임한 목적은 무엇인가? 베드로는 그것이 "예수를 하나님이 살리신" 것을 증언하기 위함이라고 생각했던 것 같다(행 2:32-33). 이 날 베드로의 설교 요지도 "너희가 십자가에 못 박은 이 예수를 하나님이 주와 그리스도가 되게 하셨느니라"에 있었다. 그 결과, 삼천 명이나 침례를 받고 신자가 되었다(행 2:41). 이 때 성령의 선물을 받았다는(행 2:38) 표현은 어떤 은사를 받았다는 말이라기보다 성령을 받았다는 것을 의미하며,15) 그것은 곧 구원을 뜻한다.

둘째는 사마리아 성령강림사건(행 8:14-17)이다. 이 본문에 따르면, 사마리아인들이 회심했을 때 성령이 임하지 않았다가 사도들이 와서 안수하자 비로소 성령이 임했다고 한다. 이 경우 회심과 성령의 임함 사이에는 분명한 시간 격차가 존재한다.16) 비즐리-머레이(G. R. Beasley-Murray)는 이 사건을 다음과 같이 다른 각도에서 해석했다: "그것은 그누개가 이 그리스도인들을 성령이 없는 것이 아니라 기독교 공동체의 일반적 삶을 특징 지워주는 영적인 은사들이 없는 것으로 간주한 것이 될 수 있을까? 누가가 성령의 은사에 관련된 카리스마적 현상에 특별한 관심이 있었던 것은 의심의 여지가 없다. 바울은 은사들(charismata)과 이와 같은 성령의 소유를 분명하게 구별한다."17) 그러므로 사도행전에서 성령을 "받았다"는 표현은 이중적 의미가 있는 것 같다. 어떤 경우는 직접적으로 중생의 성령임함을 지시하지만, 또 어떤 경우는 성령의 증거, 즉 은사가 임하는 것을 현상적으로 표현한 것이다. 그리고 그런 은사는 언제나 동일하지 않고 상황에 따라 다양한 모습으로 나타났다. 사실 사도의 안수를 통해 성령이 임하기 전에도 이미 사마리아에는 빌립을 통해 많은 표적과 능력이 나타난 상태였다(행 8:6, 13). 이런 맥락에서 볼 때, 사도의 안수를 통해 성령이 임했다고 하는 표현은 많은 학자들이 지적했던 대로 누가가 "사마리아의 그리스도인들이 예루살렘의 지도력에 구원사적으로 의존되어 있다는 것을 보여주기 위한" 방편으로 해석될 수 있다.[18] 이는 어떤 점에서 기독교운동에서 "통일"을 유지하고 "분열이 일어나지 않도록" 하기 위함이었다는 것을 강조하는 해석이라고 할 수 있다.[19]

셋째는 가이사랴 고넬료 집안의 성령강림사건(행 10:44-48; 11:1-18)이다. 이 사건에서는 고넬료가 회심한 직후에 성령이 임했고, 이어서 물침례가 행해졌다. 물침례는 중생한 신자들이 받는 것이므로, 이 경우로 인해 물침례를 받은 사람들이 어느 시점에서 다시 성령침례를 받아야 한다고 주장하는 것은 어렵게 되었다.

넷째는 소아시아 에베소의 성령감림사건(행 19:1-7)이다. 이것은 요한의 침례와 예수의 침례를 확연히 구분한다. 요한의 침례를 받았다고 하는 제자들은 바울을 통해 비로소 예수의 침례, 즉 제대로 된 복음을 접했던 것으로 보인다. 따라서 그들은 침례를 다시 받았다. 요한의 침례는 참된 복음에 의한 회심의 결과로 볼 수 없기 때문이다.

사실 사도행전은 중생과 성령침례의 관계에 대해 하나의 패턴을 말하지 않는다. 특히 사마리아 성령강림사건과 가이사랴 고넬료 집안의 성령강림사건은 완전히 다른 패턴을 보여준다. 사마리아는 회심과 물침례 이후에 성령을 받았고, 가이사랴의 고넬료 집안은 성령침례와 회심이 함께 일어났고 그 뒤에 물침례가 이어졌다. 그렇지만 전체적으로 본다면 초대교회의 성령체험은 사마리아 사건보다는 가이사랴 사건을 좀 더 전형적인 패턴으로 따르는 것 같다.[20] 왜냐하면 초대교회에서 모든 성도들에게 중생 이후에 성령침례를 받아야 한다고 믿었다면, 다른 서신서에서 한 번도 성령침례를 받아야 한다고 말하지 않을 리가 없기 때문이다. 오히려 에베소서에는 예수 믿는 그리스도인에게 성령께서 인을 쳤다고 말한다(엡 1:13).[21]

사도행전의 성령침례 사건은 모든 교회를 위한 하나의 모형을 말한 것이 아니라, 모든 교회에게 성령충만할 것을 요구한 것이다. 그루뎀(Wayne Grudem)은 중생 이후에 계속해서 경험하게 되는 제2, 제3의 영적 체험을 가장 잘 표현할 수 있는 단어는 "성령충만하게 되는 것"(being filled with the Holy Spirit)이라고 말했다.[22] 사실 사도행전에서 등장하는 성령의 역사하심을 일관되게 표현한 것은 성령으로 "충만"하다는 표현이었고(행 2:4; 4:8, 31; 6:3, 5; 7:55; 11:24; 13:9; 52), 에베소서 5장 18절에서 결정적으로 바울은 "성령으로 충만함을 받으라"고 명령했다.

성령내주, 성령침례, 성령충만의 관계

성령침례와 관련된 두 본문, 즉 오순절 사건(사도행전)과 중생의 성령내주 사건(고린도전서)은 마치 사도행전에서 나타난 방언현상과 고린도교회에서 나타난 방언현상이 차이를 보이는 것과 유사한 구조로 되어 있다. 사도행전에서 강조하고자 했던 것은 오순절의 성령강림사건이었고, 초자연적 능력 행함이다. 그러나 고린도교회는 초자연적 은사보다 인격적 변화를 더 중시한다. 이 때 성령침례는 성령내주와 동일시될 수 있다.

물론 성령침례가 두 번째 임하는 성령의 축복(second blessing)인가 아닌가 하는 문제는 여전히 해결되지 않은 첨예한 갈등주제다. '성령내주≠성령침례=성령충만'의 패턴을 주장하는 제2의 은사론은 성령침례를 중생과 별도의 사건으로 강조하면서 성령침례를 받기 위해 인간의 노력과 의지를 부각시킨다. 반면에 '성령내주=성령침례=성령충만' 구도를 주장하는 개혁주의는 중생과 성령침례를 동일시하기 때문에 신자의 삶에 역동적으로 일하시는 성령의 활동을 약화시키는 약점이 있다. 중생한 이후에 별도로 성령을 받아야 한다고 주장하는 제2 은사론은 사도행전의 성령강림현상을 더 강조하고, 중생의 사건이 곧 성령침례라고 주장하는 개혁주의 성령내주론은 고린도교회의 성령침례를 그 근거로 제시한다.

가장 바람직한 견해는 이 두 가지를 종합하는 것이다. 성령침례는 성령내주와 성령충만 사이에서 설명되어야 한다. 모든 신자는 성령으로 침례를 받는다(고전 12:13). 하지만 모든 신자가 다 성령충만한 것은 아니다. 이 관계를 등호로 표시하면, '성령내주=성령침례≤성령충만'이 된다.[23] 이 견해는 개혁주의와 오순절주의의 견해를 화해시킬 수 있는 구도라는 점에서 신학적으로나 목회적으로 볼 때 대단히 중요한 의미가 있다. 이 중도적 해석은 개혁주의의 '중생=성령침례'를 수용하면서, 오순절주의의 제2 은사로서 성령충만을 포용한다. 그 때문에 이 구도는 서로에게 공통분모를 제시해줄 뿐 아니라 양쪽의 강조점과 정체성을 모두 살릴 수 있다는 장점이 있다. 성령침례는 회심 때 일어나는 단 한번으로 완료된 현실이다. 그러나 모든 그리스도인은 끊임없이 성령충만을 받아야 한다. 그 과정에서 성령의 내적 충만(성령의 열매)과 외적 충만의 현상(초자연적 은사)을 구분하되, 서로 배척하지 않아야 한다. 그러나 궁극적으로 추구해야 할 것은 외적 충만이 아니라 내적 충만이다.

성령의 사역에서 가장 중요한 문제는 구원에서 하나님의 주도권을 인정하는 것이다. 성령의 사역은 어떤 경우에라도 수단화되거나 상대화되어서는 안 된다. 우리는 주권자 성령 하나님의 사역에 순종하고 그것을 받아들이기만 하면 되는 것이다. 이것이 예수 그리스도에 대한 신앙의 근거를 성령의 사역에 두는 까닭이다. 하지만 의지적으로 성령을 모독하고 거부한다면(마 12:31), 성령께서도 우리를 강제로 이끌어 가지는 않으실 것이다. 성령은 인격적인 분이므로 우리가 그분을 근심시킬 수도 있고(엡 4:30), 성령의 불을 꺼버림으로써 약화시킬 수도 있다(살전 5:19).

성령의 은사

성령의 사역 가운데 실질적으로 중요한 하나는 신자들이 교회를 세우기 위해 필요한 은사들(gifts)을 제공하는 것이다. 은사문제는 오늘날 교회현장에서 때로 유용하게 사용되기도 하지만 어떤 때는 그것으로 인해 교회 안에 분열과 혼란이 야기되기도 한다. 특히 한국 교회는 오늘날 은사에 대한 성경적 이해를 바르게 하는 일에 무엇보다 관심을 모아야 한다. 은사로 인한 갈등이 그 도를 넘어선 양상을 보이고 있기 때문이다. 오늘날 교회에서 행해지는 방언현상을 어떻게 받아들여야 하는가? 방언을 구원의 표지로 볼 수 없는 이유는 무엇인가? 바울이 목회서신에서 목회자들에게 요구하는 것이 성령의 초자연적 은사가 아닌 것은 오늘날 상황에서는 어떤 의미가 있는가? 이런 질문들에 대해 성경적 해답을 내리는 일이 무엇보다 시급하고 중요하다.

은사의 종류와 원리

성경은 은사의 목적과 양태에 대해 어떻게 설명하고 있는가? 일단 성경은 성령의 은사들을 주시는 분은 오직 성령 한 분이라는 점과 그분의 뜻에 따라 각 사람에게 나누어주신다는 것을 강조한다:

> 어떤 사람에게는 성령으로 말미암아 지혜의 말씀을, 어떤 사람에게는 같은 성령을 따라 지식의 말씀을, 다른 사람에게는 같은 성령으로 믿음을, 어떤 사람에게는 한 성령으로 병 고치는 은사를, 어떤 사람에게는 능력 행함을, 어떤 사람에게는 예언함을, 어떤 사람에게는 영들 분별함을, 다른 사람에게는 각종 방언 말함을, 어떤 사람에게는 방언들 통역함을 주시나니 이 모든 일은 같은 한 성령이 행하사 그의 뜻대로 각 사람에게 나누어 주시는 것이니라(고전 12:8-11).

성령에 의해서 분배되는 은사들은 다양하다. 성경은 다음과 같이 다양한 은사들을 언급한다: 예언, 섬기는 일, 가르침, 권면, 다스리는 일, 자비를 베풂(롬 12:6-8); 지혜의 말씀, 지식의 말씀, 믿음, 신유, 이적 행함, 예언, 영 분별, 방언, 방언 통역(고전 12:6-10); 사도직, 예언, 이적 행함, 신유, 돕는 일, 관리하는 일, 방언(고전 12:28); 사도직, 예언, 가르침, 이적 행함, 신유, 방언, 방언 통역(고전 12:29-30); 사도직, 예언, 전도하는 일, 목사-교사(엡 4:11); 말하는 것, 섬기는 일(벧전 4:11). 이 은사들은 세 영역으로 구분이 가능하다: "말씀 사역의 은사," "봉사의 은사," "초자연적 은사."[24] 여기서 중요한 것은 다양한 은사들이 하나의 동일한 목적과 방향을 가지고 활용되어야 한다는 점이다.

교회에서 이 세 가지 유형의 은사들은 각각 중요한 역할을 하고 있다. 그런데도 신자들이 초자연적 은사만을 추구하는 것은 은사에 대해 편협한 이해를 하고 있다는 증거다. 지나치게 초자연적 은사만 추구하면 건전하지 않은 은사주의로 빠질 가능성이 있다. 성령의 은사는 필요에 따라 각 개인에게 주어지는 것이다. 어떤 사람에게는 초자연적 은사가 임할 수도 있지만, 또 어떤 사람에게는 주어지지 않을 수도 있다. 따라서 성령의 은사는 욕심을 내어 얻으려고 할 것이 아니라 주어진 은사를 감사함으로 제대로 사용하는 것이 중요하다.

성령의 은사를 제대로 발휘하기 위해서는 성령은사의 세 가지 원리를 따르는 것이 필요하다. 첫째 원리는 자신에게 선물로 주어진 성령의 은사를 발견하는 것이다. 이것은 "카리스마적 교회 질서의 기본 원리"다. 은사는 성령께서 주시는 선물이다. 억지로 간구한다고 해서 받을 수 있는 것이 아니다. 필요한 은사를 요구할 수는 있지만, 어디까지나 은사를 주는 주체는 성령이시다. 성령이 은사를 주시면 신자들은 그것을 발견하는 것이 중요하다. 두 번째 원리는 자기에게 주어진 은사를 다른 사람을 위해 사용하는 것이다. 은사는 "서로가 서로를 위하여" 사용되어야 한다. 은사는 기본적으로 교회를 세우기 위해 주어진 것이다. 그 은사가 교회를 세우지 못하고 오히려 파괴하는 현상으로 나타난다면 그것은 성령의 은사라고 할 수 없다. 은사가 개인의 이익과 목적을 달성하는 수단으로 사용된다면, 그것도 성령의 은사가 아니다. 세 번째 원리는 은사의 목표가 궁극적으로 "주님께 순종"하는 데 있어야 한다는 것이다. 이것은 은사가 교회를 위해 사용되어야 한다는 목적의 연장선상에 있다. 그리스도는 교회의 머리이시기 때문이다.[25] 따라서 주님을 위한 것이 아니라 자기 자신이나 다른 목적을 위한 은사가 되지 않도록 각별히 조심해야 한다. 만일 은사를 잘못 사용하면 그것은 결국 자신뿐 아니라 교회공동체의 신앙을 파괴하는 중요한 원인으로 작용될 수 있다.

은사의 목적

성령의 은사들이 교회를 위해 사용된다는 것은 무슨 의미인가? 그것은 일차로 공동의 목적을 위해(고전 12:7), 즉 은사들이 그리스도의 몸인 교회를 유익하게 하고 바르게 세우기 위해 존재한다는 것을 의미한다(고전 12:4-31). 따라서 은사는 교회의 지체로서 개인에게 주어지는 것이며, 그것이 교회를 위해 사용되지 않으면 변질되고 부패할 수 있다는 것을 잊어서는 안 된다. 은사를 파악하려면 진위는 그것이 궁극적으로 교회를 세우는 데 기여하는가 아니면 교회를 파괴하는 데 쓰이는가를 보면 된다. 은사가 교회를 세우는 데 쓰이지 못한다면, 그것은 성령의 은사가 아니라고 판단해도 무방하다.

신자에게는 적어도 한 가지 이상의 은사가 있다. 모든 은사를 다 가질 필요도 없지만, 아무 은사도 없다고 비관할 필요도 없다. 그렇지만 은사는 단순한 자연적 재능과 구별돼야 한다. 자연적 재능은 부모로부터 유전되거나 학습에 의해 습득되는 것이지만, 성령의 은사는 성령에 의해 주어지는 것이다. 물론 성령은 우리의 자연적 재능을 더욱 계발하여 교회를 위해 사용하게 하시기 때문에, 이 둘의 관계가 전적으로 무관하다고 말하기도 어렵다. 이 둘을 지혜롭게 분별하는 것이 필요하다.

초자연적 은사에 대한 견해들

일반적으로 초자연적 은사에 대한 견해들은 다섯 가지로 정리될 수 있다. 첫 번째는 은사중지론이다. 이 견해는 오늘날 기적적인 성령의 은사가 존재하지 않는다는 입장이다. 성령의 초자연적 은사들은 사도들이 교회를 세워나가는 1세기에만 주어졌으며, 신약성경이 완성됨으로써 모두 중단되었다고 본다. 이런 견해는 웨스트민스터신학교, 세대주의, 미주리 루터교, 남침례교의 다수 신학자들에 의해 지지를 받는다. 두 번째는 신중수용론이다. 이 견해를 가지고 있는 사람들은 은사중지론의 논증이나 초자연적 은사를 강조하는 진영의 "교리나 관습"도 설득력이 없다고 생각한다. 이들은 기적적 은사의 가능성을 받아들이지만 그런 은사의 남용 가능성에 대해서도 우려한다. 이들은 어느 특정 진영에 속하지 않는 "복음주의자들의 폭넓은 중간 지대"를 대표한다. 세 번째는 오순절주의와 은사주의다. 오순절주의는 미국에서 20세기 초에 시작한 오순절운동의 제1 물결을 의미하고, 은사주의는 1960년대와 1970년대에 새롭게 확산된 제2 물결을 지칭한다. 오순절주의는 하나님의 성회, 그리스도 안에 있는 하나님의 교회 등이 대표하고, 은사주의는 팻 로버트슨과 리젠트대학교 등에 의해 대변된다. 마지막 네 번째는 1980년대에 일어난 제3의 물결로서, 피터 와그너와 존 웜버가 주도한다. 오순절주의/은사주의와 제3의 물결은 회심과 성령침례의 관계에서 차이가 난다. 전자는 은사가 회심 후에 일어나는 성령침례의 사건이라고 주장하고, 후자는 회심을 성령침례와 동일시하면서 그 후에 일어나는 성령충만을 은사로 간주한다.[26]

어느 견해가 더 성경적이고 실제적인 효용성을 가지고 있는가를 가려내는 일은 그리 간단하지 않은 작업이다. 그보다 더 큰 문제는 이런 견해 차이에서 빚어진 갈등을 어떻게 해소해야 하는가이다. 갈등과 대립이 서로를 반목하고 교회를 분열시키는 데 쓰인다면 그것은 대단히 불행한 일이 아닐 수 없다. 어느 쪽을 지지하든지 서로의 갈등을 최소화하는 것이 필요하다. 그러기 위해서는 말씀을 해석하는 다양한 관점들과 서로 다른 신앙체험을 존중하면서 서로 다름을 긍정적 에너지로 승화시켜나가는 것이 중요하다.

더 큰 은사, 더 작은 은사

다양한 은사 가운데 "더 큰 은사"가 존재하는가? 이 문제는 목회현장에서 은사의 본질을 왜곡시킬 수 있는 위험한 요소를 함축하고 있기 때문에 주의가 필요하다. 대부분 그리스도인들은 고린도전서 12장 31절에서 헬라어 동사를 명령형으로 해석해서 "더 큰 은사를 사모하라"는 것이 바울이 말한 의도라고 생각하는 경향이 있다. 하지만 이 헬라어 동사는 직설법으로도 해석이 가능하다. 직설법으로 해석하면 "너희는 더 큰 은사만을 사모한다"는 뜻이 된다. 헬라어법으로는 두 가지가 다 가능하기 때문에 문맥적으로 판단하는 수밖에 없다.

본문을 명령법으로 해석하면 적어도 두 가지 면에서 문제가 발생한다. 첫 번째는 성령의 은사를 '더 큰' 은사와 '더 작은' 은사로 나누어야 한다는 것이다. 이는 은사의 우열화 현상으로 이어진다. 과연 어떤 은사가 더 큰 은사고 어떤 은사가 더 작은 은사인가? 바울의 개념 속에 과연 더 크고 더 작은 은사가 구분되어 있었을까? 적어도 그에게 "신령한 은사"는 있을지언정, 크거나 작은 은사 개념은 없었던 것 같다. 바울은 초기 기독교 공동체에 무엇보다도 성령으로 하나가 되는 것을 강조했던 사람이다. 그래서 모든 성도들은, "유대인이나 헬라인이나 종이나 자유자나 한 성령으로 침례를 받아 한 몸이 되었고 다 한 성령을 마셨다"고 선언했다(고전 12:13). 본문 바로 앞에 있는 12장 14-27절에서도 바울은 차별이 없고, 우열이 없는 몸의 지체에 대해 강조했다. 그리고 그 뒤를 이어 직분과 은사를 설명하고 있는 것이다. 따라서 직분에 높고 낮음이 있을 수 없듯이, 은사에도 크고 작은 우열은 없다. 이것이 본문을 명령형으로 해석할 수 없는 중요한 이유 가운데 하나다.

두 번째는 명령형으로 해석하는 것이 문맥상 자연스럽지 않다는 것이다. 고린도교회에 문제가 많고, 방언과 같은 은사들에 대한 남용이 심각한 상태에서, 사도 바울이 더 큰 은사들을 사모하라고 명령하는 것은 어색하다. 그리고 13장의 내용과도 자연스럽게 연결되지 않는다. 당시 고린도 교인들은 경쟁적으로 더 큰 은사들을 추구하느라 참된 교회의 모습을 잃어가고 있었던 것으로 보인다. 고린도교인들은 더욱 큰 은사들을 찾아다니는 "은사의 굶주림" 현상을 보였던 것 같다. 그런 상황에서 바울은 그들에게 더욱 큰 은사를 사모하라고 권면한 것이 아니라, "너희는 오로지 더 큰 은사들만을 사모하는구나"라고 책망한 것이다. 원문이 복수형태 "더욱 큰 은사들"(charismata)로 되어 있다는 것도 이런 해석을 더 설득력 있게 뒷받침한다.

바로 이전의 본문에서 바울은 고린도교인들에게 은사가 다양하며, 어느 누구도 모든 은사를 다 소유할 수 없다는 것을 반어법으로 강조했다: "다 사도이겠느냐 다 선지자이겠느냐 다 교사이겠느냐 다 능력을 행하는 자이겠느냐 다 병 고치는 은사를 가진 자이겠느냐 다 방언을 말하는 자이겠느냐 다 통역하는 자이겠느냐"(고전 12:29-30). 이어서 바울은 은사에 욕심을 내는 고린도교인들에게 "어찌 너희는 더 큰 은사를 사모하고 있느냐?" 하고 책망하는 것이 문맥상 더 자연스러워 보인다. 따라서 직설법으로 해석하면 이런 의미가 된다: "그런데 너희들은 오로지 더욱 큰 은사들만을 사모하고 있구나. 하지만 나는 너희에게 해야 할 가장 좋은 길을 보여주겠다."[27] 바울은 경쟁적으로 더욱 큰 은사들만을 사모하려는 교인들에게, "그건 아니다"라고 제지한 것이다. 이렇게 해석할 때, 비로소 12장과 13장이 논리적으로 잘 연결될 수 있다. 물론 여기서 바울이 말한 "가장 좋은 길"은 바로 사랑이다.

어떤 사람들은 "더욱 큰 은사=사랑"이라고 주장하지만, 그것은 앞뒤가 안 맞는 해석이다. 더욱 큰 "은사들"이 복수형태고, "가장 좋은 길"과 "사랑"은 단수 형태라는 점에서도 불일치하지만, 13장에서 사랑과 은사들이 상반되게 설명되는 것도 사랑이 은사가 아니라는 것을 지지한다. 사랑은 은사가 아니고 열매다. 성령의 아홉 가지 열매 가운데 첫 번째로 등장하는 것이 바로 사랑이 아닌가?

13장의 사랑은 은사를 사용하는 방법, 은사를 사용하는 동기를 말하는 것이다.

사랑이 없으면 사람의 방언을 하고 천사의 말까지 한들 아무 소용이 없다는 것이다. 아무리 유창한 방언을 한다 하더라도 그것은 한낱 소리나는 구리와 울리는 꽹과리가 될 뿐이다. 게다가 예언도, 모든 비밀과 지식도, 산을 옮길 만한 믿음도 마찬가지다. 12장 31절에서 바울이 책망할 때 사용했던 "더욱 큰 은사들"은 13장에서 언급한, "사람의 방언과 천사의 말," "예언하는 능력," "모든 비밀과 모든 지식" "산을 옮길 만한 모든 믿음" 등과 잘 호응이 된다.

바울은 고린도교인들에게 더 큰 은사들만 추구하지 말고, 신비한 표적에 몰두하지 말고, 사랑하는 마음과 방법으로 그 은사들을 사용해야 한다고 권면한 것이다. 고린도전서 12장에서 은사들에 대해 말하다가 13장에서 사랑을 말한 이유는 바로 이런 관계를 설명하기 위한 것이다.

주의해야 할 현상들

은사와 관련해서 주의해야 할 문제가 있다. 그것은 우리 사회에서 끊임없이 비판받는 현상들, 곧 안찰, 영서(靈書), 예언 기도, 투시, 입신, 진동, 천국지옥 간증 등이 은사라는 이름으로 무분별하게 행해지는 것이다. 이런 현상들이 특별히 성령의 은사로 나타날 수 없다고 어느 누구도 단정하기는 어렵지만, 그것들이 무비판적으로 사용되는 것은 경계해야 한다. 이런 초자연적 능력 행함은 대부분 신앙의 성숙을 가져오기보다는 반대로 신앙을 미신화하고 왜곡시키는 나쁜 영향을 주기 때문이다.

특히 안수행위를 통해 성령의 은사를 다른 사람에게 전달해준다는 이른바 '전이'현상은 성경의 근거가 없거나 매우 희박한 토대를 가지고 있을 뿐이다. 일부 사역자들은 성령을 받으라는 외침과 함께 집회에 참석한 사람들에게 성령을 마치 무슨 물건이나 되는 듯 던지는 시늉을 하고, 모인 사람들은 그것을 받는 시늉을 하는 등, 성령을 비인격적 대상으로 취급하기도 한다. 하지만 이런 행위들은 반성경적이고 신성모독적인 행동이다.

또한 어떤 이들은 성령의 전이 현상을 뒷받침하는 본문으로 여기저기에서 안수하는 장면을 근거로 제시하지만, 그것들은 대부분 문맥을 오해한 해석들이다. 대표적인 본문이 신명기 34장 9절이다: "모세가 눈의 아들 여호수아에게 안수하였으므로 그에게 지혜의 영이 충만하니 이스라엘 자손이 여호와께서 모세에게 명령하신 대로 여호수아의 말을 순종하였더라." 여기서는 마치 안수행위가 성령이 임하여 충만하게 된 원인처럼 보일 수도 있다. 하지만 민수기 27장 18절을 보면 그렇지 않다는 것을 알 수 있다: "여호와께서 모세에게 이르시되 눈의 아들 여호수아는 그 안에 영이 머무는 자니 너는 데려다가 그에게 안수하고"에서는 이미 여호수아에게 성령이 내주하고 있었다는 것을 말해주고 있다. 따라서 이 장면은 안수를 통해 성령의 은사를 전이하는 것이 아니라 이미 내주하고 있는 성령의 충만을 도운 것으로 보아야 한다.

성령침례와 은사의 관계[28]

고린도전서 12장 13절의 핵심구절은 "한 성령으로 침례를 받아"라는 표현이다. 이 본문은 두 가지로 해석이 가능하다. 하나는 이것을 모든 신자들에게 적용하여 개인의 구원 체험을 의미하는 보편적 중생사건으로 해석하는 것이고, 다른 하나는 고린도교인들이 오순절 사건을 동일하게 체험했다는 가정 아래 초자연적 성령의 은사를 받는 현상으로 설명하는 것이다.

과연 이 문제는 어떻게 해석되어야 할까? 두 번째 견해보다는 첫 번째 해석이 더 성경적으로 일리가 있다. 비록 고린도교인들이 제2의 오순절 사건을 경험했다 하더라도, 바울의 관점에서 볼 때 성령침례의 내적 의미는 결국 보편적 중생사건을 의미하는 것으로 이해하는 것이 더 적합하기 때문이다. 왜냐하면 바울은 고린도교인들에게 성령의 침례를 받으라고 말한 것이 아니라 이미 받아 한 몸이 되었다고 선언하기 때문이다. 이를 좀 더 분명하게 설명하기 위해서는 사도행전과 고린도전서의 성령침례에 관한 관점이 서로 다르다는 것을 이해하는 것이 필요하다.[29]

사도행전의 저자인 누가는 성령이 "가시적이고 인식 가능한 방법"으로 나타나는 것에 강조점을 두고 성령을 구원과 연관시키지 않는 반면에, 바울은 "성령의 구원론적 특징"을 중요하게 생각했다. 이는 다시 말해서 사도행전과 누가복음은 "역사적 이야기"로서, 우리가 "동일하게" 그것을 "경험하게 될 것이라는 것을 보장해주지 않"을 뿐만 아니라, 그것을 "단일한 패턴"으로도 설명하지 않는다는 것을 의미한다. 따라서 이런 자료들을 근거로 성령침례 현상을 일반화하거나 교리화하는 것은 부적절하다. 오히려 일반화할 수 있는 것은 성령침례와 관련한 바울의 명시적 가르침이다. 바울은 자신이 쓴 서신들에서 성령의 가시적이고 초자연적인 어떤 현상보다는 성령의 열매를 맺는 것과 같은 '생활양식'을 줄곧 강조했다.[30]

바울에게 성령침례는 "그리스도의 몸의 지체"가 된다는 의미였다.[31] 그렇다면 그리스도의 몸을 이룬다는 것은 어떤 의미인가? 사도행전에 나타난 현상이나 바울이 성령침례를 통해 말하려고 했던 것은 소수의 사람들이 특별한 체험을 했다는 데에 초점이 있는 것이 아니라 모든 그리스도인이 하나 되는 체험, 즉 새로운 공동체의 출현과 인종과 신분과 성별의 차이를 뛰어넘어 성령 안에서 "하나 된" 사건에 있었다. 그 점에서 성령침례는 공동체의 모든 구성원들을 "한 몸으로 통일시키는 기초"로서 중요한 의미를 가진다. 성령으로 침례를 받는다는 것은 "다양한 인종과 종교와 문화를 배경으로 하는 사람들을 그리스도의 '한 몸'으로 통일시키는" 교회론적 기초가 되기 위해서 소수의 사람들만이 하는 경험일 수 없다.[32] 사실 초대 교인들은 성령체험을 통해 능력으로 복음을 전했고, 동시에 자신들은 종교, 사회, 경제적인 영역에서 매우 혁명적인 삶을 시작했다. 이는 재산을 공유하고 구성원의 필요에 따라 분배하는 공동체를 구현하는 결과를 낳았다. 그들은 결코 신비적 혹은 감정적 차원에서 성령체험을 해소시킨 것이 아니라, 삶의 영역에서 새로운 공동체를 실현하는 능력으로 삼았던 것이다.[33]

은사문제와 관련해서 논쟁의 극대점을 보이는 구절은 고린도전서 13장 8절이다. 이 본문은 "온전한 것"이 올 때 일부 은사들(방언, 지식, 예언)이 폐할 것을 말하고 있다. 문제는 "온전한 것"을 어떻게 해석하는가 하는 것이다. 어떤 사람들은 이것을 사랑이나 경전의 완성으로 해석하지만, 또 다른 사람들은 그리스도의 재림으로 해석한다. 은사가 교회의 유익을 위해 주어진 것이라면 그 때는 종말의 때, 교회의 완성을 지시한다고 보는 것이 타당하다.[34]

그러므로 신약성경을 통해서 확인할 수 있는 사실은 중생과 성령침례를 구분하기보다는 하나로 이해하는 것이 더 바람직하다는 것이다. 성령의 일부 은사가 전적으로 중단되었다는 주장이나 성령의 역사를 제한하는 견해는 받아들일 만한 성경적 근거가 약하다. 오히려 성령의 은사는 계속된 성령충만을 통해 신자들이 받게 될 능력이요, 교회를 세우고 복음을 증거하는 데 필요한 성령의 선물로 이해하는 것이 좋다.

오늘날 방언현상

성령의 은사 가운데 교회 안에서 가장 논란이 되는 것은 아마도 방언 문제일 것이다. 방언은 기본적으로 성령의 선물이므로(고전 12:10, 행 2:4, 19:6), 그 현상을 원천적으로 부인하거나 무조건 폐기된 은사로 치부하는 것은 옳지 않다. 성령 하나님이 원하신다면 오늘날에도 누구나 방언을 받을 수 있고, 성령 하나님이 원하지 않으시면 아무도 받을 수 없다. 사람의 성격과 기질이 방언의 가부를 결정하는 것도 아니다. 방언은 온전히 하나님이 주시는 성령의 은사, 즉 선물이기 때문이다. 선물을 주시는 분은 성령 하나님이시다. 그러므로 누구라도 원하는 자는 방언을 받을 수 있지만 모든 사람이 다 방언을 받는 것은 아니다. 선물이라는 점에서 방언은 어떤 특별한 사람에게만 주어지는 은사도 아니고, 반대로 모든 신자들이 다 받아야만 하는 은사도 아니다. 그러니 모든 신자들이 다 방언을 받아야 한다고 주장하는 것은 비성경적이다. 그런데 한국의 일부 교회들이 모든 그리스도인들은 방언을 해야 한다고 주장하기 때문에 불필요한 갈등이 발생한다. 아무리 본인의 체험이 중요하고 유익하다 하더라도 그것을 섣부르게 일반화하거나 교리화하는 것은 미성숙한 태도다.

일반적으로 성경은 방언의 목적을 복음전도(행 2:4-11: 오순절형 방언)와 영의 기도(고전 14:14: 고린도형 방언)로 설명하는 것처럼 보인다. 현상적으로 볼 때, 오늘날도 오순절형 방언과 고린도형 방언이 상황에 따라 모두 일어날 수 있다고 말하는 것은 반대할 근거가 없다. 대개 방언을 강조하는 사람들은 전자가 믿지 않는 자들을 위한 방언이고, 후자는 믿는 자들을 위한 방언이라고 이해하는 것 같다. 하지만 방언에 관한 해석은 다양해서 그것을 하나로 일반화하기가 쉽지 않다. 다만 한 가지 분명한 것은 성경의 가르침에서 벗어난 방언현상에 대해서는 경계하거나 금지하는 것이 마땅하다는 것이다.[35]

오늘날 방언의 문제가 교회 안에서 끊임없이 제기되는 까닭은 그것이 본래의 목적에 맞게 사용되지 않거나 오해되고 있기 때문이다. 어떤 사람들은 방언을 마치 신앙의 경륜을 과시하는 수단으로 생각하거나, 심지어 어떤 사람은 방언을 구원받은 증거로 간주하기도 한다. 그러나 방언은 결코 구원받은 자의 표지가 될 수도 없고, 구원을 받기 위한 방편이 될 수도 없다. 구원은 오직 하나님의 은혜로 인한 믿음을 통해 가능하고, 방언은 하나의 은사 즉 선물이기 때문이다.

바울도 방언의 부정적 영향을 지적하고 있다. 초대교회 당시에도 사람들이 방언을 통해 자신의 덕을 세우고자 했던 것 같다. 바울은 교회에 유익하지 않은 방언을 금지시켰다. 그는 방언을 통역하기를 힘써야 하는데, 만일 통역하는 자가 없으면 교회에서 잠잠하라고 했다. 그리고 방언보다 남을 가르치는 것이 더 좋다고 했다(고전 14:4-28). 이것은 고린도교회에 여전히 방언현상이 있었다는 것과, 그것이 교회에 유익하지 않게 잘못 사용되고 있었다는 것을 의미한다. 그러므로 방언이 없다거나 사탄의 역사라고 무조건 배격하는 것도 문제지만, 그것을 지나치게 절대화하는 신앙도 바람직하지 않다.

방언현상에는 성령에 의한 방언이 있는가 하면, 학습된 방언도 있고, 일종의 종교적 체험에서 오는 경우가 있는가 하면, 심지어는 악령에 의한 방언도 있을 수 있다. 방언을 받기 위해 인위적으로 다양한 방법을 동원하는 것은 부적절할 뿐 아니라 위험할 수 있다. 그러므로 지나치게 방언만을 사모하는 것은 건전한 신앙을 파괴하는 요인으로 작용할 수도 있으므로 주의해야 한다.

현대교회에서 방언은 하나님과 나의 개인적 교제를 위해 여전히 필요할 수 있다. 방언의 역사가 오순절에 그치고 오늘날에는 없다고 생각하는 것은 바람직한 태도가 아니다. 하지만 반대로 방언이 구원의 필수 요소라거나 그것을 받아야만 성령충만한 증거라고 주장하는 것은 옳지 않다. 그것은 주관적인 개인의 경험을 일반화시키는 오류이기 때문이다.

성령의 아홉 가지 열매: 신학적 성찰

성령의 은사는 교회를 세우고 신자들이 교회 생활을 성공적으로 할 수 있도록 돕는 데 그 목적이 있다. 그리고 그 열매는 거룩한 삶으로 나타난다. 성령을 좇아 행하면 육체의 욕심이 이루지 않는다고 하신 말씀(갈 5:16)은 거룩한 삶을 위해 성령이 얼마나 필요한 것인가를 웅변적으로 보여준다. 신자는 성령으로 충만해야 한다(엡 5:18). 왜냐하면 성경은 "너희가 육신대로 살면 반드시 죽을 것이로되 영으로써 몸의 행실을 죽이면 살리니"(롬 8:13)라고 말씀하기 때문이다.

바울이 말하는 성령충만한 삶은 기본적으로 아름다운 교제(엡 5:19), 감사의 마음(엡 5:20), 서로 복종하는 마음(엡 5:21)으로 나타난다. 성경은 기적이 일어나거나 병을 낳게 하는 능력이 나타나는 것을 부인하지 않지만, 그것이 곧 성령충만한 삶의 표지라고 말하지 않는다. 물론 성령충만의 한 현상으로 그런 일들이 일어날 수도 있지만, 그런 일들이 성령충만의 목적은 아니다. 따라서 성령충만의 목적이 초자연적 은사를 행사하기 위한 것이거나 초자연적 능력을 경험하는 데 있어서는 안 된다.

오히려 성경이 강조하는 성령충만의 궁극적 목적과 그 결과는 성령의 아홉 가지 열매에 있다. 이 열매들은 신자들이 삶에서 나타내야 할 중요한 신앙의 덕목들이다(갈 5:22-23). 이 덕목은 하나님과 나와 이웃의 관계 속에서 완성되는 것이다. 이 열매를 얻기 위해 성령의 초자연적 능력이나 기적 등이 필연적으로 요구되는 것은 아니다. 목회자에게 요구되는 자질도 마찬가지다. 교회지도자의 자격조건은 초자연적 능력이 아니라 성화된 삶의 질이요 태도다(딤전 3:1-13; 딛 1:5-9). 바울의 목회서신에 나타난 교회지도자의 자격은 예언이나 방언, 이적과 같은 초자연적 능력이 아니었다는 것에 주목할 필요가 있다. 바울의 마지막 서신서인 디모데후서에서 말하는 성경의 영감에 대한 교훈은 성도들의 삶을 주관적인 능력 행함이나 사사로운 예언보다 객관적 말씀에 의존하라는 당부로 새겨들어야 한다.

성령의 첫 번째 열매는 사랑(love)이다. 이것은 희생적 사랑인 아가페(agape)를 의미한다. 아홉 가지 열매 가운데 첫 번째 열매가 사랑인 것은 그것이 모든 열매의 출발이라는 의미를 가지고 있다. 이 첫 번째 열매가 없이는 다른 어떤 열매도 기대할 수 없다. 그 점에서 사랑은 가장 중요한 열매다. 그러므로 모든 성령의 은사는 반드시 사랑의 법으로 해석되어야 한다. 사랑이 결여된 은사는 성령의 은사가 아니다. 두 번째 열매는 희락(joy)이다. 이 희락은 하박국 기자의 고백처럼 세상이 주는 기쁨이 아니라 하나님이 주시는 기쁨이다(합 3:17-18). 세 번째는 화평(peace)이다. 이 화평은 하나님과 성도 사이의 화평이요, 성도와 성도 사이의 화평이다. 성경은 화평하게 하는 자가 하나님의 아들이라 했다(마 5:9). 이 화평은 세상의 방법으로 얻을 수 있는 화평이 아니다. 네 번째는 오래 참음(patience)이다. 오래 참음은 모든 성도들의 미덕이다. 참고 기다리는 것은 시험을 이기는 힘이다. 이것은 믿음의 결과이기도 하다. 끝까지 참고 인내하는 것은 하나님의 마음을 닮는 일이기도 하다. 다섯 번째는 자비(kindness)다. 자비는 긍휼히 여기는 마음이다. 하나님은 긍휼을 베푸시는 분이시며, 또 우리가 긍휼을 베풀기를 원하시는 분이다(마 9:13). 여섯 번째는 양선(goodness)이다. 양선은 사랑의 실천이다. 적극적으로 이웃에게 선을 행하는 것을 의미한다. 일곱 번째는 충성(faithfulness)이다. 이것은 진실과 같은 말로써 변치 않는 것을 의미한다. 하나님을 향한 마음, 진리를 향한 마음이 변치 않는 것이 충성이다. 여덟 번째는 온유(gentleness)다. 온유는 예수 그리스도의 마음이다. 성령충만한 사람은 궁극적으로 그리스도의 마음을 닮아가야 한다. 그것이 우리가 회복해야 할 하나님의 형상이다. 마지막 아홉 번째는 절제(self-control)다. 이 절제는 금욕주의와는 무관하다. 홀로 있을 때 삼가라(愼獨)는 말처럼, 하나님과 자신과 다른 사람들과 모든 피조물 앞에서 욕망을 자제하는 것이다. 성령의 열매는 믿음을 통해 사랑으로 출발하여 절제로 끝날 때 비로소 완성된다. 하지만 성령의 열매가 아닌 것은 불신을 통해 증오로 출발하여 탐욕으로 끝난다.

* * *

성령론은 신론이나 구원론의 부속품이 아니다. 마찬가지로 성령의 사역이나 현상이 다른 어떤 목적을 위한 수단이 되어서도 안 된다. 성령은 성부, 성자와 더불어 삼위일체 하나님이시다. 어떠한 논리와 근거를 제시한다 하더라도 성령이 수단화되는 것은 개인의 신앙뿐 아니라 교회공동체의 정체성을 파괴하는 결과를 낳게 된다.

성령의 사역을 수단화하지 않으려면 먼저 성령의 실체에 대한 성경적 이해가 뒷받침되어야 하고, 성령의 다양한 역할에 대한 안목과 경험이 필요하다. 그 어떤 현상보다도 더 직접적으로 성경에서 요구하는 것이 바로 영을 분별하는 것이다. 성경은 하나님의 뜻(롬 12:2), 예언(고전 14:29), 하나님의 말씀(딤후 2:15), 선악(히 5:14) 등을 분별하라고 했지만, 그 가운데에서도 특히 영들과 영적인 것(고전 2:13; 12:10), 그리고 그 영들이 하나님께 속해있는지를 분별하라고 당부한다: "사랑하는 자들아 영을 다 믿지 말고 오직 영들이 하나님께 속하였나 분별하라 많은 거짓 선지자가 세상에 나왔음이라"(요일 4:1). 이 말은 하나님에게 속하지 않은 악한 영들이 거짓 선지자들에 의해 사랑하는 자들을 미혹하고 있다는 것을 경고한 것이다. 그렇다면 어떻게 분별할 수 있을까? 거짓선지자들의 말과 행동을 판단할 수 있는 근거는 그들의 삶과 결실에 있다. 신명기 18장 22절은 다음과 같이 정확하게 경고한다: "만일 선지자가 있어 여호와의 이름으로 말한 일에 증험도 없고 성취함도 없으면 이는 여호와께서 말씀하신 것이 아니요 그 선지자가 제 마음대로 한 말이니 너는 그를 두려워하지 말지니라."

신약시대의 성령은 신자 안에 내주하신다. 내주한다는 것은 내 안에서 나와 함께 생각하고 감동하고 동고동락한다는 의미다. 그리고 내 안에서 성령은 나를 변화시켜 내가 더 그리스도인다워지고 하나님이 원하시는 거룩한 성화의 삶을 살아갈 수 있도록 도와주신다. 그로 인해 우리는 예수 그리스도를 닮아가고, 그분의 명령을 실천에 옮길 수 있게 되는 것이다.

성령의 은사는 성령께서 원하시는 일을 능력으로 행하도록 주어지는 선물이므로 은사를 제대로 이해하려면 일차적으로 성령이 가장 원하는 일이 무엇인지를 파악하는 것이 중요하다. 이 방향성을 잃어버린 성령의 은사는 위험할 수 있다. 성령은 예수 그리스도의 사역을 완성하기 위해 보혜사로 오신 분이다. 그 목적에 충실하지 않는 성령의 은사와 현상은 비판적으로 분별해야 할 대상이다. 특별히 한국 교회가 초기에 성령운동을 통해서 세상의 빛과 등불의 역할을 잘 감당할 수 있었던 것은 성령체험이 가시적, 감각적 현상에 머무르지 않고, 그 에너지를 도덕적이고 사회적인 방향으로 성화시켰기 때문이었다. 이는 성령의 은사와 충만을 "소유하는 것"(to have)에 목표를 두지 않고 성숙한 그리스도인이 "되는 것"(to be)에 초점을 맞추는 것을 의미한다. 한국 교회는 중생과 성령침례의 고질화된 논쟁에서 벗어나 좀 더 포용적 차원에서 성령충만을 추구하며 실추된 교회의 위상을 바로 세우는 데 힘을 모아야 한다.36)

주(註)

1) 김용복, "성령침례의 성서적-신학적 이해: 침례교의 관점에서," 「복음과 실천」, 43집 (2009 봄): 229-32 참조.
2) 성결운동과 오순절운동의 관계에 관해서는 박명수, 「근대복음주의의 주요 흐름: 한국 성결교회의 배경에 대한 연구」 (서울: 대한기독교서회, 1998), 217-67 참조. 박명수는 오순절운동이 18세기 영국에서 시작한 성결운동에서 비롯되었지만, 성결보다 성령의 은사(특히 방언)에 강조점을 둔다는 점에서 차이가 있다고 보았다(ibid., 223).
3) 최초로 '제3의 축복'을 주장한 사람은 침례교 목회자 어윈(Benjamin H. Irwin)이었는데, 이 운동은 극단적으로 흘러 자극적인 신비체험을 추구하다가 결국 어윈의 도덕적 타락으로 막을 내리고 말았다. 배본철, "한국교회 성령운동의 외래적 배경," 「크리스천투데이」, 2003년 8월 1일자 [온라인신문] http://www.christiantoday.co.kr/view.htm?code=oc&id=150162, 2009년 1월 14일 접속; 박명수, 「근대 복음주의의 주요 흐름」, 223-6.
4) David Emmanuel Goatley, "The Charismatic Movement Among Baptists Today," *Review and Expositor*, 94/1 (Winter 1997): 31; Stanley Grenz, *Theology for the Community of God* (Nashville: Broadman & Holman Publishers, 1994), 543.
5) 박명수, 「근대 복음주의의 주요 흐름」, 245.
6) Grenz, *Theology for the Community of God*, 543-4.
7) W. E. Whalley, "Pentecostal Theology," *The Baptist Quarterly*, vol. 27, no. 7 (1978): 287.
8) Dale Moody, *The Word of Truth: A Summary of Christian Doctrine Based on Biblical Revelation* (Grand Rapids: William B. Eerdmans, 1981), 36; Millard J. Erickson, *Introducing Christian Doctrine*, ed. L. Arnold Hustad (Grand Rapids: Baker Book House, 1992), 271.
9) Grenz, *Theology for the Community of God*, 544.
10) Ibid., 482.
11) 박영돈, 「일그러진 성령의 얼굴: 한국교회 성령운동, 무엇이 문제인가」 (서울: IVP, 2011), 197.
12) Grenz, *Theology for the Community of God*, 483.
13) 김용복, "성령침례의 성서적-신학적 이해," 247-52.
14) Wayne Grudem, *Systematic Theology: An Introduction to Biblical Doctrine* (Grand Rapids: Zondervan Publishing House, 1994), 770.
15) George R. Beasley-Murray, 「성서적 침례론」, 임원주 역 (서울: 검과흙손, 2006), 177.
16) Lloyd David Franklin, "Spirit-Baptism: Pneumatological Continuance," *Review and Expositor*, 94/1 (Winter 1997): 19.
17) Beasley-Murray, 「성서적 침례론」, 191.
18) Grenz, *Theology for the Community of God*, 547.

19) Stanley E. Anderson, *Your Baptism Is Important* (Little Rock: Seminary Press, 1958), 93-4.
20) Grenz, *Theology for the Community of God*, 547. 하지만 한 가지 관점은 분명하다. 결과적으로 사도행전의 성령강림 사건은 복음의 전파 상황과 밀접한 관계를 맺고 있다는 것이다. 사도행전은 예수께서 명령하신 대로(행 1:8) 예루살렘-사마리아-가이사랴-소아시아로 복음이 전파되는 과정에 따라 성령강림의 사건을 기록하고 있다. 이 점에서 사도행전은 예수의 명령이 성령의 역사에 의해 이런 방식으로 실천되었다는 것을 보여준 것이다.
21) 홍정길, "성령과 성령세례," 「현대교회와 성령운동」, 옥한흠 편 (서울: 엠마오, 1984), 118-20.
22) Grudem, *Systematic Theology*, 781.
23) 김용복, "성령침례의 성서적-신학적 이해," 254-6.
24) 황승룡, 「성령론: 신학의 새 패러다임」 (서울: 한국장로교출판사, 1999), 134.
25) Hans Küng, 「교회란 무엇인가?」, 이홍근 역 (왜관: 분도출판사, 1978), 103-4 참조.
26) Richard Gaffin 외 3인, 「기적의 은사는 오늘날에도 있는가: 은사에 대한 네 가지 관점」, 이용중 옮김 (서울: 부흥과개혁사, 2009), 10-4.
27) 영어성경 God's Word the Nations는 다음과 같이 이것을 직설법으로 번역했다: "You only want the better gifts, but I will show you the best thing to do." NIV 영어성경은 각주에서 직설법으로 번역이 가능하다는 의견을 제시했다.
28) 김용복, "성령침례의 성서적-신학적 이해," 251-3.
29) Ibid., 251-2.
30) Stanley Grenz, 「조직신학: 하나님의 공동체를 위한 신학」, 신옥수 옮김 (고양: 크리스챤다이제스트, 2003), 610.
31) Veli-Matti Kärkkäinen, 「21세기 성령론」, 김명남 옮김 (서울: 프라이스, 2005), 41-3.
32) 이한수, "바울과 누가의 성령 이해," 「기독교연합신문」, 1993년 3월 14일자, 17면.
33) 김경희, "우주적 소통의 경험 및 새로운 평등 공동체의 비전으로서의 초창기 기독교인들의 성령체험과 평등 공동체의 실현을 위한 그들의 구체적인 실천들," 「신학사상」, 138집 (2007 가을): 64, 74, 83.
34) 김동수, 「방언은 고귀한 하늘의 언어」 (서울: 이레서원, 2008), 167.
35) 김용복, "방언현상에 관한 역사적, 신학적, 성서적 이해: 침례교 조직신학의 관점에서," 「복음과 실천」, 53집 (2014 봄): 122-3.
36) 김용복, "성령침례의 성서적-신학적 이해," 256.

18
하나님 나라와 교회

바리새인들이 하나님의 나라가 어느 때에 임하나이까 묻거늘
예수께서 대답하여 이르시되
하나님의 나라는 볼 수 있게 임하는 것이 아니요
또 여기 있다 저기 있다고도 못하리니 하나님의 나라는 너희 안에 있느니라
누가복음 17장 20-21절

하나님 나라와 교회는 어떤 관계일까? 교회가 하나님 나라를 표상하는 것이라면 교회는 어떠해야 하는가? 그 둘의 관계가 본질적으로 연결된 것이면, 오늘날 교회는 왜 하나님 나라를 제대로 드러내지 못하는 것일까? 또한 교회는 이 사회와 어떤 관계여야 하는가? 이는 교회의 존재이유를 찾기 위해 끊임없이 물어야 할 질문들이다. 특히 교회성장주의에 빠져서 제 기능을 하지 못하고 있는 한국 교회는 이런 문제와 좀 더 치열하게 씨름할 필요가 있다. 사회가 우리에게 어떤 의미가 있는가를 물어야 하고, 그 사회를 위해서 교회가 무엇을 해야 하는가를 알아야 한다. 한국 교회에 대한 비판의 소리가 아무리 드높다 하더라도 다음의 글처럼 여전히 우리는 교회에 대한 희망과 기대를 저버릴 수 없기 때문이다:

요즘 누가 교회의 소리에 귀를 기울이는가. 교회야말로 울타리를 걸어놓고서 자신과 아무 상관이 없는 듯, 약자에 대해 침묵하는 회칠한 무덤이 되어가고 있는 것은 아닌가! 일부 개교회에서는 외국에서 온 힘 없는 나그네들을 보살피는 사역을 하고 있다. 그렇다. 돈이 모든 것인 듯 휘청되고 있는 이 나라에서 교회만은 중심

을 지키고 있어야 한다. 교회만은 약자를 위해 눈을 돌릴 수 있어야 한다. 교회만은 말이다. 교회마저 무너진다면, 이 나라에 과연 희망이 있겠는가.[1]

    교회가 제 기능을 상실했다면, 그 원인은 교회의 본질을 망각했기 때문이다. 그렇다면 교회의 본질은 무엇인가? 교회의 본질은 교회가 존재하는 까닭에서 찾을 수 있다. 왜 교회가 이 땅에 생겼는가? 이처럼 교회의 존재이유를 묻는 사람은 어김없이 하나님 나라와 직면하게 된다. 그리고 하나님 나라는 무엇을 가리키는가? 하나님 나라와 교회는 어떤 관계인가를 묻게 된다. 성경은 하나님 나라와 교회에 대해 우리에게 어떤 정보를 제공해주고 있는가? 만일 이 질문에 대한 올바른 답을 찾는다면 교회의 정체성과 역할을 바르게 이해할 수 있게 될 것이다.
    하나님 나라의 도래는 신약성경의 핵심 메시지에 해당한다. 예수 그리스도의 첫 복음 선포도 "하나님 나라"(천국)가 가까웠다는 선언이었다. 그래서 하나님 나라는 기독교신앙의 궁극적 지향점이 되어야 한다. 그런데 하나님 나라가 이 땅에 이루어지기를 바라는 수많은 그리스도인들이 정작 하나님 나라와 반하는 삶을 살고 있다면 그처럼 모순된 일도 없을 것이다. 과연 하나님 나라는 어떻게 이 땅에 도래하는가? 하나님 나라를 맞이하려면 어떤 자격조건을 갖추어야 하는가? 그리고 하나님 나라와 교회는 어떤 관계이며, 하나님 나라의 도래를 위해 교회는 무슨 일을 해야 하는가? 이와 같은 질문은 오늘날 그리스도인들의 가장 큰 관심사요 이루어야 할 과제를 반영한다. 하지만 한국 교회의 현주소는 어떠한가? "추락하는 교회에는 날개가 없다"고 풍자될 만큼 한국 교회의 병폐가 그 끝을 가늠하기 어려울 지경이다.[2]
    하나님 나라는 그리스도인들의 궁극적 희망이다. 이 나라는 하나님이 인격, 힘, 의, 진리, 사랑으로 임재하시는 곳이다. 이러한 하나님 나라는 이중적 의미를 가진다. 하나는 이 땅에 도래한 하나님 나라를 의미하고 다른 하나는 오는 세상에서 완성될 하나님 나라를 가리킨다. 특히 오는 세상의 하나님 나라는 하나님의 직접적인 통치와 종말론적인 완성, 그리고 최후의 상태를 함축한다. 문제는 오는 세상의 하나님 나라에만 지나치게 집중하기 때문에 이 땅에서 이루어질 하나님 나라를 소홀히 하게 된다는 것이다. 하나님 나라가 이 땅에서만 실현되는 것은 물론 아니지만, 이 땅과 하나님 나라를 분리시키는 것은 심각한 이원화의 문제를 야기한다. 비록 하나님 나라가 하나님이 직접 통치하는 곳으로서 단순히 사회적 개혁이나 윤리적 차원에서 설명될 수 없는 것은 사실이지만, 이 땅의 삶과도 결코 무관한 것은 아니다. 그러므로 하나님 나라를 교회와 동일시하는 것도 문제지만, 교회와 분리시키는 것도 바람직하지 않다.

하나님 나라의 성경적 이해

하나님 나라에 대한 성경적 이해는 다소 시차가 존재한다. 구약에서 말하는 하나님 나라와 신약에서 증언하는 하나님 나라의 성격이 서로 다른 것은 구약의 율법과 신약의 복음의 차이만큼 그 본질에서 지향하는 바에 차이가 있기 때문이다. 또한 하나님 나라에 대한 신학자들의 이해도 그 못지않게 다양하다. 과연 하나님 나라를 어떤 관점에서 바라보아야 하는가? 구약과 신약에 나타난 하나님 나라의 차이점은 무엇인가? 구약과 신약의 하나님 나라 개념은 율법과 복음의 차이점과 어떤 점에서 유비될 수 있는가? 만일 이 차이점을 인식하지 못할 때 어떤 문제가 발생할 수 있는가? 하나님 나라의 현재성과 미래성을 D-day와 V-day로 설명할 수 있는 근거는 무엇인가? 이와 같은 질문들은 하나님 나라를 이해하는 중요한 안목을 제공해줄 것이다.

구약의 하나님 나라

구약성경에 나타난 하나님 나라는 대체로 이 땅에서 하나님의 통치와 관계가 있다. 구약의 히브리어 '말라크'(malak)는 왕의 존재와 통치를 의미한다.[3] 윌리엄 스티븐스(William W. Stevens)의 설명에 따르면, 하나님의 통치는 하나님의 전적인 주권에서 나온 것이다. 하나님은 만물을 통치하신다(시 103:19). 특별히 하나님은 이스라엘을 다스리시는 왕이시다(사 43:15). 여기서 하나님이 통치하시는 나라, 즉 유일신관에 기초한 신정왕국이라는 개념이 나온다. 이스라엘을 다스리는 왕이신 하나님은 오직 한 분뿐이다(사 44:6).[4] 실제로 이스라엘 백성들은 하나님의 의로운 통치를 경험하며 살았다. 그것은 "단순한 추상적 개념이나 비유적 표현"이 결

코 아니었다.5)

그런데 이 신정왕국 개념은 이스라엘 백성들이 이 땅의 왕을 요구하면서 깨지게 된다. 이스라엘이 요청한 세상의 왕은 하나님의 주권을 부인하고 "하나님의 직접적 통치를 포기"하는 것으로 간주된다. 성경은 이 사건을 다음과 같이 해석한다: "여호와께서 사무엘에게 이르시되 백성이 네게 한 말을 다 들으라 이는 그들이 너를 버림이 아니요 나를 버려 자기들의 왕이 되지 못하게 함이니라"(삼상 8:7). 이스라엘이 세상의 왕을 요구한 것은 하나님을 저버린 것이다. 그럼에도 하나님은 이스라엘을 사랑하셔서 다윗이 건설한 왕국을 통해 하나님 나라를 약속하신다. 다윗과 솔로몬은 "보이지 않는 왕의 보이는 대리자들"이다. 이후 다윗 왕국은 이스라엘이 소망하고 기대하는 하나님의 왕국의 원형이 되고, "기름부은 자," 즉 메시아 신앙의 모체가 된다(사 11:1; 사 9:6-7).6) 이로써 구약에서 하나님 나라는 다분히 이 땅에 건설된 이스라엘의 왕국, 신정왕국을 암시하고 있으며, 현세적이고 민족적 성격을 띠고 있다.

신약의 하나님 나라

신약에 오면 하나님 나라 개념은 이중성을 띠게 된다. 우선 신약성경에서 하나님 나라에 대한 구체적 설명이 등장하지 않는다는 것은 그 말을 청중들이 알아들었다는 것을 의미한다. 그런 점에서 일차적으로 하나님 나라는 하나님의 통치가 그들의 삶 가운데 실현되는 것으로 이해되었을 것이다. 마태복음에서 메시아의 도래에 대해 의문을 제기했던 요한의 제자들에게 예수께서 보이신 반응은 이 땅에서 고통 받는 사람들에게 복음이 선포되는 현장을 알리는 것이었다(마 11:4-5).7) 하지만 신약의 하나님 나라는 단순히 현재 이 땅에서 실현되는 왕국 개념을 넘어선다. 알버트 누드슨(Albert C. Knudson)은 하나님 나라의 이중성을 다음과 같이 묘사했다: 하나님 나라는 "'영생'으로 규정되는 영적인 선(善)"이며, "국가적 및 정치적 제한이 없는 우주적"인 것이다. 또한 하나님 나라는 "사회적 선인 동시에 개인적 선"이다.8) 구약의 말라크가 민족적이고 현세적인 하나님 나라를 가리켰다면, 신약의 헬라어 '바실레이아'(basileia)는 왕의 존재와 통치를 의미하면서 동시에 우주적이고 영적인 개념으로 발전한 것이다. 그 점에서 "예수의 영적 나라는 이스라엘의 신정왕국의 성취"였다.9) 하나님 나라의 이런 이중적 측면은 사실 구약과 신약에서 끊임없이 보여주는 외향성과 내향성의 조화이면서 동시에 갈등이기도 하다.

하나님 나라에 대해서 가장 큰 관심을 보인 분은 당연히 예수 그리스도시다. 예수께서는 공생애를 시작할 때 제일 먼저 "회개하라 천국이 가까웠느니라"(마 4:17)고 선포하셨다. 사실 그분의 가르침과 행동, 그리고 십자가의 죽음은 이 하나님 나라를 빼놓고는 도무지 이해할 수 없는 것이다. 따라서 예수의 하나님 나라 사상을 알기 위해서는 먼저 공관복음서에 집중해야 한다.

공관복음서에는 하나님 나라(the Kingdom of God)가 천국(the Kingdom of heaven)이란 용어와 혼용되고 있다. 마태는 주로 "천국"을 사용했고, 마가와 누가는 "하나님 나라"를 사용했다. 그런데 이 두 용어는 서로 같은 것을 지칭한다고 보는 것이 좋을 듯하다. 다드(C. H. Dodd)는 이런 현상을 마태가 유대인들을 독자로 글을 썼기 때문이라고 설명했다. 유대인들은 하나님의 이름을 함부로 부를 수 없는 전통을 가지고 있었기 때문이라는 것이다. 하늘은 하나님에 대한 완곡한 표현인 셈이다. 그러나 브루스(A. B. Bruce)는 마태가 이스라엘의 지상 왕국 개념을 제거하기 위해서 하늘이라는 단어를 사용했다고 해석했다.10) 아마도 이 두 가지는 모두 어느 정도 근거 있는 설명이라고 할 수 있을 것이다.

그런데 공관복음서에 나타난 하나님 나라는 이중적 의미를 보여주고 있다. 첫째로, 하나님 나라와 세상의 관계가 이중적이다. 하나님 나라는 기본적으로 그리스도가 세우는 나라요, 인간이 세우는 나라가 아니다. 그 나라는 이 세상에 속한 것이 아니고 눈에 보이는 물질적인 것이 아니다(눅 17:20). 그러나 동시에 그 나라는 우리 안에 이미 자리 잡고 있으며(요 8:36; 눅 17:21), 우리가 소유할 수 있는 나라(마 5:3)라는 점에서 이중적이다. 둘째로, 하나님 나라는 처음에는 제자들에게 비밀로 전수된 것이지만(마 13:10-11), 그 나라는 하나님의 뜻대로 행하는 사람이면 누구에게나 개방된 곳(마 7:21)이라는 점에서도 이중적이다. 셋째로, 하나님 나라는 시간적으로 현재와 미래를 포괄한다는 점에서 이중적이다. 성경은 하나님 나라의 현재성에 대해 이렇게 말한다: "그러나 내가 하나님의 성령을 힘입어 귀신을 쫓아내는 것이면 하나님의 나라가 이미 너희에게 임하였느니라"(마

12:28). 즉, 하나님 나라는 이미 우리에게 임했다는 것이다. 단순히 하나님 나라를 미래의 어느 시점, 피안의 세상에서 맞이하게 될 사후의 나라로만 이해할 수 없는 이유가 여기에 있다. 하나님 나라는 이 땅에서 우리 가운데 임하는 구체적인 실체여야 한다. 그러므로 이 땅의 하나님 나라를 외면하고 사후 세계만을 사모하는 것은 하나님 나라에 대한 그릇된 이해에서 비롯된 것이다. 그러나 하나님 나라는 저 세상에서 실현될 어떤 것이라는 사실도 간과해서는 안 된다. 하나님 나라의 미래성에 대해 예수께서는 이렇게 말씀하셨다: "그러나 너희에게 이르노니 내가 포도나무에서 난 것을 이제부터 내 아버지의 나라에서 새것으로 너희와 함께 마시는 날까지 마시지 아니하리라 하시니라"(마 26:29). 여기서 아버지의 나라는 현재가 아니라 미래에 이루어질 어떤 나라를 의미한다. 그 구체적인 실체를 정확히 알 수는 없지만, 적어도 그것이 시간적으로 미래에 일어날 일인 것만은 분명하다. 그러므로 신약성경은 하나님 나라가 이 세상과 오는 세상, 혹은 현재와 미래를 모두 포괄하는 어떤 것이라는 사실을 말해준다. 이처럼 복음서에서 묘사하고 있는 하나님 나라는 모순된 것처럼 보이는 이중적인 면을 가지고 있지만, 그것은 우리에게 하나님 나라의 정체를 이해하는 데 어떤 극단적인 한 면만을 부각시킬 수 없다는 진리를 가르치고 있다. 이는 오스카 쿨만(Oscar Cullmann)이 간파했던 대로 신약성경 안에서 '긴장관계'를 통해 하나님 나라를 이해하는 한다는 것을 의미한다.

하나님 나라의 본질과 자격조건[11]

오늘날 기독교인들이 공동으로 직면해 있는 위기의식 가운데 하나는 우리의 신앙이 삶과 동떨어져 있지 않은가 하는 인식이다. 신앙인 가운데 자기 마음을 속이지 않고, 하나님 앞에서 위선 떨지 않는 참다운 신앙을 소유하고 싶지 않은 사람이 있을까? 예수 그리스도를 주님과 메시아로 인정하고 모신 우리가 그분을 위해 헌신하고 그분의 뜻을 이뤄 드리고자 하는 간절한 바람은 어쩌면 당연한 것일지 모른다.

하지만 많은 사람들은 그 방법을 알지 못한다. 아니 좀 더 정확하게 표현한다면, 방법을 모른다기보다는 그 실천 방법이 우리의 삶 속에서 구체적으로 적용되지 못하고 있기 때문일 것이다. 사실 이런 문제를 깨닫는다는 것은 신학적인 지식이 많고 적음을 떠나서, 신앙의 깊고 얕음과 관계없이, 우리 모두에게 곤혹스런 경험이요, 매우 난처한 문제제기가 아닐 수 없다. 이 문제를 해결하는 한 가닥 희망은 성경적인 신앙을 회복하는 것이다. 성경적 신앙을 회복하기 위해서는 전통과 관습에 의존할 것이 아니라, 성경의 말씀에 귀를 기울여야 한다.

하나님 나라의 본질

예수의 신앙과 삶은 하나님 나라라는 포괄적 개념으로 집약될 수 있다. 따라서 하나님 나라의 성격을 규명하는 것이 그분의 뜻을 이해하는 지름길이 될 것이다. "하나님 나라," "하늘나라"는 주로 공관복음서에서 등장한다. 예수께서 공생애를 시작하실 때 제일 먼저 선포하신 천국의 도래는 신학적으로 말하면 일종의 '종말론적 관심'이다. 그러므로 모든 조직신학 중에서 종말론을 가장 중요한 주제로 간주했던 알버트 슈바이처(Albert Schweitzer)의 견해는 정당한 탁견이었다. 그렇다면 복음서는 하나님 나라에 대해서 무엇을 말하고 있는가?

비유에 나타난 하나님 나라

하나님 나라에 대한 예수의 설명 방식이 비유라는 점에 주목할 필요가 있다. 왜 예수께서는 하나님 나라를 비유가 아니면 설명하지 않으셨는가? 아마도 그것은 하나님 나라의 비밀을 알아들을 자는 알아들어 그 나라를 소유하게 하고, 그렇지 못한 자는 들어도 이해할 수 없어 그 나라를 소유할 수 없게 하기 위함일 것이다(마 10:12-13). 주님은 하나님 나라가 그 특성상 비유가 아니면 설명할 수 없다고 믿으셨던 것 같다.

복음서에 등장하는 하나님 나라에 대한 대표적인 비유는 씨 뿌리는 비유(마 13:19), 가라지 비유(마 13:24), 누룩 비유(마 13:33), 감추인 보화 비유(마 13:44), 좋은 진주 비유(마 13:45-46), 그물 비유(마 13:47-50), 무화과나무 비유(눅 21:29-31), 열처녀 비유(마 25:1-12) 등이다. 이 비유들에 나타난 하나님 나라의 특성은 다음과 같이 해석될 수 있다.

첫째, 하나님 나라의 '고귀성'이다. 감추인 보화와 좋은 진주로 비유된 그곳은 이 세상에 있는 그 어떤 것보다도 귀한 것이어서 우리는 그곳을 발견한 뒤로는 다른 모든 것을 포기하기에 충분한 것이어야 한다. 즉 우리의 가치관이 온통 하나님 나라에 쏠리게 된다는 것이다. 그러므로 하나님 나라를 발견했다고 말하는 사람이 그 일보다 다른 일에 빠져 있는 것은 참으로 그가 하나님 나라를 발견하지 못했다는 것을 보여주는 증거다. 여기서 우리는 하나님 나라를 위해서는 자기 자신의 세상적인 이익에 연연해서는 안 된다는 가르침을 받는다. 절대 진리를 추구하는 사람은 그 진리를 위해서 자신을 희생해야 한다는 것을 기억할 필요가 있다. 앤소니 드 멜로(Anthony de Mello)는 이 문제를 "진리를 파는 가게"라는 예화를 통해 풍자적으로 설명했다:

  간판에 씌어 있는 글씨를 보고 나는 눈을 의심했다. "진리를 팝니다": "각종 진리 일체" 판매원 아가씨는 매우 예의발랐다. "무슨 종류를 사시려고요? 부분 진리를 원하세요, 아니면 전체 진리를 찾으세요?" "전체 진리, 그럼요, 전체 진리를 보여 주시오, 내게 속임수는 필요 없소. 변명도, 합리화도. 평이하고도 명료한 나의 진리, 그게 내가 바라는 거요."
  아가씨는 가게 안의 다른 부분을 가리켰다. 그 쪽이 전체 진리를 파는 곳이란다. 그곳 판매원은 안쓰러운 눈으로 나를 바라보더니 정찰을 가리켰다. "값이 몹시 비싼데요, 선생님." "얼마요?" 값이야 얼마든 전체 진리를 얻고야 말리라고 마음먹고 나는 물었다. "이걸 가져가시면 여생의 모든 평안을 잃는 값을 치르시게 됩니다."
  나는 슬픈 마음으로 가게에서 나왔다. 싼값으로 오롯한 진리를 얻을 수 있을 줄로 나는 생각했었다. 아직도 나는 진리를 취하여 값을 치를 각오가 되어 있기는 커녕 걸핏하면 평온과 안일을 갈구하고 있고, 아직도 나 자신을 두둔하고 합리화하여 조금씩 스스로를 속일 필요가 있으며, 아직도 의문의 여지없이 확고한 나의 믿음들이라는 은신처를 찾고 있다.[12]

하나님 나라는 전체 진리여야 한다. 주님이 말씀하신 감추인 보화와 좋은 진주 비유는 싼값으로 그 나라를 얻을 수 있으리라는 우리들의 환상을 깨는 것이다. 그러므로 하나님 나라를 소유할 수 있는 자는 자신의 것을 버릴 희생이 뒷받침되어야 한다. 그런 믿음과 각오를 토대로 삼을 때, 우리의 신앙과 삶은 분리되지 않을 것이다.

둘째, 하나님 나라의 '점진성'이다. 그 나라는 처음에는 작게 시작하지만 나중에는 거대해진다는 특성을 가지고 있다. 겨자씨 비유나 누룩의 비유가 이를 증언한다. 하나님 나라는 많은 사람들이 시시한 일이라고 거들떠보지도 않는 일에서부터 시작한다. 사람들은 가난하고 힘없는 사람들은 돌아보려고 하지 않는다. 작고 보잘 것 없는 일에는 관심도 없다. 자기의 이름을 내세울 수 없는 일이나, 힘 있는 사람에게 잘 보일 수 있는 일이 아니면 좀처럼 나서려 하지 않는다. 그러나 나중 된 자가 먼저 되는 것이 하나님 나라에서 통하는 원리며(포도원 비유, 마 20:1), 세리나 창녀들이 대제사장이나 백성의 장로보다 먼저 들어갈 수 있는 곳이 하나님 나라다(마 21:31). 이런 말씀은 상식적으로 납득하기 어렵지만, 하나님 나라는 바로 그런 비상식적인 일 가운데서 열매를 맺는 기적이다. 그러므로 하나님 나라를 소유한 자는 그 안에서 점점 하나님 나라의 성장을 경험한다. 만일 우리가 처음에는 하나님 나라로 충만한 은혜를 누린 것 같지만 날이 갈수록 그것이 작아진다거나 그 기쁨이 사라진다면, 우리가 하나님 나라를 진정으로 소유했는지를 다시 돌아보아야 한다. 신자의 삶은 하나님 나라의 시작과 같이 겉보다는 속에 가치를 둔 삶이어야 한다.

셋째, 하나님 나라의 '종말성'이다. 그물의 비유나 열 처녀 비유에서처럼, 하나님 나라는 심판하는 곳이요, 마지막 때 일어날 사건이라는 점에서 종말론적이다. 종말론적이라는 의미는 시간적으로 이 세상의 마지막에 일어날 일이라는 점에서도 그러하지만, 우리에게 하나님 나라가 실존적으로 마지막 희망이라는 의미에서도 그러하다. 따라서 그 나라는 참고 기다려야 할 곳이다. 이는 마치 말콤 펜윅 선교사가 표현한 것처럼[13] 시골 처녀가 양반 도령을 기다리듯 하나님 나라는 참고 기다려야 하는 곳이라는 의미를 담고 있다.

하나님 나라를 소유한 자의 자격 조건

하나님 나라를 소유하고자 하는 자는 어떤 조건을 갖추어야 할까? 신앙의 결실을 맺고 싶어도 구체적인 방법을 알지 못하기 때문에, 우리는 때때로 엉뚱한 일에 몸과 마음을 다 바치는 경우가 있다. 간혹 어떤 사람들은 자신의 집을 팔아서 그 돈을 교회에 바친다거나, 적금통장을 깨서라도 목사에게 좋은 자가용을 사주기도 한다. 하지만 그러면서 그들은 그런 방식으로 자신의 신앙을 표현하는 것이 정말 하나님의 뜻에 부합한 일일까 하는 의구심을 쉽게 떨쳐버리지는 못한다. 그래서일까? 많은 사람들은 좀 더 구체적으로 우리의 신앙이 삶 속에서 꽃을 피울 수 있는 방법을 알기 원한다.

복음서는 하나님 나라를 소유한 사람에 대하여 분명한 어조로 증언한다. 우리는 어렵지 않게 성경을 통해서 어떤 사람이 하나님 나라에 합당한지, 또 어떤 사람이 그 나라를 받을 자격이 없는지를 알 수 있다. 복음서에서 가르치고 있는 하나님 나라에 합당한 자격 조건은 대단히 구체적이고 실제적이다. [표12]는 복음서에 나타난 하나님 나라에 합당한 자와 합당하지 않은 자를 비교한 것이다.

[표12] 하나님 나라 자격조건

합당한 자	합당하지 않은 자
- 심령이 가난한 자(마 5:3), 가난한 자 (눅 6:20) - 의를 위해 핍박을 받는 자(마 5:10) - 하나님의 뜻을 행하는 자(마 7:21) - 하나님의 나라를 위해 집이나 아내나 부모나 자녀를 버린 자(눅 18:29) - 어린 아이(마 19:14; 막 10:14; 눅 18:16) - 용서하는 자(마 18:23) - 세리와 창기(마 21:31) - 시험 중에 주님과 함께 한 자(눅 22:28)	- 부자(마 19:23-24; 눅 10:23-25; 막 10:23-25) - 손에 쟁기를 잡고 뒤를 돌아보는 자 (눅 9:62) - 어린아이와 같지 않은 자(막 10:15; 마 18:3; 눅 18:17) - 대제사장, 백성의 장로, 바리새인, 서기관(마 21:31; 마 23:13) - 물과 성령으로 거듭나지 않은 자 (요3:5)

하나님 나라에 합당한 자와 그렇지 못한 자는 어떤 차이가 있는가? 원칙적으로 하나님 나라는 신분이나 직업으로 제한되지 않는다. 무엇보다 위에서 제시한 분류에서 드러나는 속성을 살피는 것이 중요하다. 가난한 자와 어린 아이, 부자와 대제사장 등은 어떤 속성을 가지고 있는가? 그리고 하나님 나라는 어떤 속성을 가진 자에게 열려있는가?

복음서에 나타난 하나님 나라를 받은 자와 그렇지 못한 자의 자격 조건은 하나님 나라의 특성 세 가지, 즉 고귀성, 점진성, 종말성과 기본적으로 밀접한 관련이 있다. 하나님 나라를 받기에 합당한 사람은 하나님 나라의 세 가지 특성을 무시하지 않고 삶 속에서 실천하는 사람이요, 하나님 나라를 받기에 합당하지 않은 사람은 그 세 가지 특성을 삶 속에서 실천하지 못할 뿐 아니라, 오히려 무시하고 사는 사람이다. 어떤 삶의 모습이 표출되는가 하는 것은 그가 하나님 나라를 어떻게 생각하고 있느냐 하는 문제와 크게 다르지 않다.

속성의 문제

하나님 나라에 합당한 자와 그렇지 못한 자의 조건을 올바르게 알아듣는 것은 그리 쉬운 일이 아니다. 그것이 마치 신분적으로나 직업적으로, 혹은 재산의 유무에 따라 결정된다고 믿는 사람은 아무도 없을 것이다. 원칙적으로 하나님 나라는 신분이나 직업으로 제한되어 있지 않다. 어린아이에게 합당하기 때문에 어른에게는 합당하지 않다는 것도 아니다. 가난한 자에게 합당하기 때문에 부자는 무조건 부당하다는 것도 아니다. 그보다 우리는 위에서 제시한 조건들을 제대로 이해하기 위해서 그 조건들이 가지고 있는 속성을 살펴야 한다. 그러므로 우리의 질문 방식이 바뀔 필요가 있다. "왜 가난한 자는 하나님 나라를 소유할 자격이 있고, 부자는 자격이 없는가?"라는 질문 대신, 우리는 "도대체 부자와 가난한 자의 어떤 속성 때문에 그들이 하나님 나라를 소유하기도 하고 못하기도 하는가?"라고 물어야 한다. 마찬가지로 어린아이의 어떤 속성이 하나님 나라를 소유할 수 있도록 하는가, 대제사장과 서기관들의 어떤 속성이 그들로 하여금 하나님 나라를 소유하지 못하게 하는가 하는 문제에 초점이 맞추어져야 한다.

해석 1: 가난한 자와 부자

가난을 좋아하고 부를 싫어하는 사람이 있을까? 대부분의 사람은 가난보다는 부에서 행복을 찾는 경향이 있다. 하지만 예수의 삶과 말씀을 살펴보면, 부자로 사는 것이 인생의 목표가 되어서는 안 된다고 말씀하시는 것 같다. 왜 주님은 부자를 탐탁지 않게 생각하셨을까? 그리고 왜 그분은 가난한 사람들을 돌아보고 위로하셨을까? 가난한 자가 복이 있다거나, 하나님 나라가 가난한 사람의 것이라는 등(눅 6:20)의 말씀은 상식적으로 잘 이해되지 않는다.

반대로 그분은 부자가 천국에 들어가기는 낙타가 바늘귀에 들어가는 것보다 어렵다고 말씀하셨다(마 19:23-24). 이것은 부자가 하나님 나라에 들어가는 것이 원칙적으로는 불가능하다는 뜻이어서 더욱 더 주님의 말씀을 납득하기 어렵게 한다. 도대체 왜 주님은 이런 말씀을 하셨을까? 분명히 모든 사람이 다 가난하게 살아야 한다는 것을 말씀하신 것은 아닐 것이다. 그보다는 청빈하게 살기를 원하신 것이 아닐까? 가난한 자와 부자 가운데 어느 쪽이 하나님 나라를 더 사모하고 필요로 할 것인가? 그리고 이 세상에서 아무 것도 가진 것이 없는 사람들과 이미 많이 가진 자들이 또한 어떻게 살아가고 있는가? 주님은 그들의 속마음을 아신다. 그들의 필요를 아신다. 그리고 현실적으로 어느 부류의 사람들이 주님이 명령하신 하나님 나라의 계명을 더 잘 지켜 행할 수 있는지도 알고 계신다. 어느 부류의 사람들이 이 세상에서 더 탐욕스럽고 이기적인지도 알고 계신다.

해석 2: 어린이와 어른

어린아이와 같은 자는 누구이며, 어린아이와 같지 않은 자는 누구인가? 어린아이와 같은 사람은 자기를 낮추는 사람이다. 자기를 낮추는 사람은 천국에서 큰 자가 된다는 것이 하나님의 뜻이다(마 18:4). 예수의 철학은 '일등의 철학'이 아니라 '꼴찌의 철학'이다. 아마도 이 세상에서 예수처럼 자기 자식을 기르려는 사람이 있을까? 그만큼 하나님 나라의 존재양식은 우리가 실천하기 어려운 어떤 것인지도 모른다.

어린아이와 같은 자는 하나님 나라를 잘 받드는 사람이다. "누구든지 하나님의 나라를 어린 아이와 같이 받들지 않는 자는 결단코 그 곳에 들어가지 못하리라" 하셨다(막 10:15). 예수께서는 우리에게 섬기는 자가 되고 모든 사람의 종이 되라고 하신다. 당신도 섬기려 왔고 끝내는 자기 목숨을 많은 사람의 대속물이 되게 하셨다(막 10:43-45). 어느 누가 이처럼 살 수 있을까? 주님의 이 말씀은 오늘날 우리에게 낡고 죽은 윤리인가? 왜 아무도 그런 가르침을 따르려고 하지 않는가? 이런 질문이 올라올 때면, 우리는 아예 두 눈을 질끈 감아 버리고 만다. 더 이상 생각하기를 포기한다. 하지만, 이런 말씀들을 통해서 우리가 깨달아야 하는 중요한 교훈은 하나님 나라가 바로 그런 어린아이와 같은 사람들의 것이라는 사실이다. 그리고 그런 사람들은 "천지의 주재이신 아버지"의 뜻을 깨달아 알 수 있다는 것이다. 하나님은 당신의 비밀한 지식을 "지혜롭고 슬기 있는 자들에게는 숨기시고 [그런] 어린아이들에게는 나타내"셨기 때문이다(마 11:25-26). 그러므로 우리는 하나님 나라를 위해 영원한 어린아이가 되어야 한다. 결코 탐욕스럽고 계산적이고 불의한 어른이 되어서는 안 된다.

해석 3: 천한 자와 귀한 자

하나님 앞에서 누가 천한 자이고 누가 귀한 자인가? 주님은 또 다시 놀라운 선언을 하신다: "내가 진실로 너희에게 이르노니 세리들과 창녀들이 너희보다 먼저 하나님의 나라에 들어가리라"(마 21:31). 여기서 말하는 "너희"는 대제사장과 백성의 장로들을 말한다. 예수께서는 지금 대제사장과 백성의 장로들에게 말하고 계신 것이다. "너희보다 죄 많은 세리와 너희가 더럽다고 침을 뱉는 창녀들이 너희보다 먼저 들어갈 것이다." 무슨 말인가? 대제사장과 장로들은 경건하고 의로운 자라고 자타가 공인하던 사람들이다. 누가 들어도 예수의 말씀은 너무 지나쳐 보인다. 지나친 정도가 아니라 모두 경악할 말이다. 하지만 여기서 우리는 하나님 나라가 안고 있는 신비를 볼 수 있어야 한다. 그 나라는 이 세상의 기준이 통하는 나라가 아니다. 그 나라는 겉에 드러난 모습이나 신분만으로 들어갈 수 있는 세상의 무도회장이 아니다.

예수께서 가장 싫어 하셨던 것 가운데 하나는 위선이었다. 그것은 하나님 나라를 받느냐 못 받느냐를 가늠하는 하나의 시금석이다. 대제사장과 장로가 세리와 창녀보다 못한 것은 그들 마음에 위선이 들어설 자리가 너무 넓기 때문이라고 하면 지나친 해석일까? 그들은 신분적으로 깨끗하고 마음이 경건하며 하나님의 계명을 실천하고 사람들을 가르쳐야 하는 위치에 있었기 때문에, 누구보다 더 속마음을 감추어야 했고, 속과 겉이 다르게 행동해야 하지 않았을까? 그런데 그 당시 대제사장과 장로들은 그런 위선된 마음 때문에 회개하고 고뇌한 것이 아니라 더욱 더 위선과 가식으로 '지도자의 자리'를 곤고히 하는 데 몰두하지 않았는가? 결국 그 때문에 그들은 하나님 나라에 들어갈 수 있는 열쇠를 잃고 만 것이 아닐까? 그래서 주님은 가혹하리만치 그런 종교 지도자들을 다음과 같이 비난하셨던 것이 아닐까? "화 있을진저 외식하는 서기관들과 바리새인들이여 너희는 천국 문을 사람들 앞에서 닫고 너희도 들어가지 않고 들어가려 하는 자도 들어가지 못하게 하는도다"(마 23:13). "화 있을진저 외식하는 서기관들과 바리새인들이여 너희는 교인 한 사람을 얻기 위하여 바다와 육지를 두루 다니다가 생기면 너희보다 배나 더 지옥 자식이 되게 하는도다"(마 23:15). "화 있을진저 외식하는 서기관들과 바리새인들이여 잔과 대접의 겉은 깨끗이 하되 그 안에는 탐욕과 방탕으로 가득하게 하는도다"(마 23:25). "화 있을진저 외식하는 서기관들과 바리새인들이여 회칠한 무덤 같으니 겉으로는 아름답게 보이나 그 안에는 죽은 사람의 뼈와 모든 더러운 것이 가득하도다"(마 23:27). 이 정도면 이것은 비난이기보다 저주에 가깝다. 그토록 사랑이 많으신 예수의 입에서 이런 험한 말씀이 나올 수밖에 없었던 까닭은 무엇일까? 그만큼 위선이라는 것이 위험하고 가증스러운 것이요, 하나님 나라와 상극하는 것이기 때문은 아닐까? 세리와 창녀가 제사장이나 서기관들보다 먼저 하나님 나라에 들어갈 수 있다는 예수의 말을 오늘날 한국 교회는 깊이 성찰할 필요가 있다.

그러면 누가 귀한 자이고 누가 천한 자인가? 하나님과 사람 앞에서 깨끗한 영혼을 가진 자, 순수한 마음을 잃지 않고 있는 자, 있는 그대로의 모습을 내 보이면서 눈물을 흘릴 수 있는 자, 결코 꾸미거나 과대포장하지 않는 자, 사실 더 이상 꾸미려 해도 꾸밀 것도 없는 자, 이런 사람들이 귀한 자요 하나님 나라를 유업으로 받을 자가 아닐까? 반대로 비록 겉모양이 번드레하고, 교양이 넘쳐흘러서 귀티는 나더라도, 말을 근엄하게 하고 걸음걸이는 경건해 보이더라도, 언제나 그 입에는 하나님의 영광이 넘쳐흐르고 감사의 말이 쏟아져 나오더라도, 그의 마음속은 권위의식과 특권의식이 가득하고, 이기심과 명예욕이 들끓고, 거짓과 시기가 넘쳐 난다면, 바로 그런 사람들이 천한 자요 하나님 나라와 무관한 사람들이 아닐까?

복음서에 나타난 하나님 나라는 이 땅에서 어떻게 살아가야 하는가를 명쾌하게 가르쳐 주는 하나의 표지라고 할 수 있다. 왜 그리스도인의 삶이 무기력한가?

왜 하나님 나라를 소유한 자가 그토록 근심과 불안 속에서 평안을 얻지 못하는가? 왜 우리는 우리 자신의 삶을 전적으로 주님께 드리지 못하는가? 우리는 하나님 나라를 진정으로 우리 안에 소유하고 있는가를 되물어 볼 필요가 있다.

하나님의 통치와 실현

복음서에 따르면, 예수의 첫 번째 메시지는 하나님의 복음을 선포하는 것이었다: "요한이 잡힌 후 예수께서 갈릴리에 오셔서 하나님의 복음을 전파하여 이르시되 때가 찼고 하나님의 나라가 가까이 왔으니 회개하고 복음을 믿으라 하시더라"(막 1:14-15). 예수께서는 하나님 나라가 가까이 왔다는 의미심장한 말씀과 함께 회개하고 복음을 믿으라고 요청하셨다. 그렇다면 하나님 나라는 이미 이 땅에 이루어졌는가, 아니면 아직 도래하지 않았는가? 현재형인가 미래형인가? 성경은 하나님 나라의 현재성(눅 17:20-21)과 미래성(눅 21:31)을 모두 말하고 있다. 물론 그 바람에 학자들의 의견은 서로 갈렸다. 어떤 학자는 일관되게 하나님 나라를 미래에 '도래할 종말론'(consistent eschatology: Johannes Weiss)으로 풀었는가 하면, 어떤 학자는 이미 '실현된 종말론'(realized eschatology: C. H. Dodd)으로 받아들였다. 그리고 이 양극단의 하나님 나라 이해는 '중도적 종말론'(mediating eschatology)으로 균형을 잡을 수 있었다. 그래서 하나님 나라는 "이미" 도래했지만, "아직" 완성되지 않은 나라로 이해되었다. 오스카 쿨만(Oscar Cullmann)은 그것을 일러 "D-Day"와 "V-Day"로 표현했다.14) 전자는 그리스도의 초림을 의미하고, 후자는 그리스도의 재림을 뜻한다. 최후의 승리에 대한 소망은 이미 D-day에서 결정되었지만 그 완전한 결과가 드러나는 것은 V-day라는 것이다. 그의 설명에 따르면, 신약성경에 나타난 새로운 요소는 종말론 그 자체가 아니라 현재와 미래 사이, 즉, "이미 성취됨"과 "아직 완성되지 않음" 사이에서 일어나는 긴장감이다. 이 중도적 종말론은 "시작된"(inaugurated) 종말론으로도 불린다.15) "이미"(already)와 "아직"(not yet)이라는 이 개념은 모든 신학적 주제에서 발견되는 핵심 사상이라고 할 수 있다. 그러므로 신약의 신학구조는 바로 이러한 긴장관계 속에서 이해돼야 한다.

하나님 나라의 실현은 하나님의 뜻이다. 예수께서도 이 땅에 하나님 나라가 임하고 하나님의 뜻이 이루어질 수 있도록 기도하라고 가르치셨다(마 6:10). 하나님의 뜻이 이루어지는 것은 하나님의 통치가 실현되는 것을 의미한다. 그러므로 하나님 나라가 실현되는 것은 하나님의 통치가 이루어지는 것이다. 그런데 하나님의 통치가 이미 실현되었으면서도 아직 이루어지지 않았다고 하는 긴장관계를 어떻게 이해해야 하는가? 하나님의 통치가 실현되고 있다면 이 세상이 어떻게 이토록 참혹하고 무의미해 보일 수 있는가? 하나님의 통치가 진정 이 땅에서 이루어지고 있기는 한가? 세상이 돌아가는 형세를 보면서, 악의 권력구조가 만연되어 정의가 파괴되고 있는 모습을 보면서 어떻게 하나님의 통치를 이야기할 수 있는가?

스탠리 그렌즈는 하나님의 통치를 둘로 구분했는데, 이런 설명은 어느 정도 하나님 나라의 통치와 현재 상황을 이해하는 데 도움이 될 수 있다. 하나는 "법률상(de jure) 통치"요 다른 하나는 "사실상(de facto) 통치"다. 이는 하나님의 주권에서 설명했던 "최종적 주권"과 "현재적 주권"과도 통하는 개념이다. 법률상 통치는 마땅히 그리 될 하나님의 최종적 주권을 의미하고, 사실상 통치는 현재 이루어지고 있는 하나님의 주권과 연결된다. 그러므로 지금은 하나님의 통치가 이루어지지 않는 것 같이 보인다 하더라도 마침내 하나님의 궁극적 통치는 실현될 것을 기대하는 것이 종말론적 신앙이다.

결국 예수의 삶, 죽음, 부활은 통치권이 하나님께 속한 것임을 보여주는 것이며, 하나님 나라는 최종적으로 미래에 완성될 것이다(빌 2:10-11). 그리고 하나님 나라가 하나님의 뜻을 행하는 데 있다면(마 6:10; 7:21-23), 우리는 "근본적인 결단"을 해야 한다(마 13:44-46).[16] 그것은 '감추인 보화' 비유에서 말하고자 했던 '내 것을 모두 내던지는' 결단이고, 이전에 내가 의존했던 것과 단절하는 행동을 통해 획득하는 하나님 나라를 의미한다.

하나님 나라와 교회의 관계

하나님 나라와 교회는 마치 긴 노끈의 양끝과 같다. 한쪽 끝에 하나님 나라가 있다면 다른 한쪽 끝에는 교회가 있다. 어느 지점부터 하나님 나라가 시작되고 교회가 끝이 나는지를 명확하게 선을 긋는다는 것은 쉽지 않다. 하나님 나라는 교회로부터 시작되고 교회는 하나님 나라를 통해 완성된다. 그렇지만 하나님 나라가 곧 교회는 아니고 교회가 곧 하나님 나라는 아니다.

기독교역사에서 본 하나님 나라와 교회

하나님 나라와 교회의 관계는 기독교 역사만큼이나 오래된 주제였다. 아우구스티누스는 「신의 도성」에서 이 문제를 깊이 고민했는데, 그는 이 땅에 있는 가시적 교회를 하나님 나라의 "지상적 실체"로 간주하였고 이런 견해는 중세시대 교회론의 특징을 이루었다. 이 토대는 중세 로마가톨릭교회의 성례전 제도와 성직자의 막강한 권력이 정당화되는 근거로 작용했다.[17]

하지만 아우구스티누스와 중세의 이런 하나님 나라와 교회의 관계 설정은 지상의 교회가 자기 견제와 비판의 기능을 수행하는 데 오히려 걸림돌이 되었다. 교회가 하나님 나라의 실체로 해석되는 한, 교회의 모든 권한과 행위는 성역 안에서 보호될 뿐 아니라 어떠한 비판도 용납되지 않기 때문이다. 그럴 경우 가장 큰 문제는 지상의 가시적 교회가 하나님 나라를 제대로 반영하지 못하고 엇나갈 때 대비할 수 있는 장치가 없다는 데 있다. 그래서 "예수는 하나님 나라를 선포했지만, 도래한 것은 교회였다"는 르와지(Alfred Loisy)의 비판이 설득력을 얻는 것이다.[18]

종교개혁 이후 개신교회들도 여전히 교회를 하나님 나라의 "가시적이고 지상적 형태"요, "그 나라의 발전과 승리를 위해 지정된 하나님의 기관"으로 이해했다.[19] 하지만 하나님 나라와 동일시된 이 땅의 교회를 비가시적 교회, 즉 "그리스도의 영적인 몸"으로 전환했다는 점에서 그 이전과 중요한 차이를 보인다.[20] 물론 개신교 진영에서 그와 반대로 하나님 나라와 교회를 명확하게 구분하는 견해가 없는 것은 아니다. 세대 간의 연속성보다는 단절성을 더 중요하게 생각하는 세대주의신학에서는 "하나님의 지상적 백성"은 이스라엘이고, "하나님의 천상적 백성"은 교회로 이해한다. 그들의 설명에 따르면, 하나님은 그의 백성들을 구원하기 위해 두 형태의 계획을 가지고 계신다. 이스라엘 백성을 위한 지상의 왕국은 예수 그리스도의 재림 때까지 연기되었고, 교회 시대에는 천상의 백성들을 불러내신다. 그리고 하나님 나라는 종말론적으로 이 땅의 천년기간에 다윗의 왕좌에서 구약에서 예언된 대로 그리스도의 통치가 실현될 것이다.[21]

하나님 나라와 교회의 바람직한 관계는 아우구스티누스처럼 그 둘을 동일시하는 것도 아니고, 세대주의처럼 근본적으로 구별하는 것도 아니다. 존 드라이버(John Driver)는 이 두 가지 태도, 즉 교회와 하나님 나라를 "동일시하려는 유혹"과 이 둘을 "무 자르듯 분리시키려는 유혹" 모두에 저항해야 한다고 주장했다. 그리고 그는 교회를 "하나님 나라와의 연관성" 속에서 정의해야 하며, "예수님처럼, 우리는 말과 행동으로 하나님 나라를 선포해야 한다"고 촉구했다.[22]

교회와 하나님 나라의 관계는 포함관계에 있다. 교회는 하나님 나라에 포함되어야 한다. 이 말은 교회가 하나님 나라에 의존적이어야 하며, 하나님 나라의 "산물"(production)이라는 의미다.[23] 달리 표현하면 교회는 "하나님 나라의 상속자"요, 하나님 통치의 "전 단계가 아니라 전조"요 "징표"다.[24]

교회의 존재근거로서 하나님 나라

신학자들은 하나님 나라의 정체성을 밝히기 위해 다양한 시도를 해왔다. 특히 복음서와 관련해서 하나님 나라의 도래나 하나님의 통치 개념에 대한 논의가 활발하게 전개되었다. 과연 예수께서 선포한 하나님 나라의 정체는 무엇인가? 아모스는 하나님의 의를, 호세아는 하나님의 자비를, 이사야는 하나님의 거룩을, 에스겔은 하나님의 영광을 말했듯이, 하나님 나라는 예수의 주된 주제였다.[25] 예수에 의해 선포된 하나님 나라는 "율법의 종말"을 의미하면서 동시에 "예수와 함께 하는 새 시대의 시작"을 알리는 것이었다. 이것이 바로 복음이다. "오는 나라는 예수 안에서 도래했고 회개하고 믿는 모든 사람에게 주어졌다."[26] 그리고 "하나님 나라의 능력"은 그의 영적 몸인 교회 안에 존재하면서도(고전 4:20; 골 1:13; 롬 14:17; 히 12:28), 그 나라는 "그리스도가 영광 가운데 오실 때 비로소 영광으로 온다."[27] 하나님 나라는 언제나 현재적이며 동시에 미래적이다. 하나님 나라는 하늘에서 이루어진 것처럼 이 땅에서도 이루어져야 할 대상이다. 하나님 나라는 현재 우리 가운데 임하는 나라이며 동시에 미래 하늘에서 하나님에 의해 완성될 나라다. 그 점에서 슈바이처(A. Schweitzer)의 미래적 종말론과 다드(C. H. Dodd)의 현재적 종말론은 극단의 주장이라고 할 수 있다. 한스 큉은 이 양 극단의 주장들이 "양극은 서로를 죽인다"는 말처럼, 오늘날 설 자리를 잃었다고 선언했다.[28]

하나님 나라의 성격을 논할 때 간과해서는 안 되는 중요한 주제 가운데 하나는 그 나라의 신적(divine) 기원이다. 월터 라우쉔부쉬(Walter Rauschenbusch)는 하나님 나라가 그 기원과 완성에서 기본적으로 "신적" 특징을 가진다고 설명했다. 이는 하나님 나라가 예수 그리스도에 의해 시작되었고 그의 예언자적 정신 속에서 완성되며, 성령에 의해 지지된다는 것을 의미한다.29) 하나님 나라는 하나님에 의해 시작되고 하나님에 의해 완성될 나라다. 이 말은 하나님 나라는 "종말론적"이라는 의미다. 그런데 그 나라가 하늘에서만 이루어지는 것이 아니라 이 땅에서부터 시작된다는 데에서 하나님 나라는 교회와 긴밀하게 연계된다. 하나님 나라는 교회의 존재근거이면서 동시에 교회가 표방해야 할 목표다.

라우쉔부쉬에게 하나님 나라는 사회복음의 궁극적 지향점이다. 그는 하나님 나라와 사회복음의 상관관계를 다음과 같이 설명했다:

> 만일 신학이 사회복음을 위한 합당한 교리적 근거를 제공해야 한다면, 그것은 하나님 나라 교리를 제공해야 할 뿐 아니라, 그 교리를 중심 교리로 삼아야 하며 다른 모든 교리들은 하나님 나라 교리와 유기적으로 연결되도록 개정되어야 한다.... 하나님 나라의 교리가 없다면 사회질서의 회복이란 이상은 구원에 대한 정통 교리에 덧붙이는 하나의 부가물에 불과할 것이다.... 만일 사회복음이 마음 속에 살아 있는 사람은 하나님의 나라가 진정한 진리가 될 것이고 복음의 정수가 될 것이다.30)

이 점에서 라우쉔부쉬는 하나님 나라를 중심으로 모든 교리를 재편했다고 해도 과언이 아니다.

개인복음은 역사와 시간을 초월하지만, 사회복음은 역사에 깊은 관심을 둔다. 사회복음은 역사 속에서 하나님 나라가 어떻게 진보되는가에 주목한다. 이는 사회복음이 교회의 행위뿐 아니라 경제적 세력과 사회계급의 충돌 안에서 이루어지는 역사적인 문제에 관심을 쏟는다는 것을 의미한다. 그러나 사회복음은 삼위일체적 그리고 기독론적 교리들을 포함하는 형이상학적 문제에는 별로 관심을 두지 않는다. 과거의 전통적인 기독론은 그리스도 한 인격 안에 어떻게 신성과 인성이 연합하였는가에 관심을 보이지만, 사회복음은 어떻게 그리스도의 신적 삶이 인간 사회를 통제할 수 있는가에 관심을 가진다. 즉, 사회복음은 "하나님의 진보적인 사회적 성육신"(a progressive social incarnation of God)에 관심이 있다.[31] 라우쉔부쉬의 사상이 근대 진화론의 입장을 전제하고 있다고 하는 비판도 이런 측면에서 나온 것이다. 이런 측면은 독일의 자유주의 신학자 슐라이에르마허, 알버트 리츨, 아돌프 하르낙 등으로부터 받은 영향이 반영된 것이다. 그는 슐라이에르마허의 전통에 서 있었으며, 동시에 하나님 나라에 대한 강조는 칸트에서 리츨로 넘어오는 사상을 계승했다. 이를 폴 틸리히(Paul Tillich)는 "칸트의 사상은 리츨과 그의 학파에 의해서 더욱 발전되었고, 라우쉔부쉬와 사회복음운동에 의해서 미국신학으로 이식"되었다고 평가했다.[32]

라우쉔부쉬가 이해한 하나님 나라는 언제나 현재적이며 동시에 미래적인 특성을 가지고 있다. 하나님처럼 그 나라도 모든 시제 가운데 거하며 시간 속에서 영원하다. 그래서 그 미래는 하나님의 신비 가운데 있다. 그런데 이 하나님 나라는 하나님의 뜻에 따라 조직된 인간성(humanity)이며, 모든 사람들이 최고로 자유롭고 향상된 상태로 살 수 있는 사회질서를 지향하게 된다. 하나님 나라는 교회의 활동 안에만 제한되지 않고, 인간의 삶 전체를 포함하며, 사회질서를 기독교적으로 변혁한다.[33] "하나님 나라는 하나의 개념이나 이상이 아니라 역사적인 힘이다.… 사회질서를 구현하는 힘으로서 하나님 나라의 능력은 사회 조직 속에서 침투하는 하나님 나라의 현존에 달려 있다."[34]

라우쉔부쉬에 따르면 하나님 나라는 교회의 존재 목적이다. 교회는 하나님 나라 자체가 아니라 하나님 나라를 이루기 위한 하나의 수단이다. 교회의 구원 능력은 교회의 제도적 의식이나 교리가 아니라, 교회 안에 있는 하나님 나라의 현존에 있다. 그런데 이 하나님 나라는 "사회질서에 대한 기독교적 변형"(transfiguration)을 의미한다는 데 라우쉔부쉬 신학의 특징이 있다. 교회는 가정이나 사회조직 및 국가와 같은 하나의 사회제도지만, 하나님 나라는 이러한 모든 제도 가운데 임하는 것이며, 이러한 모든 제도를 통해 스스로 실현하는 것이다.[35] 그렇기 때문에 그가 하나님 나라를 건설하는 일에서 혁명적인 힘을 그리스도와 성령 그리고 교회로 파악한 것은 매우 의미심장하다.[36] 그는 교회가 마땅히 짊어져야 할 사명을 다음과 같이 말했다:

> 교회는 이 땅에 임한 그리스도-영(Christ-spirit)의 성육신이다. 따라서 교회는 모든 부당한 고통을 일깨우는 데 무엇보다도 앞서야 하고, 모든 불의를 향해 가장 용감하게 외쳐야 하며, 인간의 좀 더 나은 삶을 위협하는 모든 세력에 대해 공동체의 도덕적 힘을 불러 모으는 데 강력한 힘을 제공해야 한다.[37]

여기서 교회의 존재 이유와 한계, 그리고 역할이 나온다. 교회는 이런 사회질서를 이루기 위해 존재해야 한다. 다시 말하면 교회의 제도, 활동, 예배, 신학은 반드시 하나님 나라를 창조적으로 이끄는 효과에 의해 검증 받아야 한다는 것이다. 만일 교회가 하나님 나라를 위해 존재하지 않는다면, 그 제도는 세상에 속한 것이 된다.

그 점에서 하나님 나라의 사상이 약화되면 기독교는 광범위한 손실을 입게 된다고 라우쉔부쉬는 주장했다. 그 이유는 네 가지다: 첫째, 신학은 예수의 공관복음적 사상과 접촉점을 상실하게 된다. 둘째, 하나님의 윤리적 원리들도 잃어버리고, 기독교의 윤리적 힘조차도 약화된다. 셋째, 하나님 나라가 제대로 남아 있지 못할 경우, 교회가 하나님 나라를 대신해서 최고선의 자리를 차지하게 될 것이다. 넷째, 악에 대한 교회의 예언자적 외침이 사라지게 되고 불공정한 사회적 조건들이 사회 안에 정착하게 된다. 그렇게 되면, 교회는 하나의 사회에 대한 보수적인 세력이 되어, 사회 속에서 고착된 모습으로 남게 될 것이다. 따라서 신학이 하나님 나라의 교리를 소홀히 하게 될 때, 교회와 미래의 삶 속에서 개인의 구원은 볼 수 있지만, 사회질서를 추구하는 활동과는 무관하게 될 것이다.[38] 그런 까닭에 교회가 사회 변혁의 주체로 작용하려면 하나님 나라의 교리가 제 빛을 발해야 한다. 하나님 나라는 교회의 양심을 지켜주고 기독교의 혁명적 힘을 제공하기 때문이다. 한국 교회가 안고 있는 중요한 문제 가운데 하나는 바로 이와 같은 하나님 나라에 대한 개념이 부족하다는 데 있다.

라우쉔부쉬는 교회가 하나님 나라의 이상과 소망을 포기하지 않는다면, 사회를 개혁하고 혁명하는 데 주도적인 일을 해 낼 수 있다고 믿었다. 이 문제는 그의 최대 관심사 가운데 하나였다. 하나님 나라는 구원과 변혁을 위한 사상을 제공해 준다. 만일 그렇지 못하면 하나님 나라에 대한 이해는 실로 근시안적인 것이 될 수밖에 없다. 그런 점에서 교회의 가치는 생물에게 산소의 가치만큼 귀중하다. 교회는 구원에서 사회적 요소를 간과할 수 없다. 교회는 사회에 영향을 끼치고 동시에 사회는 교회에 영향을 끼친다. 그러나 교회가 자신의 진정한 역할을 감당하지 못하면 도리어 구원의 방해가 된다. 하나님의 구원의 수단이 악의 세력으로 돌변하기 때문이다. 이런 맥락에서 라우쉔부쉬는 과거 로마가톨릭의 교황 우월주의나 종교개혁의 개인주의적 경향을 구원의 사회적 힘과 교회의 역할을 왜곡한 것이라고 비판했다.[39] 스먹커(Donovan E. Smucker)가 라우쉔부쉬의 교회 윤리를 칼뱅이나 루터에게서 찾지 않고 분파형 교회에서 찾았던 것도 이와 같은 이유에서다. 그는 라우쉔부쉬의 윤리 가운데 하나님 나라, 제자도, 자율적 모임으로서의 교회 등은 모두 분파형 교회의 주제였다고 말했다.[40]

라우쉔부쉬의 새롭게 조정된 신학이 "신학의 유용적 개념"이라는 비판도 있다.[41] 즉, 그의 신학은 상황에 따른 신학이라는 것이다.[42] 물론 이것은 전혀 틀린 평가가 아니다. 신학은 시대상황과 무관할 수 없다. 라우쉔부쉬는 20세기 초반 미국 사회에서 대두됐던 사회문제를 신학적으로 대처하는 적극적인 노력을 시도했다. 이것은 복음의 토착화 과정에서 응당 필요한 것이다. 복음 그 자체는 불변하지만, 신학은 상황에 따라 역동적으로 변하지 않을 수 없다.

끝으로 하나님 나라와 교회의 관계를 연속성으로 보려는 사람들과 불연속성으로 이해하려는 사람들의 갈등을 언급하지 않을 수 없다. 이는 초대교회의 등장과 확장을 예수의 하나님 나라 운동에 대한 긍정적 운동으로 평가하는가 아니면 부정적 현상으로 보는가의 문제라고 할 수 있다. 긍정적으로 보는 입장에서는 예수의 운동을 바울이 계승한 것이 되지만, 부정적으로 보는 입장에서는 예수와 바울의 차이점을 부각하고 바울이 예수를 재해석한 것이 된다. 특히 성경학 분야에서 19세기 유럽의 자유주의신학과 미국의 '예수 세미나'운동은 교회의 등장과 확산이 오히려 예수의 하나님 나라 운동을 왜곡시켰다고 비판한다.

* * *

교회는 마땅히 개인의 영혼을 구원하는 방주의 역할을 할 뿐 아니라 이 세상에 존재하는 불의를 제거하는 힘을 제공해야 한다. 교회가 만일 구원의 영향력을 상실하면 소금의 맛을 잃게 되고, "짠맛이 없는 역사적 유물"(tasteless historical survival)이 될 뿐이며, 그에 관한 모든 신학 교리는 "거짓"(untrue)이 된다.[43]

그런 의미에서 볼 때, 하나님 나라와 교회는 불가분리의 관계를 맺고 있다. 하나님 나라가 교회의 존재근거라면, 교회는 하나님 나라의 통치를 실현하는 통로다. 미로슬라브 볼프는 이런 관계를 두 문장으로 표현했다: "하나님 나라의 다스림이 없는 교회도 없다. 교회 없이는 하나님 나라의 다스림도 없다."[44] 물론 이런 진술은 하나님 나라의 통치를 지나치게 좁게 해석한다는 문제점도 있지만, 교회와 하나님 나라의 상관관계를 강조한 점에서는 긍정적이다.

교회가 제 역할을 하는가 하지 못하는가를 판단할 수 있는 기준 가운데 하나는 교회가 무엇을 지향하고 있는가를 보는 것이다. 교회의 중요한 정체성은 이 땅에서 하나님 나라를 실현하는 도구라는 점이다. 교회가 이 정체성을 망각하는 순간 이 땅의 모든 교회는 내부로부터 부패하기 시작한다.

복음서에서 하나님 나라에 합당한 조건을 통해 말하고자 하는 교훈은 교회의 역할을 이해하는 데 결정적 도움을 준다. 교회가 이 땅에서 더 많은 것을 소유하며 부와 권력을 추구하는 것을 끊임없이 경계해야 하는 까닭은 그것이 하나님 나라에 합당하지 않은 삶의 태도라는 것을 알기 때문이다. 교회의 본질과 사명을 감당하기 위해 하나님 나라를 지향하는 것은 오늘날 교회가 개혁의 단초를 마련하는 첫걸음이다. 교회개혁은 프로그램 계발이나 교회의 외적 성장을 통해 실현될 수 없다. 교회가 진정으로 개혁되기 위해서는 무엇보다 그 개혁의 방향성을 바로 설정하는 것이 필요하다. 그 방향성은 언제나 하나님 나라를 가리키고 있다.

주(註)

1) 김영호, "침묵도 죄악일 수 있다: 외국인 근로자의 인권 개선을 위한 교회의 참여를 촉구하며," [온라인자료] http://www.newsnjoy.or.kr/news/articleView.html?idxno=375, 2015년 1월 29일 접속.
2) 이상성, 「추락하는 한국교회: 교회의 미래는 한국의 미래다」 (서울: 인물과사상사, 2007); 김진호, 「시민 K, 교회를 나가다: 한국 개신교의 성공과 실패, 그 욕망의 사회학」 (서울: 현암사, 2012).
3) Stanley Grenz, 「조직신학: 하나님의 공동체를 위한 신학」, 신옥수 옮김 (고양: 크리스챤 다이제스트, 2003), 677-9.
4) William W. Stevens, 「조직신학개론」, 허긴 역, 4판 (대전: 침례신학대학교출판부, 1997), 378-80.
5) John Driver, 「교회의 얼굴」, 전남식, 이재화 옮김 (대전: 도서출판 대장간, 2015), 109.
6) Stevens, 「조직신학개론」, 380-8.
7) Driver, 「교회의 얼굴」, 105-6, 114.
8) Albert C. Knudson, *The Doctrine of Redemption*, 436, Stevens, 「조직신학개론」, 389-90에서 재인용.
9) Stevens, 「조직신학개론」, 389.
10) A. B. Bruce, *The Kingdom of God*, 58; C. H. Dodd, *The Parables of the Kingdom*, 21, Stevens, 「조직신학개론」, 391-3에서 재인용.
11) 김용복, "하나님 나라의 본질은 무엇인가?"「뱁티스트」 (1997년 3월): 70-4; 김용복, "하나님 나라에 합당한 자격조건은 무엇인가?"「뱁티스트」 (1997년 4월): 80-5에 실린 글을 일부 수정편집.
12) Anthony de Mello, S.J. 「종교박람회」, 정한교 옮김 (왜관: 분도출판사, 1988), 143-4.
13) 말콤 펜윅(M. C. Fenwick) 선교사가 작사 작곡한 찬송, 「복음찬미」 제85장: 1. 조고만 계집ᄋ희 잇셔 산골에 살던 듸 싱긴 즈미 업고 헐벼셔 누구나 원ᄒ옵니가 2. 엇던 날에 량반 지나셔 먼 나라셔 오샤 교만흠이 업시 슌ᄒ니 ᄋ희와 쉬 친ᄒ샤네 … 9. 다만 제 신랑으로 아오니 무셥잔코 깃브옴 더 참고 더 견딜 수 업시 소리 질너 깃비ᄒ딕 [후렴] 옴늬다. 옴늬다. 아름답신 신랑 저를 위ᄒ샤 오실 예수씨 옴늬다 옴늬다 이 신부 볼 것 얼마나 업되 신랑 원ᄒ심 원ᄒ옵니다 (띄어쓰기만 교정).
14) Grenz, 「조직신학」, 679-81; O. Cullmann, 「그리스도와 시간」, 김근수 옮김 (서울: 태학사, 1987), 19, 199.
15) Anthony A. Hoekema, 「개혁주의 종말론」, 류호준 역 (서울: 기독교문서선교회, 1986), 27.
16) Grenz, 「조직신학」, 683.
17) Ibid., 684.

18) Hans Küng, 「교회」, 정지련 역 (서울: 한들출판사, 2007), 55.

19) Hezekiah Harvey, *The Church: Its Polity and Ordinances* (Philadelphia: Judson, 1879), 24-5, Grenz, 「조직신학」, 684에서 재인용.

20) Grenz, 「조직신학」, 684.

21) Richard P. Belcher, *A Comparison of Dispensationalism and Covenant Theology* (Columbia: Richbarry Press, 1986), in H. Wayne House, *Charts of Christian Theology and Doctrine* (Grand Rapids: Zondervan Publishing House, 1992), 15-6.

22) Driver, 「교회의 얼굴」, 118.

23) Grenz, 「조직신학」, 685.

24) Küng, 「교회」, 129.

25) Dale Moody, *The Word of Truth: A Summary of Christian Doctrine Based on Biblical Revelation* (Grand Rapids: Eerdmans, 1981), 370.

26) Ibid.

27) Ibid., 471.

28) Küng, 「교회」, 74.

29) Walter Rauschenbusch, *A Theology For The Social Gospel* (New York: Macmillan, 1917), 139, 140-1.

30) Ibid., 131.

31) Ibid., 147-8.

32) Paul Tillich, 「19-20세기 프로테스탄트사상사」, 송기득 옮김 (서울: 한국신학연구소, 1987), 86.

33) Rauschenbusch, *A Theology for the Social Gospel*, 140-5 passim.

34) Ibid., 165.

35) Ibid., 129, 145.

36) Ibid., 128.

37) W. Rauschenbusch, *Christianity and the Social Crisis* (New York: Macmillan, 1907), 287.

38) Rauschenbusch, *A Theology For The Social Gospel*, 133-7 passim.

39) Ibid., 118, 123.

40) Donovan E. Smucker, "The Walter Rauschenbusch Story," *Foundations*, 2 (1959): 8.

41) Carlyle Marney, "The Significance of Walter Rauschenbusch for Today," *Foundations*, 2 (1959): 19.

42) Smucker, "The Walter Rauschenbusch Story," 12.

43) Rauschenbusch, *A Theology For The Social Gospel*, 128-30.

44) Miroslav Volf, 「삼위일체와 교회: 하나님의 형상으로서 교회에 대한 가톨릭·동방정교회·개신교적 이해를 찾아서」, 황은영 옮김 (서울: 새물결플러스, 2012), 10-1.

19
교회의 본질과 정체성

> 그러나 너희는 택하신 족속이요 왕 같은 제사장들이요 거룩한 나라요
> 그의 소유가 된 백성이니 이는 너희를 어두운 데서 불러내어 그의 기이한 빛에
> 들어가게 하신 이의 아름다운 덕을 선포하게 하려 하심이라
> 베드로전서 2장 9절

이 땅의 교회들이 가지고 있는 정체성은 무엇인가? 교회는 자신의 사명을 얼마나 감당하고 있을까? 교회는 이 세상의 빛과 소금의 역할을 다하고 있는가? 이는 '교회' 하면 제일 먼저 떠오르는 질문들이다. 이런 질문들이 보여주는 것처럼, 오늘날 교회는 많지만 참된 교회가 없다는 탄식의 소리가 만연한 것이 우리의 현실이다. 우리는 교회의 본질을 좀 더 정확하게 이해해야 할 필요가 있다. 교회의 사명과 본질을 제대로 이해하지 못하면, 오늘날 교회는 성도들에게 기쁨보다는 피곤함을 주게 될 것이고, 하나님께 영광을 돌리기보다는 오히려 세상으로부터 비난을 받게 될 것이다.

교회의 일반적 이해

교회의 본질을 이해하기 위한 먼저 주목할 것은 '교회'라는 이름이다. 신약시대의 그리스도인들이 자신들의 정체성과 관련해서 사용한 '에클레시아'라는 단어는 어떤 의미를 함축하고 있는가를 이해하는 것이 중요하다. 그리고 교회의 특성과 한계를 파악하기 위해서는 예수께서 그 단어에 어떤 의미를 부여했는가를 살펴보는

것이 도움이 될 것이다.

에클레시아의 의미

신약성경에서 교회, 즉 에클레시아(ekklesia)는 "부름을 받아 나온 시민의 모임 혹은 모인 사람"을 가리킨다. 이 단어는 "나오다"라는 의미의 에크(ek)와 "부르다"의 뜻을 가진 칼레오(kaleo)가 합해진 말로써,[1] 회중(congregation)으로 번역된 구약의 카할(kahal)과 비슷한 의미로 사용된다. 하지만 엄밀한 의미에서 역사적 교회의 출현은 오순절 사건 이후로 보는 것이 타당하다. 영어로 교회(church)라는 단어는 헬라어 쿠리아콘(kuriakon)에서 유래한 독일어 키르케(kirche)가 변해 생긴 것이다. 이것은 본래 "주님께 속한 집"을 의미하는데, 여기서는 "그 건물 안에서 예배드리는 사람, 혹은 그 사람들의 모임"을 가리키는 말로 사용된다.

한스 큉의 설명에 따르면, 신약성경의 에클레시아는 몇 가지 중요한 개념을 가진다. 첫째, 에클레시아는 "모인 공동체"이며 동시에 "실제적인 모임의 과정"을 의미한다. 그래서 에클레시아는 "항상 새로운 구체적인 모임"으로 존재한다. 둘째, 에클레시아는 "'모임' '공동체' '교회'를 상호 대립적인 개념들로 이해해서는 안 된다"는 것을 의미한다. 이 세 개념은 대립적인 것이 아니라 한 단어, 에클레시아에 귀속된다. 따라서 이들은 "상호보충적인 개념"이다. 셋째, "모든 에클레시아(모든 개체 모임, 공동체, 교회)는 에클레시아 그 자체(전체 교회, 공동체, 모임)는 아니지만, 에클레시아를 현재화시킨다." 이 말은 지역의 에클레시아가 전체 에클레시아의 "부분"이거나 "종속 기관"이 아니라는 의미다. 동시에 "전체 교회"도 "지방[지역] 교회의 '집합'이나 '연합'이 아니다.... 모든 에클레시아, 모든 모임과 공동체, 그리고 교회는 – 아무리 작고, 빈약하며, 보잘 것 없는 교회라 할지라도 – 하나님의 에클레시아, 모임, 공동체, 그리고 교회 그 자체를 현재화시킨다." 넷째, 에클레시아는 "인간들의 모임인 동시에 하나님의 모임"이다. 그러므로 "개인의 결단이나 신앙 없이 교회가 존재할 수 없음은 명백한 사실이지만 하나님의 부르심이 선행한다."[2]

교회의 기초

교회의 시작은 예수의 부활과 직접적인 관련이 있다. 부활이 없었다면 기독교 신앙도 교회도 성립되지 않았을 것이다(고전 15:14-20). 물론 부활 이전에 이미 예수께서는 교회를 반석 위에 세우겠다고 약속하셨다: "또 내가 네게 이르노니 너는 베드로라 내가 이 반석 위에 내 교회를 세우리니 음부의 권세가 이기지 못하리라"(마 16:18). 그러나 역사적인 교회가 모습을 드러낸 것은 예수의 부활 이후였고, 부활한 예수를 만난 제자들의 경험이 교회의 도화선이 되었다. 그러므로 "교회는 상상이나 맹목적인 믿음이 아니라 정말 살아 있는 자에 대한 실제적인 체험에서 시작되었다"[3]고 말하는 큉의 진술은 타당하다.

그러면 예수께서 "이 반석 위에" 교회를 세우겠다고 하실 때, "반석"이란 무엇을 의미하는가? 이에 대해서는 여러 가지 해석이 존재한다([표13] 참조). 로마 가톨릭은 이 반석을 베드로로 해석해서 교황의 권위를 내세우는 데 사용한다. 하지만 분명히 베드로(petros: 남성명사)와 반석(petra: 여성명사)은 원어상 다른 표현이다. 또 어떤 신학자들은 예수 그리스도를 교회의 기초인 반석으로 해석한다. 하지만 "이 반석" 위에 교회를 세우겠다고 말한 예수께서 이 반석을 자기 자신으로 표현한다는 것은 어법에 맞지 않는다. 물론 성경적 표현에서 예수 그리스도를 반석이라 한 곳이 없는 것은 아니다. 그러나 "이 닦아 둔 것 외에 능히 다른 터를 닦아 둘 자가 없으니 이 터는 곧 예수 그리스도라"(고전 3:11) 한 것이나, 예수 그리스도를 "보배로운 산 돌"(벧전 2:4)이라고 표현한 것은 교회의 기초를 뒷받침하는 적절한 근거가 아니다. 여기서 "터"나 "산 돌"은 '교회의' 터와 돌을 의미하는 것이 아니라, '구원의' 터와 산 돌을 뜻하는 것으로 보아야 한다. 그러므로 그리스도는 교회의 기초가 아니라 구원의 기초다. 가장 설득력 있는 견해는 반석을 베드로의 신앙고백으로 해석하는 것이다. 역사상 새로운 신앙공동체는 예수 그리스도를 신앙고백하는 사람들을 통해 시작된 것으로 보는 것이다.

그러므로 교회공동체는 신자의 신앙고백 위에 세워진다. 그 때문에 이 땅의 가시적 지역교회는 때로 잘못 되기도 하고 무너지기도 하며, 건전하지 못한 신앙 때문에 어려움을 겪기도 한다. 이는 교회가 형이상학적으로 이상화되거나 신앙의 대상이 되어서는 안 될 이유이기도 하다. 실제로 어떤 사람들은 교회를 지나치게

[표13] 교회의 반석 해석비교[4]

	견해 1	견해 2	견해 3
반석의미	반석=베드로	반석=그리스도	반석=베드로의 고백
주장자	Turtullian, Cyprian, 1, 2 Vatican Council	Augustine, Calvin, Zwingli, Hobbs	Chrysostom, Zahn, Küng
찬성이유	-반석을 말할 때 베드로에게 말했다. -베드로는 작은 반석을 의미한다. -베드로는 제1대 교황이다.	-그리스도는 산 돌이라고 말했다(벧전 2:4-8, 고전 3:11). -페트라는 그리스도를 은유적으로 표현할 때 사용됐다. 그리스도는 작은 돌 페트로스가 아니라 큰 돌 페트라다.	-그리스도는 베드로의 고백을 기뻐하셨다(마 16:16-18). -베드로의 고백은 믿는 자의 고백을 담고 있다. -이 고백은 기독교의 기초를 이룬다.
반대이유	-베드로는 그리스도를 기업(기초)이 된다고 말했다(벧전 2:4-8). -작은 돌과 큰 돌 사이에는 엄연한 구별이 있다.	-그리스도는 결코 반석이라고 주장하지 않으셨다. -보통 자신을 "이 반석"이라고 표현하지 않는다. 본문의 상황과 어울리지 않는다. -그리스도는 아람어로 말씀하셨기 때문에 이것과 동일한 말을 하지 않으셨을 것이다.	-베드로는 이 말을 한 뒤 그리스도를 부인했다. -베드로의 고백은 기독교의 진수를 담고 있을 뿐이지 교회의 기초가 아니다. -고전 3:11은 베드로가 교회의 기초가 아님을 분명히 한다.

실제로 어떤 사람들은 교회를 지나치게 격상시켜서 그것을 신앙의 대상으로 삼는 경향이 있다. 사도신경에서 "거룩한 공교회"를 믿는다고 고백하는 것은 이런 오류를 범하는 것이다. 한스 큉(Hans Küng)도 이런 문제점을 적절하게 지적했다: "우리 기독교인은 교회를 믿는가? 아니다. 교회가 신앙의 대상이 된다면, 교회를 필요 이상으로 중대시하는 셈이 된다."[5] 그래서 그는 "'거룩한 가톨릭교회를 믿는다'고 말하는 것은 ... 교회를 거룩하게 하시는 성령을 믿는다는 의미"라고 교정되기를 바랐다.[6] 하지만 보편적 의미의 교회는 그리스도의 몸이요(엡 1:22-23; 롬 12:4-5) 그리스도의 신부(롬 7:4; 고후 11:2)라고 했다. 마땅히 참된 교회는 결코 무

너지지 않을 것이다. 참된 교회는 그리스도에 대한 참된 신앙고백에서 나온 것이기 때문이다. 그러므로 정확하게 표현한다면 교회는 그리스도에 의해 신자의 신앙고백을 통해(by Christ through confession) 세워진다고 말하는 것이 마땅하다.

교회의 신학적 이해

기독교는 시간이 지남에 따라 그 구조와 형태들이 점점 더 신약성경으로부터 멀어져갔고, 그런 교회의 부패를 개혁하고 교회의 본질을 회복하고자 하는 운동도 그 당위성을 가지고 끊임없이 이어져왔다. 초대교회 이래로 기독교가 보여주었던 수많은 갈등과 분열현상은 모든 그리스도인들에게 피할 수 없는 아픔과 죄책감을 안겨주었고, 동시에 교회일치(church unity)를 향해 풀어내야 할 부담으로 작용했다.[7] 여기서는 교회의 세 가지 이미지를 삼위일체적 은유로 설명하고, 교회의 본질을 추구해나가는 몇 가지 신학적 담론을 덧붙였다.

교회의 삼위일체적 은유

성경은 교회의 이미지를 여러 측면에서 설명하고 있다. 그 가운데 하나는 교회의 정체성을 삼위일체와 연계하여 다음과 같이 세 가지 은유적 표현을 통해 설명한 것이다.

첫째, 교회는 성부 하나님의 백성인 신자들의 모임이며 동시에 "하나님의 성전"(고후 6:14-7:1)이다. 데일 무디(Dale Moody)가 "제도적 조직을 넘어서는 영적 유기체(the spiritual organism)의 우위성은 이러한 모든 위대한 신학적 흐름에서 볼 때 명백하다"고 말했을 때,[8] 영적 유기체란 하나님의 언약 백성으로서 교회를 의미한 것이다. 교회인 신자들은 "산 돌같이 신령한 집으로 세워지고 예수 그리스도로 말미암아 하나님이 기쁘게 받으실 신령한 제사를 드릴 거룩한 제사장이 되며 … 택하신 족속이요 왕 같은 제사장들이요 거룩한 나라요 그의 소유가 된 백성"(벧전 2:5, 9)이 된다. 따라서 "교회에서는 하나님의 모든 백성이 제사장에 속하고, 제사장의 직무는 모두에 의해서 공유된다."[9] 이러한 전신자 제사장 직분이라는 개념과 교회 안에 계층이 존재해서는 안 되는 근거는 교회의 기본 정의에서 나온 것이다. 그 점에서 교회가 분열되는 것은 하나님의 성전이 파괴되는 "영적 모독"(spiritual sacrilege)이라고 무디는 비판했다.10)

둘째, 교회는 성자 그리스도의 몸이요 신부다. "또 만물을 그 발 아래에 복종하게 하시고 그를 만물 위에 교회의 머리로 주셨느니라 교회는 그의 몸이니 만물 안에서 만물을 충만하게 하시는 이의 충만이니라"(엡 1:22-23). 그러므로 교회와 그리스도는 하나의 유기체로서, 서로 떨어질 수 없는 관계다. 교회가 그리스도의 일을 계승해야 할 사명이 있는 까닭이 바로 여기에 있다. 교회는 세상 속에 그리스도가 "임재"한 것이다.11) 따라서 교회의 모습은 곧 그리스도의 모습이다. 교회가 세상으로부터 비난을 받으면 그리스도도 비난을 받는 것이고, 존경을 받으면 그리스도도 존경을 받는 것이다. 교회를 "그리스도의 신부"(롬 7:4; 고후 11:2)라고 칭한 것도 부부의 인격적이고 유기체적 관계를 반영한 것으로 볼 수 있다. 무디의 설명에 따르면, 그리스도의 신부로서 교회는 바울의 서신에서 "혼인관계"로 설명되는데(갈 4:21-31; 고후 11:2-3; 엡 5:21-23), 바울의 생각 속에는 "그리스도-교회와 남편-아내의 관계가 서로 왕래할 뿐 아니라 몸과 신부의 비유들이 하나로 섞인다."12)

교회가 하나님의 언약 백성이라는 점과 그리스도의 유기체적 몸이라는 점에서 교회는 기본적으로 "가시적이고 지역적인 신자들의 집단"이다.13) 사도행전은 초대교회의 모습을 이렇게 말하고 있다: "믿는 무리가 한 마음과 한 뜻이 되어 모든 물건을 서로 통용하고 제 재물을 조금이라도 제 것이라 하는 이가 하나도 없더라"(4:32). 이는 교회가 단순히 신자의 모임으로 그치는 것이 아니라 하나의 공동체를 이루었음을 가리키는 것이다. 서로 물건을 통용하는 사회, 빈부의 격차가 없는 사회, 그런 사회를 이루었던 것이 초대 교회의 모습이었다. 이때 성령은 교회신자들을 하나로 묶는 끈이다: "평안의 매는 줄로 성령이 하나 되게 하신 것을 힘써 지키라 몸이 하나요 성령도 한 분이시니 이와 같이 너희가 부르심의 한 소망 안에서 부르심을 받았느니라"(엡 4:3-4). 교회는 부르심을 받아 나온 신자들의 모임이라고 할 때, 이들을 평안으로 매는 성령은 신자들을 하나로 연합하는 끈의 역할을 하는 것이다.

셋째, 교회는 성령의 전이며, 성령의 교제와 사역이 일어나는 곳이다. "너희는 너희가 하나님의 성전인 것과 하나님의 성령이 너희 안에 거하시는 것을 알지 못하느냐 누구든지 하나님의 성전을 더럽히면 하나님이 그 사람을 멸하시리라 하나님의 성전은 거룩하니 너희도 그러하니라"(고전 3:16-17). "너희도 성령 안에서 하나님이 거하실 처소가 되기 위하여 그리스도 예수 안에서 함께 지어져 가느니라"(엡 2:22). 또한 바울은 이렇게 성도의 교제를 강조한다: "그러므로 그리스도 안에 무슨 권면이나 사랑에 무슨 위로나 성령의 무슨 교제나 긍휼이나 자비가 있거든 마음을 같이하여 같은 사랑을 가지고 뜻을 합하며 한 마음을 품어"(빌 2:1-2). 데일 무디의 설명에 따르면, 성령의 교제는 "성령침례"(고전 12:13), "성령의 선물"(눅 11:13; 요 3:34; 행 2:38; 8:20; 10:45; 11:17), "성령의 통일성"(엡 4:4)로, 그리고 성령의 사역은 "성령의 은사"(고전 1:7; 12:4, 9, 30f; 롬 12:6; 엡 4:11), "성령의 충만"(엡 5:18), "성령의 검"(엡 6:17)이라는 각각 세 개의 신약적 표현들로 설명된다.14)

이 대목에서 무디는 교회의 본질을 "선교"(mission)로 이해했고, 그것을 세 가지 차원, 즉 "증거"(martyria), "봉사"(diakonia), "교제"(koinonia)로 설명했다: "만일 교회의 다중적 선교가 회복되어야 한다면 그것은 세상 속에 서기 위해 세 개의 다리를 가진 탁자가 필요하다." 그리고 그는 신약성서 안에서 증거의 선교를 베드로 전통에서, 봉사의 선교를 바울 전통에서, 교제의 선교를 요한의 전통에서 상대적으로 강하게 나타났다고 분석했다. 첫 번째 차원인 증거는 베드로 전통의 세 가지 주요자료인 사도행전 1-2장, 베드로전서, 마가복음에서 예수의 죽음과 부활이라는 복음을 증거하는 것으로 드러났다. 둘째 차원인 봉사는 바울의 다섯 개 서신(고린도전후서, 갈라디아서, 로마서, 빌립보서)에서 성도를 위한 연보와 바울 자신을 유대인과 이방인의 종(롬 15:7-33)으로 묘사한 것으로 나타났다. 셋째 차원인 교제가 가장 잘 드러난 본문은 요한복음 14장 20절이다.15)

교회 안에서는 서로 한 마음으로 같은 사랑을 가지고 뜻을 합하는 성령의 교제가 있어야 한다. 교회 안에서 분쟁과 다툼이 일어나고 시기와 욕심이 표출된다면 그것은 건강한 교회가 아니라는 증거다. 성령의 교제가 일어나는 교회는 구약의 성전과 같지 않다. 교회가 구약적 의미의 성전으로 불리는 것은 반성경적이다. 구약의 성전은 제사를 드리는 곳이지만, 신약의 교회는 성령의 교제가 충만한 곳이다. 신약에서는 더 이상 구약적 의미의 제사를 드릴 이유가 없다. 예수께서 단번에 그 제사의 문제를 해결하셨기 때문이다(히 7:27). 그러므로 신약의 교회는 구약의 성전과 다르다. 그런데 오늘날 한국 교회들의 실상은 어떠한가? 여전히 교회당을 성전이라고 부르면서 교회를 외형화하고 형식화하고 있지 않은가?

이렇듯 하나님의 백성, 그리스도의 몸, 성령의 전으로서 교회는 삼위일체의 하나님 형상을 닮은 만큼 본질적인 속성인 사랑을 드러내야 한다. 교회에서 사랑이 표출되지 않으면 그것은 참 교회가 아니다. 또한 교회는 진리의 기둥과 터가 되어야 마땅하다: "만일 내가 지체하면 너로 하여금 하나님의 집에서 어떻게 행하여야 할 것을 알게 하려 함이니 이 집은 살아 계신 하나님의 교회요 진리의 기둥과 터이니라"(딤전 3:15). 교회가 진리의 기둥과 터가 되어야 한다는 것은 진리 위에 세워져야 한다는 말이다. 기둥과 터가 없이는 집이 서지 않는다. 하나님의 집인 교회를 세우려면 진리로 기둥과 터를 삼아야 한다. 교회 안에 진리가 외면되고 거짓과 불의가 만연하게 된다면, 그것은 더 이상 교회라고 부를 수 없다.

가시적 교회와 비가시적 교회

교회의 정체성을 설명하기 위한 논의 가운데 하나는 '가시적'(visible) 교회와 '비가시적'(invisible) 교회의 구분 문제가 있다. 교회의 형태에 대한 이런 이분법적 이해는 역사적으로 도나투스논쟁과 관련이 있다. 이 논쟁에서 도나투스주의자들은 교회가 불의와 타협하지 않는 참된 신자들로 구성되어야 한다고 주장했고, 아우구스티누스는 교회에 참된 성도와 죄인이 섞여 있다고 대응함으로써, 교회관에 대한 첨예한 차이와 갈등이 드러났다.

아우구스티누스의 교회관은 간단하지 않은 문제를 불러일으켰다. 특히 그의 "하늘의 도성"과 "땅의 도성"이라는 설명방식은 교회를 이원화하는 데 적지 않은 영향을 끼쳤다. 로마 가톨릭이 제도적 교회를 "하늘의 도성"과 동일시함으로써 아우구스티누스의 의도를 왜곡시킨 것은 역사적으로 불행한 일이었다. 이후 장 칼뱅(Jean Calvin)의 가시적 교회와 비가시적 교회의 구분은 아우구스티누스의 이상적인 것과 제도적인 것 사이의 구분과 놀라울 정도로 비슷했다.16) 마르틴 루터

역시 교회를 아우구스티누스처럼 "혼합된" 단체로 이해했다. 하지만 같은 시대의 근원적 종교개혁자들은 교회를 도나투스주의자들처럼 "의로운 이들만의 단체"라고 주장했다.17)

칼뱅은 비가시적 교회를 "선택된 사람들의 교회"로 규정하고, 이 땅의 가시적 교회를 "선택된 자와 선택되지 않은 자가 함께 구성하고 있는 교회라는 제도"로 보았다.18) 개혁교회의 영향을 받은 영국 특수침례교회(제2 런던신앙고백서)에서도 비가시적 교회의 구성원을 다음과 같이 "택자"로 규정한 바 있다: "가톨릭 혹은 보편교회는 (성령의 내적 사역과 은혜의 진리 관점에서) 불가시적 교회라고도 불리며, 모든 택한 자들로 구성되어 있다. 즉, 과거와 현재 그리고 미래의 택한 자들이 머리되신 그리스도 아래 모여 하나가 되는 것이다."19)

교회를 가시적 교회와 비가시적 교회로 구분하는 것이 어떤 의미가 있을까? 종교개혁의 후예들은 이 둘의 구분을 정당화하면서 가시적 교회보다 비가시적 교회를 더 강조하는 경향이 있다. 그러나 예수께서 "이 반석 위에 내 교회를 세우리라"고 했을 때, 그것이 비가시적 교회를 의미한다고 보기는 어렵다. 그렇다면 왜 그런 일이 일어났을까? 테드 피터스(Ted Peters)는 제도적 교회가 니케아신조에서 고백한 "하나의, 거룩한, 보편적인 사도적 교회"의 모습을 보여주지 못했기 때문이라고 진단했다.20)

가시적 교회와 비가시적 교회 문제는 중세시대에 일어났던 보편논쟁과 그 성격이 닮아있다. 보편논쟁은 보편적인 것과 개별적인 것의 존재여부와 그 관계를 어떻게 설명하는가 하는 문제라고 할 수 있다. 일반적으로 다음과 같이 세 가지 형태로 견해가 나누어졌다. 첫째, 실재론(realism)은 보편적인 것들이 개별적인 대상들과 별개로 구분된 실존을 가진다는 입장이다. 신론에서 이 견해는 하나님이 자신 안에 내재하는 다양한 속성들(사랑, 거룩...)의 복합체로 이해된다. 이를 교회론에 대입하면 개별 교회들은 실재하는 것이 아니라 비가시적 교회, 즉 보편교회만이 진정한 실재라는 의미가 된다. 둘째, 유명론(nominalism)은 오직 개별적인 대상들 속에만 실재가 존재한다는 입장이다. 보편적인 존재는 다만 명칭에 불과하다. 따라서 가시적 지역교회만이 참된 교회고, 비가시적 보편교회는 단지 이름에 불과한 것이 된다. 셋째, 수정된 실재론(modified realism)은 개별적인 대상들이 독자적으로 존재하는 것이 아니라 보편적 존재 안에 "실재한다"(subsist)는 입장이다.21) 이는 실재론과 유명론을 절충한 형태라고 볼 수 있다. 이 견해에 따르면, 비가시적 보편교회를 인정은 하되, 실제로 중요한 것은 가시적 지역교회가 된다.

성경은 교회의 유형이 가시적 지역교회, 비가시적 보편교회, 혹은 우주적 교회 등으로 구분될 수 있는 근거를 어느 정도 제공한다. 적어도 성경에 나타난 교회의 사례들을 살펴보면, 개념적으로는 비가시적 보편교회를 말하고 있기 때문이다. 따라서 가시적 교회만 강조하고 비가시적 교회를 제거하는 것도 문제지만, 더 큰 문제는 가시적 교회를 소홀히 여기고 비가시적 교회를 실제적 교회로 간주하는 태도다. 한스 큉은 "교회의 본질"이 "역사적 형태 속에서만" 나타난다고 말하며 그것을 "실제적 교회"라고 부르면서 다음과 같이 주장했다:

> 교회의 본질은 플라톤적인 불변의 이데아의 세계에 있는 것이 아니라, 오직 교회의 역사 속에서만 발견될 수 있다. 실제적인 교회는 역사를 "갖고" 있을 뿐만 아니라, 역사가 될 때에만 실존한다. 불변의 형이상학적, 존재론적 체계(system)로서의 교회"론"은 존재하지 않는다. 교회론은 항상 교회사・교리사・신학사의 맥락 속에서, 역사적으로 한정된 이론으로서만 존재한다.22)

물론 그렇다고 해서 큉의 실제적 교회가 비가시적 교회 개념을 완전히 제거한 것은 아니다. 그에게 실제적 교회는 "보이는 것 속에서 신앙되는 교회, 보이는 것 속에서 보이지 않는 교회"다. "보이는 교회는 보이지 않는 교회에 의해 각인되고 형성되며 또한 지배된다."23) 큉에게 가시적 교회와 비가시적 교회는 분리되는 것이 아니라 하나인 것이다.24)

실제로 관심을 보여야 할 교회는 신자들의 공동체로서 가시적 지역교회다. 칼 바르트(Karl Barth)도 가시적 교회를 그리스도의 몸으로 이해했다. 바르트에 따르면, 교회는 "구체적"이고 "육체적"으로 "현존하는 실재"며, "장소적으로 시간적으로" 존재하는 공동체다. 교회는 "보이는 교회라는 껍질 안에 참 교회가 있는 것이 아니고 보이는 교회가 그리스도의 몸"이다. 이런 바르트의 교회관은 "보이지 않는 교회를 가정한 영지주의적 교회론"을 반대하는 것을 의미했다.25) 또한 그는 교회를 "예수 그리스도가 말씀과 성례전 속에서 성령을 통하여 주로서 현존하면서 행동하는 형제들의 공동체"로 이해했다. 바르트에게 교회는 "현실과 동떨어진 유토피아적인 나라"가 아니다. 그에게 교회는 그리스도를 주님으로 고백하는 형제들과 자매들의 공동체다. 만일 비가시적 교회가 가시적 교회를 통해서 설명되지 않고 단순히 "초자연적인 영혼의 나라"로 이해된다면 그것은 "교회론적 가현설"이 되고 말 것이다.26)

디트리히트 본회퍼(D. Bonhoeffer)는 "보이지 않는 교회가 되기를 원하는 교회는 더 이상 예수를 따르는 교회가 아니다"라고 말하면서 교회의 가시성을 강조했다. 그는 가시적 교회와 비가시적 교회를 분리하는 것을 문제 삼는 정도가 아니라 아예 그것을 구분하는 것도 거부했다. 왜냐하면 그런 구분이 교회에 대한 플라톤적 오해에 빠지게 하기 때문이다. 그는 이런 구분이 "열등한 외형적인 형태로부터 영혼의 진정한 나라로 후퇴하는 것"으로 이해될 수 있다고 보았다.27) 홀스트 푈만(H. G. Pöhlmann)도 가시적 교회와 비가시적 교회가 신약성경 안에서 나란히 존재하지 않는다고 전제하고, "오직 하나의 유일한 교회만이 존재"하는데, 그것은 바로 "보이는 교회"라고 주장했다.28)

그런 맥락에서 볼 때 지역교회를 강조하면서도 비가시적 "보편교회의 우선성"을 전제하고 있는 미로슬라브 볼프(Miroslav Volf)의 견해는 전적으로 동의받기 어렵다. 그는 가시적 지역교회의 우선성을 말하게 되면 "전체 하나님의 백성의 종말론적 통일성을 향한 지역교회의 방향"이 "이차적"이고 "우연적일 수밖에 없다"고 비판하는 것을 주저하지 않았다.29) 그가 바울이 에베소서와 골로새서에서 사용한 에클레시아라는 용어(엡 1:22; 2:22; 3:10; 5:22-33; 골 1:18)는 "보편교회를 지칭"했다고 해석하는 것도 재론의 여지는 있다. 그 용어가 굳이 지역교회가 아닌 보편교회만을 지칭했다고 봐야 할 필연성은 없기 때문이다.

가시적 교회와 비가시적 교회의 이원론적 구분은 교회와 하나님 나라를 구분하지 못해서 나온 잘못된 개념이다. 테드 피터스는 그것이 하나의 실수에 기초해 있다며 다음과 같이 적나라하게 그 문제점을 지적했다: "암암리에 교회와 하나님 나라를 일치시키고, 역사 안에 존재하는 모순들을 대결시킴으로써, 신학자들은 자신들의 소원과 꿈에 맞춰 보이지 않는 교회라는 개념을 만들어 내었다."30) 예수께서 말한 밀과 가리지 비유는 이 땅의 교회를 두고 한 것이 아니라 하나님 나라에 초점이 있는 것이다(마 13:24-30).

교회의 보편성과 특수성[31]

역사적으로 교회일치와 관련해서 중요하게 논의되었던 주제 가운데 하나는 교회의 보편성(universality)과 특수성(particularity) 문제였다. 자유교회 전통에 속해 있는 침례교회들은 일반적으로 교회의 보편성이나 비가시성보다는 "가시적 표현들"에 대해 더 깊은 관심을 보여왔다.[32] 침례교인들이 교회의 보편성을 견지하면서도 교회의 특수성과 개체성을 더 강조하는 경향은 분명했다. 이런 사실은 침례교회의 대표적인 신앙고백서들을 일별해 보면 확인될 수 있다. 최초의 신앙고백서라 할 수 있는 "네덜란드 암스테르담에 남아있는 영국인들의 신앙선언서"(1611년)에서는 "교회는 각기 다른 개체의 교회로부터 성립되지만, 세계에 얼마나 많은 교회가 존재할지라도 그것은 하나이다(엡 4:4). 각 개교회는 가령 2-3명이 있어도… 그리스도의 몸(고전 12:27)이며 온전한 교회다(고전 14:23)"라고 고백했다. 또한 "런던신앙고백서"(1644년)에서는 "비록 개별적인 회중들이 별도로 여러 개의 지체로 되어있다 하더라도, 그 각자는 그 자체로 작고 균형잡힌 하나의 자치단체다. 그러나 모든 회중은 오직 하나의 동일한 규율과 협의하기에 편리한 모든 수단에 따라 걸어가야 한다. 그리고 교회의 유일한 머리이신 그리스도 아래에서 공동의 믿음으로 한 지체가 된 회원들처럼, 교회의 필요한 모든 일에서 서로 도와야 한다"고 진술되었다. "침례교의 신앙과 메시지"(1963년)에서는 "신약교회는 침례받은 신자들의 지역적 몸"이라고 전제한 뒤에 보편교회의 개념을 추가로 덧붙이는 형식을 취했다.[33] 이 세 고백서가 보여준 가장 중요한 특징은 "지역교회"(local church)로서 "하나의 교회"(one church)를 강조한다는 데 있다. 1963년판 남침례교의 신앙고백서를 해설한 허셀 홉스(Herschel H. Hobbs)도 「침례교 신앙과 메시지」에서 "신약성서에서 '교회'는 조직된 기독교나 교회들의 모임을 가리키는 것이 아니다. 교회는 침례 받은 신자들의 지역적 몸(local body)을 지시하거나 모든 시대를 통해 구속 받은 모든 사람들을 포함한다"고 말함으로써 보편교회의 개념을 전제했고, "침례교인들은 신약성서에서처럼 지역교회(local church)를 더 강조한다"고 덧붙임으로써 침례교회의 전형적인 교회관을 확인해주었다.[34]

교회의 보편성 문제는 교회일치운동과 깊은 이해관계가 있다. 데일 무디에게 교회의 보편성은 교회의 본질과 같은 의미를 가진다. 그는 우리가 성경에 근거해서 교리와 실천을 정립한다면 한분이신 주님 안에서 단일성을 발견하지 않을 수 없다고 확신했다. 요한복음 17장에서 보여준 하나 됨에 대한 예수의 기도는 교회의 하나 됨에 대한 강력한 근거가 된다. 그래서 그는 다음과 같은 말로 교제의 단일성을 강조했다: "교제의 단일성은 세계를 향한 중요한 증거다. 이 하나 됨에 대한 에큐메니칼적 추구는 분파적 분리주의와 고립을 용납하지 않는다. 아버지와 아들의 단일성은 단지 단일성만을 위해서 뿐 아니라 세계를 향한 증거로서 (17:22), 제자들에 의해 재현되어야 한다(17:11)."35) 교회의 보편성에 대한 무디의 이러한 주장은 특수성을 교회의 중요한 본질로 강조하는 전통에 익숙한 침례교인들에게 적지 않은 도전과 영향을 주는 것이었다.

* * *

교회는 "하나님께서 언젠가는 은혜로 말미암아 그의 피조물들에게 주실 종말론적 현실의 맛보기"요 "하나님 나라의 표지(標識)"다.36) 이는 하나님 나라의 본질이 교회의 궁극적 지향점이라는 의미다. 그러므로 교회가 하나님 나라를 실현하는 통로로서 역할을 감당하지 못한다면 그것은 더 이상 참된 교회가 아니다. 존재 목적에서 벗어난 교회는 교회이기를 포기한 것이나 마찬가지기 때문이다.

교회는 하나님 나라를 이루는 수단이지만, 단순히 복음을 전달하는 도구이기 전에 먼저 복음 그 자체가 되어야 한다. 그렇지 않을 경우, 외형은 교회 같지만 실상은 유사(類似)교회가 될 뿐이다. 이런 교회가 많아질수록 이 땅에 하나님 나라의 실현은 더욱 멀어지게 될 것이다. 특히 교회가 위임을 받은 명령에 순종하지 않고 기복수단으로 전락되는 것은 교회의 가장 치명적 죄악이다.

개념적으로는 교회를 가시적 교회와 비가시적 교회로 구분할 수 있지만, 성경에서 말하고자 하는 교회의 실제는 가시적 교회다. 이 땅에서 동고동락하는 그리스도인의 공동체가 진정한 의미에서 교회다. 교회는 '더불어-함께' 하나님 나라를 향해 순례하는 신앙의 공동체, 예수의 십자가 도를 따르는 제자들의 모임이다.

따라서 공동체로서 교회는 무엇보다도 하나 됨의 보편적 의미와 특수한 지역교회의 실존적 의미 사이의 균형을 유지하는 것이 중요하다. 그럼으로써 교회는 예수 그리스도에 대한 동일한 기억과 종말에 대한 동일한 소망을 가지고 있는 신자들의 모임이 될 수 있다. 그리고 신자들은 교회를 통해 자기 정체성을 확립하고 지체들을 격려하며 '서로를 세워주는' 그런 존재여야 한다.

주(註)

1) William W. Stevens, 「조직신학개론」, 허긴 역, 4판 (대전: 침례신학대학교출판부, 1997), 408.
2) Hans Küng, 「교회」, 정지련 역 (서울: 한들출판사, 2007), 112-5.
3) Küng, 「교회」, 106.
4) H. Wayne House, *Charts of Christian Theology and Doctrine* (Grand Rapids: Zondervan Publishing House, 1992), 114; 이인우, 채천석, 「차트 조직신학」 (서울: 기독교문서선교회, 1999), 111 참조.
5) Küng, 「교회」, 39.
6) Ibid., 41
7) 김용복, "Dale Moody의 교회관에 나타난 보편성과 특수성 문제," 「복음과 실천」, 49집 (2012 봄): 79.
8) Dale Moody, *The Word of Truth: A Summary of Christian Doctrine Based on Biblical Revelation* (Grand Rapids: Eerdmans, 1981), 441.
9) Stanley Grenz, 「조직신학: 하나님의 공동체를 위한 신학」, 신옥수 옮김 (고양: 크리스챤다이제스트, 2003), 669.
10) Moody, *The Word of Truth*, 443.
11) Grenz, 「조직신학」, 670.
12) Moody, *The Word of Truth*, 444-6; Dale Moody, "The Great Essentials: The Church of the Living God," *The Baptist Student*, vol. 34, no. 8 (May 1955): 36.
13) Grenz, 「조직신학」, 688.
14) Moody, *The Word of Truth*, 447-8.
15) Ibid., 427-33.
16) Ibid., 440.
17) Alister McGrath, 「신학의 역사」, 소기천 외 3인 옮김, 개정판 (서울: 지와사랑, 2013), 319.
18) Ted Peters, 「하나님-세계의 미래: 새로운 시대를 여는 조직신학」, 이세형 옮김 (서울: 컨콜디아사, 2006), 474.
19) William L. Lumpkin, 「침례교신앙고백서」, 김용복 외 2인 역 (대전: 침례신학대학교출판부, 2008), 334.
20) Peters, 「하나님-세계의 미래」, 473.
21) Grenz, 「조직신학」,
22) Küng, 「교회」, 16.
23) Ibid., 48.

24) Ibid., 50.
25) 김명용, "칼 바르트의 교회론," 「교회론」, 한국조직신학회 엮음 (서울: 대한기독교서회, 2009), 203, 207, 227.
26) 이신건, 「조직신학입문」, 265; 이신건, 「칼 바르트의 교회론」 (서울: 한들출판사, 2000), 146 이하 참조.
27) H. G. Pöhlmann, 「교의학」, 이신건 옮김 (서울: 신앙과지성사, 2012), 462-3.
28) Ibid., 463.
29) Miroslav Volf, 「삼위일체와 교회: 하나님의 형상으로서 교회에 대한 가톨릭·동방정교회·개신교적 이해를 찾아서」, 황은영 옮김 (서울: 새물결플러스, 2012), 238-40. 볼프는 에큐메니칼 차원에서 자유교회 전통과 가톨릭/동방정교회 전통의 교회론적 대화를 시도하면서, 전자에게는 사도적 전승에 대한 충실성, 개방성, 사회화 등을 요구했고, 후자에게는 주교의 독점권을 내려놓아야 한다고 주장했다.
30) Peters, 「하나님-세계의 미래」, 472-3.
31) 김용복, "Dale Moody의 교회관에 나타난 보편성과 특수성 문제," 80-102 참조.
32) Bill J. Leonard, "교회," 「침례교신학의 흐름: 184.5년부터 최근까지」, Paul Basden 편, 침례교신학연구소 옮김 (대전: 침례신학대학교출판부, 1999), 240.
33) Lumpkin, 「침례교 신앙고백서」, 146, 207-8, 467.
34) Herschel H. Hobbs, *The Baptist Faith and Message*, Revised (Nashville: Convention Press, 1996), 65.
35) Moody, *The Word of Truth*, 433.
36) Grenz, 「조직신학」, 687.

20

교회의 사명: 사역 원리와 방식

> 그가 어떤 사람은 사도로, 어떤 사람은 선지자로,
> 어떤 사람은 복음 전하는 자로,
> 어떤 사람은 목사와 교사로 삼으셨으니 이는 성도를 온전하게 하여
> 봉사의 일을 하게 하며 그리스도의 몸을 세우려 하심이라
> 우리가 다 하나님의 아들을 믿는 것과 아는 일에 하나가 되어
> 온전한 사람을 이루어 그리스도의 장성한 분량이 충만한 데까지 이르리니
> 이는 우리가 이제부터 어린 아이가 되지 아니하여
> 사람의 속임수와 간사한 유혹에 빠져
> 온갖 교훈의 풍조에 밀려 요동하지 않게 하려 함이라
> 에베소서 4장 11-14절

교회가 이 땅에 이루어질 하나님 나라의 표지(標識)라면 사람들이 교회를 보고 하나님 나라를 유추할 수 있어야 한다. 그런데 오늘날 세상에 비친 교회의 모습은 어떠한가? 과연 이 땅의 교회들이 하나님 나라를 제대로 표상하고 있는가? 그렇지 않다면 어디서부터 무엇을 개혁해야 하는가?

교회의 본질이 무엇인지, 교회의 이상이 어떠한지를 전혀 모르는 그리스도인이 과연 있을까? 그리스도인이라면 대부분 교과서적인 성경적 교회관에 대해서 배워서 어느 정도는 알고 있을 것이다. 그런데도 정작 실제 삶과 현장에서는 그런 교회를 실현하지 못하는 까닭은 어디에 있는가? 그것은 이상과 실제가 일치하지 않기 때문일 수도 있고, 교회관이 비성경적으로 형성되었기 때문일 수도 있다.

교회 홍수시대라고도 할 수 있는 이 시대에 진정으로 건강한 성경적 교회를 찾아보기 어려운 것은 홍수가 나도 마실 물이 없는 현상과 비슷하다. 그러다보니 교회를 개혁해야 한다는 목소리도 각양각색이다. 교회개혁을 위한 책들의 제목만을 살펴보아도 교회의 문제가 얼마나 심각한지, 무엇이 개선되어야 할 사안인지를 엿볼 수 있다: "성육신적" 교회, "새로운" 교회, "평화" 교회, "신사도적" 교회, "1세기 관계적" 교회, "신약성경적" 교회, "자유" 교회, "신자" 교회, "울타리 없는" 교회, "메시아닉" 교회, "영원한" 교회, "작은" 교회, "예수께서 꿈꾼" 교회, "순례하는" 교회, "섬기는" 교회, "해방된" 교회, "이머징" 교회, "예수 없는" 교회, "하나님의" 교회, "가정" 교회, "셀" 교회, "평신도" 교회.

교회의 문제를 진단하고 그 개선책을 제시하는 방안이 이렇게 많다는 것은 현재 우리들의 교회 문제가 그만큼 심각하다는 것을 입증하는 것이 아닐까? 우리는 어떤 교회상(敎會像)을 추구해야 하는가? 이 질문의 근원적 출발지는 예수 그리스도의 교회관이다. 과연 예수께서는 어떤 교회를 원하셨는가? 예수께서 말한 교회는 도대체 무엇인가?

우리는 다음과 같은 질문을 통해 교회관을 검토할 필요가 있다: (1) 신약성경의 교회는 어떤 사역을 했는가? (2) 기독교의 역사 속에서 교회는 어떻게 달라졌는가? (3) 기독교 역사 속에서 교회개혁의 목소리는 무엇이었으며, 그에 대한 교회의 반응은 어떠했는가? (4) 오늘날 교회의 가장 큰 문제점은 무엇인가? (5) 1세기 교회의 원리가 오늘날 교회를 개혁하는 데 어떻게 적용될 수 있는가? (6) 실제 목회현장에서 우리가 실천할 수 있는 이상적인 교회 형태는 무엇인가?

교회를 개혁하는 데 중요한 과제는 그 본질을 파악함으로써 구체적으로 교회를 어떻게 운영하고 실제로 교회의 사역을 어떻게 실천하는가를 반성하는 것이다. 여기에는 교회의 역할, 교회행정, 교회직분, 교회예전 등 교회의 전반적인 구조와 사역방식 등이 포함된다. 교회가 가장 중요하게 실천해야 하는 사명은 무엇인가? 왜 교회에서 의사결정과정이 소수 혹은 한 사람에 의해 독점되는가? 왜 교회 안에서 상하 계층이 존재하는가? 왜 교회예전이 은혜의 통로처럼 권위를 가지는가? 왜 설교나 교회예전을 집례하는 권한이 목사라는 직분을 가진 사람에 의해 독점되어야 하는가? 침례를 받는 대상이 어떤 근거에서 유아에게 허용되는가? 그리고 왜 교회는 유아세례를 인정하면 안 되는가? 특별히 교회가 신뢰도를 회복하려면 무엇을 해야 하는가? 어떻게 하면 목회자와 성도들이 수평적 관계에서 교회 사역을 협력해서 할 수 있는가? 교회 간에 협력이 필요한 까닭은 무엇이며, 그것이 실현되지 않는 원인은 어디에 있는가? 이와 같은 질문들은 교회를 개혁하고자 하는 사람이라면 반드시 성찰해야 할 현안들이다.

교회의 역할과 사명

교회의 역할은 곧 교회의 사명이다. 그 점에서 다음과 같은 데일 무디의 말은 교회의 존재이유를 잘 설명해준다: "사명은 교회의 의미를 파악하는 데 기본 개념이다. 교회는 곧 사명이며, 사명이 없는 곳에 교회는 없다. 하나님은 메시지와 사명을 가지고 세상으로 다시 돌려보내기 위해 세상으로부터 교회를 부르셨다."[1] 그렇다면 교회는 어떤 사명을 감당해야 하는가? 적어도 교회의 역할과 사명은 세 가지 차원에서 설명될 수 있다.

하나님을 향한 예배

교회의 첫째 역할과 사명은 하나님께 대한 책임에서 비롯된다. 그것은 하나님께 영광을 돌리는 것으로써, 예배(worship)를 통해 실현된다. 성경은 우리에게 하나님께 대한 예배를 "영과 진리"로 드려야 할 "거룩한 산 제사"라고 강조한다(요 4:24; 롬 12:1). 이것은 죽은 제물을 통해서가 아니라 살아있는 제물을 통해 하나님께 드리는 예배가 진정한 예배라는 것을 의미한다. 그렇다면 살아있는 제물은 무엇인가? 그것은 문맥적으로 보면, 그리스도인으로서 세상 속에서 하나님의 뜻에 따라 살아가는 것을 가리킨다. 물론 그렇다고 해서 신자들이 모여서 형식에 따라 하나님께 예배드리는 것을 등한시하는 것은 잘못이다. 오히려 세상에서 몸으로 실천하는 삶을 반성하며 하나님께 회개와 감사의 예배를 드리는 것은 신자들의 모임, 즉 교회의 중요한 역할 가운데 하나다.

그런데 교회에서 '형식적 예배'를 지나치게 강조하고 '주일성수'를 신앙의 잣대인양 가르치면서도, 정작 예배의 본질을 망각하는 것은 심각한 문제가 아닐 수 없다. 예배가 기복신앙의 수단이 될 수 있기 때문이다. 대가를 기대하는 신앙은 참된 신앙이 아니다. 예배가 삶의 목적이 아니라 수단이 될 때 교회는 부패한다. 삶을 통한 참된 예배는 하나님에 대한 그리스도인의 마땅한 도리요, 구원해주신 하나님께 감사하는 표현이다.

신자들을 향한 교육과 교제

교회의 둘째 역할은 교육(education)과 교제(fellowship)다. 이것은 특별히 신자들에 대한 교회의 책임과 사명이다. 믿음이 약한 신자들을 그들의 형편에 맞게 양육하고(고전 3:1-2), 선한 교훈으로 인도해야 할 책임이 교회에 있다: "네가 이것으로 형제를 깨우치면 그리스도 예수의 좋은 일꾼이 되어 믿음의 말씀과 네가 따르는 좋은 교훈으로 양육을 받으리라"(딤전 4:6). 교육과 교제가 교회의 중요한 역할이라는 것은 교회가 공동체로서 서로에 대한 건덕(edification)의 책임이 있다는 것을 의미한다. 또한 교회에서 특정인에게 직분을 맡긴 목적도 그리스도의 몸인 교회를 세우는 데 있다: "이는 성도를 온전하게 하여 봉사의 일을 하게 하며 그리스도의 몸을 세우려 하심이라"(엡 4:12). 여기서 "성도를 온전하게 한다"는 영어성경(NIV)에서 "하나님의 백성을 준비시킨다"(prepare God's people)로 번역되었다. 이는 교육의 목적이 봉사의 일과 그리스도의 몸을 세우기 위해 성도들을 준비시키는 데 있음을 함축한다.

사실 공동체란 본래 "사회적으로 상호 의존하고 있고, 함께 토론과 의사결정에 참여하고, 몇몇 실천들을 공유하는 사람들의 집단"을 의미한다.2) 교회공동체 역시 교육과 교제를 통해 신자들끼리 서로 의존하며 의사결정에 모두 참여하여 실천할 수 있도록 도와야 한다. 그리하여 교회는 지체들에게 정체성을 제공하고 "기억과 소망의 공동체"로서 기능을 할 수 있어야 한다.3)

세상을 향한 선교

교회의 셋째 역할과 사명은 선교(missions)하는 것이다. 선교에는 복음전도(evangelism)와 사회적 행동(social action)이 모두 해당된다. 이 선교행위는 인간과 다른 피조물 전체에 대한 교회의 책임이며, 특별히 불신자에 대한 교회의 사명이라고 할 수 있다. 예수께서는 이렇게 명령하고 약속하셨다: "그러므로 너희는 가서 모든 민족을 제자로 삼아 아버지와 아들과 성령의 이름으로 침례를 베풀고 내가 너희에게 분부한 모든 것을 가르쳐 지키게 하라 볼지어다 내가 세상 끝날까지 너희와 항상 함께 있으리라 하시니라"(마 28:19-20).

또한 교회는 이웃에게 사랑을 전하는 일에 최선을 다해야 한다. 예수께서는 "또 누구든지 제자의 이름으로 이 작은 자 중 하나에게 냉수 한 그릇이라도 주는 자는 내가 진실로 너희에게 이르노니 그 사람이 결단코 상을 잃지 아니하리라 하시니라"(마 10:42)고 하셨다. 바울도 우리가 해야 할 구제와 선한 일에 대해 다음과 같이 강조했다: "선한 행실의 증거가 있어 혹은 자녀를 양육하며 혹은 나그네를 대접하며 혹은 성도들의 발을 씻으며 혹은 환난 당한 자들을 구제하며 혹은 모든 선한 일을 행한 자라야 할 것이요"(딤전 5:10). 그밖에도 성경은 형제에 대한 구제와 돌봄을 교회에 요청한다(약 1:27; 2:15-17).

스탠리 그렌즈는 복음전도와 사회참여의 관계를 모두 다섯 유형으로 구분했다. 첫째는 이 둘을 전혀 무관한 관계로 보는 유형이다. 이 유형은 복음전도와 사회참여를 무관할 뿐만 아니라, 교회가 사회침여를 해서는 안 되며 오직 복음전도에만 집중해야 한다고 주장한다. 대표적 인물인 드와이트 무디(Dwight Moody)는 단호하게 이렇게 선언했다: "나는 이 세상을 파선한 배라고 생각한다. 하나님은 나에게 구명선을 주시며 말씀하셨다. '무디, 네가 구할 수 있는 모든 사람을 구해라.'"[4] 둘째는 사회참여를 복음전도의 한 표현으로 보는 유형이다. 교회가 사회참여를 해야 한다는 것을 인정하고 강조하지만, 그것은 어디까지나 복음을 전도하기 위한 수단으로 간주하는 관점이다. 사회참여는 "복음전도를 위한 정지 작업 또는 복음전도의 표현"일 뿐이다.[5] 그러므로 복음전도가 빠진 사회참여는 허용되지 않는다. 셋째는 사회참여를 복음전도의 동반자로 보는 유형이다. 이 유형은 사회참여와 복음전도를 동일시하지는 않더라도 서로 독립적이고 상호보완관계여야 한다고 보는 것이다. 존 스토트(John Stott)는 결코 사회-정치적 해방을 구원이라고 생각하지 않았으며 사회적 행동을 복음화와 동일시하지도 않았지만,[6] 이 둘을 동반자 관계로 이해했다: "사회행동은 복음전도와 같은 것도 아니고, 복음전도의 구성요소도 아니며, 복음전도를 위한 수단도 아니다. 복음전도와 마찬가지로 사회적 행동도 그 자체가 독립적인 것으로 생각해야 한다.... 이 둘은 나란히 간다."[7] 그가 작성했던 로잔언약(Lausanne Covenant)이 표방한 교회의 사회참여는 "사회적 행위가 '상호 배타적'이 아니라는 점을 확증함으로써, 그리스도의 인성과 사역이 교회의 삶과 증거함에 어떻게 반영되는지에 대한 통합적인 관점을 위한 초석"을 쌓았다는 평가를 받았다.[8] 넷째, 사회참여를 복음전도의 "본질적 요소"로 보는 유형이다. 이 입장은 "그리스도인들이 곤경에 처한 자들에 대한 관심을 표현하지 않는 곳에서는 복음이 아직 선포된 것이 아니라고" 간주한다. 그러므로 이 입장에서는 사회참여를 통하지 않은 복음은 온전한 복음이 될 수 없으며, 복음전도보다는 사회참여에 더 무게중심이 있다. 다섯째, 복음전도 자체가 사회참여라고 보는 유형이다. 이 경우에서는 사회참여만이 유일하게 복음전도인 셈이다.

가장 이상적인 것은 세 번째 동반자 관계다. 복음전도가 곧 사회참여도 아니고, 사회참여가 곧 복음전도는 아니지만, 이 둘은 결코 분리되어서는 안 되는 관계다. 그 점에서 사회참여는 예수 사역의 "자연스런 연장"이며, 성경의 복음은 본래 "사회적"이다. "복음전도와 마찬가지로 섬김도 하나님 나라의 사역이다."[9] 복음전도든 사회참여든 어느 하나가 다른 하나의 목적을 위한 수단이 되어서는 안 된다. 복음전도도 그 자체가 목적이고, 사회참여도 그 자체가 목적이 되어야 한다. 물론 그 반대도 성립한다. 사회참여는 복음전도에 의해 촉발되는 것이고, 동시에 복음전도도 사회참여의 결과로 결실을 보는 것이다. 그래서 이 둘은 동전의 양면과 같다. 그런데 여기서 한 가지 주의해야 할 것은 어느 하나가 다른 하나의 논리적 결과로 이루어지는 것은 아니라는 점이다. 복음전도를 한다고 해서 사회참여가 그 결과 저절로 따라오는 결실이 아니며, 사회참여를 한다고 해서 복음전도가 저절로 되는 것도 아니다. 그 점에서 로날드 사이더(Ronald J. Sider)가 "새로운 회심자들이 저절로 사회악을 바로잡기 시작한다고 주장하는 것은 순진한 몰상식"[10]이라고 갈파한 것은 정확한 통찰이다. 이 말은 복음전도만하면 사회문제는 저절로 해결될 수 있을 것이라고 믿는 순진한 그리스도인들에게 경각심을 불러일으킨다. 또한 이 말은 복음전도를 통해 회심한 그리스도인이 사회문제를 해결하기 위해 행동하고 참여해야 한다는 것을 웅변적으로 촉구하는 것이기도 하다. 앨런 워커(Allen Walker)는 "교회를 가장 위태롭게 하는 것은 거듭나고도 사회적 의식이 없는" 그리스도인이라고 일갈했다.11)

하워드 스나이더(Howard Snyder)는 교회가 세상을 향해 나아갈 때는 생명을 나누는 공동체가 되어야 한다고 말하고, 일곱 가지 사명을 제시했다. 첫째, 교회의 일차적 관심사는 하나님의 선교에 참여하는 것이다. "예수 그리스도의 이름으로 베푸는 친절과 긍휼과 정의는 무엇이든지 그의 복음을 선포하는 것이다." 둘째, 교회는 자신이 가지고 있는 것을 나누어야 한다. "매체를 이용한 전도에서는 복음이 비인격적으로 제시되거나, 텔레비전이나 라디오를 통해 유사 인격적인(pseudo-personal) 방식으로 제시됨으로써 실재에서 한걸음 더 멀어지게 된다." 셋째, 영적 생명은 살아있는 그리스도인의 공동체를 경험함으로써 가능하다. "교회는 복음을 선포하기 위해 먼저 복음이 되어야 한다." 넷째, 복음전도는 활력있는 예배로 풍성해진다. "만일 예배에서 아무 일도 일어나지 않는다면, 교회의 전도에서도 특별한 것을 기대하기 힘들 것이다." 다섯째, "효과적인 복음 증거에 관심 있는 교회는 영적 은사에 주목해야 한다." 여섯째, 회심은 일생에 걸친 과정의 시작이다. "우리는 원대한 목표를 바라보아야 하며, 우리 사회와 문화의 제반 영역에서 그리스도의 주되심을 인정하는 원대한 사역과 연결하여 복음 전도를 생각할 수 있어야 한다." 일곱째, 교회구조에도 복음전도가 반영되어야 한다. "기존의 구조가 복음 전도에 적합한 구조인지 재검토할 필요가 있다."12) 그리고 그는 결론적으로 다음과 같이 말했다: "오늘날의 교회가 하나님 나라의 공동체라면, 가장 기본적인 관심사는 역시 복음 전도에 우선순위를 두는 것이다. 하나님 나라와 그 경륜에 비추어 볼 때, 복음전도란 사람들과 교회 전체를 이 세상에서 하나님의 일을 감당하도록 자유"하게 하는 것이다.13) 그러기 위해서 "교회가 먼저 복음이 되어야 한다"는 가르침은 귀담아들어야 할 교훈이다.

교회는 앞에서 설명한 세 가지 사명 가운데 어느 하나라도 소홀히 한다면 제 역할을 다하지 못하는 것이다. 일차적으로는 하나님에 대한 책임을 다하고, 형제와 이웃과 모든 피조물에 대한 사명을 감당하는 일을 소홀히 하지 않을 때 교회는 교회다워지는 것이다. 수직적인 관계에는 충실하면서도 수평적인 관계를 간과하는 문제는 오늘날 교회들이 안고 있는 커다란 병폐 가운데 하나다. 사랑의 완성은 위로부터 오는 하나님의 사랑과 그에 대한 인간의 반응, 그리고 이 둘의 만남을 통해 이루어진다. 즉, 사랑의 힘이 옆으로 퍼져나갈 때 십자가 형태로 완성되는 것이다(요일 4:8-21). 교회는 바로 이런 사랑의 완성을 위해 존재한다.

그러려면 교회는 궁극적으로 세상으로 나가야 한다. 물론 교회와 세상이 동일시되어서는 안 되지만 결코 분리되어서도 안 된다. 세상을 등지는 것은 교회의 사명이 아니다. 교회가 세상의 빛과 소금이 되기 위해서는 세상 안에 있어야 한다. 그 점에서 교회를 '구원의 방주'라고 표현하는 것은 부적절하다. 구원의 방주라고 하면 세상을 버리고 구원받을 사람을 교회 안으로 데리고 오는 것을 의미하기 때문이다. 교회는 세상에서 분리되어 이탈하는 것이 아니라. 세상에서도 하나님 나라가 이루어지는 것을 목표로 삼아야 한다.

교회가 세상으로 나가는 것은 그리 만만한 일이 아니다. 세상이 교회를 미워할 것이고 박해하게 될 것이기 때문이다(요 15:18-19). 역설적으로 교회가 사명을 다하고 있는지를 확인하려면 세상이 교회를 어떻게 대하고 있는가를 보면 된다. 성경대로라면 교회는 세상으로부터 미움과 박해를 받을 수밖에 없다. 그런데 오늘날 교회는 어떠한가? 세상의 정신과 논리와 방법이 그대로 교회 안으로 들어왔기 때문에 교회가 세상으로부터 미움을 받을 까닭도 없고, 박해를 받을 까닭도 없는 것은 아닌가? 도리어 오늘날 교회는 세상으로부터 조롱과 무시를 당하고 있지 않은가? 교회가 세상과 같아져 버렸으니 세상으로부터 박해를 당할 까닭이 없어진 것이 아니겠는가?

교회와 세상의 이중적 관계

교회와 세상의 관계를 정립하는 문제는 오랜 기독교역사에서 큰 과제였다. 특히 교회를 세상과 분리된 존재로 볼 것인가, 아니면 세상을 포용한 공동체로 볼 것인가 하는 문제는 신학적 관점에 따라 서로 달리 이해되었다. 이는 교회의 본질을 어떻게 이해하는가 하는 것과 교회의 구성원을 누구로 하느냐의 문제와 연결된다.

에른스트 트뢸치(Ernst Troeltsch)는 교회와 세상의 관계형성에 따라 교회를 세 가지 유형으로 구분했다. 세상을 긍정적 입장에서 보는 "교회형"(church-type), 세상을 부정적 입장에서 보는 "분파형"(sect-type), 그리고 세상과 관계를 맺을 능력이나 관심이 없는 "신비주의"(mysticism)가 그것이다. 그는 이러한 세 가지 유형이 기독교 역사의 처음부터 함께 존재해 왔다고 주장했다.14) 트뢸치는 교회형의 특징을 "발전과 타협"으로, 분파형을 "문자적 집착과 급진주의"로 구분했는데,15) 결론 부분에서 다음과 같이 요약했다:

> 복음의 에토스는 새로운 세계의 실현을 요구하는 하나의 이상(an ideal)이다. 그것은 하나님 왕국에 대한 예수의 메시지에서 선포되었던 새로운 세계 질서였다. 그러나 그 이상은 타협을 통하지 않고는 실현 불가능한 것이다. 그러므로 기독교 에토스의 역사는 언제나 이러한 타협을 새롭게 찾는 역사며 동시에 그 타협의 정신에 새롭게 반대하는 역사다.16)

미로슬라프 볼프는 이 두 유형의 대조적 특징을 비유적으로 설명했다: 교회형은 "가족"과 같고 분파형은 "동아리"와 같다. 가족은 "태어남으로 소속이 결정"되지만, 동아리는 "선택"하여 소속된다. 자발성의 여부가 차이의 핵심이다. 교회는 그 안에서 태어난 모든 사람이 소속되지만, 분파는 "종교적으로나 윤리적으로나 자격을 갖춘" 사람들의 모임이다. 교회형은 세상을 긍정하지만 분파형은 세상을 반대한다. 교회형은 사회의 중심부에서 영향력을 행사하고, 분파형은 사회의 주변부에 있고 영향력이 약하다. 교회형은 "세상을 하나님의 뜻에 따라 변화시키기 위해 세상과 타협"하지만, 분파형은 세상에 대해서 "순수성을 지키며 사회적 영향력이 제약당하는 것을 받아들인다."17) 물론 이런 분석은 세상의 복합성과 다양성 등을 고려하지 않은 구분법이라는 점에서 비판을 받을 수 있지만, 그런 비판은 세상의 의미를 지나치게 포괄적으로 사용한 데서 비롯된 것일 수 있다.

이처럼 교회와 세상의 관계는 그것을 바라보는 관점에 따라 큰 차이를 보여준다. 어떤 교회론을 가지고 관계를 규정하느냐 하는 것은 대단히 중요하고 현실적인 문제다. 본회퍼는 「나를 따르라」에서 침례를 받는 사람은 "세상에 속하지 않고 더는 세상을 섬기지 않으며, 다시는 세상에 굴복하지 않는" 존재라고 규정하면서 "그리스도를 통해서만 세상과 관계"를 맺어야 한다고 강조했다. 왜냐하면 그리스도의 몸에 속한 사람은 "세상에서 벗어난 사람, 부름받아 세상을 박차고 나온 사람"이기 때문이다.[18] 그러나 그렇다고 해서 그리스도인이 세상과 전혀 관계하지 않는 것은 아니다. 무조건 세상의 질서와 위에 있는 권세에 복종하는 것이 그리스도인의 의무가 아니다. 본회퍼가 강조하듯이 그리스도인은 "세상 안에서 세상과 맞서야 한다."[19] 이 때 조심해야 할 문제는 교회가 세상 안에 매몰되어 그 독특성을 잃어서는 안 된다는 것이고, 동시에 교회를 세상에서 너무 멀리 떨어뜨려서 외딴섬이 되게 해서도 안 된다는 것이다.

김두식의 「교회 속의 세상, 세상 속의 교회」는 제목에서 정확하게 지적했듯이, 교회의 두 가지 모습을 잘 대조해주고 있다.[20] 그는 교회 속에 세상이 어떻게 들어오게 되었는지, 교회는 왜 세상 속에 존재해야 하는지를 간결하게 잘 정리해 놓았다. "교회 속의 세상"은 오늘날 교회의 실태를 고발하는 말이고, "세상 속의 교회"는 교회가 본래 그리해야 한다는 것을 설명하는 것이다. "교회 속의 세상"은 "교회 안에" 세상의 논리와 세상의 방법과 가치관이 들어와서 교회가 그것을 추종하고 있다는 것을 비판한 것이다. 경제논리, 정치논리, 경제적 힘, 정치적 힘, 이런 것들이 교회를 구성하는 요소들이 되었다는 것이다. 그렇게 되면 교회의 독특성은 사라지게 될 것이고, 교회와 세상의 구분도 없어질 것이다. 결국 세상의 법과 가치와 논리와 방법이 교회를 지배하게 될 것이다. 따라서 교회는 세상 속에서 거리를 유지하면서 교회의 역할을 통해 세상을 개혁하고 하나님 나라로 인도하는 사명을 감당할 수 있어야 한다.

그러나 반대로 "세상 속의 교회"는 예수의 말씀대로 "세상 속으로" 교회가 나가서 복음으로 세상을 바꾸라는 말이다. 본래 교회는 세상에서 빛과 소금이 되어야 할 존재론적 사명을 가지고 있다. 그러려면 결코 교회가 세상과 완전히 분리되거나 세상 밖으로 나가서는 안 된다. 세상 안에서 세상을 바꾸는 일을 해야 하는 것이 교회의 존재이유다. 이 말은 교회가 세상에 동화되어야 한다는 것을 의미하지 않는다. 성경은 누구든지 이 세상이나 세상에 있는 것들을 사랑하면 아버지의 사랑이 그 안에 없다고 선언한다(요일 2:15).

메가처치와 교회의 패러다임 전환

교회가 건강하게 성장하는 것을 마다할 까닭은 없다. 하지만 그 성장이 정상적이지 않고 건강하지 않은 양상을 띠게 된다면 문제는 달라진다. 조지 바나(George Barna)는 오늘날 메가처치(mega church) 현상에 대해 다음과 같이 비판했다: "우리는 과장의 시대에 살고 있다. 모든 것이 초대형으로 커야 하고 세계적, 최대, 최고를 지향한다. 심지어 종교 공동체마저도 크기에 집착하는 세상 풍조에 할 말을 잃었다. 교회에서 성공의 정점은 대형교회가 되는 것이다."[21]

교회가 지나치게 크게 성장하는 것은 왜 문제가 되는가? 교회당이 크고 교인 수가 많으면 성공한 목회라고 생각하는 것은 왜 문제가 될 수 있는가? 교회당의 크기와 규모가 교회의 본질과 상관이 있는 것일까? 오늘날 교회가 대형화하고 있는 현상을 비판적으로 보는 사람들은 교회가 어느 정도 성장하면 멈추는 것이 필요하다고 주장한다. 왜냐하면 모든 것에는 성장의 한계가 있다고 보기 때문이다.

교회의 새로운 패러다임이 필요하다고 말하는 데이브 브라우닝(Dave Browning)은 교회가 단순해야 하고 규모 면에서 작아야 한다고 주장했다. 그는 "의도적으로 단순한 교회의 규칙은 '작을수록 더 많아지고, 많을수록 더 좋아진다'"는 명제를 제시했다. 이 말은 교회의 성공지수라고 할 수 있는 6대 요소를 통해 설명되었다. 즉 교회의 "최소성, 의도성, 진정성"은 작을수록 많아지게 되고, "분산성, 신속성, 확산성"은 많을수록 좋아진다는 것이다.[22] 그가 의도적으로 단순한 교회를 외치는 것은 사도행전의 초대교회가 바로 그런 교회라고 믿기 때문이다. 그러므로 초대교회로 돌아가려면 의도적으로 교회를 단순화하는 것이 필요하다고 보는 것이다.

교회의 구조들과 정치형태

교회의 역할과 사명을 수행하려면 어떤 수단과 방편들이 필요한가? 초대교회에서는 사도들과 선지자들뿐 아니라 목사, 장로, 감독, 집사 등의 일꾼들이 복음을 전하고 신자들을 돌보는 일을 했다. 그들이 효율적으로 사역하기 위해서는 지금처럼 제도화된 행정조직은 아니라 하더라도 최소한 사역의 원칙이나 방식들은 마련되지 않을 수 없었다.

오늘날 교회들은 전통에 따라 다양한 교회정치와 행정체제를 갖추고 있다. 교회정치 형태들은 교회행정과 직분구조를 얼마나 효율적으로 운영하느냐 하는 문제와 관련이 있지만, 좀 더 근본적으로는 권위의 출처가 어디에 있느냐 하는 문제에서 나왔다고 할 수 있다. 따라서 어떤 체제가 전신자제사장의 원리를 충족시키고 회중이 주체가 될 수 있는 구조인지 판단하는 것이 중요하다.

다음과 같은 질문들은 교회의 정치체제와 구조를 이해하는 데 도움이 될 수 있다. 우리의 신앙과 관련해서 교회정치체제가 회중주의가 되어야 하는 까닭은 무엇인가? 회중주의는 어떤 장단점을 가지고 있는가? 특히 회중정치를 표방하는 침례교회들이 그것을 제대로 실현하지 못하는 원인은 어디에 있는가? 회중정치를 실현하기 위해서는 무엇이 개혁되어야 하는가?

교회정치체제의 네 유형

교회정치 형태는 누가 교회행정을 책임지는 구조로 되어 있는가에 따라 네 가지 유형으로 구분된다. 첫째, 군주정치체제(monarchical polity)는 로마 가톨릭과 같이 한 사람에 의해 교회가 지배되는 제도다. 둘째, 감독정치체제(episcopal polity)는 영국국교회나 감리교회처럼 고위 성직자들에 의해 교회가 다스려지는 제도다. 군주제와 감독제는 위계질서를 중요하게 간주하며, 초기 예루살렘교회의 권위와 역할을 그 모델로 삼는다. 하지만 원칙적으로 이 두 제도 아래에서 일반 신자들이 교회정치에 능동적으로 참여한다는 것은 실제로 불가능하다. 셋째, 장로정치체제(presbyterian polity)는 장로교회처럼 교회치리의 권한을 위임받은 대표자들에 의해 교회가 다스려지는 대의원정치제로서 영국의 의회제도와 유사하다. 기본적으로 다스리는 권한은 지역교회의 당회(consistory)에 있지만, 그것은 노회(presbytery)와 대회(synod)와 총회(general assembly)로 올라간다. 넷째, 회중정치체제(congregational polity)는 직접 민주주의 정치제도와 유사한 방식으로써, 모든 회중에게 교회의 치리권을 부여하는 제도다. 침례교회는 이것이 가장 성경적인 교회정치체제라고 믿고 그 전통을 계속 유지하고 있다. 특히 이 체제에서는 지역교회들 간의 상호 독립성과 자율성을 보장하는 것이 무엇보다 중요하다. 이 체제에서 지방회와 총회는 협동사업을 위한 기구일 뿐 권력집행기구가 아니다.[23] 따라서 침례교회는 이 지역교회들의 모임을 정관사를 붙인 대문자 형태의 "더 처치"(the Church)라고 부르지 않는다. 그 점에서 침례교회에는 "더 처치"(the Church)가 존재할 수 없고, 오직 "침례교회들"(Baptist churches)만이 있을 뿐이다.[24]

회중정치체제의 특징과 장단점

회중정치체제가 가지고 있는 가장 큰 장점은 교회 안에 다스리는 관료적 계급을 인정하지 않는다는 데 있다. 최종 결정은 어느 특정 계층에서 내려지는 것이 아니라 온 교회 회원이 함께 참여하여 이루어진다. 사도행전 15장 22절에서 바울과 바나바를 안디옥으로 보내기를 결정한 것은 특정 계급의 지도자들이 아니라 온 교회였다고 하는 것이 중요한 성경적 근거가 된다. 에밀 브루너(Emil Brunner)는 "주님인 그리스도가 다스리는 이상, 교회에 지배자란 없다.... 바울은 장로나 감독 체제에 대하여 아는 바가 없다"고 주장했다.[25]

회중정치체제는 모든 신자가 머리되신 그리스도 앞에서 동등하고 하나님께 직접 나갈 수 있다는 "전신자 제사장직"(벧전 2:9; 계 1:6; 히 10:19-20) 원리가 가장 잘 반영된 제도라고 할 수 있다. 역사적 침례교회의 선구자로 알려진 존 스마이스(John Smyth)가 "참된 언약 속에서 결합한 두 세 명의 신실한 사람들은 ... 목회적 권력을 가진다"고 주장했을 때, 그것은 "교회의 위계적 구조에 대한 대(大)회중주의적 저항"을 보여준 것이었다.[26] 마르틴 루터의 직분론이 오늘날 교회 사역에 만족스러운 모델을 제공하지 못했다고 비판받는 것도 성직자와 일반 신자의 격차를 여전히 남겨두었기 때문이다.[27]

하지만 회중정치체제는 하나님의 뜻을 분별하는 데 모든 회중이 참여하기 때문에 단순히 다수결에 의한 투표로 의미가 퇴색되거나 축소될 우려가 있다. 또한 회중정치체제는 교회가 대형화되면서 전체 회중의 의견을 수렴하는 데 어려움이 생길 수 있다는 약점도 있다.[28] 그렇다 하더라도 지역교회의 자율성을 위해 회중체제를 고수하는 것은 편의성 때문이 아니라 교회의 본질상 필요하기 때문이다. 제임스 맥클렌던(James McClendon, Jr.)은 침례교회가 회중정치체제를 강조하는 것은 운영방식에서 "효율"이나 "편리함" 때문이 아니라, "본질적 이유" 때문이라고 밝혔다. 다시 말해 회중정치체제를 실시하는 것은 "은사의 다양성을 인정하고 전 회중의 소리에 귀를 기울이며 그들의 분별력을 신뢰하는 것 그리고 무엇보다도

성령의 인도하심에 순종"하고자 하는 데 그 까닭이 있는 것이다.[29]

회중정치체제는 신자 개개인의 책임과 자유를 강조한다. 교회는 회원들을 배제하고 목회자 단독으로 사안을 결정해서는 안 된다. 목회자의 권위가 신자의 자유를 제한하거나 억제하는 데 남용되어서도 안 된다. 물론 신자에게도 자유로운 결정권이 주어진 만큼 그에 대한 책임이 뒤따른다. 책임이 수반되지 않은 자유는 진정한 자유가 아니다.

교회회원의 자격조건

회중정치체제를 잘 살리려면 어떻게 해야 하는가? 무엇보다도 회원 관리가 중요하다. 중생한 신자만이 교회회원이 될 수 있도록 해야 한다. 교회회원의 조건으로 신자침례와 유아세례 가운데 어떤 것을 받아들이는가 하는 문제는 교회를 판단하는 시금석과 같은 의미를 가진다. 신자침례론자들은 '순수한 교회'를 위해 중생한 사람들로만 교회가 구성되어야 한다고 주장한다. 하지만 유아세례론자들은 교회구성원을 '택함받은 자들과 그들의 자녀들'로 구성된다고 생각한다. 엄밀한 의미에서 이런 교회관은 교회의 회원을 참된 신자와 예비신자를 모두 포함하는 '혼합된 집단'으로 만드는 것이다. 그렌즈는 유아세례론자들의 신학적 근거가 설득력이 없다고 평가했다. 그는 신자의 "자녀들이 공동체의 신앙을 개인적이고 의식적으로 표현할 때까지는 교회의 지체로 볼 수 없"으며, "다만 자녀들은 공동체의 돌봄과 양육을 받을 특별한 권리"가 있다고 그 한계를 설명했다.[30] 신자침례는 교회의 지체가 되는 필수조건인 셈이다.

성경적 직분

성경에는 사도들, 예언자들, 전도자들, 목사들 혹은 교사들(엡 4:11) 등의 직분과 장로들, 감독들, 집사들 등의 직분이 등장한다. 앞의 네 직분은 초대 교회의 특수한 상황에서 다수의 교회를 순회하며 돌보는 직분이었을 가능성이 크다. 이른바 '순회목회'를 하는 직분자인 셈이다. 그러므로 오늘날 지역교회의 담임목회 직분에는 더 이상 포함되지 않는다. 그 시대에 안수 받은 지역교회의 담임목회는 장로들, 감독들, 집사들이 맡아서 했던 것으로 보인다. 물론 엄밀히 말하면 오늘날 사용되는 '목사'라는 직분은 성경에서 순회목회를 했던 '목사들'(poimen)과 동일한 개념이라고 보기는 어렵다. 그것은 나중에 교회의 지도자들인 장로나 감독의 역할이 목사라는 이름으로 정착된 것으로 추정할 수 있다.

성경에서 일관된 지역교회의 직분체제를 발견하기는 쉽지 않다. 성경에 등장하는 교회들은 오늘날처럼 제도화되지도 않았고, 더군다나 계급화된 성직자를 가지고 있지도 않았기 때문이다.[31] 헨드릭 크레머(Hendrik Kraemer)는 "성경에는 '성직자'라는 특정한 단체에 관한 개념이 아무 데도 없다" 하였으며, 그는 "'라오스'와 '클레로스' 개념의 성경적 내용과 의미는 교회 역사에서 형성된 '평신도'와 '성직자'라는 의미와 근본적으로 다르다"고 주장했다.[32] 그러므로 오늘날 사용하는 특정한 직분제도가 가장 우월한 성경적 직분이라고 단정하는 것은 쉽지 않은 일이다. 그 점에서 초대교회의 직분에 대한 단일한 견해가 발견되지 않는다고 주장하는 것은 설득력이 없지 않다. 다만 초대교회에서는 두 유형의 직분이 병존했던 것으로 보인다. 하나는 사도들과 여러 사역자들이 중심이 된 순회목회 형태고, 다른 하나는 1인 체제가 아니라 감독들 혹은 장로들의 복수체제로 행해진 담임목회 형태다.

침례교회의 2직분

침례교회는 전통적으로 2직분구조(목사와 집사)를 지켜왔다. 이는 장로와 감독과 목사를 같은 직분의 다른 이름으로 이해한다는 것을 의미한다. 따라서 침례교회는 지금과 같은 평신도와 성직자로 구분된 상태에서 평신도 가운데 일부를 장로로 세우는 형태를 인정하지 않는다. 평신도와 목회자가 구분되는 것도 문제지만, 그것은 베드로(벧전 5:1)와 요한이 자신을 장로(요이 1:1)라고 부른 것을 설명할 수 없기 때문이다.

장로 혹은 감독=목사

신약에서 감독이란 말은 장로보다도 더 권위가 부여된 말처럼 보이는 경우도 있지만, 대체로 장로와 상호 교환적으로 사용된다(행 20:28; 빌 1:1; 딤전 3:1-2; 딛 1:7; 벧전 2:25)고 보는 것이 성경적이다. 신약성경에서 유일하게 한 번 나오는 목사라는 칭호(엡 4:11-12)가 오늘날 일반적으로 사용되는 까닭은 아마도 그것이 다른 단어보다 목양(牧羊)의 의미를 잘 대변하기 때문인 것 같다.

침례교회에서 목사와 감독과 장로를 따로 구분하지 않고 하나의 직분으로 보는 중요한 성경적 근거는 사도행전 20장 17-28절에서 찾을 수 있다: "바울이 밀레도에서 사람을 에베소로 보내어 교회 장로들을 청하니"(행 20:17) "여러분은 자기를 위하여 또는 온 양 떼를 위하여 삼가라 성령이 그들 가운데 여러분을 감독자를 삼고 하나님이 자기 피로 사신 교회를 보살피게 하셨느니라"(행 20:28). 여기서 바울이 장로들을 청해서 감독자로 삼고 목자처럼 교회를 보살피게 했다는 대목에 주목할 필요가 있다. 17절의 장로, 28절의 감독과 보살피는 역할(목자=목사)은 동일한 대상을 지칭한 것으로 보인다.

특별히 목사로서 소명을 받아 하나님의 영광을 위해 헌신하는 일꾼들은 본래의 목적에 따라 교회공동체를 건강하게 세우는 데 중요한 역할을 하는 직분이다. 마땅히 그에 합당한 자격을 갖춘 사람들이 그 직분을 수행해야 한다. 그러기 위해서는 목사의 직분을 감당하려는 사람들이 하나님으로부터 '이중의 소명'을 받아야 한다고 생각한다. 여기서 이중소명이라는 것은 단계적으로 검증된 일꾼들이 최종적으로 목사의 직분을 받아야 한다는 것을 의미한다. 예수께서도 모인 무리와 제자들에게 또 한 번 요청하셨다: "무리와 제자들을 불러 이르시되 누구든지 나를 따라오려거든 자기를 부인하고 자기 십자가를 지고 나를 따를 것이니라"(막 8:34). 여기서 "누구든지"에 해당하는 사람들 가운데는 이미 제자가 된 사람들도 포함된다. 그 제자들은 일차소명을 받은 사람들이었다. 그런데 그들에게도 예수께서는 또 한 번 소명(이차소명)의 헌신을 요구하신 것이다. 요한복음 6장 60-71절에서는 제자들 가운데 "많은 사람이 떠나가고 다시 그와 함께 다니지 아니하더라"고 했다. 일차소명을 받은 제자들이 이차소명에 통과하지 못하고 예수를 떠난 것이다. 목사라는 직분을 받으려는 사람들도 이처럼 검증의 기회를 거칠 필요가 있다. 만일 목사의 소명을 망각하거나 다른 목적으로 직분을 취득한다면 그것은 엄밀히 말해서 하나님의 일꾼이 아니다.[33]

또한 목사라는 소명과 직분을 받았다는 것이 그렇지 않은 성도들보다 특별한 권한을 가지고 있는 것은 아니라는 사실에 주목하는 것이 중요하다. 모든 그리스도인들은 구원으로 부르심을 받는 그 순간부터 사실상 모두 목회자로 부름을 받은 것이나 다름이 없기 때문이다. 하지만 목사라는 역할은 일반 성도들에 비해 더 많은 책임과 달란트가 요구되는 일임이 분명하다.

여성목사안수[34]

여성에게 목사안수를 할 수 있는가 하는 문제는 오랫동안 논란이 되어왔던 민감한 주제다. 사실 거의 모든 교단은 이 문제 때문에 심한 갈등을 빚었거나 분쟁 중에 있다. 미국 남침례교단의 경우, 1984년 여성목사를 반대하는 결의안이 캔사스 총회에서 통과됐으며, 2000년에 개정된 '침례교인의 신앙과 메시지'(The Baptist Faith and Message)에서는 반대 입장이 좀 더 명시적으로 선언되었다.[35]

한국 교회는 남존여비사상이 지배하는 풍토 속에서 처음부터 여성에게 목회직을 제한해왔다. 그 결과 한국 교회가 출범한 이래 최초의 여성목사 안수는 1951년에야 비로소 가능해졌다.[36] 진보적이라고 알려진 기독교장로회조차 1957년 처음으로 여목사제도를 총회에 건의했을 정도다. 이들이 수정하려고 했던 장로교 헌법은 제4장 19조의 목사자격 항목에서 "사람"이라는 단어 속에 남자와 여자가 포함되어 있음을 확인하려는 작업이었다.

한국 침례교회의 경우, 1981년 교회진흥원에서 발행한 「침례교회」라는 책에서는 여성목사에 대해 전혀 언급하지 않았고, 여집사에게 안수를 할 수 있을 것이라는 내용만 조심스레 암시되었다. 기독교한국침례회 총회에서 처음으로 여성목사안수가 건의되었던 해는 2004년이다. 하지만 이 총회는 지방회 시취규약개정안에서 목사시취 대상을 "남, 여"로 하자는 제안을 거부함으로써 첫 번째 상정된 여성목사 안수제도의 시도를 무산시켰다. 참고로 기독교한국침례회 지방회 시취규약 제1장 목사 자격 및 시취 제1조 2항에 보면, "만 30세 이상된 가정을 가진 남자"로 자격조건이 제한되어 있다. 여성은 원천적으로 목사가 될 수 없다고 규정한 것이다. 그러나 그로부터 10년이 지난 2013년 총회는 여성목사안수 상정안을 통과시켰다.

집사

'섬기는 자'(diakonos)라는 헬라어에서 유래한 집사(deacon)는 감독과 함께 교회에 주어진 대표적 직분이다. 사도행전 6장에 나오는 7명은 명시적으로 집사란 호칭이 사용되지 않았지만, 그 역할을 통해 이들을 집사로 인정하는 것은 그리 어려운 일이 아니다.

때로는 여자집사의 자격문제가 논쟁이 되기도 하지만, 기본적으로 성경은 여자에게 그 자격을 제한하지는 않았던 것으로 보인다.[37] 그러나 나중에 교회의 직분이 하나의 계급처럼 인식되고 제도화되면서부터 여자에게는 그 직분을 제한하기 시작했다. "내가 겐그레아 교회의 일꾼으로 있는 우리 자매 뵈뵈를 너희에게 추천하노니"(롬 16:1)에서 일꾼으로 번역되어 있는 단어는 집사와 같은 어원을 가진 '디다스콘'(didaskon)이다. 또한 디모데전서 3장 11절에서 "여자들도"는 남자 집사의 아내들로 해석되기도 하고, 문자 그대로 여자들의 의미로 받아서 여자 집사로 해석할 수 있는 여지를 남겨둔 번역본도 있다.[38] 데일 무디는 여자집사에 관해 다음과 같이 진술했다: "여자집사들에 대한 증거는 그리 많지 않지만, 일찍이 황제 트라잔(Trajan, 98-117) 시대에 작은 플리니우스(Pliny the Younger)는 '여자집사(deaconessess; ministrae)로 부름 받은 두 여종'에 대해 보고한다."[39]

다니엘 밀리오리(Daniel L. Migliore)는 안수를 통해 직분을 맡긴다는 것은 "존재론적으로(ontologically)"가 아니라 "선교적으로(missiologically)" 이해되어야 한다고 주장했다. 그는 안수행위가 "존재론적 신분의 신비적 변화를 일으키지 않는다"고 말하면서 그것은 "특별한 임무를 수행하도록 성령의 권능 안에서 위임을 받고 권한을 부여받는 행위"라고 규정했다.[40] 따라서 하나님으로부터 개인적인 소명을 확신한 사람은 누구든지 공동체의 공적 확인을 통해서 목회자로 사역할 수 있다. 신분이나 성별의 차이는 그 일을 수행하는 데 장애요인이 될 수 없다.

교회의 직제는 정치체제와 마찬가지로 교회 안에서 사역을 어떻게 효율적으로 하느냐 하는 문제지만, 궁극적으로는 누구에게 권력이 주어지며, 누가 교회의 주체가 되는가를 결정하는 문제다. 침례교회의 지역교회주의는 전체 교회와의 관계 안에서 지역교회의 자율성을 강조하고, 지역교회 안에서는 모든 신자의 회중정치 체제를 따른다. 역사적으로 침례교인들은 모든 신자를 중심으로 교회가 운영되는 것이 가장 이상적이고 성경적인 모습이라고 확신해왔다.

평신도와 목회자의 이원구조[41]

헨드릭 크레머(Hendrik Kraemer)가 「평신도신학」이란 책에서 평신도 문제를 "시대의 징조"라고 부른 것은 시사하는 바가 크다.[42] 이 말은 오늘날 많은 사람들이 교회에서 평신도가 신앙의 주체가 되지 못하고 객체나 대상으로 전락하는 현상에 대해 심각하게 반성하고 있음을 의미한다. 목회현장에서 불거져 나오는 이런 현상은 사실 어제오늘의 문제가 아니다. 특히 이것은 평신도와 목회자의 구분 그 자체보다는 계급화된 이원 구조의 직분 관계에 있다는 데 문제의 심각성이 있다. 목회자는 상층 구조, 평신도는 하층 구조, 목회자는 베푸는 주체, 평신도는 받는 대상이라는 교회의 계급화된 이원 구조는 갈수록 교회의 본질을 파괴하는 큰 요인으로 작용하고 있다. 본래 평신도라는 단어는 사용하지 않아야 할 말이지만, 이미 이원화된 한국 교회의 구도를 명확하게 전달하고 논의를 전개하기 위해 여기서는 부득불 사용한다.

오늘날 평신도와 목회자의 구별을 신분상의 존재론적 차이로 인식하는 사람은 거의 없을 것이다. 누구든 그것은 존재론적인 것이 아니라 역할의 차이라는 것을 인정한다. 그런데도 평신도가 일정 기간 신학수업을 받고 정해진 최소한의 실습 기간을 거쳐서 목사로서 안수를 받게 되면, 그때부터 그는 교회 안에서 영적 지도자로, 목회사역의 전문가로, 상위 신분으로 행세하려 한다. 마치 자격증을 따듯이, 실력이 있든 없든, 영성이 풍부하든 않든, 인격이 훌륭하든 그렇지 못하든, 믿음이 좋든 나쁘든, 이런 것은 크게 중요하지 않다. 그저 목사로서 안수를 받았다는 그 이유 하나만으로도 그는 교회의 지도자로서 활동한다.

그렇다고 모든 목회자들이 신앙에 대한 검증을 제대로 받은 것도 아니다. 때로는 너무나 엉터리 성경해석을 남발하고, 성도들을 잘 돌보기는커녕 교회에 물의만 일으키는 경우도 많다. 그래도 한국 교회 안에서는 감히 목회자의 권위에 도전하려는 평신도가 그리 많지 않다. 그 때문인지 평신도들은 목회자의 목회 방향이나 교회행정이 마음에 들지 않아도, 그것이 분명히 잘못되었다고 생각해도 도무지 개선해 보려고 하지 않는다. 이미 두 계층간의 간격이 너무 벌어졌고, 목회자의 외적 권위가 너무 높아졌기 때문이다.

이제는 목회자와 평신도에 대한 자기 정체성을 바로 세울 필요가 있다. 그렇다고 평신도와 목회자의 계급화된 이원 구조를 완전히 철폐하자고 주장하는 것은 아니다. 현실적으로 그것은 실현이 어려운 너무 과격한 주장이기 때문이다. 여전히 우리는 평신도와 목회자라는 개념을 사용할 수밖에 없을 것이다. 그러나 궁극적으로는 이 계급화된 이원 구조에 대한 반성과 공개된 토론을 통해 점차 교회의 직분 문제가 바로 잡히기를 바란다. 우리 주변에는 이미 '평신도신학'이니, '평신도운동'이니 하는 말들이 심심찮게 회자되고 있지만, 아직은 그 양상이나 영향력은 미미한 것 같다. 현실적 대안 없는 극단적인 처방은 오히려 교회를 혼란에 빠뜨리고 약화시키는 악재로 작용할 수 있어서 이런 운동은 조심스럽게 전개되어야 필요가 있다. 그렇지만 언젠가는 평신도운동이 제 몫을 다하는 때가 오기를 기대한다. 어쩌면 이 운동은 현대 사회에서 교회를 살리고 치유할 수 있는 몇 안 되는 방안 가운데 하나가 될 것이다.

이원구조의 유래

평신도(laity)와 성직자(clergy)의 구분은 신약성경의 관점에서 나온 것이라고 볼 수 없다. 초대교회에는 성직자와 평신도가 지금처럼 계급화된 신분으로 등장하지 않는다. 신약성경에 나오는 클레로스(cleros)와 라오스(laos)는 모두 하나님의 백성을 표시하는 말이었다. 로빈슨(W. Robinson)은 그래서 "모든 그리스도인은 하나님의 라오스요, 그들은 모두 하나님의 클레로스"라고 한 것이다.[43]

크레머의 설명에 따르면, "선택된 하나님의 백성"이라는 뜻을 가진 라오스 혹은 라이코스가 1세기 말경 성경적 의미로부터 변질된 이유는 두 가지다. 하나는 이 단어에 대한 고대 사회의 비하된 세속적인 용법 때문이고, 다른 하나는 교회 안에 교직자라는 닫힌 신분 계층이 일반 회중과 대립된 존재로 대두됐기 때문이다. 당시 희랍-로마의 도시국가에는 하나의 행정조직 안에 두 개의 계급이 존재했다. 하나는 클레로스(kleros)라는 장관이요 다른 하나는 라오스라는 시민이다. 이 클레로스에서 클러지(clergy), 즉 성직자라는 말이 유래한 것이다. 성경의 용례와 다른 이원화된 구조가 본격화된 것은 325년 니케아 종교회의에서였고, 이것은

로마교회에서 더욱 강화되었다.[44]

오늘날 평신도라 하면, 전문가가 아닐 뿐더러 성직을 가지고 있지 않은 사람들을 의미한다. 따라서 비전문가인 평신도는 전문가인 목회자에게 의존하지 않을 수 없게 되어 있다. 심지어는 평신도라는 개념이 교회에서 아무런 직분도 받지 못한 사람들, 영적으로 어린아이와 같은 초신자들을 일컫는 말로도 사용되고 있다. 신앙생활을 10년 동안 했는데도 집사가 되지 못한 평신도라 하면 거의 경멸과 무시의 말로 사용될 정도다. 그래서 신앙생활의 연륜에 따라 평신도에서 권찰로, 집사로, 권사로, 안수집사로, 장로로 신분상승이 되는 것을 당연한 것으로 받아들이고 있는 것이다. "아무개 성도님, 내년에는 꼭 집사가 되세요. 신앙생활을 조금만 더 열심히 하면 그렇게 될 겁니다." 이런 권면의 말이 목사의 입에서 혹은 선배 집사의 입에서 자연스럽게 덕담으로 나올 수 있는 것은 계급화된 구조가 이미 고착되었다는 것을 입증한다. 목회자와 평신도의 계급화된 이원 구조, 게다가 평신도 안에서도 상하 계층으로 구분되는 교회 현실은 오늘날 교회가 사랑의 공동체로서 제 역할을 수행하는 데 커다란 방해요인이 되고 있다.

이원구조의 원인

하나의 몸은 서로 다른 기능을 수행하는 각 지체가 연합하여 구성된다. 이 지체들은 역할의 차이가 있을 뿐이지 존재론적 우위가 있는 것은 아니다. 어떤 지체는 더 중요한 일을 하고 어떤 지체는 좀 덜 중요한 일을 할 수는 있다. 하지만 모든 지체는 그 자체로 귀중하고 독립적이다. 만일 특정 부위에 이상이 생긴다면 몸 전체는 고통을 당한다. 따라서 몸은 하나의 공동운명체일 수밖에 없다.

교회는 그리스도의 몸이다. 교회는 하나의 공동 운명체의 성격을 띠고 있다. 만일 교회에 어떤 문제가 발생한다면 그 책임은 누구에게 있는가? 결국 그 책임은 모든 그리스도인이 함께 져야 한다. 목회자라 해서 책임을 벗을 수 있는 것이 아니고, 평신도라 해서 그 책임에서 자유로울 수 있는 것이 아니다. 그 반대도 마찬가지다. 평신도만 문제의 원인이 되는 것도 아니고, 또 목회자에게서 문제의 원인을 찾을 수만도 없는 일이다. 결국 평신도나 목회자 모두는 교회 문제의 직접적인 원인 제공자가 될 수밖에 없고, 그 문제를 해결해야 할 당사자들일 수밖에 없다. 서로가 하나님의 백성으로서 하나의 운명공동체이기 때문이다.

평신도와 목회자가 하나의 공동운명체라 한다면, 마땅히 교회에서 일어나는 모든 일들에 대해 평신도와 목회자는 함께 주체적으로 대처하는 것이 필요하다. 목회자는 지시하고 명령하고, 평신도는 그 명령을 수행하는 하수인이 결코 아니다. 그런데 오늘날 교회의 형편은 어떠한가? 계급화된 이원구도는 장기적으로 볼 때 교회의 본질을 약화시키고 변질시키는 원인이 될 것이다. 그렇다면 교회 안에 이런 계급화된 이원 구조를 가속화시키는 원인은 무엇일까?

첫째, 교회 안에 존재하는 잘못된 성속(聖俗)의 이분법이다. 이것은 계급화된 이원구조를 낳는 결정적인 원인이다. 우리는 대개 설교하고 기도하는 일은 거룩한 일이고, 구제하고 봉사하는 일은 속된 일이라는 이분법을 가지고 있다. 그래서 설교하고 기도하는 일을 주로 하는 목회자는 거룩한 신분이라 성직자(聖職者)요, 구제하고 봉사하는 일을 주로 하는 성도는 그냥 평신도(平信徒)인 것이다. 하지만 어떤 일이 거룩한 것이며, 어떤 일이 속된 것인가? 기도하는 일은 경건한 일이고, 구제하는 일은 속된 것인가? 우리는 이런 이분화된 성속의 개념을 극복해야 한다.

야고보서 1장 27절은 "하나님 아버지 앞에서 정결하고 더러움이 없는 경건은 곧 고아와 과부를 그 환난 중에 돌아보고 또 자기를 지켜 세속에 물들지 아니하는 이것이니라"고 말한다. 속된 것으로부터 우리 자신을 지키는 것과 고아와 과부를 돌보는 것이 더러움이 없는 경건이라는 말이다. 꼭 말씀을 전하고 기도하는 목회자의 일만이 거룩한 하나님의 일이 아닌 것이다. 우리의 사역은 어떤 의미에서 모두 거룩한 일이다. 더 이상 목회자는 성직(聖職)을 가진 사람, 일반 성도들은 세속적인 일을 하는 사람이라는 이분 구조가 교회 안에 잔류하지 않도록 해야 한다.

어쩌면 하나님의 선교라는 차원에서 볼 때, 오히려 목회자보다 평신도가 더 많은 일과 중요한 일을 해야 할지 모른다. 목회자는 주로 교회 안에서 하나님의 소명에 전념하고, 일반 성도는 대개 교회 안과 밖에서 하나님의 소명을 이행하기 때문이다. 거룩한 일을 하는 목회자에게 속된 일을 하는 평신도가 순종하고 섬겨야 한다는 사고방식은 우리가 경계해야 할 암적 요소다. "감히 평신도가 목회자에게"라는 생각은 그 싹부터 잘라버려야 한다. 목회자는 그에게 맡겨진 일을 통해 하나님의 백성을 섬겨야 하고, 평신도도 자신이 맡은 일을 통해 하나님의 백성을 섬겨야 한다.

종은 단지 종일 따름이다. '귀한 종'이 따로 있는 것이 아니다. 하나님 앞에서는 목회자나 평신도나 오로지 그의 백성이요 그의 종일 뿐이다. 평신도에게 목회자를 '하나님의 종'이라고 칭하면서 잘 섬겨야 복 받는다고 가르치는 사람을 교회 공동체는 경계해야 한다. 목회자는 결코 섬김의 대상이 아니다. 단 한 순간이라도 섬김을 받으려는 생각을 가지고 목회를 한다면, 그는 이미 잘못된 길로 들어선 것이다.

둘째, 교단마다 차이는 있지만 모임과 예배에서 너무 크게 차지하는 설교와 성례전의 비중이 또 한 원인이다. 개신교회가 로마 가톨릭의 성례전적 예배구도를 버리고 설교 중심으로 전환한 것은 잘한 일이지만, 설교가 너무 강조되고 있는 개신교 예배는 또 다른 문제점을 안고 있다.

복음은 말씀을 통해 전해지고 말씀을 듣고 복음에 인격적으로 반응함으로써 우리의 구원이 이루어진다는 점에서, 설교는 여전히 중요한 것이 사실이다. 하지만 예배가 무엇인가? 구원받은 하나님의 백성들이 그리스도 안에서 구원의 감사와 기쁨으로 하나님께 영광을 돌리는 일이 아닌가? 그렇다면 우리는 예배를 통해서, 우리의 신앙을 하나님께 고백하고, 감사하고, 하나님의 말씀을 다시 듣고, 서로 사랑의 교제를 나누는 것을 예배의 본질로 이해한다. 설교는 그 가운데 하나의 요소일 뿐이다.

지나치게 설교 중심의 예배가 될 때, 그리고 설교는 목회자의 고유 권한이라는 등식이 성립할 때, 교회 안의 계급화된 이원 구조는 불가피하게 된다. 게다가 하나님의 말씀과 목회자의 설교를 동일시하는 폐단까지 더해지면 사태는 더욱 악화될 수밖에 없다. 설교만이 하나님의 말씀을 들을 수 있는 유일한 통로는 아니다. 하물며 목회자들이 강단에서 하나님의 말씀과는 무관한, 자신의 주관적이고 개인적인 생각을 쏟아낸다고 할 때, 어찌 그것을 하나님의 말씀이라고 할 수 있겠는가?

그런 점에서 목회자의 설교는 비판받을 수 있어야 한다. 어떤 목사는 설교를 한 뒤에 자신의 설교 내용에 동의하지 않거나 다른 생각을 가지고 있는 성도들로부터 건전한 비판을 스스로 자청해서 받는다고 한다. 목회자의 권위가 떨어질 것을 염려하는 사람들은 엄두도 못 낼 실험정신이 아닐 수 없다.

인터넷 신문 「뉴스앤조이」에 실린 "누가 〈설교비평〉을 두려워하랴?: 정장복 교수의 글에 대한 반론"에서 평신도로 보이는 한 성도의 다음과 같은 비판적인 글은 오늘날 성도들의 문제의식이 어느 정도인가를 단편적으로 보여준다:

> 언제까지 설교에만 의지한 신앙인들, 목사만 바라보는 신앙공동체로 남아야 합니까? … 사도 바울조차 "우리가 너희 믿음을 주관하려는 것이 아니요 오직 너희 기쁨을 돕는 자가 되려 함이니 이는 너희가 믿음에 섰음이라"(고후1:24)라고 하지 않았습니까? … 목사님의 말씀을 하나님과 동일시하는 사람들이 많은데, 그들은 종종 설교의 단에서 행해지는 지식의 폭력으로 인해 심한 양심의 걸림돌과 마음의 상처를 받는다는 겁니다.45)

같은 맥락에서 평신도에게도 설교할 수 있는 기회가 주어져야 한다. 목회자만 성경을 해석하고 전할 특권이 있는 것은 아니다. 과거 로마 가톨릭은 성경 읽는 것조차 일반 성도에게 금지시켰던 일로 인해 많은 비난을 받았다. 지금은 모든 사람에게 자유롭게 성경이 주어졌지만, 아직도 교회에서는 목회자들이 여전히 성경에 대한 해석을 지나치게 독점하는 경향이 있다. 모든 신자로 하여금 성경을 읽고 해석할 수 있는 자유를 보장한다는 침례교회의 성경해석의 자유 전통은 그래서 더욱 귀중한 것이다. 그런데 지금 침례교회들은 어떠한가? 그 전통을 잘 살리고 보존하고 있는가? 깊이 반성해 보아야 할 문제다.

또한 교회가 성례전을 예배에서 너무 강조하면 제사장, 즉 주의 만찬을 집례하는 계층이 구조적으로 교회의 중심이 되지 않을 수 없다. 이들은 하나님의 은혜를 관장하고, 배급하는 역할을 담당했기 때문에 자연히 교회의 상층구조를 차지하게 된다. 마땅히 은혜의 수혜자인 일반 성도들은 주체가 아니라 은혜를 받아야 할 대상이고 지도를 받아야 할 대상이 되는 것이다.

교회의 중요한 목적은 구원받은 신자들이 그 기쁨을 함께 나누며 하나님께 영광을 돌리고 세상에 나가 복음을 증언하는 데 있다. 그렇다면 교회는 일방적인 설교와 의식화된 성례전 중심에서 벗어나 하나의 유기적인 운명공동체로서 상호 역동적으로 서로를 세우는 교회가 되어야 한다. 에베소서 4장 16절, "그에게서 온 몸이 각 마디를 통하여 도움을 입음으로 연락하고 상합하여 각 지체의 분량대로 역사하여 그 몸을 자라게 하며 사랑 안에서 스스로 세우느니라"는 사도 바울의 가르침을 귀담아 들어야 한다.

셋째, 목자와 양의 은유다. 이 은유는 대개 목회자는 목자요 평신도는 양이라는 논리로 적용되고 있다. 물론 성경에는 이 은유가 매우 빈번하게 사용되고 있는 것이 사실이다. 하지만 본래 이 은유가 일차적으로 말하고자 하는 것은 하나님과 그 백성의 관계에 관한 것이다.

성경은 여호와가 나의 목자(시 23:1)요, 이스라엘의 목자(시 80:1)시며, 예수께서 우리의 "선한 목자"(요 10:11)라고 고백하고 있다. 히브리서 13장 20절은 "양의 큰 목자이신 우리 주 예수"라 했고, 베드로전서 2장 25절은 "너희가 전에는 양과 같이 길을 잃었더니 이제는 너희 영혼의 목자와 감독되신 이에게 돌아왔느니라"고 말한다. 그러므로 목자는 하나님이며 예수 그리스도시다. 이처럼 엄밀한 의미에서 목회자가 평신도의 목자라는 것을 말하고자 하는 것은 아니다.

오히려 성경이 목자를 사람에게 적용할 때는 악한 목자를 책망하기 위한 것이었다: "인자야 너는 이스라엘 목자들을 쳐서 예언하라 그들 곧 목자들에게 예언하여 이르기를 주 여호와의 말씀에 자기만 먹이는 이스라엘 목자들은 화 있을진저 목자들이 양의 무리를 먹이는 것이 마땅치 아니하냐"(겔 34:2). "저희는 기탄 없이 너희와 함께 먹으니 너희 애찬의 암초요 자기 몸만 기르는 목자요 바람에 불려가는 물 없는 구름이요 죽고 또 죽어 뿌리까지 뽑힌 열매 없는 가을 나무요"(유 1:12).

하나님만이 목자요 우리는 그의 양이다. 하나님 말고 누가 감히 우리의 목자가 될 수 있단 말인가? 물론 예수 그리스도가 목자장이시니(벧전 5:4), 그의 사역을 맡은 목회자들은 작은 목자라 불릴 수도 있을 것이다. 예수께서 베드로에게 "내 양을 먹이라"(요 21:15) 하셨으니, 베드로에게 목자 역할을 위임하셨다고 이해할 수도 있을 것이다. 하지만 그것은 어디까지나 역할을 말하는 것이지 신분을 말한 것은 아니다. 이것을 존재론적인 신분으로 받아들였을 때, 베드로의 사도직을 계승했다고 믿는 교황이 온갖 권력과 종교적 카리스마를 행사할 수 있었던 것이다.

종교개혁자들이 '전신자 제사장직분'을 외치며 뛰쳐나온 것도 바로 이런 부패를 청산하기 위함이었다.

그런데 오늘날 개신교회는 옛 교황의 과오를 다시 범하려는 경향이 매우 강하다. 실로 교황보다 더 높은 권위와 카리스마를 전횡적으로 행사하는 개신교회의 목회자들이 얼마나 많은지 모른다. 더구나 그런 일들이 회중정치체제를 채택한 침례교회 안에서도 일어나고 있는 현상을 우리는 어떻게 설명해야 할 것인가? 침례교회는 가장 이상적인 회중중심 교회를 표방하고 있음에도, 그 이상을 역행하는 교회들이 너무 많은 것이 사실이다.

교회의 직분 자체를 부정하는 것은 아니다. 교회의 계급화된 직분을 반대하는 것이다. '평신도는 교회의 봉'이라고 자조하는 세간의 말을 꼭 빗대어 말하는 것은 아니지만, 이런 느낌을 받지 않고 다닐 수 있는 교회가 과연 우리 주변에 얼마나 될까? '교회의 봉'은 고사하고, '목회자의 봉'으로 전락하고 있는 일부 교회의 현실이 우리를 슬프게 한다.

그렇다고 해서 목회자의 영적 지도력이나 권위가 필요하지 않다는 말은 결코 아니다. 하지만 영적 지도력이 반드시 목회자에게서만 나와야 한다는 법은 없다. 영적 권위는 결코 세상적인 방법처럼, 외적인 계층 구조에서 나오는 것이 아니다. 예수의 권위는 결코 군림하는 권위가 아니었다. 오히려 섬기고 희생하는 가운데 나온 권위였다.

오늘날 한국 교회가 생명력을 잃어가고, 기복신앙으로 변질되는 것을 우려하는 사람들이 많다. 이런 현상에 대해 목회자들은 성도들이 요구하는 것을 제공하다 보니 기복신앙을 말하지 않을 수 없다고 항변하고, 성도들은 강단에서 터져 나오는 기복신앙화된 복음을 들으면서 자신들이 그렇게 변해간다고 불평하기도 한다. 하지만 이런 책임전가는 결국 서로가 서로를 물고 물리는 악순환만 계속될 뿐이다. 이런 악순환의 고리를 끊을 수 있는 가장 이상적인 방법은 교회의 지도자 역할을 감당하는 목회자가 먼저 이 악순환의 고리를 끊으려고 노력하는 것이다. 훌륭한 지도자는 문제의 열쇠를 찾아내는 능력이 있다. 목회자가 바른 방향을 제시할 수 있고 성도들이 협력하여 바로 잡아 나간다면 교회의 신앙은 빠르게 회복될 것이다.

하지만 언제부터인가 목회자보다는 평신도로부터 이 운동이 일어나야 한다는 인식이 확산되고 있다. '평신도 문제'에 대한 자각이 커졌기 때문이다. 평신도신학이나 평신도운동은 평신도를 위한(for) 신학이나 운동만이 아니다. 또한 평신도신학이나 운동은 평신도에 관한(of) 신학이나 운동만도 아니다. 평신도신학 혹은 운동은 평신도에 의한(by) 신학이며 운동이어야 한다.

그 점에서 평신도운동은 일어나야 한다. 평신도들의 눈이 열리고 정체성이 회복되어야 한다. 그렇다고 해서 목회자의 자정능력을 불신하는 것은 아니다. 다만 계급화된 이원구조 속에서는 기득권에 속하는 목회자들로부터 진정한 변화를 기대하기가 쉽지 않다는 의미에서 평신도운동이 필요하다는 것이다. 이제는 더 이상 교회 안에 성직자와 평신도의 차별이 존재하지 않도록 '평신도'라는 개념이나 단어가 사용되지 않도록 해야 할 것이다.

* * *

일반 성도들이 교회 안에서 하나의 수단으로 전락되어서는 안 된다. 모든 교회 회원들은 교회의 주체가 되어야 한다. 목회자로 부름을 받은 것이 목수로 부름받은 것보다 더 나을 것이 없고, 하나님의 영광을 위해 사는 핵물리학자가 목회자보다 더 열등한 부름을 받았다고 말할 수 없다. 모든 성도들은 세상을 향해, 그리고 세상을 위해 하나님의 임명을 받은 목회자기 때문이다.

그리스도인은 누구나 좋은 목회자와 신학자가 될 수 있고, 목회자와 신학자도 좋은 그리스도인이 될 수 있다. 존 캅(John B. Cobb, Jr.)의 다음과 같은 말은 이 시점에서 우리에게 주는 감회가 새롭다:

> 좋은 신학자가 된다는 것은 '생각하는 기독교인'(thinking Christian)이 되는 것이다.... 당신은 많은 전문 신학자들 이상으로 좋은 신학자가 될 수 있다! 전문 신학자는 그들 자신의 믿음을 생각하기보다는 타인들의 믿음에 대해 더욱 많이 생각하기 때문이다.... 전문 신학자들은 전문적인 지식들을 알고 있기 때문에 전문 신학자가 된 것이 아니라, 그들이 **생각하는 기독교인**이기 때문에 전문 신학자가 된 것이다.[46]

이제는 목회자의 설교를 평신도가 평가할 수 있어야 한다. 목회자가 마음대로 교회 행정을 독재하지 않도록 평신도들은 함께 참여자가 되어야 한다. 교회는 목회자의 소유가 아니다. 최악의 경우 성도들은 교회를 떠나면 된다고 생각하는 현실이 가슴을 아프게 한다. '교회에서 상처받은 영혼들'이 발생하는 중요한 원인 가운데 하나가 바로 목회자에게 있다는 사실은 일그러진 자화상을 보는 것처럼 우리를 답답하게 만든다.

주(註)

1) Dale Moody, *The Word of Truth: A Summary of Christian Doctrine Based on Biblical Revelation* (Grand Rapids: Eerdmans, 1981), 427.
2) Robert N. Bellah et al., *Habits of Heart: Individualism and Commitment in American Life* (Berkeley: University of California Press, 1985), 333, Stanley Grenz, 「조직신학: 하나님의 공동체를 위한 신학」, 신옥수 옮김 (고양: 크리스챤다이제스트, 2003), 712에서 재인용.
3) Grenz, 「조직신학」, 714.
4) Ronald J. Sider, 「복음전도와 사회운동: 총체적 복음을 위한 선행신학」, 이상원, 박현국 옮김 (서울: 기독교문서선교회, 2013), 48.
5) Grenz, 「조직신학」, 723.
6) John Stott, 「현대기독교선교」, 김명혁 역 (서울: 성광, 1981), 127.
7) John Stott, 「현대를 사는 그리스도인」, 한화룡, 정옥배 역 (서울: IVP, 1993), 431-44 참조.
8) Timothy C. Tennant, "로잔과 세계 복음주의: 신학적 특징과 선교적 영향," [온라인자료] https://www.lausanne.org/ko/content-ko/%EB%A1%9C%EC%9E%94%EA%B3%BC-%EC%84%B8%EA%B3%84-%EB%B3%B5%EC%9D%8C%EC%A3%BC%EC%9D%98-%EC%8B%A0%ED%95%99%EC%A0%81-%ED%8A%B9%EC%A7%95%EA%B3%BC-%EC%84%A0%EA%B5%90%EC%A0%81-%EC%98%81%ED%96%A5, 2016년 8월 20일 접속.
9) Grenz, 「조직신학」, 723-6.
10) Sider, 「복음전도와 사회운동」, 279.
11) Alan Walker, "Evangelist Banned," *The Christian Century* XCVII, no. 37 (November 19, 1980): 1121, Sider, 「복음전도와 사회운동」, 215에서 재인용.
12) Howard Snyder, 「참으로 해방된 교회」, 권영석 옮김 (서울: IVP, 2005), 218-31.
13) Ibid., 236.
14) E. Troeltsch, *The Social Teaching of the Christian Churches*, vol. II, tr. Olive Wyon (New York: Harper Torchbook, 1960), 993.
15) Ibid., 335-7.
16) Ibid., 999-1000.
17) Mirosalv Volf, 「광장에 선 기독교: 공적 신앙이란 무엇인가」, 김명윤 옮김 (서울: IVP, 2014), 121-3.
18) D. Benhoeffer, 「나를 따르라」, 김순현 옮김 (서울: 복있는 사람, 2016), 334, 382.
19) Ibid., 395.
20) 김두식, 「교회 속의 세상, 세상 속의 교회」 (서울: 홍성사, 2011). 이 책은 제목에서 말하듯이 교회는 마땅히 세상 속에서 빛과 소금의 역할을 해야 하지만, 그 반대로 교회 안에 세상이 가득 차서 교회 본연의 사명을 감당하지 못하고 있다는 교회비판서다.

21) Dave Browning, 「작은 교회가 답이다」, 구미정 옮김 (서울: 옥당, 2014), 19.
22) 브라이닝은 6대 요소의 목표를 다음과 같이 설정했다: 최소성=단순하게 믿어라, 의도성=전도 대신 봉사하라, 진정성=있는 모습 그대로 오라, 분산성=소그룹과 예배를 밖으로 밀어내라, 신속성=작은 조각으로 민첩성을 유지하라, 확산성=화살표를 밖으로 향하게 하라. Browning, 「작은 교회가 답이다」, 21.
23) 노영식, 「한국인 교회정치 무엇이 문제인가?」 (대전: 침례신학대학교출판부, 1999), 39-54 참조.
24) Grenz, 「조직신학」, 781.
25) William W. Stevens, 「조직신학개론」, 허긴 역 4판 (대전: 침례신학대학교출판부, 1997), 418.
26) John Smyth, *The Works of John Smyth*, ed. by W. T. Whitley (Cambridge: Cambridge University Press, 1915), 403, Miroslav Volf, 「삼위일체와 교회: 하나님의 형상으로서 교회에 대한 가톨릭·동방정교회·개신교적 이해를 찾아서」, 황은영 옮김 (서울: 새물결플러스, 2012), 33에서 재인용.
27) George Peck, "The Call to Ministry: Its Meaning and Scope," *The Laity in Ministry*, George Peck & John S. Hoffman eds. (Valley Forge: Judson Press, 1984), 87-8.
28) Grenz, 「조직신학」, 788-9.
29) James McClendon, "The Concept of Authority: A Baptist View," *Perspectives in Religious Studies*, 16 (Summer 1989): 105-6, 남병두, "James McClendon의 'baptist vision': 침례교신학의 한 방법론으로서의 가능성," 「복음과 실천」, 32집 (2003 가을): 129에서 재인용.
30) Grenz, 「조직신학」, 774-5.
31) 김용복, "교회직분의 계급적 이원구조에 관한 신학적 재고," 「21세기 목회자: 이정희 박사 은퇴기념논문집」, 침례교신학연구소 편 (대전: 침례신학대학교출판부, 2002), 222-4.
32) Hendrik Kraemer, *A Theology of the Laity* (London : Lutterworth Press, 1958), 52.
33) 김용복, "목사와 무당은 무엇이 다른가?"「뱁티스트」, 49호 (2001년 3/4월): 65-73. 소명과정을 현상학적으로 비교하면 목사나 무당의 차이는 없어 보인다(cf. 세습무, 강신무, 학습무). 그러나 세 가지 면에서 결정적 차이가 있다고 생각한다. 첫째는 목적의식이 다르다. 목사와 무당은 사역의 목적의식이 다르다. 이 목적의식은 실제로 두 종교 간의 차이점이기도 하지만, 기독교 입장에서 보면 반드시 달라야 할 문제이기도 하다. 둘째는 소명을 받아들이는 태도가 다르다. 목사가 되는 것은 기본적으로 하나님의 은혜에 감사하고 하나님을 사랑하며, 자발적인 헌신으로 인한 것이기 때문이다. 셋째는 삶과 인격에 대한 변화 정도가 다르다. 목사에게는 남보다 뛰어난 인격과 성화된 삶이 요구된다. 인격적으로 사람들을 대하는 것이나, 순화된 언어를 사용하는 것이나, 도덕적으로 흠이 없는 삶을 살아야 하는 부담은 평생 목사가 지고 가야 할 몫이다.
34) 김용복, "한국 침례교와 여성리더십: 여성목사 안수 문제를 중심으로," 「교회와 여성리더십」, 침례교신학연구소 편 (대전: 침례신학대학교출판부, 2006), 283-328 참조.
35) "Comparison of 1925, 1963 and 2000 Baptist Faith and Message." [온라인자료] http://www.sbc.net/bfm2000/bfmcomparison.asp. 2015년 1월 31일 접속.

36) 재건교회가 1951년 최초로 여성안수를 시작한 이래, 기독교대한 감리회는 1955년, 기독교장로회는 1977년에 여성목사를 배출했다.
37) Molly T. Marshall, "Women's Status in Ministry Equals That of Men," *Defining Baptist Convictions: Guidelines for the Twenty-First Century* (Franklin: Providence House Publishers, 1996), 198-205 참조.
38) "In the same way, their wives are to be women worthy of respect, not malicious talkers but temperate and trustworthy in everything"[NIV]; "Women [must] likewise [be] dignified, not malicious gossips, but temperate, faithful in all things"[NASB]. 밑줄 첨가.
39) Moody, *The Word of Truth*, 456.
40) Daniel L. Migliore, 「기독교조직신학개론: 이해를 추구하는 신앙」, 신옥수, 백충현 옮김, 전면개정판(제2판) (서울: 새물결플러스, 2012), 487.
41) 김용복, "평신도와 목회자의 계급화된 이원 구조를 어떻게 볼 것인가?," 「뱁티스트」, 57호 (2002년 7/8월): 85-93.
42) Hendrik Kraemer, *A Theology of the Laity* (London: Lutterworth Press, 1958), 18.
43) Ibid., 52.
44) Ibid., 53.
45) "누가 〈설교비평〉을 두려워하랴?: 정장복 교수의 글에 대한 반론," 「뉴스엔조이」, [온라인신문] http://www.newsnjoy.co.kr/rnews/pastorate-1.asp?cnewsDay=20020430&cnewsID=12&opNo=44, 2002년 5월 3일 접속.
46) John B. Cobb, Jr. 「생각하는 기독교인이라야 산다」, 이경호 옮김 (서울: 한국기독교연구소, 2002), 15, 18-9. 진한 글씨는 원문 그대로.

21
교회예전: 침례와 주의 만찬

예수께서 나아와 말씀하여 이르시되 하늘과 땅의 모든 권세를 내게 주셨으니
그러므로 너희는 가서 모든 민족을 제자로 삼아
아버지와 아들과 성령의 이름으로 침례를 베풀고
내가 너희에게 분부한 모든 것을 가르쳐 지키게 하라 볼지어다
내가 세상 끝날까지 너희와 항상 함께 있으리라 하시니라
마태복음 28장 18-20절

    교회예전은 하나님의 은혜에 감사하고 그리스도인의 정체성을 재확인하는 상징적 행위다. 교회예전은 일차적으로 하나님의 복음을 드러내는 행위면서 또 한편으로는 신자들이 하나님께 드리는 헌신행위고, 나아가 자신의 정체성을 세상에 선언하는 신앙행위가 되어야 한다. 교회예전이 가장 오염된 사례는 그것을 통해 하나님의 은혜가 주어진다고 믿는 미신적 행위를 성례화하는 것이다.
    전통적으로 교회예전이 강조된 배경에는 목회자와 신자의 위계질서, 그리고 '교회와 정치의 밀월관계'가 작용하고 있음을 부인하기 어렵다. 구조적으로 볼 때 목회자와 신자들의 간격이 멀어질수록, 교회와 국가의 관계가 밀접할수록 교회예전의 역할과 중요도는 높아진다. 또한 종교개혁 이후 개신교에서 교회예전이 침례(baptism)와 주의 만찬(Lord's supper)으로 제한된 것과 성경적 신앙을 회복하는 것 사이에도 중요한 함수관계가 있다.[1)]
    로마 가톨릭은 7성사(聖事), 즉 세례성사, 견진성사, 성체성사, 혼인성사, 고백성사, 신품성사, 종부성사 등을 통해 하나님의 은혜를 요람에서부터 무덤까지 완

벽하게 제공할 수 있는 시스템을 갖추었다. 그러나 침례교회를 포함한 대부분의 개신교회들은 대체로 두 의식, 즉 침례와 주의 만찬만을 남기고 나머지는 공식적으로 거부했다.2) 여기에는 이전에 성례전화되고 사제 중심의 교권화된 교회의 폐습을 개혁하고자 하는 의도가 담겨있다. 물론 세족례를 공식적인 의식으로 추가한 교단도 있다.3)

침례의 의미와 방식

그리스도인이 침례(baptism)를 받는 까닭은 무엇인가? 침례를 받음으로 어떤 변화가 일어나는가? 그것을 받지 못하면 어떤 심각한 문제가 생길 수 있는가? 이런 질문들은 침례를 이해하기 위해 짚고 넘어가야 할 중요한 문제들이다. 침례가 가지고 있는 의미를 정확하게 파악하는 것은 교회의 본질을 지키고 신앙의 정체성을 확립하는 데 매우 중요하다.

침례의 기원

신약성경에서 시간적으로 가장 먼저 침례를 행한 사람은 침례 요한이다. 그는 "회개하라"고 외치며 천국이 가까이 왔음을 전파했고, 사람들은 자신의 죄를 자복하고 그에게 침례를 받았다(마 3:1-6). 그러나 그의 외침은 예수의 길을 예비하는 것이었고, 천국복음은 예수에게서 완성될 일이었다. 그래서 요한은 "나는 너희로 회개하게 하기 위하여 물로 침례를 베풀거니와 내 뒤에 오시는 이는 나보다 능력이 많으시니 나는 그의 신을 들기도 감당하지 못하겠노라 그는 성령과 불로 너희에게 침례를 베푸실 것"(마 3:11)이라고 선언했다. 여기서 물침례와 성령침례가 대비되었다. 요한은 물로 침례를 주지만, 예수께서는 성령과 불로 침례를 주게 될 것이다. 이는 침례의 참된 의미를 밝혀준 것이다.

그런데 예수께서 침례 요한에게 침례를 받겠다고 나섰다. 요한이 망설이자 예수께서는 다음과 같이 말씀하셨다: "이제 허락하라 우리가 이와 같이 하여 모든 의를 이루는 것이 합당하니라"(마 3:15). 그러자 요한이 허락하여 예수께 침례를 베풀었고, 곧이어 "하늘로부터 소리가 있어 말씀하시되 이는 내 사랑하는 아들이요 내 기뻐하는 자라 하시니라"(마 3:17)는 축복이 이어졌다. 왜 예수께서는 요한에게 침례를 받으셨는가? 그리고 그런 행위가 어떤 점에서 "모든 의"를 이루는 것이 되는가?

이 문제를 풀려면 먼저 '의'(righteousness)의 개념을 파악하는 것이 필요하다. 본래 구약에서 사용되었던 의는 지금처럼 서구인들이 가지고 있는 "절대적이고 비인격적인 정의와 도덕의 기준"이라는 개념이 아니라, "두 사람 사이의 관계에서 의무와 요구를 성취하는 것"으로 이해되었다. 특히 하나님과 그의 백성 사이에 맺어진 언약의 조건이 충족된 상태, 그것을 일러 의가 이루어졌다고 말하는 것이다.[4]

예수께서는 요한이 "의의 도"(the way of righteousness)로 왔다는 사실을 말씀하신 적이 있다(마 21:32). 이는 요한이 행한 회개의 침례가 하늘의 권위를 가지고 있다는 것을 인정했다는 것을 의미한다. 그러니 예수께서 요한에게 침례를 받았다는 사실은 그 의를 이루는 일에 예수께서 함께 하신다는 것을 뜻한다. 그래서 예수께서는 "우리가 이와 같이 하여 모든 의를 이루는 것"이라고 함으로써, 그 행위가 예수와 요한이 함께 의를 이루는 일임을 분명히 하셨다.

어떤 학자는 예수께서 요한의 침례를 받은 까닭이 자신을 구원할 죄인들과 동일시하기 위함이라고 주석하기도 했다. 여기서 "우리가 이와 같이 하여"(for us to do this)는 "우리를 위하여"(for us)라는 의미를 내포하고 있는데, 여기서 "우리"는 예수와 침례 요한뿐 아니라, 예수와 그가 관계하는 모든 사람들로 해석할 수 있다는 것이다. 이는 예수께서 비록 당신은 죄가 없지만 회개할 필요가 있는 사람들과 하나가 되었다는 것을 의미한다.[5] 히브리서에서도 예수께서 죄인들을 구원할 사역을 이루시기 위해 그들과 같이 되셨다고 설명한다: "그러므로 그가 범사에 형제들과 같이 되심이 마땅하도다 이는 하나님의 일에 자비하고 신실한 대제사장이 되어 백성의 죄를 속량하려 하심이라 그가 시험을 받아 고난을 당하셨은즉 시험 받는 자들을 능히 도우실 수 있느니라"(히 2:17-18).

하지만 예수의 침례는 요한의 침례가 담지 못하는 특별한 의미가 있다. 그것은 예수의 사명을 공개적으로 드러낸 일종의 헌신의식이라는 점과, 단순히 율법적 관점에서 회개의 요청이 아니라 죽으심과 부활이라는 전혀 새로운 차원의 구속사역을 함축하는 예시적 의미가 있다는 점이다. 요한의 입장에서는 하나님과 맺은 언약과 그의 의를 이루는 사명을 다하는 것이 되고, 예수의 입장에서는 요한의 사역을 계승하여 하나님 나라의 도래를 선포하며 그것을 완성하기 위한 첫 발을 내딛는 일이 된다. 요한은 "주의 길을 예비"하는 소임을 다하는 것이고, 예수께서는 물침례 대신 성령과 불로 침례를 주어 한 차원 승화된 새로운 구원사역의 문을 여는 것이다. 그 점에서 예수의 침례는 요한의 침례와 격이 다른 것이었다. 엄밀한 의미에서 보면 기독교의 침례는 예수 그리스도로부터 시작된 것이라고 할 수 있다. 1644년에 발표된 침례교의 '런던신앙고백서'에서도 "침례는 그리스도에 의해 제정된 신약의 의식"이라고 진술했다.[6]

침례는 예수께서 직접 본을 보여주신 이후, 그의 제자들을 통해 주로 시행되었다(요 4:1). 그리고 예수께서는 마지막 큰 사명을 주실 때도 모든 민족으로 제자를 삼아 침례를 주라고 명령하셨다(마 28:19-20). 사도들 역시 침례를 주는 일을 관례적으로 행했다고 성경은 여러 곳에서 증언한다(행 2:41, 8:12, 8:38, 9:18, 10:48, 16:15, 16:33, 19:5; 롬 6:1-11; 고전 1:13-17; 벧전 3:21 등). 이런 기록들은 침례행위가 기독교의 입문의식과 같은 성격을 띠는 것이었음을 확인해주는 사례들이다. 하지만 내면적 의미는 그보다 훨씬 더 의미심장하다. 거기에는 그리스도의 죽음과 부활이 있고, 이 세상을 구원하실 하나님의 원대한 계획이 있으며, 고난과 죽음까지도 무릅쓰며 예수를 따라야 할 제자들의 헌신이 녹아 있기 때문이다.

침례의 형식과 역사적 근거

침례의 형식에는 침수례(immersion)와 관수례(affusion) 또는 살수례(sprinkling) 등이 있다. 침수례가 성경적이라고 주장하는 근거는 일차적으로 헬라어 밥티조(baptizo)에서 찾을 수 있다. 밥티조는 '물에 잠기거나 가라앉혀서 씻기다' 등의 의미로 사용되는 단어다. 그런데 '뿌리다'의 헬라어는 란티조(rantizo), '붓다'는 에피케오(epicheo)라는 단어를 사용한다. 만일 물을 붓거나 뿌리면서 침례의식을 했다면 성경기자들이 하나같이 밥티조라는 단어를 사용했을 리가 없다. 물속에 잠기는 침례의식은 예수 그리스도 안에서 믿음으로 복음을 받아들인 사람의 영혼 안에서 일어나는 영적 행위를 상징적으로 표현하는 것이다.[7]

침수례에 대한 역사적인 증거도 풍부하다. 「디다케」에서는 침수례를 일차적

의식으로, 관수례를 차선책으로 설명하고 있다: "흐르는 물에서 성부와 성자와 성령의 이름으로 침례를 주노라 하고 먼저 말을 하라. 그러나 만일 흐르는 물이 없으면 다른 물에서 침례를 주되 그 물이 차든 덥든 상관없다. 만일 이런 물도 없으면 성부와 성자와 성령의 이름으로 물을 머리에 세 번 부어라."8) 역사적 자료에 따르면, 고대교회(주후 600년까지)에서는 대체로 침수례를 사용했던 것으로 보인다. 교부들의 기록이나 종교회의, 고대 성경번역판이나 건축물, 교회법 등에서도 일관되게 침수례를 증언하고 있다. 어떤 학자는 12세기까지도 침수례는 공인된 침례방법으로 인정받았다고 기록하고 있다. 그리고 13세기에 와서 유아에게 침례를 주는 방법으로 관수례 혹은 살수례의 행습이 이전의 그 어느 때보다 서방세계에 널리 퍼졌다.9)

마르틴 루터는 「교회의 바벨론」에서 침례의 의미와 형식에 대해 이렇게 말했다: "세례[침례]는 죄를 씻어버리는 일이라고 말하는 것이 참으로 옳기는 하나 그 표현은 세례[침례]의 충분한 의의(義意)를 드러내기에는 너무나 온화하고 미약하다. 세례[침례]는 오히려 죽음과 부활의 한 표상이다. 이러므로 나는 세례[침례]를 받으려고 하는 사람들을 완전히 물속에 잠기게 하고 싶다."10) 장 칼뱅도 「기독교강요」에서 "세례[침례]를 받는 사람이 물속에 완전히 잠겨야 하는가 - 세 번이든 한 번이든 - 아니면 물을 뿌리기만 하면 되는가 하는 세세한 문제는 중요하지 않다. 다양한 풍토에 따라서 교회들의 재량에 따라서 시행하여야 할 것이다. 그러나 '세례[침례]를 주다'(baptize)라는 단어는 물에 완전히 담그는 것을 의미하며, 고대 교회에서도 물에 완전히 담그는 의식을 시행한 것이 분명하다"고 밝혔다.11) 그러므로 물에 잠기는 침수례가 올바른 성경적 침례방법이라는 데에는 크게 이의가 없는 듯하다.

침례의 신학적 의미

침례의 본질적 의미는 형식보다 내용에 있다. 그렇다면 침례의 가장 중요한 의미는 무엇인가? 첫째, 그것은 침례가 복음사건을 상징한다는 것이다. 복음은 무엇인가? 죄인을 구원하기 위해 그리스도께서 죽으시고 장사되었다가 부활하셨다는 것이 아닌가? 로마서 6장 3-7절과 골로새서 2장 12절은 바로 이 복음을 침례와 연관시켜 설명하고 있다. 이 두 본문에서 침례의 형태와 관련된 의미를 확인할 수 있다. 그것은 침례가 그리스도의 죽음과 부활을 상징하는 예전이고, 그 형태는 물속에 잠겼다가 다시 올라오는 침수례라는 사실이다. 따라서 죽음과 부활을 상징하면서 머리에 물을 붓거나 뿌리는 것은 적합한 방식이 될 수 없다. 사도 바울의 표현처럼 침례는 죽으심과 합하여 장사되고(물속에 잠기고), 죽은 자 가운데서 일으키신 것처럼 그 안에서 함께 일으키심을 받는 것(물 밖으로 일어남)을 상징하는 것이다. 물을 뿌리거나 붓는 것으로는 이런 죽음과 부활을 상징하지 못한다. 그것은 단지 물로 씻는다는 것을 나타낼 뿐이다.

따라서 침례는 그리스도의 죽음과 부활을 상징하고(골 2:12, 롬 6:3-4), 죄에서 새 생활로 해방되어 더 이상 세상에 매여 살지 않겠다는 약속이며(골 2:20), 신자들이 구원을 받았다는 하나의 표가 된다(벧전 3:21). 웨인 워드(Wayne Ward)는 침례의 의미를 이렇게 설명했다: "예수의 이름으로 침례를 받는 것은 침례를 통해 예수와 하나 되고, 예수에게 속하고, 예수의 인격 안으로 연합하는 것을 의미한다. 예수의 죽음과 합하여 침례를 받는다는 것은 그리스도의 죽음에 실제로 참여하는 것을 뜻한다."[12] 그 점에서 침례는 하나님의 은혜가 수여되는 통로라기보다, 믿는 자가 하나님과 사람 앞에서 자신의 신앙을 고백하고 헌신을 다짐하는 예전이다.

둘째, 침례는 자신의 내적 신앙을 외적으로 표현하는 것이고, 그리스도에 대한 헌신을 다짐하며 그것을 하나님과 사람 앞에서 약속하는 것이다. 침례라는 행위는 어떤 의미로든 결코 구원의 조건이 되어서는 안 된다. 침례를 받지 않았다는 이유만으로 구원을 받을 수 없다거나 침례를 받았기 때문에 구원받을 수 있다고 생각하는 것은 침례를 끔찍하게 왜곡하는 것이다. 이런 미신적이고 물리적인 신앙을 '침례중생'(baptismal regeneration)이라고 하는데, 이는 원인과 결과를 완전히 뒤집는 반성경적 신앙이다. 침례를 받음으로 신자가 되는 것이 아니라, 신자가 침례를 받는 것이다. 침례는 "육체의 더러운 것을 제하여 버"리는 것이 아니라, "선한 양심이 하나님을 향하여 찾아가는 것"이다(벧전 3:21). 이는 이미 믿는 사람이 하나님을 향해 나아가는 헌신적 신앙에서 비롯된다. 비즐리 머레이(George Beasly-Murray)는 베드로전서 3장 21절을 다음과 같이 주석했다:

이렇게 기록함으로써 저자는 침례받은 사람에게 순수하게 외적이고 육체적인 정화 내지는 자동 효력이 미칠 것이라는 의미로 침례를 해석하는 것을 완전히 배제한다. 침례의 물은 아무도 구원할 수 없다. 구원의 침례는 침례받는 사람이 복음 안에서 하나님의 접근에 자신의 응답을 선언하고 예수를 주로 고백하며 그에게 자신을 순종하는 것이다. 침례는 영적 행위다.13)

그리스도인은 이런 침례를 통해 자신의 신앙을 고백하고 하나님의 은혜에 감사하며 그에게 헌신하기로 작정한다. 침례는 언약의 백성으로서 하나의 공동체에 소속됨으로써 그리스도와 연합하는 것을 상징한다.14)

침례를 집행할 수 있는 사람은 원칙적으로 교회가 결정한다. 일반적으로 목사가 집행하지만, 특수한 경우에는 교회에서 지정하는 침례 받은 신자가 할 수도 있다. 하지만 회개하고 믿음을 고백한 신자만이 침례(believer's baptism)를 받을 수 있다(마 3:6, 행 2:41-42). 따라서 영유아는 침례의 대상이 될 수 없다. 침례교회가 유아세례(infant baptism)를 인정하지 않는 까닭은 영유아들이 자신의 신앙을 의식할 수도 고백할 수도 없다고 보기 때문이다.15)

유아세례 반대근거16)

자유교회 전통에 속하는 침례교인들은 신자들만 침례를 받아야 한다고 주장한다. 물론 침례교인들만 유아세례를 반대하는 것은 아니다. 하지만 침례교인들은 역사적으로 유아세례를 반대하면서 혹독한 대가를 치른 경험을 가지고 있다. 그래서 침례교인들에게 유아세례를 반대하고 '신자침례'를 강조하는 것은 침례교회의 가장 중요한 교회론적 특징이 되었다. 유아세례의 문제점은 다음과 같은 네 가지 관점에서 설명될 수 있다.17)

언약신학과 유아세례의 관계

언약신학에서는 유아들이 믿음을 갖기 전이라도 신자의 자녀이기 때문에 이미 거룩한 자로 간주된다. 이는 침례의 근거가 유아들의 신앙에 있는 것이 아니라 하나님의 언약에 있기 때문이다. 칼뱅은 다음과 같이 주장했다:

유대인의 자녀들이 언약의 상속자들이 되었고 그리하여 불경한 자들의 자녀들과 구별되었기 때문에 그들이 거룩한 자손이라 불렸던 것처럼(스 9:2; 사 6:13), 그리스도인들의 자녀들 역시 동일한 이유로 거룩한 자들로 여겨지는 것이다. 뿐만 아니라, 한 쪽 부모만 믿는 경우에도 사도의 증언으로 볼 때에 우상숭배자들의 부정한 자손과 구별되는 것이다(고전 7:14).[18]

하지만 언약신학의 관점에서 유아세례를 정당화하는 것은 주석학적으로 심각한 문제가 있다. 부모나 배우자가 믿는 자라고 해서 자녀나 다른 배우자가 거룩한 자로 간주되는 것은 신앙의 인격성과 자발성을 훼손하는 일이다. 특히 칼뱅이 이 주장의 근거로 제시한 고린도전서 7장 14절은 믿는 자의 자녀가 거룩한 자로 간주되는 정당성을 제공하지 못한다. 그런 점에서 로렌스 스투키(Laurence Hull Stookey)가 "유아세례에 대한 신약성서적 보증을 발견하고자 하는 욕구가 주석학적 폭력을 낳았다"고 지적한 것은[19] 정당하다.

언약신학에 근거하여 할례와 침례를 동일시하는 것도 지지받기 어렵다. 성경은 육신의 조상인 아브라함의 자손이라는 것은 구원과 아무 의미가 없음을 강조한다(눅 3:8). 아브라함의 자손이 받는 할례와 신자의 자녀가 받는 유아세례를 같은 맥락에서 해석할 수는 없다. 만일 그렇다면 엘리 제사장의 아들들이 할례를 받았지만 그들은 하나님을 모르는 자라고 규정된 것을 어떻게 설명할 것인가?(삼상 2:12). 또한 유아세례 받은 자녀들도 엘리의 아들들과 같은 운명을 맞이할 수 있다는 말이 될 수 있는데, 그것은 언약신학적 관점의 예정과 선택론에 스스로 모순을 초래하는 것이 아닌가? 할례는 '유대인 남성'이면 누구나 받아야 했고, 심지어 이방인에게서 돈으로 산 남자까지 받아야 하는 구약의 육적 의식이지만(창 17:12), 침례는 모든 '신자'에게 베풀어진 신약의 영적 의식이다(갈 3:28).

더군다나 초기 예루살렘 교회는 침례와 할례를 연결시킨 일이 없었고, 이 둘을 질적으로 다르게 이해했음이 틀림없다. 그래서 야고보와 예루살렘의 장로들은 그 둘을 동일시하지 않았기 때문에 바울이 할례가 더 이상 필요하지 않다고 가르친 것에 대해 문제를 삼았던 것이다(행 21:17-26). 그렇다면 그들은 여전히 자신들의 남자아이들에게 할례를 행했다는 말이 된다. 이처럼 할례와 유아세례를 연결시키고자 하는 시도는 유대교와 기독교를 혼합시킨다는 비판을 받을 만하다.[20] 영적인 것과 육적인 것을 동일시하는 것은 영적인 것을 무효화하고 파괴하는 행위다. 구원은 일차적으로 영적인 사건이고, 신약의 침례는 이런 영적인 구원 사건에 참여한 신자들이 받는 의식이다.

신앙 없는 칭의 없고, 칭의 없는 침례 없다. 구원의 주체는 하나님이지만, 구원의 조건은 믿음이다. 부모가 신자라서 자녀가 자연적으로 구원받을 수 있다고 믿는 것은 인격적인 언약관계를 오해한 것이다. 성경은 어떠한 신앙의 후견인도, 대부(代父)나 대모(代母)도 인정한 적이 없다. 철저하게 신앙과 구원의 사건은 하나님과 개인의 1:1 관계에서 일어나는 것이다. 아무도 그 사이에 개입될 수 없다. 하나님과 인간의 인격적 관계는 독백이 아니라 대화다. 신앙은 이런 대화를 가능하게 하는 통로다. 그 점에서 신앙을 갖기 이전이라도 하나님의 주권으로 중생이 가능하다는 주장은 하나님의 은혜와 인간의 자유 문제를 지나치게 기계적이고 운명적으로 해석하는 결과를 낳게 된다. 신앙은 본질적으로 하나님의 은혜와 그에 대한 인간의 인격적인 반응으로 이루어진다.

유아신앙과 유아세례의 관계

마르틴 루터는 유아에게 신앙이 가능하다는 주장을 폈다. 하지만 자신의 입으로 고백하지 못하는 유아의 신앙을 어떻게 확인하고 인정할 수 있을까? 결국 부모의 신앙에 의존하여 추정할 수밖에 없지 않은가? 유아세례와 유아신앙을 연결시키는 것은 불확실한 근거에서 나온 모호한 주장이다.

20세기 초반 미국 남침례교 사상을 주도했던 멀린스(Edgar Y. Mullins)의 "신앙 안에서 영혼의 역량"(the competency of soul in religion) 개념에 비추어볼 때[21] 유아세례는 전신자 제사장직 개념(the priesthood of all believers)에도 상충하는 것이다. 유아는 제사장직을 수행할 능력이 없기 때문이다.

어떤 사람은 유아세례가 미래의 신앙을 위한 하나의 소망이기 때문에 정당성을 인정받아야 한다고 역설한다. 하지만 성경은 기본적으로 중생한 뒤에 침례받을 것을 요청한다(마 28:19; 행 8:37; 10:47; 18:8). 이는 침례의식이 신앙고백과 헌신의 의미로 실행되었다는 것을 의미한다. 바울은 "너희가 침례로 그리스도와 함께 장사되고 또 죽은 자들 가운데서 그를 일으키신 하나님의 역사를 믿음으로 말미암아 그 안에서 함께 일으키심을 받았느니라"(골 2:12)라고 말함으로써, 침례의 의미를 믿는 자에게 제한적으로 적용시켰다. 성례전을 의미하는 사크라멘툼(sacramentum)이란 용어 자체도 본래 충성 선서를 의미한다는 것은 침례의식이 일차적으로 우리의 믿음을 고백하는 수단이어야 한다는 사실을 뒷받침해준다.22)

또한 유아세례를 미래신앙 운운하는 것도 궁색한 논리기는 마찬가지다. 만일 유아세례의 목적이 미래신앙을 위해 필요한 것이라면 굳이 침례를 줄 것이 아니라, 헌아식(child dedication)으로도 족할 것이다.

구원의 수단과 유아세례의 관계

마르틴 루터는 로마 가톨릭의 성례전적 의미에 대해 반대했지만, 침례의 성례전적 의미를 완전히 포기하지는 못했던 것으로 보인다. 루터교회에 지대한 영향을 끼쳤던 아우구스부르크 신앙고백(1530년) 9조에서도 "침례는 구원에 필수적"이며, "침례에 의해 하나님의 은혜가 주어지고" "어린아이들도 침례를 받아야 한다"고 진술했다.23) 하지만 유아세례를 구원의 수단으로 삼는 것은 비성경적일 뿐 아니라 반복음적이다.

칼 바르트(Karl Barth)는 유아세례를 반대했다. 그는 "구속은 침례에 의해서가 아니라 믿음에 의해 이루어진다"고 말하면서, "원인(causa)과 인식(cognitio)을 혼동하면 ... 침례의 목적이 갖는 독특성을 간과하거나 오해하게 된다"고 주장했다.24) 바르트의 견해에 따르면, 성례전은 하나님의 행위인 성령침례를 의미한다. 그 점에서 물 침례는 "성례전"(sacrament)이 아니다. 그것은 "신적 행위와 말씀에 응답하는 참되고 진정한 인간의 행위"일 뿐이다.25) 전성용은 바르트의 침례신학을 세 단계로 구분하면서, 변증법적 신학시대(「로마서강해」)에는 유아세례를 지지했다가, 기독론적 신학시대(「교회의 세례론」)에는 유아세례를 거부했고, 성령론적 신학시대(「교회교의학」 4권)에서는 성령침례만이 성례전이라는 입장을 보였다고 분석했다.26)

만일 침례를 통해 구원을 받을 수 있다면, 성경은 다시 쓰여야 할 것이다. 사도행전에서 나타난 침례는 언제나 복음을 듣고 믿은 사람들에게 적용됐다. 빌립이 침례를 행할 때도 회심 이후였고(행 8:5, 12), 에디오피아 내시의 경우에도 그러했다. 그는 회심하고 고백한 뒤 침례를 받았다(행 8:26-40). 바울도 침례 받기 전에 먼저 회심을 경험했다(행 9:17-19). 그는 침례 전에 예수를 "주"라 불렀다(행 9:7; 고전 12:3).

유아세례 지지자들이 신자의 자녀가 다 유아세례를 받았다는 것을 증명하기 위해 이른바 "가족공식"(household formula)이라는 것을 내세우는 것도 근거 없는 추측에 불과하다. 그들이 제시하는 성경구절들에서 그 반대 논거를 확인하는 것은 그리 어려운 일이 아니다. 우선, 빌립보 간수 집안의 경우, 침례의 대상에서 유아가 배제되었다고 보는 것이 오히려 자연스럽다. 왜냐하면 침례를 받은 사람들이 다 주의 말씀을 듣고 하나님을 믿었다고 했기 때문이다(행 16:32-34). 혹 유아들이 포함된다 하더라도 "네 집이 구원을 얻으리라"는 말은 그 유아들이 침례를 받았다는 뜻이 아니라, 앞으로 믿음을 갖게 되어 구원을 받게 될 것이라는 약속으로 보는 것이 더 설득력이 있다. 루디아(행 16:12-15)와 빌립보 감옥의 간수(행 16:25-34)의 경우에도 회심-침례의 순으로 기록되어 있다는 사실을 주목할 필요가 있다. 그리스보 집안도 "온 집으로 더불어 주를 믿으며"(행 18:8)라고 한 것으로 보아 모두 믿을 만한 나이가 된 사람들이었음을 알 수 있다. 스데바나의 집안사람들도 아가야에서 제일 먼저 회심한 사람들이라는 말을 들을 만큼 나이가 차 있었다(고전 1:16; 16:15, 16).[27] 이들의 공통점은 침례를 받기 전에 모두 회심했다는 사실이다. 그래서 마르쿠스 바르트(Markus Barth)는 오스카 쿨만이 유아세례의 근거로 삼는 가족공식은 유아세례를 증거하지도 반대하지도 않는다는 사실을 지적하면서, 사도행전은 언제나 침례 전에 신앙에 대해 언급한다는 점을 상기시켰던 것이다. 그는 고대교회의 성례전주의(sacramentalism)가 유아세례를 성공시켰다고 진단하면서, 유아세례는 국가교회와 더불어 왕관을 쓰게 되었다고 비판했다.[28]

또한 예수께서 어린이들을 향해 "하나님의 나라가 이런 자의 것"이라고 선언하신 것도(막 10:13-16), 그 아이들이 유아세례를 받았다는 근거로 볼 수 없다. 침례를 주기 위해 사람들이 아이들을 예수에게 데리고 온 것도 아니다. 더군다나 이 구절은 유아보다는 어린이를 지시하는 것으로 보는 것이 타당하기 때문에, 유아세례의 근거본문으로 사용되는 것은 적절하지 않다. 그러므로 유아세례의 근거는 성경보다 교회의 전통이라고 하는 편이 더 타당한 것 같다.

바울은 고린도교회에 보낸 편지에서도 "그리스도께서 나를 보내심은 침례를 베풀게 하려 하심이 아니요 오직 복음을 전하게 하려 하심이로되 말의 지혜로 하지 아니함은 그리스도의 십자가가 헛되지 않게 하려 함이라"(고전 1:17)고 말함으로써, 복음과 침례의 우선순위를 분명히 했다. 베드로전서 3장 21절도 침례가 구원을 가져온다는 것으로 해석될 수 없다. 여기서 베드로는 선한 양심을 강조하고 있기 때문이다. "육체의 더러움을 제하여 버림이 아니요"라고 한 것은 침례의 외형적인 행위가 구원을 줄 수 있다는 오해를 막기 위함이다.[29] 따라서 앤더슨(Stanley E. Anderson)은 침례중생이 하나님의 은혜와 그리스도의 십자가를 무력하게 할 뿐 아니라, 비성경적 성례전주의로 흘러가 믿음의 중요성을 파괴한다고 지적했다.[30]

교회회원권과 유아세례의 관계

유아세례가 안고 있는 결정적 문제는 교회회원권과 국가교회와의 관계에 있다. 국가교회는 모든 신자의 자녀들까지 유아세례를 주어 교회의 회원으로 만들어야 할 필요가 있었다. 실제로 종교개혁 당시 울리히 츠빙글리(U. Zwingli)와 그의 제자들이 갈라서게 된 것도 바로 이 문제 때문이었다. 츠빙글리는 교회가 시의회의 권한 아래에 있어야 한다고 믿었고, 좀 더 근원적 개혁을 원했던 그의 제자들은 교회가 국가권력으로부터 완전히 분리되어야 한다고 주장했다. 츠빙글리에게는 유아세례가 시민권을 부여하는 것과 같은 의미가 있었다. 그리고 이런 이유 때문에 신정국가를 지향했던 이스라엘 자손들에게 행해졌던 할례가 신약시대의 유아세례로 쉽게 대체될 수 있었던 것이 아닌가 생각한다.

그러므로 교회와 국가의 분리가 실현되려면 가장 먼저 유아세례의 관습이 깨져야 한다. 근원적 종교개혁이 분출된 신학적 자리가 유아세례였다는 것은 결코 우연이 아니다. 교회는 오로지 믿는 자들의 신앙고백 위에 세워져야 한다.

침례식과 혼인식의 유비

언약신학에 근거해 신자의 자녀들은 무조건 거룩하다고 주장하거나, 유아세례를 정당화하기 위해 공동체의 믿음이나 부모의 대리적 믿음을 내세운다거나, 혹은 유아세례를 시민권의 취득조건으로 간주하는 것은 구원이 하나님의 은혜에 대한 인간의 믿음을 통해 이루어진다는 복음과 조화되기 어렵다. 신앙은 하나님과 인격적인 체험을 통해 비롯되기 때문이다. 또 유아세례가 원죄를 씻는 마술적 힘이 있다고 생각하는 것은 침례가 "우리의 내적인 믿음을 최초로 공적으로 선언하는, 하나님께서 주신 수단"이라는 것을 망각한 것이다. 침례교인의 관점에서 보면 유아세례는 "내적인 믿음의 외적인 표현일 수 없기 때문에, 기억할 날로서의 침례의 가치도 상실"된다. 그러나 반대로 신자침례는 "인격적인 믿음을 고백할 수단을 제공"한다. 그런 의미에서 신자침례는 "교회의 표준적인 의식으로서 가치를 지닌다."[31]

침례교인들은 하나님의 주권적 은혜와 인간의 신앙적 자유가 상호 인격적으로 긴장과 조화 관계에 있다고 생각한다. 그러므로 책임적인 결단을 할 수 없는 유아들에게는 회심이 요구되지 않는다. 비록 원죄의 영향력 아래 태어났다 하더라도 그 죄책이 직접 전가된다고 믿지 않기 때문이다. 침례교인들에게는 유아들이 언제 죽을지 모르니 서둘러서 침례를 주어야 한다는 강박관념이 없다. 또한 침례라는 의식을 통해 하나님의 은혜가 부여되고, 구원을 위한 원죄제거가 가능하다고 믿지 않기 때문에 유아세례는 의미 없는 하나의 의식에 불과할 뿐이다.

침례교인들은 성경에서 말하는 침례의 목적이 성례전적인 것에 있다고 생각하지 않는다. 그보다 침례교인들은 침례를 하나님과 인격적인 체험(회심)을 통해 구원의 확신을 가진 신자가 그리스도의 명령에 따라 신앙과 헌신을 하나님과 사람들에게 드러내 보이는 신앙고백의 한 행위라고 믿는다. 그렇다고 해서 침례예전의 의미까지 과소평가하는 것은 아니다. 그 점에서 프랭크 스태그(Frank Stagg)의 비유는 각별한 의미가 있다:

> 침례와 그리스도와의 연합은 혼인식과 혼인생활의 관계와 같다.... 따라서 예수 그리스도에 대한 선행하는 인격적 헌신이 없는 물 침례는 공허한 제스처에 불과하다.... 혼인식이 없어도 혼인은 이루어진다. 그러나 혼인식은 혼인의 아름다움과 신성함을 한없이 더해준다. 마찬가지로 그리스도와의 연합도 물침례 없이 가능하다. 그러나 침례는 그 연합의 아름다움과 신성함을 더해준다.[32]

주의 만찬의 의미와 방법

주의 만찬(Lord's Supper)은 그리스도인의 정체성을 재천명하는 교회예전이다. 이는 교회공동체를 유지시키고 결속을 다지는 데 중요한 역할을 한다. 하지만 문제는 주의 만찬이 의미하는 바와 빵과 포도주의 실체에 대해서 서로의 견해가 일치하지 않는다는 데 있다.

주의 만찬을 표현하기 위해 교회전통에서는 다양한 용어들, 즉 성찬(communion), 유카리스트(eucharist), 미사(mass), 성례전(sacrament) 등을 즐겨 사용해 왔다. 특히 많이 사용되는 성례전(sacrament)이라는 단어는 라틴어 사크라멘툼(sacramentum)에서 유래되었는데, 이는 본래 로마 군인이 그의 사령관에게 행하는 충성의 성스러운 선서였다. 그런데 이 용어는 그리스도인이 주님께 행하는 성스러운 헌신이라는 의미로 사용되다가 점차 은혜의 전이수단으로 와전되었다.

이 예전을 표현하기에 가장 적당한 성경적 용어는 주의 만찬이다. 제자들이 주님과 함께 마지막 저녁을 들었던 사건을 성경은 "주의 만찬"이라고 말하기 때문이다: "그런즉 너희가 함께 모여서 주의 만찬을 먹을 수 없으니 이는 먹을 때에 각각 자기의 만찬을 먼저 갖다 먹으므로 어떤 사람은 시장하고 어떤 사람은 취함이라"(고전 11:20-21).

주의 만찬의 네 가지 해석[33]

주의 만찬에 대한 전형적인 사례는 마태복음 26장 26-28절에 나온다.[34] 예수께서 잡히시던 날 밤에 제자들에게 떡과 잔을 축복하시고 함께 나누며 "이것은 내 몸이다," "이것은 내 피다" 하며 말씀하신 것이 그 유래가 되었다. 여기서 논점은 "이다"(is)를 어떻게 해석하는가 하는 것이다. 그것을 문자적으로 해석할 것인가 아니면 상징적으로 해석할 것인가 하는 것이 논의의 관건이 된다고 할 수 있다.

주의 만찬을 실재적으로 해석하는 것과 상징적으로 해석하는 것은 초기 교부시대부터 병존했다. 안디옥의 이그나티우스는 주의 만찬을 "불멸의 의약"으로, 요한 다마스쿠스는 빵과 포도주가 그리스도의 몸과 피로 변한다고 주장했고, 키프리아누스, 클레멘트, 오리게네스는 그것을 상징적으로 해석했다. 중세 때는 파스카시우스 라드베르투스, 랑프랑크, 제4차 라테란공의회는 실재적으로, 라트람누스, 베렝거는 상징적으로 해석했다.35)

이 구절을 해석하는 신학적 입장에 따라 주의 만찬에 대한 견해는 크게 네 가지로 구분되는데, 첫 번째 견해는 로마 가톨릭의 입장이고, 나머지 세 개의 견해는 개신교의 입장들이다. 첫째, 로마 가톨릭의 '화체설'(transubstantiation theory)은 빵과 포도주가 실제로 예수의 피와 살로 변화된다는 견해. 어떻게 빵과 포도주가 그리스도의 몸과 피로 변한다고 믿을 수 있을까? 냄새와 맛이라는 속성은 그대로 유지되면서 그 본질이 변한다는 것이 어떤 의미가 있는가? 그것은 아리스토텔레스의 "실체"(substance)와 "우유성"(accident) 개념에 근거해서 설명되었다. 여기서 우유성이란 비본질적 성질을 의미한다. 따라서 화체설은 "봉헌 순간 빵과 포도주의 우유성은 바뀌지 않은 채 있지만, 빵과 포도주의 실체에서 그리스도의 몸과 피의 실체로 바뀐다고 단언한다." 이 교리는 1215년 제4차 라테란공의회에서 정식으로 규정되고 1551년 트렌트공의회에서 확정되었다: "빵과 포도주를 봉헌한 후 우리 주 예수 그리스도는 참으로, 현실적으로, 실제적으로(truly, really amd substantially) 그 물질적 물체의 모양으로 성찬의 존귀한 성체에 담겨 있다."36)

화체설이 형성되는 역사적 과정을 간략하게 정리하면 다음과 같다: (1) Justin Martyr: "몸과 피"에 대한 문자적 해석; (2) Cyril, John Chrysostom, Ambrose: 기적적 변화 주장; (3) 11세기 신학자들: 떡과 포도주의 본질 변화; (4) 1150년: 화체설 용어 사용; (5) Thomas Aquinas: 체계화. 화체설은 가톨릭의 미사(the Mass)를 희생제사로 이해할 수 있는 이론적 근거가 된다.37) 이는 주의 만찬이 구원과 은혜의 수단이 된다는 공적(功績) 사상과 관련된다.

개신교회는 기본적으로 주의 만찬을 통해서 하나님의 은혜가 주입된다거나 물질이 변한다거나 희생제사의 의미를 가진다는 화체설의 주요 내용은 모두 거부했다. 하지만 주의 만찬에서 그리스도의 임재방식에 대한 재해석의 차이로 또 다시 나눠졌다. 필만의 설명에 따르면, 종교개혁자들은 화체설이 마치 칼케돈공의회에서 거부했던 "단성론적 그리스도론"과 개념적으로 연결된다고 보았다. 왜냐하면 예수의 "피조적 본성"이 그의 신성 안으로 변화되고 흡수된다고 말하는 단성론의 주장처럼, 빵과 포도주의 본질이 존재하기를 중지하고 오직 우연적(비본질적)인 것만이 보존된다고 주장하기 때문이다. 종교개혁자들은 칼케돈공의회가 단성론에 맞서 "예수의 신성과 인성은 변화되지 않는다"고 선언했던 것을 주의 만찬에 적용함으로써 화체설을 반대하는 근거로 삼았다.[38]

종교개혁자들은 주의 만찬에서 그리스도가 임재한다는 사실에 대해서는 의심하지 않았지만, 임재방식에 관해서는 서로 일치하지 못했다. 두 번째, 루터의 '공재설'(consubstantiation theory)은 그리스도의 몸과 피가 빵과 포도주 안에 실제로 임재한다는 주장이다. 루터교의 공식적인 입장이 된 이 공재설은 아우구스부르크 신앙고백 10조에서 "그리스도의 실제[의] 몸과 피는 실제로 임재"한다고 진술되었다.[39] 루터는 로마 가톨릭의 화체설을 "사이비철학"에 기초한 것으로 배척했다. 그는 "실제적 임재"(real presence)라는 사고를 반대한 것이 아니라, 이러한 임재를 설명하는 하나의 "특정한 방식"을 반대한 것이었다. 마태복음 26장 26절 "이것은 나의 몸이다"라는 문장의 의미를 "완전히 명백하며, 다른 어떤 해석의 여지도 없다고 생각"했던[40] 루터는 자신의 주장을 뒷받침하는 논거로 오리게네스의 설명을 원용했다: "쇠가 불에서 달궈지면 쇠가 이글거리고 그 이글거리는 쇠 속에 쇠와 열 모두가 있다."[41]

그러므로 루터의 설명에 따르면, 주의 만찬에 참여한 사람들은 "물리적 실재의 본질을 지닌 성찬 성물들 아래에서 및 성찬 성물들과 함께 주님의 몸과 피를 먹는다." 특히 루터의 이런 실제적 임재설은 기독론적 사유를 더함으로써 더욱 촉진되었다. 그는 "'속성들의 교류'(communicatio idiomatum)를 통해서 그리스도의 인간적 본성은 편재(omnipresence)를 비롯한 그의 신성의 여러 속성들을 공유한다고 주장"했다. 그러므로 "하늘에 계심과 동시에 만유의 그 어디에도 계시는 인간 그리스도는 성찬의 떡과 포도주를 통해서 지역화된다(localized)."[42] 하지만 이런 주장은 어떤 점에서 구원과 은혜의 수단으로 간주된다는 점에서 화체설과 근본적으로 다를 것이 없어 보인다. 나아가 루터가 이런 견해를 펴나간 것은 그가 주장했던 이신칭의 교리와도 조화되기 어렵다.

세 번째, 개혁교회의 '영재설'(spiritual presence theory)은 공재설과 상징설의 중간 입장이라고 볼 수 있다. 칼뱅은 「성찬 소론」(Short Treatise on the Holy Supper, 1540)에서 믿음으로 성례전을 행할 때 "우리는 [성령을 통해서] 예수 그리스도의 몸과 피의 실제적인 본질에 진정으로 참여하는 자들이 된다"고 결론을 내렸다. 그리고 그는 주의 만찬에서 그리스도의 임재가 성찬 성물에 초점이 맞춰져 있다는 가톨릭과 루터의 견해에 동의하면서도, 인간의 본성을 입은 그리스도는 하늘에 계신다는 츠빙글리의 주장에 무게를 실어, 화체설이나 실재 임재설이 아니라 성찬 성물에 그리스도께서 영적으로 임재하신다고 주장했다.43)

이 이론은 주의 만찬 때 그리스도께서 빵과 포도주에 실재로 임재하시는 것을 부인하지만, 빵과 포도주에 영적으로 현존하는 것은 인정한다. 그리스도의 영적 현존은 마치 태양이 빛과 열로 자신의 존재를 드러내는 것과 비슷한 원리다. 그리스도의 몸이 실제로 임재한다는 것을 받아들일 수 없었던 개혁교회는 그리스도의 실재 임재를 부인하는 대신 빵과 포도주에 영적으로 임재한다는 것을 강조했다.

네 번째, 상징설(symbol theory) 혹은 기념설(memorial theory)은 울리히 츠빙글리(Ulrich Zwingli)가 크리소스톰(Chrysostom), 마우루스(Rabanus Maurus), 베렝가(Berengar of Tours)와 같은 옛 학자들을 따라 빵과 포도주를 기념과 상징의 만찬으로 가르치기 시작하면서 부각되었다.44) 이 견해에 따르면, 주의 만찬은 그리스도의 구속 사역을 상징적으로 표현하는 교회예전이다. 츠빙글리는 "이것은 나의 몸이다"에서 "'이다'(is)라는 말은 단순히 수사학적 언어 표현의 일종으로서, 실제로는 '의미한다'(signifies) 또는 '표상한다'(represents)를 뜻하며, 결코 문자적으로 받아들여져서는 안 된다"고 주장했다.45)

마찬가지로 침례교인들은 빵과 포도주를 성물화하거나 주의 만찬 자체를 목적으로 하는 것을 반대하고, 빵과 포도주에 그리스도께서 실제로든 영적으로든 직접 임재한다고 생각하지 않는다. 신자에게 언제나 성령이 내주하시고, 예수께서 함께 계신다고 믿기 때문에 침례교인들은 빵과 포도주라는 물질에 그리스도의 현존을 결부시킬 필요가 없다고 보았다. 다만 신자들은 예수께서 "이것을 행하여 나를 기념하라"(고전 11:24)고 말씀하셨던 것처럼, 주의 만찬을 통해 우리를 위해 돌아가신 구세주 예수 그리스도를 기념하고 그의 뜻을 기린다.

성경적 의미와 중요성

초대 교회의 교인들은 "사도의 가르침을 받아 서로 교제하며 떡을 떼며" 기도

하는 생활을 했다(행 2:42). 여기서 "떡을 뗀다"는 것은 주의 만찬을 나누며 주님의 죽으심을 기념하고 기억하며 복음을 전파한다는 의미를 가진다.

주의 만찬이 함축하는 삼중적 의미는 다음과 같이 정리될 수 있다. 첫째, 주의 만찬은 그리스도의 죽으심을 상징하고 기념한다. 그의 죽음은 "많은 사람의 대속물"(마 20:28)이었다. 둘째, 주의 만찬은 참 생명이 있음을 상징한다(요 6:53-56). 셋째, 주의 만찬은 그리스도와 연합을 상징한다(고전 10:16). 한편, 데일 무디는 주의 만찬을 세 가지 시간적 차원에서 설명했다. 주의 만찬의 현재적 의미는 감사와 교제 혹은 참여에(눅 22:19; 고전 10:16), 과거적 의미는 언약과 기념에(고전 11:25; 눅 22:19), 미래적 의미는 하나님의 나라와 그리스도의 오심에 대한 소망에(눅 22:17f; 고전 11:26) 있다.[46]

주의 만찬을 함께 행하는 것은 교회구성원들에게 중요한 정체성을 제공해주고 공동체에 참여할 수 있는 기회를 열어주는 것이다. 그리스도인들은 주의 만찬을 통해 "현재 속에서 미래의 공동체를 선취적으로 체험"한다. 주의 만찬은 "현재 공동체의 체험"이며, 다른 신을 섬길 수 없다(고전 10:18-22)는 고백이고, 구성원이 하나가 되었다는 것을 상징한다(고전 10:17). 또한 주의 만찬은 교제의 식사라는 의미와 주님께 충성을 반복적으로 천명한다는 의미를 함께 내포하고 있다. 그러므로 주의 만찬에는 그러한 공동체의 구성원이 될 수 있는 자격을 갖춘 신자들만 참여하는 것이 중요하다. 신자가 아닌 사람들은 참관함으로써 구원의 복음으로 초청을 받게 할 수 있다.[47]

주의 만찬의 실행

주의 만찬을 행하는 구체적 방법은 교회의 전통에 따라 조금씩 달라질 수 있다. 재료는 누룩 없는 빵과 발효하지 않은 포도즙을 사용하기도 하지만 항상 그랬던 것만은 아니다. 다만 로마 가톨릭에서처럼 포도주를 성도들에게 삼가고 사제만 마시는 전통은 비성경적이다(마 26:27). 그리고 주의 만찬은 기본적으로 교회의 기능이어야 한다(행 20:7). 그러므로 개인들이 사사로이 사용하는 것은 옳지 않다. 그것을 얼마나 자주 해야 하는가 하는 것도 정해진 바는 없다. 초대 교회에서는 모일 때마다 행했던 것 같다(행 2:46). 모일 때 빵을 뗀다는 것은 말 그대로 함께 식사를 나누었다는 의미다. 이것이 의식화되어 교회에서 행해질 때는 그보다 뒤의 일이었다. 그러므로 교회예전으로 행할 때는 교회형편에 따라 매달, 혹은 분기별로, 혹은 그보다 더 자주 아니면 더 적게 해도 큰 문제가 되지는 않는다.

침례와 마찬가지로 주의 만찬을 집행할 수 있는 사람은 원칙적으로 교회가 정한다. 안수 받은 목사가 이 일을 집행하는 것은 목사가 교회에서 그런 직무를 수행하도록 위임을 받았기 때문이다. 또한 주의 만찬에 참여할 수 있는 대상은 중생하고 침례를 받은 자를 원칙으로 한다(고전 10:17).

* * *

교회의 직제와 직분은 교회 안에서 어떤 리더십을 가지고 있는가 하는 문제지만, 좀 더 정확하게 말하면 교회 안에서 누구에게 권력이 주어지느냐를 결정하는 문제이기도 하다. 교회 안에서 모든 신자들은 하나님 앞에서 평등하다. 리더십이라 부르든 권력이라 부르든 특정인이나 소수가 그것을 독점해서는 안 된다.

침례교회가 주장하는 지역교회의 자율성 개념은 지역교회가 독립적이어야 한다는 것을 의미한다. 그리고 이 자율성은 한 지역교회 안에서 모든 신자들이 주체적이어야 한다는 것을 내포한다. 교회 위에 교회 없고, 신자 위에 신자 없다. 따라서 교회의 운영은 모든 신자를 중심으로 이루어져야 한다. 신앙이라는 관점에서 보면, 기차를 타고 여행하기보다는 자전거를 타고 여행하는 것이 맞다. 각자 자기의 페달을 밟고 함께 목적지를 향해 달려가는 것이 진정한 의미의 신앙여행이다.

교회예전들은 하나님의 은혜를 전달하는 통로가 아니라, 그 은혜에 대한 신자들의 반응을 상징하는 것이다. 신자침례는 하나의 예전이기 이전에, 기독교신앙의 본질에 해당한다. 비록 예전의 상징성을 강조한다 하더라도, 교회공동체 안에서 그 중요성이 간과되어서는 안 된다. 왜냐하면 그 예전을 어떻게 이해하고 해석하느냐 하는 문제는 신앙의 본질과 연결되기 때문이다.

침례와 주의 만찬은 공동체 안에서 하나님을 향한 "헌신과 언약"(Baptism)이면서 "함께 나누는 삶"(the Lord's Supper)이다. 하워드 스나이더(Howard Snyder)는 이 둘에 "초월성의 차원"(Worship)을 추가하여 공동체를 세우는 세 가지 요건으로 설명했다.48) 따라서 교회의 예전들은 하나님의 은혜를 전달하는 통로가 아니라 그 은혜에 대한 신자들의 반응을 상징하고 재현하는 것이다.

주(註)

1) 김용복, 「침례교신학: 침례교인의 신앙과 신학 유산」 (대전: 침례신학대학교출판부, 2009), 374.
2) 침례교신학연구소 편, 「침례교회예전」 (대전: 침례신학대학교출판부, 2008)은 침례와 주의 만찬에 관해 침례교회는 어떤 입장을 가지고 있는가를 각 전공별(성경, 역사, 조직, 실천, 음악 등)로 연구한 책이다. 「침례교회 목회 매뉴얼: 조직, 예전, 봉사」 (대전: 침례신학대학교출판부, 2014)는 침례신학대학교 60주년을 기념하여 발간한 책인데, 제1부 침례교회의 목회적 특성, 제2부 교회창립과 기관 설립 안내, 제3부 예배와 예식 안내, 제4부 교회사회복지목회 안내, 제5부 침례교 정신과 교회 회의 진행법 등으로 구성되었다.
3) "메노나이트 신앙고백," 제13조 발 씻김. 「재세례 신앙의 역사와 고백」, KAP 편집부 편 (서울: KAP, 2001), 134-6; "자유침례교 헌장과 기본교리," 제18장 복음의 성례들: "세족예식 - 이는 성도들이 매일 매일의 죄를 씻기는 것이 필요한 것처럼 믿는 자들의 겸손을 가르치는 교훈으로서 예식이다. 우리 주 예수 그리스도께서 본을 보이셨으며 그가 배신 당하시고 잡히시기 전날 밤 제자들에게 가르치고 행하신 예식이다. 이 모든 의식들은 믿는 자들의 책무이며 즐거이 행할 행복한 특권이다." 미국자유침례교 한국선교부, "자유침례교(Free Will Baptist) 헌장과 기본교리," 9.
4) Alister McGrath, 「이신칭의」, 2판 (서울: 생명의말씀사, 2015), 28-9.
5) Frank Stagg, "Matthew," *The Broadman Bible Commentary*, vol. 8 (Nashville: Broadman Press, 1969), 94.
6) William L. Lumpkin, *Baptist Confessions of Faith* (Philadelphia: Judson Press, 1959; Revised edition. Valley Forge: Judson Press, 1969), 167.
7) C. Brownlow Hastings, *Introducing Southern Baptists: Their Faith & Their Life* (Ramsey: Paulist Press, 1981), 60.
8) William L. Lumpkin, *A History of Immersion* (Nashville: Broadman Press, 1962), 7-8.
9) Ibid., 19.
10) Martin Luther, 「종교개혁 3大 논문」, 지원용 옮김 (서울: 컨콜디아사, 1993), 239.
11) John Calvin, 「기독교강요」, 하, 원광연 옮김 (고양: 크리스챤다이제스트, 2003), 386.
12) Wayne Ward, "Baptism in a Theological Perspective," *Review and Expositor*, 65, 1 (Winter 1968): 44.
13) G. R. Beasley-Murray, *Baptism Today and Tomorrow* (New York: Macmillan, 1966), 36-7, Hastings, *Introducing Southern Baptists*, 60에서 재인용.
14) 김용복, "침례교인의 관점에서 본 교회예전의 교회론적 의미," 「침례교회예전: 침례와 주의 만찬」, 침례교신학연구소 펴냄 (대전: 침례신학대학교출판부, 2008), 161-5.
15) 김용복, "신자침례와 유아세례의 차이점과 그 신학적, 정치적 의미," 「복음과 실천」, 제31집 (2003 봄): 105-31.

16) 김용복,「침례교신학」, 387-93에서 발췌하여 부분 수정.
17) 좀 더 자세한 내용은 김용복, "유아세례에 대한 신학적 재고: 침례교의 입장에서,"「유아세례 다시보기」, 성결교회와 역사연구소 편 (안양: 바울서신, 2004), 154-79 참조.
18) Calvin,「기독교강요」, 하, 396.
19) Laurence Hull Stookey, *Baptism: Christ's Act in the Church* (Nashville: Abingdon, 1982), 47, Stanley J. Grenz,「조직신학: 하나님의 공동체를 위한 신학」, 신옥수 옮김 (고양: 크리스챤다이제스트, 2003), 752에서 재인용.
20) Stanley Edwin Anderson, *Your Baptism is Important* (Little Rock: Seminary Press, 1958), 119.
21) 그는 이 개념으로부터 신학의 공리, 신앙의 공리, 교회의 공리, 도덕의 공리, 종교-국가의 공리, 사회의 공리가 나온다고 말했다. Herschel H. Hobbs and E. Y. Mullins, *The Axioms of Religion* (Nashville: Broadman Press, 1978), 54; H. Leon McBeth, "God Gives Soul Competency and Priesthood to All Believers," *Defining Baptist Convictions: Guidelines for the Twenty-First Century*, Charles W. Deweese, ed. (Franklin: Providence House Publishers, 1996), 62-70 참조.
22) Grenz,「조직신학」, 735.
23) Philip Schaff, *The Creeds of Christendom with A History and Critical Notes*. Vol. III. (New York: Harper & Brothers, 1877), 13.
24) Karl Barth, *The Teaching of the Church Regarding Baptism*, tr. Ernest A. Payne (London: SCM, 1959), 27.
25) Karl Barth, *Church Dogmatics*, IV/4, tr. G. W. Bromiley (Edinburgh: T & T Clark, 1969), 128.
26) 전성용,「세례론: 칼 바르트의 성령론적 세례론」 (서울: 한들출판사, 1999), 56-80 참조.
27) Anderson, *Your Baptism is Important*, 110-1.
28) Dale Moody, *Baptism: Foundation for Christian Unity* (Philadelphia: The Westminster Press, 1967), 64-7 passim.
29) Anderson, *Your Baptism is Important*, 144-5.
30) Ibid., 107-9.
31) Grenz,「조직신학」, 754.
32) Frank Stagg, *New Testament Theology* (Nashville: Broadman Press, 1962), 234.
33) 이 내용의 대부분은 김용복,「침례교신학」, 399-402에서 발췌하고 보충.
34) "그들이 먹을 때에 예수께서 떡을 가지사 축복하시고 떼어 제자들에게 주시며 이르시되 받아서 먹으라 이것은 내 몸이니라 하시고 또 잔을 가지사 감사기도 하시고 그들에게 주시며 이르시되 너희가 다 이것을 마시라 이것은 죄 사함을 얻게 하려고 많은 사람을 위하여 흘리는 바 나의 피 곧 언약의 피니라"(마 26:26-28).
35) H. G. Pöhlmann,「교의학: 조직신학의 독보적인 고전」, 이신건 옮김 (서울: 신앙과지성사, 2012), 419.

36) Alister McGrath, 「신학의 역사: 교부시대에서 현대까지 기독교사상의 흐름」, 소기천 외 3인 옮김, 개정판 (서울: 지와사랑, 2013), 308.
37) Grenz, 「조직신학」, 758-9.
38) Pöhlmann, 「교의학」, 433.
39) 이장식 편역, 「기독교신조사」 (서울: 컨콜디아사, 1987), 39.
40) Alister McGrath, 「종교개혁사상입문」, 박종숙 옮김 (서울: 성광문화사, 1992), 195-6.
41) McGrath, 「신학의 역사」, 309.
42) Grenz, 「조직신학」, 760.
43) Ibid., 762.
44) Moody, *The Word of Truth*, 470.
45) McGrath, 「종교개혁사상입문」, 196.
46) Moody, *The Word of Truth*, 470-1; 김용복, "침례교인의 관점에서 본 교회예전의 교회론적 의미," 178.
47) Grenz, 「조직신학」, 768-9.
48) Howard Snyder, 「참으로 해방된 교회」, 권영석 옮김 (서울: IVP, 2005), 180-1.

22
개인적 종말: 죽음의 실체

> 내가 확신하노니 사망이나 생명이나 천사들이나 권세자들이나
> 현재 일이나 장래 일이나 능력이나 높음이나 깊음이나
> 다른 어떤 피조물이라도 우리를
> 우리 주 그리스도 예수 안에 있는 하나님의 사랑에서 끊을 수 없으리라
> 로마서 8장 38-39절

    마지막에 일어날 종말의 사건들을 예견한다는 것은 대단히 어렵고 조심스러운 일이다. 특히 신앙과 관련해서 무책임하게 종말의 사건들을 예언하는 것은 개인과 공동체를 파괴할 위험성이 있기 때문에 각별한 주의가 요구된다. 천국과 지옥을 다녀왔다고 주장하는 사람들의 체험담이 세간의 이목을 끌면서 무분별하게 확산되고 있지만, 그것은 성경적으로 검증되지 않은 내용들이 많아서 오히려 건강한 신앙형성에 도움이 되지 않는 결과를 초래할 수 있다. 더 나아가 그런 주장들은 개인의 신앙뿐 아니라 사회적인 현상과 맞물려 사회문제로 비화될 수도 있어서 더욱 문제가 된다.

    왜곡된 종말론적 주장들이 지나치게 남발되는 것도 위험하지만, 반대로 성경에서 약속한 마지막 일들에 대해 아무 것도 믿지 않고 기대하지 않는 것은 신앙적으로 더 큰 문제다. 그리스도인들은 이 세상에서 모든 일이 종결되고 허무한 상태로 돌아갈 것이라고 생각하지 않는다. 기독교신앙은 이 땅에서의 죽음이 마지막 아닌 새로운 시작이라는 희망의 메시지를 담고 있기 때문이다. 다만 문제는 그 종말에 대한 지식이 반드시 성경에 기초해야 하며, 그 지식이 메타적 정보일

뿐 구체적인 시나리오를 우리에게 제공해주지 않는다는 것을 잊어서는 안 된다는 사실이다.[1] 따라서 특정 종말론 주제에 대한 해석을 교리화하거나 보편화하는 일은 신중해야 한다. 성경에서 이론의 여지가 없이 분명하게 언급하고 있는 것은 일반화될 수 있지만, 그렇지 않고 개인의 주관적 체험이나 상대적 전통에 근거해서 나온 주장들은 해석의 여지를 남겨두고 어느 정도 거리를 두는 태도가 필요하다.

종말론(eschatology)은 마지막 일들에 관한 신학적 가르침, 즉 시간과 공간에서 마지막에 일어날 사건들에 대한 체계적인 신학적 가르침이다. 이는 달리 말하면 이 세상의 창조를 새롭게 완성하는 하나님의 최종적이고 절대적인 주권에 관한 신학적 물음과 그 해답이라고 할 수 있다. 따라서 종말론은 "하나님 안에서 만물의 완성"에 관한 것이므로 "기독교 신학의 부록이 아니라 결론이다."[2] 그 점에서 종말론은 단지 시간의 마지막 때에만 국한된 주제가 아니다.

올바른 성경적 종말론은 신앙의 정결과 순수성을 지키고 삶에 적극적인 태도를 갖게 한다. 자신의 신앙을 지키기 위해 순교까지 할 수 있다는 것은 어떤 의미에서든 종말신앙과 관련이 있다고 볼 수 있다. 또한 건강한 종말신앙은 삶에 대해 나태해지는 것을 막을 수 있고, 하나님의 심판을 망각하지 않기 때문에 교만해지지 않을 수 있다. 신앙의 교만은 하나님에 대한 잘못된 이해와 태도에서 발생하게 되고, 동시에 종말론에 대한 불확실한 믿음에서 기인한다.

그러나 반대로 왜곡되고 잘못된 비성경적 종말신앙은 신앙의 균형과 조화를 파괴하는 요인이 되기도 한다. 이런 신앙은 현세를 무가치한 것으로 간주하고 삶에 대한 비관을 낳게 한다. 동시에 이런 신앙은 역사의식을 상실하게 하고, 윤리적 삶을 포기하게 만든다. 나아가 극도의 신비주의를 추구하게 하면서 배타적인 신앙을 갖게 할 수도 있다. 따라서 건강한 성경적 종말신앙을 정리하는 것은 현재의 삶을 위해서도 대단히 중요한 일이다. 종말신앙은 현재와 미래의 분리를 지양하고 그 균형을 유지하게 하기 때문이다. 그 점에서 참된 종말신앙은 현재를 통해 미래를 바라보는 신앙이고, 미래를 통해 현재를 사는 신앙이다. 한스 큉(Hans Küng)은 현재와 미래의 관계에 대해서 다음과 같이 진술했다: "신앙과 희망은 분리될 수 없다. 신앙과 희망은 현재와 미래에 내재하는 하나님의 뜻을 받아들이는 하나의 공동적 행위를 다만 서로 다르게 보는 것뿐이다. 우리는 현재 속에서 믿기 때문에, 미래를 희망할 수 있으며, 미래를 희망하기 때문에 현재 속에서 믿을 수 있다."[3]

죽음

종말론은 개인적 종말론과 우주적 종말론으로 구분된다. 개인적 종말론은 개인들이 개별적으로 경험하는 종말론적 사건들을 말하고, 우주적 종말론은 모든 피조물이 전우주적으로 맞이하는 운명적 사건을 의미한다. 개인적 종말론은 인간의 죽음과 죽음 이후의 자아와 삶에 대한 신학적 성찰을 포함한다.

죽음의 성경적 의미

성경은 "한번 죽는 것은 사람에게 정해진 것이요 그 후에는 심판이 있으리니"라고 선언한다(히 9:27). 모든 사람에게 죽음은 결코 피해 갈 수 없는 한계상황이다. 그런데 죽음 그 자체보다 더 큰 문제는 죽음을 인생의 끝으로 간주하는 것이다. 죽음은 끝이 아니다. 죽음 이후의 삶과 심판, 이것은 성경이 초지일관 우리에게 경고하는 내용이다.

성경은 죽음이 죄의 결과라고 선포한다: "죄의 삯은 사망이다"(롬 6:23). "그러므로 한 사람으로 말미암아 죄가 세상에 들어오고 죄로 말미암아 사망이 들어왔으니 이와 같이 모든 사람이 죄를 지었으므로 사망이 모든 사람에게 이르렀느니라"(롬 5:12). 한 사람 때문에 죄와 사망이 세상에 들어오게 되었지만, 모든 사람은 다 죄를 짓기 때문에 죽을 수밖에 없다는 말이다. 물론 여기서 말하는 죽음은 단순히 육체적인 죽음만을 의미하는 것이 아니라, 인간 전 존재의 죽음을 가리킨다. 그 점에서 죽음이란 본래 관계의 파괴를 의미한다. 성경은 죄의 결과가 죽음이라고 선포할 때 그 죽음을 하나님과의 관계가 파괴되는 것에 일차적 초점을 맞추고 있다.

전통적으로 죽음은 하나님의 선한 창조의 한 부분이 아니라 타락의 결과 가운데 하나로 이해되어 왔다. 그런데 성경은 죄와 대척점에 있는 그리스도의 의가 우리의 영을 살린다고 말한다: "그리스도께서 너희 안에 계시면 몸은 죄로 말미암아 죽은 것이나 영은 의로 말미암아 살아있는 것이니라"(롬 8:10). 여기서 몸과 영을 구분하듯이, 성경은 어느 정도 인간의 구성요소를 이분법적으로 해석하여, 몸의 죽음과 영의 죽음을 나누어 설명하는 경우가 있다. 그래서 창세기 2장 16-17절은 죽음을 육체에만 한정하지 않는다.4) 그런 맥락에서 전통적으로 죽음을 세 가지로 나누어 설명하는 것은 일리가 있다: 육체적 죽음은 육체와 영혼의 분리를, 영적 죽음은 하나님으로부터 인간의 분리를, 그리고 영원한 죽음은 그런 분리 상태의 최종적 결과를 의미한다.5) 칼 라너(Karl Rahner)는 죽음을 몸과 영혼의 분리요, "하나님을 지향하거나 하나님으로부터 벗어나는 인간의 결단"이 "궁극적으로 완성"되는 사건으로 이해했다. 인간은 "몸과 영혼의 '분리'를 통해 그의 시간적, 육체적 생활"을 끝내고, "자기 자신의 행위의 모든 결과를 궁극적으로 완성"한다.6) 하지만 신학자에 따라서 육체적 죽음을 영적 죽음과 분리시키지 않고, 인간의 생명이 소멸하는 것으로 해석하는 경우도 있다. 어떻게 해석하든지 간에, 여기서 중요한 것은 죽음이 본질적으로 관계의 상실을 의미한다는 점이다. 그리고 이 관계의 상실은 궁극적으로 공동체의 단절과 파괴로 나타난다. 그래서 "죽음은 공동체의 단절, 고립으로의 추락, 정체성의 상실"이다.7) 윙엘(E. Jüngel)은 죽음을 "삶의 관계를 완전히 파괴하는 관계상실의 사건"으로 해석했다.8)

육체적 죽음의 한계와 의미

육체적 죽음으로 말미암아 발생한 결과에는 분명한 한계가 있다. 죽음의 결과가 최종적이지 않다는 것은 죽음을 넘어선 무언가가 있다는 것을 의미한다. 성경은 죽음을 근원적으로 해결하신 분이 예수 그리스도라고 증언한다: "그는 사망을 폐하시고 복음으로써 생명과 썩지 아니할 것을 드러내신지라"(딤후 1:10). "이는 그리스도 예수 안에 있는 생명의 성령의 법이 죄와 사망의 법에서 너를 해방하였음이라"(롬 8:2). 이처럼 성경은 그리스도를 통해 우리가 죄와 사망의 법에서 해방되었다고 선언한다.

바울은 다음과 같이 죽음에 대해 고백했다: "내게 사는 것이 그리스도니 죽는 것도 유익함이라"(빌 1:21). "우리가 담대하여 원하는 바는 차라리 몸을 떠나 주와 함께 있는 그것이라"(고후 5:8). "이 썩을 것이 썩지 아니함을 입고 이 죽을 것이 죽지 아니함을 입을 때에는 사망을 삼키고 이기리라고 기록된 말씀이 이루어지리라 사망아 너의 승리가 어디 있느냐 사망아 네가 쏘는 것이 어디 있느냐 사망이 쏘는 것은 죄요 죄의 권능은 율법이라 우리 주 예수 그리스도로 말미암아 우리에게 승리를 주시는 하나님께 감사하노니"(고전 15:54-57). 바울의 이런 표현은 육체적 죽음이 우리의 삶을 끝맺게 하는 최종적 사건이 아니라는 것을 강변하는 것이다.

그러므로 그리스도인에게 육체적 죽음은 영생에 들어가게 하는 하나의 관문이다. 그리스도인에게 육체적 죽음은 끝이 아니라 영광스러운 새로운 시작이다. 이것이 육체적 죽음에 대한 그리스도인의 관점이고 태도다. 육체적 죽음은 그리스도인에게 더 이상 고통과 불안이 아니라, 우리로 하여금 하나님과 함께 하도록 하는 자연스러운 과정이다. 그래서 그리스도인에게 "죽음은 안식으로 들어가는 문"이고 "인생의 염려와 고통으로부터 놓여나는 것"이다(계 14:13).9) 쾨르트너(U. H. Körtner)는 죽음이 "하나님과 인간의 사랑의 관계를 영원한 것"으로 만들 뿐 아니라 "'우리의 주체성'을 영원한 것"으로 만든다고 했다.10) 신자에게 죽음의 의미가 다른 까닭은 그리스도께서 십자가 위에서 우리를 대신해서 죽으셨고, 그 때문에 우리가 영원한 생명을 얻었기 때문이다. 따라서 신자에게 육체적 죽음은 저주가 아닌 것이다.11) 하지만 불신자에게는 육체적 죽음이 저주요 형벌이다. 왜냐하면 그들은 죽은 뒤에 하나님과 함께 살 수 있는 기회가 영원히 주어지지 않기 때문이다.

중간상태12)

죽음의 의미를 어떻게 해석하든지 간에 누군가의 죽음을 받아들이는 일은 그리 쉬운 일이 아니다. 특히 죽음 이후에 어떻게 될 것인가에 대한 호기심과 두려움은 사람들로 하여금 죽음의 문제를 더욱 더 자연스럽게 받아들이지 못하게 한다. 어린 아들이 할아버지의 죽음 앞에서 아빠에게 묻는다: "할아버지는 지금 어디에 계신가요?" 아들의 이런 질문에 아빠는 잠시 망설이다가 이렇게 답한다: "응, 할아버지는 지금 천국에 계시단다. 하나님과 함께 편안하게 쉬고 계시지." 그런데 이렇게 대답하는 아빠도 사실은 "그게 사실일까?" 하는 의문이 생기는 것을 막지 못한다. 과연 사람이 죽으면 어떤 일이 일어나는 것일까? 죽음과 부활 사이에 우리는 어떤 상태로 존재할까?

죽음과 사후세계의 문제는 우리가 이해하기 가장 어려운 현상 가운데 하나일 것이다. 어떤 점에서 그런 경험에 대해서는 신비의 영역으로 남겨두는 것이 지혜로운 태도인지 모르겠다. 특히 죽음과 부활 사이의 중간상태(intermediate state)에 대한 문제는 더욱 더 그렇다. 이 주제는 복음의 본질에 관한 것이라거나 구원의 신앙과 직접적인 관련이 있는 것이 아니므로 지나치게 호기심을 갖거나 필요 이상으로 탐구하려는 것은 오히려 바람직하지 않을 수 있다. 하지만 이 주제가 현실적으로 우리의 삶과 신앙생활에 끼치는 영향이 결코 적지 않은 것도 사실이다. 어떤 견해를 가지고 있느냐에 따라 죽음에 대한 입장이 나뉘고, 목회차원에서 대응방법도 달라질 수 있다. 따라서 마냥 침묵하거나 그냥 남겨두어야 할 문제만도 아닌 것 같다. 이는 마치 교회의 정치 형태가 구원의 문제는 아니면서도 매우 실제적인 중요성을 가지고 있는 것과 같은 이치라 할 수 있다.

성경은 중간상태의 문제를 어떻게 설명하고 있을까? 그리고 우리는 그것을 신학적으로 어떻게 정리해야 할까? 일반적으로 조직신학에서 중간상태 교리라 함은 사람이 죽음과 부활 사이에 어떤 상태로 존재하는가 혹은 존재하지 않는가 하는 것을 성경적-신학적 근거를 통해 체계적으로 설명하는 것을 말한다. 이 주제는 단지 기독교의 종말론적 주제에 그치지 않고, 인간의 구성요소를 어떻게 이해하는가 하는 것과 밀접한 관련이 있기 때문에 그 문제의 복잡성과 어려움이 있다. 따라서 중간상태의 교리를 신학적으로 풀기 위해서는 인간의 구성요소에 대한 이해도 병행되어야 한다. 전통적으로 성경적 인간론은 언제나 종말론에 의해 크게 영향을 받아왔다.

이 문제를 풀기 위해서는 두 가지 관점에서 접근하는 것이 필요하다. 하나는 중간상태에 대한 기독교 신학자들의 전통적인 견해를 살피는 것이고, 다른 하나는 중간상태에 대한 성경적 입장을 다시 검토하고, 이에 대한 전통적인 해석들을 반성하는 것이다.

신학적 접근: 전통적 해석들

사후의 삶에 대한 기독교 신학자들의 공통점은 몸의 부활을 인정한다는 데에 있다. 그러나 죽음과 부활 사이, 즉 중간상태에 대해서는 매우 다양한 주장들을 내놓았다. 전통적인 다양한 해석들은 크게 두 종류로 분류될 수 있다. 하나는 이원론적 관점에서 영혼의 불멸을 전제로 중간상태에서 무형의 영혼이 실재한다고 보는 것이고, 다른 하나는 일원론적 관점에서 중간상태 개념을 받아들이지 않는 것이다. 역사적으로 볼 때 "어거스틴 이후로 기독교 신학자들은 죽음과 부활 사이에 인간의 영혼들이 구원의 완성이나 저주의 완결을 기다리는 동안 안식을 누리거나 고통을 경험하게 된다고 가르쳐왔다."13) 그 점에서 이들은 기본적으로 이원론적 영혼불멸 사상을 선호해왔다고 할 수 있다. 하지만 인간의 구성요소에 대한 이해가 다원화되고 일원론적 관점에서 인간의 전일성이 강조되면서, 중간상태에 대한 일원론적 이해가 기독교 신학자들 사이에서 점점 호응을 얻고 있는 것도 사실이다. 중간상태에 대한 기존의 견해들을 이원론과 일원론의 관점에서 분류하면 대체로 [표14]와 같다:

[표14] 인간의 구성요소에 따른 중간상태 분류

이원론적 관점			일원론적 관점	
연옥설	영혼 의식설	영혼 수면설	영혼 소멸설	즉각 부활설

이 패러다임은 이원론적 전통과 영혼불멸사상이 왼쪽으로 갈수록 강하게, 오른쪽으로 갈수록 약하게 반영된 형국을 보여준다.

연옥설

연옥(purgatory) 사상은 중간상태를 설명하는 견해 가운데 이원론적 사상이 가장 강하게 반영된 것이다. 로마 가톨릭에서 설명하는 '연옥'은 천국과 지옥 사이에 있는 저승의 상태나 장소를 가리킨다. 이 견해는 영혼불멸이라는 헬라적 전통에 기초해서, 죽은 사람의 영혼이 이 땅에서 지은 죄를 정화하기 위해 연옥이라는 곳에서 고통을 받는데, 그 상태는 최후의 심판 때까지 계속된다고 주장한다.[14] 어떤 점에서 연옥사상은 해결되지 않은 죄의식으로 인해 나온 것일 수 있다. 조셉 폴(Joseph Pohle)은 연옥을 "이생에서 지은 가벼운 죄들로부터 전적으로 벗어나지 못하거나 그들의 범죄를 완전히 씻지 못한 사람들이 하나님의 은혜 안에서 세상을 떠날 때 잠정적인 형벌의 상태"에 들어가는 곳이라고 정의했다.[15] 이 연옥교리는 1439년 플로렌스회의에서 그 성격이 규정되었고, 1563년 트렌트회의에서 연옥에 있는 사람들을 위해 대신 기도하는 "대도"(suffrages)의 유효성이 인정되었다. 연옥교리를 뒷받침하는 신약성경의 근거로는 대체로 마태복음 12장 32절, 고린도전서 3장 15절, 베드로전서 3장 18b-20절, 4장 6절 등이 거론된다.[16]

하지만 연옥교리는 성경이 명시적으로 가르치지 않는 사후의 영혼정화기간을 상정하는 것이다. 이 교리는 우리의 "지상적 실존이 영원한 운명을 판가름하는 성격을 지니고 있다는 점을 진지하게 고려하지 않는다"는 비판을 받는다.[17] 무엇보다 연옥교리의 심각한 문제점은 구원의 완성이 연옥에서 쌓는 공덕을 통해 이루어진다고 가르침으로써 그리스도의 속죄를 무기력하게 만든다는 데 있다. 그리고 지상의 신자들이 기도함으로써 그 기간을 단축할 수 있다고 하는 "통공"(通功) 사상이나 연옥에 대한 관할권을 교황이 쥐고 있다고 하는 주장도 결코 간과할 수 없는 반(反)복음적 사상이다.[18] 한 자료에 따르면, "성인들의 통공"은 "죽은 이를 위해 하느님의 자비를 청하는 기도"요 "정화의 과정을 거치는 연옥 영혼들과의 사람의 나눔"으로 간주된다.[19]

개신교 신학자들이 연옥사상을 비판하는 근거는 성경이 신자들은 이미 그리스도 안에서 죄사함을 받았다고 선언하기 때문이다(롬 8:31-39; 골 1:14).[20] 특히 죽음 뒤에도 이생에서 지은 죄를 정화하기 위해 고통을 받아야 한다면, 그리스도가 우리를 위해 한 사역은 필요충분조건이 될 수 없다. 그래서 갈라디아서 2장 21절 "만일 의롭게 되는 것이 율법으로 말미암으면 그리스도께서 헛되이 죽으셨느니라"는 본문은 연옥설을 반대하는 중요한 성경구절 가운데 하나로 인용된다.[21]

영혼의식설

영혼 의식(conscious existence of the soul) 사상은 죽은 사람의 영혼이 중간상태

에서 "일시적으로 몸이 없는 인간실존으로 존재하는 상태"를 가리킨다. 이는 기본적으로 몸과 영혼의 분리를 전제로 하는 "이원론적 인간론"에 기초해있다.[22] 20세기 이전까지 개신교신학의 정설(orthodoxy)로 받아들여진 이 견해는 인간이 죽을 때 몸과 영혼으로 분리되는데, 비물질적 요소인 영혼은 죽지 않고 살아 있다가 이후 새롭게 변형된 몸과 재결합하여 부활한다고 주장한다. "영혼의 불멸성"과 "몸의 부활"을 모두 강조하는 셈이다.[23] 이 입장은 가톨릭의 연옥이라는 특정한 장소와 대상과 정화기간이라는 개념을 받아들이지는 않지만, 구조적으로 볼 때 서로 크게 다를 바가 없는 것도 사실이다.

장 칼뱅(Jean Calvin)은 중간상태란 신자들에게 축복과 기대의 상태를 의미하며, 이는 잠정적이고 아직 완성되지 않은 상태라고 주장했다.[24] 칼뱅은 「기독교강요」에서 죽음 이후 즉각 새로운 몸을 부여받거나 죽으면 영혼과 몸이 함께 죽는다고 말하는 사람들을 비판하면서, 몸을 떠난 영혼이 의식을 가지고 "이 세상의[에서] 싸움의 수고를 마치면 복된 안식에 들어가고, 거기서 약속된 영광을 누리기를 기쁨으로 기대하며 기다"린다고 주장했다.[25] 칼뱅의 주장에 따르면, 죽은 사람의 영혼은 "게으름이나 무감각 또는 나른함 같은 것이 아니라 양심의 고요함 그리고 안정"을 누리는 휴식상태에 들어간다. 그러나 이 휴식은 완전한 것이 아니다. 아직 부활한 신령한 육체를 부여받지 못했기 때문이다. 천국에서 완벽한 영광을 누리기 위해서는 그리스도의 재림 이후 최후 심판까지 기다려야 한다.[26] 중간상태에 대한 칼뱅의 해석은 이후 개혁주의 신학자들과 신앙고백서들에 대체로 반영되었다.

영혼의식설을 지지하는 개혁주의신학자들은 중간상태가 사람에 따라 '지복의 상태'가 아니면 '고통의 장소'가 될 것이라고 생각한다. 개혁주의신학에 친숙한 사람들은 중간상태를 다음과 같이 설명하는 데 크게 부담을 느끼지 않을 것이다: 죽음은 인간의 영혼과 몸 사이에서 일시적 분리를 가져온다. 신자들은 죽으면 즉시 축복의 장소로 가며, 불신자들은 고통과 형벌을 받는 비참한 장소로 가게 된다. 각각 그 곳에서 하나님의 임재와 부재를 경험하게 된다. 특히 음부는 "악인들만을 위한 중간 장소"로써 "중간상태이기는 하지만 거기서 그들은 지옥의 고통을 맛볼 것이다(눅 16:23-25).[27] 이 견해에 따르면, 중간상태와 구분되는 천국(basileia ton ouranon)과 지옥(gehenna)은 낙원과 음부의 영원한 상태요, 부활시 결합된 육체와 영혼이 함께 있는 곳이다. 물론 중간상태와 최종상태가 어떻게 다를 것인지에 대해서는 분명하게 알 수 없지만, 질적인 면에서는 거의 동일한 경험이 될 것이다.[28] 몰트만은 신자들이 "구원과 완성을 인지하고 장차 도래할 세계에서 영원한 생명으로 거듭나는 것을 경험하게 될 것"이며, "그들은 우리와 함께 '깨어 있으며' 우리는 그들과 함께 '깨어있다'"고 주장했다.[29] 하지만 구조적인 면에서 볼 때 영혼의식설은 여전히 로마 가톨릭의 연옥(purgatory)교리가 가지고 있는 "신학적 문제점을 공유"하고 있다.[30] 몰트만이 고린도전서 7장 14절을 근거로 죽은 자들은 후손들의 신앙으로 "대리적으로" 성결하게 된다거나, 로마서 14장 9절을 근거로 그리스도 공동체는 산 자와 죽은 자의 공동체라고 말한 것은[31] 연옥사상과 맥이 닿아있다.

또한 개혁주의신학의 설명방식처럼, 육체는 죽고 영혼만 살아서 별도의 "추가적인 체험"을 할 수 있다고 말하게 되면, 심판의 날에 부활하여 하나님 앞에 서게 될 사람은 지상에서 살았던 사람과 동일하지 않게 될 것이라는 문제가 발생한다.[32] 그러므로 이런 중간상태 개념은 부활 전후의 주체성과 관련해서 어떻게 그 정체성이 연속되는가를 설명하기가 어렵다는 점을 간과해서는 안 된다.

영혼의식설이 가지고 있는 또 하나의 특징은 중간상태에서 신자가 그리스도와 함께 안식하게 된다는 생각과 중간상태에도 시간의 흐름이 필요하다고 보는 점에 있다. 존 쿠퍼(John W. Cooper)는 성경에서 죽음과 부활 사이에 있는 신자들이 그리스도와 계속해서 교제한다고 가르친다면, 이원론적 중간상태 교리는 성경의 근거를 확보한다고 주장했다.[33] 사람이 죽으면 즉각 부활한다는 주장을 반대하는 근거도 부활이 그리스도의 재림 때 일어나기 보편적 사건이기 때문이다. 쿠퍼에게 종말론적 시간은 무시간이 아니라 역사적 시간이다: "죽음과 부활 사이에는 시간적 간격이 존재한다. 그러므로 죽은 사람은 살아있는 사람과 마찬가지로 같은 시간대에 살아있는 것이다."[34] 그리스도의 재림이 미래의 사건이듯이, 중간상태에 거하는 영혼들도 여전히 미래에 일어날 부활을 기다린다.

하지만 쿠퍼의 이런 견해는 성경적으로 뒷받침되기보다는 "종말론적 시간은 역사적 시간"이라는 특정한 관점을 지지하기 위해 요구되는 하나의 추론일 수 있다. 사실 성경은 믿음이나 부활과 관련된 주제에 초점을 맞출 뿐, 영원과 시간의 본질에 대해서는 관심을 보이지 않고 있다. 그래서 쿠퍼의 관점은 시간과 영원에 대한 "뉴턴적 개념"(Newtonian notions)에 지나치게 의존되어 있다는 비판을 받는다.35) 동시에 이 견해는 죽음 이후에 그리스도와 함께 거한다는 성경의 본문이 반드시 중간상태로 해석되어야 할 필연성이 있는가 하는 질문에 직면하면 그 설득력이 약해질 수 있다는 점에서 재고의 여지가 있다.

영혼수면설

영혼의식설과 가장 근접한 형태와 구조로 설명되는 '영혼수면'(soul sleep) 사상은 중간상태에서 몸과 분리된 영혼이 의식상태가 아니라 무의식상태로 잠들어있다고 주장하는 것이다. 이 견해 역시 영혼불멸을 전제로 하면서 중간상태를 인정한다는 점에서 이원론적 인간론에 기초해있다.

이 견해는 대체로 종교개혁의 급진적 진영에 있는 사람들 가운데 일부의 영성주의자들, 다수의 아나뱁티스트들, 대부분의 반(反)삼위일체주의자들에 의해 주장된 것이었다.36) 마르틴 루터(Martin Luther)도 중간상태에 있는 불멸의 영혼들은 의식과 감정을 느끼지 못하는 깊은 잠에 빠진다고 생각했고, 죽음에서 부활하는 것을 잠에서 깨어나는 것으로 이해했다.37) 루터는 1524년 한 설교에서, 영혼은 마지막 심판날에 하나님께서 영혼과 몸을 깨울 때까지 잠들어있다고 선포했고,38) 1533년 9월 28일에는 다음과 같이 설교하기도 했다: "우리는 그리스도께서 오셔서 무덤을 두드리며 '마르틴 박사, 일어나라'하고 말할 때까지 잠을 잘 것입니다. 그러면 나는 그 순간 일어나 그와 함께 영원토록 행복하게 될 것입니다."39)

하지만 영혼수면설을 반대하는 사람들은 다음과 같은 근거를 제시한다. 첫째, 중간상태에서 무의식 가운데 수면한다는 것은 예수께서 우편 강도에게 "오늘" "나와 함께 있으리라"(눅 23:43)고 한 말과 상충된다. 만일 사후에 영혼이 깨어있지 않다면, 예수께서 강도에게 "네가 오늘 나와 함께 낙원에 있으리라"고 말하지 못했을 것이다.40) 둘째, 부자와 나사로 비유에서 부자가 음부에서 "고통"을 경험한다고 했다. 셋째, 바울이 주님과 함께 거한다(고후 5:8)는 표현은 의식적 상태를 의미한다.41) 그렇기 때문에 이들은 "잠잔다"는 말이 "중간상태 기간에 무의식적이거나 꿈을 꾸는 상태"를 문자적으로 진술한 것이 아니라, 죽음에 대한 은유적 표현으로 보아야 한다고 주장한다.[42]

영혼소멸설

중간상태에 대해 전격적으로 관점을 달리 설명하는 것 가운데 하나가 '영혼소멸'(soul extinction) 사상이다. 이 견해는 기본적으로 영혼불멸과 몸이 없는 영혼이라는 개념을 모두 거부하기 때문에, 영혼과 몸의 분리도 인정하지 않고 중간상태라는 개념도 받아들이지 않는다. 인간 존재는 죽음으로 인해 완전히 소멸된다고 보기 때문이다. 따라서 영혼소멸은 전인(全人)소멸과 같은 의미로 이해될 수 있다.[43]

기독교 초기 역사에서 보면, 타티안(Tatian, c. AD 160), 이그나티우스(Ignatius, c. AD 35-107), 닛사의 그레고리(Gregory of Nyssa, c. AD 330-395) 등은 죽음으로 인해 인간이 더 이상 존재하지 않는다거나, 인간의 본질 부분을 몸으로 이해하거나, 혹은 죽음으로 영혼과 몸이 분리될 수 없다고 생각했다.[44] 또한 현대 신학자들도 인간 본성을 이원론보다는 일원론으로 이해하면서 영혼불멸을 거부하는 경향이 강하다.[45]

오웬(D. R. G. Owen)은 영혼을 "살아있는 몸"(a animated body)이라고 정의하고, 다음과 같이 주장했다: "만일 사람이 분리될 수 없는 통일체라면 죽음으로부터 살아남아 분리될 수 있는 것은 아무 것도 없다. 그러므로 신약성경은 분리된 영혼의 불멸성 교리를 가르치지 않는다. 그 대신, 성경은 전인(the soma)의 부활을 약속한다." 그리고 사람이 죽으면 모든 것은 소멸되었다가, 부활할 때 온전한 인격이 "재창조"(re-creating)된다. 또 그는 인간의 영혼이 애초부터 별도로 존재하는 것이 아니고, 죽음 뒤에는 시간도 존재하지 않기 때문에 마지막 날은 미래의 사건이 아니라고 주장했다.[46]

하지만 영혼이 죽은 뒤에 다시 창조된다는 생각은 이 땅의 존재가 완전히 해체된 뒤 전혀 새로운 존재로 창조되는 것이기 때문에 과연 개인의 정체성이 보장될 수 있는가 하는 비판을 받기도 한다. 쿠퍼가 이런 문제를 제기한 것도 일원론으로는 개인의 독자성을 보존하기 어렵고, 이원론적 설명방식이 이런 문제점을 해결할 수 있다고 믿었기 때문이다.[47]

사실 성경에 영혼이 부활한다는 표현은 어디에도 없다. 하지만 영혼이 죽는다는 표현은 있다(겔 18:4). 그러므로 문자적으로 본다면, 몸도 죽고 영혼도 죽는 것이니, 이후에 다 함께 부활한다고 말하는 것이 이치에 맞다. 중요한 것은 성경에 '영혼의 불멸'이라는 표현이 사용되지 않았다는 사실이다. 일원론적 관점에서 본다면, 당연히 사람의 죽음은 몸의 죽음이 아니라 전인의 죽음이다.

즉각부활설

영혼과 몸의 분리를 인정하지 않는 일원론 가운데 가장 파격적인 것은 '즉각부활'(immediate resurrection) 사상이다. 이 견해는 죽음 직후 모든 사람이 중간상태를 거치지 않고 각자 최종상태에 들어가는 것을 말한다. 1336년 교황 베네딕트 12세는 의인들의 영혼은 죽음 직후 하나님의 본성을 즉시 관상할 수 있고, 악인들은 일단 지옥으로 내려가서 심판의 날을 기다린다고 선언했다. 따라서 이 견해에 따르면, 사람들은 "죽음을 통해서 즉시 하늘[에서] 부활의 몸을 입고 최종적인 상태를 획득"하며, 영혼과 몸의 분리를 경험하거나 몸이 없는 영혼만의 상태로 존재하지 않는다.[48] 데이비스(David Davies)는 신자들이 죽으면, 중간상태에 들어가는 것이 아니라 최종적인 몸을 받게 된다고 주장했다.[49] 에드가(Brian Edgar)도 바울은 "영혼"(psyche)이라는 단어를 사람이 "죽은 뒤에 살아남은 생명"이나 "존재의 분리된 형태"라는 의미로 쓰지 않았으며, 오히려 그의 강조점은 즉각 부활과 일원론적 인간론에 있다고 주장했다.[50]

즉각부활설은 논의의 초점을 부활이라는 종말론적 주제에 집중한다. 여기서는 앞에서 쿠퍼가 주장했던 것과 같이 시간 개념을 필요로 하는 이원론적 관점의 중간상태가 아무 의미도 없다. 오히려 일원론적 관점에서 볼 때 죽은 사람은 즉각 부활을 통해 인격의 한 부분으로서 몸의 중요성과 인격의 통일성을 견지할 수 있다고 생각한다.[51]

하지만 이 견해는 죽음 이후 자신의 죽은 몸이 땅에 묻혀있는 상태에서 또 다른 신령한 부활의 몸을 부여받는 형국이다. 그렇다면 죽음이 현 육체를 폐기처분하고 새로운 신령한 몸을 창조한다고 할 때 정체성의 연속성이 보존될 수 있는가 하는 의문이 생긴다. 이는 "하나의 정체성을 가진 인격에 두 개의 몸"을 가진 형태가 될 수밖에 없다는 문제점이 있다.52) 또한 그리스도의 재림에 따른 인류의 동시적 혹은 일반적 부활이라는 성경의 가르침과도 상충한다. 따라서 이는 우주적 완성이라는 성경적 종말론을 개인 차원으로 해소시킬 위험이 있다. 실제로 바울은 동시에 모든 사람이 "마지막 나팔에 순식간에 홀연히 다 변화"(고전 15:51)된다고 보았다. 즉각 부활을 주장하는 사람들은 "개인의 개별적인 삶의 완성을 그 사회적 또는 공동체적 맥락으로부터 분리"하는 경향이 있다는 비판을 받는다.53)

성경적 관점

중간상태에 대해 성경이 어떤 설명을 하는지를 명시적으로 확인하는 것은 가능하지 않다. 그러나 여러 성경본문들이 중간상태의 교리를 뒷받침하기 위해 인용되는 것은 사실이다.

구약

구약성경은 "죽은 사람들"이 가는 "장소" 혹은 "무덤"을 가리키기 위해 "스올"(Sheol)이라는 단어를 사용했다. 스올은 선한 자나 악한 자 모두 사후에 "내려가는 장소"로서(욥 21:13; 시 55:15; 잠 15:24; 겔 31:15-17), 땅 밑에 있는(시 63:9; 겔 32:18) 구덩이를 의미했다. 그러나 스올은 단지 장소만을 의미하지 않고 어떤 상태를 가리키는 단어로도 사용되었던 것 같다. 이스라엘 사람들은 스올에 대해 그 자체로 어떤 선악의 가치 판단을 내리지 않고, 때에 따라 긍정적 관점에서 보기도 하고 부정적 시각으로 이해하기도 했던 것으로 보인다. 긍정적으로는 "그의 열조"로 돌아가는 자연적인 현상으로 담담하게 언급되기도 하지만, 일반적으로 스올은 부정적으로 인식되었다(호 13:14; 욥 14:14). 왜냐하면 스올 체험은 "하나님의 임재"로부터 분리되는 것이고, 불의한 자들이 가는 곳이며(시 9:17-18; 31:17; 49:13-14), 죽은 자들은 하나님을 찬양할 수 없다(시 6:5)고 생각했기 때문이다.54)

볼프하르트 판넨베르크(W. Pannenberg)는 영혼이 히브리어로 "목구멍" 혹은 "심연"을 의미하는 네페쉬(nepesh)로서, 육체와 분리될 수 있는 무엇이 아니라, "생명을 가진 실체"라고 설명했고 육체가 소멸하면 영혼도 함께 사라진다고 보았다.55) 그는 육체와 분리된 영혼의 불멸 사상(그리스 사유)보다는 죽은 자들이 미래에

부활할 것이라는 사상(히브리 사유)이 현대 인간학적 통찰에 훨씬 가깝다고 주장했다.56)

구약성경이 죽음 이후의 삶에 대해 깊은 관심을 가지고 있는 것은 사실이다. 그러나 그것은 죽은 사람의 운명 그 자체보다는 삶의 본질과 죽음의 성격에 대해서다. 영혼이라는 것이 육체와 관계없이 언제나 존재한다는 생각을 구약성경에서 찾는 것은 가능한 일이 아닐 뿐더러, 스올이라는 개념이 중간상태를 지시하는 것이라고 보기도 어렵다. 구약성경에서 확실하게 언급하는 것은 인간 실존의 유한성, 죽음의 절대성, 하나님과 교제가 끊어진 영역으로서 죽음이며,57) 하나님의 백성이 스올의 권세에서 건짐을 받게 될 것이라는 신앙이다(시 49:15).

신약

신약에서 중간상태나 사후의 영혼과 몸의 분리를 지지하는 근거로 사용되는 주된 개념은 "낙원"(paradise)과 "음부"(hades)다. 이 용어들은 구약의 스올에 상응하는 신약적 개념으로서, 개혁주의신학에서는 낙원을 의로운 자가 가는 중간상태로, 음부를 불의한 자가 가는 중간상태로 간주한다.58) 하지만 중간상태와 관련해서 중요하게 거론되는 본문들을 검토해보면, 이원론적 인간관에 기초해 있는 중간상태 교리는 대단히 취약한 근거에 기초해 있다는 것을 알 수 있다.

첫째, 마태복음 10장 28절59)은 죽음이 "영혼과 몸 사이에 일시적 분리"를 가져오고, 죽음과 부활 사이에 인간의 "영혼들"은 중간상태에서 계속 존재한다는 가르침의 근거로 사용되어왔다.60) 그러나 여기서 사용된 "영혼"(psyche)이라는 단어는 마가복음 8장 35절에서 "목숨"(life)으로 번역되었다. 이는 이 단어가 육신과 대립 관계에 있는 불멸의 영혼을 지시하는 것이 아니라, 생명을 의미하는 것임을 보여준 사례라 할 수 있다. 따라서 이 구절은 개념적, 논리적 이원론일 뿐, 존재론적 이원론으로 해석되기 어렵다. 오히려 이 본문은 박해자들이 제자들을 죽일 수는 있지만, 그것이 생명의 끝은 아닐 뿐더러 하나님과의 관계도 종식시킬 수 없다는 것을 말하려는 데 목적이 있다고 보는 것이 타당하다. 여기서 "몸"과 "영혼"은 전체 인간을 지시하는 일종의 제유법(synecdoche)으로 간주되는 것이 좋다.61)

둘째, 부자와 나사로 비유(눅 16:19-31)는 중간상태에서 의인이 "아브라함의 품"

으로, 악인은 "음부"로 간다는 이원론적 운명을 설명하는 근거로 사용되어왔다. 하지만 전후 문맥에서 볼 때, 이 비유의 초점은 중간상태가 아니라 재물의 문제와 관련되어 있다. 예수께서는 돈을 좋아하는 바리새인들에게 청지기 비유를 통해, 재물과 하나님을 겸하여 섬길 수 없다는 경고를 하셨고(눅 16:1-14), 그런 다음 부자와 나사로의 비유를 이어서 하셨다. 따라서 이 비유의 초점은 가난한 자를 돌보지 않은 부자의 사후 운명에 대한 경고로 읽는 것이 바람직하다. 어떤 점에서 이 비유는 중간상태에 대한 찬성 혹은 반대의 근거로 사용되는 것 자체가 부적절하다고 할 수 있다. 이 비유의 진짜 목적은 예수께서 가난한 자에게 복을, 배부른 자에게 화를 선언하신 말씀(눅 6:20-24)을 비유적 형태로 다시 설명한 것이기 때문이다.

이 본문을 중간상태의 근거로 볼 수 없는 또 다른 까닭은 그것이 역사적 사실을 말하는 것이 아니라 비유인 까닭이다. 만일 그것을 문자적으로 해석하여 역사적 사실로 인정한다면 무형의 사후 존재를 설명하면서 "손가락 끝" "물" "내 혀" "불꽃" "큰 구렁텅이" 목마른 "고통" 등의 용어들을 사용한다는 것이 부적절하기 때문이다. 게다가 이 비유에는 어떤 형태로든 육체의 부활을 기대하거나 그것을 염두에 둔 흔적이 없다. 이런 맥락에서 그린(Joel B. Green)은 부자와 나사로 비유에는 죽음과 심판 사이에서 "기다리는 방"(waiting room)의 개념이 들어갈 수 없다고 주장했다. 이미 부자는 고통 가운데 있고, 나사로는 아브라함의 품 사이에서 안식함으로써 이미 심판을 받은 것처럼 보이기 때문이다.(62) 이 비유의 본문은 이들이 중간상태에 있다가 나중에 다시 심판대 앞에 서야 한다는 것을 결코 암시하지 않는다. 죽음 이후 행복과 고통의 영역으로 묘사된 곳은 최종적 상태로 이해될 수 있기 때문에,(63) 이 본문을 중간상태의 근거로 삼기는 어렵다.

셋째, 예수께서 십자가 위의 강도와 나눈 대화(눅 23:39-43)는 과연 중간상태를 지지할 수 있는가? 이 문제의 주된 관건은 예수께서 "오늘" "낙원"에 있을 것이라고 말한 대목을 어떻게 해석할 것인가에 달렸다. 이 말이 문자적으로 예수께서 "오늘" 너와 함께 중간상태인 "낙원"에 가 있겠다는 의미인가? 그렇다면, 예수께서도 중간상태에 거하신다는 말인가? 이 대화에서 "오늘"은 누가가 다른 곳에서 강조했던 "구원의 즉각성"(눅 4:21; 19:9)과 관련이 있고, "낙원"은 창세기 2장의 "에

덴"을 나타내는 헬라어로서, 묵시사상에서 종말에 최초의 상태를 회복한다는 개념이 담겨있다. 따라서 이 개념은 새로운 창조에서 최종적 상태를 의미한다고 보는 것이 더 타당하다(계 2:7).[64] 이 사건에서 예수께서는 죽음 이후에라도 나는 너와 함께 있을 것이라고 말한 것은 사실이지만, 그것이 중간상태를 뒷받침하는 근거로 사용되기는 어렵다.

넷째, 바울이 고린도전서 5장 5절에서 "이는 육신은 멸하고 영은 주 예수의 날에 구원을 받게 하려 함이라"고 말한 것은 표면적으로 육신과 영을 확연히 구분한 것처럼 보인다. 그러나 이 구절에서 "육신"으로 번역된 단어는 "싸르코스"(sarkos, flesh)인데, 이 단어가 육신은 지옥에 보내고 영혼만 구원을 얻게 한다는 것을 의미하는 데 쓰였다고는 보기 어렵다. 왜냐하면 바울은 구원을 전인적 사건으로 이해할 뿐 아니라(롬 8:11; 23), 이 단어의 의미가 다르게 해석될 수 있기 때문이다. 갈라디아서 5장 17절에서는 이 단어를 "육체의 소욕"으로 번역되었고, 어떤 성경은 이것을 "죄된 본성"(the sinful nature)이라고 번역했다[NIV]. 브라운(Raymond Bryan Brown)은 이 구절에서 두 가지 의미를 발견했다. 하나는 모든 사람이 육체적 죽음을 맞이한다(행 5: 5, 10)는 것이고, 다른 하나는 육신을 멸한다는 것이 죄악된 삶의 방식을 제거한다(롬 7:5 참조)는 것이다.[65]

다섯째, 바울이 말한 "이 땅의 장막 집"(고후 5:1-10) 개념도 중간상태에서 영육의 이원론을 뒷받침하는 근거로 사용되어왔다. 이 구절을 근거로 바울은 이 땅의 장막집과 같은 육체를 벗어나 영혼이 "하늘에 있는 영원한 집"에 가는 것을 소망했다. 하지만 이 본문의 초점은 육체를 떠난 영혼의 불멸성에 있는 것이 아니라, 육체의 부활을 통해 하나님과 함께 한다는 데 있다. 그의 주요 관심은 인간의 실존과 정체성을 위한 몸(soma)의 중요성을 강조하는 것이다. 그는 고린도전서 15장에서도 몸을 "육의 몸"(soma psychikon)과 "신령한 몸"(soma pneumatikon)으로 나누어 설명했다. 여기서 "육의 몸"은 창세기 2장 7절에서 아담에게 적용했던 "혼"(nephesh)과 같은 개념이다. 그러므로 이 땅의 몸은 아담의 몸이요, 신령한 몸은 다가올 세대에 갖게 될 둘째 아담의 부활한 몸이다. 바울이 기대했던 것은 육의 몸을 벗어버리고 신령한 몸으로 다시 부활하는 것이었다. 이것이 "이 땅의 장막 집"과 "하늘에 있는 영원한 집"의 은유적 표현으로 대비하여 그가 말하려고 했던 의미다. 몸의 변형과 불멸은 부활의 결과로서 의미가 있을 뿐이다.

여섯째, 요한계시록 6장 9-11절에서는 신앙 때문에 죽임을 당한 "영혼들"이 제단 아래에서 큰 소리로 하나님께 간구한다고 했고, 이 영혼들은 "잠시 동안" "그 수가 차기까지" 쉬라는 명령을 받는다고 했다. 하지만 이런 표현은 중간상태에 시간 개념이 존재한다는 것을 의미한다기보다, 신앙 때문에 죽은 사람들에게 언젠가 주님이 심판하실 때가 이를 것이니 그때까지 신앙을 지키고 그리스도인으로서 사명을 다하라는 의미로 생각하는 것이 좋다.[66] 요한계시록 20장 4절의 "목 베임을 당한 자들의 영혼들"도 문자적으로 해석하는 데는 무리가 따른다. 영혼들이란 비가시적이고 비물질적 존재인데, 어떻게 보좌에 앉아 있을 수 있으며, 또 눈에 보일 수 있는가?

지금까지 살펴본 본문들은 사후에 영혼과 몸의 분리가 일어나고, 영혼만이 의식을 가진 채 중간상태에서 계속 존재한다는 것을 단적으로 설명하는 근거로 해석되기 어렵다. 해석하는 과정에서 지나치게 문자적으로 접근한 것도 있고, 문맥에서 본래 의도한 의미를 정확하게 파악하지 못한 경우도 있다. 그것은 이미 성경본문을 해석하는 시각이 이원론적 관점으로 고착되었기 때문에 일어난 것일 가능성이 있다. 그런 현상은 성경에서 교리를 도출하는 것이 아니라 교리를 가지고 성경을 해석할 때 나타나는 경우가 많다.

기독교 신학자들이 대체적으로 이원론적 인간론에 기초하여 영혼불멸의 중간상태 교리를 지지해왔던 것은 사실이다. 하지만 중간상태 교리가 얼마나 성경에 근거해서 나온 것인지에 대해서는 반성할 부분이 적지 않다. 영혼 불멸을 주장하는 사람들의 말처럼, 영혼이 실제 인간의 본질이고 그 영혼이 죽지 않는다면, 육체의 죽음은 본질적 인간의 죽음이라 말할 수 없게 된다. 이는 죽음의 의미를 너무 약화시키는 결과를 초래한다. 목회현장에서도 죽음에 대한 이런 태도는 결코 바람직하지 않다. 영혼과 몸의 분리를 전제로 하는 중간상태 교리는 죽음의 심각성과 육체의 중요성을 약화시키거나, 마지막 심판의 의미를 무색하게 만들 뿐 아니라, 공동체보다 개인주의적 신앙을 낳게 할 위험이 있다.[67] 나아가 이 교리는 죽음을 극복하는 힘이 부활에 대한 신앙이 아니라 여전히 죽지 않고 살아있는 영혼에 대한 기대로 치환되며, 몸의 부활은 하나의 장식물에 불과하게 만드는 경향도 있다.

그러므로 중간상태에 대한 여러 신학적 견해들은 그것을 뒷받침하는 성경의 토대가 그리 단단하지 못하다는 점에서 유보적일 필요가 있다. 베르카워(G. C. Berkouwer)는 중간상태 교리의 일차적 관심이 "죽음조차도 신자들을 그리스도와의 교제로부터 분리할 수 없다는 약속의 현실성"에 있다고 강조했고,[68] 그렌즈는 "사후의 친교의 성격에 관하여 사변적으로 생각하는 것"을 피해야 한다고 권면했다.[69] 이 주제에서는 교리적 편견에서 벗어나 성경의 표현들을 얼마나 설득력 있게 해석하고 그것이 오늘날 우리의 신앙과 삶에 긍정적 영향을 줄 수 있는가를 고려하는 것이 중요하다. 신학자들마다 해석의 차이가 있고, 죽음 이후의 삶에 대한 모호성 때문에, 어떤 방향으로든 중간상태 교리가 일반화되고 교리화되는 것은 바람직하지 않다.[70]

성경 역시 중간상태에 대해 직접적으로 설명하지 않았다. 기존에 중간상태의 근거로 제시되는 본문들도 그 의미가 모호할 뿐 아니라, 서로 상반된 해석이 얼마든지 가능하다. 따라서 중간상태 교리는 성경적 근거가 매우 취약한 교리라고 말하지 않을 수 없다. 성경이 강조하는 중요한 핵심은 중간상태의 존재 여부가 아니라, 우리가 죽음 이후에 그리스도의 재림과 더불어 몸의 부활을 통해 하나님과 함께 할 수 있는 최종 완성에 도달하게 될 것이라는 희망에 있다.

* * *

인간에게는 죽음을 인지하고 대비할 수 있는 능력이 있다. 종말신앙이 우리에게 필요한 까닭은 그것을 통해 우리가 죽음 이후의 삶에 대한 믿음으로 현재의 삶을 건강하게 살아야 하기 때문이다.

하지만 죽음 이후의 삶에 대한 기대와 약속이 있다 하더라도, 그 뒤에 일어날 일들을 연대기적으로 시나리오를 작성하듯 설명하고 그것을 절대화하거나 교리화하는 것은 바람직하지 않다. 미래는 열려있고 우리는 하나님의 약속을 믿음으로 담대하게 맞이할 뿐이다. 그러므로 신자들에게는 죽음을 어떻게 극복할 것인가 하는 문제보다 죽음의 의미를 어떻게 해석하느냐가 더 중요하다.

죽음 이후의 중간상태는 확실하게 주장할 만한 가르침을 성경에서 도출하기가 어렵다. 어떤 견해를 가진다 하더라도 중요한 것은 중간상태에 관한 어느 특정한 믿음이 아니다. 더 중요한 것은 죽음 이후에 그리스도인이 주님과 함께 할 것이라는 믿음이다. 그리스도인에게 죽음은 무력한 허세에 불과하다. 예수 그리스도로 인해 죽음의 쏘는 힘이 파괴되었기 때문이다. 육체적 죽음은 새로운 세계로 들어가는 하나의 관문일 뿐이다.

주(註)

1) 몰트만은 "절망의 끝에 새로운 시작"이라는 표현을 만인구원론에 근거해서 사용하기 때문에 그것을 그대로 받아들이는 것은 문제가 있다. J. Moltmann, 「정말의 끝에 숨어있는 새로운 시작: 작은 희망의 이론」, 곽미숙 옮김 (서울: 대한기독교서회, 2006), 202.
2) Dale Moody, *The Word of Truth: A Summary of Christian Doctrine Based on Biblical Revelation* (Grand Rapids: Eerdmans, 1981), 481.
3) Hans Küng, 「교회」, 정지련 역 (서울: 한들출판사, 2007), 92.
4) "여호와 하나님이 그 사람에게 명하여 이르시되 동산 각종 나무의 열매는 네가 임의로 먹되 선악을 알게 하는 나무의 열매는 먹지 말라 네가 먹는 날에는 반드시 죽으리라 하시니라"(창 2:16-17).
5) Millard J. Erickson, *Christian Theology*, vol. 3 (Grand Rapids: Baker Book House, 1985), 1170.
6) Karl Raher, *Zur Theologie des Todes*, 5. Aufl., 1958, 26, H. G. Pöhlmann, 「교의학: 조직신학의 독보적인 고전」, 이신건 옮김 (서울: 신앙과지성사, 2012), 521에서 재인용.
7) Stanly J. Grenz, 「조직신학: 하나님의 공동체를 위한 신학」, 신옥수 옮김 (고양: 크리스챤 다이제스트, 2003), 821.
8) E. Jüngel, *Tod*, 145, Pöhlmann, 「교의학」, 523에서 재인용.
9) Grenz, 「조직신학」, 822.
10) U. H. Körtner, *Wie lange noch, wie lange*, 1998, 27, Pöhlmann, 「교의학」, 522-3에서 재인용.
11) Erickson, Christian Theology, vol. 3, 1172.
12) 김용복, "중간상태에 대한 성서적-신학적 이해: 침례교의 신학전통 안에서," 「복음과 실천」, 45 (2010년 봄): 147-77에서 발췌.
13) Anthony A. Hoekema, *The Bible and the Future* (Grand Rapids: William B. Eerdmans, 1979), 92.
14) Zachary J. Hayes, "The Purgatorial View," *Four Views on Hell*, ed. William Crockett (Grand Rapids: Zondervan Publishing House, 1996), 92-3.
15) Erickson, *Christian Theology*, vol. 3, 1179.
16) James Leo Garrett, Jr. *Systematic Theology: Biblical, Historical, and Evangelical*, vol. 2 (Grand Rapids: William B. Eerdmans, 1995), 676-7.
17) Grenz, 「조직신학」, 834-5.
18) William Hendriksen, 「주제별 종말론 강좌」, 이종전 역 (서울: 예루살렘, 1994), 110-1.
19) 한국천주교회200주년기념 주교위원회, 「한국천주교회 200년 이 땅에 빛을」 (서울: 평화당, 1983), 147.
20) William V. Crockett, "Response to Zachary J. Hayes," *Four Views on Hell*, 125.

21) Hayes, "The Purgatorial View," 107. 그밖에 관련 구절들: 롬 3:28; 갈 2:21; 히 9:27-28; 계 22:11 등.
22) Brian Edgar, "Biblical Anthropology and the Intermediate State: Part I," *The Evangelical Quarterly*, vol. 74, no. 1 (2002): 27.
23) Erickson, *Christian Theology*, vol. 3, 1175. 이에 비해 에머슨 포스딕(Harry Emerson Fosdick)과 같은 자유주의 신학자들은 몸의 부활을 믿지 않고 영혼의 불멸성만을 받아들였고, 에밀 브루너(Emil Brunner)와 같은 신정통주의자들은 영혼 불멸을 거부하고 몸의 부활을 인정하는 편이다.
24) Anthony A. Hoekema, 「개혁주의 종말론」, 류호준 역 (서울: 기독교문서선교회, 1986), 129.
25) John Calvin, 「기독교강요」 중, 원광연 옮김 (고양: 크리스챤다이제스트, 2003), 612-4.
26) Colleen McDannell and Bernhard Lang, 「천국의 역사 I」, 고진욱 옮김 (서울: 동연, 1998), 408, 440-1.
27) Hoekema, 「개혁주의 종말론」, 132-3; Moody, *The Word of Truth*, 494.
28) Erickson, *Christian Theology*, vol. 3, 1183-4.
29) Moltmann, 「절망의 끝에 숨어있는 새로운 시작」, 160, 161.
30) Grenz, 「조직신학」, 835.
31) Moltmann, 「절망의 끝에 숨어있는 새로운 시작」, 183-4.
32) Grenz, 「조직신학」, 835.
33) John W. Cooper, "The Identity of Resurrected Persons: Fatal Flaw of Monistic Anthropology," *Calvin Theological Journal*, vol. 23, no. 1 (Apr. 1988): 23.
34) John Cooper, *Body, Soul, and Life Everlasting: Biblical Anthropology and the Monism-Dualism Debate* (Grand Rapids: William B. Eerdmans, 2000), 191.
35) Brian Edgar, "Biblical Anthropology and the Intermediate State: Part II," *The Evangelical Quarterly*, vol. 74, no. 2 (2002): 171, 121.
36) Garrett, Jr. Systematic Theology, vol. 2, 678.
37) Paul Althaus, *The Theology of Martin Luther*, tr. by Robert C. Schultz (Philadelphia: Fortress Press, 1966), 414.
38) *Weimrer Ausgabe*, 17:2, 235, George H. Williams, *The Radical Reformation* (London: Weidenfeld and Nicolson, 1962), 104에서 재인용.
39) Weimarer Ausgabe, 37:151, Althaus, *The Theology of Martin Luther*, 415에서 재인용. 하지만 루터는 나중에 자신의 이 견해를 수정했다. 「창세기 주해」(c. 1540)에서 그는 "영혼이 같은 방법으로 잠을 자는 것은 아니다. 그것은 깨어있어서 환상들과 천사들과 하나님과의 대화를 경험한다. 그러므로 미래의 잠은 이생에서의 잠보다 더 심오하다." Luther's Works, 4:313, Garrett, Jr. *Systematic Theology*, vol. 2, 677에서 재인용.
40) Brian Edgar, "Biblical Anthropology and the Intermediate State: Part II," 113.
41) Garrett, Jr. *Systematic Theology*, vol. 2, 678 왕상 2:10; 11:43; 14:20; 왕하 10:35; 13:13;

막 5:39; 요 11:11; 살전 4:13 참조.

42) Casimir Bernas, "Book Review of Hanhart Karel, *The Intermediate State in the New Testament* (Gronigen: T. Wever, 1966)," *The Catholic Biblical Quarterly*, vol. 30, no. 1 (1968): 102.

43) 여기서 사용된 '영혼 소멸'과 최종상태를 설명하는 '전멸론'(annihilationism)은 서로 구분되어야 할 개념이다. 영혼 소멸을 말한다고 반드시 전멸설을 주장하는 것은 아니기 때문이다. 오해의 소지를 없애기 위해서는 영혼의 소멸보다는 영혼의 죽음이라고 표현하는 것이 바람직하다.

44) Edgar, "Biblical Anthropology and the Intermediate State: Part I," 39, 42.

45) 김영선, "영혼불멸과 부활을 통해서 본 죽음 이해,"「한국개혁신학」, 11 (2002): 225.

46) D. R. G. Owen, *Body and Soul*, 196, Garrett, Jr. *Systematic Theology*, vol. 2, 679에서 재인용.

47) Cooper, "The Identity of Resurrected Persons," 36. 그러므로 이런 비판을 불식시키기 위해서는 '재창조'라는 표현보다는 '부활'이라는 용어를 그대로 사용하는 것이 더 바람직할 수도 있다.

48) Grenz,「조직신학」, 831-2; Edgar, "Biblical Anthropology and the Intermediate State: Part I," 29.

49) Garrett, Jr. *Systematic Theology*, vol. 2, 680.

50) Edgar, "Biblical Anthropology and the Intermediate State: Part I," 37-8.

51) Edgar, "Biblical Anthropology and the Intermediate State: Part II," 120.

52) Cooper, "The Identity of Resurrected Persons," 24.

53) Grenz,「조직신학」, 831-2.

54) Grenz,「조직신학」, 814-5. 그린은 구약성서에서 스올은 죽은 사람들의 가는 곳이라는 일반적인 개념보다는 불의한 사람들이 경험하게 될 운명을 지시하는 데 가장 많이 사용되었다고 주장했다. Joel B. Green, "Eschatology and the Nature of Humans: A Reconsideration of Pertinent Biblical Evidence," *Science & Christian Belief*, vol. 14, no. 1 (2002): 37

55) Hans-Peter Dürr 외 4인,「신, 인간 그리고 과학」, 여상훈 옮김 (서울: 시유사, 2000), 199-206.

56) W. Pannenberg,「인간이란 무엇인가?」, 허혁 역 (서울: 성광문화사, 1981), 55.

57) Joel B. Green, "Eschatology and the Nature of Humans: A Reconsideration of Pertinent Biblical Evidence," *Science & Christian Belief*, vol. 14, no. 1 (2002): 36.

58) Hoekema, *The Bible and the Future*, 99-108.

59) "몸(soma)은 죽여도 영혼(psyche)은 능히 죽이지 못하는 자들을 두려워하지 말고 오직 몸과 영혼을 능히 지옥에 멸하실 수 있는 이를 두려워하라."

60) Hoekema, *The Bible and the Future*, 95.

61) Edgar, "Biblical Anthropology and the Intermediate State: Part I," 30-1.

62) Green, "Eschatology and the Nature of Humans," 43.

63) McDannell,「천국의 역사 I」, 73.

64) Green, "Eschatology and the Nature of Humans," 45.
65) Raymond Bryan Brown, "1 Corinthians," *The Broadman Bible Commentary*, vol. 10, 319.
66) 「그랜드종합주석」 16권, 768.
67) Hoekema, *The Bible and the Future*, 93-4.
68) G. C. Berkouwer, *The Return of Christ*, tr. James Van Oosterom (Grand Rapids: Eerdmans, 1972), 59, Grenz, 「조직신학」, 840에서 재인용.
69) Grenz, 「조직신학」, 840.
70) 김용복, "중간상태에 대한 성서적-신학적 이해: 침례교의 신학전통 안에서," 147-77 참조.

23
우주적 종말: 창조의 완성

또 내가 새 하늘과 새 땅을 보니 처음 하늘과 처음 땅이 없어졌고
바다도 다시 있지 않더라
또 내가 보매 거룩한 성 새 예루살렘이 하나님께로부터 하늘에서 내려오니
그 준비한 것이 신부가 남편을 위하여 단장한 것 같더라
요한계시록 21장 1-2절

세상의 마지막은 어떤 모습으로 다가올까? 지구 종말에 관한 다양한 상상력과 두려움이 현대인의 미래를 더욱 공포 속으로 몰아가고 있다. 각종 언론과 영화 등 미디어에서 무분별하게 선정적으로 보도하는 엽기적인 종말론적 사건들이 잊을 만하면 터져 나오고, 지금도 어디선가 우주의 대변혁 내지는 종말을 기다리며 살아가는 사람들이 적지 않다. 과연 인류의 미래는 어떤 운명과 마주할 것인가?

마지막 일들에 관한 신학적 관심은 개인의 종말을 포함하여 전 우주적 차원에서 진행되는 하나님의 최종적 주권 행위에 대한 성찰이다. 그 점에서 우주적 종말론은 하나님이 창조한 세상의 완성을 기대하는 것이며, 개인이 각자 경험하는 종말을 넘어서서 모든 피조물의 동시적, 우주적 사건들을 연구하는 것이다. 이는 하나님이 세우신 공동체의 완성에 관한 것이라는 점에서 "공동체적 종말론"이라고도 불린다.[1] 교리적으로는 그리스도의 재림과 부활, 천년왕국, 심판, 그리고 새 하늘과 새 땅이라는 최후의 상태 등의 주제를 다루는 것이며, 우주생태계의 최종적 운명과 관련된다.

그리스도 재림

우주적 종말의 시작점을 알리는 사건은 그리스도의 재림(parousia)이다. 어쩌면 신약의 종말신앙 가운데 가장 중요한 요소는 그리스도의 재림에 대한 기대와 소망이라고 할 수 있다. 신약성경은 우리에게 그리스도의 재림을 분명하게 선포하며, 우리로 하여금 그의 재림을 준비하도록 권면한다.[2]

재림의 사실성

성경은 재림의 사실성에 대해 다음과 같이 구체적으로 묘사한다: "인자가 아버지의 영광으로 그 천사들과 함께 오리니 그 때에 각 사람의 행한 대로 갚으리라"(마 16:27). "인자가 권능자의 우편에 앉은 것과 하늘 구름을 타고 오는 것을 너희가 보리라"(막 14:62).[3] 이는 재림의 확실성을 선포한 것이다. 따라서 "그리스도의 재림은 그리스도인의 희망의 기초가 되고, 하나님의 계획의 완성을 시작하는 하나의 사건"이 된다.[4] 몰트만의 설명에 따르면, "종말론적 파루시아" 즉 그리스도의 재림은 그의 부활을 우주적 차원에서 드러내는 사건이다. 동시에 "그의 미래는 그리스도 안에 있는 자들의 미래다. 그리스도 안에 있는 자들은 지금은 고난과 연약함을 통해 그리스도의 치욕에 동참하지만, 그날에는 그리스도와 함께 영광을 얻게 될 것이다."[5]

그런데 오늘날 재림신앙은 점차 약화되는 경향이 있다. 특히 시한부 종말론자들과 같은 비성경적인 신앙행태가 사회에 물의를 일으키는 일들이 빈번하게 나타날수록 이런 경향은 더욱 심해지는 것 같다. 하지만 재림신앙은 잊혀지거나 폐기되어서는 안 될 기독교의 핵심신앙이고, 오늘날 우리가 하나님 앞에서 겸허하게 받아들여야 할 기독교신앙의 본질 가운데 하나다. 왜냐하면 그리스도의 재림은 역사의 완성을 위해, 하나님의 창조세계가 새롭게 완성되기 위한 필수 과정이기 때문이다.

재림의 양상과 목적

성경이 언급하는 재림의 본질에 대한 몇 가지 특징들을 정리하면 다음과 같다:

첫째, 그리스도의 재림은 인격적이고(요 14:3) 육체적이며 가시적이다(행 1:11; 마 24:30). 둘째, 재림의 시기는 예측할 수 없다. 마치 노아 시대와 비슷한 상황이 전개될 것이다(마 24:37). 주의 날이 도적같이 임하고(살전 5:2-3), 번개가 동편에서 나서 서편까지 번쩍임 같이(마 24:27) 임할 것이다. 사람들은 부주의하여(마 25:1-13; 벧전 3:3-4), 갑작스런 재림의 때를 준비할 시간도 없을 것이다(마 25:8-10). 주님은 우리가 생각지 않은 때 오신다(마 24:44). 특별히 성경은 "그 날과 그 때는 아무도 모르나니 하늘에 있는 천사들도, 아들도 모르고 아버지만 아시느니라"(막 13:32)라고 강조한다. 이처럼 재림의 시간을 알 수 없다고 하는 이 말씀은 이단적 시한부 종말신앙을 받아들여서는 안 된다는 결정적 경고라고 할 수 있다. 셋째, 재림은 승리의 나팔을 불며 영광스럽게 이루어진다. 그리스도의 초림은 그의 낮아지심(humiliation)의 첫 단계고, 재림은 높아지심(exaltation)의 마지막 단계다. 천사들과 함께(살전 4:16) 큰 능력과 영광으로 오시고(마 24:30; 막 13:26; 눅 21:27), 영광의 보좌에 앉아 모든 나라를 심판하실 것이다(마 25:31-46).[6]

그렇다면 그리스도가 다시 오시는 목적은 어디에 있는가? 첫째는 이 세상을 심판하기 위함이다. 성경은 예수 그리스도에게 "심판하는 권한"이 있음을 선포한다(요 5:27). 그리고 그 심판의 근거는 이 세상에서 행한 우리의 행위가 될 것이다(마 25:31-33). 둘째는 약속하신 하나님 나라를 완성하기 위해서다. 그는 우리의 거처를 예비할 것이고(요 14:3), "창세로부터 예비한 나라"를 우리에게 수여할 것이다(마 25:34). 그러므로 우리는 그리스도의 재림을 기다리는 신앙을 통해 하나님의 마지막 심판을 대비하고 하나님 나라의 완성을 소망하게 된다.

죽은 자의 부활

죽음의 파괴력을 무력화하는 것은 부활(resurrection)이다. 죽음은 모든 것을 집어삼키는 카오스와 같은 위력을 가진 것처럼 보이지만, 부활 앞에서는 그 위세를 더 이상 떨칠 수 없다. 성경은 부활을 통해 개인의 삶이 죽음을 넘어서서 궁극적으로 완성된다는 사실을 명확하게 가르친다.

부활의 독특성

죽은 자의 부활은 삼위일체와 더불어 기독교 교리에서 빼놓아서는 안 되는 독특한 특성을 지닌 주제다. 영혼이 불멸한다는 헬라 사상에는 육체의 부활이 존재하지 않는다. 이런 영혼불멸(immortality of the soul) 사상은 극단적으로 영과 육을 분리시킬 뿐만 아니라, 영혼을 인간의 본질로 간주하게 한다. 하지만 성경은 영혼불멸이라는 표현을 사용한 적이 없다. 육체와 영혼의 배타적 이원론도 기독교적 인간이해와 거리가 멀다. 인간은 육체 없이 완전할 수 없는 존재다. 물론 죽음으로 인해 육체와 영혼의 분리가 일시적으로 일어난다고 말하기도 하지만, 인간의 완전한 구원은 육체의 부활을 통해서 이루어진다는 것이 성경의 기본 입장이다. 사실 기독교 종말신앙은 육체의 부활을 통해 절정에 이른다고 해도 과언이 아니다. 따라서 일반적으로 육체의 부활을 통해 육체와 영혼의 통합을 받아들이는 것은 영생에 대한 기독교적 소망이라고 할 수 있다.7) 육체와 영혼의 분리를 인정하지 않고 영혼불멸사상을 주장하지도 않는다면, 육체의 부활은 전인(全人)의 부활이라고 부르는 것이 타당하다.

성경의 근거

성경은 육체의 부활에 대해 구체적으로 언급한다. 구약에서는 "주의 죽은 자들은 살아나고 그들의 시체들은 일어나리라"(사 26:19), "땅의 티끌 가운데서 자는 자 중에서 많은 사람이 깨어나 영생을 받는 자도 있겠고 수치를 당하여서 영원히 부끄러움을 당할 자도 있을 것이며"(단 12:2), "내 백성들아 내가 너희 무덤을 열고 너희로 거기서 나오게 하고 이스라엘 땅으로 들어가게 하리라"(겔 37:12)고 말한다. 구약에서도 부활은 이 땅에 살았던 사람들을 두 부류의 운명으로 갈라지게 하는 관문처럼 그려지고 있다는 점에서 신약과 연속성을 보여주고 있다.

신약은 좀 더 복음적인 내용을 부활에 담고 있다: "그러나 이제 그리스도께서 죽은 자 가운데서 다시 살아나사 잠자는 자들의 첫 열매가 되셨도다"(고전 15:20), "이를 놀랍게 여기지 말라 무덤 속에 있는 자가 다 그의 음성을 들을 때가 오나니 선한 일을 행한 자는 생명의 부활로 악한 일을 행한 자는 심판의 부활로 나오리라"(요 5:28-29), "예수를 죽은 자 가운데서 살리신 이의 영이 너희 안에 거하시면 그리스도 예수를 죽은 자 가운데서 살리신 이가 너희 안에 거하시는 그의 영으로 말미암아 너희 죽을 몸도 살리시리라"(롬 8:11), "그뿐 아니라 또한 우리 곧 성령의 처음 익은 열매를 받은 우리까지도 속으로 탄식하여 양자 될 것 곧 우리 몸의 속량을 기다리느니라"(롬 8:23), "그러나 우리의 시민권은 하늘에 있는지라 거기로부터 구원하는 자 곧 주 예수 그리스도를 기다리노니 그가 만물을 자기에게 복종하게 하실 수 있는 자의 역사로 우리의 낮은 몸을 자기 영광의 몸의 형체와 같이 변하게 하시리라"(빌 3:20-21). 신약에서 말하는 부활이 구약과 크게 달라진 것은 그 부활의 표본을 예수 그리스도라고 증언한다는 점이다. 예수 그리스도로 말미암아 우리도 부활의 열매를 맺게 될 것이고, 예수 그리스도처럼 우리도 영광의 몸으로 변화될 것이다.

성경은 의인이든 악인이든 모든 사람이 부활하게 될 것이라고 말한다(요 5:28-29). 그러므로 부활 자체는 구원도, 저주도 아니다. 그 앞에 어떤 수식어가 붙는가가 중요하다. 영생의 부활이 구원이요 영벌의 부활이 저주다. 마찬가지로 육적 죽음 자체는 선도, 악도 아니다. 모든 사람은 죽고 모든 사람은 부활한다. 문제는 육적 죽음의 의미요, 어떤 성격의 부활인가 하는 것이다.

부활의 양태

고린도전서에서는 부활의 양태를 씨앗과 곡식의 관계에 비유한다. 여기에는 연속성과 불연속성이 모두 함축되어 있다. 현재의 육체가 죽은 뒤 부활의 육체로 나타나므로 현재의 육체와 미래의 육체는 나의 육체라는 연속성이 있다. 다만 부패와 비부패, 욕됨과 영광, 약함과 강함, 자연적 육체와 영적 육체라는 차이가 있다(고전 15:35-49)는 점에서 불연속성을 말한다. 또한 성경은 부활이 왜 필연적으로 일어날 수밖에 없는지를 하나님 나라와 연결해서 설명한다. 혈과 육은 하나님의 나라를 유업으로 받을 수 없기 때문이다(고전 15:50-57). 그러므로 현재의 나와 부활한 나는 연속적인 육체와 정신을 가지고 있는 동일인이어야 한다. 밀러드 에릭슨은 부활 이후의 변형된 상태를 "인간의 형태를 보존하고 동시에 영광스럽게 하며," "지상에서의 불완전성과 필요들로부터 벗어나게 될 것"이라고 설명했다.[8]

천년왕국

기독교 종말신앙은 역사의 끝이 어떻게 전개될 것인가 하는 역사관의 문제와 관련이 있다. 직선적 역사관을 가지고 있는 기독교적 관점에서 역사의 결말을 낙관적으로 볼 것인가 아니면 비관적으로 볼 것인가 하는 것은 매우 중요한 문제다. 그런데 그 향방은 현세의 환경에서 경험하는 내용에 따라 달라진다. 20세기에 들어와서 세계대전과 환경파괴 등을 목격한 그리스도인들이 이 역사의 끝을 낙관적으로 바라보는 것은 쉬운 일이 아니었다. 하지만 반대로 절망 속에서도 그리스도를 통한 영광스러운 미래를 소망할 수 있었던 것은 종말신앙의 힘이다. 위르겐 몰트만(Jürgen Moltmann)은 이것을 "희망"이라 불렀다. 몰트만의 설명에 따르면, 낙관주의와 희망은 서로 다르다. 낙관주의는 "과거나 현재에 이미 잠재되어 있다가 미래에 나타나는 좋은 것"(futurum)이지만, 희망은 "'외부,' 즉 하나님으로부터 우리에게 주어지는 좋은 것"이다. 이것은 바로 "새로운 것을 선물로 받는 것"(adventus)이다.[9] 그리스도인들은 현실이 아무리 참담하고 절망적이라 하더라도 언젠가는 하나님의 새로운 통치질서 아래 평화로운 세상이 도래할 것을 희망한다.

천년왕국의 의미

천년왕국은 바로 그런 종말론적 희망이 이 땅에서 실현될 종말론적 왕국이다. 따라서 천년왕국을 어떻게 이해하고 받아들이느냐 하는 관점의 차이에 따라 미래의 역사가 어떻게 전개될 것인가를 결정하게 된다. 즉, 역사의 끝이 그리스도의 재림과 함께 천년왕국이라는 중간 단계를 거칠 것인가(전천년주의) 아니면 그 재림을 통해 영원한 나라로 바로 진입될 것인가(후천년주의와 무천년주의)가 달라진다는 것이다.

천년왕국에 관한 논의는 시대의 흐름에 따라 점진적으로 발전했던 것으로 보인다. 고대 교회시대에는 천년왕국에 관한 구체적인 언급이 등장하지 않았기 때문에 어느 입장이 압도적으로 지지를 받았는지 알기 어렵다. 다만 사도신경이나 니케아신조 등에서 언급된 종말론에 관한 내용들이 전천년주의를 지지하기가 어렵다는 주장은 어느 정도 설득력이 있다. 왜냐하면 "산 자와 죽은 자의 심판"이나 "몸의 부활" 등의 고백에서 시로 다른 부활들과 심판들(전천년주의 사상)을 말하

지 않고 동시적인 사건(무천년 혹은 후천년주의)으로 묘사하기 때문이다.[10]

천년왕국이라는 말은 요한계시록 20장 1-6절에서 여섯 번에 걸쳐 "천년"이 언급되어 있고, 그 기간에 신자들은 이 땅에서 그리스도와 더불어 왕 노릇할 것이라 기록된 데서 비롯된 것이다. 문제는 이 천년왕국에 해석이 매우 다양하다는 데 있다. 과연 천년 동안의 지상왕국은 무엇을 의미하는가? 천년왕국의 문제를 이해하는 데 중요한 열쇠는 그것이 이 땅을 떠나서 이루어지는 천상의 어떤 이상적인 왕국이 아니라 그리스도의 지상통치와 관련되어있다는 것을 인지하는 것이다. 이 천년왕국에 대한 견해는 그리스도의 재림시기와 왕국의 의미 그리고 요한계시록을 어떻게 해석하느냐에 따라 크게 네 가지로 나뉜다: 후천년주의, 역사적 전천년주의, 세대주의적 전천년주의, 무천년주의.[11]

요한계시록 해석방법

요한계시록을 해석하는 방법은 크게 세 가지 유형으로 설명될 수 있다. 첫째는 그것을 '문자적'으로 해석하면서 '연대기적'으로 이해하는 것이다. 이 유형은 요한계시록 1장 19절에서 "네가 본 것과 지금 있는 일과 장차 될 일을 기록하라"는 말씀에 근거해서 "네가 본 것"은 1장에 기록된 환상을 의미하고, "지금 있는 일"은 요한 시대에 소아시아의 일곱 교회에 쓴 2장과 3장을 말하고, "장차 될 일"은 4장부터 22장까지 마지막에 될 일을 기록한 것으로 해석한다.[12] 따라서 이 견해에 따르면, 요한계시록 4장은 교회의 휴거(rapture)가 일어나는 시점이 되고, 그 이후에는 7년대환란을 거쳐 20장에서 지상 천년왕국이 도래한다. 이 해석은 "예언적 접근법"(predictive approach)이라고도 하는데, 요한계시록을 "교회사 순서도(順序圖)"로 읽는 방식이라고 할 수 있다. 이 해석을 택한 세대주의자들은 요한계시록 6-19장에 나오는 고난과 다니엘 9장 25-27절의 일흔 번째 주를 연계하고, 요한계시록에 나오는 상징적 인물이나 사건을 후대의 정치인이나 정치상황과 연결시키는 경향이 강하다.[13]

둘째는 요한계시록의 사건들을 지나간 일로 해석하는 '과거주의적' 접근방법이다. 이 방법은 요한계시록에서 "악의 집중적인 출현과 흑암이 드리워질 것에 대한 예언"을 1세기에 일어난 것으로 해석한다. 이 견해에 따르면, 그 악한 일들은 네로의 42개월 동안 박해(주후 64-68년, 계 13:5), 유대인들과 로마의 42개월간 전쟁(주후 67-70년, 계 22:1-2), 그리고 주후 70년의 성전 파괴(마 23:36-24:34) 등을 가리킨다.14)

셋째는 요한계시록의 내용을 어느 시대에나 통용되는 메시지로 해석하는 '현재적' 접근방법이다. 이 접근법은 "이상주의적" 혹은 "영적" 접근법이라고도 불리는데, 기본적으로 비(非) 역사적으로 접근하는 것이다. 이 해석방법은 요한계시록을 "시"(詩)로 접근하거나, 하나님의 정치라는 관점에서 "위로와 저항"의 메시지로 읽거나, 혹은 "목회-예언의 시각에서" 적용하는 접근법을 모두 포함한다.15)

윌리엄 헨드릭슨(William Hendriksen)이 제시한 "점진적 총괄반복"(progressive recapitulation)도 큰 틀에서는 이 해석법에 속한다고 볼 수 있다. 이 해석방법은 요한계시록이 연대기적으로나 역사주의 방식으로 기록된 것이 아니라, 같은 이야기를 반복적으로 기술된 것으로 본다.16) 미첼 레디쉬(Mitchell G. Reddish)는 이를 다음과 같이 표현했다: "요한계시록은 직선을 그리며 앞으로 나아가는 구조라기보다 나선 모양으로 움직이는 모습을 보여준다. 뒤의 사건은 앞의 사건을 다른 형태로 제시하면서 다른 이미지를 사용한다."17)

만일 요한계시록이 연대기적으로 쓰인 것이라면 전천년주의를 지지하게 될 것이고, 현재적이고 병행적으로 반복 기술된 것이라면 무천년주의의 구도와 일치하게 된다. 병행적 해석방법은 전천년주의를 받아들일 수 없는 결정적 판단근거로 작용한다. 여기서 요한계시록 19장과 20장을 연속된 사건으로 보면 전천년주의를 지지할 수 있는 근거가 되지만, 헨드릭슨의 해석처럼 그것을 단절된 사건으로 보면 오히려 전천년주의를 반대하는 근거가 된다.

후천년주의와 낙관적 역사관

후천년주의(postmillennialism)는 천년왕국이 먼저 이루어지고 그 다음에(post) 그리스도께서 재림하신다는 사상이다. 이 견해는 천년 동안 그리스도께서 재림하여 지상적 왕위를 가지고 실제로 통치한다고 말하지 않는다. 다만 그리스도의 통치는 "인간의 마음을 다스리는 통치"를 의미하며, 전 우주적으로 완전하게 이루어질 것이라고 주장한다.18)

[그림13] 후천년주의 도해

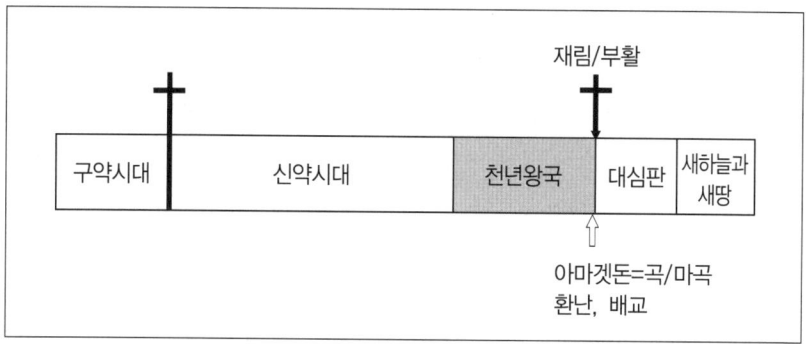

후천년주의는 온 세계의 악이 실질적으로 사라질 것이라는 낙관적인 세계관을 가지고 있다([그림13] 참조). 이 견해에 따르면, 이 세상은 점차로 좋아지다가 모든 나라의 복음화는 그리스도 재림 이전에 이루어진다. "모든 민족이 복을 얻을 것이라는 복음 승리의 역사적 가능성은 점진적인 회심에 의해 이루어지는 것"이다. "파국적인 대이변"이나 "종말의 결과"로 임하는 것이 아니다.[19] 천년왕국이 실체화될 때, 신앙과 행위에 관한 그리스도인의 원리는 모든 나라와 개인들에게 받아들여진다. 그때는 죄가 최저의 상태로 감소하며, 사회적 경제적 정치적 문화적 삶의 상황은 엄청나게 개선된다. 사막에 꽃이 피는 시절이 돌아오는 것이다. 이 견해에서 마태복음 24장의 대환란과 데살로니가후서 2장의 배도하는 일은 이미 지나간 과거로 해석된다. 케네스 젠트리 2세(kenneth Gentry Jr.)는 이 과거주의적 해석에 대해서 다음과 같이 설명했다:

> 특정 예언에 대한 과거주의적 접근은 대환란(마 24:21)이 그리스도가 말씀하셨을 당시(34절), 살아있던 세대에 일어난 것으로 본다. 사도 요한 당시 "때가 가깝다"고 했기 때문에(계 1:3, 22:10), 요한계시록에 기록된 사건들은 "곧"(계 1:1, 22:7, 12) 일어날 것으로 여겨졌다. 즉 적그리스도의 출현은 1세기 당시에 있던 현상이었던 것이다(요일 2:18, 22, 4:3; 요이 7절).[20]

이 해석에 따르면, 사탄은 그리스도의 초림에 의해 이미 "패배한 원수"일 뿐이다. 따라서 우리는 "결과적으로" 사탄을 대적할 수 있으며, "우리 발 아래에서 상하게" 할 수 있다(롬 16:20). 그리고 하나님은 우리에게 인류를 "어둠에서 빛으로, 사탄의 권세에서 하나님께로 돌아오게 하는"(행 26:18) 사명을 주셨다고 믿는다.[21] 그렇지만 후천년주의에서도 요한계시록 20장 7-10절에 근거하여, 그리스도가 재림하시기 전에 제한적으로 악이 나타난다는 것을 인정한다. 다만 이 악은 잠시 동안 나타날 것이며 교회에 별다른 피해를 주지 못할 것이라고 말한다.

후천년주의가 요한계시록 이외에도 주석적 근거로 삼는 중요한 성경구절은 다음과 같다: (1) "땅의 모든 끝이 여호와를 기억하고 돌아오며 모든 나라의 모든 족속이 주의 앞에 예배할 때"를 예언(시 22:27); (2) 하나님이 이스라엘의 가나안 적들을 정복하신 것처럼 확실하게 메시아가 세상 나라들의 분노에 대해 승리할 것이라고 선포(시 2편). 특히 6절에서 "내가 나의 왕을 내 거룩한 산 시온에 세웠다 하시리로다"고 말한 것은 역사적 장소에서 하나님의 통치가 이루어진다는 것을 상징하는 것이다; (3) "마지막 날"에 하나님께 대한 예배가 보편적일 것이라는 예언(사 2:2-4); 하나님 나라의 점진성을 강조하는 하나님 나라에 대한 비유들(마 13장); (4) 세상의 심판을 선언하고 예수께서 "내가 이 땅에서 들리면 모든 사람을 내게로 이끌겠노라"고 선언(요 12:31-32); (5) "모든 민족을 제자로 삼으라"는 지상명령(마 28:18-20); (6) 모든 원수를 복종시킬 때까지 그리스도가 통치하시고 그것을 마지막으로 그 나라를 아버지께 바친다고 말하는 종말론적 환상(고전 15:20-28) 등.[22]

1960년대 이후에 등장한 후천년주의는 특별히 "기독교 재건주의"(Christian Reconstructionism) 혹은 "신율적 후천년주의"라고 불린다. 이는 "옛 청교도들이 지녔던 사회정치적 관심들"과 "현대 사회의 총체적인 다양성 안에서의 내적 진보적 점진주의"가 합쳐진 것으로, 과거 청교도들이 교회와 국가의 관계를 지나치게 밀접하게 보았다고 비판하며 그 둘의 구분을 강력하게 주장한다는 특징을 가진다.[23]

하지만 이 후천년주의가 드러낸 문제점들에 대한 비판도 적지 않다. 그 가운데 하나는 그런 낙관적 역사관이 재림 전에 불법이 성행하고 많은 사람들의 배도가 있을 것이라는 주님의 가르침과 조화되기 어렵다는 점에 있다. 특히 마지막 때에 그리스도의 통치가 우주적으로 실현된다고 보는 관점은 알곡과 가라지가 추수 때까지 함께 자랄 것이라는 예수의 비유와도 충돌한다.24) 그리고 이런 낙관적 견해는 그리스도의 재림에 대한 소망을 약화시킨다는 문제점도 무시하기 어렵다.25)

또한 후천년주의는 특정 본문(고전 15:23-24)에 대한 성경해석의 어려움이 있다.26) 본문에는 그리스도의 부활, 강림 때 그에게 속한 자의 부활, 그 후에 하나님께 바칠 때 부활 등, 모두 세 차례의 부활이 언급되는데, 구조적으로 세 번의 부활을 반영할 공간이 후천년주의에는 없다는 것이다. 따라서 두 차례의 부활을 영적인 것과 육적인 것으로 나누어 설명하는 것은 성경해석학적으로 볼 때 설득력이 약하다는 비판을 받는다. 이런 문제는 요한계시록 20장 4-5절에서 "살아서"(ejesan)를 "중생"으로 해석할 때도 똑같이 나타난다. 부활이 "영적인 중생"을 의미한다는 것은 "문맥적"으로도 납득할 수 없다는 것이다.27) 이런 문제점은 무천년주의의 설명에도 그대로 적용된다.

게다가 "그가 모든 원수를 그 발 아래에 둘 때까지 반드시 왕노릇 하시리니"(고전 15: 25)를 현재의 상태로 간주한다면, 이 세대에 만연한 악을 어떻게 설명해야 하는가 하는 것도 쉬운 문제가 아니다. 또한 그리스도가 육체로 임재하지 않고 지상을 통치하신다는 주장을 뒷받침할 수 있는 성경적 근거도 부족하다.

후천년주의는 현재의 질서와 도래할 하나님의 통치 사이에 "연속성"을 강조하면서 그리스도인들이 세계에 적극적으로 참여할 것을 요구한다. 이 사상은 하나님과 인간의 협력으로 실제 황금시대가 도래하게 될 것이라는 매우 낙관적인 역사관을 가지고 있다.28) 하지만 이 세상의 만연한 부패와 참혹한 현실을 경험한 현대인들에게 후천년주의의 낙관적 역사관은 설득력이 떨어지는 것도 사실이다.

역사적 전천년주의와 비관적 역사관

전천년주의는 천년왕국 이전에(pre) 그리스도가 재림한다는 사상이다. 이 전천년주의는 다시 역사적 전천년주의(historic premillennialism)와 세대주의적 전천년주의(dispensational premillennialism)로 나뉜다. 이 둘의 공통점은 재림 후 천년 동안 그리스도께서 이 땅에서 통치하실 것을 믿는다는 데 있다. 또한 전천년주의는 그리스도의 육체적 임재를 강조하고, 실제로 예루살렘이 수도가 되어 기독교는 세계의 보편적인 종교가 된다고 주장한다. 크레이그 블레이징(Craig A. Blaising)은

천년왕국의 통치가 최후 심판 앞에 이루어지는 것이며, 그것은 단순히 영적인 통치가 아니라 "정치적인 질서"를 세우는 일임을 강조했다.29)

[그림14] 역사적 전천년주의 도해

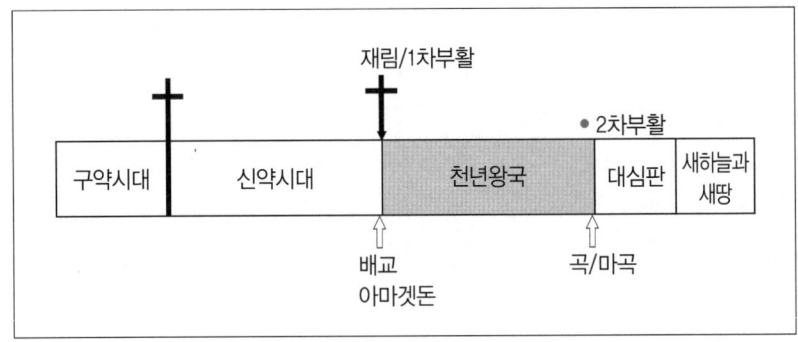

역사적 전천년주의는 초대 교부의 대부분이 주장한 견해로써,30) 그리스도가 재림하기 전에 온 대환란, 대반역과 배도, 적그리스도의 출현 등이 일어날 것을 말한다. 따라서 교회는 이 최후의 환란을 통과해야 한다.31) 이 부분에서 역사적 전천년주의는 교회가 환란을 통과해야 한다고 말하는 환란후 휴거설(posttribulationism)을 주장한다. 이는 환란 전에 휴거한다고 가르치는 세대주의적 전천년주의와 다른 점이다. 휴거에 관한 성경적 근거는 데살로니가전서 4장 13-18절이다. 그리스도가 재림하실 때 죽은 신자들이 먼저 일어나고, 그 후에 살아남은 신자들도 "구름 속으로 끌려 올려" 공중에서 주를 영접하게 될 것이다. 역사적 전천년주의자들은 그리스도의 재림과 휴거가 환란 후에 동시에 일어나는 사건으로 이해하지만, 세대주의적 전천년주의자들은 환란 전에 혹은 환란 중간에 휴거가 된다고 보기 때문에 그리스도의 재림을 두 차례에 일어나는 것으로 설명하지 않을 수 없다. 즉, 환란 전이나 중간에 1차 재림하실 때 휴거가 일어나고, 나중에 지상에 천년왕국을 세우실 때 다시 2차 재림이 일어나야 하기 때문이다. 따라서 역사적 전천년주의에서는 그리스도의 재림이 단일한 사건이지만, 세대주의적 전천년주의에서는 두 단계에 걸쳐서 일어나는 사건이다([그림14] 참조).

한편, 부활 문제와 관련해서 역사적 전천년주의는 후천년주의나 무천년주의와 다르게 두 차례의 부활을 주장한다. 그리스도가 다시 오실 때, "그리스도 안에서" 죽은 신자들은 부활한다(1차 부활). 그 후에 살아남은 신자들은 변화되어 하늘에 들려 주님을 공중에서 맞이하게 된다는 것이다. 이것을 "생명의 부활"이라고 부른다. 왜냐하면 부활한 신자들은 주님과 영원토록 함께 있을 것이기 때문이다(살전 4:16-17; 요 5:28-29). 그리고 공중에서 주님과 만난 성도들은 다시 이 땅에 그리스도와 함께 내려올 때, 이 땅에서 적그리스도의 강포한 통치는 끝이 난다. 이 시기에 이스라엘 민족은 구원을 얻게 될 것이다. 블레이징은 신약에서 "민족 전체로서의 이스라엘이 하나님의 종말론적 계획에서 사라졌다"고 말하지 않는다고 지적했다. 예수께서도 이스라엘의 나라를 회복시켜 주시겠다고 약속하며 승천하셨다(참고. 행 1:3, 6-7, 3:19-21)는 것이다. 그는 "'이스라엘' 자체"가 결코 교회를 뜻하지 않는다고 해석했다. 그리스도가 재림하실 때 이스라엘의 민족 전체는 구원을 받을 것이다.32) 그리고 구원받은 백성들은 그리스도와 함께 천년왕국에서 왕노릇하게 된다. 이때 이 땅 위에 있는 모든 믿지 않는 나라들은 점검되고 그리스도의 철장권세로 다스림을 받는다. 이 천년 동안은 죄와 죽음이 존재하지만, 악은 엄청나게 세약을 받게 되고 의로움이 전무후무하게 온 땅에 퍼진다.

하지만 천년왕국이 끝날 무렵, 결박되었던 사탄이 풀려 다시 한 번 미혹하게 되며, 곡과 마곡의 전쟁을 치르기 위해 반역하는 나라를 모으지만, 끝내 사탄은 하늘로부터 내려오는 불로 소멸되어 불못 속으로 던져진다. 그런 다음, 죽었던 불신자들의 부활이 있게 된다(2차 부활). 전천년주의에서 첫째 부활과 둘째 부활 사이에 천년이라는 기간이 존재한다고 보는 성경적 근거는 고린도전서 15장 23-25절이다. 여기서 부활의 차례가 언급되었기 때문이다. 첫째는 "첫 열매인 그리스도"의 부활이고, 둘째는 "다음에는 그가 강림하실 때에 그리스도에게 속한 자"이고, 셋째는 "그 후에는 마지막이니 그가 모든 통치와 모든 권세와 능력을 멸하시고 나라를 아버지 하나님께 바칠 때"다. 전천년주의자들은 "그 후에 ... 나라를 아버지 하나님께 바칠 때"를 천년왕국이 끝난 때로 해석한 것이다. 그리고 그 후에는 신자와 불신자가 모두 대보좌의 심판을 거쳐 최종의 상태로 들어간다.

역사적으로 보면, 역사적 전천년주의는 종교개혁을 거치면서 재등장했다고 볼 수 있다. 중세의 교황제도와 제도적 교회가 지나치게 부패하게 됨으로써, 국가나 교회를 천년왕국으로 해석하는 일이 불가능해졌기 때문이다. 천년왕국을 현재적으로 이해할 수 없다면 그것은 다시 미래적 사건으로 해석될 수밖에 없는 일이었다. 블레이징에 따르면, 모든 천년왕국주의자들은 17세기 초에 이르러 유대인들이 "미래에 구원을 받게 될 것과 이스라엘의 국가적 복이 갱신될 것에 대한 소망을 인정"하게 되었다고 한다. 그리고 요한의 환상을 "반복적"으로 해석하는 전통적인 견해에 도전함으로써, 미래의 천년왕국 개념을 가능하게 했다고 한다.[33]

일반적으로 전천년주의 사상을 뒷받침하는 중요한 성경적 근거는 다음과 같다: (1) 지상 위에 세워져 "인자 같은 이"의 통치를 받을 다윗의 왕국(단 7:12-14; 사 9:7; 암 9:11-12; 눅 1:32-33); (2) "높은 데에서 높은 군대"와 "땅에서 땅의 왕들"을 심판하는 주의 날(사 24:21); (3) 그 날에는 예루살렘에서 모든 나라를 통치(슥 14:4, 9, 16-21); (4) 주의 날에 하나님의 임하심과 영원한 통치 사이의 중간 상황을 언급(사 24-25장); (5) 재림한 그리스도는 땅에서 모든 나라를 통치하시고, 더불어 이 땅에서 왕 노릇하고 만국을 통치할 신약의 신자들(마 26:31-46; 계 5:10; 19:15); (6) 부활의 세 단계에 대한 바울의 가르침(고전 15:23-25); (7) 연대기적으로 기록된 요한계시록의 구조적 분석(프롤로그 1:1-1:8; 일곱 교회에 보내는 편지(1:9-3:22); 하늘 법정의 심판(4:1-11:19); 묵시적 내러티브-초림과 재림 사이(11:1-16:21); 바벨론의 타락(17:1-19:10); 묵시적 내러티브-재림과 그 이후(19:11-21:8); 새 예루살렘(21:9-22:9); 에필로그(22:10-22:21).[34]

전천년주의의 견해가 가지고 있는 문제점은 무엇보다도 구원받고 변화된 성도가 어떻게 이 땅에서 정상적인 인간들을 통치하면서 살게 되는가에 대한 적절한 해답을 줄 수 없다는 데 있다. 또 천년 이후 2차 부활 때 불신자들의 부활이 있다고 했는데, 이 기간에는 죽은 신자들이 없었는가? 그렇다면, 천년 동안에는 신앙을 가질 수 없다는 말인가에 대한 답변도 기대하기 어렵다.

또 무천년주의자들은 현재 그리스도와 함께 거하는 성도들에게 왜 지상의 천년왕국이 필요한가를 묻는다. 이미 성도들은 이 땅에서 또 죽은 자의 영은 하늘에서 주님과 함께 동거하며 사단 권세를 제압하고 왕 노릇하고 있다고 보기 때문이다. 이에 대한 성경적 근거는 다음과 같다: "또 내가 네게 이르노니 너는 베드로라 내가 이 반석 위에 내 교회를 세우리니 음부의 권세가 이기지 못하리라"(마 16:18). 그러나 무엇보다도 고린도전서 15장 23절에서 "그리스도의 부활/강림하실 때 부활/그 후 나중"이라고 했는데, 이 나중이라는 단어가 천년왕국 뒤라는 의미로 사용될 수 있는 근거가 없다는 비판도 있다. 성경은 성도들의 환난 후에 하나님의 진노와 심판으로 바로 이어지지 그 사이에 지상의 천년왕국이 들어갈 필연성이 없다는 것이다. 그러므로 그리스도의 복음과 하나님의 구원의 사역이 유대인에게 특별한 예외를 인정하는 듯한 지상의 천년왕국 개념은 비성경적이고 비복음적이다.

역사적 전천년주의는 후천년주의와 반대로 현재의 질서와 도래할 하나님의 통치 사이에 "불연속성" 내지는 "상호대립성"을 강조한다. 따라서 현 세상의 부패를 개혁하려는 시도에 근본적 한계를 가질 수밖에 없는 비관적 역사관을 가지고 있다.[35] 이 땅은 어차피 멸망하고 전격적으로 그리스도께서 새로운 세상을 열어줄 것이라고 믿기 때문이다.

세대주의적 전천년주의와 이원적 역사관

세대주의(dispensationalism)는 19세기에 존 다비(John Nelson Darby, 1800-1882)에 의해 제기된 학설로서, 역사를 여러 세대로 나누고 각 세대마다 하나님이 각기 다른 방법으로 구원의 역사를 이루신다고 주장한다. 세대주의는 세대주의적 사고의 특징은 예언의 문자적 해석과 이스라엘과 교회를 근본적이고 계속적으로 구별하는 데서 찾을 수 있다.[36] 그래서 구약의 이스라엘에 대한 약속(지상적 왕국에 대한 약속: 아브라함, 다윗, 그리고 예레미야의 새언약)은 아직 성취되지 않았기 때문에 장차 그리스도의 천년 기간에 성취된다고 본다. 세대주의 종말론에는 특별히 휴거 교리가 포함되어 있는데, 이 교리는 19세기 이전의 기독교에 존재하지 않았던 것이었다.[37]

[그림15] 세대주의적 전천년주의 도해

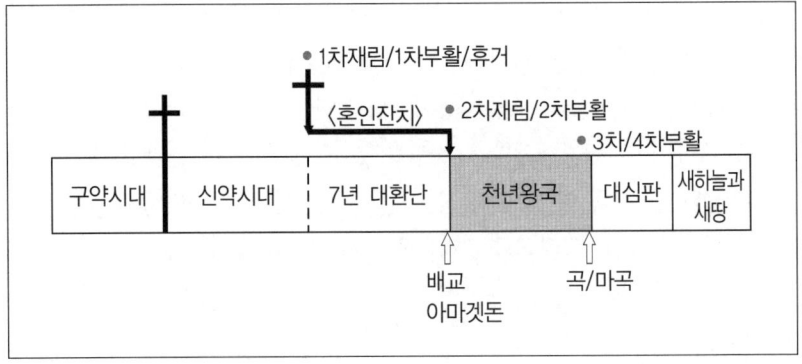

이 견해는 그리스도의 재림을 두 단계로 설명한다([그림15] 참조). 첫 단계는 공중재림이다. 이 때 구약의 성도를 제외한 신자들의 부활이 있고(1차 부활), 이들은 변화(휴거)된 신자들과 함께 공중에서 주님을 만난다. 그리고 하늘에서 이들은 그리스도와 함께 7년 동안 어린양의 혼인잔치에 참여하게 되며, 교회가 하늘에 머무르는 동안 지상에는 7년대환란이 전개된다. 사실 '7년대환란'이라는 개념은 세대주의자들이 두 단계의 미래 시대(7년 대환란과 천년왕국)를 설정한 데서 비롯된 것이다. 7년대환란은 본래 다니엘 9장 24-27절에 등장하는 "일흔 이레"와 연관된다. 일흔 이레는 모두 이스라엘의 역사와 관련된 것이라고 보기 때문에, 예순 아홉 이레 때 "기름 부음을 받은 자"가 등장하고, 나머지 한 이레는 "끝까지 전쟁이 있으리니 황폐할 것이 작정"되었기 때문에 그 기간을 7년 대환란으로 간주한 것이다.[38]

7년대환란 시대에는 적그리스도가 잔인한 통치를 시작하여 무서운 심판이 땅의 백성들에게 떨어진다. 하지만 이 기간에 "왕국의 복음"이 전파될 것인데, 이 복음은 장차 올 다윗 왕국의 건설을 골자로 한다. 이 때 이스라엘의 남은 자들이 예수께로 돌아온다(계 7:3-8). 그리고 땅의 왕들과 짐승들의 군대와 거짓 선지자들이 모여 하나님의 백성에게 대항하는 아마겟돈 전쟁을 시작한다. 7년 기간이 끝나면, 그리스도께서 교회와 함께 영광 가운데 지상재림하신다. 이때 이 땅의 원수를 멸하시고 아마겟돈 전쟁은 끝이 난다. 여기서 팔레스타인 지방에 재규합된 이스라엘은 믿음으로 그리스도께 돌아와 구원을 받게 되고, 이로써 신구약의 모든 예언이 성취된다. 사탄은 결박되어 무저갱에 던져져 천년 동안 갇혀 있고, 7년 기간에 죽은 유대인 성도들은 부활하게 되어(계 20:4) 이미 부활하고 변화된 신자들과 합류한다(2차 부활). 이 부활은 유대인에게만 해당되는데, 이 때 살아있는 이방인들은 개별적인 심판을 받게 된다(마 25:31-46). 이 심판에서 통과한 사람은 천년왕국에 들어가고 떨어진 사람은 영원한 불 속으로 들어간다. 그 다음에 이스라엘을 향한 심판이 뒤따르며(겔 20:33-38), 반역자는 죽음에 처해지고 천년왕국에 들어가지 못한다.

이와 같은 종말론적 환상은 실제로 미국의 근본주의 기독교 우파운동을 이끄는 사람들에 의해 현실화된다. 티모시 라하이가 제리 젠킨스와 공동집필한 「레프트 비하인드」(Left Behind) 시리즈를 통해 이런 환상은 극적으로 묘사되었다. 이 소설은 6,200만부 이상 인쇄되었고, 미국에서 가장 잘 팔리는 소설 가운데 하나인데, 십대용 비디오게임과 영화로도 제작되었다. 크리스 해지스(Chris Hegdes)는 이것을 "종말론적 폭력"이라고 불렀는데, 그는 이런 종말론적 환상이 어떤 폐단을 양산하는지를 다음과 같이 묘사했다: "종말론적 환상은 신자들에게 그들 주변의 힘없이 무너지는 세상에 등을 돌리라고 요청한다. 이 절망의 신학은 광범위한 가난, 폭력범죄, 불치병, 지구온난화, 중동에서의 전쟁, 그리고 핵전쟁의 위협에서 힘을 받는다. 이 모든 사건들은 오랫동안 갈망해온 지구의 소멸과 그리스도의 재림이라는 영광스러운 순간의 전조가 된다."[39]

한편, 천년동안 태어난 자녀들 가운데 신자가 아닌 사람은 천년이 끝날 무렵 사탄과 함께 최후의 반란에 참여하게 되고, 이들은 모두 불못에 던져질 것이다. 그리고 천년이 끝나기 전에 이 기간에 죽은 모든 신자들은 다시 부활하게 된다(3차 부활). 천년이 끝나면, 믿지 않고 죽은 모든 사람들이 부활하여 백보좌 심판을 받게 된다(4차 부활). 둘째 사망이 그들에게 도래하면, 새 하늘과 새 땅으로 천상의 예루살렘이 내려오게 된다.

하지만 이 학설의 문제점은 천년왕국에는 오직 중생한 사람만이 남게 되는데, 누가 누구를 다스린다는 말인지 이해하기 어렵다는 데 있다. 또 부활한 성도들은 천상의 예루살렘에 있다고 주장되지만, 지상의 천년왕국에 들어간 사람과의 관계를 설명하기 힘들다. 무엇보다 가장 큰 문제는 7년 대환란 이전에 교회가 갑작스레 휴거한다고 가르치기 때문에, 이 구도에서 시한부 종말론이 기생하게 된다는 점이다. 물론 모든 세대주의적 전천년주의가 시한부종말론으로 가는 것은 아니지만, 모든 시한부종말론은 세대주의적 전천년주의에서 나온다. 시한부종말론은 신자의 신앙생활뿐 아니라 사회생활에까지 영향을 미쳐 반사회적이고 반역사적인 세계관을 심어주고 자신의 인격과 가정을 파괴하는 결과를 초래하는 문제점을 낳게 된다는 점에서 심각한 병폐가 있다. 게다가 이 견해는 신약교회가 아니라 이스라엘에 초점을 두고 있으며, 인간의 역사를 경륜적으로 분류함으로써[40] 구속사적 섭리의 통일성을 훼손할 수 있다는 문제점도 지적될 수 있다.

무천년주의와 현실적 역사관

무천년주의(Amillennialism)는 그 왕국이 이 땅에 문자적으로 실현되지 않는다는 사상이다. 이 견해는 "천년"을 이미 죽은 신자들의 영혼이 하늘에서 그리스도와 함께 현재 영적으로 통치한다고 해석함으로써 그리스도의 지상통치를 거부한다.[41] 즉, 문자적 의미의 천년을 부인하고 그것을 상징적으로 해석하는 것이다. 이러한 해석은 일반적으로 묵시문학의 성격상 천년을 "새로운 시대" 혹은 "메시아 시대"를 상징하는 것으로 보는 것이다.[42] 이들은 미래의 영화롭고 완전한 천국이 새 하늘과 새 땅 위에 건설되리라는 것을 바라보면서도, 동시에 하나님의 왕국은 승리하신 그리스도가 말씀과 성령으로 자기 백성을 통치하심으로써 지금 이 세상에 나타나고 있다고 주장한다([그림16] 참조).

이 견해에 따르면, 성경에 예언되어 있는 시대의 징조들은 그리스도의 초림 사건 이후에 이 세상에 나타났고, 그리스도의 재림 바로 직전에 더욱 심화된 형태로 나타난다. 그리스도의 재림 전에 모든 나라들에 복음이 전파되고 이스라엘의 충만한 수가 완성되기를 기대한다. 또한 재림 전에 한 명의 적그리스도가 출현하고, 대환란과 배도하는 일이 극에 달할 것이라는 것을 배제하지 않는다. 그러므로 후(後)천년주의처럼 낙관적 역사관을 가지고 있지 않을 수도 있다. 그리고 그리스도의 재림시, 신자와 불신자의 부활이 일어나고(생명의 부활, 심판의 부활, 요 5:28, 29), 산 자의 변화와 휴거, 최후의 심판 등을 거쳐 영원한 나라로 이어진다. 따라서 이 이론에서도 후천년주의와 같이 두 차례의 육체 부활은 거부된다. 무천년주의자들은 첫 번째 부활을 영적인 것(믿는 자의 거듭남)으로 보거나,43) 아니면 요한계시록 20장 4절에서와 같이 순교자들의 영혼이 살아서 그리스도와 더불어 천년 동안 왕노릇하는 것으로 이해하고,44) 두 번째 부활만을 죽은 자들의 육체적인 부활로 해석한다.

[그림16] 무천년주의 도해

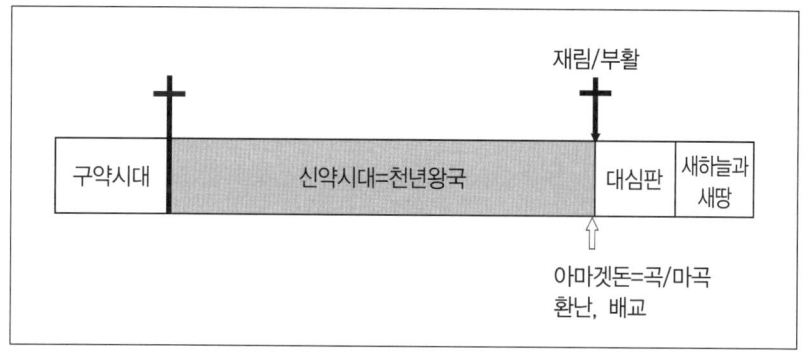

특별히 무천년주의에서는 구약종교가 천년왕국에서 회복된다는 해석을 반대한다. 구약성전이 재건되고 제사장직이 회복되며 제사가 다시 드려지는 때(시 72:7-11; 사 60:10-14; 겔 37:24-28, 40-48)를 문자적으로 천년왕국에서 실현될 것이라고 주장하는 것은 신약적 의미의 "참 이스라엘"을 오해한 것으로 보기 때문이다. 신약에서는 믿음으로 그리스도 안에 있는 사람들이 "참 이스라엘"이며, "아브라함의 자손이요 약속대로 유업을 이을 자"(갈 3:29)이기 때문이다.45) 스트림플은 전천년주의자인 블레이징이 아모스의 예언(암 9:11-12)에 근거해서 하나님이 다윗의 무너진 장막을 일으키실 것이라고 주장한 것을 비판했다. 그가 사도행전 15장 15-18절에서 아모스의 예언이 "그리스도의 부활과 승천 그리고 사도들의 복음 전파를 통한 이방인들의 회심 속에서 성취되었다"고 보는 야고보의 견해를 언급하지 않았다는 것이다.46) 그러므로 전천년주의적 해석은 예수 그리스도의 속죄를 불완전한 것으로 만드는 일이며, 다윗 왕조를 문자적으로 재건한다고 하는 것은 시대착오적인 일이다.

일반적으로 무천년주의에서 제시하는 중요한 성경적 근거는 다음과 같다: (1) 예레미야 31장 31-34절에 나오는 새 언약 예언이 예수 그리스도를 통해 더 나은 약속으로 작용한다고 말하는 신약적 언약(히 8장, 10장). 이는 신약의 우선성이라는 해석학적 원리를 통해 구약의 백성에게 주어진 약속들이 그리스도 안에서 성취되었음을 의미하기 때문이다.47) (2) 이 땅에서는 "영구한 도성이 없으므로 장차 올" 천상적인 참 예루살렘의 비전(히 13:14; 갈 4:25-26; 요 4:23-26); (3) 이스라엘의 구약적 소망은 신약에서 택하심을 입은 자가 얻게 되었다는 바울의 진술(롬 11:7); (4) 종말에 부활은 "생명의 부활"과 "심판의 부활"이 동시에 일어난다는 증언(요 5:28-29); (5) 심판의 날에 "환란을 받게 하는 자들에게는 환란으로 갚으시고 환란을 받는 너희에게는 우리와 함께 안식으로 갚으시는" 일이 동시에 일어난다는 격려의 말씀(살후 1:5-10); 주의 날에 최종적인 우주적 갱신, 새 하늘과 새 땅을 기대(롬 8:17-23; 벧후 3:3-14); 그리스도의 통치는 부활과 승천에서 시작(행 2:36; 엡 1:20-23; 빌 2:9-11; 히 1:3, 10:12-13; 벧전 3:21-22).48)

하지만 무천년주의에 대한 비판도 적지 않다. 그 비판들은 기본적으로는 구조적으로 동일한 후천년주의에 대한 비판과 그 맥을 같이 한다.49) 다만 무천년주의자들은 어떻게 이미 결박된 사탄의 역사가 이토록 강한가에 대한 답변을 다음과 같은 논리로 대응한다. 첫째는 사탄과 악한 영의 역사를 구별한다. 이 땅에 역사하는 힘은 사탄의 역사가 아니라 사탄을 추종하는 악한 영, 그의 세력들. 그를 따르는 무리들(거짓 선지자, 적그리스도)로 제한하는 것이다. 즉 사령관은 체포되었어도, 그 잔당들이 계속 저항하는 형국이라는 것이다. 하지만 이런 설명은 여전히 현 세상에 고통 당하는 그리스도인들의 상실감을 해소시키기 어려워 보인다. 둘째는 사탄의 세력이 이 땅을 장악하는 것 같지만, 이미 하늘에서는 그의 주권을 상실했다고 본다. 그러므로 이 땅의 일에만 근심할 것이 아니라, 눈을 들어 하늘의 영광을 바라보라. 때가 되면 이 땅으로 내어 쫓긴 사탄이 최종적으로 결박당할 때가 온다는 것이다(벧전 5:8; 엡 6:10-13; 눅 10:18-20; 계 12:7-9; 20:1-3). 셋째는 하나님 나라를 물질적이고 정치적인 것이 아니라 영적이고 구속적인 것으로 이해한다. 메시아는 정치적 의미의 메시아가 아니었다. 넷째는 '이미'와 '아직'

의 하나님 나라의 이해를 적용하는 것이다. 우리도 하나님 나라의 현상처럼 '이미' 왕의 신분이 되었지만, '아직' 완전하고 영광스러운 왕의 신분이 된 것은 아니다. 예수의 부활 전과 후의 차이처럼, 우리도 재림 전과 후의 차이가 있다.[50]

무천년주의에 대한 또 다른 비판은 4세기 로마 제국의 "기독교화"와 관련되어 제기되었다. 블레이징은 요한계시록을 영적으로 읽었던 그리스도인들이 현재 자신들이 경험하는 것이 천년왕국일 수 있다고 생각함으로써 미래의 천년왕국을 "기독교의 소망에서 제거"하게 되었다고 비판했다. 그는 현재의 경험에서 천년왕국을 이해하는 방식에는 두 가지 모델이 있을 수 있다고 설명했는데, 하나는 "콘스탄틴 모델" 혹은 "후기 비잔틴 모델"이고 다른 하나는 "아우구스티누스적 관점" 혹은 "교회론적 관점"이다. 전자는 천년왕국이 "제국의 정치적 질서 속에서 성취"되었다고 본다. 그리고 이 질서는 "영원한 영적인 실재의 모형"으로 기능한다고 생각했다. 그에 비해 후자는 "천년왕국의 실재"를 "제도적 교회"로 간주한다. 교회는 현재 은혜의 지배 속에서, 그리스도와 함께 통치하고 있으며 이 땅에 권세를 시행"하고 있다고 보는 것이다. 그렇기 때문에 요한계시록은 교회가 시작하는 시점부터 천년왕국으로 해석되어야 할 필요가 있었다.[51] 이는 무천년주의가 그리스도의 통치를 이 땅의 국가나 제도적 교회로 대체했으며, 결과적으로는 기득권과 제도권에 순화하고 타협하는 신앙으로 종말신앙을 희석시켰다고 비판하는 것이다.

그 점에서 볼 때, 무천년주의는 후천년주의와 전천년주의의 "중도적 입장"을 견지하면서 현세에서 교회의 "현실적 활동"에 무게중심을 두고 있는 현실적 역사관이라고 할 수 있다.[52] 비록 그것이 현세의 통치를 그리스도의 천년왕국으로 동일시함으로써 기존질서와 체제에 순응하게 하고 정당성을 부여해주고 있다는 비판을 받기는 하지만, 반대로 요한계시록의 환상과 비전을 상징적으로 해석하고 현세적 삶에 충실하게 한다는 점에서는 긍정적인 면도 없지 않다.

재조정된 천년왕국

천년왕국사상이 기독교의 핵심 복음과 무관할 수는 있다. 네 견해 가운데 하나가 옳든지 아니면 네 개 다 틀릴 수도 있다. 다만 어떤 신학적 입장을 가지는가에 따라 신앙의 태도와 교회와 세상의 관계를 해석하는 세계관이 달라질 수 있기 때문에 그 중요성이 제한적이기는 해도 무시되어서는 안 될 것이다. 이는 요한계시록이 해석하기 어렵고 정경으로서의 지위를 의심받기도 했던 책이지만, 그것을 어떻게 읽고 가르치는가에 따라 사람들의 "감정과 영혼, 그리고 심지어 육체와 경제적 안녕에까지 강력한 영향을 미칠 수 있다"는 점에서 결코 가볍게 취급되어서는 안 된다고[53] 하는 것과 같은 논리다.

역사적 전천년주의는 유대적 묵시신앙을 배태하면서, 현실에 안주하지 않고 그리스도가 직접 통치하는 왕국에 대한 종말론적인 기대를 가능하게 한다는 점에서 매력적이다. 하지만 지상의 천년왕국이란 개념은 받아들이기가 쉽지 않다. 그것은 역사를 이원화시키고, 그리스도의 복음과 구원의 역사가 유대인에게 특혜를 주는 인상을 주기 때문이다.

사회구원을 강조했던 월터 라우쉔부쉬는 전통적인 종말론이 사회복음을 방해하는 요소라고 판단했다. 왜냐하면 일반적으로 사람들은 20세기에서 사회복음을 말하려 하다가도 1세기의 종말론적 관념에 부딪혀 이내 사회복음을 거부하기 때문이다. 그러나 라우쉔부쉬에 따르면, 사회복음은 미래를 지향하는 교회의 비전을 드러내고 인간의 운명을 조성하시는 하나님의 뜻에 협력하고자 한다. 그래서 사회복음은 전천년설적 구도나, 묵시론적 종말개념을 거부하고 히브리 예언과 예수의 가르침으로 돌아갈 것을 촉구한다. 왜냐하면 전천년설을 고수하는 사람은 그리스도가 오시기 전에 사회질서를 회복하는 것을 헛되거나 심지어 하나님의 뜻에 어긋난다고 보기 때문이다. 이런 종말론은 사회의 정의와 구원을 이루려는 그리스도인의 노력을 무력하게 만들 뿐이다. 사회복음은 예수가 비유를 통해 하나님 나라의 점진적인 성장을 강조했으며, 가톨릭이 제거했던 천년왕국의 희망을 회복하는 것이 필요하다고 주장한다.[54]

무천년주의는 그리스도의 초림과 부활에서 승리자 예수를 발견하고, 이미 그리스도 안에서 왕노릇하는 신자들의 삶을 유도한다는 점에서 매력적이다. 하지만 무천년주의도 성경의 묵시신앙을 상징화함으로써, 이 땅의 역사에 대한 종말론적인 기대를 포기하는 듯한 인상을 준다.

그렇다면 무천년주의의 역사구도에 후천년주의의 개혁의지를 담는 것은 어떨까? 이 두 관점으로 성경을 읽으면, 일단 천년왕국이 지상에서 실현될 것은 기대하지 않는다. 이 땅에서는 이미 영적으로 왕노릇하는 것이나 다름없기 때문이다 (무천년주의). 하지만 이 땅의 그리스도인은 여전히 육체적으로 고달프다. 사탄은 이미 그리스도의 부활로 인해서 실질적인 세력이 꺾였지만(D-day), 악의 세력이 여전히 남아서 괴롭히기 때문이다. 진정한 의미의 승리는 그리스도의 재림으로 이루어지게 될 것이다. 그러므로 그리스도인은 절망하지 않고, 다시 오실 그리스도를 인내하며 기다릴 수 있다. 그리스도께서 무력화시킨 이 세상의 통치자들과 권세들에 굴복하지 않고, 그들과 타협하지 않고 담대히 맞서 나갈 수 있다. 그리고 때가 되면 그리스도가 재림하심으로써 '이미' 시작된 하나님 나라는 '드디어' 완성된다. 그 때는 지상의 천년왕국이 전개되는 것이 아니라, 영원한 하나님 나라가 열리게 된다. 그 일을 위해서 그리스도인들도 이 세상에 하나님 나라를 실현하는 데 앞장 서야 할 책임이 있다. 무천년주의 관점에서 영적 차원으로 하나님 나라가 진행되고 있으며, 후천년주의 관점에서 사회경제적 차원으로 이 사회가 점진적으로 하나님 나라의 완성을 실현하는 것으로 이해될 수 없을까? 물론 이 역사의 궁극적 완성은 하나님이 하실 일이지만, 이 땅의 잘못된 질서와 제도는 개혁을 통해 바꾸는 것은 우리에게 맡겨진 사명이기 때문이다. 생태계에 대한 관심과 그를 보존하기 위한 노력을 함께 하는 것도 같은 맥락에서 필요한 일이다.

최후심판

성경은 이 세상의 모든 일들이 끝나면 최후심판(final judge)이 있을 것이라고 선언한다. 심판은 새로운 단계로 넘어가기 위한 마지막 과정이다. 그러므로 최후심판이라는 말은 더 이상 새로운 단계로 넘어갈 필요가 없다는 것을 의미한다. 하나님의 창조사역은 이 최후심판을 통해 궁극적으로 완성된다. 그렇다면 어떻게 이런 최후심판이 반드시 일어날 것이라고 확신할 수 있는가? 일반적으로 이 심판의 확실성은 "선지자적 묵시론적 기대"와 "초대교회와 신약성경의 증언" 그리고 "하나님의 성품" 등에서 확인될 수 있다.[55]

최후심판의 목적

최후심판의 목적은 두 가지 측면에서 설명될 수 있다. 하나는 하나님께서 창조 세계와 각 사람의 최종 운명을 주권적으로 쥐고 계시다는 것을 나타내기 위함이다. 다른 하나는 각 사람이 이 세상에서 살았던 삶에 대해 평가하기 위함이다(고후 5:10; 계 20:12-15). 모든 삶에는 정산이 뒤따르게 되어있다. 연말정산, 인생정산, 역사정산, 우주정산 등은 그래서 특별한 것이 아니라 자연스러운 결말이다. 성경은 "어떤 사람들의 죄는 밝히 드러나 먼저 심판에 나아가고 어떤 사람들의 죄는 그 뒤를 따르나니 이와 같이 선행도 밝히 드러나고 그렇지 아니한 것도 숨길 수 없느니라"(딤전 5:24-25)라고 선포한다.

어떤 사람은 메시아의 개입과 하나님의 최후심판과 같은 사건을 일종의 '폭력'이라고 비판하기도 한다. 존 카푸토(John Caputo)는 메시아가 실제로 나타나게 된다면 "모든 것을 망쳐놓게 될 것"이라고 말했다. 왜냐하면 메시아의 등장은 "필연적으로 무언가를 또는 누군가를 배제"하기 때문이다. 그러므로 그가 유일하게 받아들일 수 있는 방법은 모든 것을 전제 조건 없이 받아들이는 "전적인 환대"다.[56] 하지만 미로슬라브 볼프(Miroslav Volf)는 전적인 환대가 결코 폭력을 치유하지 못한다고 비판했다. 전적인 환대는 마치 "뉘우치지 않은 범죄자와 치유되지 않은 희생자가 같은 식탁에 둘러앉거나 같은 집을 나누어 쓰게" 되는 것과 같은 것이다. 전적인 환대는 "비폭력이란 가면 아래 폭력을 보좌에 앉힌다. 왜냐하면 범죄자를 변화되지 않은 상태로 놓아두며 폭력의 결과를 치유되지 않은 상태로 방치하기 때문이다."[57] 최후의 심판은 모든 것을 회복하고 치유하시는 하나님이 파괴되고 왜곡된 피조세계를 최종적으로 완성하는 행위라고 할 수 있다. 볼프는 "하나님의 사랑의 매혹에 압도"되거나 "악의 파괴적인 영향력까지도 기꺼이 포용"한다는 가정에 따라 최후의 심판을 배제시키는 것은 "'어두움의 중심'을 거리낌 없이 바라보지 못하는 데서 오는 현대의 미신에 지나지 않는다"고 비판했다.[58]

최후심판의 대상과 내용

심판을 받아야 할 대상은 모든 피조물이다. 타락한 천사도 심판을 받게 될 것이고(유 6; 벧후 2:4), 이 땅에 살았던 모든 인간도 심판을 피할 수 없다(마 25:32; 롬 2:5-6; 3:6; 계 20:12-13). 물론 신자들도 심판에서 제외되지 않는다(고후 5:10; 히 10:30). 다만 신자들은 그리스도 예수 안에서 정죄함이 없기 때문에(롬 8:1) 이 심판의 날을 두려워 할 필요는 없다.

심판의 내용은 현재의 삶 동안에 몸으로 행한 일(고후 5:10; 마 25:35-40), 말과 생각으로 지은 죄(마 12:36; 고전 4:5)를 모두 포함한다. 따라서 우리는 현재의 삶을 어떻게 살아야 할 것인가에 대해 경각심을 가져야 한다. 신자들이 날마다 회개하는 삶과 성화의 삶을 살아야 할 까닭도 여기에 있다. 구원은 결코 행위만으로 이루어지는 것이 아니지만, 행위가 빠진 믿음은 죽은 것이다(약 2:26). 그러므로 믿음과 행위는 신자들이 마땅히 갖추어야 할 주요 덕목이 아닐 수 없다. 믿음은 행위들 속에서 나타나며 행위들은 참된 신앙의 증거들이다. 예수께서는 "나더러 주여 주여 하는 자마다 천국에 들어갈 것이 아니요 다만 하늘에 계신 내 아버지의 뜻대로 행하는 자라야 들어가리라"(마 7:21) 하셨고, 야고보서는 "어떤 사람은 말하기를 너는 믿음이 있고 나는 행함이 있으니 행함이 없는 네 믿음을 내게 보이라 나는 행함으로 내 믿음을 네게 보이리라"(약 2:18)고 했다. 또한 "외모로 보시지 않고 각 사람의 행위대로 판단하시는 이를 너희가 아버지라 부른즉 너희가 나그네로 있을 때를 두려움으로 지내라"(벧전 1:17)는 말씀도 간과하기 어렵다.

따라서 최후심판은 하나님의 최종적 주권과 법적 주권이 현실화되는 것을 의미한다. 이는 현세에서는 불완전하게 보였고 때로는 무력해보였던 하나님의 주권이 마지막 순간에 그 옳음을 입증하는 것이며, "감추어진 진실들"이 드러나는 사건이다. 이는 "종말론적 역전"이다.59)

최후상태: 새 하늘과 새 땅

이 세상의 마지막 그림은 어떻게 그려질까? 하나님이 창조하셨던 이 세상은 최종적으로 어떤 모습으로 완성될 것인가? 과연 성경은 이 문제에 대해 어떤 정보를 주고 있는가? 최후상태에 대해서는 몇 가지 중요한 신학적 논쟁들이 맞서있다.

영원형벌 교리

최후상태에 대한 첫 번째 논쟁주제는 영원형벌 교리에 관한 것이다. 19세기에 들어와 일부 신학자들은 본격적으로 이 교리를 부인하기 시작했다. 이 교리를 부인하는 신학적 근거는 전멸설(annihilationism)과 회복설(restorationism) 혹은 만인구원설(universalism)에서 나온다.

전멸설은 인간이 본래 유한한 존재로 창조되었기 때문에 결국엔 언젠가 존재하기를 그친다는 주장이다. 그러나 기독교신학에서 전멸설은 모든 존재의 완전소멸보다는 신자는 영생을 얻고 불신자는 소멸된다고 가르치는 조건적 불멸설로 나타냈다.[60] 이 조건적 불멸설은 영원한 형벌과 사랑의 하나님은 양립할 수 없다는 것을 근거로 제시한다. 하지만 이런 관점은 사탄과 불의한 자들에 대한 "영원한" 형벌이라는 성경의 언어를 해석하는 데 일관성을 유지하지 못한다는 문제점을 드러낸다.[61]

만인구원설은 하나님의 사랑과 "인내"(persistency)로 마침내 그리스도가 승리할 것이기 때문에 모든 사람들은 결국 구원을 얻게 될 것이라고 주장한다.[62] 이 가르침은 그 역사가 아주 오래된 것으로서, 오리게네스는 최종적으로 사탄까지 구원을 받을 것이라고 주장했고, 프리드리히 슐라이어마허는 지옥설에 대한 대안으로 회복설을 내세웠다.[63]

하지만 성경의 증언은 영원형벌 교리를 뒷받침해준다. 예수와 사도들은 강력하게 영원한 형벌과 지옥에 대해 경고했다(마 5:22; 29-30; 10:28; 18:8-9; 25:46; 막 9:43; 9:48; 롬 2:5, 8-9; 5:9; 2:12; 살후 1:7-9; 히 10:28-29, 31; 벧후 2:17; 유 13; 계 14:10-11; 21:8). 물론 사랑의 하나님이 어떻게 피조물들을 영원히 고통 속에서 형벌을 받게 할 수 있는가에 대한 만족할 만한 답을 제시하기는 쉽지 않다. 지옥의 실재를 어떻게 이해해야 하는가 하는 것은 또 다른 영역의 문제로 넘긴다 하더라도 무차별적 사랑을 하나님의 사랑으로 간주하려는 사람들에게는 어떻게 설명하든 납득이 되지 않을 것이다.[64] 하지만 성경에 계시된 하나님의 사랑은 무차별적 사랑이 아니라는 것을 간과해서는 안 된다. 하나님은 사랑과 공의의 하나님이다. 화도 낼 줄 모르고 선과 악을 초월하여 모든 것을 관용하는 그런 하나님은 이문열의 「사람의 아들」에 등장하는 "아하스페르츠"와 같은 가공의 신(神)일 수는 있

어도 성경의 하나님은 아니다.[65]

그러므로 비록 사랑의 하나님이시지만 죄를 용납하지 못하시는 하나님은 공의로운 성품으로 인해 그 대가를 치르게 하시는 분이라는 것을 알아야 한다. 그러므로 우리는 그런 하나님을 경외해야 하는 것이다. 이 형벌에서 벗어날 수 있는 유일한 길은 예수 그리스도의 공로를 힘입는 것뿐이다.

새 하늘과 새 땅의 비전

최후상태에 대한 두 번째 논쟁 주제는 "새 하늘과 새 땅"이다. 요한계시록 21-22장에서 그리고 있는 새 창조는 이사야 65장에서 이미 약속된 환상이었다. 이 환상은 "각 사람이 눈물과 죽음으로부터 구원을 받으리라는 소망을 약속"할 뿐 아니라, "모든 사람이 한 몸을 이루는" 화해와 조화가 이루어지는 것을 보여준다. 그 점에서 요한계시록은 "본질상 복음을 전하는 책이요, 좋은 소식을 담은 말씀이며, 어린 양을 따라 새 창조로 들어가라는 초대다." 이 초대에 응답하는 방법은 그리스도인이 말과 행동으로 마지막 환상의 가치를 세상에 "증언"하는 것이다.[66] 아델라 야브로 콜린스(Adela Yarbro Collins)는 그리스도인의 할 일과 증언에 대해 다음과 같이 설명했다:

> 세계가 맞이할 운명은 물론이요 교회가 맞이할 운명도 인간이 통제할 수 없는 것이다. 그러나 사람들은 이 운명의 줄거리 정도는 알아낼 수 있으며 그들 자신을 이 줄거리에 맞춰갈 수도 있다. 사람들은 이 운명을 거스르는 일을 하지 않을 수 있다. 또 사람들은 이 마지막 운명이 추구하는 가치를 온몸으로 표현하여 세상을 상대로 증언할 수 있다.[67]

새 하늘과 새 땅은 어떤 곳일까? 그곳은 하나님이 임재하시고(살전 4:17), 고난과 악이 없는 곳이며(계 21:4), 하나님의 영광이 충만한 곳이다(롬 8:18). 또한 그곳에서 신자들은 안식(히 4:9-11), 예배와 찬양(계 19:1-4), 섬김으로 다스림(눅 22:28-30), 교제(히 12:22-24; 계 21:3), 지식의 충만(고전 13:12)으로 부족함이 없는 생활을 하게 될 것이다.[68]

다만 한 가지 해결되지 않은 전통적인 논쟁은 새 땅과 현재의 땅이 어떤 관계인가 하는 것이다. 현재의 우주는 완전히 소멸하고 전혀 별개의 새로운 우주가 등장할 것인가, 아니면 현재의 땅과 새 땅은 근본적으로 동일한 것이지만 새롭게 정화된 상태를 말하는가?

어떤 신학자들은 완전소멸론(total annihilationism)을 주장한다.[69] 그들이 제시하는 성경적 근거는 다음과 같다: "그 날 환난 후에 즉시 해가 어두워지며 달이 빛을 내지 아니하며 별들이 하늘에서 떨어지며 하늘의 권능들이 흔들리리라"(마 24:29). "이제 하늘과 땅은 그 동일한 말씀으로 불사르기 위하여 보호하신 바 되어 경건하지 아니한 사람들의 심판과 멸망의 날까지 보존하여 두신 것이니라"(벧후 3:7). "하나님의 날이 임하기를 바라보고 간절히 사모하라 그 날에 하늘이 불에 타서 풀어지고 물질이 뜨거운 불에 녹아지려니와"(벧후 3:12). "또 내가 새 하늘과 새 땅을 보니 처음 하늘과 처음 땅이 없어졌고 바다도 다시 있지 않더라"(계 21:1). 이 말씀들에 근거하여 그들은 현재의 세상이 완전히 소멸될 것이며, 하나님은 전혀 새로운 하늘과 땅을 준비하실 것이라 믿는다.

그러나 다른 신학자들은 우주갱신론(universal restorationism)을 지지한다. 그들은 새 하늘에서 '새'라는 헬라어 단어는 시간과 기원에서 전혀 새로움을 뜻하는 '네오스'(neos)가 아니라 본성과 질에 있어서 새롭다는 뜻을 가진 '카이노스'(kainos)를 사용했다는 것을 근거로 내세워, 새 하늘과 새 땅은 현재의 우주와 동질이며 영화롭게 갱신된 우주의 창조를 의미한다고 주장한다. 또한 창조의 세계가 고대하는 것은 썩어짐의 종노릇에서 해방되어 하나님의 자녀들의 영광의 자유에 이르는 것이라는 말씀과(롬 8:20-21), 하나님이 영원 전부터 거룩한 선지자의 입을 의탁하여 말씀하신 바 만물을 회복하실 때까지는 하늘이 마땅히 예수 그리스도를 받아 두리라는 말씀(행 3:19-21) 등은 만물의 재창조가 아닌 회복의 근거로 제시된다.[70] 사실 하나님이 현재의 우주를 완전히 소멸시키셔야 한다면, 사탄이 현재의 우주를 치명적으로 부패시키는 데 성공했다는 것을 인정하는 것이므로 하나님의 전능성과 주권사상과도 어울리지 않는다. 끝으로 신자들의 육체의 부활과 비교할 때 우주도 연속성이 있을 것이라고 믿는 것은 자연스럽다. 데일 무디는 새 창조를 "우주적 중생"이란 말로 다음과 같이 표현했다:

새 창조는 새 질서, 곧 개인적이면서 우주적인 중생이다(딛 3:5; 마 10:28). 개인적 중생은 거듭남(palingenesia), 즉 하나님의 은혜로 이루어진 영혼의 급격한 변형으로서 더러움을 깨끗이 씻는 목욕인 동시에 성령에 의한 영적 생명의 새로움이다. 우주적 중생도 마찬가지로 그리스도의 새 질서를 시작하고 완성하는 일종의 변형이다.71)

그러므로 신령한 육체가 생기듯 신령한 땅이 새로이 준비될 것으로 믿는 것은 논리적으로 자연스럽다. 그러나 그것은 현재의 땅과 전혀 다른 새로운 어떤 것은 아닐 것이다. 내 몸이 새롭게 변화될 것이기 때문에 현재 나의 몸을 함부로 사용하지 말아야 한다고 말하는 것처럼, 이 땅도 우리는 소중하게 지켜야 할 책임이 있다. 따라서 생태계의 회복 문제는 여전히 우리의 주요 관심사가 되어야 한다. 물론 우주를 회복한다는 의미가 마치 모든 사람이 다 구원받는다는 만인구원론처럼 이해되어서는 안 된다. 엄연히 새 하늘과 새 땅과 구별되는 지옥의 존재를 성경은 매우 강하게 증언하기 때문이다. 따라서 엄밀히 말하면 우주회복은 조건적 우주회복으로 해석되어야 한다. 그러나 성경의 메시지를 지나치게 과학적으로만 읽는 것은 경계하는 것이 좋다. 이는 미래의 세계에 대해 과학과 대화를 해서는 안 된다는 의미가 아니다. 대화는 하되 비과학적 관점에서도 성경적 진리를 볼 수 있는 시각이 필요하다는 말이다.

끝으로 종말론은 새로운 창조론이라는 관점에 주목할 필요가 있다. 성경의 중심주제는 하나님의 주권과 사랑이다. 그것은 창조를 통해 표출되었고 인간의 범죄로 말미암아 파괴되었지만 최종적으로 다시 회복될 때 비로소 창조사역은 완성될 것이다. 그러므로 현시대는 "중간시대"요, "'이미'와 '아직'이 공존하는 시대"다.72) 데일 무디는 다음과 같이 종말론의 의미를 설명했다:

> 종말론, 즉 마지막 때에 있을 일들에 대한 믿음은 창조론, 즉 장래에 만물을 새롭게 하시는 창조자 하나님에 대한 믿음을 위한 근거가 된다. 창조자 하나님은 과거, 현재, 미래의 행위 속에서 피조물을 창조하시고 만드시고 형성하시지만, 이사야 40-66장의 초점은 미래에 있다.73)

종말은 창조의 완성으로서 갱신이다. 하나님의 창조 역사는 과거에 시작되었지만, 그 완성은 새 하늘과 새 땅의 도래라는 미래에 있다. 그러나 그 미래를 막연히 현재와 동떨어진 미래로 생각해서는 안 된다. 그 미래는 현재 안에 현재와 함께 하는 미래다. 그런 맥락에서 마이클 고먼은 "하나님 나라가 임하기를, 주가 오시기를 기도한다는 것은 자신과 자신이 속한 공동체를 바쳐 우리가 직면하는 어떤 상황-**지금**-에서도 하나님 나라의 가치와 실제를 온몸으로 구현한다는 말"이라고 강변했다.74)

* * *

마지막 때와 관련해서 무엇보다도 중요한 것은 인류의 역사를 하나님 중심의 직선적 역사관으로 이해하는 것이다. 하나님 중심의 역사관은 역사의 주인을 하나님으로 인정할 것을 요구한다. 심판의 주체와 대상을 바르게 이해하는 것은 신앙생활의 중요한 토대가 된다. 심판에 대한 그리스도의 언행은 신자들에게 형벌에 대한 두려움을 갖게 하는 데 목적이 있는 것이 아니라, 사랑의 실천에 대한 강조에 있다는 것을 기억하는 것이 필요하다.

또한 새로운 창조는 무에서 유를 만들어내는 것이 아니라, 질적으로 전혀 새롭게 회복하는 것을 의미한다. 교회는 궁극적으로 자연과 인간, 즉 모든 피조물의 회복과 보존을 위해 "소망 속에서 참여"하는 것이 중요하다. 그렌즈의 말처럼, "하나님의 영원한 공동체는 이미 시작되었고, 진행중에 있으며, 언젠가는 온전한 모습으로 도래할 것이다."75) 결코 그리스도 안에서 행한 수고가 헛되지 않을 것(고전 15:58)이라는 약속을 믿는 것이 진정한 의미의 종말신앙이다.

우리는 '이미'와 '아직'의 중간시대에 살고 있다. 따라서 결정론적 관점보다는 열려있는 시각으로 삶을 바라보는 것이 필요하다. 현실에 참여함으로써 종말론적 삶을 산다는 것은 하나님의 주권적 역사를 믿는 신앙이 있을 때 가능하다. 종말신앙은 단순히 먼 미래에 대한 신앙이 아니라, 미래를 통해 현재를 살아가는 신앙이다. 벌카우워(H. Berkouwer)의 다음과 같은 말은 그 점에서 인상적이다: "종말론은 먼 미래로의 투사가 아니다; 그것은 우리의 현재적 실존 속으로 뚫고 들어오고, 마지막 날들의 빛 아래에서 오늘의 삶을 바로잡는다."[76] 따라서 모든 신학적 반성은 궁극적으로 신자들로 하여금 어떤 종말론적 신앙을 가지고 교회공동체 안에서 현재를 살아갈 것인가를 선택하게 하는 데 그 목적이 있다.

주(註)

1) Stanley J. Grenz, 「조직신학: 하나님의 공동체를 위한 신학」, 신옥수 옮김 (고양: 크리스챤 다이제스트, 2003), 845.
2) Anthony A. Hoekema, 「개혁주의 종말론」, 류호준 역 (서울: 기독교문서선교회, 1986), 152.
3) 다음의 구절을 참고. 마 24:42,44; 눅 12:37, 40, 43; 21:28; 요 14:3; 행 1:11; 17:31; 살전 5:2; 빌 4:5; 고전 4:5; 롬 8:19; 히 9:28; 약 5:8; 벧전 5:4; 벧후 3:10; 요일 2:28; 3:2; 계 1:7; 3:11; 22:20.
4) Millard J. Erickson, *Christian Theology*, vol. 3 (Grand Rapids: Baker Book House, 1985), 1186.
5) J. Moltmann, 「예수 그리스도의 길」, 김균진, 김명용 옮김 (서울: 대한기독교서회, 1990), 449; 이신건, 「조직신학입문」(서울: 신앙과지성사, 2014), 289.
6) Erickson, *Christian Theology*, vol. 3, 1188-90.
7) Carl E. Braaten, "The Kingdom of God and Life Everlasting," *Christian Theology: An Introduction to Its Traditions and Tasks*, Revised edition (Philadelphia: Fortress Press, 1985), 349.
8) Erickson, *Christian Theology*, vol. 3, 1199.
9) Jürgen Moltmann, *The Coming of God*, tr. Margaret Kohl (Minneapolis: Fortress, 1996), 25, Miroslav Volf, 「광장에 선 기독교: 공적 신앙이란 무엇인가」, 김명윤 옮김 (서울: IVP, 2014), 90에서 재인용.
10) Kenneth Gentry Jr. "후천년왕국론,"「천년왕국이란 무엇인가」, Kenneth Gentry, Jr. 외 2인, 박승민 옮김 (서울: 부흥과개혁사, 2011), 17.
11) 네 가지 견해에 대한 정보는 Hoekema, 「개혁주의 종말론」, 239-302; Erickson, *Christian Theology*, vol. 3, 1205-24; Robert G, Clouse ed., *The Meaning of Millennium: Four Views* (Downers Grove: InterVarsity Press, 1977); Kenneth Gentry, Jr. 외 2인, 「천년왕국이란 무엇인가」; 최갑종, 이광복, 「종말론 논쟁: 천년왕국, 사실인가 상징인가」 (서울: 신망애출판사, 1996) 등 참조.
12) Gregory A. Boyd and Paul R. Eddy, 「복음주의 신학논쟁」, 박찬호 옮김 (서울: CLC, 2014), 577.
13) Michael J. Gorman, 「요한계시록 바르게 읽기: 시민종교를 거부하는 참된 예배와 증언」, 박규태 옮김 (서울: 새물결플러스, 2014), 143-5.
14) Gentry, Jr., "후천년왕국론," 26-7.
15) Gorman, 「요한계시록 바르게 읽기」, 147-51.
16) 헨드릭슨은 요한계시록이 그리스도의 초림과 재림을 중심으로 다음과 같이 모두 일곱 번의 장면으로 중복해서 병행적으로 기술되었다고 주장했다: (1) 1:1-3:22/ 촛대 사이로 다니시는 그리스도: 초림(1:5), 재림(1:7); (2) 4:1-7:17/ 하늘나라의 환상과 인: 초림과 재림

(5:5, 6), 최후의 심판(6:16, 17), 영원한 나라(7:16,17); (3) 8:1-11:19/ 일곱 나팔: 세상에 미칠 영향, 교회에 일어날 사건(10, 11장), 최후의 심판(11:15,18); (4) 12:1-14:20/ 용에 의해 핍박받는 여인과 남자 아이: 예수 탄생(12:5), 최후 심판(14:14, 16); (5) 15:1-16:21/ 일곱 대접: 진노의 대접, 최후의 심판(16:20); (6) 17:1-19:21/ 바벨론의 멸망과 거짓 선지자의 징벌: 심판주의 모습(19:11-); (7) 20:1-22:21/ 대종말: 사탄의 최후와 새 하늘과 새 땅.

17) Mitchell G. Reddish, *Revelation*, Smith & Helwys Bible Commentary (Macon: Smith & Helwys, 2001), 21, Gorman, 「요한계시록 바르게 읽기」, 132에서 재인용.
18) Erickson, *Christian Theology*, vol. 3, 1206.
19) Gentry, Jr. "후천년왕국론," 38-9.
20) Ibid., 26.
21) Ibid., 31.
22) Ibid., 41-76. 하지만 이런 근거들은 명확하게 후천년주의를 설명하지 못한다는 비판을 받았다. 그 본문들은 대부분 그리스도의 재림 이전에 있을 황금시대를 전혀 언급하지 않기 때문이다. Robert B. Strimple, "무천년왕국론 입장에서의 논평," 「천년왕국이란 무엇인가」, 96.
23) Gentry, Jr. "후천년왕국론," 23-7.
24) Craig A. Blaising, "전천년왕국론 입장에서의 논평," 「천년왕국이란 무엇인가」, 107.
25) Strimple, "무천년왕국론 입장에서의 논평," 92.
26) "그러나 각각 자기 차례대로 되리니 먼저는 첫 열매인 그리스도요 다음에는 그가 강림하실 때에 그리스도에게 속한 자요 그 후에는 마지막이니 그가 모든 통치와 모든 권세와 능력을 멸하시고 나라를 아버지 하나님께 바칠 때라"(고전 15:23-24).
27) Blaising, "전천년왕국론 입장에서의 논평," 112.
28) Grenz, 「조직신학」, 870.
29) Blaising, "전천년왕국론," 「천년왕국이란 무엇인가」, 286.
30) Clouse, *The Meaning of Millennium: Four Views*, 9.
31) Hoekema, 「개혁주의 종말론」, 249.
32) Blaising, "전천년왕국론 입장에서 본 논평," 210-14.
33) Blaising, "전천년왕국론," 252-4.
34) Ibid., 274-93. 블레이징은 "점진적 세대주의"(progressive dispensationalism)를 주장하지만, 그가 제시한 요한계시록의 구조적 해석방법은 역사적 전천년주의에서도 별반 거부반응이 없는 전천년주의의 일반적 특징에 해당한다.
35) Grenz, 「조직신학」, 871.
36) Hoekema, 「개혁주의 종말론」, 256-8.
37) Gorman, 「요한계시록 바르게 읽기」, 69-70.
38) Blaising, "전천년왕국론," 272.
39) Chris Hedges, 「지상의 위험한 천국: 미국을 좀먹는 기독교 파시즘의 실체」, 정연복 옮김

(서울: 개마고원, 2012), 268.
40) Grenz, 「조직신학」, 868.
41) Hoekema, 「개혁주의 종말론」, 240.
42) 최갑종, "계시록 20:1-6절의 해석과 천년왕국설," 「신학논단」, 6권 (2000. 4): 225.
43) 아우구스티누스는 이것을 "영적인 출생, 영적인 생명으로의 중생"으로 해석했다. Augustine, *City of God*, 20, Blaising, "전천년왕국론," 315에서 재인용.
44) 최갑종, "계시록 20:1-6절의 해석과 천년왕국설," 222.
45) Robert B. Strimple, "무천년왕국론," 「천년왕국이란 무엇인가」, 116-24.
46) Strimple, "무천년왕국론 입장에서의 논평," 336.
47) Stanley Grenz, *The Millennial Maze* (Downers Grove: InterVarsity, 1992), 155, Strimple, "무천년왕국론," 125에서 재인용.
48) Strimple, "무천년왕국론," 125-60.
49) 앞에서 설명한 후천년주의를 참조하라.
50) 최갑종, "계시록 20:1-6절의 해석과 천년왕국설," 240-3 참조.
51) Blaising, "전천년왕국론," 245-9.
52) Grenz, 「조직신학」, 872.
53) Gorman, 「요한계시록 바르게 읽기」, 26.
54) Walter Rauschenbusch, *A Theology For The Social Gospel* (New York: Macmillan, 1917), 210-1, 224.
55) Grenz, 「조직신학」, 881-3.
56) John Caputo, *The Prayers and Tears of Jacques Derrida* (Bloomington: Indiana University Press, 1997), 74, Volf, 「광장에 선 기독교」, 79에서 재인용.
57) Volf, 「광장에 선 기독교」, 79.
58) Ibid., 82.
59) Grenz, 「조직신학」, 888.
60) 대표적인 주장자는 제7일 안식일 예수재림교회, 여호와증인들, Philip E. Hughes, John Stott, Clark Pinnock 등이다. Grenz, 「조직신학」, 898.
61) Ibid., 898-900.
62) Edgar. Y. Mullins, *The Christian Religion in Its Doctrinal Expression* (Philadelphia: Roger Williams Press, 1917), 491-5.
63) Grenz, 「조직신학」, 892-3.
64) 성경에서 지옥을 묘사하고 있는 표현들은 은유적이다. 타는 불이 꺼지지 않는 지옥이 암흑처럼 어둡다고 문자적으로 말하는 것은 모순이다. 지옥은 불의한 자들이 하나님의 공동체로부터 '영원한 분리'가 일어나는 곳이지만, 하나님 나라가 물리적 공간의 하늘 어디엔가 존재하는 '천당'(天堂)개념으로 이해될 수 없는 것처럼, 지옥도 땅 속 어딘가에 존재하는 물리적 공간으로 이해될 수 없다. 천국과 지옥을 보고 왔고 간증하는 사람들

의 체험담은 대부분 비성경적이고 반복음적이다.
65) 이문열, 「사람의 아들」, 개정판 (서울: 민음사, 2004).
66) Gorman, 「요한계시록 바르게 읽기」, 310-7.
67) Adela Yarbro Collins, *Apocalypse*, 150, Gorman, 「요한계시록 바르게 읽기」, 317에서 재인용.
68) Erickson, *Christian Theology*, vol. 3, 1228-31.
69) Hoekema, 「개혁주의 종말론」, 375.
70) Ibid., 375-6.
71) Moody, *The Word of Truth*, 568.
72) Grenz, 「조직신학」, 916.
73) Moody, *The Word of Truth*, 136.
74) Gorman, 「요한계시록 바르게 읽기」, 324-5. 진한 글씨는 원문 그대로.
75) Grenz, 「조직신학」, 926.
76) H. Berkouwer, *The Return of Christ*, 19, Grenz, 「조직신학」, 918에서 재인용.

결론
회중 중심의 나눔 공동체를 위한 신학

기독교교리를 배우는 중요한 이유 가운데 하나는 신앙의 주체와 객체에 대한 정확한 이해를 통해 옳고 그른 것을 분별할 수 있는 능력을 키우기 위함이고, 자신의 주관적인 신앙체험을 객관화할 수 있는 자질을 함양하기 위해서라고 말한 바 있다. 이 책을 마무리하면서 강조하고 싶은 것은 교회가 '회중 중심의 나눔 공동체'가 되어야 한다는 것이다. 그리스도인들이 조직신학을 공부하는 동기도 이런 주체적 사고를 할 수 있는 성숙한 신앙을 가지기 위해서라고 할 수 있다. 그 일을 위해 몇 가지 결론 삼아 권면하고 싶은 것이 있다. 그것은 우리가 신학적 지식을 배우는 일과 관련해서 잊지 않았으면 하는 사항들이다.

첫째, 신학은 어디까지나 이차적 경험에 속하며, 일차적 경험은 언제나 신앙이어야 한다는 사실이다. 물론 신학적으로 검증하고 정통적 교리를 학습하는 것은 중요한 일임에 분명하다. 이런 외적 형식의 중요성을 외면하거나 소홀히 하게 되면 지나친 개인적 체험이 난무하고 비성경적 신앙이 활개를 치게 될지도 모른다. 하지만 그럼에도 우리가 경직된 교리 때문에 다양한 신앙체험이 위축되거나 제재당하는 것은 바람직하지 않다. 개인의 신앙체험이 빠진 교리는 무미건조하기 때문이다. 그래서 언제나 체험이 먼저요 교리는 그 다음이다. 시대를 초월하는 복음적 진리는 기독교신앙의 핵심으로서 반드시 존중해야 할 신앙고백이지만, 대부분의 교리들은 시대의 산물인 경우가 많다. 성경은 우리에게 삶을 요구한다. 그러므로 교리 중심에서 삶 중심으로 관심을 전환하는 태도가 필요하다.

또한 지나친 교리 중심은 도리어 우리의 신앙을 형식주의와 율법주의에 빠지게 할 수 있다는 것도 잊지 말아야 할 사항이다. 우리는 기독교 공동체 안에서 받아들여진 교리적 전통을 존중하면서도, 비판과 반성적 작업을 계속해 나갈 수 있는 개방된 태도를 가져야 한다. 그런 의미에서 위르겐 몰트만의 다음과 같은 말은 시사하는 바가 크다: "지금까지 나는 과거의 이론이나 교회의 교리를 옹호하기 위하여 신학을 하지 않았다. 오히려 탐험여행으로서 신학을 하였다. 그러므로 나의 사고방식은 실험적이다."[1)]

둘째, 교리보다 삶의 중요성을 깨닫는 것 못지않게 중요한 또 하나의 문제는 기독교 공동체적 삶이 목회자 중심에서 전신자(全信者) 중심으로 전환되어야 한다는 점이다. 목회자 중심의 교회 공동체는 대개 권위적이고 교리 중심적이다. 하지만 하나님의 백성으로서 목회자와 성도는 동등한 특권을 가지고 있는 존재다. 모든 신자는 하나님 앞에서 신앙의 자율적 능력을 가지고 있기 때문이다. 그러므로 교회의 주도권이 어느 특정인이나 계급에 집중되는 것은 바람직한 현상이 아니다. 교회공동체는 수직적 관계와 수평적 관계가 모두 원만하게 이루어져야 한다. 하나님과 우리의 관계가 수직적 관계라면 신자들의 관계는 수평적 관계다. 모든 성도들이 평등한 관계에서 은사에 따라 동역하는 교회가 이상적 교회공동체다. 전신자 제사장직 정신과 회중정치는 그 점에서 기독교공동체를 이끌어가는 가장 중요한 유산 가운데 하나다. 이 책의 서론에서 "모든 그리스도인은 신학자"라는 말을 인용한 적이 있는데, '회중 주체적 조직신학'을 한다는 것은 그런 신념을 현실화하는 근본적 방법이 될 것이라 믿는다.

셋째, 조직신학을 할 때 강조하고 싶은 것은 문화배타적 태도보다는 문화관계적 태도로 접근하는 것이 필요하다는 것이다. 기독교신앙의 체계를 확립하는 일은 성경뿐 아니라 기독교의 역사적 전통과 다른 학문의 도움이 필요하다. 심리학이나 사회학뿐 아니라 종교학과 과학도 조직신학을 위해 대화의 대상이 될 수 있다. 만일 조직신학이 학문적 게토에 빠진다면 독선과 배타적 우월주의에서 벗어날 수 없게 될 것이다. 인내심을 가지고 대화의 장을 넓혀나가는 것이 조직신학의 관심사를 넓히고 연구의 깊이를 더해서 현실에 적합한 진리를 도출해낼 수 있는 중요한 방법이다. 세상을 개혁해나가야 할 책임을 지고 있는 그리스도인들은 교회 안과 교회 밖의 모든 문제들에 대해 관심의 끈을 놓아서는 안 되는 까닭이 여기에 있다.

넷째, 조직신학의 궁극적 목표는 실천성에서 찾아야 한다는 것이다. 위로부터 사랑을 받은 자는 그 사랑을 옆으로 펴나가야 할 책임이 있다. 우리의 관심은 언제나 위뿐 아니라 옆을 향해 열려 있어야 한다. 바울은 "그러므로 이 여러 말로 서로 위로하라"(살전 4:18)고 했다. 이는 하나님의 말씀을 깨달았다면 그것으로 만족할 것이 아니라 그 깨달음을 나누어야 한다는 의미다. 서로에게 위로가 되지 못하는 지식과 체험은 독선적이고 무의미한 것이다. 나눔과 위로가 없으면 아무리 큰 은혜와 사랑을 체험했다 하더라도 교회공동체에는 유익이 되지 않는다. 어느 성도의 말처럼, 교회에서 얻는 위로와 평강은 "모든 의심과 불신과 비과학적 논리들을 일시에 불식시키는 능력"이 된다. 신학은 교회를 위해 존재하는 것이고, 교회는 "기억과 소망의 나눔 공동체"다.2) 조직신학은 마땅히 교회공동체를 위한 나눔의 신학으로서 궁극적으로 실천 지향적이 되어야 한다.

결론적으로 기독교교리를 정립해야 하는 결정적 까닭은 그것을 통해 우리가 서로 연합하는 나눔의 공동체를 더욱 든든히 세워나가는 데 있음을 다시 한 번 상기하고자 한다. 개인이 먼저 하나님 앞에서 거듭나는 일이 급선무라 할 수 있지만, 그것은 성령의 조명을 통해 단 한 줄의 말씀으로도 가능할 수 있다. 하지만 많은 신학적 지식을 체계적으로 습득하여 분별력을 갖추는 일은 교회지도자와 모든 신자들이 서로를 위해 격려하고 나누며 함께 일궈나가야 할 과제라고 할 수 있다. 교회공동체의 모든 신자들은 마땅히 그렇게 실천해야 권리와 책임이 있다.

주(註)

1) J. Moltmann, 「오시는 하나님: 기독교적 종말론」, 김균진 옮김 (서울: 대한기독교서회, 1997), 19.
2) Stanley J. Grenz, 「조직신학: 하나님의 공동체를 위한 신학」, 신옥수 옮김 (고양: 크리스챤 다이제스트, 2003), 713-6.

주제별 참고자료

단행본

〈총론-신학사상〉

김균진. 「기독교조직신학」. III. 7판. 서울: 연세대학교출판부, 1993.
김명용. 「현대의 도전과 오늘의 조직신학」. 서울: 장로회신학대학교출판부, 1997.
김영한. 「바르트에서 몰트만까지: 현대신학사상의 개혁주의적 조명」. 서울: 대한기독교출판사, 1986.
김용복. 「신앙과 신학의 만남: 간추린 조직신학」. 서울: 요단, 2005.
도한호. 「이야기로 풀어가는 조직신학: 평신도를 위한 조직신학」. 서울: 대한기독교서회, 2012.
박해경. 「챠트로 본 조직신학」. 서울: 아가페문화사, 1991.
배철현. 「신의 위대한 질문: 신이 원하는 것은 무엇인가」. 서울: 21세기북스, 2015.
서광선. 「기독교신앙과 신학의 반성」. 서울: 이화여자대학교출판부, 1996.
성기호. 「교회와 신학논쟁」. 서울: 성광문화사, 1995.
성기호. 「쉽고 재미있게 풀어쓴 이야기신학」. 서울: 국민일보, 1997.
송기득. 「신학개론: 현대인을 위한 신학강좌」. 서울: 종로서적, 1997.
안병무. 「민중신학 이야기」. 서울: 한국 신학연구소, 1988.
오영석. 「신앙과 이해」. 서울: 대한기독교서회, 1999.
이신건. 「조직신학입문」. 서울: 신앙과지성사, 2014.
이인우, 채천석. 「차트 조직신학」. 서울: 기독교문서선교회, 1999.
이장식 편역. 「기독교신조사」. 서울: 컨콜디아사, 1987.
정재현. 「신학은 인간학이다: 철학읽기와 신학하기」. 왜관: 분도, 2003.
최종호. 「칼 바르트의 교회교의학 읽기」. 서울: 세창미디어, 2013.
침례교신학연구소 편. 「종교개혁의 풍경」. 대전: 침례신학대학교출판부, 2017.
_____. 「신학입문: 신학의 순례자를 위한」. 대전: 침례신학대학교출판부, 2004.
한국천주교회200주년기념 주교위원회. 「한국천주교회 200년 이 땅에 빛을」. 서울: 평화당, 1983.
한영태. 「웨슬레의 조직신학」. 서울: 성광문화사, 1993.
허호익. 「현대 조직신학의 이해」. 서울: 대한기독교서회, 2003.

Althaus, Paul. *The Theology of Martin Luther*. Tr. Robert C. Schultz. Philadelphia: Fortress Press, 1966; 「마르틴 루터의 신학」. 구영철 옮김. 서울: 성광문화사, 1994.

Arminius, James. *The Works of James Arminius*. Vol. 2, Reprinted. Grand Rapids: Baker Book House, 1991.

Bangs, Carl. *Arminius: A Study in the Dutch Reformation*. 2nd ed. Grand Rapids Zondervan Publishing House, 1985.

Barth, Karl. *Church Dogmatics*. III/2. Tr. G. W. Bromiley. Edinburgh: T.&T. Clark, 1958.

_____. *Church Dogmatics*. IV/4. Tr. G. W. Bromiley. Edinburgh: T & T Clark, 1958.

Baum, Gregory(엮음). 「20세기의 사건들과 현대신학」. 연규홍 옮김. 서울: 대한기독교서회, 2009.

Berkhof, Louis. 「벌코프 조직신학」, 상/하권. 권수경, 이상원 옮김. 고양: 크리스챤다이제스트, 1991.

Boyce, James P. *Abstract of Systematic Theology*. Philadelphia: American Baptist Publication Society, 1887.

Boyd, Gregory A. and Paul R. Eddy. 「복음주의 신학논쟁」. 박찬호 옮김. 서울: CLC, 2014.

Calvin, John. *Institutes of Christian Religion*. Vol. 1. Ed. John T. McNeill. Philadelphia: The Westminster Press, 1960.

_____. 「기독교강요」, 상, 중, 하. 원광연 옮김. 고양: 크리스챤다이제스트, 2003.

Conner, Walter T. *A System of Christian Doctrine*. Nashville: Sunday School Board of the Southern Baptist Convention, 1924.

Dagg, John L. *A Manual of Theology*. Charleston: Southern Baptist Publication Society, 1867.

Dürr, Hans-Peter 외 4인. 「신, 인간 그리고 과학」. 여상훈 옮김. 서울: 시유사, 2000.

Erickson, Millard J. *Introducing Christian Doctrine*. ed. L. Arnold Hustad. Grand Rapids: Baker Book House, 1992.

_____. *Christian Theology*, Vol. 1-3. Grand Rapids: Baker Book House, 1983-5.

Fisher, George P. *History of Chirstian Doctrine*. New York: Charles Scribner's Sons, 1896

Gamage, A. 「조직신학원강」. 펜윅신학연구소 편. 대전: 침례신학대학출판부, 1993.

Garrett, Jr. James L. *Systematic Theology: Biblical, Historical, & Evangelical*. Vol. 1/2. Grand Rapids: William B. Eerdmans, 1990/1995.

Grenz, Stanley J. *Theology for the Community of God*. Nashville: Broadman & Holman, 1994; 「조직신학: 하나님의 공동체를 위한 신학」. 신옥수 옮김. 고양: 크리스챤다이제스트, 2003.

Hobbs, Herschel H. and E. Y. Mullins. *The Axioms of Religion*. Revised Edition. Nashville: Broadman Press, 1978.

House, H. Wayne. *Charts of Christian Theology and Doctrine*. Grand Rapids: Zondervan

Publishing House, 1992.

Humphreys, Fisher. *Nineteenth Century Evangelical Theology*. Nashville: Broadman Press, 1983.

Kapic, Kelly M. and Bruce L. McCormack 편. 「현대신학지형도: 현대신학 각 주제에 대한 현대적 개관」. 박찬호 옮김. 서울: 새물결플러스, 2016.

Luther, Martin. 「종교개혁 3大 논문」. 지원용 옮김. 서울: 컨콜디아사, 1993.

McClendon, Jr. James W. *Systematic Theology: Doctrine*, Vol. II. Nashville: Abingdon, 1994.

McGrath, Alister. 「신학의 역사: 교부시대에서 현대까지 기독교사상의 흐름」. 소기천 외 3인 옮김. 개정판. 서울: 지와사랑, 2013.

_____. 「제임스 패커의 생애」. 신재구 옮김. 서울: 기독교문서선교회, 2004.

_____. 「종교개혁사상입문」. 박종숙 옮김. 서울: 성광문화사, 1992.

McKim, Donald K. 「교회의 역사를 바꾼 9가지 신학논쟁」. 장종현 옮김. 서울: UCN, 2005.

Migliore, Daniel L. 「기독교조직신학개론: 이해를 추구하는 신앙」. 신옥수, 백충현 옮김. 전면개정판(제2판). 서울: 새물결플러스, 2012.

Moltmann, J. 「정치신학, 정치윤리」. 조성노 역. 서울: 심지, 1985.

Moody, Dale. *The Word of Truth: A Summary of Christian Doctrine Based on Biblical Revelation*. Grand Rapids: William B. Eerdmans, 1981.

Mullins, Edgar Y. *The Christian Religion in Its Doctrinal Expression*. Reprinted. Philadelphia: Judson Press, 1954.

Neve, J. L. 「기독교교리사」. 서남동 역. 서울: 대한기독교서회, 1985.

Ott, Heinrich. 「組織神學入門: 神學解題」. 김광식 역. 서울: 한국신학연구소, 1974.

Pannenberg, W. 「판넨베르크의 조직신학」. 김영선, 정용섭, 조현철 공역. 서울: 은성, 2003.

Peters, Ted. 「하나님-세계의 미래: 새로운 시대를 여는 조직신학」. 이세형 옮김. 서울: 컨콜디아사, 2000.

Pöhlmann, H. G. 「교의학: 조직신학의 독보적인 고전」. 이신건 옮김. 서울: 신앙과 지성사, 2012.

Rauschenbusch, Walter. *A Theology For The Social Gospel*. New York: Macmillan, 1917.

_____. *Christianity and the Social Crisis*. New York: Macmillan, 1907.

Russell, Bertrand A. W. 「나는 왜 기독교인이 아닌가?」. 송은경 옮김. 개정판. 서울: 사회평론, 2006.

Schaff, Philip. *The Creeds of Christendom with A History and Critical Notes*, Vol. I. New York: Harper & Brothers, 1919.

_____. *The Creeds of Christendom with A History and Critical Notes*, Vol. III. New York: Harper & Brothers, 1877.

Seeberg, Reinhold. *History of Doctrine in the Ancient Church*. in *Text-Book of the History of Doctrines*. Volume I. Translated by Charles E. Hay. Grand Rapids: Baker Book House, 1952.

Sproul, R. C. 「모든 사람을 위한 신학」. 조계광 옮김. 서울: 생명의말씀사, 2015.

Stevens, Paul. 「21세기를 위한 평신도신학」. 홍병룡 옮김. 서울: IVP, 2001.

Stevens, W. W. 「조직신학개론」. 허긴 역. 4판. 대전: 침례신학대학교출판부, 1997.

Strong, Augustus H. *Systematic Theology, A Compendium*. Three Volumes in One. Philadelphia: Judson Press, 1906.

Thilicke, Helmut. 「현실과 믿음 사이: 헬무트 틸리케의 산상수훈」. 윤종석 옮김. 서울: 두란노, 2015.

Thomas, Jim. 「까페에서 즐기는 신학」. 김광남 옮김. 서울: UCN, 2000.

Torrence, T. F. 「성서적 복음주의적인 신학자 칼 바르트」. 최영 옮김. 서울: 한들, 1997.

〈계시와 성경〉

김이태. 「판넨베르크의 기독론의 방법론적 구조비판」. 서울: 장로회신학대학출판부, 1988.

김혜란. 「성서에서 만나는 다문화 이야기: 다름으로 일구는 하나님나라」. 대전: 대장간, 2013.

차정식. 「성서의 에로티시즘」. 서울: 꽃자리, 2013.

Bush, L. Russ, and Tom J. Nettles. 「침례교인과 성경」. 노창우 역. 서울: 요단출판사, 1986.

Conn, Harvie M. 편. 「성경무오와 해석학」. 정광옥 옮김. 서울: 엠마오, 1992.

Davis, Stephen T. *The Debate about the Bible: Inerrancy versus Infallibility*. Philadelphia: The Westminster Press, 1977.

Geisler, Norman L. 편. 「성경무오: 도전과 응전」. 권성수 옮김. 서울: 엠마오, 1988.

Gilkey, Langdon. *Reaping The Whirlwind: A Christian Interpretation of History*. New York: Seabury Press, 1981.

Hannah, John D. 편. 「성경무오와 교회」. 정규철 역. 서울: 그리심, 2009.

Henry, Carl F. H. 「신, 계시, 권위」. I. 맹용길 역. 서울: 대한기독교출판사, 1976.

_____. 「신, 계시, 권위」. II. 맹용길 역. 서울: 대한기독교출판사, 1978.

Lang, J. Stephen, 「내가 몰랐던 1001가지 성경이야기: 누구에게도 물을 수 없었던 성경에 관한 질문들」. 전창림, 박연미 옮김. 서울: 知와사랑, 2002.

Lindsell, Harold. *The Battle for the Bible*. Grand Rapids: Zondervan Publishing House, 1976.

Pannenberg, W. "계시교리에 관한 교의학적 주제." 「역사로서 나타난 계시」, 115-44. 전경연 편집. 서울: 한국신학대학출판, 1979.

Perkins, Robert L. *Perspectives on Scripture and Tradition: Essays in Honor of Dale Moody*, ed. Macon: Mercer University Press, 1987.

Silva, Moises. 「교회는 성경을 오석해 왔는가?」. 심상법 옮김. 서울: 솔로몬, 2004.
Stuart, Murray. 「아나뱁티스트 성서해석학」. 문선주 옮김. 대전: 대장간, 2013.
Zimmer, Siegfried. 「성서학이 믿음을 무너뜨리는가?: 갈등의 해명」. 최고성 옮김. 3판. 대전: 대장간, 2013.

〈하나님과 삼위일체〉

강건일. 「진화론 창조론 산책」. 서울: 참과학, 2003.
박영식. 「그날, 하나님은 어디 계셨는가: 세월호와 기독교 신앙의 과제」. 서울: 새물결플러스, 2015.
역사신학연구회. 「삼위일체론의 역사」. 서울: 대한기독교서회, 2008.
조덕영. 「과학과 신학의 새로운 논쟁」. 서울: 예영커뮤니케이션, 2006.
Alcorn, Randy. 「인간의 선택인가, 하나님의 선택인가?: 하나님과 내가 잡은 손」. 김진선 역. 서울: 토기장이, 2016.
Berlinski, David. 「악마의 계교: 무신론의 과학적 위장」. 현승희 역. 서울: 행복우물, 2008.
Dawkins, Richard. 「만들어진 신: 신은 과연 인간을 창조했는가?」. 이한음 역. 서울: 김영사, 2007.
Flew, Antony. 「존재하는 신: 신의 부재는 입증되지 않는다」. 홍종락 옮김. 서울: 청림출판, 2011.
Harris, Sam. 「기독교 국가에 보내는 편지」. 박상준 옮김. 서울: 동녘사이언스, 2008.
Frame, John M. 「열린 신학 논쟁」. 홍성국 옮김. 서울: CLC, 2005.
Friesen, Garry and J. Robin Maxson. 「하나님의 뜻과 자유의지」. 장동민 옮김. 서울: 아가페, 1991.
Keller, Timothy. 「살아있는 신」. 권기대 옮김. 서울: 베가북스, 2010.
Küng, Hans. *Does God Exist?: An Answer for Today*. Tr. Edward Quinn. New York: Doubleday & Company, 1978.
_____. 「신은 존재하는가」. 성염 옮김. 왜관: 분도출판사, 1994.
Long, Thomas G. 「고통과 씨름하다: 악, 고난, 신앙의 위기에 대한 기독교적 성찰」. 장혜영 역. 서울: 새물결플러스, 2014.
Moltmann, J. 「삼위일체와 하나님의 역사」. 이신건 옮김. 서울: 대한기독교서회, 1998.
Weatherhead, Leslie D. 「하나님의 뜻」. 이천수 역. 서울: 요단, 1976.
Yancey, Philip. 「아, 내안에 하나님이 없다」. 차성구 옮김. 서울: 좋은 씨앗, 2000.
_____. 「하나님, 당신께 실망했습니다」. 최병채 옮김. 서울: 좋은 씨앗, 2000.
Zacharias, Ravi. 「이성의 끝에서 믿음을 찾다: 이성은 왜 진리에 이르지 못하는가?」. 송동민 옮김. 서울: 에센치아, 2016.

〈그리스도〉

김진호 편. 「예수 르네상스: 역사의 예수연구의 새로운 지평」. 천안: 한국신학연구소, 1996.
박형용. 「복음비평사: 라이마루스에서 신해석학파까지」. 서울: 성광문화사, 1985.
안병무. 「갈릴래아의 예수」. 안병무전집3. 서울: 한길사, 1993.
엄두섭. 「예수의 얼」. 서울: 은성, 1988.
이종성. 「그리스도論」. 서울: 대한기독교서회, 1984.
최갑종 편역. 「최근의 예수 연구」. 서울: 기독교문서선교회, 1994.
Bonhoeffer, D. 「나를 따르라」. 김순현 옮김. 서울: 복있는 사람, 2016.
_____. 「본회퍼의 그리스도론」. Ebehard Bethge 편. 조성호 옮김. 서울: 종로서적, 1981.
_____. 「제자의 길과 십자가」. 강성철 역. 서울: 오리진, 1999.
Crossan, John D. 「예수는 누구인가」. 한인철 옮김. 고양: 한국기독교연구소, 1998.
Horsley, Richard A. 엮음. 「제국의 그림자 속에서」. 정연복 옮김. 고양: 한국기독교연구소, 2014.
Lohfink, Gerhard. 「예수는 어떤 공동체를 원했나?」. 왜관: 분도출판사, 1985.
McGrath, Alister. 「우리는 예수님에 대하여 왜 믿는가, 무엇을 믿는가?」. 김승 역. 서울: 나침반, 1994.
Moltmann, J. 「예수 그리스도의 길」. 김균진, 김명용 공역. 서울: 대한기독교서회, 1990.
_____. 「오늘 우리에게 그리스도는 누구인가?」. 이신건 옮김. 서울: 대한기독교서회, 1997.
Niebuhr, H. Richard. 「그리스도와 문화」. 김재준 역. 17판. 초판 1958; 서울: 대한기독교서회, 1992.
Nolan, Albert. 「그리스도교 이전의 예수」. 왜관: 분도출판사, 1980.
Pannenberg, Wolfhart. *Jesus-God and Man*. Tr. L. L. Wilkins and Duane A. Priebe. Philadelphia: Westminster, 1977.
Ramm, Bernard L. 「복음주의 기독론」. 홍성훈 역. 서울: 소망사, 1995.
Stassen, Glen H. & David P. Gushee. 「하나님의 통치와 예수 따름의 윤리」. 신광은, 박종금 옮김. 대전: 대장간, 2011.
Wills, Garry. 「예수는 그렇게 말하지 않았다」. 권혁 옮김. 서울: 돋을새김, 2007.
Yoder, John Howard. 「예수의 정치학」. 신원하, 권연경 옮김. 서울: IVP, 2007.

〈인간과 피조물·생태신학〉

개혁주의성경연구소 엮음. 「영혼문제와 인간복제」. 서울: 하나, 1997.
김균진. 「생태학의 위기와 신학」. 서울: 대한기독교서회, 1991.
김기동. 「미혹의 영이란?」. 서울: 도서출판 베뢰아, 1985.

김기동. 「내가 체험한 그리스도의 신유와 거룩한 이적」. 서울: 도서출판 베뢰아, 1988.
김도훈. 「생태신학과 생태영성: 창조와 하나님의 아름다움의 회복을 위하여」. 서울: 장로회신학대학교출판부, 2009.
김승혜 외 4인. 「현대 생태사상과 그리스도교: 종교대화 강좌」. 서울: 바오로딸, 2010.
김진. 「그리스도인은 인간을 어떻게 이해해야 하는가」. 서울: 뜨인돌, 1999.
민병소. 「하나님 말씀 마귀박멸신학: 성락교회 김기동 목사를 중심으로」. 서울: 세계종교현상연구소, 1987.
송기득. 「인간」. 서울: 한국신학연구소, 1986.
예영수 외. 「한국교회 신학자들이 본 마귀론 이해」. 서울: 은성, 1998.
이정배 편저. 「창조신앙과 생태학」. 서울: 설우사, 1987.
장도곤. 「예수 중심의 생태신학: 생태신학 입문」. 서울: 대한기독교서회, 2002.
Bennett, Dennis and Rita Bennett, 「인간의 삼위일체」. 김홍도 옮김. 서울: 불기둥사, 1990.
Berkhof, Hendrik. *Christ and the Powers*. tr. John H. Yoder. Scottdale: Mennonite Publishing House, 1962.
Brunner, Emil and K. Barth. 「자연신학: 에밀 부르너의 "자연과 은혜"와 칼 바르트의 "아니오"」. 김동건 옮김. 서울: 한국장로교출판사, 1997.
Brunner, Emil. *Man in Revolt: A Christian Anthropology*. tr. Olive Wyon. Philadelphia: The Westminster Press, 1939.
Carson, Rachel. 「침묵의 봄」. 김은령 옮김. 서울: 에코리브르, 2011.
Cooper, John. *Body, Soul, and Life Everlasting: Biblical Anthropology and the Monism-Dualism Debate*. Grand Rapids: William B. Eerdmans, 2000.
Dickason, C. Fred. 「그리스도인도 귀신들릴 수 있는가?」. 김병제, 이학규 역. 서울: 요단출판사, 1994.
Goetz, Stewart 외 3인. 「몸과 마음 어떤 관계인가」. 윤석인 역. 서울: 부흥과개혁사, 2011.
Horrell, David G. 「성서와 환경: 생태성서학 입문」. 이영미 옮김. 오산: 한신대학교출판부, 2014.
Keller, Catherine. 「생태학과 기독교신학의 미래」. 신재식 역. 서울: 한들출판사, 1999.
Land, Richard D. & Louis A. Moore, eds. *The Earth Is the Lord's: Christians and the Environment*. Nashville: Broadmann Press, 1992.
LeFevre, Perry. 「現代의 人間理解」. 이종성 역. 서울: 대한기독교서회, 1971.
Luther, Martin. 「인간에게 자유의지가 있는가?: 에라스무스의 「자유의지론」에 대한 반박」. 조주석 옮김. 서울: 나침반사, 1988.
Merchant, Charolyn. 「래디컬 에콜로지: 잿빛 지구에 푸른 빛을 찾아주는 방법」. 허남혁 옮김. 개정판. 서울: 이후, 2011.

Pannenberg, W. 「인간이란 무엇인가?」. 허혁 역. 서울: 성광문화사, 1981.
Scheler, Max. 「철학적 세계관」. 허재윤 역. 서울: 박영사, 1978.
Stagg, Frank. *New Testament Theology*. Nashville: Broadman Press, 1962.
Stroull, R. C. 「하나님의 예정과 선택」. 정중은 옮김. 서울: 생명의말씀사, 2014.
Wink, Walter. 「사탄의 체제와 예수의 비폭력: 지배체제 속의 악령들에 대한 분별과 저항」. 한성수 옮김. 중판. 고양: 한국기독교연구소, 2009.

〈신앙과 구원〉
강만원. 「그것은 교회가 아니다: 성경 해석의 오류와 신앙의 일탈」. 서울: 창해, 2015.
권진호. 「성 어거스틴의 은총론 연구」. 서울: 기독교문서선교회, 2011.
김세윤. 「칭의와 성화: 칭의란 무엇이고, 성화란 무엇인가」. 서울: 두란노, 2013.
김영봉. 「바늘귀를 통과한 부자」. 서울: IVP, 2003.
두란노아카데미 편. 「루터와 에라스무스: 자유의지와 구원」. 이성덕, 김주한 옮김. 서울: 두란노아카데미, 2011.
문시영. 「아우구스티누스와 은혜의 윤리학」. 서울: 북코리아, 2008.
문태주. 「하나님의 절대주권과 인간의 책임」. 서울: 도소출판 넥서스, 2010.
백소영. 「우리의 사랑이 義롭기 위하여」. 서울: 대한기독교서회, 2005.
백현철. 「은총의 선택: 「교회교의학」 II-2를 중심으로 한 칼 바르트의 선택론 연구」. 서울: 기민사, 1986.
송인규. 「우리의 신앙이 분별력과 만나기까지」. 서울: 부흥과개혁사, 2006.
신원하. 「교회가 꼭 대답해야 할 윤리 문제들」. 서울: 예영커뮤니케이션, 2001.
신호섭. 「개혁주의 전가교리」. 서울: 지평서원, 2016.
안우성. 「안수로 병 고치는 내과의사」. 서울: 규장, 2006.
여주봉. 「거짓 신앙체계」. 서울: 요단, 2008.
조현. 「울림: 우리가 몰랐던 이 땅의 예수들」. 서울: 시작, 2008.
침례교신학연구소 편. 「하나님의 주권과 인간의 자유」. 대전: 침례신학대학교출판부, 2003.
遠藤周作. 「침묵」. 공문혜 옮김. 서울: 홍성사, 2003.
Alcorn, Randy. 「인간의 선택인가 하나님의 선택인가」. 김진선 옮김. 서울: 토기장이, 2016.
Augustine. 「아우구스티누스의 은혜론」. 김종흡 역. 서울: 생명의말씀사, 1990.
_____. 「성어거스틴의 고백록」. 선한용 옮김. 서울: 대한기독교서회, 2003.
_____. 「자유의지론」. 박일민 옮김. 서울: 반석문화사, 1993.
Buchanan, James. 「칭의 교리의 진수」. 신호섭 옮김. 서울: 지평서원, 2014.

Cobb, Jr. John B. 「생각하는 기독교인이라야 한다」. 이경호 옮김. 고양: 한국기독교연구소, 2002.
_____. 「은총과 책임」. 심광섭 옮김. 서울: 기독교대한감리회홍보출판국, 1997.
Colson, Charles and Nancy Pearcey. 「그리스도인, 이제 어떻게 살 것인가」. 서울: 요단, 2002.
Cottrell, Jack. 「성서의 은총론: 우리를 자유케 하시는 하나님」. 정남수 옮김. 서울: 쿰람출판사, 2012.
Dieter, M. et al. 「성화에 대한 다섯 가지 견해」. 김원주 옮김. 서울: 한국기독학생회출판부, 1991.
Eveson, Philip H. 「칭의론 논쟁」. 석기신, 신호섭 옮김. 서울: 기독교문서선교회, 2001.
Feinberg, John S. 외 3인. 「예정과 자유의지: 예정과 자유의지에 대한 4가지 관점」. 이미선 역. 서울: 부흥과개혁사, 2010.
Ferguson, Sinclair 외 4인. 「성화란 무엇인가」. 이미선 역. 서울: 부흥과개혁사, 2010.
Friesen, Garry and Robin Macson. 「하나님의 뜻과 자유의지」. 장동민 옮김. 서울: 아가페, 1991.
Hedges, Chris. 「지상의 위험한 천국: 미국을 좀먹는 기독교 파시즘의 실체」. 정연복 옮김. 서울: 개마고원, 2012.
Hoekema, Anthony A. 「개혁주의 구원론」. 이용중 옮김. 서울: 부흥과개혁사, 2012.
Horton, Michael Scott 외 5인. 「한번 받은 구원 영원한가」. 이한상 역. 서울: 부흥과개혁사, 2011.
McGrath, Alister. 「이신칭의」. 김성웅 옮김. 2판. 서울: 생명의말씀사, 2015.
Moody, Dale. *Apostasy: A Study in the Epistle to the Hebrews and in Baptist History* Greenville: Smyth & Helwys, 1991.
Nash, Ronald H. 외 2인. 「복음을 듣지 못한 사람 어떻게 되는가」. 박승민 역. 서울: 부흥과개혁사, 2010.
Newbigin, Lesslie. 「죄와 구원」. 홍병룡 옮김. 서울: 복있는사람, 2013.
Ortiz, Juan Carlos. 「기도: 우리 기도의 대부분은 하늘나라에서 잡동사니 우편물처럼 취급당합니다」. 서울: 도서출판 만나, 2007.
Pink, Arthur Walkington. 「아더 핑크의 하나님의 주권」. 전의우 옮김. 서울: 요단, 2011.
Pinnock, Clark H. *Grace Unlimited.* Eugene: Wipf and Stock Publishers, 1999.
Pinnock, Clark, ed. *The Grace of God and the Will of Man.* Minneapolis: Bethany House Publishers, 1989.
Piper, John. 「칭의 논쟁: 칭의 교리의 미래는 어떻게 될 것인가?」. 신호섭 역. 서울: 부흥과개혁사, 2009.
Pippert, Rebecca Manley. 「토마토와 빨간 사과: 껍데기 영성은 가라」. 김성웅 역. 서울: 사랑플러스, 2003.

Platt, David. 「래디컬 Radical: 복음을 통한 철저한 돌이킴」. 최종훈 역. 서울: 두란노, 2011.
Rauschenbusch, W. 「사회복음을 위한 신학」. 남병훈 옮김. 서울: 명동, 2012.
Schreiner, Thomas S. and Bruce A. Ware, eds. *The Grace of God the Bondage of the Will*. I, II. Grand Rapids: Baker Books, 1995.
Sell, A. 「칼빈주의와 알미니안주의와 구원」. 서울: 생명의말씀사, 1989.
Sittser, Gerald L. 「하나님의 뜻」. 윤종석 역. 서울: 성서유니온선교회, 2002.
Steele, David N. and Curtis C. Thomas. 「칼뱅주의 5대 강령」. 서울: 생명의말씀사, 1982.
Thielicke, Helmut. 「현실과 믿음 사이」. 윤종석 옮김. 서울: 두란노, 2015.
Tillich, Paul. 「믿음의 역동성」. 최규택 옮김. 서울: 그루터기하우스, 2005.
Volf, Miroslav. 「광장에 선 기독교: 공적 신앙이란 무엇인가」. 김명윤 옮김. 서울: IVP, 2014.
Ware, Bruce 외 4인. 「선택이란 무엇인가」. 박승민 역. 서울: 부흥과개혁사, 2010.
Washer, Paul. 「복음: 구원을 주시는 하나님의 능력」. 조계광 옮김. 서울: 생명의말씀사, 2013.
Weatherhead, Leslie D. 「하나님의 뜻」. 이천수 역. 서울: 요단, 1976.
Wesley, J. 「그리스도인의 완전」. 정행덕 역. 2판. 서울: 전망사, 1981.
Wilkerson, Mike. 「고통받는 삶은 어떻게 구원을 얻는가?」. 주지현 옮김. 서울: 좋은씨앗, 2012.
Wills, Garry. 「바울은 그렇게 가르치지 않았다」. 김창락 옮김. 서울: 돋을새김, 2007.
Wright, Nicholas Thomas. 「톰 라이트 칭의를 말하다」. 최현만 옮김. 평택: 에클레시아북스, 2011.
Wynkoop, Mildred B. 「칼빈주의와 웨슬레신학」. 한영태 역. 서울: 생명의말씀사, 1987.
Yocum, Dale. 「기독교신조대조」. 손택구 역. 서울: 예수교대한성결교회출판부, 1988.

〈성령〉

김동수. 「방언은 고귀한 하늘의 언어」. 서울: 이레서원, 2008.
김재성. 「개혁주의 성령론」. 서울: CLC, 2012.
문효식. 「방언! 무엇이 문제인가」. 서울: 크리스챤서적, 2008.
_____. 「성령론과 현대교회」. 서울: 크리스챤서적, 2010.
박영돈. 「성령충만, 실패한 이들을 위한 은혜」. 서울: SFC, 2008.
_____. 「일그러진 성령의 얼굴: 한국교회 성령운동, 무엇이 문제인가」. 서울: IVP, 2011.
박형용. 「교회와 성령」. 수원: 합동신학대학원출판부, 1997.
옥성호. 「방언, 정말 하늘의 언어인가?」. 개정판. 서울: 국제제자훈련원, 2012.
옥한흠 편. 「현대교회와 성령운동」. 서울: 엠마오, 1984.
전성용. 「성령은 누구인가: 삼위일체론적 성령론」. 서울: 세복, 2007.

정이철. 「신사도 운동에 빠진 교회: 한국교회 속의 뒤틀린 성령운동」. 서울: 새물결플러스, 2012.
황승룡. 「성령론: 신학의 새 패러다임」. 서울: 한국장로교출판사, 1999.
Barclay, William. 「성령의 약속: 성경적으로 본 성령론」. 서기산 역. 서울: 기독교문사, 2006.
Bonnke, Reinhard. 「성령, 계시와 혁명적 사건」. 박홍래 옮김. 서울: 서로사랑, 2010.
Gaffin, Richard 외 3인. 「기적의 은사는 오늘날에도 있는가: 은사에 대한 네 가지 관점」. 이용종 옮김. 서울: 부흥과개혁사, 2009.
Hagin, Kenneth E. 「성령세례와 방언」. 장혜영 역. 서울: 베다니출판사, 2011.
Kaiser, Walter C. 외 4인. 「성령세례란 무엇인가」. 이선숙 역. 서울: 부흥과개혁사, 2010.
Kärkkäinen, Veli-Matti. 「21세기 성령론」. 김명남 옮김. 서울: 프라이스, 2005.
Liardon, Roberts. 「방언기도는 즐겁다: 성령님이 말하게 하심을 따라 하는 영의 기도의 비밀」. 이용복 역. 서울: 규장, 2007.
_____. 「성령 하나님과 놀라운 구원」. 임범진 역. 서울: 부흥과개혁사, 2007.
Lloyd-Jones, David Martin. 「성령론」. 홍정식 편역. 서울: 새순출판사, 2003.
Moltmann, J. 「생명의 영」. 김균진 옮김. 재판. 서울: 대한기독교회사, 1994.
Robertson, Palmer. 「오늘날의 예언과 방언, 과연 성경적인가?」. 이심주 역. 서울: 부흥과개혁사, 2009.
Stott, John. 「성령세례와 충만」. 김현회 역. 서울: IVP, 2002.
Tozer, A. W. 「이것이 성령님이다」. 서울: 규장, 2005.

⟨교회⟩

강영안 외. 「한국교회, 개혁의 길을 묻다」. 서울: 새물결플러스, 2013.
국제신학연구원 편. 「21세기를 위한 교회론: 교회의 일치와 성숙을 위하여」. 서울: 서울말씀사, 2004.
길희성. 「아직도 교회 다니십니까」. 서울: 대한기독교서회, 2015.
김동춘. 「전환기의 한국교회: 복음과 사회적 제자도를 위한 신학」. 대전: 대장간, 2012.
김두식. 「교회 속의 세상, 세상 속의 교회」. 서울: 홍성사, 2010.
김진호. 「시민 K, 교회를 나가다: 한국 개신교의 성공과 실패, 그 욕망의 사회학」. 서울: 현암사, 2012.
김청수. 「목사의 敵, 목회의 敵」. 서울: 누가, 2002.
노영식. 「한국인 교회정치 무엇이 문제인가?」. 대전: 침례신학대학교출판부, 1999.
박영철. 「셀교회론」. 서울: 요단, 2004.
신광은. 「메가처치 논박」. 부천: 정연, 2009.

양희송. 「가나안 성도, 교회 밖 신앙: 한국 교회가 직면한 최대 현실, 가나안 성도를 말한다」. 서울: 포이에마, 2014.

오덕호. 「교회 주인은 사람이 아니다」. 서울: 규장, 2000.

옥한흠 외 19인. 「IQ목회에서 EQ목회로의 전환: 21세기를 준비하는 목회자들」. 서울: 기독신문사, 1997.

이상성. 「추락하는 한국교회: 교회의 미래는 한국의 미래다」. 서울: 인물과사상사, 2007.

이상화. 「청년들이 교회를 떠나는 31가지 이유」. 서울: 기독신문사, 2000.

이학준. 「한국 교회, 패러다임을 바꿔야 산다: 변화와 갱신을 위한 로드맵」. 서울: 새물결플러스, 2011.

이형기 엮음. 「교회의 직제와 평신도론」. 서울: 장로회신학대학교출판부, 2001.

이형기. 「하나님의 나라와 교회: 20세기 주요 신학의 종말론적 교회론」. 서울: 한들출판사, 2005.

전성용. 「세례론: 칼 바르트의 성령론적 세례론」. 서울: 한들출판사, 1999.

정성욱. 「정성욱 교수와 존 칼빈의 대화: 21세기 한국 교회 방향 제시를 위한」. 서울: 부흥과개혁사, 2007.

채희동. 「교회가 주는 물을 맑습니까」. 서울: 도서출판 쉼, 2001.

침례교신학연구소 편. 「교회와 여성의 리더십」. 대전: 침례신학대학교출판부, 2006.

침례교신학연구소 편. 「침례교회예전: 침례와 주의 만찬」. 대전: 침례신학대학교출판부, 2008.

한국조직신학회 엮음. 「교회론」. 서울: 대한기독교서회, 2009.

Anderson, Stanley Edwin. *Your Baptism is Important*. Little Rock: Seminary Press, 1958.

Barna, George. 「교회선택의 기준」. 홍원팔 옮김. 서울: 알돌기획, 1995.

Barth, Karl. *The Teaching of the Church Regarding Baptism*. tr. Ernest A. Payne London: SCM, 1959.

Beasley-Murray, George R. 「성서적 침례론」. 임원주 역. 서울: 검과흙손, 2006.

Beckham, William A. 「제2의 종교개혁: 21세기를 위한 교회갱신」. 터치코리아사역팀 역. 서울: NCD, 2001.

Blue, Ken. 「교회에서 상처받은 영혼의 치유」. 노용찬 옮김. 서울: 하늘기획, 1997.

Boyd, Gregory A. 「십자가와 칼」. 신선해 역. 서울: 한언, 2007.

Browning, Dave. 「작은 교회가 답이다」. 구미정 옮김. 서울: 옥당, 2014.

Callen, Barry L. 「급진적 기독교」. 배덕만 옮김. 대전: 대장간, 2010.

Carson, D. A. 「이머징교회 바로알기」. 이용중 옮김. 서울: 부흥과개혁사, 2009.

Cobb, Jr. John B. 「교회 다시 살리기」. 구미정 옮김. 고양: 한국기독교연구소, 2001.

_____. 「생각하는 기독교인이라야 산다」. 이경호 옮김. 고양: 한국기독교연구소, 2002.

Cobble, Jr., James F. *The Church and the Powers: A Theology of Church Structure*. Peabody: Hendrickson, 1988.

Culberston, Philip L. and Auther Bradford Shippee. 「목회자와 목회」. 이억부, 김종 공역. 서울: 은성, 1997.

Driver, John. 「교회의 얼굴」. 전남식, 이재화 옮김. 대전: 도서출판 대장간, 2015.

Dulles, Avery. 「교회의 모델」. 개정판. 서울: 한국기독교연구소, 2003.

Engend, Charles Van. 「모이는 교회, 흩어지는 교회」. 임윤택 옮김. 서울: 두란노, 1994.

Frost, Michael and Alan Hirsch. 「새로운 교회가 온다: 문화 속에 역동하는 21세기 선교적 교회를 위한 상상력」. 지성근 옮김. 서울: 한국기독학생회출판부, 2009.

Hansen, David. 「목회는 방법이 아니라 삶입니다」. 김동찬 옮김. 서울: 생명의말씀사, 1998.

Kraemer, Hendrik. *A Theology of the Laity*. London : Lutterworth Press, 1958.

Kreider, Allen & Eleanor. 「평화교회는 가능한가?」. KAP 편집부 옮김. 서울: 한국아나뱁티스트출판부, 2003.

Küng, Hans. 「교회」. 정지련 역. 서울: 한들출판사, 2007.

London Jr., H. B. and Neil B. Wiseman, 「목사: 목회자가 꼭 간직해야 할 모든 것」. 서울: 규장, 2002.

Lumpkin, William L. *A History of Immersion*. Nashville: Broadman Press, 1962.

Minatrea, Milfred. 「미국의 감자탕 교회들」. 김성웅 옮김. 서울: 생명의말씀사, 2007.

Moody, Dale. *Baptism: Foundation for Christian Unity*. Philadelphia: The Westminster Press, 1967.

Niesel, Whlhelm. 「비교교회론」. 이종성, 김항만 옮김. 서울: 대한기독교출판사, 1988.

Peck, George & John S. Hoffman eds. *The Laity in Ministry*. Valley Forge: Judson Press, 1984.

Peterson, Eugene H. 「성공주의 목회신화를 포기하라」. 차성구 옮김. 서울: 좋은씨앗, 2002.

Peterson, Eugene H. and Marva J. Dawn. 「껍데기 목회자는 가라」. 서울: 좋은씨앗, 2001.

Roberts, Bob. 「T-무브먼트」. 서치돈 옮김. 서울: GLPI, 2008.

Snyder, Howard A. 「교회 DNA」. 최형근 옮김. 서울: 한국기독학생회출판부, 2006.

_____. 「그리스도의 공동체」. 김영국 옮김. 서울: 생명의말씀사, 1987.

_____. 「참으로 해방된 교회」. 권영석 옮김. 서울: IVP, 2005.

Sider, J. Ronald. 「복음전도와 사회운동: 총체적 복음을 위한 선행신학」. 이상원, 박현국 옮김. 서울: 기독교문서선교회, 2013.

Stevens, Paul. 「21세기를 위한 평신도 신학」, 홍병룡 옮김. 서울: IVP, 2001.

Stott, John. 「현대기독교선교」. 김명혁 역. 서울: 성광, 1981.

_____. 「현대를 사는 그리스도인」. 한화룡, 정옥배 역. 서울: IVP, 1993.

_____. 「현대사회 문제와 그리스도인의 책임」. 정옥배 옮김. 서울: IVP, 2005.

Towns, Elmer L. 외 4인. 「교회성장 운동 어떻게 볼 것인가」. 김석원 역. 서울: 부흥과 개혁사, 2009.

Volf, Miroslav. 「삼위일체와 교회: 하나님의 형상으로서 교회에 대한 가톨릭·동방정교회·개신교적 이해를 찾아서」. 황은영 옮김. 서울: 새물결플러스, 2012.

Wagner, E. Glenn. 「하나님의 교회 vs. 교회 주식회사」. 차성구 옮김. 서울: 좋은씨앗, 2000.

Wright, John. 「하나님의 나라: 그 성서적 개념과 교회를 위한 의미」. 박일영 옮김. 서울: 컨콜디아사, 1996.

Yoder, John H. 「예수의 정치학」. 신원하, 권연경 옮김. 서울: IVP, 2007.

〈종말〉

고원용. 「계시록 난해의 창의적 새 해석」. 서울: 한국장로교출판사, 2011.
기독교사상편집부 엮음. 「종말론의 올바른 이해」. 서울: 대한기독교서회, 1993.
김주원. 「이단대처를 위한 무한도전: 평신도와 함께 읽는 열린 계시록」. 대전: 대장간, 2012.
왕대일. 「묵시문학과 종말론: 다니엘의 묵시록, 새롭게 읽기」. 서울: 대한기독교서회, 2004.
이신건. 「종말론의 역사와 주제」. 서울: 신앙과지성사, 2011.
이형기. 「역사 속의 종말론」. 서울: 대한기독교서회, 2004.
천정웅. 「시한부종말론과 실현된 종말론」. 서울: 말씀의집, 1991.
최갑종, 이광복. 「종말론 논쟁: 천년왕국, 사실인가 상징인가」. 서울: 생명의말씀사, 1996.
최태영. 「죽음 너머 영원한 삶: 종말론적 신앙과 신학을 위하여」. 서울: 한들, 2011.
한국조직신학회 편. 「종말론」. 서울: 대한기독교서회, 2012.
홍창표. 「천년왕국」. 수원: 합신대학원출판부, 2004.
Clouse, Robert G, ed. *The Meaning of Millennium: Four Views*. Downers Grove: InterVarsity Press, 1977.
Cohn, Norman. 「천년왕국운동사」. 김승환 옮김. 천안: 한국신학연구소, 1993.
Crockett, William, ed. *Four Views on Hell*. Grand Rapids: Zondervan Publishing House, 1996.
Cullmann, O. 「그리스도와 시간」. 김근수 옮김. 서울: 태학사, 1987.
Donnelly, Edward. 「성경이 말하는 천국과 지옥: 죽음 이후의 세계를 보여 주는 기독교 교리」. 이스데반 옮김. 서울: 부흥과개혁사, 2013.
Doyle, Robert. 「교리속 종말론: 종말론과 기독교교리의 형성」. 박응규 역. 서울: 그리심, 2010.
Erickson, M. J. 「현대 종말론 연구」. 박양희 옮김. 서울: 생명의말씀사, 1996.
Gentry Jr., Keneth 외 3인. 「천년왕국이란 무엇인가」. 박승민 역. 서울: 부흥과개혁사, 2011.
Gentry, Kenneth, Jr. 외 2인. 「천년왕국이란 무엇인가」. 박승민 옮김. 서울: 부흥과개혁사, 2011.
Gorman, Michael J. 「요한계시록 바르게 읽기: 시민종교를 거부하는 참된 예배와 증언」.

박규태 옮김. 서울: 새물결플러스, 2014.

Hendriksen, William. 「W. 헨드릭슨의 주제별 종말론 강좌」. 이종전 옮김. 서울: 예루살렘, 1994.

_____. 「내세론」. 오성종 역. 서울: 새순출판사, 1979.

Hoekema, Anthony A. 「개혁주의 종말론」. 류호준 역. 서울: 기독교문서선교회, 1986.

_____. *The Bible and the Future*. Grand Rapids: William B. Eerdmans, 1979.

Kimball, William R. 「성경이 말하는 대환난의 진실: 대환난, 과연 종말의 징조인가?」. 김재영 옮김. 서울: 새물결플러스, 2013.

Koester, Craig R. 「인류의 종말과 요한계시록」. 최홍진 옮김. 서울: 동연, 2011.

McDannell, Colleen and Bernhard Lang. 「천국의 역사 I」. 고진욱 옮김. 서울: 동연, 1998.

Moltmann, J. 「오시는 하나님: 기독교적 종말론」. 김균진 옮김. 서울: 대한기독교서회, 1997.

_____. 「절망의 끝에 숨어있는 새로운 시작: 작은 희망의 이론」. 곽미숙 옮김. 서울: 대한기독교서회, 2006.

_____. 「희망의 신학」. 이신건 옮김. 서울: 대한기독교서회, 2002.

Moody, Dale. *The Hope of Glory*. Grand Rapids: William B. Eerdmans, 1964.

Morgan, Christopher W. and Robert A. Peterson. ed. 「지옥론」. 박미가 옮김. 서울: 은혜출판사, 2008.

McDannell, Colleen and Bernhard Lang. 「천국의 역사 I」. 고진욱 옮김. 서울: 동연, 1998.

Plevnik, Joseph. 「최근 바울과 종말론 연구 동향」. 김병모 역. 서울: CLC, 2011.

⟨재/침례교⟩

김용복. 「침례교신학: 침례교인의 신앙과 신학 유산」. 수정재판. 대전: 침례신학대학교출판부, 2009.

최봉기 편, 감수. 「침례교회: 신앙, 고백, 전통, 실천」. 대전: 침례신학대학교출판부, 1997.

침례교신학연구소 편. 「21세기 목회자: 이정희 박사 은퇴기념논문집」. 대전: 침례신학대학교출판부, 2002.

침례교신학연구소 편. 「침례교회예전」. 대전: 침례신학대학교출판부, 2008.

_____. 「침례교회 목회 매뉴얼: 조직, 예전, 봉사」. 대전: 침례신학대학교출판부, 2014.

_____. 「침례교회 정체성: 역사, 신학, 실천」. 대전: 침례신학대학교출판부, 2014.

KAP 편집부 편. 「재세례 신앙의 역사와 고백」. 서울: KAP, 2001.

Basden, Paul, 편. 「침례교신학의 흐름: 1845년부터 최근까지」. 침례교신학연구소 옮김. 대전: 침례신학대학교출판부, 1999.

Deweese, Charles W. (편). 「21세기 속의 1세기 신앙. 김승진 옮김. 대전: 침례신학대학교출판부, 2005; *Defining Baptist Convictions: Guidelines for the Twenty-First*

       Century. Franklin: Providence House Publishers, 1996.
Fenwick, Malcolm C. 「복음과 은혜: 한국 침례교회의 초대선교사 말콤 C. 펜윅의 사경 공부 설교 복음문답」. 김용복 편역. 대전: 침례신학대학교출판부, 2011.
Friedmann, Robert. *The Theology of Anabaptism: An Interpretation*. Eugene: Wipf and Stock Publishers, 1998.
George, Timothy and Denise, eds. *Baptist Confessions, Covenants, and Catechisms*. Nashville: Broadman & Holman Publishers, 1996.
George, Timothy, and David S. Dockery 편. 「침례교신학자들」 상/하. 침례교신학연구소 펴냄. 대전: 침례신학대학교출판부, 2008/2010; *Baptist Theologians*. Nashville: Broadman Press, 1990.
Hastings, C. Brownlow. *Introducing Southern Baptists: Their Faith & Their Life*. Ramsey: Paulist Press, 1981.
Hobbs, H. Herschel. *What Baptists Believe*. Nashville: Broadman Press, 1964.
James, Rob, Gary Leazer and James Shoopman. 「미국 남침례교 현대사: 근본주의자들의 남침례교단 장악 약사」. 정양숙 옮김. 대전: 침례신학대학교출판부, 2001.
Lumpkin, William L. *Baptist Confessions of Faith*. Philadelphia: Judson Press, 1959; Revised edition. Valley Forge: Judson Press, 1969; 「침례교신앙고백서」, 김용복, 김용국, 남병두 역. 대전: 침례신학대학교출판부, 2008.
McGlothlin, W. J. *Baptist Confessions of Faith*. Philadelphia: American Baptist Publication Society, 1911.
Patterson, Paige. 「개혁의 해부학」. 김종환 옮김. 대전: 침례신학대학교출판부, 2007.
Shurden, Walter B. *Baptist Identity: Four Fragile Freedoms*. Macon: Smyth & Helwys Publishing, 1993.
_____. 「침례교의 정체성」. 김태식 옮김. 서울: 서로사랑, 1999.
Shurden, Walter B. and Randy Shepley, ed. *Going for the Jugular: A Documentary History of the SBC Holy War*. Macon: Mercer University Press, 1996.
Stacy, R. Wayne, ed. *A Baptist's Theology*. Macon: Smyth & Helwys Publishing, 1999.
Torbet, Robert G. 「침례교회사」. 허긴 역. 대전: 침례신학대학출판부, 1984.
Turk, William P. *Our Baptist Tradition*. Macon: Smyth & Helwys, 1993.
Williams, George H. *The Radical Reformation*. London: Weidenfeld and Nicolson, 1962.

〈그밖에〉

김흥호, 이정배 편. 「다석 유영모의 동양사상과 신학」. 서울: 솔, 2002.
노윤백 박사 퇴임기념논문집 발간위원회. 「21세기 한국침례교회의 기독교교육」. 대전: 침례신학대학교출판부, 2004.

박명수. 「근대복음주의의 주요 흐름: 한국 성결교회의 배경에 대한 연구」. 서울: 대한기독교서회, 1998.

배국원. 「현대종교철학의 이해」. 서울: 동연, 2000.

서양근대철학회. 「서양근대철학의 열 가지 쟁점」. 서울: 창비, 2004.

「우파니샤드」. 박석일 역. 서울: 정음사, 1982.

이문열. 「사람의 아들」. 개정판. 서울: 민음사, 2004.

한국천주교회200주년기념 주교위원회. 「한국천주교회 200년 이 땅에 빛을」. 서울: 평화당, 1983.

NCCK 세월호참사대책위원회. 「곁에 머물다: 그 봄을 기억하는 사람들의 겨울 편지」. 서울: 대한기독교서회, 2014.

Capra, Fritjof. 「현대 물리학과 동양사상」. 김용정, 이성범 역. 서울: 범양사, 2006.

de Mello, Anthony. 「종교박람회」. 정한교 옮김. 왜관: 분도출판사, 1988.

Dostoevsky, Fyodor. 「카라마라조프가의 형제들」. 김연경 역. 서울: 민음사, 2012.

Eliade, M. 외 편. 「종교학입문」. 서울: 성균관대학교출판부, 1982.

France, R. T. *The Gospel of Matthew, New International Commentary on the New Testament*. 2007.

Jeremias, Joachim. *New Testament Theology*. Tr. John Bowden. London: SCM Press, 1971.

_____. 「신약신학」. 정충하 역. 서울: 새순출판사, 1991.

Otto, Rudolf. 「聖스러움의 意味」. 길희성 옮김. 왜관: 분도출판사, 1987.

Stagg, Frank. *New Testament Theology*. Nashville: Broadman Press, 1962.

von Rad, G. 「아브라함의 제사」. 장익 옮김. 왜관: 분도출판사, 1978.

Wach, Joachim. 「비교종교학」. 김종서 옮김. 서울: 민음사, 1988.

Westermann, Claus. *Genesis*. Tr. David E. Green. Grand Rapids: Wm. B. Eerdmans, 1987.

Zukave, Gary. 「춤추는 물리」. 김영덕 역. 서울: 범양사, 2007.

정기간행물 및 미간행물

강사문. "구약성경의 생태학적 이해." 「장신논단」, 제13집 (1997): 8-26.

김경희. "우주적 소통의 경험 및 새로운 평등 공동체의 비전으로서의 초창기 기독교인들의 성령체험과 평등 공동체의 실현을 위한 그들의 구체적인 실천들." 「신학사상」, 138집 (2007 가을): 55-87.

김균진. "판넨베르크의 역사 이해." 「신학논단」, 제5집 (1982): 185-214.

김명용. "영혼불멸과 죽은 자의 부활." 「기독교사상」, 1989년 7월, 98-112.

김영선. "영혼불멸과 부활을 통해서 본 죽음 이해." 「한국개혁신학」, 11 (2002): 219-54.

김영한. "최근 한국 신학의 재조명."「목회와신학」, 1992년 6월, 110-24.
김용복. "고난 속에서 하나님의 뜻을 어떻게 이해할 것인가?"「뱁티스트」, 43호 (2000년 3/4월): 49-58.
_____. "그리스도의 길에 대하여."「뱁티스트」(1997년 5월): 77-84.
_____. "기복신앙이 나쁜 이유는 무엇인가?"「뱁티스트」, 59호 (2002년 11/12월): 52-9.
_____. "남침례교 신학전통에서 본 성서무오성 논쟁의 역사적-신학적 의미."「복음과 실천」, 51집 (2013년 봄): 77-101.
_____. "남침례교 신학전통에서의 인간론: '자유와 은혜' 개념을 중심으로." 박사학위논문, 침례신학대학교 대학원, 1997.
_____. "목사와 무당은 무엇이 다른가?"「뱁티스트」, 49호 (2001년 3/4월): 65-73
_____. "목회현장에서 다시 쓰는 조직신학: 서론."「뱁티스트」, 39호 (1999년 7/8월): 66-77.
_____. "방언현상에 관한 역사적, 신학적, 성서적 이해: 침례교 조직신학의 관점에서."「복음과 실천」, 53집 (2014 봄): 97-126.
_____. "생태계의 위기와 창조신앙의 회복."「뱁티스트」, 38호 (1999년 5/6월): 52-61.
_____. "성령침례의 성서적-신학적 이해: 침례교의 관점에서."「복음과 실천」, 43집 (2009 봄): 229-59.
_____. "신자도 배교할 수 있는가?"「뱁티스트」, 47호 (2000년 11/12월): 48-57.
_____. "신자침례와 유아세례의 차이점과 그 신학적, 정치적 의미."「복음과 실천」, 제31집 (2003 봄): 105-31.
_____. "아담의 죄와 그리스도의 의의 전가 교리에 대한 성서적-신학적 재고: 침례교의 조직신학 전통 안에서."「복음과 실천」, 59집 (2017 봄): 177-207.
_____. "오늘날 사적인 특별계시는 존재하는가?"「뱁티스트」, 41호 (1999년 11/12월): 51-8.
_____. "이상적 인간상: 제자도의 실천적 의미."「뱁티스트」 34호 (1998년 9/10월): 61-6.
_____. "중간상태에 대한 성서적-신학적 이해: 침례교의 신학전통 안에서."「복음과 실천」, 45 (2010년 봄): 147-77.
_____. "평신도와 목회자의 계급화된 이원 구조를 어떻게 볼 것인가?"「뱁티스트」, 57호 (2002년 7/8월): 85-93.
_____. "침례교 조직신학전통에서 본 창조신앙의 생태신학적 성찰."「복음과 실천」, 55집 (2015년 봄): 105-34.
_____. "하나님 나라에 합당한 자격조건은 무엇인가?"「뱁티스트」(1997년 4월): 80-5.
_____. "하나님 나라의 본질은 무엇인가?"「뱁티스트」(1997년 3월): 70-4.
_____. "한국 교회의 영성운동, 어떻게 할 것인가?"「뱁티스트」, 65호 (2003년 11/12월): 32-8.

_____. "James Arminius의 선행은혜에 대한 성서적-신학적 반성."「복음과 실천」, 39집 (2007년 봄): 249-76.

김이태. "판넨버그의 신학사상."「기독교사상」, 1981년 7월호, 119-28.

남병두. "James McClendon의 'baptist vision': 침례교신학의 한 방법론으로서의 가능성."「복음과 실천」, 32집 (2003 가을): 107-34.

도한호. "베뢰아 마귀론 비판,"「목회와 신학」, 1990년 10월호, 79-88.

선한용. "창조냐, 진화냐?: 창조과학회의 배경과 그 비판을 중심으로."「기독교사상」, 1997년 2월호, 52-72.

성종현. "성경에 나타난 마귀·귀신."「목회와 신학」, 1990년 10월호, 44-51.

유창형. "칼빈과 웨슬리의 성화에 있어서 점진성과 순간성에 대한 비교 고찰."「성경과 신학」, 45집 (2008): 112-141.

이한수. "바울과 누가의 성령 이해."「기독교연합신문」, 1993년 3월 14일자. 17면.

전현식. "생태적 회심과 창조세계의 회복."「기독교사상」, 2009년 1월호, 210-28.

조정일. "우리는 왜 창조과학을 지지하는가?"「기독교사상」, 2007년 5월호, 178-89.

천사무엘. "창조과학과 성서해석."「대학과 선교」제7집 (2004): 107-26.

최갑종. "계시록 20:1-6절의 해석과 천년왕국설."「신학논단」, 6권 (2000. 4): 213-50.

한상식. "베뢰아의 마귀론."「목회와 신학」, 1990년 10월호, 69-78.

Bernas, Casimir. "Book Review of Hanhart Karel, *The Intermediate State in the New Testament* (Gronigen: T. Wever, 1966)." *The Catholic Biblical Quarterly*, vol. 30, no. 1 (1968): 101-2.

Bush, L. Russ. "Understanding Biblical Inerrancy." *Southwestern Journal of Theology*, vol. 50, no. 1 (Fall 2007): 20-55.

Cain, Cliff. "Down to Earth Theology: Reclaiming Our Responsibility for Creation and Embracing Biblical Stewardship." *American Baptist Quarterly*, vol. 30, no. 3-4 (Fall-Winter 2011): 276-81.

Conradie, Ernst M. "Towards an Agenda for Ecological Theology: An Intercontinental Dialogue." *Ecotheology*, vol. 10, no. 3 (2005): 281-343.

Cooper, John W. "The Identity of Resurrected Persons: Fatal Flaw of Monistic Anthropology." *Calvin Theological Journal*, vol. 23, no. 1 (Apr. 1988): 19-36.

Davis, John J. "Ecological 'Blind Spots' in the Structure and Content of Recent Evangelical Systematic Theologies." *Journal of the Evangelical Theological Society*, vol. 42, no. 2 (June 2000): 273-86.

Dokery, David S. "Biblical Inerrancy: Pro or Con?" *The Theological Educator*, 37 (Spring 1988): 15-36.

Edgar, Brian. "Biblical Anthropology and the Intermediate State: Part I." *The Evangelical*

    Quarterly, vol. 74, no. 1 (2002): 27-45.

_____. "Biblical Anthropology and the Intermediate State: Part II." *The Evangelical Quarterly*, vol. 74, no. 2 (2002): 109-21.

Franklin, Lloyd David. "Spirit-Baptism: Pneumatological Continuance." *Review and Expositor*, vol. 94, no. 1 (Winter 1997): 15-30

Garrett, James Leo, Jr. "Biblical Authority according to Baptist Confessions of Faith." *Review and Expositor*, vol. 76, no. 1 (Winter 1979): 43-54.

Gibellini, Rosino. "생태신학의 최근 흐름." 심광섭 옮김. 「기독교사상」, 1998년 12월호, 100-110.

Goatley, David Emmanuel. "The Charismatic Movement Among Baptists Today." *Review and Expositor,* 94/1 (Winter 1997): 31-40.

Green, Joel B. "Eschatology and the Nature of Humans: A Reconsideration of Pertinent Biblical Evidence." *Science & Christian Belief,* vol. 14, no. 1 (2002): 33-50.

Haight, Roger, S.J. "The Mission of the Church in the Theology of the Social Gospel." *Theological Studies* 49 (1988): 494.

Hinson, E. Glenn. "Baptist and Evangelicals: What is the Difference?" *Baptist History and Heritage,* vol. 16, no. 2 (April 1981): 20-32.

Hobbs, Herschel. "Southern Baptist Theology Today-An Interview with Herschel H. Hobbs." *The Theological Educator*, VII. 2 (Spring 1976): 18-26.

Jones, Keith G. "Baptists and Creation Care." *Baptist Quarterly*, vol. 42, no. 7 (July 2008): 452-76.

Marney, Carlyle. "The Significance of Walter Rauschenbusch for Today." *Foundations*, 2 (1959): 13-26.

McKnight, Edgar V. "Baptist and Inerrancy." *Perspectives in Religious Studies,* vol. 20, no. 2 (Summer 1993): 147-59.

Moody, Dale. "The Living God: The Great Essentials-Basic Doctrines of Our Faith." *The Baptist Student*, 34 no. 1 (October 1954): 17-9.

Noll, Kurt. "기독교인이 창조과학을 지지할 수 있는가?" 「기독교사상」, 2007년 4월호, 180-93.

Shurden, Walter B. "The Inerrancy Debate: A Comparative Study of Southern Baptist Controversies." *Baptist History and Heritage*, vol. 16, no. 2 (April 1981): 12-9.

Smucker, Donovan E. "The Walter Rauschenbusch Story." *Foundations,* 2 (1959): 4-12.

Ward, Wayne E. "Baptism in a Theological Perspective," *Review and Expositor,* 65, 1 (Winter 1968): 43-52.

Whalley, W. E. "Pentecostal Theology." *The Baptist Quarterly,* vol. 27, no. 7 (1978): 282-9.

Witt, William G. "Creation, Redemption and Grace in the Theology of Jacob Arminius." Ph.D. Dissertation. The University of Notre Dame, 1993.

온라인 자료들 및 기타자료

김영도. "펠라기우스주의자들과의 논쟁(the Pelagian Controversy)에 나타난 어거스틴의 성서해석," 「성서마당」 [온라인자료] www.theology.ac.kr/institute/dtdata/성서신학/오리겐의 성서해석논쟁3.htm. 2015년 7월 23일 접속.

김영호, "침묵도 죄악일 수 있다: 외국인 근로자의 인권 개선을 위한 교회의 참여를 촉구하며," [온라인자료] http://www.newsnjoy.or.kr/news/articleView.html?idxno=375, 2015년 1월 29일 접속.

"누가 〈설교비평〉을 두려워하랴?: 정장복 교수의 글에 대한 반론," 「뉴스엔조이」, [온라인신문] http://www.newsnjoy.co.kr/rnews/pastorate-1.asp?cnewsDay=20020430&cnewsID=12&opNo=44, 2002년 5월 3일 접속.

박명철. "더 이상 셀이란 말조차 쓰지 말라: '셀의 아버지' 랄프 네이버 목사 인터뷰." [온라인자료] http://www.newsnjoy.or.kr/news/articleView.html?idxno=170. 2015년 1월 29일 접속.

배본철, "한국교회 성령운동의 외래적 배경," 「크리스천투데이」, 2003년 8월 1일자 [온라인신문] http://www.christiantoday.co.kr/view.htm?code=oc&id=150162. 2009년 1월 14일 접속.

백소영. "졸업하고 시작해야 하는 것들." 백소영의 다시 김교신을 생각한다(6). [온라인자료] http://fzari.com/m/post/103. 2015년 2월 3일 접속.

범여. "불교의 이해와 신행." [온라인자료] http://blog.daum.net/bumyee/6296. 2015년 1월 20일 접속.

안윤기. "존재론적 신 존재 증명에 대한 칸트의 비판." [온라인자료] http://phil.snu.ac.kr/source/nongu/98-8.htm. 2015년 9월 24일 접속.

"급진적 평화주의와 반파시즘 투쟁의 기수 카를 폰 오시에츠키," [온라인자료] http://blog.naver.com/PostView.nhn?blogId=tvam&logNo=220547124120. 2016년 3월 30일 접속.

"Chalcedonian Creed (A.D. 451)." [온라인자료] http://carm.org/christianity/creeds-and-confessions/chalcedonian-creed-451-ad. 2015년 1월 18일 접속.

"Comparison of 1925, 1963 and 2000 Baptist Faith and Message." [온라인자료] http://www.sbc.net/bfm2000/bfmcomparison.asp. 2015년 1월 31일 접속.

"Nicene-Constantinopolitan Creed." [온라인자료] http://orthodoxwiki.org/Nicene-Constantinopolitan_Creed. 2015년 8월 24일 접속.

내가 기도하노라 너희 사랑을 지식과 모든 총명으로 점점 더 풍성하게 하사
너희로 지극히 선한 것을 분별하며 또 진실하여 허물없이 그리스도의 날까지 이르고
예수 그리스도로 말미암아 의의 열매가 가득하여
하나님의 영광과 찬송이 되기를 원하노라

빌립보서 1장 9-11절

자유의 길에서 은혜를 찾다
회중 주체적 조직신학

지 은 이	김용복
발 행 인	이형원
초 판 발 행	2017년 2월 28일
등 록 번 호	출판 제6호(1979. 9. 22)
발 행 처	침례신학대학교 출판부
주 소	대전광역시 유성구 북유성대로 190 (34098)
전 화	(042)828-3255, 3257
팩 스	(042)828-3256
홈 페 이 지	http://www.kbtus.ac.kr
이 메 일	public@kbtus.ac.kr

값 25,000원

ISBN 978-89-93630-79-4   93230